财政部规划教材
全国高等院校财经类教材

数字经济概论

黄阳平　朱爱萍　主编

中国财经出版传媒集团
经济科学出版社
Economic Science Press
·北京·

图书在版编目（CIP）数据

数字经济概论／黄阳平，朱爱萍主编 . —— 北京：
经济科学出版社，2024.6
财政部规划教材　全国高等院校财经类教材
ISBN 978 – 7 – 5218 – 5919 – 5

Ⅰ.①数…　Ⅱ.①黄…②朱…　Ⅲ.①信息经济－教
材　Ⅳ.①F49

中国国家版本馆 CIP 数据核字（2024）第 102741 号

责任编辑：白留杰　　凌　敏
责任校对：靳玉环
责任印制：张佳裕

数字经济概论

SHUZI JINGJI GAILUN

黄阳平　朱爱萍　主编

经济科学出版社出版、发行　新华书店经销
社址：北京市海淀区阜成路甲 28 号　邮编：100142
教材分社电话：010 – 88191309　发行部电话：010 – 88191522
网址：www. esp. com. cn
电子邮箱：bailiujie518@ 126. com
天猫网店：经济科学出版社旗舰店
网址：http：//jjkxcbs. tmall. com
北京密兴印刷有限公司印装
787 × 1092　16 开　24 印张　590000 字
2024 年 6 月第 1 版　2024 年 6 月第 1 次印刷
ISBN 978 – 7 – 5218 – 5919 – 5　定价：69.00 元
（图书出现印装问题，本社负责调换。电话：010 – 88191545）
（版权所有　侵权必究　打击盗版　举报热线：010 – 88191661
QQ：2242791300　营销中心电话：010 – 88191537
电子邮箱：dbts@ esp. com. cn）

前　言

　　未来已来。继农业经济、工业经济之后，数字经济正成为社会主要经济形态。2022 年，我国数字经济规模达到 50.2 万亿元，占 GDP 比重已达 41.5%，相当于第二产业占国民经济的比重。总体来看，2022 年，美国、中国、德国、日本、韩国五个世界主要国家的数字经济总量为 31 万亿美元，数字经济占 GDP 比重为 58%，数字经济规模同比增长 7.6%，高于 GDP 增速 5.4 个百分点。数字经济正在成为重组全球要素资源、重塑全球经济结构、改变全球竞争格局的关键力量。

　　20 世纪 80 年代以后，随着个人计算机的大规模普及应用，人类迎来以单机应用为主要特征的第一次大规模数字化。20 世纪 90 年代中期以后，随着互联网的大规模商用，以联网应用为主要特征的网络化带来第二次数字化浪潮，推动了数字经济的进一步发展，促进了商业和社会的变革。随着移动通信技术的进步和智能手机的出现，网络经济以移动互联网的形式再度复兴，互联网企业平台化趋势愈发明显，共享经济模式开始受到广泛关注，数字经济持续在服务业领域推进。随着云计算、大数据、人工智能等新技术的进步和应用，大大提升了企业分析和使用数据的能力，数据规模扩大；伴随着各大场景用户规模的增长，平台成为新的产品和服务载体，数字产业生态形成，数字经济表现为数字产业化和产业数字化两种典型路径，促进了数字经济的更快发展。

　　"明者因时而变，知者随事而制。"当前我国正处于发展新一代信息技术，推动新旧动能接续转换的关键期；处于通过数字化、网络化、智能化，深化供给侧结构性改革、建设现代化经济体系的攻坚期。党和国家高度重视数字经济发展，2018 年 8 月，中办、国办印发《数字经济发展战略纲要》，这是首个国家层面的数字经济整体战略。2021 年 3 月 12 日，我国《国民经济和社会发展第十四个五年规划和 2035 年远景目标纲要》将"打造数字经济新优势"作为一章专门列出，明确提出加快数字化发展，建设数字中国。2021 年 12 月，国务院印发《"十四五"数字经济发展规划》，从国家层面部署推动数字经济发展，明确了"十四五"期间我国数字经济的发展目标，形成了我国发展数字经济的目标任务和行动指南。2023 年 2 月，中共中央、国务院印发《数字中国建设整体布局规划》，指出建设数字中国是数字时代推进中国式现代化的重要引擎，是构筑国家竞争新优势的有力支撑。加快数字中国建设，对全面建设社会主义现代化国家、全面推进中华民族伟大复兴具有重要意义和深远影响。

与生产方式相适应，经济理论也在不断的发展演变。从工业革命的蒸汽机发明到信息网络技术的应用，历史上每一次新技术的出现，都会带来生产方式的变革，也给传统经济学理论带来挑战。数字经济是以数字化的知识和信息为关键生产要素，以数字技术创新为核心驱动力，以现代信息网络为重要载体，通过数字技术与实体经济深度融合，不断提高传统产业数字化、智能化水平、加速重构经济发展与政府治理模式的新型经济形态。在数字经济的新型经济形态中，数据成为新的生产要素，生产力方式表现为数字产业化和产业数字化，生产关系体现为数字化治理。我们需要新的理论研究来解释数字经济带来的诸多新经济现象。数字经济隶属于经济学学科，数字经济学的理论并不是对经济学基本法则的否定，而是研究在数字经济场景下的理论应用，它不仅能解释数字经济形态下出现的新经济现象，而且具有理论的一般性，为人们认识世界提供新的视角和方法。

为了适应数字经济的国家战略，培养数字经济发展所需人才，在吸收前人理论研究的基础上，本教材尝试构建数字经济学的知识框架体系。有以下特点：

一是知识体系逻辑性强。按照中国信息通信研究院提出的"四化"框架安排教材内容。依据数字经济的生产要素、生产力和生产关系特点，分别编写数据要素、数字产业化和产业数字化，以及数字经济与社会治理等章节内容，让读者充分且清晰地了解数字经济的数据价值化、数字产业化、产业数字化以及数字化治理的经济形态特点。

二是内容涵盖面广。数字经济如何渗透和应用在传统经济的方方面面是一个重要的研究内容。从数字经济在"微观——企业数字化转型、中观——数字产业化和产业数字化、宏观——数字经济与社会治理"三个视角研究数字经济的应用，内容覆盖较为全面。

三是可读性好。每章采用案例导引、知识链接和小案例等形式，使教材表现形式多样。此外，语言深入浅出，力争用简练且通俗的语言解释复杂的理论模型和经济现象，在"信达"的基础上便于读者理解。

本教材作为财政部规划教材，由财政部教材编审委员会组织编写并审定，可供全国高等院校财经类教学使用。适用于普通高校数字经济以及相关专业的本科生和研究生课程教学，也适合对数字经济感兴趣的研究人员作为参考资料。

本教材由黄阳平和朱爱萍担任主编，戴平生、王烨、赵昱焜、陈宇晟和方若楠参与教材的编写：其中，第一章由黄阳平、张婷婷编写；第二章由戴平生编写；第三章和第四章由陈宇晟编写；第五章由赵昱焜编写；第六章由朱爱萍和黄阳平编写；第七章和第八章由王烨、黄阳平编写；第九章和第十章由方若楠、朱爱萍编写。黄阳平负责总体框架设计和全书定稿审核；朱爱萍负责编写提纲的拟定、初稿的修订与全书的总纂。研究生李晓晗和魏红山同学负责资料整理及格式调整等工作。在编写过程中，本教材还吸收了国内外已有的研究成果，引用部分体现在参考文献中，如有遗漏，敬请谅解。

本教材为学校任课老师提供了课后练习的答案和电子课件，如有需要，请登录经济科学出版社或中国财经教育网（www.zgcjjy.com）下载。

编 者

2024 年 6 月

目 录

第一章　导论 ……………………………………………………………… （1）

　　第一节　数字经济的内涵与特征 …………………………………… （4）

　　第二节　数字经济与传统经济 ……………………………………… （11）

　　第三节　数字经济的经济学基础 …………………………………… （19）

　　第四节　数字经济的发展趋势 ……………………………………… （21）

　　【复习思考题】 ……………………………………………………… （29）

第二章　数字经济的理论基础 …………………………………………… （31）

　　第一节　数字经济的基本要素与特征 ……………………………… （34）

　　第二节　数字经济运行机理与过程 ………………………………… （42）

　　第三节　数字经济市场交易与机制 ………………………………… （46）

　　【复习思考题】 ……………………………………………………… （57）

第三章　数据要素概论 …………………………………………………… （59）

　　第一节　数据要素概述 ……………………………………………… （63）

　　第二节　数据管理 …………………………………………………… （68）

　　第三节　数据要素权属问题 ………………………………………… （74）

　　第四节　数据价值 …………………………………………………… （79）

　　第五节　数据市场 …………………………………………………… （84）

　　第六节　数据安全 …………………………………………………… （89）

　　【复习思考题】 ……………………………………………………… （93）

第四章　数字经济技术基础 ……………………………………………… （95）

　　第一节　数字经济的技术与新型基础设施支撑 …………………… （97）

　　第二节　人工智能 …………………………………………………… （108）

　　第三节　区块链 ……………………………………………………… （116）

　　第四节　云计算 ……………………………………………………… （121）

　　第五节　大数据 ……………………………………………………… （129）

　　第六节　工业互联网 ………………………………………………… （136）

　　第七节　物联网 ……………………………………………………… （143）

　　【复习思考题】 ……………………………………………………… （146）

第五章　数字经济的统计测度 ·················· (147)

　　第一节　数字经济测度概述 ················· (149)

　　第二节　数字经济测度的直接法：数字经济增加值核算 ······· (162)

　　第三节　国际数字经济多指标评价体系和指数构建 ······· (168)

　　第四节　中国数字经济多指标评价体系和指数构建 ······· (179)

　　【复习思考题】 ··················· (189)

第六章　数字经济的微观应用：企业数字化转型 ····· (191)

　　第一节　企业数字化转型及动因分析 ··········· (194)

　　第二节　企业数字化转型的战略目标与转型模式 ······ (205)

　　第三节　企业数字化转型的方法与路径 ·········· (212)

　　第四节　企业数字化转型中商业模式与价值场景的打造 ···· (218)

　　【复习思考题】 ··················· (227)

第七章　数字产业化 ··················· (229)

　　第一节　数字产业化发展概述 ·············· (231)

　　第二节　数字产品制造业 ················ (233)

　　第三节　数字产品服务业和数字技术应用业 ········ (246)

　　第四节　数字要素驱动业 ················ (250)

　　【复习思考题】 ··················· (265)

第八章　产业数字化 ··················· (267)

　　第一节　产业数字化发展概述 ·············· (269)

　　第二节　农业数字化 ·················· (274)

　　第三节　制造业数字化 ················· (281)

　　第四节　服务业数字化 ················· (290)

　　第五节　数字金融 ··················· (303)

　　【复习思考题】 ··················· (309)

第九章　数字治理 ···················· (311)

　　第一节　数字治理体系 ················· (314)

　　第二节　政府治理的数字化转型 ············· (325)

　　第三节　数字经济中的公司治理体系创新 ········· (331)

　　【复习思考题】 ··················· (337)

第十章　数字经济战略全球化 ·············· (339)

　　第一节　数字经济与全球化 ··············· (342)

　　第二节　全球数字经济战略规划 ············· (347)

　　第三节　数字经济全球化及中国应对 ··········· (364)

　　【复习思考题】 ··················· (368)

参考文献 ······················· (369)

第一章

导　论

■ 【学习目标】
　◇ 了解数字经济发展进程
　◇ 理解并掌握数字经济发展特点
　◇ 掌握数字经济和传统经济之间差别和联系
　◇ 认识数字经济和微观、中观、宏观经济学的联系
　◇ 理解数字经济内在的经济学理论和经济学思维
　◇ 在变化中认识数字经济发展规律
　◇ 了解中国数字经济发展中的理论基础和实践应用

【案例导引】

全球数字经济发展概况

2023 年 5 月 30 日，中国社会科学院金融研究所、国家金融与发展实验室、中国社会科学出版社联合发布《全球数字经济发展指数报告（TIMG 2023）》（以下简称《报告》）。《报告》从全球视角出发，选取数字技术（technology）、数字基础设施（infrastructure）、数字市场（market）和数字治理（governance）四个维度，构建全球数字经济发展指数——TIMG 指数，对全球 106 个经济体在 2013～2021 年的数字经济发展程度进行度量。《报告》显示，自 2013 年以来，全球数字经济发展整体呈现上升趋势，TIMG 指数的平均得分从 2013 年的 45.33 上升至 2021 年的 57.01，增长幅度为 26%，由此可见数字经济发展迅速。

在对 2013～2021 年各国数据进行统计分析后，得出表 1-1 前 20 总指数排名。从区域来看，北美、西欧和太平洋地区是 2021 年数字经济发展水平较高的三大地区；而非洲地区的数字经济发展较为落后。从国别来看，美国、新加坡、英国是 2021 年数字经济指数排名最高的国家。

表 1-1　　　　　2021 年排名前 20 全球数字经济总得分指数国家

排名	国家	总指数得分	排名	国家	总指数得分
1	美国	95.28	11	芬兰	80.86
2	新加坡	87.55	12	加拿大	80.65
3	英国	87.08	13	瑞典	80.29
4	德国	85.63	14	澳大利亚	79.73
5	荷兰	84.19	15	丹麦	77.79
6	日本	83.22	16	比利时	76.5
7	法国	81.84	17	阿联酋	76.18
8	中国	81.42	18	挪威	76.14
9	瑞士	81.31	19	爱尔兰	76.13
10	韩国	80.95	20	以色列	75.91

就中国而言，2021 年数字经济总得分指数排名第八，总体上呈现领先。并且在数字基础、数字市场方面具有竞争优势，但在数字技术、数字治理方面与美国、新加坡等国家相比，还存在一定差距（见表 1-2）。

表 1-2　　　　　2021 年排名前 20 全球数字经济各指标得分国家

排名	国家	数字技术得分	国家	数字基础得分	国家	数字市场得分	国家	数字治理得分
1	美国	91.83	美国	93.07	美国	106.08	新加坡	97.5
2	芬兰	83.65	新加坡	90.53	中国	95.57	芬兰	93.65

排名	国家	数字技术得分	国家	数字基础得分	国家	数字市场得分	国家	数字治理得分
3	瑞士	82.78	中国	89.33	英国	95.32	丹麦	91.35
4	德国	82.22	英国	88.5	德国	92.42	美国	90.15
5	荷兰	82.02	卢森堡	88.16	日本	87.41	新西兰	89.33
6	新加坡	80.84	日本	87.46	荷兰	86.94	英国	89.06
7	瑞典	77.66	印度	87.1	法国	86.29	瑞士	87.61
8	日本	76.62	德国	86.93	加拿大	84.97	荷兰	87.47
9	韩国	75.94	俄罗斯	86.57	印度	84.2	阿联酋	87.12
10	以色列	75.53	意大利	85.08	韩国	84.04	挪威	86.85
11	英国	75.45	巴西	84.74	西班牙	82.32	爱沙尼亚	86.44
12	加拿大	74.69	澳大利亚	84.5	巴西	82.12	瑞典	85.94
13	法国	74.62	法国	83.93	新加坡	81.31	澳大利亚	85.87
14	比利时	74.6	加拿大	82.89	瑞典	79	卢森堡	85.03
15	中国	74.17	韩国	82.48	瑞士	78.6	冰岛	84.61
16	丹麦	72.74	西班牙	82.04	意大利	78.02	奥地利	84.5
17	澳大利亚	71.99	阿联酋	81.8	爱尔兰	77.6	法国	82.51
18	奥地利	71.47	土耳其	80.96	澳大利亚	76.57	爱尔兰	82.06
19	爱尔兰	69.16	埃及	80.81	以色列	75.55	日本	81.4
20	挪威	68.56	印度尼西亚	80.56	比利时	75.55	韩国	81.33

资料来源：中国社会科学院金融研究所，国家金融与发展实验室，中国社会科学出版社．全球数字经济发展指数报告（TIMG 2023）〔R〕．http：//ifb．cass．cn/newpc/sjk/202306/P020230601501807198861．pdf．

第一节　数字经济的内涵与特征

一、数字经济的内涵

当前我们处于一个经济快速发展、技术飞速进步的快节奏时代，数字经济的提出正是反映了新变革、新时代的到来，其孕育着整个世界经济形态、社会意识的未来走向。习近平总书记在《求是》杂志 2022 年第 2 期发表的《不断做强做优做大我国数字经济》中提出，数字经济正在成为重组全球要素资源，重塑全球经济结构，改变全球竞争格局的关键力量。数字经济目前已经成为我们国家的重要战略发展方向和发展前景，被视为经济增长的新动力。什么是数字经济，数字经济将如何变革我们的社会经济形态等一系列问题是我们顺应经济发展必须正确认识的。

数字经济是继农业经济、工业经济和服务型经济后发展的新经济形态。"数字经济"一词最早出现于 20 世纪 90 年代，美国学者唐·泰普斯科特（Don Tapscott）在 1996 年出版的《数字经济：网络智能时代的前景与风险》一书中，描述了互联网将如何改变世界各类事务的运行模式并引发若干新的经济形式和活动。2002 年，美国学者金范秀（Beomsoo Kim）将数字经济定义为一种特殊的经济形态，其本质为"商品和服务以信息化形式进行交易"。可以看出，这个词早期主要用于描述互联网对商业行为所带来的影响，此外，当时的信息技术对经济的影响尚未具备颠覆性，只是提质增效的工具，数字经济一词还属于未来学家关注探讨的对象。

当前，各国、各组织等通过定义数字经济展现出它不同于以往经济形态的内涵特点。从国际上来说，G20 定义数字经济为以使用数字化的知识和信息作为关键生产要素，以现代信息网络作为重要载体，以信息通信技术的有效使用作为效率提升和经济结构优化和重要推动力的一系列经济活动。美国商务部经济分析局（BEA）宣传数字经济是以数字基础设施、电子商务和数字媒体为要素，指向互联网以及相关的信息通信技术。国际货币基金组织（IMF）狭义定义数字经济为在线平台以及依存于平台的活动；广义定义为使用了数字化数据的活动。而联合国贸易和发展会议则将数字经济细分为三类：核心的数字部门，即传统信息技术产业；狭义的数字经济，包括数字平台、共享经济、协议经济等新经济；广义的数字经济，包括电子商务、工业化 4.0、算法经济等。

从国内来说，阿里巴巴作为国内互联网领头羊，提出数字经济两阶段说：（1）数字经济 1.0 的核心是 IT 化，信息技术在传统的行业和领域得到推广应用，属于 IT 行业技术的安装期；（2）数字经济 2.0 的核心是 DT 化，以互联网平台为载体，以数据为驱动力。中国信息化百人会则定义数字经济是全社会基于数字资源开发利用形成的经济总和。中国信息通信研究院定义数字经济是以数字化的知识和信息为关键生产要素，以数字技术创新为核心驱动力，以现代信息网络为重要载体，通过数字技术与实体经济深度融合，不断提高传统产业数字化、智能化水平，加速重构经济发展与政府治理模式的新型经济形态。该定义强调数字经济的"四化框架"，即数字产业化、产业数字化、数字化治理和数据价值化。（1）数字产业化，即信息通信产业，具体包括电子信息制造业、电信业、软件和信息技术服务业、互联网行业等；（2）产业数字化即传统产业应用数字技术所带来的产出增加和效率提升部分，包括但不限于工业互联网、两化融合、智能制造、车联网、平台经济等融合型新产业新模式新业态；（3）数字化治理包括但不限于多元治理，以"数字技术＋治理"为典型特征的技管结合，以及数字化公共服务等；（4）数据价值化包括但不限于数据集、数据标准、数据确权、数据标注、数据定价、数据交易、数据流转、数据保护等，如图 1-1 所示。

数字经济侧重于全社会充分发挥一系列数字技术和数据资源的作用，重塑原有经济形态结构，突破产业增长壁垒，提高经济整体的经济活动总和。其中数字经济的"数字"可以分为数字技术和数据资源。作为数字技术，其包括大数据、云计算、人工智能、区块链、移动互联网、物联网、AR、VR、自动驾驶等不断发展中的信息网络和技术，其中以人工智能为最重要、最普适，它以强大的渗透性融入经济生活的各个环节。数字技术发展不仅推动数字经济的快速发展，而且能创造出强大的生产力，渗透原有经济形态，极大地拉动传统产业的转型升级。在数字经济时代，以大数据、云计算、人工智能、区块链为代表的新数字技术体系可支撑行业新业态，为产业深度融合发展提供广阔的应用前景，有利于打造数字技术与实体经济深度融合的"新实体经济"、建设现代化高质量产业体系。作为数据资源，在大数

生产要素	生产力	生产关系
数据价值化 数据采集 数据确权 数据定价 数据交易	数字产业化 电子信息制造业 软件及服务 互联网 基础电信 产业数字化 农业：数字技术在农业中的边际贡献 工业：数字技术在工业中的边际贡献 服务：数字技术在服务业中的边际贡献	数字化治理 多元治理 "数字技术+治理" 数字公共化服务
技术 资本…… 劳动 土地		

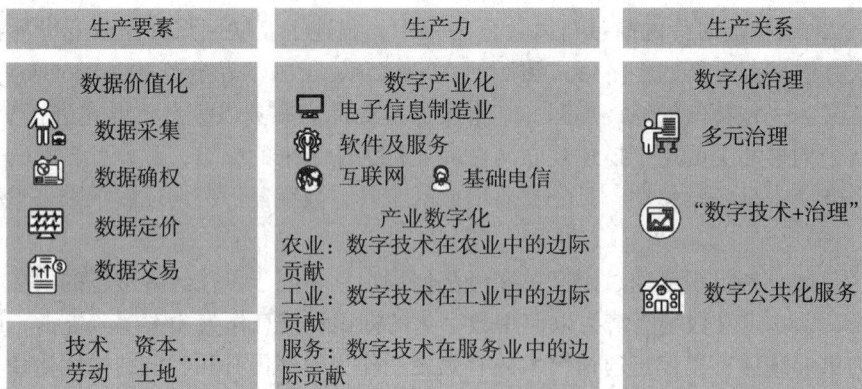

图 1-1 数字经济"四化"框架

资料来源：中国信息通信研究院．中国数字经济发展研究报告（2023）［R］．2024．

据时代下，数据作为新型生产要素，能够提高其他生产要素的利用率，提高全要素的使用效率和质量，改变经济生产活动中的组织形式，加速资源重组，优化资源配置；在知识信息时代下，数据中所包含的知识、信息、内容等具有非常广阔的市场，创造力强，拉动了短视频行业、付费 App 等产业快速发展。

数字经济利用数字技术和数据资源，开展了新的经济活动组织形态，在整个经济过程中发挥了极大作用，促进经济资源要素重新配置，优化整体经济结构，推动经济高质量增长。

二、数字经济发展历程

（一）数字经济发展历程

1. 计算机时代（1940~1990 年）。随着第一台电子计算机的诞生，计算机便进入了快速发展和应用阶段。半导体工业和集成电路的发展，使得 20 世纪 50~60 年代计算机技术的硬件体系走向了完全的成熟化。这一时期内，电子计算机完成了体积缩小、价格下降、计算速度提高等进化。美国国防部 1969 年建立的阿帕网、互联网开始应用到军事，这也进一步促进了互联网的普及发展，之后阿帕网逐渐形成了 NSFnet、万维网等主干网。大规模集成电路彻底改造了整个电子计算机结构，也进一步缩小了电子计算机的体积；个人电脑的出现使得计算机开始进入中小企业和居民生活，并在商业领域中广泛运用。与此同时，这一时期内对应的支持计算机硬件体系运行的软件得到开发，20 世纪 80 年代，C 语言和 C++语言，之后到 Java 语言的出现，此时计算机软件和硬件完全结合。在 20 世纪 80~90 年代，计算机在美国得到普及，1983 年，美国小学的计算机使用率超过 60%，高中达到 85%，对于计算机的高需求促进了美国信息工业发展，计算机、半导体以及软件产品出口成为美国重要的贸易收入来源。第三次科技革命带来的电子计算机和数字通信技术开始被广泛利用，信息技术通过网络将大量计算机连接起来，开始成为商业和工业的重要组成部分。

2. 互联网时代（1990~2000 年）。随着个人计算机的大规模普及应用，人类迎来以单机应用为主要特征的第一次大规模数字化；1993 年，美国克林顿政府执政后推出"信息高速公路"战略，标志着计算机网络进入信息高速公路发展阶段，以此为开端，网络浏览器的开发、搜索服务、电子商务、网络硬件等领域都出现了突破性的创新。20 世纪 90 年代中期以后，随着互联网的大规模商用，以联网应用为主要特征的网络化带来第二次数字化浪潮，在网络基础设施和软件的支持下，诸多互联网巨头也开始起步，例如，1996 年，拉里·佩奇和谢尔盖·布林共同创建谷歌公司，以搜索引擎为代表的互联网企业成为数字化转型的先驱。互联网的普及推动了数字经济的进一步发展，人们发现互联网和信息化方式不但可以提供全新的联系渠道，也可以大幅度降低信息不对称，使得信息和服务能够被全球化地传递和分享，促进了商业和社会的变革。

3. 移动互联网时代（2000~2010 年）。随着移动通信技术的进步和智能手机的出现，网络经济以移动互联网的形式再度复兴，移动互联网的兴起使得人们能够随时随地访问信息和服务，互联网企业平台化趋势越发明显，共享经济模式开始受到广泛关注，数字经济持续在服务业领域推进。率先进行数字化转型的是具有分享性的内容产品和服务，最具说服力的便是各种社交网络企业的快速发展，企业提供分享媒介和平台，让用户开展交流，并将线下音乐、图书、电影等产品数字化，使得数字经济整合服务业的速度逐渐加快。同时数字交易、数字金融等数字产品和服务进一步向消费者推广，数字化转型带动下制造业和服务业融合打通了二三产业，推动了商业和社会的进一步变革，也使得数字经济进一步发展。

4. 数字化转型时代（2010 年至今）。随着云计算、大数据、人工智能等新技术的进步和应用，大幅提升了企业分析和使用数据的能力，数据规模扩大；伴随着各大场景用户规模的增长，平台成为新的产品和服务载体，数字产业生态形成。此时数字化转型呈现出"以平台化为转型基础，智能化为转型目标"的新特点。此时数字经济表现为数字产业化和产业数字化两种典型路径：数字产业化是提供现代信息技术的市场化应用，推动数字产业的形成和发展，体现为由互联网企业推动；产业数字化是在新一代数字科技支撑引领下，对产业链上下游的全要素数字化升级、转型和再造的过程，体现为传统制造厂商推动，打造基于自身的互联网平台，将业务流程、产品和服务以数字化形式呈现，促进了数字经济的更快发展。人工智能进步不仅体现在生产和企业等工业方面，也改变了城市基础设施、消费者需求端、生产者供给端、政府服务等方面，使得各领域都进入新产业、新模式、新业态。

（二）我国数字经济的发展阶段

1. 发展初期（1994~2004 年）。1994 年，中国正式接入国际互联网，开始进入互联网时代。伴随互联网用户数量的高速增长，以互联网行业崛起为显著特征，一大批业内的先锋企业相继成立。三大门户网站新浪、搜狐、网易先后创立，阿里巴巴、京东等电子商务网站进入初创阶段，百度、腾讯等搜索引擎和社交媒体得到空前发展。这一阶段，中国数字经济的商业模式主要以新闻门户、邮箱业务、搜索引擎为主，形成了中国数字经济的基本格局："门户＋社区＋电商＋社交＋游戏＋文娱＋搜索"。初期阶段初创企业模仿国外成功商业模式的现象极为普遍，此时企业并不重视技术创新，企业之间竞争核心在于流量争夺和用户积累。2000 年前后，以科技股为代表的纳斯达克股市崩盘，全球互联网泡沫破灭，国内互联网产业也未能幸免，经历了 2~3 年的低迷阶段。

这一时期我国数字经济有两个显著进展：（1）政府高度重视互联网基础设施建设，形成了数字经济发展的前提条件；（2）互联网企业在模仿国外商业模式的同时，结合我国超大规模市场、流通体制不发达、人力资本充裕等国情,创新形成了2C(B2C和C2C)发展模式。

2. 高速发展期(2005~2015年)。2005年12月我国上网用户总数突破1亿人,2008年6月底网民数量达到2.53亿人,超过美国跃居世界第一位。数字基础设施快速发展推动互联网应用向深度和广度迈进,网民的多元化应用又引发了对基础设施建设的强大需求,二者相辅相成推动了中国数字经济全面发展。以网络零售为代表的电子商务、门户网站、网上银行、网络游戏等业态加速发力,带动数字经济进入爆发增长阶段。2005年,"博客"的兴起成为互联网最具革命意义的变化之一,网民得以以个人姿态深度参与到互联网中。同年,腾讯注册用户(QQ用户)过亿,即时聊天工具成为网民标配。2006年网络零售额突破1 000亿元大关。2007年,国家发布《电子商务发展"十一五"规划》,将电子商务服务业确定为国家重要的新兴产业。2012年网络零售额突破10 000亿元大关,期间增速一直保持在50%以上。2013年起,自手机网民数量规模化以来,互联网行业迎来移动端时代,中国数字经济的基本格局已经形成。

这个阶段我国数字经济出现三大变化:(1)移动互联网兴起和智能手机普及,促使数字经济的商业主战场向移动端转移。(2)人工智能、大数据、云计算等技术为互联网平台撮合机制的实施提供了支撑,同时受益于中国经济高速增长、庞大人口红利,平台经济出现爆发式增长,实现了从追赶到创新的跨越式发展。(3)平台企业加大商业模式创新,产生了第三方支付、移动支付、网络游戏等具有中国特色的商业模式或营利模式,中国数字经济发展优势开始显现,一些大型互联网企业开辟出新的经营领域,产生了微信、团购、短视频、直播等创新应用,在商业模式创新上从模仿式创新走向了自发式创新。

3. 融合协同阶段(2016年至今)。此阶段数字经济业态特征呈现传统行业互联网化。以网络零售为基础,生活服务的各个方面几乎都在向线上转移,大数据、云计算、虚拟现实、人工智能等数字技术在各产业加速渗透,出现了在线教育、互联网医疗、线上办公、智能工厂等新产业新业态新模式,推动传统产业数字化转型。基于互联网模式创新不断涌现,实体经济和数字经济融合发展、数字技术和实体经济深度融合,出现了产业融合、两化融合、两业融合、线上线下融合、农文旅融合、城乡融合等多种多样的融合发展态势。以摩拜、ofo为代表的共享出行业态,突破了原有共享单车的"有桩"模式,通过以模式创新为核心的方式,为中国数字经济注入了新的活力。此外,网络直播模式的崛起也具有一定代表性,特别是2016年淘宝直播上线之后,网络直播模式与网购和海淘的进一步融合,使直播经济真正成为一种强有力的变现模式。

2016年,在中国主导下,二十国集团首次通过《G20数字经济发展与合作倡议》,明确了数字经济的内涵,提出合作中的一些共识、原则和关键领域,指明数字经济具有高创新性、强渗透性、广覆盖性,是继农业经济、工业经济之后的主要经济形态。中国对数字经济的重视程度和要求逐步提高,不断做强做优做大数字经济。党的十九大报告肯定了党的十八大以来数字经济等新兴产业蓬勃发展的积极意义,要求推动互联网、大数据、人工智能和实体经济深度融合。党的二十大提出加快发展数字经济,促进数字经济和实体经济深度融合,打造具有国际竞争力的数字产业集群。政府积极探索数字经济治理体系建设,出台相关法律法规,对数字经济发展作出专项规划,《"十四五"数字经济发展规划》从顶层设计上明确了我国数字经济发展的总体思路、发展目标、重点任务和重大举措。

三、数字经济的特征

(一) 数字化程度高，虚拟性强

数字经济依托于数字技术以及数字资源开展一系列经济行为，即企业在搜集、分类和储存各个环节数据信息的基础上，通过互联网、大数据、人工智能、区块链、虚拟技术等一系列数字技术开展产品研发和运营服务等，表明数字化紧紧围绕在数字经济的经济组织行为之间。数字经济所使用的数字技术和数据资源以及提供的数字产品等均以数字化的形态存在，并不等同于其他行业的实物产品，因此虚拟性强。

(二) 开放性程度高，渗透性强

数字技术不局限于单个经济形态的使用，它可以运用在其他行业推动相关行业发展，通过数据的开放流动，促进组织内部各部门、价值链上各企业间，甚至跨价值链跨行业的不同企业组织开展大规模协作，数字经济连接一切从而实现数字资源的智能应用；迅速发展的信息网络技术，使数字经济迅速向一二产业扩展，特别是传统行业，数字经济从线上到线下，从生产到消费，利用数字化信息重构传统行业资源配置，提升其经济发展空间。这也使得三大产业之间的界限模糊，出现了一二三产业相互融合的趋势。

(三) 覆盖范围广，普惠共享

无处不在的信息基础设施，按需服务的大数据模式以及层出不穷的各大金融等服务平台，不仅使得数字经济突破原有经济对于地理位置的依赖，具有更强的地理穿透性，能够辐射更多地区、更多层面的经济参与体，使它们享受利用更多的数字资源，促进经济包容性增长；而且降低了参与经济活动的门槛，改善了城乡居民的经济行为，提供资源均等化使得数字经济出现"人人参与，共建共享"的普惠格局。

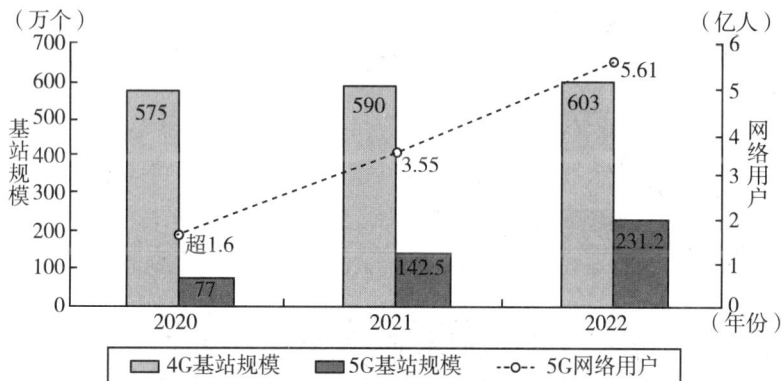

图 1-2 2020~2022 年我国移动通信基站和 5G 用户规模情况

资料来源：工业和信息化部运行监测协调局，工业和信息化部网络安全产业发展中心，工信通（北京）信息技术有限公司. 2022 年通信业年度统计数据［EB/OL］. https：//www.miit.gov.cn/txnj2022/tx_index.html.

（四）创新速度快，附加值高

数字经济有着突出的数字信息基础和平台基础，在整合创新资源打通创新堵点上具有明显优势。数字技术使得创新主体之间的知识分享和合作更高效，以提供出新产品和新服务，使得数字产品和服务具有快速迭代的特征。知识投入和创新壁垒使得数字经济中数字产品不依托传统经济学中的线性供求关系，定价也不遵循传统经济学的市场定价策略。其投入技术的尖端程度越高，创新能力越突出，即越高科技、高投入、高创新产品，其附加值越高，成本回收期越短。

【小案例 1-1】

全球数字经济创新大赛

2022 年 4 月，由北京市经济和信息化局、朝阳区人民政府、亚洲数据集团共同承办的 2022 全球数字经济创新大赛正式启动，本次大赛以"科技创新·产业赋能——数字经济新格局"为主题。通过举办 5 场分站赛，1 场大赛总决赛，以及配套展览展示、产业对接、云上大赛、元宇宙会场等形式，打造"1+5+N"整体赛事架构。大赛面向全球 30 余个国家和地区，项目所涉及的人工智能、数字医疗、智慧交通、物联网、车载 XR、数字教育、数字文旅、低碳环保等全球数字经济发展热点领域，数字经济本身创新性强特点也使得各国各地区都将数字经济作为引领经济发展的强大动力。

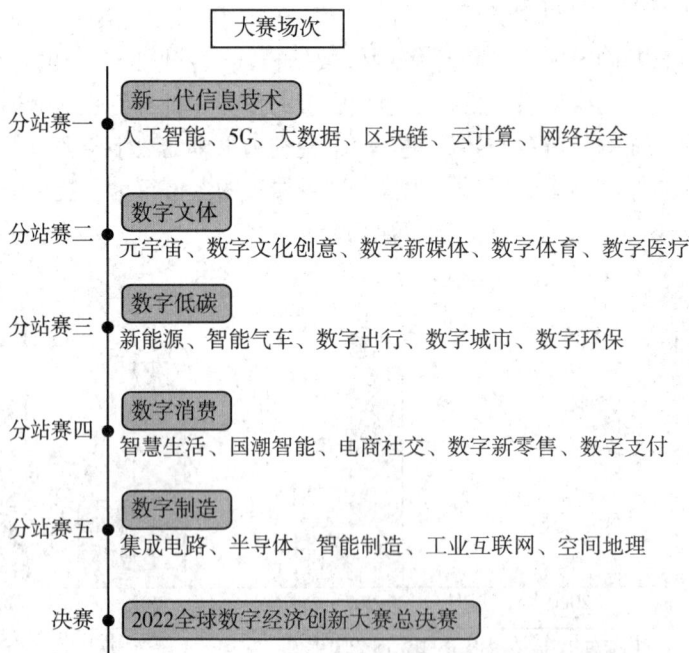

大赛场次

分站赛一 | 新一代信息技术
人工智能、5G、大数据、区块链、云计算、网络安全

分站赛二 | 数字文体
元宇宙、数字文化创意、数字新媒体、数字体育、教字医疗

分站赛三 | 数字低碳
新能源、智能气车、数字出行、数字城市、数字环保

分站赛四 | 数字消费
智慧生活、国潮智能、电商社交、数字新零售、数字支付

分站赛五 | 数字制造
集成电路、半导体、智能制造、工业互联网、空间地理

决赛 | 2022全球数字经济创新大赛总决赛

图 1-3

资料来源：2022 全球数字经济大会，北京市人民政府，国家发展和改革委员会，工业和信息化部，商务部，国家互联网信息办公室，中国科学技术协会，http://www.xinhuanet.com/info/rdzt/2022GDEC/index.html。

第二节 数字经济与传统经济

数字经济是指以数字技术和互联网为基础，利用数字化的手段进行生产、交流、交易和服务的经济活动。主要特点包括：依赖数字技术和互联网，强调数据的收集、分析和应用，促进创新和创造新商业模式。传统经济是指基于物质财富进行生产、交易和服务的经济活动。主要特点包括：强调生产物质财富，依赖传统的生产和交易方式，主要采用人工和物质财富作为生产要素。数字经济发展速度之快，辐射范围之广，影响程度之前所未有，正在成为重组全球要素资源、重塑全球经济结构、改变全球竞争格局的关键力量。我国是世界第一农业和制造业大国，传统经济基础深厚，影响深远。在此背景下，充分认识数字经济和传统经济的特性，把握数字经济和传统经济之间的区别、相互关系和影响，推动数字经济和实体经济融合发展，是持续赋能经济发展、产业结构转型升级，增强国内大循环内生动力的关键所在。

一、数字经济和传统经济的区别

（一）组成要素的区别

1. 生产要素不同。数字经济关键的生产要素是数据，即数字化的知识和信息。数字经济活动涉及各种数据的收集、记录和分析，无论是智能制造，还是大数据等新型数字技术，最基本、最重要的原料即为数据。数据是看不见摸不着的，侧重于对客观事物进行记录和表示的符号，是无形、可再生、无污染而且无限的。在数字空间中，数据可以被处理、分析和解释，从而转化为有意义和有用的信息，再对数据和知识进行深入理解和分析，转化成数字空间中的知识，包括对领域知识的应用、模型和算法的运用，以及对问题解决和决策制定的经验和智慧，通过数字技术和工具，知识可以被存储、共享和传播。对知识和经验的运用演变为智慧，包括对信息知识的理解、分析和运用，以及对目标价值的考量。最后，用户通过各种方式交流数据、信息、知识和智慧等数字要素。

传统经济的生产要素则是以劳动力、资本、土地和原材料等物质资源为主，是有形的现实要素，是进行社会生产经验过程中所必须具备的基本因素。传统生产要素必须包括人和物的因素。劳动力是具有一定生产经验和劳动技能，并能在社会生产中从事劳动的劳动者，物质要素只有被人掌握，并和劳动结合起来，才会形成现实的生产力。随着科技的发展和知识产权制度的建立，生产要素内容也随着时代的发展不断变化，技术和信息也作为相对独立的要素投入生产，在现代化生产中发挥着各自的重要作用。但在传统经济中，信息不是对数据的分析处理，更加依赖于经验和专业知识、经济指标等信息来源，且信息的获取和共享有限，随着衍生出的知识和智慧也更加依赖劳动力个人的经验、专业技能和智力。

2. 生产载体不同。在数字经济中，数字技术扮演着关键的角色。它们提供了数据的获取、存储、处理和传输的能力，加速了信息的流通和共享。数字经济通过利用大数据、云计算、人工智能等技术，推动了生产、消费和交易的数字化转型。数字经济通过数字技术对数据进行处理分析，包括现代信息网络和数字化设备，以互联网、物联网、大数据、云计算等先进的信息技术为基础，这些技术一旦与经济活动相结合，一方面对数据进行产品化的组合，创造出一种新的数字产品或服务，实现新的价值创造；另一方面可以有效推动不同产业之间的融合创新，孕育催生新的商业模式，培育壮大新的经济增长点。数字经济以互联网、移动基站、大数据中心和云平台等数字基础设施建设为主要方向，数字经济中万物互联互通使得低成本甚至无成本跨越时空约束成为可能。

传统经济则通过人力、手工和普通机器，对生产要素进行处理加工，原材料通过规模生产或定制生产实现价值的创造和增值。其中传统农业是在自然经济条件下，多由家庭成员采用人力、畜力、简单农作工具等进行劳作，发展到现代农业，将现代机械化运用到农业生产。传统工业生产使用大量的机械设备，多为机械化、密集型的生产。在基础设施建设中，交通、水电、邮政等则是建设重点，也是促进经济增长和城镇化水平提升的关键，其有效压缩了传统经济中的时空约束，大大降低了地理边界的影响，但是在一定程度上也有局限性，传统经济互通共享仍需要大量的时间金钱成本。

（二）市场关系的区别

1. 供需特点。在消费模式上，传统经济以线下实物消费为主，消费信息的不对称使得传统经济市场把供给作为中心点，消费者的地位很容易被忽略掉，生产者在经济活动中居于有利地位。传统经济中消费主要是由个人的收入水平及商品的供给价格决定，消费者从自身获得最大的效用出发理性地购买企业生产的各种商品与服务，交易模式是简单的购买—消费模式。生产则是基于自身的市场结构，是一种迂回的生产，生产商必须通过经销商的中间环节才能将消费者的需求转化为企业生产指令。在传统的经济形态中，消费和生产往往是相互矛盾的，生产者生产出来的一部分商品可能因为某些原因而没有被消费者所认可与接受，这样就导致了商品的积压，当这种供需矛盾发展到一定程度时，就会使社会经济出现危机。

在数字经济形态中，信息增长膨胀迅速，信息中介在分工上越来越精细与专业化，搜集信息成本大幅度降低，消费者能够及时地获取所需要的服务或者商品。体验消费等模式证明了数字网络能使消费者在个性化领域内的需求得到尽可能的满足，真正体现消费者在主权领域内至高无上的理念。数字经济中电子商务、数字金融和物流业的发展，使得线上、线下深度融合，通过大数据技术挖掘、分析和匹配消费者的需求，利用云计算和人工智能优化交易和物流环节，促进了消费模式的变革。得益于大数据和搜寻引擎的不断发展，消费者对于各种"长尾"产品的需求迅速增加，中小企业可以避免与大企业直接展开产品竞争，走差异化的道路，这为广大中小企业的发展和技术创新带来了新机遇。数字背景下，消费和生产是相互统一的，这主要在于数字网络活动是间接消费的方式，消费者在进行消费活动时，网络或者信息并不能直接满足人们所需求的衣食住行，而是通过掌握在网络消费中的具体信息。消费者在购买前，通过社交网络和网络评价等了解商品信息，消费中能通过网络和生产者进行沟通，生产者规划出下一步进行生产的所需条件，从而更加合理地提供服务与商品来满足人们的需要。网络消费互动中消费和生产的统一和互动，同传统经济形态中消费和生产所呈现出来的独立性假设有着显著的不同。

【小案例 1 – 2】

数字交易模式与喜马拉雅盈利图

截至 2021 年第二季度，网上外卖、在线办公、在线医疗等线上平台的网民使用率达到两位数增长，超九成用户上网观看短视频、直播，激发网络支付的用户规模增加到 8.7 亿人。我国知识付费市场规模从 2017 年的 50 亿元上升至 2020 的 392 亿元，随着内容产出市场发展逐步成熟，行业竞争进一步加剧，激发内容平台通过持续提升创新能力夯实自身内容资产，为消费者提供更加多元化的服务内容和模式，其中以喜马拉雅生产模式为例，通过专业生产内容、专业用户生产内容、用户生产内容三种模式构建稳定的金字塔结构模型，举办听书节、加大优质内容创作者激励等形式，扩大内容品类，涵盖包括二次元、游戏、演讲、科学史等 393 类领域，平台内容供给多元化。

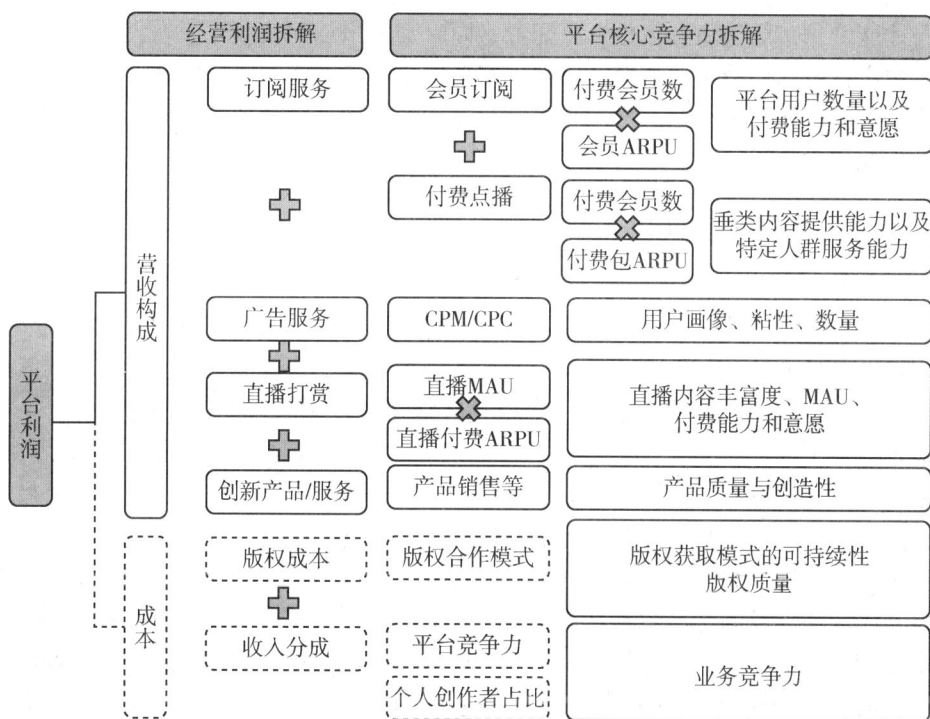

图 1 – 4 喜马拉雅盈利模式

资料来源：2020 年中国知识付费行业发展专题研究报告，iiMedia Research, https：//report. iimedia. cn/repo13 – 0/39270. html?acPlatCode = sohu&acFrom = bg39270.

2. 交易模式不同。传统经济下，交易场所固定，只能在一定范围内完成交易。交易活动和交易市场具有地域性。交易行为主体之间的交易一般借助于传统手段来实现，即以金属货币和纸币为媒介，以实物交易和现场交易为特征，同时借助单据交易。效率较低，交易费用较高，手段和所依托的媒介属于非电子化物品，但是安全度较高。传统的物质商品指各种有形的，看得见、摸得着的商品，且明码标价，商品被制造的目的就是通过产品价值换取资金，获得利润。

数字交易是指使用数字技术、数字货币等方式完成的电子商务交易，人们利用数字技术进行线上购物、转账汇款、虚拟货币交易等各种交易行为。数字交易可以实现 24 小时不受地域限制的全天候交易，交易时间短，可快速完成物品或款项的流转。不同于传统商品，数字商品更加侧重于无形服务，具有可复制、可传递、可重复消费的特征，且数字经济下，商品获利有了更多的方式，比如投放广告等，使得数字经济下用户成为关键。

3. 市场运行特点。对于传统意义上的市场经济行为，政府只能采取实地参与、现场调查和规则制定等相对固定的传统监管治理形式。监管强度和治理效率在很大程度上取决于政府对于市场情况的了解程度，特别是对市场变化的敏锐程度。在传统经济中，仅当存在较为严重的信息不对称时，政府才通过构建平台帮助供需双方实现有效匹配，例如农贸市场、小商品批发市场以及就业服务中心。在其他情况下，经济治理的主要工作是维护市场秩序。

而在数字经济中，由于大数据等新兴要素和资源具有显著的正外部性，必须由政府参与构建平台才能维护市场秩序、优化资源配置，同时又能增加财政收入。在大数据、云计算和区块链等数字技术的加持下，政府可以真正实现对于市场的实时监控，并且通过智能算法对于市场将要发生的变化进行精准预测和实时预警，从而做到防微杜渐，提高市场监管的主动性、预防性和科学性。

（三）发展规律的不同

1. 边际效用。传统经济中，商品是大规模生产的结果，所研究的产品（服务）在质量和性能上没有变化，简单重复的消费很容易达到饱和状态，从而表现出边际效用递减规律，即随着消费数量的增加，单位商品或服务给人们带来的满足程度会逐渐下降。且传统经济大多生产物质商品，即满足人们衣食住行的生理性需求和物质性需求，消费者消费一定数量时，其满足感会下降。

在数字经济时代下，所涉及的产品（服务）在质量和性能上不断改进，发展趋势趋向个性化生产，在消费数量增加的同时，也不断给人们以不同的使用感受，从而能不断提高消费者的满足程度，因此数字经济表现出消费者边际效用递增规律。数字经济则是提供更多的知识信息产品，所涉及的满足主要是针对人们的社会需要或精神生活需要。数字经济是高技术高知识活动的经济，对信息产品和知识的获得、传递、运用、管理是整个数字经济社会的中心，知识或信息存量的大小决定着社会经济效率的高低，其本身要求消费者要具有一定的知识水平和技术能力，而接受新知识更需要一定的知识作为基础，信息或知识存量越大的个人、企业、社会就越具有竞争力；消费者占有的信息或知识越多，给其带来的财富增加就越多，形成知识的累积效应。数字经济中信息产品自身的价值并不很重要，而信息产品通过超越时空的网络传递产生的经济效果却是巨大的，其遵循麦特卡夫定律：网络的收益与网络上节点数的平方成正比的规律，这种收益递增机制的存在对企业具有巨大的诱惑力，它使得网络价值随着网络人数增加及网络规模的扩大不断增大。

2. 生产效率。

（1）边际产出。在传统农业和工业经济中，由于物质资源的有限性、稀缺性，而技术进步的稳定性，市场饱和性，任一产出系统中，随着投入的增加，边际产出呈现递减趋势。在数字经济影响下，数据信息资源成为主要资源，该资源具有可再生和重复利用的特点，对生产者无竞争性，对消费者无排他性，其使用成本也不随着使用量增加而增大。同时数字技术的发展迅速，数字产品受市场容量饱和的影响较小，因此投入产出之间呈现出边际产出递增的现象。

（2）规模经济。在传统经济理论中，企业在激烈的竞争中获取胜利的重要方法则是生产过程中的规模经济。在规模经济阶段，企业可以有效降低单位成本，获得竞争优势，这可以被称为供给方规模经济。在数字经济下，产业生产技术和管理的数字化转型，信息产业、网络产业、知识产业在经济发展中的作用日益突出，而规模经济并不仅仅局限于供给方。商品市场规模的扩大，消费者主观评价上升，导致市场规模的继续扩大和生产者收益的迅速上升，也就是发挥网络外部性和正反馈效应，此时规模效应便发挥作用。

（3）范围经济。社会分工可以进一步加强生产的专业化程度，以提高经济效率。但同时，这种分工的细化使市场的交易范围扩大交易成本增加，这反过来又会影响经济效率的提高，因此范围经济在传统经济学理论中受限。在数字经济下，电子商务发展可以有效扩展交易的时空范围，帮助生产者减少购买成本，缩短运营周期，降低成本。随着数字技术发展，数智化赋能分工更加细化，互联网使得信息获取、检索分享更加便利，生产者更容易获取信息，进行合理的生产选择，实现生产最优规模，范围经济的作用进一步扩大。

二、数字经济和传统经济的联系

数字经济的构成和发展包含着对传统经济的渗透、覆盖和创新，而传统经济向先进智能制造转型升级过程中，也体现着数字经济内在发展的广度和深度。数字经济中数字产业化和产业数字化部门也体现了数字经济和传统经济融合发展、相互促进、密不可分的关系。

（一）传统经济是数字经济的发展基础和重要保障

我国传统经济工业化历程久远，基础深厚，为数字化、智能化技术在农业、工业领域的吸纳和推广奠定了基础。首先，发展数字化智能制造需要一定程度的工业能力积累，我国原有的传统经济在结构和规模上具备良好的数字化改造和升级基础，是推动数字经济发展的关键。其次，传统经济所拥有的海量数据和丰富的应用场景等宝贵资源，是数字经济发展的重要保障，发展智能制造需要一定程度的工业能力积累，一国如果缺乏工业化历程和一定的传统工业基础，就难以进行先进数字化、智能化技术在工业领域的吸纳和推广。我国既有的传统工业在结构和规模上具备良好的数字化改造和升级基础，可以加速数字经济发展。传统工业经济的数字化、智能化发展也可以为数字经济尤其是数字产业化发展提供强有力的支撑。数字经济作为一个系统的整体，其持续发展取决于各产业部门的匹配和支持程度，数字产业化的发展离不开能源、电力和材料等传统工业部门的支持；而后者的数字化、智能化水平提升，又可以更好地促进数字产业化发展。传统经济多数为实体经济，是数字经济中虚拟经济成分的发展基础，同时也为数字经济中虚拟经济成分提供了重要保障。

（二）数字经济是传统经济的重要引擎和强劲动力

互联网、大数据、人工智能等数字技术在传统经济领域的广泛使用和深度融合，可以提高传统经济的全要素生产率，发挥数字技术对传统经济发展的放大、叠加、倍增作用。数字经济通过对传统经济的渗透、支持和改造，利用数据分析传统经济发展阻力，找到传统经济突破关键点，重组传统经济结构，优化要素投入结构，提高要素的使用效率和配置，实现传统经济现代化、智能化，催生新产业新业态新模式，赋予传统经济发展的强劲动力，促进传统经济提质增效升级。

三、新时期传统经济转型面临困境

长期以来，我国经济发展模式一直是依靠劳动力的外向型经济，传统经济仍处于低附加值水平，制造业在全球产业价值链中处于低端位置，核心技术供不应求，产业结构单一化，导致我国传统产业大而不强。随着信息时代的到来，在虚拟经济影响驱动下，传统经济的发展模式并不适应当下的时代潮流，重构传统经济发展体系也较为困难。因此正确认识传统实体产业转型难题，对于传统经济发展具有一定启发作用。

（一）数字化转型难度大、竞争激烈

得益于新技术的应用，数字经济能够更加精准地提供服务。这对企业提供服务的内容和方式提出新的要求，也使企业的生存环境变得更加变幻莫测。作为传统经济与现代经济分水岭，数字经济正在成为"破"与"立"更替和变换的推手。一方面，传统企业面临被淘汰、被替代的风险。大数据分析、云计算等技术手段的应用，能够提供甚至优于传统经济中企业提供的商品和服务，这使得传统企业面临艰巨的挑战。从当前来看，传统实体商超正呈现出消费额大幅下降的态势，从长远来看，咨询业、信息服务业等相关服务型企业也都存在被淘汰的风险。另一方面，数字经济跨界、融合的特点加剧竞争格局的变化，使之更加复杂化。与传统经济企业往往在相关领域探索拓展不同，数字经济提供了更多的可能性。如百度、谷歌等原互联网企业开发地图、导航、无人驾驶等新领域、新应用，使数字经济的竞争更加白热化。

（二）信息环境复杂，战略制定难度高

数字经济中，信息传递速度加快、范围扩大，使信息环境变得更加神秘，这对传统企业的反应能力、辨别能力和信息可获得能力都提出更高的要求。首先，负面信息传播速度更快，对传统企业形象的树立与维护提出新的要求。不同于传统渠道的一点对多点式信息传播模式，互联网的信息传播具有多点、多角度、多维度联结的特点，使负面信息传播的速度和影响范围远超从前。这对传统经济发展的应对能力提出更高要求。其次，虚假、失真的信息干扰，降低了传统企业的经济环境分析和判断的能力。在数字经济中，开放的互联网环境由多种信息构成，这其中也充斥着大量失真、不实的信息。信息的扭曲与失真不仅不利于传统经济分析经营环境，更有甚者会制定错误的战略。最后，信息获取迟滞，导致错失发展机遇。进行前瞻性的战略规划与决策，是以全面搜索和判断信息为基础，立足于未来发展制定的方向。只有充分了解经济社会信息，才能更加准确地制定战略。市场机遇稍纵即逝，如果传统企业不能及时掌握信息，就存在错失发展良机的风险。

（三）承担信息保护责任，加强隐私维护

数字经济中，企业角色变得更加多样化，从原来单纯的产品生产者和提供者向服务

提供者、平台的搭建者以及信息收集和保管的守护者转变。这不仅是对企业运营能力和关注焦点的考验，更是对企业承担责任和义务提出全新要求。一方面，商品和服务提供内容和类型的转变，需要企业担负起监管和维护的责任。在互联网中，网络平台需要对产品的合法化、健康化和符合公序良俗进行监督和管理。另一方面，企业需要肩负尽职保管信息、确保存储和使用安全的责任。在数字经济中，信息具有宝贵的价值，是人们能够享受便利的基础。与此同时，庞杂的信息中具有海量的个人信息，个人信息的不当流出会给消费者带来风险，甚至造成损失。因此，信息的安全和隐私权的保护对企业提出新的要求。企业需要对信息进行妥善保管、保护和维护，确保企业所掌握信息不泄露、不滥用和不被不当获取。

四、数字经济优势赋予传统经济新发展契机

数字经济凭借其强大的数据资源、数字技术等具有较大的发展水平和成长空间，能够收集更多信息，提供更加优质的产品服务，在一定程度上能够促进传统经济的规模效益。数字经济为传统经济转型提供思路，通过数字赋能推动传统企业数字化发展，借助互联网、大数据、人工智能等新一代信息技术转化生产要素，实现经济结构优化，带动相关产业升级。数字经济在一定程度上改善了市场的信息不对称，使传统经济相关产业能够更多专注自身，实现不同程度提升。

（一）激发传统经济增长动力，提升市场活力

以高新技术为代表的数字经济实现快速的增长，正在从政策、投资和需求等方面为传统经济转型提供动力，使传统企业获得较高的发展机遇期。首先，政策支撑为传统经济的创新、创造提供宽松的环境。作为蓬勃发展的经济形式，各国将数字经济提升到国家战略高度，制定激励政策，构建鼓励创新开拓的市场环境，能够给传统企业强大的前行动力。其次，数字经济建设带动投资的活跃，增加市场的活跃度。各项基础设施和前沿技术的研发和实施，需要大量资金投入，且数字经济预期收益将会进一步促进资本流动，促进市场繁荣。数字经济发展使得消费者对了消费的形式和效率提出新要求，电子商务等互联网发展带动了新型消费、娱乐、休闲模式的突破性发展，与数字经济相关的消费需求为传统经济提供更多的建设领域。

（二）打破时空界限，扩大发展空间

在技术的推动下，全球化浪潮席卷世界。数字经济的发展打破时空的阻隔，使全球化进一步深化，世界联结成为更大的市场。经济交流更加密切，经贸往来更加易行，这将使企业获得更大的发展空间。互联网作为开放的平台，跨境贸易变得更加便利，企业面对更具有吸引力的发展前景。一方面，利用互联网技术，消费者通过搜索、点击鼠标便可畅享全球市场的商品和服务。这种消费习惯的变化为企业提供了更大的发展空间。企业所面对的市场不再囿于某地区，而是全球性的市场，这为企业提供了更广阔的舞台。另一方面，提供个性化、特色化的商品，填补市场空白，开发新的市场。在传统经济中，企业往往从大众化的观点出发向市场提供商品，这导致个性化、小众化的需求难以满足。数字经济中，企业能够更加精

准地了解消费者的需求，满足消费者的喜好，获得宝贵的市场份额。

（三）技术赋能，提升企业管理效能

企业在保持持续的规划、运转和调整中实现既定的目标，获得收益和成长。数字经济的出现，为企业的运营和发展提供了更大的机遇。通过现代技术的革新，能够使企业的经营管理更加智能化、科学化、现代化。互联网技术的应用，能够促进企业提高效率。首先，企业能够实现更加灵活多样的办公方式，移动办公、异地办公等方式可以使企业能够大力开拓更广阔的市场。其次，组织结构变化使企业信息的送达和回馈通路畅通。在数字经济下，企业的组织结构正在由金字塔形向扁平化转变，这样能够避免层级繁复造成的信息失真和扭曲，使企业信息传递的清晰度有所提高。最后，各环节之间衔接流畅，能够使企业降低沟通与协调的管理成本。

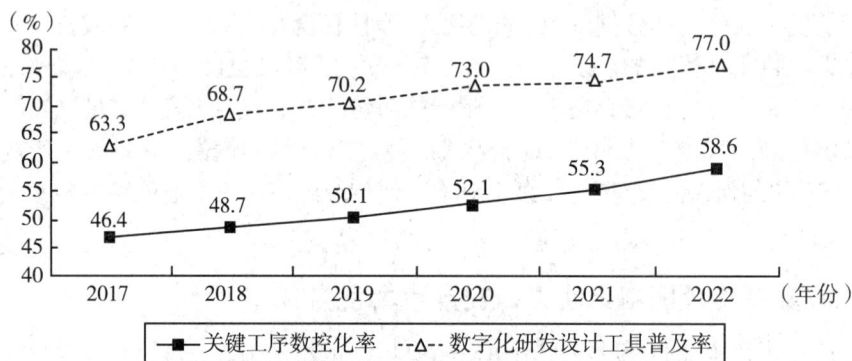

图1-5　全国工业企业关键工序数控化率、数字化研发设计工具普及率

资料来源：国家互联网信息办公室．数字中国发展报告（2022）［R］．https：//cif. mofcom. gov. cn/cif/html/upload/ 2023052409244103_数字中国发展报告（2022）．

【知识链接1-1】

数字赋能传统行业

数字持续赋能传统各行各业。农业数字化加快向全产业链延伸，农业生产信息化率超过25%，智能灌溉、精准施肥、智能温室、产品溯源等新模式得到广泛推广。2022年全国工业企业关键工序数控化率、数字化研发设计工具普及率分别增长至58.6%和77.0%，同比分别提升3.3个和2.3个百分点。工业互联网核心产业规模超1.2万亿元，同比增长15.5%。服务业数字化转型深入推进，线上消费在稳消费中发挥积极作用，全国网上零售额达13.79万亿元，同比增长4%。其线上办公、在线旅行预订、互联网医疗用户规模分别达5.4亿人、4.2亿人、3.6亿人，增长率分别达到15.1%、6.5%、21.7%。

资料来源：国家互联网信息办公室．数字中国发展报告（2022）［R］．https：//cif. mofcom. gov. cn/ html/upload/2023052409244103_数字中国发展报告（2022）．

第三节　数字经济的经济学基础

数字经济作为一种立足于新生产要素、利用新技术、创造出新商业模式的新经济形态，其是否内含的传统经济学理论也是我们要研究的内容之一。理解数字经济的经济学基础，有助于我们更深层次理解数字经济发展机制。

一、数字经济微观层面的经济学基础

（一）数据作为生产要素的非竞争性

数据作为新的生产要素，其使用主体并没有明显的划分。非竞争性意味着同一数据能够被不同主体同时使用，且在不减少已有使用者价值的同时带来新的递增价值。任何人都可以使用数据，并且在使用数据的过程中不会影响其他人对数据的使用，即随着使用数据的人数增加，增加的使用者的边际成本为 0。例如腾讯即时通信的商业模式推广成本低，扩展速度快，任何人都可以下载微信，成本接近为 0。

数据的非竞争性决定了数据只有实现开放共享、重复再用，才会创造更大的价值。越使用，数据的再生能力越强，数据之间的相关性就会越多。数据相关性的发现、运用，决定了数据资源特有的经济价值、社会价值和管理价值。

（二）数据作为产权的非排他性

数据一旦被某个企业或者某个人占有，就有可能形成排他性。随着劳动者、企业和机构采集管理的数据规模足够庞大、内容足够复杂和广泛时，数据生产要素就表现出高度的排他性，拥有数据的企业和机构会选择"窖藏"而非分享数据。数据的复杂性和广泛性也使其无法被包含在人力资本当中（如知识和技术），随着人事变动或劳动力迁移而公开或扩散。此时个人可以被排除在使用数据的利益之外，有需求的使用者需付出一定成本，排除其他潜在的用户。

数据作为生产要素的非竞争性和作为产权的排他性结合起来，也会带来数字经济时代微观层面的效率、公平、竞争和垄断问题。

（三）数字经济的规模经济和范围经济

数字经济背景下，企业生产成本呈现出高固定成本和低边际成本的特点，前者通常是沉没成本，包括产品前期的研发成本、宣传费以及吸引顾客采取的免费策略所消耗的成本等；后者是当企业用户积累到一定程度时，会触发正反馈，实现马太效应，此时企业的产品可以实现零成本无限制地传播推广，这是由数字经济发展特点所导致的。此时就产生了微观上通常所说的规模经济，在企业提供一定数量的数字产品范围内，固定成本变化不大，扩大用户规模并不会提高企业的成本，反而边际成本低会拉动平均成本的下降。例如腾讯的即时业务，随着使用 QQ 和微信的人数越来越多，使用 QQ 和微信对人们来说成为一种交流的必然选择，那么腾讯获取新用户的成本几乎为0，这与人们使用支付宝、阿里巴巴获得更多新用户的成本几乎为0是一样的道理。

数字经济下，企业可以依靠一种主营业务积累起来的业务，低成本地开展多样化的业务，这使得企业产品的种类大幅度增加，但同时生产多种业务的费用低于分别开展每种业务生产所需成本的总和，此时企业就产生了微观上所谓的范围经济，同样这也是由于数字经济的特性引起的。仍以腾讯和阿里巴巴为例，腾讯在提供即时服务的同时，也开展了邮件、游戏、新闻、音乐等衍生业务；阿里巴巴在提供第三方支付平台的同时，开展金融、影视、信贷等衍生业务，其共同点仍是基于主营业务所搭建起来的平台和积累的用户，具有低成本的特点。

二、数字经济中观层面的经济学基础

（一）产业创新效应

ICT产业利用数字经济信息通信技术所产生的一系列创新活动，会反过来迫使产业内企业不断进行技术创新和组织管理创新。这可以由中观上的产业创新效应分析，产业内部企业通过组合各种数据资源，运用数字技术创造出新的数字产品，进行推广使用。当其商业化成功、企业取得利润时，这项技术创新才算成功。而一旦取得成果，产业内其他企业通过对此项技术创新的消化、吸收和模仿，并以此为基础进行技术改良，又导致渐进性的技术创新不断发生，从而产生产业内部强大的挤压效应，瓜分市场利润，此时又会倒逼企业进行新的创新活动。

（二）产业融合效应

数字经济具有强渗透性，数字经济技术在传统产业的广泛应用而带来的数字经济和传统经济的产业融合，就是中观的产业融合效应。即在时间上先后产生，结构上处于不同层次的经济形态在同一个产业、产业链、产业网中相互渗透、相互包含、融合发展的产业与经济增长形态，促使低端产业向高端产业发展，实现产业升级的知识运营增长方式。例如，数字技术应用于工业制造领域，从而衍生智能制造、个性化定制、网络化协同等模式，改变了工业传统供需模式，提高了整体的效率。

（三）产业关联效应

数字经济及技术带动产业之间的关联和互动，形成产业集群，降低成本。数字技术从数字产业出发，先扩散到其密切关联的行业，通过高协同性和正反馈效应形成强烈互动的产业集群，再通过横向和纵向产业关联，完成对整个产业结构深度改造，各产业之间存在广泛、复杂和密切的技术经济联系，产业间相互依存，这便是中观产业关联效应。

数字技术的不断发展，使得数字经济发展壮大到成为经济社会的重要产业；之后促进传统经济产业的数字化、智能化等发展，带动了产业间的正向联动发展；最后使得整个经济体转型升级。

三、数字经济宏观层面的经济学基础

（一）数字经济拉动宏观经济增长基于生产函数角度

传统索罗模型只包括技术劳动、资本要素的生产要素，数字经济将通过数据这一生产要素，改变生产函数形式，但是不影响宏观生产函数基础原理。我们将引入的数据生产要素的索罗模型定义为 $Y = T \times F(D, A, K, L)$。（1）从生产要素角度，在产能一定下，通过改变各生产要素的配置，能够让产出接近潜在产能。数字经济的规模效应既增加了要素的投入数量，也提高了可投入要素的质量，通过数据分析精准性，使得生产资料在各部门之间分配，因此拉动宏观经济增长。（2）从产出函数分析，生产要素更加丰富，数字经济更加发挥技术的作用，从而提高数据、资本、劳动力的边际产出，拉动经济增长。（3）从全要素生产角度，数字经济的发展一方面包括了数字技术提高生产效率；另一方面通过创新商业模式精准匹配供需，提高了全要素生产率 T，拉动经济增长。

（二）数字经济发展立足于市场决定和政府调控

数字经济作为一种新兴市场模式，其发展过程中难以克服市场经济发展过程中所凸显的弊端，宏观调控作为上层建筑，也必须参与到数字经济发展过程中。只从市场角度会产生一系列不理性的经济问题，因此政府宏观调控要对数字经济发展的方向和重点进行合理引导，以法制为基础维护数字经济市场经济秩序，为数字经济发展营造良好的创新和营商环境，迎接数字红利的到来，促进经济繁荣。

第四节 数字经济的发展趋势

一、全球数字经济发展趋势

（一）数字经济发展迅速，数字转型战略主体多元化

全球数字经济发展整体保持稳定态势。中国信息通信研究院发布的《全球数字经济白皮书（2022 年）》（以下简称《白皮书》）显示，2021 年，全球 47 个主要经济体数字经济规模为 38.1 万亿美元，较 2020 年增加 5.1 万亿美元；数字经济占 GDP 比重为 45.0%，同比增长 1 个百分点；数字经济同比名义增长 15.6%，高于同期 GDP 名义增速 2.5 个百分点，这表明全球数字经济规模持续扩展，各国视数字经济为应对经济冲击、稳定经济环境、提升经济能力的重要发展战略，在国民经济中的地位稳步提升，是全球经济发展的新支撑。且数字经济以其持续涌现的新模式、新业态和较高的创新性，持续为全球经济注入动力，有效支撑全球经济复苏；《白皮书》指出全球 47 个主要经济体数字产业化规模为 5.7 万亿美元，占数字经济比重为 15%，占 GDP 比重为 6.8%，产业数字化规模为 32.4 万亿美元，占数字经济比重为 85%，占 GDP 比重约为 38.2%，较 2020 年上升 1 个百分点，表明产业数字化依然是全球数字经济发展的主导力量，数字经济加速向传统产业渗透；全球 47 个经济体三二

一产业数字经济增加值占行业增加值的比重分别为45.3%、24.3%和8.6%，分别较2020年提升1.3个、0.8个和0.6个百分点，这表明了全球三二一产业数字经济持续渗透。根据行业属性，在数字经济应用传统产业的比率中，第三产业率先爆发，数字化转型的效果更加显著；而二一产业的应用效果有待持续释放。

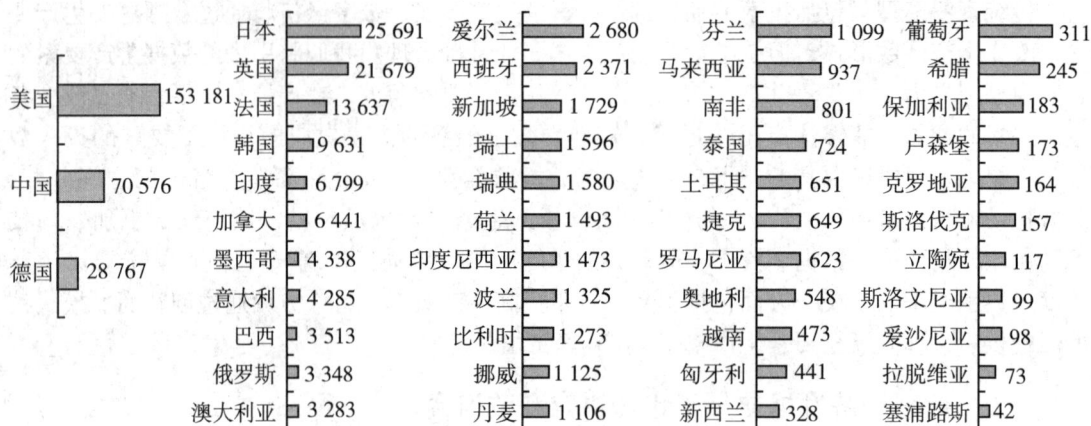

图1-6 2021年各国数字经济规模（亿美元）

资料来源：中国信息通信研究院. 全球数字经济白皮书（2022）[R]. 2022：12.

（二）数据成为新型生产要素，重点发展数字经济基础设施

当今世界正在经历一场更大范围、更深层次的科技革命和产业变革，数字经济引领新一轮科技革命和产业变革，正在成为重组全球要素资源，重塑经济结构的关键力量，而作为数字经济核心生产要素的数据则成为重要生产力和关键生产要素，深入渗透到生产、分配、交换和消费的各个环节，引领劳动力、资本、土地、技术、管理等要素网络化共享、集约化整合、协作化开发和高效化利用、具有强大的生产力，因此掌握核心关键数据，推动数据要素价值释放，发展数字经济将成为各国数字经济发展的战略重点。目前，各国也都开展了关于数据确权、数据空间的探索，韩国推进MyData模式旨在推动个人控制自身数据，澳大利亚确定消费者数据权；欧盟公布《数据法案》进一步确定数据相关主体的权利和义务，与此同时推进欧洲数据云计划，以数据空间为核心，打造工业、能源等十二大数据空间；日本推动构建互联互通的分布式数据流通体系；中国探索构建可信工业数据空间，致力于实现数据可控、可管、可流通。下一步，积极培育数据要素市场，探索数据确权和定价机制，打造数据交易中介平台，探索数据市场制度，激发数据要素潜能将成为全球探索方向。

如果说数据是数字经济的关键，新型数字基础设施便是数字经济发展的基石。随着数字经济的发展，新型基础设施也在加速向数智化、高速度、全覆盖方向发展，加强新型基础设施建设也是各国普遍共识。《白皮书》指出截至2023年3月，全球5G网络人口覆盖率为30.6%，同比提高5.5%，全球已有超过230家运营商推出商用5G服务，累计建成超过300万个，覆盖超7亿用户的5G基站，5G等网络基础设施建设进程加速开展。IDC报告数据显示，算力指数平均每提高1个点，数字经济和GDP将分别增长3.5%、1.8%，以数据中心、云计算、智能计算中心等为代表的算力基础设施将对经济复苏发挥更加重要的作用，也将成

为各国推动数据经济、加快经济创新的重要驱动力量。工业互联网等融合基础设施也将加快发展，在龙头企业引领下，工业互联网平台生态逐渐壮大，加速工业大数据、人工智能、元宇宙等新一代信息通信技术应用。当今各国顺应地区和全球合作潮流，共建共享新型基础设施，加强全球信息互联，提高国家区域间沟通效率。

（三）全球数字化转型进程加快，数字技术创新得到新突破

IDC《2022 第一版全球数字化支出指南》报告预测，2022 年全球数字化转型支出将达到 1.8 亿美元，同比增长 17.6%；2022～2026 年数字化转型支出复合增长率约为 16.6%。从行业来看，离散制造和流程制造将占 2022 年全球数字化转型支出近 30%，其次是专业服务和零售行业；从地区来看，美国 2022 年的数字化转型支出最大，占全球约 35%，西欧、中国紧随其后。全球各国加大数字化转型支出，未来数字化转型支出也将保持两位数稳定增长。《白皮书》中预计未来 10～15 年，以数字技术的变革创新及其与经济社会各领域融合创新为主要技术驱动的第四次工业革命将席卷全球，实体经济的各个产业将经历深刻的数字化转型变革。数字技术赋能实体经济将重构实体产业的资源配置、组织形式和结构。数字经济中产业数字化和数字产业化这两大领域将进一步发展，产业互联网平台引导实体产业发展的新方向，同时也支撑起新兴产业不断扩大规模，增加其在经济结构中的比重，在经济体系中发挥重要作用。

数字技术创新已成为全球数字经济发展、数字化转型、数据要素提质增效的变革性力量，数字技术在加速创新、提高生产等方面具有巨大潜力。新型网络技术开启万物互联时代，提高了接收处理信息的能力，推动了数字行业流量爆发式增长。新型分析技术、新型互信技术等促进关键领域实现突破性发展，《白皮书》预计 2035 年人工智能将带来制造业增加值 2.2% 的增长，2030 年将有约 30% 规模超过 50 亿美元的制造企业使用区块链技术。各国已将前沿技术创新作为关键发展战略，强化前沿技术研发投入，美国通过的《2022 财年国防授权法案》批准 147 亿美元的科技研发费用，重点投资"先进能力赋能器"；欧盟计划未来 7 年在绿色、数字和健康技术等领域投资 100 亿欧元。《数字中国发展报告（2022）》指出，中国市值排名前 100 的互联网企业总研发投入达 3 384 亿元，同比增长 9.1%。各国大力推动数字技术创新突破，聚焦各国科技创新资源，鼓励更多经济体参与全球数字技术创新建设，积极开展国际合作，促进技术、资源开放流动，营造良好的数字技术发展环境，更好利用数字技术推动数字经济创新发展。

（四）数字政府建设成为建设重点，数字治理能力成为新衡量标准

在数字经济大力发展下，数字化不仅渗透在经济层面，也将辐射社会管理层面，政府如何利用数字化提升管理能力和服务水平将检验各国数字经济的发展力量。2022 年全球数字政务水平提升，常用 22 项在线政务全球覆盖率上升 71%，目前已有 155 个国家发布数字政府相关战略，旨在加快公共部门数字化改革。纵观全球主要国家展开数字经济战略，《英国数字战略》聚焦于完善数字基础设施、发展创意和知识产权、提升数字技能和培养人才等领域，致力于推动英国数字经济发展更具包容性、竞争力和创新性；中国发布《"十四五"数字经济发展规划》，从顶层设计上明确数字经济发展的总体思路、发展目标、重点任务等，致力于推动新时期下数字经济高质量发展；德国《数字战略（2025）》聚焦于数字技

能、数字基础设施及设备、数字创新和数字人才培育等，致力于提升德国数字化发展能力。完善数字经济顶层设计，统筹数字经济发展已成为各国激发经济增长活力的重要手段。

数字化治理不仅仅涉及经济领域，而且能协调经济、社会、政府等领域的多元化治理，多主体通过"数字技术＋治理"提供数字化公共服务，提高公共服务和治理的质量、效率和可持续性。目前全球主要国家重点加强数字治理，中国《"十四五"国家信息化规划》提出，要建立健全规范有序的数字化发展治理体系，旨在营造开放、健康、安全的数字生态，加快数字中国建设进程；美国《国家安全战略》指出，新兴技术发展与数字治理秩序契合美式价值观对于美国国家利益的重要性，数字治理能力水平的高低成为数字经济营商环境、政府数字管理安全的重要标志。数字治理并不局限于国家内部，对于层出不穷的数字治理问题，各国也要围绕信息网络、数据要素、数字平台、技术应用议题开展全球数字治理讨论，着力解决数字全球化过程中国家间内部发展不平衡、不充分问题，凝聚共识，尊重各国数字监管主权和需要，践行共商共建共享的全球治理观。

（五）构建数字经济规则体系，打造网络空间命运共同体

随着数字经济的高速发展，各国各组织之间在数据流动、数据交易、数据网络安全等方面交流逐渐频繁，各国在跨境数据流动、网络安全等重要议题方面取得积极进展。《白皮书》指出，2021年全球网络安全投融资交易金额为293亿美元，同比增长136.2%；全球共发生网络安全投融资业务1 042起，同比增长43.1%。观察近五年来，全球网络安全支出占IT支出比重约为5%，这展现了巨大的网络安全市场需求，其中以欧洲、美国和日本等发达国家为主，加大了网络安全领域的整体投入和财政预算。例如，2023财年美国为民事机构提供网络安全领域预算109亿美元，较上一年度增长11%，全球开展由发达国家引领的网络安全融资热潮。因此各国要在尊重各自主权和发展利益的基础上，围绕平等互惠、共同协商构建全球数字经济规则体系，针对用户隐私、数据安全、数据治理等，加强交流合作，提高信任共识，让数据更好地应用于数字经济发展，更大程度上促进全球技术进步。

国际合作、组织交流等将会进一步加强，各国积极应对新型网络安全风险，提高关键领域内网络数据信息的保障能力，共同营造良好的数字经济发展环境。寻求激发数字经济活力、优化数字社会环境的积极合作伙伴，打造互惠互利、尊重平等、合作共赢的数字经济合作伙伴关系。数据战略主体多元化进一步展现了发展中国家扩大自身参与数字经济交流的活跃度和话语权，鼓励发展中国家积极融入国际数字积极合作新格局，加强不同发展水平国家的协调互动。依托南南合作平台，推动南北交流，共享数字经济发展经验、知识，援建数字经济基础，数字经济领域的国际发展合作将进一步深化，推动构建人类命运共同体。

二、中国数字经济发展趋势

（一）保持数字经济发展势头，集中力量推进技术攻关

中国信通院发布的《中国数字经济发展研究报告（2023）》（以下简称《报告》）指出，2022年我国数字经济规模达50.2万亿元，同比增加4.68万亿元，同比名义增长10.3%，已连续11年显著高于同期GDP名义增速，数字经济占GDP比重达41.5%，这表明即使面

临经济新的下行压力，我国仍把发展数字经济作为培育经济增长新动能，抓住发展新机遇，进一步实现数字经济量的合理增长。数字经济占 GDP 比重的进一步提升，在国民经济中的地位更加稳固，持续为国民经济保驾护航。我国高度重视数字经济发展，党的十八大以来，数字经济已上升为国家战略，习近平总书记多次发表重要讲话，深刻阐述数字经济发展的规律趋势，为我国数字经济发展指明方向。从 2017 年第一次指出"促进数字经济加快发展"，到 2022 年将"促进数字经济发展"单独成段，再到 2023 年"大力发展数字经济"，国家对于数字经济的表述不断强化，也释放出大力发展数字经济的积极政策信号，保持数字经济发展势头，为国民经济恢复提供新兴力量。

《报告》指出，我国"5G＋互联网"主要专利数占全球 40%，保持全球领先地位，技术创新持续赋能经济发展，数字科技创新是经济保持稳定增长的关键能力，也是数字经济发展的核心要素。对于我国来说，科技创新是强国的必需品，是战略重点。通过加强数字技术基础研发，瞄准战略性前沿领域，加快突破数字关键核心技术，可促进创新模式进一步开放，推动数字技术成果转型，实现创新技术产业化。未来我国数字经济发展的重点将围绕强化技术研发、构建自立自强创新体系开展，加快探索开放条件下新型举国创新体制，把握 5G/6G、人工智能、未来网络等前沿技术的重大机遇，处理好原始创新、集成创新和引进吸收再创新的关系，把握技术创新发展主动权。

（二）持续推进产业数字转型，三二一产业齐头并进

《报告》显示，2022 年我国数字产业化规模达到 9.2 万亿元，产业数字化规模为 41 万亿元，占数字经济比重分别为 18.3% 和 81.7%，数字经济的二八比例结构较为稳定。其中三二一产数字经济渗透率分别为 44.7%、24.0% 和 10.5%，同比分别提升 1.6 个、1.2 个和 0.4 个百分点，二三产渗透率增幅差距进一步缩小，互联网、大数据、人工智能等数字技术更加突出赋能作用，与实体经济融合加深，探索更多形式的产业数字化转型方式。在新形势下，改造传统产业、提高生产效率是推动实体经济发展的一大战略，全面深化大中小型企业数字化转型升级，鼓励打造一体化数字平台，提升企业内部和产业链上下游协同效率。

2022 年，我国各行业深刻认识到数字化转型的重要性，我国服务业数字经济渗透率为 44.7%，同比增长 1.6%；工业数字渗透率为 24%，同比增长 1.2%；农业数字经济增长率为 10.5%，同比增长 0.4%，新一轮数字科技革命为我国产业发展数字经济提供了重大机遇。目前，工业互联网融合应用深化，数字平台加速兴起，也为一二三产业融通发展创造新模式，赋能千行百业数字化转型，促进产业升级，促进产业链价值链供应链上下游的数据互通、资源协同。下一步，我国也将深度探索多维度数字化转型方式，强化各级财政资金加大对数字化转型的投入，加强对转型重大平台支持、引导三二一产业数字化升级和关键环节的数字化改造，提升各行各业数字化能力，促进数字经济发展质的提升。

（三）完善数据要素市场建设，探索数据产权制度界定原则

我国数据资源丰富，2022 年我国数据产量达到 6.6ZB，同比增长 29.4%，占全球总产量的 9.9%，居全球第二位。但是真正开放、共享使用的数据量很小。在已有数据生产过程中，存在着数据质量参差不齐、标准不统一、数据权属界定模糊、数据不完整、企业权责不明确等问题，数据发展仍需更多实践探索。2022 年 10 月，中共中央、国务院印发《关于构

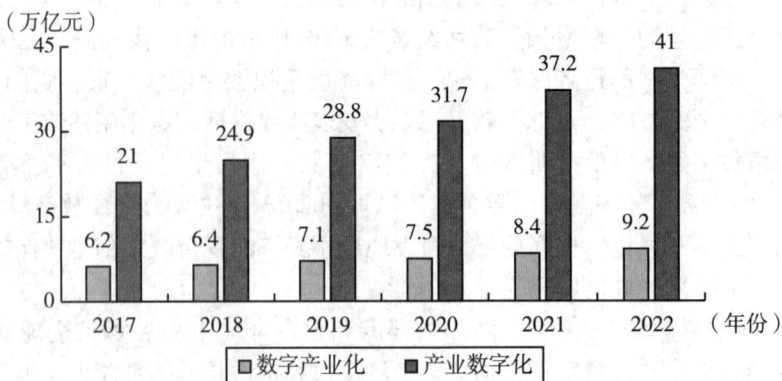

（万亿元）

图1-7　我国数字产业化和产业数字化规模

资料来源：中国信息通信研究院. 中国数字经济发展研究报告（2023）［R］. http://www.caict.ac.cn/kxyj/qwfb/bps/202304/P020230427572038320317.

建数据基础制度更好发挥数据要素作用的意见》（以下简称《意见》），这是我国首个从生产要素高度部署数据要素价值释放的国家级专项政策文件，为推动数据要素价值释放提供了政策支撑。《意见》中提出四个着力点：着力构建数据全流程合规与监管规则体系；着力构建规范高效的数据要素交易场所；着力培育数据要素流通和交易服务生态；着力推动数据安全合规跨境流通。这为我国要素市场建设、要素制度体系构建指明了未来发展方向，将会大力释放我国数据价值。

目前，我国关于数据权属界定仍存在巨大争议，数据产权制度会进一步影响数据流通交易、数据收益分配等，也会推动数据要素市场建设加速资源化、资产化。《意见》虽未给出明确的数据权属，但是提出要明确数据产权制度创新探索的重要原则和机制，将有利于激发社会各主体投入到数据产权制度的探索中，集思广益破解产权不明确难题。不久的将来，符合中国特色的完善的数据产权制度也将会在数字经济基础上建立推行，为数据主体提供保障。

（四）推动建设数字化服务型政府，重点打造智慧城市

截至2023年4月，《报告》显示全国一体化在线政务服务平台已涵盖46个国务院组成部门的1 376项政务服务事项；31个省份和新疆生产建设兵团共549万多项政务服务事项；汇聚13.67亿件政务服务。这表明我国数字政府已进入以一体化政务服务为特征的整体服务阶段，这大大提升了我国人民群众的获得感、幸福感、安全感。2022年，国务院印发《关于加强数字政府建设的指导意见》，明确数字政府的体系框架，将大力建设数字政府和数字社会建设，推动全国一体化在线政务服务平台运行，推动政务信息化共建共用共享，加快推进政务服务标准化、规范化、便利化。加快社会服务优化升级，推动公共服务资源数字化供需对接，精准匹配公共服务资源，提升服务资源配置效率和共享水平，满足数字经济发展需要。

我国数字孪生城市已从概念、框架走向落实。目前全国仅住房和城乡建设部公布的智慧城市试点数量已达到290个，数字孪生城市进程加快，这是目前各地智慧城市建设或者城市

数字化转型的重要方向。未来使用城市信息模型，数字孪生等新技术运用到城市治理之中，强化城市基础能力，逐步推广到多个智慧应用场景和智能决策等环节，渗透到智能交通、能源管理、文化事业、应急预警、环境治理等多个城市领域，将大幅度提升我国城市精细化治理能力。

【知识链接 1-2】

我国电子政务发展指数

从 2012~2022 年，我国电子政务发展指数国际排名从 78 位上升到 43 位，是上升最快的国家之一。其中"在线服务"指数排名保持全球领先水平，上海在全球 193 个城市综合排名中位列第 10 名，城市数字化服务达到国际领先水平。截至 2022 年底，全国一体化政务服务平台实名注册用户超过 10 亿人；国家政务服务平台总使用量超过 850 亿人次。

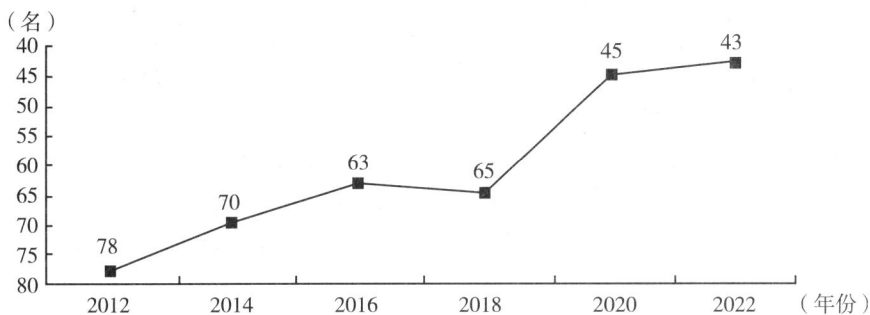

图 1-8 2012~2022 年我国电子政务发展指数全球排名变化情况

资料来源：中央党校（国家行政学院）. 2022 联合国电子政务调查报告（中文版）[R]. https://www.ccps.gov.cn/dxsy/202301/t20230106_156405.shtml.

（五）弥合城乡数字经济鸿沟，促进数字经济普惠共享

我国一直持续推进农业信息化建设，引入资本投资建设数字乡村。《中国数字乡村发展报告（2022 年)》提到，2021 年全国数字乡村发展水平达到 39.1%，其中，东中西部地区分别为 42.9%、42.5%、33.6%。高于全国平均水平的省份有 12 个。网络基础设施方面，农村已实现全覆盖，通信得到极大的提升。截至 2021 年底，全国行政村通宽带比例已达到 100%，通光纤、通 4G 比例均超过 99%，基本实现农村城市"同网同速"。截至 2022 年 8 月，全国已累计建成并开通 5G 基站 196.8 万个，5G 网络覆盖所有地级市城区、县城城区和 96% 的乡镇镇区，已实现"县县通 5G"。截至 2022 年 6 月，农村网民规模达 2.93 亿人，农村互联网普及率达到 58.8%，是"十三五"初期的两倍，城乡互联网普及率差距缩小近 15%。

我国在"互联网+"发展初期，就强调通过互联网促进社会资源流动，实现服务资源优化配置，不仅仅聚焦于城市发展，更多关注乡村、偏远地区等弱势地区，也更加满足落后地区的信息要求，重点消除信息不匹配的发展障碍，让公众享受更加公平高效、普惠便捷的信息服务。2022 年《国务院关于加强数字政府建设的指导意见》提到，要推动数字普惠，

加大对欠发达地区数字政府建设的支持力度，加强对农村地区资金、技术、人才等方面的支持，扩大数字基础设施覆盖范围，优化数字公共产品供给，加快消除区域间数字鸿沟。

（六）大力推进数据安全产业建设，提高抵御数字安全风险能力

我国数字经济和信息产业蓬勃发展，但是随着新业态新技术的应用，数据规模不断扩大，数据泄露、滥用等风险凸显，尤其当数据用于敏感领域时，其流通潜在风险将大幅增加，一旦泄露将会引发严重的公共安全问题，因此防范数据安全风险，构建数据安全保护体系，增强数字监管能力成为各方共识。2022年12月，中央经济工作会议明确指出要"大力发展数字经济，提升常态化监管水平"。2022年，我国《数据安全法》和《个人信息保护法》颁布施行一周年，我国数据安全战略布局初步形成，数据安全标准化工作加速推进，数据安全技术发展方兴未艾，数据安全审查与监管措施逐步完善，数据安全产业发展迅猛，数据安全市场需求旺盛，数据安全管理及个人信息保护认证体系逐步构建，数据安全各项工作都取得长足的进步。

全球数据安全博弈加速白热化，数据安全成为国家数字经济发展的重要影响因素，此外数字市场也为数字安全产业带来了发展机遇。根据未来数字安全产业发展趋势，建立符合国情的数据安全保障，占领数字经济发展高地，是我国经济发展的下一个战略重点。2023年工信部等十六部门印发的《关于促进数据安全产业发展的指导意见》（以下简称《意见》）提出，到2025年，我国数据安全产业规模超过1 500亿元，年复合增长率超过30%，建成五个省部级及以上数据安全重点实验室，攻关一批数据安全重点技术和产品，数据安全产业基础能力和综合实力明显增强。

今后，我国将出台细则落实数据安全审查、数据安全监测、数据交易等制度，进一步细化数据分类分级、重要数据目录、数据风险评估数据出境等重点工作的相关规范要求，进一步明确国家核心数据、重要数据保护手段。

（七）积极参与全球数字经济发展，维护多边数字经济治理机制

从全球范围内看，我国已建成全球规模最大、技术领先的网络基础，且数字生态不断革新，数字治理体系不断完善。中国电子信息产业发展研究院发布的《2022中国数字经济发展研究报告》显示，十年来，在创新研发投入快速增长、网络基础设施建设迭代跨越的推动下，中国数字经济规模跃居世界第二，增速远超全球平均水平，居世界第一。目前世界各国都在密切关注中国数字经济的发展，日本《富士产经商报》关注到中国积极利用互联网技术优势，致力于创新型智能制造；西班牙《国家报》网站以"数字经济，中国就业的新引擎"为题发表文章指出，中国创造就业机会最引人注目的举措之一是促进数字经济发展；法国《费加罗报》的文章指出，中国互联网行业蓬勃发展，得益于政府鼓励市场创新和行业竞争等。中国数字经济发展走在时代前列，在数字关键领域取得成效，为解决数字相关的复杂问题提供中国思路，已成为全球数字经济的主要参与者。

近年来，我国高度重视数字经济发展和治理问题，并且在全球数字经济治理规则制定中发挥着重要作用。从2016年我国牵头制定发布了全球首个由多国领导人共同签署的《G20数字经济发展与合作倡议》，到2022年8月18日中国加入DEPA工作组正式成立，全面推进加入DEPA谈判，反映出我国始终将数字经济作为国际合作的重要议题，积极参与全球网

络空间治理体系改革和建设，持续推进与共建"一带一路"国家数字领域战略互信和务实合作，努力为全球数字经济发展和治理做出积极贡献。中国一直坚持开放、平等、共享和包容的立场，持续完善国内数字经济法律法规、政策规范，积极主动地融入全球数字经济发展中，倡导构建全球数字技术治理框架，倡议将数字经济与共建"一带一路"相结合，缩小国际"数字鸿沟"。我国秉承多元协同理念，统筹国际发展和安全，推动构建包容普惠的数字经济治理体系，在维护各国基本立场前提下，在"和而不同"中实现各国数字经济共同发展、共同繁荣。

【复习思考题】

1. 数字经济的定义是什么？
2. 数字经济特点是什么？
3. 解释数字经济和传统经济之间的差别。这两个经济领域是如何相互联系的？
4. 数字经济学和传统经济学之间的内在联系是什么？
5. 我们如何运用传统经济学解释数字经济学发展中的问题？
6. 当今中国数字经济发展趋势有哪些？

第二章

数字经济的理论基础

■ 【学习目标】

◇ 了解数字经济基础——数据要素
◇ 掌握数字经济的生产者与消费者
◇ 理解数字经济生产过程如何提升经济效率
◇ 理解数字经济交易过程如何降低运行成本
◇ 了解数字经济扩散过程如何推动组织创新
◇ 理解重构经济形态是支撑数字经济的基础
◇ 理解平台经济是数字交易的重要场所
◇ 理解数字经济条件下的拍卖机制
◇ 理解数字经济条件下的匹配机制

【案例导引】

美国最大流媒体平台奈飞（Netflix）的发展之路

哈斯汀斯（Reed Hastings）于1997年创建称为奈飞的DVD租赁公司，当时美国电影总体发行收入中有40%是来自DVD，包括DVD的租赁和销售，其中DVD的租赁又占了40%的份额。

一、奈飞DVD租赁业务"互联网"+"物流"模式

奈飞通过独有的方案，让客户租借DVD的整个过程大大简化：客户可在线搜索找到想要的DVD，奈飞通过邮政直接邮寄给客户，实现"互联网"+"物流"的运作模式。不再依赖实体店面，奈飞使用有足够空间存放海量DVD影片的仓库；客户可以从自家邮箱拿到DVD，看完之后放回邮箱或者邮局信箱，归还旧片再借新片。奈飞带给客户十分愉快的消费体验，在运作新模式的1999年便获得了23.9万名用户。2002年奈飞在纳斯达克上市，5年后会员增长到了750万名，业务也从国内DVD租赁发展到国内流媒体和国际流媒体。

二、奈飞的流媒体平台服务模式

2008年奈飞上线了全新的流媒体服务。一开始奈飞通过购买版权价格较低的老电影和电视节目免费为会员提供在线视频观看，这样吸引了许多在线观看会员的加入。2009~2011年，奈飞的DVD租赁业务仍保持每年约30%的增长，与此同时会员在线观影时长也在快速增加。

随着网络技术的逐步成熟，奈飞清楚地认识到网络视频服务终将取代DVD租赁业务。2011年奈飞在线视频服务开始实施面向会员收费。当时几乎没有视频网站向用户收费，奈飞的分拆收费承受了来自许多方面的质疑，一度损失80万名用户。然而哈斯汀斯相信只要能将会员体验做到极致，一定能让人们认可它的价值。基于用户体验，奈飞拒绝广告，专注于会员制，一切业务围绕提升会员体验。

三、不断提高推荐引擎的推荐效率

奈飞对于数据挖掘、算法格外重视，认为推荐引擎是提升会员体验的重要途径。热门影片、冷门影片资源利用严重不均衡的问题，通过客户推荐系统可以大大缓解。推荐系统基于过往与用户大量的交互匹配信息，通过跟踪会员的观看习惯和行为，以及他们的观后推荐、影片评论和评级等信息，运用高度智能化的算法推测客户可能感兴趣的其他影片，其中就包括很多不受关注的冷门影片。

在流媒体业务，奈飞令数据挖掘产生了更大的效益。虽然是在线播放，不存在DVD碟片实体，但仍旧有资源配置的问题。同一部片子同时点播的人越多对系统宽带的压力就越大，流量分布若能提前预知则能更好地应对，从而使会员观看的效果更流畅。比如周一某部电视剧在一个地区的点播率很高，那么那个地区所有的服务器就会立刻预先装载更多的此剧集，为周二的黄金观片时段做好准备。

2012年奈飞拥有3 300万个会员，基于海量会员数据和大数据分析方法，奈飞比所有人都清楚人们喜欢看什么。奈飞首次投资拍摄原创剧《纸牌屋》，2013年实现年营收44亿美元，市值达到1 700多亿美元，成为全美最大的流媒体运营商。由于新冠疫情，大量观众不得不"宅在家中"成为流媒体潜在客户，2021年1月奈飞宣布总用户数达到2.03亿名；

2022 年 4 月奈飞公布 2022 财年的第一季度财报, 第一季度营收 78.7 亿美元同比增长 9.8%, 全球订户总数为 2.2164 亿名。

资料来源: (1) MsQ 星球. 成功的创业案例: 美国最大流媒体平台奈飞的创业故事 [EB/OL]. https://baijiahao.baidu.com/s?id=1723759889101420196, 2022-02-04/2023-06-13. (2) 百度百科. Netflix [EB/OL]. https://baike.baidu.com/item/NetFlix/662557, 2023-06-6/2023-06-13.

数字经济是现代信息网络和信息通信技术高度发展的产物。首先, 数字经济以数据资源作为关键生产要素, 体现出数字经济的重要特征; 其次, 数字经济以效率提升和经济结构优化为显著特点, 突出其经济运行机理与过程; 同时, 数字经济的价格形成具有鲜明特色, 商品直接通过在线市场呈现其价值。

第一节　数字经济的基本要素与特征

2017 年中共中央政治局会议强调, 要构建以数据为关键要素的数字经济。党的十九届四中全会首次将数据作为生产要素参与分配, 提出要健全劳动、资本、土地、知识、技术、管理、数据等生产要素由市场评价贡献、按贡献决定报酬的机制。

数字经济不同于传统经济的重要特征是数据成为生产要素。数据资源要经过收集、整理和算法加工才能发挥生产力的作用, 对企业和消费者效率提升、经济结构优化产生关键性影响。

一、数据要素

(一) 数据要素的内涵与特征

1. 数据要素的内涵。数据作为关键生产要素, 成为社会生产经营活动所需要的社会资源, 离不开现代科学技术的进步和发展。生产要素理论的雏形最早可以追溯到 17 世纪英国的经济学家威廉·配第, 马克思称他为"政治经济学之父""统计学的创始人"。威廉·配第在他的著作《赋税论》中提出了生产要素二元论, 认为土地为财富之母、劳动为财富之父。经济学奠基之作《国富论》的作者亚当·斯密认为资本没有善恶, 是一个经济组织、一个国家或一个工厂能够正常运转、促进效率提高的生产要素。因而土地、劳动和资本作为生产三要素在财富形成中具有十分重要的作用。法国学者萨伊强化了劳动、资本和土地的生产三要素理论, 他认为商品价值是由劳动、资本和土地"协同创造"的。劳动所有者得到工资、资本所有者得到利息、土地所有者得到地租, 提出了按生产要素形成各自收入的分配理论。马克思认为本质上活劳动才是价值创造的源泉, 在资本主义条件下资本和土地的所有者通过剥削劳动所有者获取剩余价值, 造成了社会各阶级的对立关系。

马歇尔奠定了现代微观经济学体系, 被称为现代经济学之父。他在《经济学原理》的生产要素中阐释了劳动、土地、资本和工业组织各自在生产过程中发挥的作用, 被认为是生产四要素或生产多要素理论形成的开端。其中工业组织引申出企业家组织生产、经营管理、创新发展和承担风险的"企业家才能", 随后人们又将"企业家才能"具体细化为知识、技术、管理等内容。近年来，由于现代信息网络和信息通信技术的高速发展及其在社会生产、生活中重要性日益上升，人们认识到"信息"同样可以带来生产力，同样具有生产要素的特点，信息对企业和消费者追求效用最大化产生着重要影响。信息的本质就是一种数据资源。于是数据作为一种更高度具象的社会资源，成为现代经济社会不可或缺的生产要素。

随着改革开放的不断深入，社会主义市场经济体制在我国逐步建立。习近平总书记在党的十九大报告中指出，要以完善产权制度和要素市场化配置为重点，加快完善社会主义市场经济体制。中共中央、国务院先后印发了《关于构建更加完善的要素市场化配置体制机制的意见》《关于新时代加快完善社会主义市场经济体制的意见》，要求加快培育发展数据要素市场，提升和发挥社会数据资源价值，推进数字政府建设。数据作为生产要素参与收入分配，成为我国社会主义市场经济的一个重要特征。

2. 数据要素的特征。数据本身不能直接参与生产，必须先转化为有生产价值的信息。正如大数据研究的先驱恩伯格所言，大数据中的价值密度是相对较低的，需要人类去深入地挖掘。随着数据挖掘、数据处理和数据算法等技术的不断进步，近年来数据已经逐步深入生产过程。企业利用销售大数据管理生产从而实现"零库存"，利用消费者的个性化数据实现定制化生产，利用产品售后反馈数据提升研发设计水平，利用生产线数据的采集、挖掘、分析和反向控制来优化生产流程等。数据类似于技术生产要素没有具体实物形态，但是不同于技术难以科学量化的"索洛残差"，数据是可以用比特单位精确测度的。与传统生产要素相比，数据生产要素有三个重要特征：非稀缺性、非均质性和非排他性。

（1）非稀缺性。由于自然资源的稀缺性和劳动人口的有限性，经济学总是寻求以最小投入获得最大产出。数据资源参与生产过程之后仍然存在，不仅没有损耗而且使用过程可能促进数据量的进一步增加，还可以循环使用也不会产生污染、排放等问题。同时，数据量日新月异接近无限开发，只是受到存储数据物理媒介等设施的局限。

（2）非均质性。资本、劳动等传统生产要素具有一定的均质性。资本之间几乎没有本质区别，劳动之间差异只是在一定范围内存在，均质性仍然较为明显；而技术之间差异性虽然较大，但专利审查制度似乎可以抹平其中的差异，因为我们经常使用专利数来衡量创新能力。数据资源则完全不同，一个比特数据与另一比特数据所包含的生产价值通常并不一样，两个企业的价值也无法通过各自拥有的数据量进行比较。两个同样数据量的视频，一个可能是极有用的信息；另一个则可能是垃圾信息。

（3）非排他性。经济学意义上的排他性是指当某人在使用一件产品时，其他人就不能使用。例如一片土地或一座矿山，一个企业购买了使用权或特许经营权，其他企业就不能同时使用或经营。资本和劳动都具有明显的排他性；技术虽然具有较强的非排他性，但为了鼓励更多的技术产出通常存在知识产权制度的约束。而数据生产要素具有非排他性特征，可以无限复制给多个主体同时使用。

（二）算法经济

数据要素涉及数据的采集、存储、加工、分析、服务等多个环节，数据要转化为生产信息需要进行算法加工分析等预处理。

1. 算法经济概念。数据本身并不会做任何事情，除非使用者知道如何使用数据。正如石油本身是没有用的黏性物质，必须通过炼化才能形成汽油燃料。算法就是炼化大数据的工具，不同的算法可以从数据中提炼出不同的生产信息，将数据转化为可执行的决策从而解决实际问题。

当数据成为社会、企业和个人无法忽视的资产时，算法就是对数据资产进行估价及交换的载体，并因此催生新的经济模式和经济形态。布莱恩特认为，要搞懂数据含义，必须从数据切换到算法以期能够利用信息的价值。他将这一过程称为"算法经济"。

2. 算法经济的新业态。个人、企业和智能设备将构成算法经济的主体。他们生产数据，基于互联网、物联网通信，基于算法思考、决策形成自己的生态系统。在这个系统里专有算法会产生经济效益；利益产生市场交易。算法经济催生的新业态有企业人工智能、小数据驱动服务和专有算法提供商等。

（1）企业人工智能。企业的内部工作流与互联网是相通的，会产生大量复杂的数据。企业级服务将这些数据通过各种算法服务利用起来，直接作为决策的工具。企业级服务的产品形态会由不同场景产生的数据及专业算法决定。数据开放平台的推出，企业构建专业算法将变得越来越容易。企业之间可以直接对话，对话的语言就是各种专有算法，能够直接匹配服务的供求双方。

（2）小数据驱动服务。物联网上的设备已经开始产生大量的个人数据，如各种医疗健康应用程序，可以根据个人体质测试数据，不断滚动生产个人的"健康画像"，这是个人非常有价值的数据资产即量化的自我"小数据"。依靠这样的健康小数据，可以通过算法推荐适合身体健康的养生建议，甚至基于位置推荐适合的健身或养生服务；当个人健康"小数据"汇聚成家庭的健康"小数据"，甚至可以用来指导家庭的饮食计划及各种健康服务。同理，家里使用的智能硬件形成以家庭为单位的"小数据"，可以用来衡量家庭的生活质量，进而针对性地推荐提升家庭生活质量的服务。个人征信也是一种"小数据"，将会成为个人获取互联网上虚拟生活服务的主要凭证。

（3）专有算法提供商。当算法成为一种普遍需求时，肯定会有第三方专业算法服务提供商的模式出现；当算法可以直接带来经济效益时，基于算法的套利交易就会产生。例如金融行业的资产管理公司需要风险模型，于是就有第三方提供的各种不同区域的风险模型测算投资组合的风险；基于高频交易算法，基金公司可以直接利用其专有的算法在金融市场上赚取利润；基于人工智能算法分析互联网信息，企业可以通过信息不对称进行套利；互联网广告行业通过算法进行竞价，决定广告位和最佳投放时间。

二、数字经济生产者

数字经济生产者是指提供数字产品、服务和相关产业的厂商，它们的生产产品、服务和生产行为特征都不同于传统厂商。

（一）数字经济生产者的范围

2021年国家统计局颁布了《数字经济及其核心产业统计分类》。给出的数字经济概念界定为：数字经济是指以数据资源作为关键生产要素、以现代信息网络作为重要载体、以信息通信技术的有效使用作为效率提升和经济结构优化的重要推动力的一系列经济活动。并据此将数字经济产业范围确定为：数字产品制造业、数字产品服务业、数字技术应用业、数字要素驱动业和数字化效率提升业等五个大类。其中前四大类称为数字经济核心产业，是数字经济发展的基础；第五大类为产业数字化部分。可以让生产者的分类与行业分类相对应，即将生产者按行业分类也分为相应的五个大类。

1. 数字产品制造生产者。数字产品制造业是指支撑数字信息处理的终端设备、相关电子元器件以及高度应用数字化技术的智能设备的制造，属于"数字产业化"部分，包括计算机、通讯和其他电子设备等硬件的生产者，主要从事计算机制造、通讯及雷达设备制造、数字媒体设备制造、智能设备制造、电子元器件及设备制造、其他数字产品制造（如记录媒体复制、电子游戏游艺设备制造、信息化学品制造、计算器及货币专用设备制造）等。

（1）计算机制造业。指生产各种计算机系统、外围设备、终端设备以及其他有关装置的产业。具体来看，计算机整机、零部件、外围设备、系统、信息安全设备的制造业都属于计算机制造业范畴。

（2）通讯及雷达设备制造业。指固定或移动通信接入、传输、交换设备等通信系统建设所需设备的制造、固定或移动通信终端设备的制造、雷达整机及雷达配套产品的制造。

（3）数字媒体设备制造业。包含广播电视节目制作、发射、接收的设备及配件，还有电视机、音响、影视录放等设备制造。

（4）智能设备制造业。主要方向是机器人，包含工业机器人、特殊作业机器人、服务消费机器人等制造业。除此之外，还有智能照明器具、可穿戴智能设备、智能车载设备、智能无人飞行器及其他智能消费设备的制造业。

（5）电子元器件及设备制造业。主要有半导体器件、电子元器件、机电组件、光伏设备及元器件、电气信号设备、电子真空器件、集成电路、显示器件、半导体照明器件、光电子器件、电阻电容电感元件、其他元器件等设备制造行业。

（6）其他数字产品制造业相对宽泛，包含有光纤光缆的制造与信息化学品制造、增材制造装备制造（3D打印技术）、计算器及货币专用设备制造、记录媒介复制、电子游戏游艺设备制造、工业自动控制系统装置制造等。

2. 数字产品服务提供者。（1）数字产品批发业，指各类计算机、软件及辅助设备、电信设备、广播影视设备的批发和进出口活动。（2）数字产品零售业，指各类计算机、软件及辅助设备、电信设备、音像制品、电子出版物的零售活动。（3）数字产品租赁业。各类计算机、通讯设备的租赁活动，各种音像制品的出租活动。（4）数字产品维修业。主要方向是各类计算机、辅助设备、通讯设备的维修活动，其中通讯设备包括了电话机、传真机、手机等生活中常见常用设备。（5）其他数字产品服务业。指其他未列明数字产品服务业。

3. 数字技术应用提供者。

（1）软件开发业。指基础软件、支撑软件、应用软件、其他软件的开发。

（2）电信广播电视和卫星传输服务业。电信业指利用有线、无线的电磁系统或者光电系统，传送、发射或者接收语音、文字、数据、图像、视频以及其他任何形式信息的活动；广播电视业指利用有线广播电视网络及其信息传输分发交换接入服务和信号，以及利用无线广播电视传输覆盖网及其信息传输分发交换服务信号的传输服务；卫星传输服务业指利用卫星提供通信传输和广播电视传输服务，以及导航、定位、测绘、气象、地质勘查、空间信息等应用服务的活动。

（3）互联网相关服务业。指互联网搜索服务、互联网游戏服务、互联网资讯服务、互联网安全服务、互联网数据服务等方面。

（4）信息技术服务业。主要方向是集成电路设计、信息系统集成服务、物联网技术服务、运行维护服务、信息处理和存储支持服务、信息技术咨询服务、地理遥感信息及测绘地理信息服务、动漫、游戏及其他数字内容服务、其他信息技术服务业。

（5）其他数字技术应用业。主要包括三维打印技术推广服务，各类三维打印技术推广服务活动，包括3D打印服务、3D打印技术推广等，以及指其他未列明的数字技术应用业。

4. 数字要素驱动从业者

（1）互联网平台业。具体包括互联网生产、生活、公共服务平台和科技创新平台，以及其他未列明的互联网平台。

（2）互联网批发零售业。主要指通过互联网电子商务平台开展的商品批发和零售活动。

（3）互联网金融业。分别为网络借贷服务、非金融机构支付服务、金融信息服务。

（4）数字内容与媒体业。主要方向是广播、电视、影视节目制作、广播电视集成播控、电影和广播电视节目发行、电影放映、录音制作、数字内容出版、数字广告等。

（5）信息基础设施建设业。指网络基础设施建设、新技术基础设施建设、算力基础设施建设、其他信息基础设施建设。

（6）数据资源与产权交易业。

（7）其他数字要素驱动业。包含供应链管理服务业、安全系统监控服务业、数字技术研究和试验发展业。

5. 数字化效率提升从业者。数字化效率提升业属于产业数字化部分，是指应用数字技术和数据资源为传统产业带来的产出增加和效率提升，是数字技术与实体经济的融合。该部分涵盖智慧农业、智能制造、智能交通、智慧物流、数字金融、数字商贸、数字社会、数字政府等数字化应用场景，这类生产者应用数字技术和数据资源为传统产业带来产出增加和效率提升，实现数字技术与实体经济的融合。

（1）智慧农业。包括数字化设施种植、数字林业、自动化养殖、新技术育种、其他智慧农业等。

（2）智能制造业。包含数字化通用专用设备制造、数字化运输设备制造、数字化电气机械器材和仪器仪表制造、其他智能制造等。具体包括利用数字孪生、人工智能、5G、区块链、VR/AR、边缘计算、试验验证、仿真技术等技术和设备，在通用、专用设备领域开展的生产和制造活动，包含个性定制、柔性制造等新模式。

（3）智能交通业。包含智能铁路运输、智能道路运输、智能水上运输、智能航空运输、其他智能交通。

（4）智慧物流业。包含智慧仓储、智慧配送。

（5）数字金融业。指银行金融服务、数字资本市场服务、互联网保险、其他数字金融。

（6）数字商贸业。包含数字化批发、数字化零售、数字化住宿、数字化餐饮、数字化租赁、数字化商务服务等。

（7）数字社会业。包含智慧教育、智慧医疗、数字化社会工作等。

（8）数字政府业。包含行政办公自动化、网上税务办理、互联网海关服务、网上社会保障服务、其他数字政府等。

（9）其他数字化效率提升业。包含数字采矿、智能化电力、热力、燃气及水生产和供应、数字化建筑业、互联网房地产业、专业技术服务业数字化、数字化水利、环境和市政设施管理、互联网居民生活服务、互联网文体娱乐业等。

（二）数字经济生产者的特点

数字经济受到三大定律的支配，包括：（1）梅特卡夫定律：网络的价值等于其节点数的平方。即网络上联网的计算机越多，每台电脑的价值就越大，以指数关系"增值"。（2）摩尔定律：计算机硅芯片的处理能力每 18 个月就翻一番，而价格以减半的速度下降。（3）达维多定律：进入市场的第一代产品能够自动获得 50% 的市场份额。

因而数字经济生产者区别于传统生产者，主要体现出以下六个方面的特点：

1. 边际成本递减。数字技术与实体经济的融合伴随着高固定成本。一是新产品前期研发的较大投入，包括研发的费用、人力、物资等；二是为吸引客户采取的免费、补贴策略所耗费的成本。新产品通常基于现代信息网络和信息通信技术，一旦企业用户的规模达到某一临界容量后，在梅特卡夫定律、摩尔定律、达维多定律的共同作用下必然出现边际成本递减。规模经济进一步推动行业平均成本降低，为企业带来更多收益、推动行业的发展。

2. 范围经济效应。范围经济是指企业生产两种或多种产品的费用低于分别生产每种产品所需成本的总和。数字经济可以依靠在某一种主营业务中积累起来的用户，低成本地开展多样化业务，从而获得更多的利润。近年来互联网技术的应用不仅增加企业的产量，也使得企业开始实施产品的多样化生产。例如，某些互联网企业以即时通信为主营业务，但同时开展邮件、新闻、在线会议等多种衍生业务。这些衍生业务均基于主营业务平台，极大降低了运营成本。同时企业积累的大量用户资源也有利于新业务的传播和使用。

3. 经济成本下降。数字技术的应用会显著降低生产者的搜索、复制、运输、跟踪和验证成本。每项信息收集活动都会发生搜索成本，线上比线下更容易找到和比较相关的潜在经济交易信息，数字环境不仅降低了搜索成本，而且扩大了搜索范围和质量；在发展初期没有形成法律或技术保护的情况下，数字信息能够以接近零的成本复制，且不会降低最初信息的质量；在互联网上以比特存储的信息其运输成本接近于零，换句话说数字商品的分销成本几乎为零。运输成本的消失使地理距离的作用发生变化；数字技术使得跟踪用户的消费行为变得更为容易，不仅可以帮助厂商建立个性化市场，同时也使得厂商实施数字价格歧视成为可能。最后，数字技术有效降低了信息的非对称性，在线评价系统可以更容易地验证数字经济中任何个人、公司或组织的声誉和可信度。

4. 加速毁灭效应。数字技术与实体经济的新组合，意味着"新产品、新市场、新方法、新供给、新组织"的产生。在竞争环境中新组合打破了旧组合的平衡，从而对旧组合加以毁灭。近年来数字化信息通信技术的广泛应用，催生新的产品、新的业态、新的服务，与传统行业和业态发生了巨大的冲突。例如，智能手机和平板电脑对家用相机、胶卷、电视等产品造成了大规模的颠覆甚至毁灭性的打击。

5. 劳动生产分离。工业革命发生后，动力与工具机器的使用替代了人的动力和操作职能，从而使得部分劳动者的劳动过程与生产过程分离。数字经济时代，数字化进一步分离传统的劳动过程和生产过程。大数据、云计算、人工智能等新兴产业推动自动化的普及和使用范围，劳动者在生产过程中更多地扮演机器的监督者和调节者角色。大数据、云计算、人工智能等先进技术嵌入生产体系，将冲击劳动者基于企业的专用性技能，即通过"去技能化"对劳动者产生重大影响。从社会范围看，智能化的生产过程进一步加剧了物化劳动替代活劳动的过程。

6. 零工经济兴起。零工经济是指工作量不多的自由职业者构成的经济领域。利用互联网和移动技术快速匹配供需方，即数字化匹配方式改变了传统市场模式，提高了资源配置效率。零工经济主要包括群体工作和经应用程序接洽的按需工作两种形式，属于短期工作形式。它使得劳动力提供者利用自己的空余时间，帮别人解决问题获取报酬；同时也使得企业通过弹性用工方式降低了人力成本。

三、数字经济消费者

利用电子导航来规划路线，通过微信等社交软件进行交流，使用电商平台来购物，采用"学习强国"学习，依托健康码查验新冠疫情……只要拥有一部智能手机，大家都是数字经济的消费者、受益者和贡献者。数字经济消费者与传统消费者一样，追求消费效用的最大化；也具有预算约束，同时受到边际效用递减规律的影响。

（一）数字经济消费者分类及特征

1. 数字经济消费者的分类。数字经济消费者是指通过互联网和数字化支付方式，购买有形商品和服务（如食品、衣物和酒店客服等）、全部或大部分以数字方式交付的货物和服务（如在线信息服务、软件销售、在线教育等）。麦肯锡按消费者每周在不同数字终端（如手机、电脑、电视、游戏机）上使用电子邮件、即时通信、短视频、游戏等的时间，将他们分为三类：重度用户、中度用户和轻度用户。

（1）重度用户。是指每周在数字媒体上花费时间超过28小时的消费者，即平均每天超过4小时，包括"数字达人"和"游戏玩家"两种类型。重度用户是信息、视频、音乐、游戏等数字内容的最积极消费者。目前，智能手机、电脑几乎成了上班族的标配，工薪阶层逐渐形成重度用户的主流。

（2）中度用户。是指每周在数字媒体上花费时间14～28小时的消费者，即平均每天在2～4小时，其中包括"信息至上"和"移动行家"两类。中度用户看重信息搜寻以及读写电子邮件，他们当中相当一部分人收入相对较高或年纪相对较长，定期利用台式机或手机等智能终端查看信息、浏览新闻。

（3）轻度用户。是指每周在数字媒体上花费时间小于14小时的消费者，即平均每天在2小时以内，其中包括"在线投资客""传统媒体粉"等类型。轻度用户通常为中小学生和打工人群，由于他们受时间和预算局限在数字媒体上所花费的时间也最少。

数字经济消费者除了按线上时间的长短分类，还有按消费金额、消费者年龄等分类方法。例如从年龄上看，21～29岁人群的消费更多集中在餐饮服务、音像制品和网络游戏上；35岁左右人群更倾向于母婴市场；50岁以上人群在旅行、家装、医疗保健方面的消费水平较高。

2. 数字经济消费者的特征。现代信息网络和信息通信技术改变了传统的交易模式。即时通信使供需双方的沟通更为便利，使消费者呈现出新的特征。

（1）个性化需求更易满足。数字技术使得商品被推广的对象更精准，消费者从海量信息中更容易搜寻、获取满足个性化要求的产品。同时，可通过互联网及时沟通需求信息，方便生产者按照商品的个性化要求进行订单生产。传统的"二八法则"认为在产品市场上，20%的关键商品占据了80%的消费量。然而在数字经济条件下，市场可以进一步细分，通常一些个性化、小量的零散需求都分布于消费的尾部，数字技术可以更好地满足这些非主流的消费，形成长尾效应。

（2）消费者与生产者统一。数字经济使得消费和生产的管理趋于扁平化与分散化，消费者也可能同时成为数字化商品和服务的生产者和发布者。例如智能电网的电力消费者，也可能利用私有产权房屋屋顶生产分布式能源，向智能电网输送由太阳能转化的电能。在数字经济创新中，创新产品的消费者可以通过自身需求深度参与创新过程。因此，在数字经济条件下，消费者与生产者之间的界限将会逐渐模糊化。

（3）消费者共享商品服务。数字技术使得消费者之间共享商品和服务成为可能，并依托互联网产生共享经济。共享经济也称为分享经济，是指拥有闲置资源的机构或个人，将全部或部分资源使用权有偿让渡给他人，让渡者获得回报的同时，分享者也通过闲置资源创造价值。共享经济的主要特征是"闲置"资源的利用，例如居民购买房产改善居住条件后，将原有的住房开辟为民宿或出租屋。一些机构或个人主动购入闲置资源，如共享单车、共享汽车等。因此，广义的共享经济包含"互联网＋"的租赁经济，有学者把共享经济看作互联网平台经济与租赁经济的交集。

（二）网络外部性

数字经济的消费会产生一定程度的网络外部性。外部性是指一个人或一群人的行动和决策使另一人或一群人受益或受损的情况，若受益则称正的外部性；若受损就称为负的外部性。

网络外部性具有其独特的特殊形式，表现为一个人消费某种商品的效用取决于消费这种商品的其他消费者数量。例如消费者选择某种即时通信软件，在很大程度上取决于该软件的用户数量，用户数量越多消费者的效用也就越大。网络的价值等于其节点数的平方，这是梅特卡夫定律。网络产生的效益将随着网络用户的增加而呈现指数形式增长，网络的外部性是指每个用户从使用某产品中得到的效用与用户的总数有关。

数字经济正的网络外部性表现为消费者与网络单元相连，可以直接增加其他消费者使用效用。同时随着某一产品消费者数量的增加，市场会出现更多的价格更低的互补产品可供选择。数字经济负的网络外部性表现为交易过程中消费者信息的安全性问题；"赢家通吃"效应产生的价格垄断问题；对市场交易的有效监管问题。

【知识链接 2 - 1】

数字鸿沟

数字经济是现代信息网络和信息通信技术高度发展的产物。而现代信息网络和信息通信技术的配置和运用差异必然导致区域、群体间经济发展的不平衡，数字鸿沟是数字经济发展不平衡的重要表现形式。不平衡的互联网技术接入和运用使数字经济对经济增长的带动效应呈现异质性，可能加剧居民收入分配的不平等，不利于宏观经济的"包容性增长"和居民享受数字经济带来的"信息福利"。魏等（Wei et al.，2011）认为，信息通信技术在是否接入、使用技能和获益大小三个方面的不平衡，分别形成一至三级的数字不平等阶段。从机会不平等来看，数字不平等将引致数字媒体、数字交易等产品和服务的使用机会不平等，与信息通信技术相关的就业、教育、投资的参与机会不平等；再从结果不平等来看，数字不平等将引致政府财政税收，企业生产、贸易、创新，居民收入消费等经济层面的结果不平等；政府政务、服务和居民福利、幸福等社会层面结果不平等（陈梦根，周元任，2022）。区域、群体之间数字经济发展的不平衡，以及引致的数字不平等问题日益受到学术界和政府部门的关注，国内外学者对数字不平等和数字经济发展不平衡展开了许多研究。

资料来源：戴平生，赵昱焜，沈小波. 我国省域数字经济发展不平衡状况及其对策建议［D］. 2023年中国数字经济人才培养与学科建设研讨会（哈尔滨）入选论文.

第二节　数字经济运行机理与过程

数字经济的本质是基于现代信息网络和信息通信技术应用的广泛连接、联结和协同，深刻影响着经济活动的生产过程、交易过程，并导致主体间网络外部性的产生以及数字经济运行基础的变化。促进供需精准匹配、降低实体经济成本、提升效率、优化经济结构，数字经济能够激发新模式、新业态。推动经济向形态更高级、分工更精准、结构更合理、空间更广阔的阶段演进，数字经济在描绘着经济社会的发展场景，其运行机理的分析框架如图 2-1 所示。

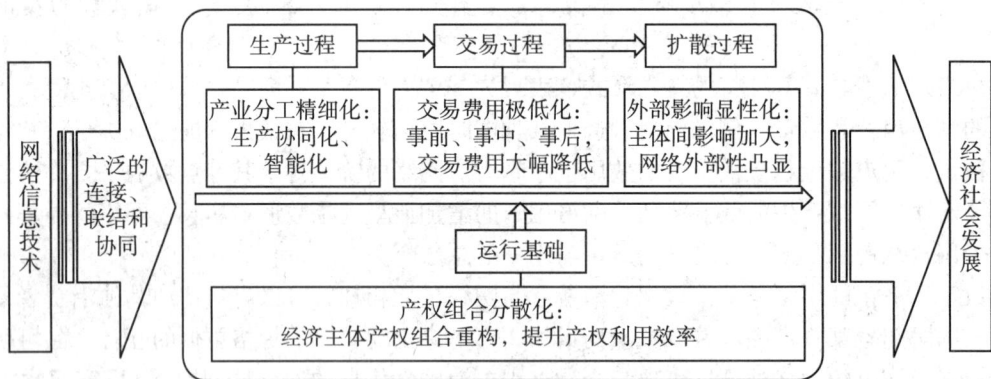

图 2-1　数字经济的运行机理

资料来源：中国信息通信研究院. 数字经济概论：理论、实践与战略［M］. 北京：人民邮电出版社，2022.

新技术经济范式的展开过程是一个对旧范式的破坏性重构过程。在交易费用、网络效应、专业分工、产权重构等理论基础上，新技术经济范式不断向传统领域扩张，新生力量与传统企业展开直接竞争，引发大规模的结构冲突。全社会要素资源向新技术领域大量集聚，创新不断涌现，新的经济生态系统逐步形成，并得以不断完善。

一、生产过程：提升经济效率

互联网技术的不断进步推动着信息经济的快速发展，社会分工由最初的产业间分工向产业内的细化分工转移。人类社会的发展进步是社会分工作用下的生产、组织、模式不断创新演进的过程，分工能够促进生产效率提升已成为人类的共识。在人类社会的最初阶段，企业生产处于自给自足的状态，生产中的所有环节都由企业独立完成，专业化程度低、生产效率也很低。而且企业与产业链环节的互动较少，所需的交易费用也低。随着人类社会的发展，原有自给自足模式无法满足生产的需要，企业开始将部分生产环节分离出去，通过与其他企业的合作来提升生产效率，从而产生局部的分工，促使生产的专业化程度有所提升，产业链得以扩展，但交易费用也随之增加。在信息经济条件下，技术的进步为分工的进一步细化提供了可能，时空界限被打破，主体之间的联系更加便利，企业只需专注于单一环节的生产并将其他所有环节分离出去。此时企业实现了完全分工和真正的专业化生产，生产效率得到极大的提升，产业链的迅速扩张使得企业之间的交易费用也相应增加。

数字经济是信息经济发展的更高阶段。在分工规律作用下产生许多新的产业。例如大数据产业就是因分工而从原有产业链中分离出来的，专门从事大数据挖掘、分析、利用等的行业；平台经济也是在分工规律作用下，独立而成专门从事信息撮合、连接供需方等的产业。数字经济包含两大要素，一是数据要素即以数据资源作为关键生产要素；二是智能要素即生产工具的智能化。蒸汽机的出现带来了工业1.0；电力的出现带来了工业2.0；计算机的出现带来了工业3.0；而互联网+人工智能将带来智能制造的工业4.0。

事实上，数字经济继承自信息经济（本章的随后部分不区分两者的差别）的分工规律对供给、需求、市场都产生着重要的影响。

1. 供给端：产出效率提高。在数字经济条件下，供给端分工更加细化、更加专业，专业化分工帮助主体减少资源浪费、提高产出效率、增强产品和服务的竞争力，进而实现生产和服务过程的规模经济和范围经济。

2. 需求端：消费效用提高。在数字经济条件下，需求端的分工精细化、专业化，使社会多样化的消费、投资等得以满足，并产生新的消费、投资领域，提高消费者效用水平，实现需求的效益最大化。

3. 市场端：形成垄断价格。在数字经济条件下，市场分工进一步细化，促使企业在某一专业领域的竞争力增强，促使该领域的市场集中度提高、市场竞争格局更加复杂；还可能在新兴领域导致"赢家通吃"的价格垄断行为，因此促成政府对市场交易实行有效监管和完善法规条文。

二、交易过程：降低运行成本

数字经济通过优化交易的搜寻过程以及交易的达成和履行过程来催生新的经济或经济组织形式，并给需求端、供给端和市场端带来了结构优化，从而促进经济增长和转型发展。具体而言，信息技术降低搜寻成本、影响经济运行的基本机制可以概括为：信息技术的应用发展极大地降低搜寻成本，将许多原本受搜寻约束或抑制的经济活力释放出来，从而催生大量的新经济模式。这些新经济模式能够从需求端、供给端和市场端优化经济结构，为经济增长提供新动能。

互联网的链接功能打破时空界限，提高搜寻匹配能力。市场搜寻范围扩大，搜寻边际成本下降。同时，互联网的信息功能降低信息不对称，提高信息的传播效率。企业运营规模扩大，企业组织成本和市场交易成本下降。交易过程运行成本的降低，主要体现在以下几个方面。

1. 共享经济。互联网提高搜寻匹配能力，降低交易费用，促成权利分离从局域走向泛在化。共享经济包含分享经济和互联网＋租赁经济，例如互联网交通工具分享，按照预设路线（家和公司）车主可搭载一位与自己顺路的乘客，基于上下班顺路拼车概念，价格会比出租车低50%左右，既有效地缓解了交通压力也有利于保护环境；互联网＋汽车租赁的"共享汽车"近年来在国内外迅速兴起，为外出旅行者提供了极大的便利，有效地推动了居民消费；服务于企业的办公空间共享、企业资源共享、供应链共享等经济也在实现。

2. 长尾经济。互联网突破时空限制，一方面以低成本在更大市场范围内搜寻分布长尾小众的商品和服务需求并汇聚起来；另一方面以低成本快速匹配供需，使得个性化的需求更多地得到满足。因为产品非常小众且供应商也少，所以低曝光率的同时可能意味着高成交率，许许多多小市场的总和等于或超出单个大市场。

3. 信息服务经济。互联网可以低成本实现在海量信息中精确匹配供求，降低交易费用，促进了新业务、新形态的出现。例如百度搜索、微信社交媒体、智联招聘等平台，能够以极低的成本提供各种信息服务。

4. 电子商务。顾名思义就是利用互联网从事商务活动。互联网突破时空限制，提供更多的选择，提高交易对手的数量，降低信息的不对称性，可以在全球范围内高效匹配供求，促成了交易模式的变革。

5. 平台经济。互联网提高了潜在交易对象的数量，降低了信息的不对称，推动平台经济的发展。平台是一种虚拟或真实的交易场所，它本身不生产产品，但可以促进双方或多方供求之间的交易，通过收取适当的费用或赚取差价获益。平台经济是基于数字平台各种经济关系的总称，是一种由数据驱动、平台支撑、网络协同的经济单元构成的新经济系统。

6. 声誉经济。互联网降低了消费经验信息传播成本，以及事后交易治理成本，催生了大众点评等声誉经济的出现。声誉经济是指声誉数据成为反映大众行为、做事的动力，它是社区经济的派生。完成的每笔交易、留下的每个评价，即网下兑现程度形成了网上认可度。网上声誉基于人数和言论，通常比信用历史更有影响力。

三、扩散过程：推动组织创新

在数字经济条件下，基于信息技术所产生的网络外部性逐渐凸显，个体边际收益与网络外部性相互叠加形成的个体总边际收益不断扩展，由此形成外部效应（企业或个人无须付费而获得的收益或效用）在梅特卡夫定律的作用下随着数字经济中参与者和连接者数量的增长而急速扩展。基于数字经济的网络外部性带来了三种效应：（1）溢出效应，表现为利益对于经济活动本身而言是外在的，即为社会带来外部经济利益；（2）正反馈，表现为网络外部性会引发局部的自我增强，形成强化机制；（3）路径依赖，表现为经济主体会被锁定在某条特定的路径上，三种效应带来了数字经济全方位的变革。

1. 需求端：路径依赖。由于溢出效应，消费者获得了更多的不需要付费的收益而提升了总体效用，而消费者规模的不断扩大通过正反馈产生了更多的网络外部性。路径依赖强化了该过程，最终形成了收益效应规模报酬递增，从而推动组织形式的创新。

2. 供给端：自我强化。（1）技术外溢效应。在技术方面，企业可以凭借先进技术的外溢效应提升自身的生产效率。（2）边际成本递减。在成本方面，企业可以生产更多的产品，分摊固定成本使单位产品的固定成本下降。（3）产品价格提高。在价格方面，企业可以利用产品随着用户增加而效用增加，提高产品的价格，通过向第三方受益者索取更高额的费用，例如广告等。（4）规模报酬递增。在利润方面，市场的新增效应远远大于替代效应，可以带来整体利润的增加，最终形成生产规模报酬递增。

3. 市场端：行业垄断。网络外部性往往会造成一定程度的市场垄断，首先达到一定市场规模的企业往往会成为垄断者，并形成壁垒加大了后来者进入市场的难度。信息技术在不断重塑数字经济市场的格局和组织形式。

四、基础支撑：重构经济形态

数字经济带来了资本、劳动、资金等传统领域产权的深化与重构。

1. 产权基础。在产权基础方面，法律范畴的对物化资产的所有权是唯一"权利源"的传统产权，逐渐被以信息、创意、知识、边际贡献和能力等成为"权利源"为特征的经济范畴的"进入权"所替代，例如创意经济蓬勃发展。

2. 产权组合。在产权组合方面，传统领域的所有权、使用权、处置权、剩余追索权受制于信息、成本等因素。在数字经济生产领域，有限分离逐渐表现为权利分离泛在化（无所不在），而且权利分离广泛扩散到经济的每个环节，并逐步形成一种新的经济形态，例如"共享经济"等。

3. 产权激励。在产权激励方面，传统领域的参与者分享企业利润是在财产所有权下的激励机制、按固定约束的劳资契约关系的委托代理机制，逐渐被参与者分享企业利润按自身能力的贡献，按参与者意愿的新型劳资契约关系所代替。例如"滴滴打车"等新型劳资关系等。

4. 产权表现。在产权表现方面，按传统企业理论企业边界由所有权界定，企业组织形式以科层制为主，企业治理目标为防范利己主义风险等，逐渐变现为数字经济条件下新型企业理论：企业边界由进入权界定，企业组织形式以扁平化为主，公司治理目标为利润最大化等。例如数字平台等"虚拟企业"。

【知识链接2-2】

我国地区间数字经济发展差异

各地区2013年、2021年数字经济发展综合评价指数见表2-1。

表2-1　　　　　各地区2013年、2021年数字经济发展综合评价指数

2013年度（百分制）				2021年度（百分制）			
省份	得分	省份	得分	省份	得分	省份	得分
北京	24.71	湖北	21.64	北京	44.75	湖北	25.81
天津	12.36	湖南	21.52	天津	14.36	湖南	27.19
河北	23.91	广东	43.13	河北	29.34	广东	70.90
山西	15.86	广西	18.34	山西	18.71	广西	24.10
内蒙古	12.44	海南	13.74	内蒙古	15.54	海南	12.56
辽宁	16.33	重庆	14.93	辽宁	20.76	重庆	19.90
吉林	9.28	四川	22.94	吉林	12.40	四川	38.20
黑龙江	12.51	贵州	15.03	黑龙江	13.62	贵州	21.44
上海	22.35	云南	16.04	上海	32.65	云南	21.17
江苏	35.32	西藏	10.40	江苏	49.61	西藏	12.33
浙江	32.25	陕西	15.32	浙江	46.55	陕西	22.14
安徽	21.12	甘肃	12.84	安徽	27.53	甘肃	15.66
福建	21.58	青海	11.56	福建	28.21	青海	11.34
江西	17.73	宁夏	11.29	江西	22.81	宁夏	12.45
山东	30.66	新疆	18.00	山东	42.84	新疆	15.47
河南	24.87			河南	34.77		

　　综合评价体系由产业数字化、数字产业化和社会经济基础三部分组成。我国各地区数字经济综合评价指数存在较大的省间差异，表现为总体的数字经济发展水平相对较低，各地区数字经济发展不平衡。广东一枝独秀，江苏、浙江、北京和山东发展态势良好。

　　资料来源：戴平生，赵昱焜，沈小波. 我国省域数字经济发展不平衡状况及其对策建议［D］. 中国数字经济人才培养与学科建设研讨会（哈尔滨）入选论文.

第三节　数字经济市场交易与机制

　　在数字经济条件下，社会生产和消费的实现离不开线上线下的广泛连接，离不开交易场所的支撑。平台经济为商品和服务交易提供了一种虚拟或真实的交易场所，拍卖机制形成市场价格发现，匹配机制促成生产消费衔接。

一、平台经济：数字交易场所

2019 年商务部等 12 部门《关于推进商品交易市场发展平台经济的指导意见》中明确，平台经济是利用互联网、物联网、大数据等现代信息技术，围绕集聚资源、便利交易、提升效率，构建平台产业生态，推动商品生产、流通及配套服务高效融合、创新发展的新型经济形态。

（一）平台经济的产生与构成

平台是一种居中撮合、连接拥有多种需求且相互依赖的两个或多个不同类型的用户群体，为其提供互动机制以促进不同用户群体间的交互与匹配，满足彼此的需求，并将它们之间产生的外部性内部化的市场组织形态。古老的集市、现代的商场都属于平台，但作为生产力组织方式的平台经济只有在与互联网深度融合之后才产生。互联网平台的发展大致经历了电商平台、行业平台、平台经济三个阶段，逐渐由一种商业现象发展为一种经济形态。因此，本质上平台经济就是由互联网平台协调、组织资源配置的一种新型经济形态。平台经济主要是由供给方用户、需求方用户、平台及平台组织、平台经济支撑体系所组成，其中平台经济支撑体系包括支持平台经济运营的各种服务提供商，例如技术服务提供商、网络服务提供商、金融支付服务提供商等。

（二）平台经济的分类

平台经济的核心是平台组织，因此平台经济通常是按其平台组织的类型进行分类的。

1. 按平台组织主要功能分类。

（1）产品与服务交易类。此类平台组织是充当交易双方或多方线上交易的中间人，提供线上产品和服务，并向其中一方收取费用来赚取利润。例如，亚马逊、淘宝、京东、拼多多，都是典型的线上产品交易中间人，卖家在平台组织运营的网站上展示自己的商品，买家在网站上进行挑选和购买；滴滴出行、神州快车等则是线上服务交易中间人。

（2）社交媒体与搜索引擎类。在大多数情况下这类平台组织对用户是免费的，它们的利润主要来自形成规模后的广告收入。例如社交媒体有脸书、推特、微博、博客等；搜索引擎有谷歌、雅虎、百度、搜狐等。

（3）数字化基础设施与数据类。包括电脑芯片、互联网、宽带通信、编程语言、智能手机和电脑操作系统以及云计算，例如 5G、Windows、鸿蒙系统等，这类平台经济的利润主要来自使用费和租金收入。

2. 按平台组织连接属性分类。

（1）纵向平台类。这类平台直接连接卖家和买家，并为双方达成交易提供支持。交易对象既可能是诸如日用品、服装等一般商品，也可能是诸如物流、医疗等服务，还可能是网络游戏、网络金融等特殊商品。平台组织充当中间人匹配连接不同类型、不同行业、不同区域的卖家和买家，并促成交易。

（2）横向平台类。这类平台连接没有明显买卖关系的客户，主要满足相互交流的需要。例如移动电话网、微信、QQ、邮箱等，其用户无法明确区分卖家或买家，更多是出于交流的需要。

（3）观众平台类。这类平台在初期是通过提供免费服务或商品，吸引更多观众加入，当观众数量达到一定规模后，就会有广告商加入从而获得平台经营收入。如电视频道、音乐网站、视频网站、阅读网站等。随着一些平台组织的规模扩张，在网络效应、赢家通吃等现象出现后，它们对于平台提供的更新或更优质的视听内容也向观众收费，例如爱奇艺、懒人听书等。

（三）平台经济的特征

平台经济作为数字经济时代最重要的产业组织形式，是推动经济高质量发展的重要引擎，对促进产业结构升级和变革、整合产业链和提高资源配置效率发挥着重要作用。平台经济有数据驱动、规模效应、网络效应、开放融合和创新引领等重要特征。

1. 平台经济的数据驱动特征。在数字经济条件下，大数据成为最重要的生产要素，数据的非稀缺性、非排他性特征，决定企业数字化转型必然是以数据驱动的持续增长和创新发展为主线。平台所具有的大数据、区块链、云计算等技术能通过智能设备的使用，收集、分析和使用信息数据，对接不同场景下经济运行的前端开发运营与末端管理，进而实现经济运行中间环节的数字化发展，即由流程驱动转变为数据驱动。（1）在传统经济模式下企业运行主要通过单链条进行，数据来源单一。如果经营出现问题，只能逐个环节依次排查，效率较低。（2）在平台经济模式下，企业获取数据的渠道拓宽，既可以在生产经营过程中生成数据，也可以从政府或第三方平台获取数据，大大提高企业发现和处理问题的效率。同时，企业间的数据交流被强化、归类，促进了经济运行跨部门、跨行业的整合发展。

2. 平台经济的规模效应特征。规模效应来自零边际成本的生产和大规模信息匹配的巨量交易。零边际成本意味着在固定成本不变的情况下，每增加一个单位的商品总成本增量为零，这正是平台经济具备规模效应的关键所在。以电商平台为例，电商平台的建设一旦完成，在规模和技术不变的情况下固定成本是有限的。但在平台上只要商家申请账号，电商平台几乎就能以零成本为其开通，而参与的商家经常可以同时使用几个平台，所以电商平台扩张的速度非常惊人，这与容量有限的线下商城存在很大不同。另外，平台策划的促销活动（例如各类降价和购物节），既给生产方带来更多的订单，也给物流和支付系统带来巨大的规模效益，平台经济可以将单纯的产销规模效应进一步放大。

3. 平台经济的网络效应特征。网络效应分为直接网络效应和间接网络效应。直接网络效应是指平台的使用者越多，平台就越有价值。例如电话网络出现后，安装使用电话的人越多，电话网络的价值就越大。间接网络效应是指平台上两种不同类型的用户，每增加一类的参与者就会给平台上的另一类参与者带来影响。如果一类参与者数量增加后，会提高平台上另一类参与者的价值，那就是正间接网络效应。例如，电商平台上每增加一位商家，平台对网购用户的价值就会提高，因为网购用户有了更多的选择。另外，如果商家出现"赢家通吃"一家独大的局面，那么面对垄断价格用户就要承受来自平台产生的负间接网络效应。

4. 平台经济的开放融合特征。平台经济的开放性体现在平台跨国界、跨区域、跨行业提供基础服务，突破了地域、时间、空间、自然资源等条件限制，吸纳了更多主体参加到平台的生态系统中来。不同于线下模式开放平台容纳的多种类型的参与者能在任何时间进行交易，提供多样化的产品和服务。无时无刻不在进行的对接和交易使资源的共享范围越来越广、程度越来越深，产业内部的边界变得模糊，产业通过平台实现跨界融合的现象更加显著。平台协同上下游企业或同业竞争者，组织连接多边群体、整合利用多方资源，设立规则、机制以不同的组合形式重塑商业模式，满足多边群体的需要。

5. 平台经济的创新引领特征。从电商平台到行业平台，再到平台经济，技术创新、产品创新和业态创新是平台商业模式变迁的引擎和重要驱动力。平台企业只有不断创新，紧跟信息技术发展，满足多方参与者的需求，才能持续发展壮大。阿里巴巴、亚马逊、京东、eBay 等世界知名电商平台影响和改变了数十亿人的消费习惯和消费方式；优步、滴滴出行等平台改变了传统的出行模式；菜鸟、顺丰、货拉拉、美团配送、邮政快递等物流平台方便了线上交易的线下实物交付；支付宝、微信钱包、京东白条等金融平台满足了用户的线上支付需求；爱奇艺、微信、脸书、推特等媒体社交平台满足了用户多样化的娱乐和社交需求；谷歌、百度、Bing 等搜索平台为用户提供了海量信息资源和文字翻译服务。

二、拍卖机制：市场价格形成

拍卖是一种具有悠久历史的交易方式，主要特征是通过对商品的公共竞价来决定最终成交价格。这种交易方式的独特优势在于可为难以定价的商品找到真实的市场价值，商品最终出售给支付意愿最高的消费者。

（一）拍卖方式

根据参与竞拍者能否观察到其他竞拍者的报价，传统线下拍卖可以分为两大类：开放式拍卖和密封拍卖。开放式拍卖可以分为荷兰式拍卖和英国式拍卖；而密封拍卖可以分为一级价格拍卖和二级价格拍卖。目前，线上拍卖仍然沿袭以上模式进行在线操作。

1. 开放式拍卖。（1）降价拍卖。这类拍卖方式最早起源于荷兰的郁金香花卉拍卖市场，因而又称荷兰式拍卖。卖方一开始提出一个相对较高的价格然后逐步降低，一旦某一位参与者提出接受当前价格，商品成交拍卖随即结束。这类拍卖方式在荷兰的鲜花市场仍然非常流行。（2）加价拍卖。这种拍卖方式最为常见，又称为英国式拍卖。拍品从起点价格开始，参与者逐步提高报价，直到最后没有人提出更高价格为止。起点价格被称为保留价格，保留价格可以是 0，也可以是卖方能接受的最低价格。

2. 封闭式拍卖。（1）一级价格密封拍卖。这是一种常见的密封拍卖方式。参与者事先写下自己的报价并装入信封，然后所有信封同时开启，报价最高的参与人得到商品，且按自己所报的价格支付。该拍卖原理广泛应用于我国政府集中采购的竞标中。例如，当政府需要修建一条铁路或者某项工程，参与竞标的单位分别提出自己的报价，最终报价最低的单位可以获得这个项目。（2）二级价格密封拍卖。这类拍卖来自第一位用博弈论研究拍卖理论的经济学家威廉·维克里，所以又称"维克里"拍卖。参与者事先写下自己的报价并装入信封，然后同时开启所有的信封，报价最高的人得到商品。但胜出者不是按自己的报价支付，而是以第二高的报价支付，这也是二级价格密封拍卖的名称由来。这种拍卖原理近年来也被引入我国政府中小工程的招标采购中，招标单位事先给出一个预算价格，竞标参与单位各自提出自己的报价，然后公开预算价格，由报价最接近预算价格的单位获得工程。随着数字经济在线拍卖的兴起，二级价格拍卖在网络广告领域有了更多的应用。

经济学家发现在满足一定条件下，市场拍卖呈现出两个基本特征：（1）收入等价；（2）"赢家诅咒"。收入等价是指无论采用开放式拍卖还是密封式拍卖四种方式中哪一种，拍卖最终将产生相同的总收入即拍卖总收入与拍卖形式无关；"赢家诅咒"是指在共同价值拍卖中赢得拍卖，意味着胜者是对商品价值估计最乐观的人因而其支付了超额的价格。

（二）在线市场拍卖

随着互联网的普及，拍卖也从线下开始向线上过渡。1995年成立的美国电商平台eBay是最早做互联网拍卖的企业；2000年中国首个网络拍卖企业嘉德正式上线。目前，拍卖的商品类型多样。大到机动车和房产，小到收藏品和玩具都可以通过拍卖的形式出售；虚拟资产如股权和债券，农产品和生鲜花果等保质期较短的商品，都可以通过拍卖方式处理。国内发展较好的在线拍卖市场，主要集中在司法拍卖、艺术品拍卖和生鲜农产品拍卖领域。

1. 司法拍卖。2012年最高法院确立了司法拍卖的集中原则，司法拍品开始在互联网统一平台上进行拍卖。此后司法拍卖逐渐流程化，交易规模不断扩大。根据最高法院2016年的公告，淘宝网、京东网、人民法院诉讼资产网、公拍网、中国拍卖行业协会网5个网络拍卖平台成为司法拍卖的网络服务提供者，在线司法拍卖处置各类资产的流程进一步规范化。目前，公车、房产、股权和债权等资产均可以通过在线司法拍卖进行出售，司法拍卖逐渐成为我国国有资产处理的重要途径。

2. 艺术品拍卖。在拍卖市场艺术品拍卖具有悠久的历史，随着互联网的发展互联网逐渐成为世界各地拍卖行的主要和最终平台。据统计，2017年在全球6 300多家拍卖行中，有98%已经登录互联网进行线上交易。我国艺术品线上拍卖市场在整个在线拍卖领域发展得较为成熟，艺术品电商平台已经超过了2 000家，但由于艺术收藏品的特殊性，线上成交额占总成交额的比例较小。根据《2017全球艺术品市场年度报告》，中国艺术品当年成交额达51亿美元，占全球总额的34.2%，稳居全球艺术品市场第一位。其中画廊渠道占51%；艺博会占41%；而线上销售仅占8%。

3. 生鲜农产品拍卖。农产品批发市场的拍卖交易，是通过公开场合将所有权竞价转让的一种现代交易方式。拍卖可以同时汇聚较多的销售商，提高交易效率，降低交易成本，扩大销售规模，减少信息不对称造成的损失，对于生鲜农产品等不宜存储的商品具有显著优势。随着数字经济的发展，农产品拍卖逐渐由线下转为线上。2016年栖霞果品拍卖中心正式建成并投入运营，主要以电子商务模式为核心，整合生产、营销、物流、金融领域，采用会员制组织形式，并通过第三方市场拍卖模式与供应链管理模式进行创新融合，配合高效完善的物流配送系统，旨在打造出中国北方最大的果品"价格形成中心""市场信息中心""物流集散中心"。一年内该中心已交易苹果2 850吨，成交额1 300多万元；2017年阿里拍卖、甘肃省甘谷县政府、兰州灵犀文化科技公司联合举办了"甘谷苹果·红动中国"甘谷苹果的拍卖交付仪式，通过阿里巴巴大宗批发平台拍卖销售的148.6吨甘谷苹果成功交付。在拍卖中，上拍的92个甘谷苹果有效标的成交76个，成交金额95万元，成交的转化率达到82%；2022年海南寰球农产品拍卖中心采用荷兰式拍卖，来自海南的红心蜜柚、胡椒、泰国进口的冷冻榴莲肉等193吨农产品通过线上竞拍成交。成功拍出160吨红心蜜柚、13吨泰国冷冻榴莲肉、20吨海南胡椒，成交金额240余万元。

在互联网拍卖实践中，线下拍卖通常出现的密封拍卖收入高于公开拍卖不再成立，而是后被采用的拍卖方式收入高于先被采用的拍卖方式；由于互联网拍卖更低的交易成本和更高的信息不对称性，研究发现"赢家诅咒"现象在线上市场拍卖中更为罕见；由于买家可以从线上拍卖中获得参与乐趣，存在报价过高现象（即超出固定零售价格）；虽然线上拍卖延续时间较长，但买家很大一部分报价是在即将结束的最后几秒才上报即"最后一秒"报价。

（三）搜索引擎的广告位拍卖

广告收入是搜索引擎的重要收入来源。例如在百度或者谷歌上搜索"笔记本电脑"，页面顶端会弹出苹果电脑的官网链接，搜索"智能手机"就会弹出华为官网链接。

搜索引擎广告非常普遍，早在1994年搜索引擎就开始广告位的出售，采取传统的固定价格和时限的定价方式。随着互联网经济的不断发展，搜索引擎广告作为一种新兴的商业模式兴起，定价策略也随之发生了演化。

1. 搜索引擎广告定价的特殊性。

（1）报价的持续性。与传统广告定价的一般线下拍卖不一样，搜索引擎广告的报价是持续的。例如，当某个关键词报价第二高的客户链接被列在该关键词搜索结果的第二广告位时，他的竞争对手随时可以观察到竞拍结果和他的报价，并有针对性地重新出价。广告商针对搜索引擎广告位的报价变化可以快速、持续反应，甚至采用机器人通过电脑程序根据竞争对手报价自动给出新报价，以竞争广告位。

（2）广告位的流量性。与销售实物商品和传统广告位不同，搜索引擎广告类似于电力市场的负荷：一旦某个关键词的搜索结果没有商家购买，则这个广告位就浪费了；无论是否有商家购买，搜索结果界面的广告位总会产生。因此搜索引擎平台总会努力将更多词条的广告位销售出去。

（3）销售对象的模糊性。互联网广告非常难以界定到底"销售的是什么"，对于广告商而言，它们关心的是能否吸引消费者前来购买自己的产品。因而，广告商理想的定价方式是根据实际完成的销量来付费。从搜索引擎提供商的角度看，只关心用户搜索某个关键词的次数，其相应的定价策略是根据广告商的链接被呈现给搜索该关键词客户的次数。广告商和搜索平台的利益不具有一致性，而"点击费"则是两者之间的折中：广告商按照自己的官网链接被点击的次数来进行付费。在互联网广告诞生初期，三种定价策略都被不同平台采用过，但最终"点击费"成为搜索引擎广告定价的主流。

数字经济的兴起极大地提升了互联网广告的价值，引发广告商为争夺广告位而频繁报价。例如，在一级价格密封拍卖的方式下有张三、李四和王五都希望拍下一个广告位，但可供出售的广告位只有2个，且报价最高者得到最显眼的第一广告位。张三、李四和王五愿意为单次点击支付的价格为10元、4元和2元，如果李四出价2.01元，那么张三的初始报价不会超过2.02元。但观察到张三的报价，李四会马上把报价调整为2.03元，以争夺第一广告位。然而一旦李四采取行动，张三也会将报价调整到2.04元，由于广告商可以采用自动报价程序，重复报价的成本很低，因此广告商会频繁地反复报价。

2. 一般性二级价格拍卖（GSP）。假设给定一个关键词，有 N 个广告位和 K 个广告商参与竞拍。第 i 个广告位可获得的单位时间点击量为 a_i，对于第 k 个广告商单次点击的价值是

s_k。在广告商风险中性（不偏爱也不厌恶风险）的假设下，第 k 个广告商得到第 i 个广告位的收益为（$a_i \times s_k$ - 广告费）。对于所有广告位有 $a_{i-1} > a_i (i = 2, 3, \cdots, N)$，即广告位的点击量按序号是单调递减的，最终有 $\min\{N, K\}$ 个广告位被出售。下面设广告商按最终报价从大到小降序排列，于是有：

（1）当 $N \geqslant K$ 时，广告位多于或等于广告商人数，这时广告商全都获得广告位。记第 k 个广告商单次点击的最后报价为 $b_k (0 \leqslant b_k \leqslant s_k, k = 1, 2, \cdots, K)$，那么按照二级价格密封报价规则，每个得到广告位的广告商单次点击的支付价格为排在下一个广告位的广告商报价。第 k 个广告商为第 k 个广告位需要支付的总广告费为 $a_k b_{k+1}$，而净收益为 $a_k(s_k - b_{k+1})$。只是当 $N = K$ 时，最后一位的广告商为单次点击支付的价格 $b_{K+1} = 0$，而净收益为 $a_K s_K$。

（2）当 $N < K$ 时，由于广告位少于广告商人数。这时最终报价较低的部分广告商将无法得到广告位。按照二级价格密封报价规则，第 k 个广告商为第 k 个广告位需要支付的总广告费为 $a_k b_{k+1}$，而净收益为 $a_k(s_k - b_{k+1})$，这里 $k = 1, 2, \cdots, N$。

仍以前面张三、李四和王五的支付意愿为例说明一般性二级定价拍卖。设仅提供两个广告位，广告商按它们的支付意愿为单次点击报价：张三、李四和王五分别报价 10 元、4 元和 2 元，那么只有张三、李四获得广告位。这样按照拍卖规则，张三获得第一个广告位以单次点击 4 元支付广告费；李四获得第二个广告位以单次点击 2 元支付广告费。在单位时间内若张三的链接被点击 200 次、李四的链接被点击 100 次，则张三、李四各支付广告费 800 元和 200 元。

如果搜索引擎提供三个广告位，且只有张三、李四和王五参与竞拍，那么就全都获得广告位，张三、李四在单位时间内各自为单次点击支付的广告费 4 元、2 元不变，但王五按一般性二级价格拍卖规则就可以获得免费的第三个广告位。当然在实际竞拍中，最终报价不一定是按实际支付意愿申报，就使得出现的结果更为复杂。

三、匹配机制：搜索引擎灵魂

在数字经济条件下，传统的集市、婚介所、职业介绍所等线下匹配机构正在大量被诸如淘宝、百合网、智联招聘这样的互联网平台所取代。通过大数据匹配算法等先进技术，互联网平台在提升匹配质量和匹配效率方面正表现出日益明显的优势。

（一）匹配的基本概念

经济学意义上的匹配是指在一定范围内供需对象遵照相应条件或目标，根据信息引导建立相对的稳定互动及配对关系过程。从本质上看，经济学所关心匹配问题的核心是信息在合理配对过程中如何有效地发挥作用。市场上每一笔交易的实现过程，都是交易双方的匹配过程。

1. 相关概念。

（1）偏好。考虑两个有限集合 $W = \{w_1, w_2, \cdots, w_k\}$ 与 $M = \{m_1, m_2, \cdots, m_n\}$，用它们分别表示婚姻市场的女士集和男士集。将每个男士的偏好表达为一组有序的偏好序列 $P(m)$，例如 $P(m) = (w_1, w_2, m, w_3, \cdots, w_k)$ 表示男士 m 如果要结婚，首先会选择女士 w_1，其次是女士 w_2，再次是自己独身，对应 m。把 m 放在 w_3 之前，表示对于该男士而言，选择与 w_3 或与从

w_4 到 w_k 的女士中任何一位结婚，都不如独身。

（2）匹配。作为日常生活中极为常见的一种现象，匹配普遍存在于社会经济的各个领域。例如市场上买方和卖方的相互匹配；婚姻中男性和女性的相互匹配；学校中学生与学生匹配形成同寝室室友。匹配主要有单边匹配、双边匹配等形式，学校安排学生寝室是单边匹配；市场买卖双方、婚姻男女双方是双边匹配。

在婚姻匹配问题中，用有限集合 $M = \{m_1, m_2, \cdots, m_k\}$ 与 $W = \{w_1, w_2, \cdots, w_k\}$ 分别表示男士、女士两个群体，其中 m_i 表示第 i 位男士；w_i 表示第 i 位女士($i = 1, 2, \cdots, k$)。匹配就是分别从两个不相交集合 M 与 W 中选择元素相互配对的过程，这里假定两个集合的元素个数相同。那么下面关系表示一个匹配，记为匹配 μ_0。

$$\mu_0 : \begin{pmatrix} m_1 & m_2 & m_3 \\ w_1 & w_2 & w_3 \end{pmatrix}$$

匹配 μ_0 就代表了 m_1 与 w_1 配对；m_2 与 w_2 配对；m_3 与 w_3 配对。用数学语言来表达，一个匹配就是一种一一映射关系，或者是一种规则、策略。

（3）个体理性匹配。个体理性匹配是指每个个体都认为其匹配对象是可以接受的，或者说从某个集合中选择任何一位异性结婚，都比单身好。在就业市场中，个体理性匹配意味着外出工作都比待在家里失业好。需要说明的是，在匹配过程中个体理性匹配并不是说都已经达到了最优状态，即找到的并不一定是彼此满意的婚姻，或者满意的工作。

（4）稳定匹配。匹配 μ_0 中如果 m_1 相比于现在的匹配对象 w_1 更希望与 w_2 匹配，同时 w_2 相比于现在的匹配对象 m_2 更希望与 m_1 匹配，那么此时 m_1 与 w_2 有充分的动机打破当前的匹配并相互匹配在一起，我们称匹配 μ_0 是不稳定的，(m_1, w_2) 是它的破坏配对。一个匹配不会被任何人或任何破坏配对所阻止，就称稳定匹配，它是比个体理性匹配更强的匹配标准。

（5）占优匹配。在一个匹配关系中，如果存在一个群体对该群体所有个体来说，按照某种匹配规则进行配对比按照其他规则配对更好，则称该匹配为占优匹配。从博弈论角度该群体的个体就会按占优策略而不是其他策略进行配对。例如大学招生，公众都认为通过考试择优录取比根据家庭出身录取更为公平，那么高考就是一个占优的匹配策略。

2. 常见的匹配问题。从经济学意义上讲，匹配是商品经济条件下实现分工协作、资源互补的重要环节，也是参与匹配双方基于各自偏好和已有信息做出理性决策的过程。传统的市场供求关系主要由价格决定，但在现实经济活动中，单纯依靠价格并不能保证市场的运行效率。例如，器官移植中捐献方与需求方以移植关系为结果的匹配；婚姻市场中男方与女方以婚姻关系为结果的匹配；大学招生中学校与学生以录取关系为结果的匹配等。对于各类匹配，人们最终还是关心匹配结果的好坏和匹配效率的高低。

（1）匹配的有效性。通俗地讲，有效匹配就是使匹配双方的需求都得到较好的满足，任何一方的不满意都不能称之为有效的匹配。如果匹配后双方未能建立起正向的联系，就说明匹配效果欠佳，或至少有一方认为没有达到预期效果。

（2）匹配的效率。影响匹配决策的还包括双方为达成匹配而付出的金钱、时间等成本，一般可以采用匹配效率来衡量。例如，为了找到一份满意的工作，我们往往需要去了解感兴趣企业的招聘需求，准备简历材料，参加多轮面试，甚至会在很长一段时间处于待业状态。

招聘过程顺利与否，反映出匹配效率的高低。

（二）经典匹配理论介绍

根据匹配对象是否进行互动式选择配对，匹配通常可以分为单边匹配和双边匹配。

1. 单边匹配理论。单边匹配问题是指市场中仅仅存在一个集合，集合中的个体根据各自的偏好匹配在一起。相关的研究多以房屋市场的匹配作为研究背景，已知有限个个体、有限栋房屋和每个个体对房屋的偏好序列。在这个市场中能够进行交易的对象只有房屋，要求设计出个体与房屋之间的一个匹配机制，使得每个个体都获得自己满意的房屋，如此便形成一个一方是代理者，另一方是不可分割物品的单边匹配问题。例如在器官移植时，价格机制不起作用，患者只能依靠单边匹配获得适合移植的器官。捐赠者捐出器官后，要求在尽可能短的时间内找到最适合的受赠者，才能最大化赠者与受赠者的福利。夏普利和斯卡夫（1974）首次提出并证明首位交易循环算法可以保证存在一个满足帕累托有效的稳定分配，从而提供一种解决单边匹配问题的方法。

2. 双边匹配理论。双边匹配问题是指市场中有两类个体集合，任意一类集合中的个体都会寻求与另一类集合中的个体进行配对，且双方均拥有自己的偏好序列。与单边匹配不同，双边匹配的本质是双向互动式的配对选择，因而在现实中应用更为广泛，如婚姻市场、就业搜寻、学校的申请录取等匹配。盖尔和夏普利（1962）首次提出双边匹配模型，开创了双边匹配理论研究的先河。他们证明在一个双边市场中，只要个体偏好具有完备性和可传递性，同时市场允许个体进行任何有潜在可能的匹配，那么稳定匹配在市场中总是存在的。他们还提出了递延接受算法，在算法中引入交易时机，通过延迟交易确保存在稳定匹配并实现最优匹配。下面以学校申请录取为例，说明递延接受算法。

学校选择：假设存在一组学生和一组学校，而且每个学校拥有 q 个位置配额。第一步，每个学生向其心目中的第一志愿提交申请，每个学校在接到所有申请之后，将 q 个获得该校最高评价的申请人放进候选名单（并非立刻接受），其他人则被拒绝。如果申请人少于 q 个，则全部放进候选名单。第二步，再让被拒绝者向其他偏好的学校提出申请（已被拒绝的学校除外），而接到申请的学校将前一轮留下的学生及新申请的学生放在一起进行排序形成新的候选名单，不在这个名单上的申请者被拒绝。重复这一过程，直到每个学生要么在候选名单上，要么已经被他申请的所有学校拒绝，算法终止。最终学校招收候选名单上的学生，同时也产生了稳定的匹配。这一匹配的结果不仅满足稳定性，而且还具有帕累托有效性和激励相容性。

近年来，在共享经济所涉及的网约车、共享单车等市场中实际上要解决的也是由非价格因素决定的匹配问题。参与者不仅关心交易是否发生，而且关心与谁交易。共享经济的核心在于让信息对称，提高信息匹配效率，挖掘使用权的价值。实现稳定匹配的算法，可以避免匹配失灵和匹配崩溃等问题。

（三）在线市场的匹配及算法

在数字经济条件下，经济学家试图利用微观经济学理论来设计新的市场机制或提升原有市场机制的效率。由于许多问题无法纯粹依靠价格因素来解决，需要人为设计一种新的机制或算法，从而实现市场参与者的稳定匹配。

1. 互联网平台的匹配功能。在平台经济中作为影响在线市场运行效率的关键角色，互联网平台无疑是基于市场设计理论实现稳定匹配的核心所在。

（1）平台市场与双边匹配。①平台市场：由于现代交通扩展了市场供需匹配的空间范围，移动互联网技术扩大信息发布者和接受者的数量，整个社会经济活动的匹配需求和机会大大增加，为各类客户提高匹配效率的中介服务、代理公司也不断衍生出来，电商平台企业逐渐发展壮大。②双边匹配：双边匹配的平台市场主要有三类，市场创造型、受众创造型和需求服务型。市场创造型平台把对交易感兴趣的两个不同群体汇聚起来，在降低搜索成本的同时也提高匹配的可能性，其代表是电商平台和超市等；受众创造型平台主要是传媒产业，包括电视、报纸、网站等，它们通过提供信息吸引大量的观众和读者，并经由广告链接匹配供给与需求；需求服务型平台包括软件平台、操作系统和支付体系等，它们提高了市场交易的匹配效率。

（2）平台匹配的现实应用。零工经济。对于很多苦于上班拥堵、单调乏味工作，并希望获得更多自由的人来说，零工经济无疑是转换生活和工作方式的一种选择。零工经济是指由工作量不多的自由职业者构成的经济领域，它利用互联网和移动技术快速匹配供需方，主要采取群体工作或经应用程序接洽的按需工作两种方式。目前具体从事的职业包括咨询顾问、承接协定、兼职工作、临时工作、自由职业、个体经营等，在数字经济条件下企业将更多业务外包给市场是零工经济获得长足发展的经济学解释。零工经济是一种新型的雇佣关系，平台代替企业成为用工的主要匹配连接体。

2. 互联网平台的匹配效率。互联网平台对于市场匹配的重要性，不仅是因为它在线上市场充分发挥匹配中介的功能，为供需双方创造了大量潜在的匹配机会，更是因其作为一种基于互联网与数字技术的匹配工具极大地提高了处理市场匹配的效率。增大参与者寻求匹配的可行性，节约双方搜寻匹配成功的时间，减少匹配过程中不必要的经济损耗和摩擦成本。同时，数字经济能够把市场信号更快、更准确地传递到供给侧，把优质商品信息更高效、更便捷地交换到需求端，从而通过线上方式实现供需精准匹配。从经济学角度，互联网平台至少从以下三个方面改进了市场匹配效率。

（1）提高匹配的针对性和成功率。互联网平台便利了信息的传播，减少了寻求匹配一方的信息不对称，保证双方可以在知晓对方真实信息基础上做出匹配决策，不仅加强了交易的针对性，还提高了匹配的成功率。例如，国家电子商务示范企业青岛红领集团通过互联网平台，消费者用鼠标就能完成西装的一对一个性化定制，企业在掌握客户需求信息后再进行精准供给，从而大幅提升匹配效率。

（2）减少用户搜索成本。互联网平台可依托最新搜索引擎技术，配套基于用户个性化需求的广告推荐系统，多管齐下减少了用户的搜寻成本，保证用户能够在尽可能短的时间内找到符合自身需求的潜在匹配方，代替用户更全面地完成筛选工作。

（3）减少用户交易成本。相对于传统的线下交易，依托互联网平台的线上交易成本大大降低。互联网平台可以提供线上签约、在线支付等服务，使得达成匹配的双方无需再像过去一样付出相当数量的匹配摩擦成本（如契约签订、监督实施等相关支出）来完成交易，增加了参与者从匹配中获得的收益。

3. 互联网平台与大数据匹配算法。互联网平台拥有大量的用户搜寻和交易记录，这些涵盖异质性生产者和消费者真实行为偏好的数据是平台企业最重要的资产。要让这些用户大数据信息最终服务于线上用户的搜寻与匹配，关键在于大数据信息技术的运用，也就是互联网平台所使用的精准匹配算法。

（1）大数据匹配算法。以 Uber、滴滴打车为代表的网约车平台，借助于庞大的用户规模和先进的大数据精准匹配，将乘客位置和出行需求与出租车服务高效地连接起来，实现供需双方在时间和空间维度上的快速精准匹配，有效缓解了传统上因为乘客与出租车匹配效率低下而"打车难"的问题。谷歌、今日头条、腾讯社交平台、摩拜单车、奈飞等网络时代具有代表性的平台企业和数字媒体，它们成功的一大共同点便是都开发和运用了大规模匹配算法。通过算法，谷歌、今日头条实现了人与信息的匹配；腾讯社交平台实现了人与人匹配；摩拜单车实现了人与设备的匹配；奈飞实现了人与作品的匹配等。如果把工业时代的特征称为大规模制造，那么数字经济时代就是大规模匹配，谁匹配得最快速最精准，谁就能在市场竞争中占得先机。全球最大的视频网站 YouTube 的用户和视频量级都以十亿计，要保证用户从如此庞大的视频库中找到自己感兴趣的内容，得益于深度学习、神经网络等最前沿的机器学习算法，它打造出了一套精准高效的视频推荐系统，并且凭借其给用户提供的良好匹配体验推动了市场份额的扩张和商业上的成功。拥有 2 亿多客户的全球最大的在线影片租赁服务商美国奈飞（Netflix）公司宣布奖励将公司推荐引擎的推荐效率提高 10% 的 BPC 团队 100 万美元，不久又宣布了第二个 100 万美元的大奖，希望世界上的计算机专家和机器学习专家们能够继续改进其推荐引擎的推荐效率，体现了该公司对大规模匹配技术的重视。由于匹配算法的优劣很大程度上决定了匹配效率的高低，进而严重影响市场主体的福利。对平台匹配算法带来不同经济效益进行评估的相关研究，又被称为算法经济学。作为数据资产估价及交换的载体，算法经济受到人们越来越多的关注。

（2）大数据匹配算法的现实应用：搜索引擎。

①搜索引擎的主要技术特征。一是信息抓取迅速，网络时代大数据信息浩如烟海，难以得到自己需要的信息资源。在搜索引擎技术的帮助下，利用关键词、高级语法等检索方式就可以快速捕捉到相关度极高的匹配信息。二是深入开展信息挖掘。搜索引擎在捕获用户需求信息的同时，还能对检索的信息加以一定维度的分析，以引导用户对信息的使用和认识。例如，用户可以根据检索到的信息条目判断检索对象的热度，还可以根据检索到的信息分布给出高相关性的同类对象，还可以利用检索到的信息智能化给出用户解决方案等。三是检索内容的多样化和广泛性。随着技术的日益成熟，当代搜索引擎几乎可以支持各种数据类型的检索，如自然语言、智能语言、机器语言等各种语言。目前不仅视频、音频、图像可以被检索，而且人类的面部特征、特定动作等也可以被检索到。

【知识链接 2–3】

我国互联网宽带接入基尼系数（不平等）

互联网宽带接入是数字经济发展的基础。图 2–2 中图（a）反映了 2013～2021 年我国省间宽带接入基尼系数的变化趋势，我国总体、农村、城乡基尼系数呈现出快速下降，表明宽带接入省间总体差距在缩小，城乡差距在缩小；图（b）是城市、农村以及城乡宽带接入不平等对总体基尼系数的贡献，三者中城乡不平等的贡献虽然有所下降，但仍是最主要的因素，表明缩小城乡差距具有十分重要的意义。

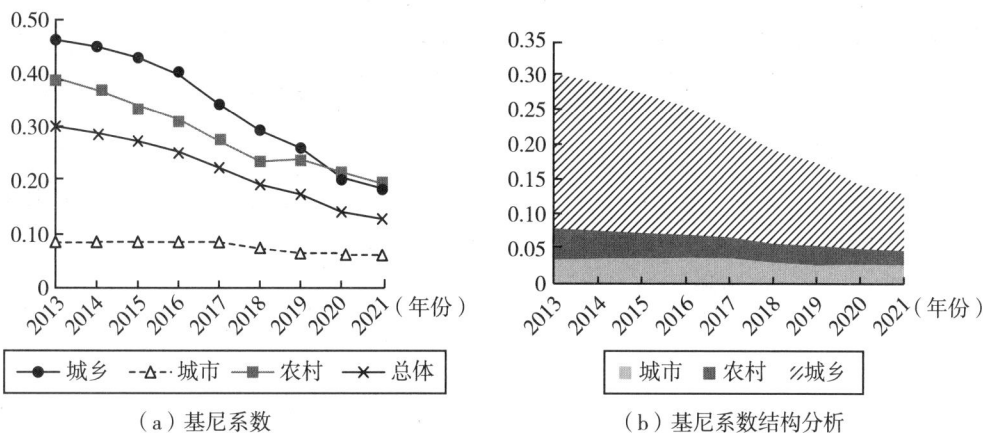

图2-2　我国互联网接入基尼系数（a）及其结构分析（b）

资料来源：中国统计年鉴16～37互联网主要指标发展情况（年底数）.

资料来源：戴平生，赵昱焜，沈小波. 我国省域数字经济发展不平衡状况及其对策建议［D］. 中国数字经济人才培养与学科建设研讨会（哈尔滨）入选论文.

②搜索引擎的交易媒介功能。搜索引擎在线上市场扮演着交易媒介这一重要角色，是达成供需匹配的重要环节。从搜寻角度，它将正在寻找信息的人与提供信息的人进行了匹配；从广告角度，它将想要购买商品的人与想要出售商品的人进行了匹配。搜索引擎一方面为用户提供快捷方便的资讯服务，解决了用户信息筛选的烦恼；另一方面还可以帮助企业寻找潜在客户，推广企业产品为企业带来实际收益。

③搜索排序模式对匹配效率的影响。搜索排序是搜索引擎技术的一大核心。对于某一关键词，搜索引擎按一定次序给出匹配用户需求的有效信息，这是搜索排序所要解决的主要问题。在当前的搜索引擎市场，主流的搜索排序模式可分为自然排序与竞价排序两种。自然排序就是按照搜索引擎预先设定的算法排列搜索结果，一般都是按照与用户搜索关键词匹配程度的高低进行排列。匹配程度的计算有多种方式，比如谷歌采用PageRank算法即以页面被其他网站链接的数量为标准，一些搜索引擎则采用HillTop算法，即主题相关性越强排序也越靠前；竞价排序是搜索引擎服务于广告商人为干预自然排序的结果，即广告商通过竞拍广告位出价付费，获得在搜索引擎网站排名靠前的位置，一个关键词搜索引擎的广告位数量，通常不同的搜索引擎有所相同。搜索引擎的竞价排序模式对于企业在线上市场运作有着重要意义，可以促进企业线上市场交易的繁荣与活力。同时竞价排序模式也会带来一些消极影响，不仅可能会在一定程度上损害用户匹配需求的实现，而且存在因广告商虚假信息可能导致市场秩序混乱的风险。

【复习思考题】

1. 数据要素具有哪三个重要特征？请叙述它们的含义。

2. 在数字经济中为什么说算法是发挥数据要素作用的关键？

3. 数字经济生产者按行业可以分为哪五类？产业数字化主要有哪些产业类型？

4. 叙述数字经济消费的网络外部性，并举例说明。

5. 哪三大定律支配数字经济生产和消费？简要表述三大定律。

6. 简述数字经济运行机理发挥作用的基本途径。

7. 我国互联网平台的发展主要经历了哪三个阶段？现阶段按核心业务可分为哪三类？

8. 互联网拍卖机制中主要有哪些基本的拍卖形式？请对各种拍卖形式进行简要叙述。

9. 拍卖机制被应用于我国各级政府部门的政府采购和工程招标中，试举例说明。

10. 匹配的主要形式有哪两种？请进行简要叙述。

第
三
章

数据要素概论

■ 【学习目标】
◇ 理解数据要素内涵和经济学特征
◇ 掌握数据要素的自然属性与经济属性
◇ 理解数据标准化管理体系
◇ 了解数据权属的多个维度特征
◇ 理解数据领域权属理论应用难点
◇ 掌握数据权属界定策略
◇ 掌握数据要素价值的计量方法
◇ 掌握数据交易模式
◇ 理解基于数据生命周期的安全技术

【案例导引】

工商银行新一代电子文档安全管理系统

北信源承接了工商银行新一代电子文档安全管理项目。在公司文档安全防护系统产品基础上，北信源结合工行的实际情况，进行二次定制开发，确保重要敏感电子文档不落地，实现电子文档的在线编辑和管控；完成与业务部门全行性业务系统对接，实现对涉及客户信息的业务系统全覆盖，确保业务系统中电子文档的安全存储和处理。产品上线后稳定运行。系统对用户体系内的人员大量违规操作做了拦截。本案例目前已完成境内分行的终端（存在一个用户多台终端的情况，同时还有一些公共设备），境外若干家一级机构合计若干用户终端的推广工作。

一、实施背景

随着信息化时代的来临，中央企业商业秘密广泛存在于信息系统中，一旦信息系统中的商业秘密保护不当，将给企业生产经营带来重大风险和隐患。为此，国家先后颁布了《中央企业商业秘密信息系统安全技术指引》及其修订版等指导文件，用于指导中央企业的商业秘密信息系统安全建设。

中国工商银行下发内部研发任务，北信源立足于文件加密和授权控制，弥补现有管控的短板，实现对企业内部商业秘密信息系统的全面保护，尤其是对公文系统等包含商密信息的各类应用系统上商密文件的保护，完成了系统的建设目标，并进行了全行的部署和推广。

二、实施目标

北信源从包含商业秘密信息的电子文档的安全防护出发，通过配置安全策略，实现对企业包含商业秘密信息的电子文档的统一安全管理。

以"敏感信息发现、文档分类分级、文档加密保护"为技术基础，通过系统自定义敏感规则库，实现对包含商业秘密信息的电子文档在起草阶段的内容加密、文件定级、分级保护，保证包含商业秘密信息的电子文档脱离系统无法使用，避免内部人员主动泄露包含商业秘密信息的电子文档；

以文档权限管理为内部使用管理的手段，在企业内部实现对包含商业秘密信息的电子文档的授权访问，可设置商密文档的授权访问对象和使用权限，比如只读、可编辑、打印、复制、打开次数、打印次数、有效使用时间等，通过细粒度的权限管控，实现对包含商业秘密信息的电子文档在企业内部使用时的管理；

监控"终端外发、网络外发、邮件外发"等外发电子文档的途径，防止包含商业秘密信息的电子文档被非法外发出去；

结合文档外发申请、文档外发包等技术，为包含商业秘密信息的电子文档的外发提供合法的通道；

提供全面的电子文档操作审计功能，对包含商业秘密信息的电子文档的创建、使用、编辑、打印、分发、解密等全生命周期的操作行为进行审计和追溯；

对企业内部包含商业秘密信息的电子文档资产进行统计和管理。

三、建设背景

随着网络应用的日益普遍深入以及政企信息化工作的进一步推进，核心数据存储的媒介由传统的纸质文档越来越多地转换为电子文档，大量包含企业商业秘密信息的电子文档在企业内部员工的办公电脑以及企业内部的应用系统上进行流转。核心数据信息的安全性越来越受到人们的关注，特别是一些关系到国家安全、企业命脉的核心安全信息更是保护的重中之重。包含核心数据信息的电子文档一旦泄露，会给国家、企业带来难以估算的巨大损失。

据统计，工商银行全行已有几亿份电子文档，分散存储在全行办公终端及共享盘上，文档涉及用户信息、商业秘密、知识产权等。上述电子文档的存储及处理安全极为重要，稍有不慎，极可能外泄，形成数据安全事故。

四、建设内容

此次项目建设以电子文档为核心，对文件从生成阶段加标，对商密文件流转阶段进行全面权限管控，同时对商密文件访问进行全面审计管理。对商密文件定密、标密、加密管理，实现对商密数据从创建、编辑、共享、流转、使用、脱密、外发、销毁的集中管理。同时对商密文档进行统一的账号认证、审批流程、加密存储、访问授权、审计回溯，强化非结构化数据安全，实现商密数据与非商密数据的隔离。

本项目采用文档加密防护＋信息泄露防护＋云文档三者相结合的方式，构建更安全、更高效、更便捷的新一代文档安全体系，打造工行文档安全可视、可控的新体系，全面提升用户使用、维护管理的易用性。

项目确定后，北信源与该大型银行共同成立项目小组，明确相关人员职责，制定项目实施计划，整体项目流程分为试点、全行推广、应用改造、历史数据迁移等工作。

五、实施效果

（一）经济价值

本案例目前已完成境内分行的终端（存在一个用户多台终端的情况，同时还有一些公共设备），境外若干家一级机构合计若干用户终端的推广工作。产品上线后，根据用户的需要，创建了若干个国密的密级、商密密级以及内部资料级别的密级关键字。同时，创建有文档加密策略、自动授权策略和文档扫描策略。

产品上线并完成推广后，目前处于稳定运行阶段，平均每个月产生的加密授权文档上千万个，平均每个文档的授权条数为若干条（每个月的查询数据有差异）。

同时，系统会对用户的违规操作做拦截以及记录日志。拦截的违规操作类型有：违规打印（未授权打印）；违规复制（未授权复制）；违规打开（未授权打开）；违规截屏。据统计，针对用户体系内产生的违规操作，系统对用户体系内的人员违规操作做了精准高效的拦截。

（二）转型变革

新一代电子文档安全管理系统是紧密依照国家数据安全治理要求，结合企事业单位文档安全管理需求设计的，此套安全管理体系具有广泛的应用性和实用性。

1. 时刻保障数据文件的使用安全。通过部署北信源电子文档安全管理系统，可实现对日常办公数据文件的加密，防止因为外部攻击或者人员的无意识行为等内部或者是外部因素造成的数据泄露。此外，对于企业在办公中所使用的应用系统上的数据安全也不容忽视，系统可为企业内不同系统上的数据文件进行安全的保驾护航，防止所有可能存在的造成数据泄露的因素。

2. 敏感数据加密全覆盖。北信源电子文档安全管理系统基于策略规则和中文语义的智能识别引擎，对终端数据进行高效敏感检查，对企业内数据实行精准分析，知晓数据分布和风险，进而通过自动加密授权等方式保护数据资产。

（三）推广空间

此新一代电子文档安全管理系统具备良好广泛的可推广性和项目整体方案的领先性。项目方案是在原文档安全防护方案基础上，全新调研梳理新时期数据安全管理需求痛点和行业监管要求，配合工商银行文档安全防护项目实践整合而成，方案成熟度高，已在包括工商银行在内的诸多企事业单位广泛应用，产品功能及应用对接接口成熟度高，兼容性和稳定性强方案具有很高的行业领先性和可推广性。另外，新一代电子文档安全管理系统国产化拓展性高，目前新一代文档安全管理系统服务器端已能支持主流国产化操作系统，管理客户端也在诸多国产化系统有适配。后续如涉及国产化改造，改造难度低，工作量小。

资料来源：工商银行新一代电子文档管理系统实践案例［EB/OL］. 信息化观察网，2022 – 08 – 31. https：//www. infoobs. com/case/20220831/498. html.

第一节　数据要素概述

一、数据要素的内涵

所有人类发现或发明的抽象化概念及其映射的具体内容都可以称为数据资源。数据资源并不等同于数据要素。原始的、未经过技术处理的数据资源可以视作自然环境中未被挖掘的矿石。其包含的经济价值可以被估计，但显然不能将其直接视为一种生产要素。只有经过数字技术工具搜集、处理和初步分析之后的数据资源才能称为数据要素。

数据和数据要素是数字经济区别于传统经济的核心因素之一。数字经济包含了两方面的内容：（1）通过数字技术，将数据转变为数据要素，类似于矿业中的矿产采集；（2）通过数字技术，将数据要素投入其他传统经济行业，达成促进经济效率提升、优化经济结构和降低经济周期性波动等目的。在现代信息通信技术和人工智能等数字技术广泛应用的环境下，数据和数据要素成为经济发展的重要因素，其在国民经济中的重要程度可以媲美曾经的"土地和劳动"或者"机器和资本"。不过如果从本质上来看，数据和数据要素更加类似于稀土矿石这类"工业味精"：缺少了数据要素，经济仍然可以发展，但显然在效率、结构优化和高精尖科技发展等方面将会远远落后于充分应用数据要素的情况。

数据和数据要素都可以在经济运行中流通。与人力资源相似，大多数衔接现代产业的企业都已经将数据要素纳入生产管理之中。另外，除了经过处理，变为生产使用的数据要素以外，数据本身也可以视为一种可交易的资源，一种可以实现供求双方利益的特殊产品。

总结而言，从狭义上来说，数据即存储在计算机等电子设备中抽象概念的具体映射；从广义上来说，则所有人类观察并记录的内容都属于数据。因此，从狭义上来说，数据要素是经过一定规范流程处理后，可以直接投入生产中使用的数据；从广义上来说，则所有的数据都是数据要素。也就是说，从广义上，直接使用数据同样可以起到加速经济社会发展的作用，不过显然，这并不能满足大多数实际的具体需求。

二、数据要素的属性

数据要素作为经过技术处理的一种资源，必然包含了其本身的自然属性和社会赋予的经济属性。

数据要素的自然属性主要包含了六个方面的内容。（1）数据维度，包括数据的变量/属性/字段数量、是否是动态的和取值范围等内容；（2）数据容量，包括数据样本数、占用存储空间大小、文件数和序列长度等内容；（3）数据质量，包括数据代表性、数据存储格式和内容是否符合标准、数据含义是否满足预定目标、数据颗粒度、精度和误差程度，以及数据完整性等内容；（4）数据来源，包括数据是一手或二手数据、是否来源于受控实验或者抽样调查、是否来源于自然实验、是由人产生或其他来源产生、来自线上或线下以及来源的可靠性等内容；（5）数据类型，包括结构化或非结构化数据、连续或离散数据以及包含实际意义信息时的存储形式（如视频、音频、图表、文字或数字）等内容；（6）数据交互，包括数据集之间的可连接性、数据集本身的可分割性以及变量和样本之间的可操作性等内容。

数据要素的经济属性则至少包含了八个方面的内容。（1）数据要素是一种相对独立的生产投入要素。单独的数据要素便可以产生价值。（2）数据要素与技术进步类似，对生产投入具有协同性。与其他要素，例如资本、劳动、土地等协同时才能发挥更大的作用。（3）数据要素和其他要素具有一定的替代关系。当数据要素投入生产中，可以在一定程度上减少其他生产要素的投入。（4）数据要素具有技术依赖性。类似于劳动和资本一样，技术进步增加数据要素的产出；但和劳动或资本又有一定不同，数据要素存在技术门槛，当技术没有达到一定程度时，数据要素的产出可能会是零甚至是负的。（5）数据要素具有时效性。数据要素价值的时间折旧速度一般高于传统的生产要素。（6）数据要素类似于固定资产类型的公共品，具有高固定成本、低边际成本的特点。毕竟数据的复制和传播成本很低，但数据的存储设备以及分析硬件的准备需要较高的前期投入。（7）数据可以被同时地重复利用。数据要素总是可以进行复制，因此可以根据不同的目的重复地使用数据要素，甚至可以同时使用同一份数据要素进行不同的生产活动。并且不同的数据集同样可以同时地重复利用。（8）数据具有外部性。没有非排他性决定了投入数据要素带来的效率提升等红利并不能排除没有投资生产数据要素的组织和个人。

三、数据要素的经济学特征

数据要素在经济学上最重要的特征便是非竞争性。

数据要素与数据资源一样，具备非竞争性，但数据要素不具备非排他性。另外通过一定的技术和制度设计，数据要素也可以是竞争或非排他的。但总体而言，由于数据要素的可复制性特征和预处理的必要性，一般数据要素仍是非竞争而排他的。

有人会举例收费以及规定了使用次数的数据作为竞争的数据要素，但这些数据要素仍可以通过盗版等手段变为非竞争的，因此所谓的竞争性并不是数据要素的底层属性。同理，非排他性的天气预报数据实质上是数据资源，单纯的天气预报等数据信息并不能投入生产中。

必须经过搜集处理与分析后的天气预报分析才能称为一种数据要素，而此时，除非完全地公布数据要素处理的所有过程和对应的结果，不然不能将其称为具备非排他性，显然大部分情况下这并不是常态。

由于数据资源与数据要素的非竞争性，对二者所有权和产权的确认是一个复杂的问题。特别是在网络上通过交互得到的数据，有很大一部分的存储和处理都是集中式的，不可能完全保存在用户的本地设备中，其确权的难度就更大了。例如用户的点击、浏览和处理等行为数据，显然它们在用户授权之前并不完全属于互联网平台，但与此同时，认为它们完全属于用户似乎又忽略了平台在交互过程中付出的成本。所以对于权属的确认不仅需要技术性手段来确保平台或网络上的其他组织个人等数据实质拥有者必须通过数据主体的授权才能使用数据，还需要设计相关制度来保障授权后数据权属让渡的比例或方式。

对于没有权属问题的非排他的数据资源，数据资源的分享将会促进最终生成的数据要素价值和数量的增加。也就是说，数据资源一般呈现范围经济特征。因此，如何在保护数据安全和隐私的前提下，实施数据的开放共享，促进数据资源的重复使用和多维度共同使用就显得非常必要。

四、数字经济中数据要素的重要性

近年来，数字经济日益成为各国经济增长的重要驱动，在中国，数字经济同样成为国民经济的重要组成部分。数字经济的发展使得数据的价值不断提升，数据要素作为一种生产要素，并且是数字经济关键组成，已经成为国家共识。

数据要素主要从三个途径对经济增长起到促进作用：新知识、新生产和新匹配。

第一，新知识。数据要素作为一种研发投入要素是其最初也是最为自然的一种要素使用方法。显然此时数据要素可以促进知识生产，提高研发和创新效率。从数据要素的产生途径来看，不论是作为经济活动的副产品或者是专门搜集，数据要素都能够提高企业和政府的思维以及知识质量，通过知识数量的累积、质量的提升以及知识的外溢效应，企业增强了创新能力和创新效率，政府的管理水平与管理效率同样能够得到强化，二者相结合促进了经济增长。

第二，新生产。数据要素既可以作为独立要素，也可以作为传统要素的替代或补充投入生产中。数据要素还可以作为企业的资产，形成数据资本，间接作用于企业的生产。不仅如此，数据要素还可以优化企业的生产要素配置，增强其他生产要素的效率增长，促进规模经济的出现和延续。

第三，新匹配。在市场营销端，数据要素能够极大地提高市场的匹配效率，使市场经济更高效地运转。数据要素可以降低搜索成本、减少信息不对称和信息摩擦，使企业可以更准确地判断产品销售的最优时间、地点、种类和数量，从而更快更好地满足消费者的需求，形成良性循环，迅速而精准地匹配供给与需求，显著增加市场有效性。

综上所示，数据要素在供应链的上中下游都可以发挥重要的作用。在研发设计环节，知识的增长除了传统的当前知识水平以及研发人员的数量质量等因素以外，也将受到当前数据要素存量以及增长率的影响；在生产制造环节，数据要素可以出现在多个环节和步骤中，既可以作为传统要素的促进剂，也可以作为与资本、劳动力并列的独立要素，直接参与生产。最后，在下游的市场营销端，供需匹配的效率一方面取决于传统的市场健全程度；另一方面现在也将受到数据数量、质量以及数据分析能力等影响资源调配效率因素的影响。

五、数据要素的社会贡献

（一）数据要素影响社会的渠道

数据要素作为一种生产要素，自然对社会生产会有着影响。可以认为，数据要素作为生产要素最重要的社会贡献内容即其使用价值，也就是将数据要素本身作为一种财富。因此，有部分学者从财富增长效率的角度来分析数据要素的社会贡献。我们知道，数据要素除了直接作为要素投入生产以外，还可以作为传统要素的促进剂或者替代补充，因此，可以从实现规模经济、降低交易管理成本等角度出发，认为数据要素的另一个社会贡献便是通过促进技术进步与优化资源配置从而提升生产效率。另外，数据要素的出现同时也意味着新的社会分工以及可能的新的分工机制的出现，因此从这个视角出发，认为数据强化信息处理、知识累积、资源配置等方面的综合能力促进了精神和物质财富的增长。

上述的研究视角主要是从企业维度展开，获得的社会贡献仅仅可以看作是对企业有利的，但对数据的提供者以及数字劳动者等的付出以及获得的收益却相对忽视。从数字劳动者的角度来说，数据也可以通过数字劳动者和数据提供者影响社会。数据价值链和数据赋能可以认为是数字劳动者—企业—社会贡献这一条间接响应途径最好解释的两个概念。

（二）数据要素的社会外部性影响

1. 企业通过数据产品创新提高人民生活水平。在推进数据流通交易方面，企业可以通过数据接口、数据沙箱、数据联盟链等模式构建数据流通交易平台，促进数据的流通共享；在强化数据服务能力方面，企业可以围绕数据的生成、采集、存储、处理、分析、服务定制、安全管理与防护等关键环节，提升产品的异构数据兼容性，增加大规模数据采集和处理能力，布局高性能存储计算系统和边缘计算系统等产品，强化对数据管理、数据分析与应用等系统的研发，构建一站式、全链条、高质量、高度定制化的数据服务；在加强数据安全管理与防护方面，企业可以开展隐私计算、数据脱敏、非对称加密、零知识证明等数据安全技术与产品的研发，提升数据安全产品的供给能力。显然，企业可以从全数据产业链的各个环节上满足消费者的各类需求。

2. 规模经济。当企业的技术能力足够或者需求足够强烈时，企业在数据要素积累和应用上是呈现明显规模经济的。而这种规模经济不仅仅体现在企业本身，对社会外部性，或者说提高消费者剩余方面也同样是具有较强的规模经济特征的。举例而言，搜索引擎搜集同意授权的用户信息，将可以显著提升搜索引擎的搜索能力，吸引更多用户使用，形成效率越来越高的良性循环。另外，数据要素除了数量，还有质量与类型的差异，当数据要素质量越高、类型越丰富时，我们可以推断，数据要素的规模报酬会进一步增加，带来更强的网络效应和正外部性，进一步增加了用户的消费者剩余。

【小案例 3-1】

数据要素的负外部性：数据泄露

因安全措施不当、掩盖真相或无心之失而导致的黑客入侵及数据盗窃事件，令涉事企业和机构损失共计近 12 亿美元之多，且这一数字还在继续增长。

2019 年数据泄露事件相关的巨额罚金，显示出监管机构对未恰当保护消费者数据的企业和机构是越来越严厉了。万豪集团因万豪酒店数据泄露事件遭罚 1.24 亿美元，而信用评级公司 Equifax 同意支付至少 5.75 亿美元解决其 2017 年数据泄露事件。而且，2018 年也不平静。2016 年数据泄露事件的糟糕应对令 Uber 损失近 1.5 亿美元。缺乏防护却监管严格的医疗数据也令医疗机构在 2018 年损失惨重，美国卫生及公众服务部因而收到了越来越多的罚金。

Equifax：5.75 亿美元（至少）

2017 年，因某个数据库中存在 Apache Struts 框架未修复漏洞，Equifax 泄出近 1.5 亿人的个人信息及财务数据。该公司不仅在补丁发布几个月后尚未修复此关键漏洞，且在发现数据泄露后数周都未公布此事。2019 年 7 月，这家信用评级机构同意支付 5.75 亿美元（可能升至 7 亿美元），就"未能采取合理措施保护自身网络"的过错，与美国联邦贸易委员会（FTC）、消费者金融保护局（CFPB），以及全美 50 个州及地区达成和解。其中 3 亿美元将流入基金，用来支持受影响消费者的信用监视服务费用（如果首笔付款不足以补偿消费者，还将另加 1.25 亿美元）；1.75 亿美元支付给美国 48 个州、美属哥伦比亚及波多黎各地区；剩下 1 亿美元交付 CFPB。该和解协议还要求 Equifax 每两年对其信息安全项目进行一次第三方评估。FTC 主席乔·西蒙斯（Joe Simons）称："以个人信息盈利的公司企业有额外的责任保护这些数据。原本只要采取基本的保护措施就能防止这 1.47 亿消费者遭遇数据泄露，Equifax 却连这基本的防护都没做到。"

Equifax 此前已因 2017 年数据泄露事件在英国遭罚 50 万英镑（约合 62.5 万美元），这是 GDPR 生效前根据《数据保护法案 1998》所能做出的最高罚款。

资料来源：从百万到亿级美元罚金，历数全球重大数据泄露处罚案例 [EB/OL]. 安全内参网，2020 - 10 - 27. https://www.secrss.com/articles/26549.

3. 价值倍增。数据作为一种虚拟资源，可以认为是对真实世界的一种映射。也就是说，数据包含了真实世界的信息，在一定程度上可以将其视作是真实世界的复制。这种复制在数据数量足够大、质量足够高、种类足够丰富并且涉及范围足够大时，可以认为是一种资源的倍增。当然，在前提条件不能满足时，数据要素则通过与传统要素相结合，可以视作部分增加了传统要素的数量/质量，从而实现传统要素利用效率的倍增。

自然地，有了资源的增长就会有市场的增长。首先是资源市场的倍增，随着数据采集手段的不断丰富，各种类型的数据正在以前所未有的速度被产生、搜集和存储。这些形态各异、搜集和存储格式标准并不统一的数据资源使得对应的数据资源供给在客观上得到了巨大的增长，同时也就产生了将数据形式、格式统一标准化或者使用这些数据资源进行服务的巨大需求。与之对应的，通过充分清洗、标准化、结构化和市场化的数据要素市场也同步的迅速建立并扩张。而后，由于资源倍增效应，数据要素市场的出现必然也会带动其他要素市场需求的增长，从而在宏观上体现为整个要素市场的倍增效应。最后，数据要素的流通则促进了利用数据要素生成的数据产品和服务增长，同样会使产品服务市场得到倍增。由于数据要素的非竞争性，只要监管得当，产品服务市场的倍增效应会远高于前面两个市场。

市场倍增，社会分工就有了进一步分化的可能，从而带动劳动力就业的增加和专业化，促进了产业转型升级。通过自动化、配套实物资本需求以及全新岗位需求（例如智能化与自动化系统的维护与发展，新的理论技术带来的新业态与新模式等）三个主被动提升劳动力就业质量的途径，将可能实现就业升级。

通过资源倍增、市场倍增和就业升级，数据要素便能够实现财富价值的倍增。

第二节　数据管理

一、数据的标准化管理

既然数据既可以是资源也可以是生产要素，自然需要对其进行管理。数据的管理应该至少包含数据资源管理、数据转化标准管理、数据要素管理、数据安全管理和数据质量管理。

对数据的管理有着多重的必要性。（1）合理的数据资源配置是强化生产能力、促进企业和社会生产结构转变的核心；（2）标准规范的数据体系是优化商业模式、指导生产管理经营的前提；（3）多维、全面的可使用数据要素是开展市场营销、增加业务资源的关键；（4）安全稳健的数据存储使用规范是保护企业、政府和个人利益与安全的必需配置；（5）高质量的数据是业务创新、给出管理决策的基础。

特别地，上述的数据管理中，最为核心与基础的是对数据的标准化管理。数据标准化管理体系至少应该包含七个方面的内容：基础标准、数据标准、技术标准、工具标准、治理与管理标准、安全与隐私标准、行业应用标准。

基础标准，主要是在术语、解释等使得所有人对于数据管理过程达成统一理解的基础性框架。

数据标准，自然主要针对数据资源进行规范，另外还包括数据资源的交换共享标准、内含性数据交易与开放共享标准。

技术标准，主要针对大数据通用技术进行规范。包括数据集的描述、数据的生存周期处理、开放与互操作技术和特定领域大数据技术四类标准。

工具标准，规范数据相关的平台和工具产品，包括大数据系统产品和数据库产品。简单理解，工具标准是对于如何处理数据资源和数据要素，对于如何存储对应的数据信息，针对这两个方面的相关标准。

治理与管理标准。只要数据被使用，则整个过程都需要对应的治理与管理标准的参与，包括治理标准、管理标准和评估标准。治理和管理标准的区别主要在于：（1）治理标准往往更为宏观，是管理标准的抽象化规划。（2）管理标准则是具象化的细则，与此同时，管理标准考察的内容更为宽泛，不仅限于数据本身。评估标准自然是对治理标准和管理标准的评价。

安全与隐私标准。包括应用、数据、服务以及平台与技术四个方面的安全标准。这是依照一般化的数据使用生存周期中需要接触到的"外界"来进行分类的。

行业应用标准。这就主要是面对应用领域给出的规范标准。包括通用领域应用和垂直行业领域应用两个部分。

如何实施上述的七个标准呢？一般而言，与其他实施规范化标准的流程没有太大的差异：专门的管理组织、特定的多层面管理规范标准条例、规范化的管理流程和管理策略以及最后对于管理效果的评价与更新。

二、数据管理中存在的问题

（一）数据归属权问题

数据资源的归属权如前所述，是一个相当棘手的问题。举例而言，如果医院在处理病患的过程中搜集到的数据，在获得患者允许之前，进行数据要素转换和应用时必须进行脱敏处理。由于数据资源的范围经济特性，医院必然会希望拥有更多的数据资源，从而得到更好的数据使用效果（如判断癌症的准确率等）。假定此时数据资源完全归属医院所有，数据本身的边际成本是非常低的，意味着一定的时间尺度下，最终数据资源会被所有医院共享，不论是从患者本身的信息安全还是福利收益上来看，这显然都不是最优解；反之，如果数据资源完全归属患者所有，那么在数据资源的交易过程中，降低了数据的范围经济程度，并同时遏制了医院生产能力的发展，也不会是一个对全社会有益的策略。

（二）数据缺失与无效问题

一般的企业在进行数据资源的搜集储存等操作时，在管理上往往容易出现两个问题：数据缺失和数据无效。

1. 数据缺失是由于不论企业或者政府组织拥有的数据都主要来源于其业务系统，如各细分垂直行业，或下属分管部门，这意味着业务决策背后的一些相关数据是容易被忽视从而缺失的。另外，在企业或政府内部虽然相对的不容易出现隐私和安全问题，但不同部门和系统之间的数据统一化仍是较为少见的。因此，相较于前述的忽视性缺失，这种部门间信息不对称导致的局部性数据缺失会更为常见。

2. 数据无效同样有两种情况。（1）不论是企业或政府或组织，都会搜集到"假数据"，例如微博或其他社交媒体平台上的机器人评论。（2）"虚数据"，这类数据单从数据本身来说是有效的，但其反映的实质内涵是无效的。例如步行计数数据可以作为推销健身用品等的依据，但如果是通过将计步器绑在宠物身上获得的数值，显然并不能反映真实的健康用品消费意愿。

最后，企业对于数据的管理本质上是一种标准化技术。不仅是对数据本身的标准化，如前述的修正无效数据，填补缺失数据、数据统一化等，还是对使用数据的标准化和规范化。使用数据的标准化和规范化不仅意味着需要注意安全、隐私和机密等显而易见的问题，另外在探索与其他生产要素的结合过程中，同样需要一套标准化的过程控制和操作规范。

三、数据质量保障与管理评估

(一) 数据质量保障方法

数据管理的最终目的是保证数据质量。数据分析和数据挖掘等数据的进一步应用，必然也是在保证数据质量的基础上才能进行的。因此，需要通过数据全生命周期管理、分级存储管理、管理能力评估，建立数据标准体系和数据质量管控体系来保障数据质量。

【知识链接 3 -1】

数据质量问题与评估模型

常见的数据质量问题包括：数据格式无法匹配；数据损坏或不可识别；数据内容不一致；数据冗余重复、时效性不强以及精度不够等。对应地，数据质量评估包括但不限于以下6 个方面：完整性 (completeness)，度量哪些数据丢失了或者哪些数据不可用；规范性 (conformity)，度量哪些数据未按统一格式存储；一致性 (consistency)，度量哪些数据的值在信息含义上是冲突的；准确性 (accuracy)，度量哪些数据和信息是存疑的，或者不具备时效性的；唯一性 (uniqueness)，度量哪些数据是重复数据或者数据的哪些属性是重复的；关联性 (integration)，度量哪些关联的数据缺失或者未建立关联索引。

数据质量评估模型一般分为：基础模型、数据质量定义模型、数据质量控制模型、数据质量评价模型和数据质量辅助模型。

1. 基础模型。其他模型必须以基础模型中的计划和标准为依据。基础模型主要是映射、定义数据采集标准，上载分单位的采集计划，同时纳入了约束规则定义规范、控制规则定义规范、模板定义规范。

2. 数据质量定义模型。以基础模型为前提对数据质量统一规范的定义，是数据质量分析评价的依据和基础。数据质量定义模型可以使用质量特性描述。数据质量特性归纳为数据的一致性、数据的准确性、数据的完整性、数据的及时性4 个关键特性。

3. 数据质量控制模型。数据质量控制模型以数据质量定义模型为基础，按照定义的检查范围和时间以自动或手工方式完成对数据质量的检查工作。在质量控制过程中违反了数据质量定义的，视为数据质量问题，数据质量问题直接通过数据质量的关键特性和指标反映出来。数据质量控制模型的控制内容表现在：对数据检查对象、数据检查频度、数据检查时间、数据检查方式等方面进行控制。

4. 数据质量评价模型。数据质量评价模型，是以数据质量定义模型为依据，由数据质量控制模型操控执行，根据反馈的质量检查结果表，评议出数据质量的关键指标，实现对数据质量的量化诊断和评价。

5. 数据质量辅助管理模型。数据质量辅助管理包括报告模板管理、权限管理、数据库资源占用情况等。

资料来源：一文搞懂数据质量问题及对应的解决办法 [EB/OL]. 知乎网，2019 - 11 - 05. https://www.esenruizhi.com/industry-news/data-governance/3863.html.

数据质量保障方法主要有以下四个途径：

1. 数据产生阶段保证数据质量的方法是控制输入。对于手动输入的数据，需要尽可能使用非开放式的输入手段，如下拉菜单、单/复选框、时间控件和标签等。必须开放的输入部分需要进行人员和机器的双重交叉校验。另外在数据进入存储设备前，可以设立自动化监控点，出现错误数据可以及时预警和处理。

2. 数据存储阶段保证数据质量的方法是数据标准化、结构化、数据清洗和校验。在数据仓库或数据中心建立时，按照数据标准对关键字段进行统一命名，遵守统一的格式与精度等相关要求，排除数据歧义。对已经存储在数据库中的数据，则需要通过数据质量管控工具进行数据质量监控与应急处理。

3. 数据加工阶段的质量管控同样主要通过数据质量管理工具来进行。这个阶段的使用规范难以排除人为的失误或机械性的故障，因此需要多种不同数据质量规则的数据治理平台进行交叉性的数据质量监测、预警与校验。

4. 数据应用阶段的质量管理则依赖于数据清洗工具。对数据分析与数据挖掘的结构和新产生的数据应该按照数据管理标准进行规范的管理，不论是表名、字段或者格式，都需要与之前存储的数据一致，并同样需要保证消除数据歧义等问题。

（二）数据质量管理评估

国家标准《数据管理能力成熟度评估模型》（data management capabilities maturity assessment model，DMCM）是我国首个数据管理领域的国家标准。这一国家标准结合数据生命周期管理各个阶段的特征，按照组织、制度、流程、技术等能力域对数据管理能力进行了分析总结，提炼出组织数据管理的八大过程域：数据战略、数据治理、数据架构、数据标准、数据质量、数据安全、数据应用和数据生存周期，并对每项能力域给出了二级过程域（共28个过程项）和5个发展等级，再进一步细分了相关能力域的介绍和评定指标（共441个指标）。

1. 数据战略。包括数据战略规划、数据战略实施和数据战略评估三个过程项。

（1）数据战略规划是所有利益相关者对如何管理数据达成的共识，综合反映了各方的需求。数据战略规划至少应该包含识别利益相关者及其需求、需求评估、数据战略制定（愿景陈述、规划范围、数据管理模型与建设方法、数据管理主要不足、管理层和利益相关者名单、数据管理规范和优化路线图等）、数据战略审批与发布、数据战略定期修订等内容。

（2）数据战略实施则是逐步实现数据战略规划和职能框架的过程，一般应该包括建立评估准则、现状评估、差距评估、实施路径、保障计划、实施与过程监控等流程。

（3）数据战略评估是指应该在数据战略实施过程中，根据对应业务建立理想模型，跟踪进度并做好记录。数据战略评估一般包含建立效益评估模型、建立业务案例、建立投资模型和阶段性评估等内容。

2. 数据治理。包括数据治理组织、数据制度建设和数据治理沟通三个过程项。

（1）数据治理组织是各项数据工作开展的基础，其对组织在数据管理和应用中行使职责规划和控制，并指导各项数据职能的执行。数据治理组织一般包括建立数据治理组织、设置岗位、团队建设、数据归档管理和建立绩效评价体系等流程和工作内容。

（2）数据制度建设是保障数据管理和应用等各项功能的规范化运行建立的制度体系，是数据管理和应用等各项工作有序开展的基础，是数据治理沟通和实施的依据。数据制度建设一般包括制定数据框架、整理数据制度内容（数据政策、数据管理办法和数据管理细则）、数据制度的发布、宣贯和实施。

（3）数据治理沟通旨在确保组织内全部利益相关者都能及时了解数据管理的相关信息，并能够以此开展培训，掌握相关知识与技能，同时提升组织内的数据管理能力，加强数据资产意识，构建组织数据文化。数据治理沟通一般包括规划沟通路径、制定和执行沟通计划、设立问题协商机制，建立沟通渠道、制定培训宣贯计划和开展沟通培训等内容。

3. 数据架构。包括数据模型、数据分布、数据集成与共享和元数据管理四个过程项。

（1）数据模型是指使用结构化语言将搜集到的数据需求进行综合分析，并按照模型设计规范重新组织需求的过程。数据模型包含搜集和理解组织数据需求、制定模型规范、开发和应用数据模型、一致性检查、模型变更管理等流程和内容。

（2）数据分布是明确数据在系统和流程中的分布关系，定义数据相关工作的优先级，指定数据的责任人，从而进一步优化数据的集成关系。数据分布的工作流程包括梳理数据现状、识别数据类型、梳理数据分布关系及其权威数据源、应用、维护和管理数据分布关系。

（3）数据集成与共享通过组织内部数据集成共享相关制度、标准和技术等方面的管理，促进组织内部数据的互联互通。数据集成与共享的构建流程包括数据集成共享制度的建立、数据集成共享标准的建立、数据集成共享环境的建立以及对数据集成方式的检查。

（4）元数据管理是关于元数据管理流程的集合。元数据管理包括元数据模型管理、元数据集成和变更以及元数据应用等方面的内容。

4. 数据标准。包括业务术语、参考数据和主数据、数据元和指标数据四个过程项。

（1）业务术语是组织中对业务概念的结构化描述，也是业务数据管理的核心内容，是组织内部理解和应用数据的基础，也是组织内部对具体技术名词理解保持一致性的前提。业务术语一般包括制定业务术语标注、编撰业务术语字典、发布和应用业务术语以及宣贯业务术语等工作内容。

（2）参考数据和主数据的管理是业务术语的进一步拓展，一般包括定义编码规则、定义数据模型、识别数据值域、流程管理、建立质量规则和集成共享等方面的工作。

（3）数据元也是类似地通过对数据中核心数据元制定标准，使数据的拥有者和使用者对数据有一致的理解。数据元一般包括建立数据元分类与命名规则、建立数据元管理规范、创建数据元、建立数据元统一目录、管理和应用数据元、发布数据元管理报告等工作。

（4）指标数据是前述三个过程最终实现时针对的具体内容，需要对指标数据进行统一规范化的定义、采集和应用，从而提升数据质量。指标数据需要进行的工作一般包括制定组织内指标数据分类管理框架、定义指标数据标准化的格式、标准化地采集或生产指标数据、指标数据访问授权、指标数据采集和应用监控、划分和构建指标数据归属的管理部门、管理职责和管理流程。

5. 数据质量。包括数据质量需求、数据质量检查、数据质量分析和数据质量提升四个过程项。

（1）数据质量需求明确了数据质量目标，是度量和管理数据质量的依据，数据质量需求的工作内容主要包括定义数据质量管理目标、定义数据质量评价维度、明确数据质量管理范畴和设计数据质量规则。

（2）数据质量检查，自然是根据数据质量规则对数据质量进行实时监控的过程。数据质量检查需要考察和进行的内容包括制定数据质量检查计划、数据质量情况剖析、数据质量校验和数据质量问题管理等。

（3）数据质量分析是对发现的数据质量问题及其相关信息的分析，为提升数据质量提供建议和参考依据。数据质量分析包含的工作内容有数据质量分析方法和要求、数据质量问题分析、数据质量问题影响分析、发布数据质量分析报告和建立数据质量知识库。

（4）数据质量提升是数据质量分析后必然需要进行的工作，其一般包括制定数据质量改进方案、数据质量校正、数据质量跟踪、数据质量提升和构建数据质量文化等方面的工作内容。

6. 数据安全。包括数据安全策略、数据安全管理和数据安全审计三个过程项。

（1）数据安全策略是数据安全的核心内容，一般包括了解国家和行业监管需求、制定数据安全标准、定义组织数据安全管理的目标、原则、制度、组织和流程。

（2）数据安全管理则是数据安全实施的具体内容，包括对数据安全等级的划分、对数据访问权限的控制、对用户的身份认证及其访问行为的监控、数据安全的保护和数据安全风险管控等工作。

（3）数据安全审计是数据安全管理的控制阀，其目标是为组织及其外部监管机构提供评估和建议。数据安全审计一般需要进行过程审计、规范审计、合规审计、供应商审计、发布审计报告和给出数据安全建议等工作。

7. 数据应用。包括数据分析、数据开放共享和数据服务三个过程项。

（1）数据分析是为了对组织经营管理活动提供数据决策支持而进行的数据分析和挖掘建模，以及对应的成果交付运营、评估推广等活动。数据分析会影响到组织制定决策、创造价值和向用户提供价值的方式。数据分析包括常规报表分析、多维分析、动态预警、趋势预报等方式方法。

（2）数据开放共享是指按照统一的管理策略对组织内部数据进行有选择的对外开放，同时按照相关管理策略引入外部数据的过程。数据开放共享是实现数据跨组织、跨行业流转的重要前提，也是数据价值最大化的基础。数据开放共享一般包括梳理开放共享数据、制定外部数据资源目录、建立统一数据开放共享策略、管理数据提供方和数据的开放与获取等内容。

（3）数据服务是通过对组织内外部数据的统一加工分析，结合各方需求，以数据分析结果的形式对外提供的数据服务。数据服务是数据资产价值变现的最直接手段，也是数据资产价值衡量的方式之一，可以提升组织效益，服务公众与社会。数据服务的流程包括数据服务需求分析、数据服务开发、数据服务部署、数据服务监控和数据服务授权。

8. 数据生存周期。包括数据需求、数据设计和开放、数据运行维护和数据退役四个过程项。

（1）数据需求是指组织对业务运营、经营分析和战略决策过程中产生和使用的数据分类、含义、分布和流转的描述。对数据需求需要进行的工作主要包括建立数据需求管理制度、收集数据需求、评审数据需求、更新数据管理标准和集中管理数据需求。

（2）数据设计和开发，是指设计、实施数据解决方案，提供数据应用，持续满足组织数据需求的过程。其一般包括设计数据解决方案、进行数据准备、数据解决方案的质量管理和实施数据解决方案等工作内容。

（3）数据运维是在数据相关服务建设和数据平台投入运营后，对数据采集处理和存储等过程日常运行以及维护的过程。数据运维主要包括制定数据运维方案、管理数据提供方、运维数据平台和数据需求变更管理等工作。

（4）数据退役是对历史数据的管理，主要是需要符合外部监管机构以及内部业务用户的需求。数据退役需要进行的工作主要包括数据退役需求分析、数据退役设计、数据退役执行、数据恢复检查和归档数据查询服务等工作。

第三节　数据要素权属问题

一、数据权属的多个维度内容

数据权属是数据要素的一个重要议题。在现有讨论中主要关注数据权属的一些核心内容。

第一，数据资源与数据要素的概念界定，或者称为数据和信息的概念界定。主流观点认为，数据是信息的存在形式和载体，信息是有意义的数据。显然，信息（数据要素）应该承载了数据权属更多的内涵。

第二，不同类型数据的权属问题区分。一般从主体角度将数据分为个人数据、企业数据和政府数据。但还可以进一步地从数据的处理流程角度分为数据资源和数据要素。目前研究中常常将各个类型数据权属的共识部分提取，而保留有争议的部分。例如个人数据要素，应该主要归属于数据主体，但其他数据实际拥有者是否有内部使用的权利还有一定的争议。

第三，权属的类型问题。到底是将数据权属问题归结为物权（所有权）或者知识产权，是个人权益还是企业竞争利益，或者是全新的一种数据权利。

第四，对于归属问题的讨论。如前所述，确定权利之后，到底是否是排他的，还是数据权属可以有多元权利并存的可能等。

因此，数据权属需要研究和讨论的必然不是单一的所有权归属问题，而是确定一个特定数据内容，包括数据资源和数据要素中，到底哪些维度的利益是需要保护的，其归属的利益主体是谁，如何使得不同利益主体间激励相容。

二、数据领域应用权属理论的难点

在市场上交易的产品和服务应该首先界定其产权，即包括所有权、使用权、控制权、收益权等的权利束。一般来说，这些权利应该是可以归属于不同个体或组织的，但数据领域为权利归属问题带来了新的挑战。

最核心的问题在于数据主体和数据控制者之间的利益冲突。数据资源包含了个人隐私等信息；而数据要素可以包含也可以不包含。那么，包含这些对于数据主体至关重要信息是否可以在一定情况下让数据实际控制者拥有部分的权利便是数据领域权属界定困难的关键。当然，对于政府数据和企业数据可能这方面的问题相对不那么重要，但是也是类似地，政府和企业一样有着对其至关重要的数据信息，匿名化处理能否解决这方面的信息权属问题？

从经济学角度来看，按照科斯定理的基本原则，当对产权的界定成本过高时，交易便不可能实现。这种情况下，对产权的界定便是非有效率的。匿名化处理和大规模数据消解了信息的重要性，若认定这些信息数据的主体仍拥有其对应的一部分权利，那么权利的让渡成本很可能超出了信息本身的价值。但匿名化程度和到底多大规模能够使得权利的让渡成本足够大，本身就是一个随着情境而变化的问题。举例而言，对于企业数据，哪怕你将所有可能推断出企业身份的信息全部掩盖，并使用足够大规模的数据集（足以消解数据资源或数据要素带来的边际价值），对于熟悉数据本身的人或组织而言，仍无异于直接给出数据的来源以及企业的身份，显然，这种情况下认为企业的授权无关紧要或权利让渡成本为零是不合适的。

三、各类数据的权属问题

（一）个人数据权属

个人数据权利旨在保护个人的隐私权等基本人权，关涉人性的尊严和人格的自由发展。倘若自然人不能基于自己的意愿自主决定自身产生的数据能否被其他人或组织搜集、存储或利用，不能禁止他人或组织在违背自身意志的情况下获得并使用自己产生的个人数据，则个人的人格自由发展和人格尊严就无从谈起。因此，自然人对个人数据的权利属于基本人权，个人数据保护应该被视为具有宪法意义。

一般认为，应该受到保护的自然人对自身个人数据的自主决定权包括了三个方面的内容：（1）知悉自身数据被收集以及收集的目的、使用的方式和范围，并据此决定是否让渡自身个人数据的使用权/所有权等权利；（2）知悉自身个人数据被转让，并可以在不同意的情况下终止转让；（3）对自身个人数据中存在的错误、遗漏或缺失拥有删除、更正或补充的权利。所以个人数据权利本质上是一种防御性、消极性的权利，其权能至少应该包含停止侵害请求权、查询更正权和损害赔偿请求权。

上述的论述更多地关注个人数据使用权上的个人权利；对于个人数据的所有权，则一般认为应该兼具人格权和财产权的属性。两种权利属性在配置上相互分立，各自承载不同的权利属性内涵。个人数据所有权的人格权近似于隐私权；而财产权则更类似于上述使用权，即个人数据所有权中可能仅有一部分可以通过财产权转让的形式达成交易，另外的人格权部分则需要通过立法等手段来防止敏感信息的市场化交易。

个人数据的使用权和所有权中的财产权保护则可以借鉴知识产权权利结构构建为一种绝对权。权利内容大致可以包括上述的三个方面：个人数据使用知情权、个人数据使用决定权和保护个人数据完整准确权。

总结而言，个人数据可以成为民事权利的客体，这样便可以实现保护个人民事权益和促进数据交易流通的双重目标。

（二）企业数据权属

显然，在合法合规的框架内，企业本身收集、存储、加工和分析各类数据的行为也应该获得相应数据的民事权利。另外，如果企业在搜集数据的过程中向被收集数据者支付了合理的报酬，则符合公平原则，就更加应该获得相应数据的民事权利。

从功利主义的角度来看，企业收集的数据集也应该受到直接的保护。这更多的是从收集数据成本的角度出发，如果不能阻止他人复制公开的数据集合并对外公布，自然数据原始收集者会舍弃数据的收集行为，从而导致数据市场的消失。

既然企业也拥有了合法获得数据的民事权利，那么，企业数据权利应该归属为什么类型呢？

【小案例 3 – 2】

公司对其数据产品是否享有权益？

数据作为数字经济和信息社会的重要资源，常被称为新时代的"石油"，但我国在数据价值的实现上仍面临许多问题，其中数据权属就是一个难点。一起全国首例数据产品纠纷案和首例涉数据资源开发应用正当性及数据权属判定的新类型不正当竞争案件值得关注。

某软件公司是某电商平台运营商，其开发名为"生意参谋"的数据产品，为网店商家提供大数据分析参考，改善经营水平。"生意参谋"的数据内容是该公司在收集网络用户浏览、搜索、收藏、加购、交易等行为痕迹信息所产生的巨量原始数据基础上，通过特定算法深度分析过滤、提炼整合而成的衍生数据。

同时，安徽某科技公司是"某互助平台"的运营商，其以提供远程登录已订购"生意参谋"用户电脑技术服务的方式，帮助他人获取"生意参谋"中的数据内容，从中牟利。软件公司认为，其对数据产品中的原始数据与衍生数据享有财产权，安徽某科技公司的行为恶意破坏其商业模式，构成不正当竞争。

那么，软件公司收集并使用网络用户信息的行为是否正当？其对"生意参谋"数据产品是否享有法定权益？

杭州铁路运输法院一审认为，"生意参谋"所涉网络用户信息并不具备能单独或与其他信息结合识别自然人个人身份的可能性，不属于网络用户个人信息。经审查发现其收集、使用用户信息在形式上符合"合法、正当、必要"的原则要求，开发"生意参谋"的行为符合网络用户信息安全保护的要求，具有正当性。

同时，网络用户对单个网上行为痕迹信息无独立财产权或财产性权益；而网络运营者对网络原始数据也不能享有独立的权利，只能依其与网络用户的约定享有对网络原始数据的使用权。不同的是，由于网络数据产品内容经过网络运营者大量的智力劳动成果投入，呈现出的独立衍生数据与网络用户信息、网络原始数据无直接对应关系，网络运营者对其开发的数据产品享有独立财产性权益。

在确定了数据产品法律属性的基础上，杭州铁路运输法院认定，安徽某科技公司未经授权亦未付出新的劳动创造，直接将涉案数据产品作为自己获取商业利益工具的行为已构成不正当竞争，判决其立即停止侵权，赔偿软件公司经济损失及合理费用200万元。其后，安徽某科技公司提起上诉又被驳回。

资料来源：南方都市报 App 隐私护卫队课题组. 公司对其数据产品享有权益吗？杭互十大案例多起聚焦数据确权［EB/OL］. 2022 – 08 – 25. https：//m. mp. oeeee. com/oe/BAAFRD000020220825715871. html.

对于这个问题,研究学者们从民法、知识产权法和场景化确权的角度进行了研究,最终达成两个共识:(1)对企业数据权利的保护并不代表否定了原始数据主体的权利。相对于企业数据和政府数据,个人数据应该作为数据权利保护中更为基础的概念。因为在很多场景中,个人数据是企业数据和政府数据的核心组成部分和关键来源,数据权利保护问题对二者自然便是一而二的。当包含个人数据时,对政府数据和企业数据的处理和使用也就必须符合个人信息保护法律法规的要求。(2)相较于事后的个案救济,探索建立企业数据权利更有利于数据市场的健康发展。由于数据本身准公共品的特征,因此不确定数据的权属特征,则必然会导致"搭便车"和公地危机现象的出现,数据市场有可能因此而不再有效。

类似地,在企业的竞争纠纷实践中,法院尝试通过竞争角度来认可和保护企业对其商业数据的权益,逐步明确了三个方面的法律共识:(1)企业对其投入劳动、资本或者其他生产要素而搜集、加工、整理的数据享有财产性权益,在依法获取的各类数据基础上得到的数据衍生产品以及数据平台等财产权益受到法律保护。(2)企业提供的数据服务满足了社会公众的相关需求,增加了消费者福利,本质上是一种竞争性权益。其他市场主体如果不正当地采取"搭便车"行为,截取了其他企业通过大量投入而获取的数据,并产生实质性替代后果的,应该被认为是侵犯了原企业的正当商业利益。(3)企业间的数据共享使用,应该是在保护个人数据权利的基础上,遵循自主契约精神,遵守企业间的合约。开放平台收集和使用个人数据时应该获得个人的授权;第三方开发者通过开放平台接口间接获得的个人数据,则需要进一步地同时获得平台和个人的授权,这称为三重授权原则(个人 + 平台 + 个人)。

(三)公共数据权属

在公共数据领域,概念较为混乱,常出现政府、公共和信息、数据等词汇的混用,从而出现了政府信息、政府数据、公共信息、公共数据四个概念。一般认为,政府信息(或政务信息)是行政机关在履行职责过程中制作或者获取的,以特定形式记录保存的数据,主要是为了满足接受公众监督的需要,达成打造透明政府的目的。政府数据则是在数字经济时代政府信息的进一步发展,除了政府信息本身的特征外,更强调政府制作或获取数据的开放共享。对应地,公共信息作为一种公共资源,是指产生并应用于社会公共领域,由公共事务管理机构依法管理,并为全体社会公民共同拥有并可以共同利用的数据,而公共数据则更进一步地强调数据在公共领域的流通共享和互通共用能力。简而言之,信息虽然可以流通共享,但本质仍是以政府或公共事务管理机构为使用主体,而数据的流通共享则更倾向于去中心化的,或许数据的采集和存储仍存在中心,但处理分析等使用则不受"中心"控制。这四个概念中公共数据的内涵最为丰富。

一般认为公共数据大致分为三类。(1)政府数据。显然这是最为狭义的概念,或者说公共数据中较为核心的一个部分,是公共数据中比较具有经济、政治、社会价值的公共资源。(2)非政府公共机构数据。这一类型中非政府公共机构是政府发挥公共服务功能的主要载体,其累积的数据同样应该包含在公共数据内,这样才能充分开发利用,挖掘公共数据最大的效用。当然这类数据仍强调机构完全或者部分使用了财政性资金,在履行公共职能过程中形成的数据资源。(3)公共利益数据。这类数据包括政府部门委托授权特定私营部门或个体形式特定公共职能过程中收集到的数据,以及并非通过政府授权职责产生但在公共属性领域或空间中涉及公共利益的数据。这部分数据包括了与民生息息相关的医疗数据、交通数据、电力数据和交易数据等。

总结而言,公共数据不仅包括政府数据,以及履行公共管理职责的公共机构收集或产生的数据,还包括特定私营部门没有负担政府职责时,在具有公共属性领域或空间中涉及公共利益的数据。

当前,对于公共数据权属的讨论相对较少。目前法律和行政法规中对政府数据的归属有两种不同的态度。一种是明确规定政府数据属于国家所有;另一种则不对政府数据的权属进行规定,而是直接规定政府数据的开放方法,政府制定开放目录的义务、建设数据平台的义务和数据使用规则。

在现实实践中,公共数据的权属并不是关键问题,毕竟数据的准公共品特质决定了当其并非归属于私人时不需要太过考虑其权属归属问题,而是应该关注其社会共享、非交易式使用等核心问题。

一般认为可以通过选择退出规则,或者称为责任规则,来改善公共数据的社会整体效益。选择退出规则本质上是一种委托—代理模式,通过委托尝试进行初步的数据处理,当发现存在数据问题(如隐私侵犯,危害竞争秩序等)时,则可以停止委托,从而在开发数据资源的同时减少公共数据权属问题带来的风险。

四、数据权属界定的探索

现有研究中,一般包含三条界定数据权属的原则:第一,投入界权原则。简单表述便是,谁搜集,谁投入,谁拥有。这与前述的数据资源可能权属不清,但数据要素中通过处理和分析得到的信息一定属于数据控制者的逻辑不谋而合。对于将数据资源转化为数据要素过程中的经济投入者一般较为清晰,一般也为数据控制者,此时数据要素的界定应该是相对明确的。

第二,分层界权原则。数据内的信息是可分的,因此可以根据信息的归属在界权上将不同的权利划分给不同的实体。例如前述的个人信息权归属于个人所有;而数据的整体信息,即个人数据中不包含的信息,归属于数据的控制者(企业)。

第三,责任界权原则。即谁的行为谁负责,在数据权利转让后,对应的责任也相应地转让了。此时如果发生数据主体信息泄露等情况,则责任的归属应该与数据权利的归属一致。

因此,在实践中一般回避完全明晰的产权或所有权归属争执,而是在三个原则的基础上,划定了数据主体的查阅、复制、更正和删除等权利,并在满足一定条件和征得主体同意的基础上,允许数据控制者拥有处置数据和通过数据获得收益的权利。

一般有两个方面的保障来确保上述所有权外的权属利益。(1)技术确权。可验证计算、同态加密和安全多方计算等密码学技术,保证了不考虑数据所有权问题的前提下,可以对数据的使用权进行交易。另外区块链技术则保障了数据存证和使用授权等信息的记录、可追溯与一般情况下的不可否认性,可用于界定已经发生转移的权属。(2)制度确权。当然,制度设计永远是用于界定权属的一个选择。可以通过将权属进一步细分,识别更小颗粒度的权益,例如被遗忘权、可携带权、有条件的授权和最小化采集权,建立标准化的数据权属界定制度。当然,也可以从数据要素、新的数据权利以及权利与收益间关系等角度出发设计不同主体、不同要素市场、不同权利与收益分配比例的数据权属界定制度。

第四节　数据价值

一、数据要素的应用价值

（一）提高生产要素的投入产出比

通过经营管理的数字化、网络化和智能化的应用，数据要素及其对应的数字技术可以实时地给出各类生产要素的信息和知识，显著地提升其他各类生产要素资源的配置结构，增加生产要素资源配置的效率和管理决策水平。典型的数字化、网络化和智能化系统包括人力资源管理系统、资产管理系统、财务管理系统、产品生命周期管理系统、企业资源管理系统（enterprise resource planning，ERP）、供应链管理系统、客户管理系统、研发管理系统、知识管理系统、商业智能系统（business intelligence，BI）和决策支持系统等。所有的这些系统都离不开数据要素的应用，例如 ERP 系统的应用往往可以实现库存的大幅减少、直接劳动生产效率中等幅度的提升以及采购平均成本的小幅度下降。

另外，使用数据要素进行分析可以获得其他生产要素在生产过程中的有效信息或知识，减少了获得这些信息和知识需要投入的时间精力、人力物力等方面的成本。可以认为这些信息知识部分地替代其他生产要素的投入与功能，大幅节约了生产过程中的隐含成本。例如，自动化生产线以及数字化管理对办公物资、人员和时间消耗的替代效应明显，大幅节约了企业的生产成本；互联网提供实时信息的能力和网络化业务流程也能减少劳动者异地出差等现象，大幅降低了人力、交通和管理成本。根据 OECD（organization for economic co-operation and development）的报告，各行业在数字转型下的数据驱动式运营显著降低了运维成本，减少了环境和资源的消耗。

（二）提高生产效率

这是从数据资源转化数据要素的本质需求，即生成数据要素的最初目的便是通过数据要素参与生产来提升全要素生产效率。数据要素带来了实体经济中各个环节内无法被其他要素涵盖的信息，促进了其他要素的使用效率和联合作用，成倍地提高了经济运行体系的整体生产效率，充分展现数据要素理论上的乘数效应。例如，数字化的生产过程中，应用自动化机械和智能化数字孪生技术，可以实现数据驱动的机器自适应生产，相比手工生产，成倍地提高了单位时间的产量和质量，相比机械的程序化自动生产，则能够较好地节约时间与物料成本。另外，在自动化生产和产业链整合上，数据要素通过产业链上的数据共享，实现了面向用户的设计、面向订单的生产、面向制造的设计和企业资源规划等先进生产模式，大幅优化了资源配置和生产加工能力，同样也使得生产效率大幅提升。

（三）提高市场交易效率

经济活动中，往往由于信息利用不充分，使得信息的价值未能得到充分体现。同时，信息的获取成本也使信息不对称等问题越发凸显。因此，信息成为现代经济分析需要考虑的一个重要变量。从消费端来看，数据要素可以通过减少信息不对称和信息利用不充分来促进市场交易效率，例如，电子商务交易可以应用数字化信息技术和网络技术，汇集所有授权后的商品与客户信息，通过分析帮助市场突破时空等客观约束，从而成倍地降低客户搜寻成本，提高单位时间交易量，实现精确的供需匹配。

类似地，对于供应链而言，数据是经济活动数字化的产物，是对经济活动全过程、全要素的记录和描述，既是生产要素，也包含供应链上所有步骤的生产要素与产品的信息。经济活动的效益是由整条供应链上的各项生产要素和产品协同作用的结果，链条上要素之间的连接形成了经济价值网络。数据要素作为生产要素信息的载体，可以通过降低产业信息获取成本和产业信息不对称等模式，降低供应链的资源整合成本，从而推动供应链的高效链接与融合。因此，从生产端来看，数据要素同样起到了资源整合的核心和纽带作用。

（四）促成新产品和新业态

数据要素投入生产，将其与经济活动进行深度的融合，能够促进各类生产要素的融合创新，深刻改变原来的生产方式与组织形式，催生新的业务模式，演化出信息服务新业态，如"互联网＋、大数据＋、人工智能＋"等。数据驱动的创新可以视作"颠覆性创新"，可以通过改变或生产新产品、新流程、新组织方式和新的市场来改变所有与之相关的经济部门。举例而言，制造业、服务业和农业都可以通过数字化转型，利用网络提供生产性服务，向客户提供数据服务，而非直接的产品售卖。

另外，以数据要素为纽带，可以使得行业内与不同行业之间的信息不对称壁垒被打破，整合行业内、行业间以及产业链上资源。让获取信息的成本降低到单个企业生产商可以承受的程度。促进行业跨界融合，衍生出平台经济、共享经济等新的经济形态，这也是数据要素促成新产品和新业态产生的一个途径。

二、新时代数据要素创造价值的新途径

（一）数据要素通过重构社会形态来创造价值

新时代，或者称为数字经济时代之前，工业社会中以工业生产作为社会形态推进的主要动力。随着信息技术的发展，数据和信息技术在工业生产中的引领作用和战略地位日趋凸显，自然引起了经济组织结构、产业结构、区域经济结构、文化习俗和思想政治等政治、经济和生活方方面面的巨大变化，数据要素的强劲发展有力地推动了工业社会向信息社会的转变。信息社会以信息技术的广泛应用和创新发展作为社会代表性特征，同时也正是以数据为基础的知识经济社会。因此，可以看到，数据要素在新时代通过重构社会形态来创造价值。

（二）数据要素通过推动创新模式变革来创造价值

一般认为，人类认识客观世界的方法论从"观察—抽象—进一步抽象"的理论推理阶段到"假设—实验—归纳"的实验验证阶段；再到"抽样—建模—模拟"的模拟仿真阶段；

最后便是新时代依托于数据的"总体—分布式计算—汇总建模"的数字孪生阶段。在数字孪生阶段，所有现实世界进行的试错都可以在数字世界进行复现，这种模式使得创新成本变得越来越低。在传统产业创新中，产品研发、工艺优化或者流程重构，都需要花费大量的人力物力和时间来进行实验验证，同时还有过程复杂和高风险的特征。而我们知道，以数字孪生为代表的现实世界数字化技术在电子空间中建立了现实世界的虚拟镜像，这种映射具备了实时高效、极低的边际成本、灵活重构等优点，为产业创新带来了极大的便利。因此，在数据要素完备的基础上，产业创新活动可以在电子空间中快速迭代，促使创新活动可以在极短的时间内以极低的成本达成遍历，大幅缩短了新技术从研发、局部试验、全面试验到全面应用的周期。这些优势又同时推动了大量数字平台的产生，降低了创新的门槛和成本，使得大众创业者能够依托平台，充分利用产业资源开展创新活动，直接参与到技术的构思、设计、制造和改进等环节，真正实现了现实意义上的万众创新。另外，数据分析技术的快速发展，促进了"需求—数据—功能—创新—产品"数据链条联动的逆向传播，个性化定制模式让消费者全程参与到生产过程中，消费者在生产过程中的发言权和影响力不断提升，创新模式逐渐转变为以消费者为中心的逆向整合生产要素。

（三）数据要素通过改变生产模式来创造价值

这是数据要素主要应用价值在新时代的进一步拓展与延伸。传统产业中，强调通过扩大单一产品体系生产规模，降低产品的平均成本，从而实现规模经济。这也是雅马哈等企业显得那么特殊的原因。数字经济时代，则更强调数据等要素资源共享前提下长尾蕴含的多品种产品体系的构建，以满足客户个性化需求，通过分工协作带来经济效益，是一种追求多产品体系范围经济的模式。在这种新模式下，生产运行方式、组织管理模式、服务方式都会发生翻天覆地的变化。无一例外，企业开始从业务数字化向数据业务化拓展。

（四）数据要素通过改变劳动方式来创造价值

数字经济时代下，计算机不仅能有效地处理数据，而且可以代替劳动者大部分的重复性体力劳动和小部分的常规性脑力劳动，促进劳动者从单调的机械式劳动向自主自发的创造性劳动转变。异构的人数据和更多的信息传播渠道让更多人有更充分的学习机会，更广泛的学习范围以及更高的学习质量。个人的工作变得更加的弹性化，工作、生活和学习一体化的新工作形态将更为普及。通过数据要素与对应技术的共享流通，劳动者间的大规模协作深度、广度和频率都将迈上一个新的台阶。可以预见，这种协作方式将拥有超大的规模、精细灵敏的快速反应和自动自发的进化模式。

（五）数据要素通过促进精神文明的形成来创造价值

数字经济时代下，社会组织结构、社会实践基础、技术基础和经济基础都将发生显著变革，作为上层建筑的道德法律观、文化价值观和意识形态等方面也将对应地发生变化。思想文化领域将更多地依赖于使用数字化手段来进行潜移默化的思想政治文化教育。政治意识形态领域同样会受到类似的影响，数据要素的准公共品特征将促使人们的价值观变得更倾向于协作利他。信息网络则让人们得以构建更为强化的群体价值观，降低了工业社会以来个人原子化的倾向与趋势。当借助数据平台推广和普及公序良俗和正确的价值观时，显然有利于社会的和谐。

三、数据要素价值的计量方法

在行业实践中，主要有绝对估值和相对估值两类方法，但都有一定的局限性，在理论界对于数据要素价值的计量则还没有公认的理论基础。

【知识链接 3-2】

数据要素纳统入表

当前，数据已全面融入我们的生产、生活和治理活动中，在国民经济中发挥越来越大的作用，各界对于"数据要素纳统入表"给予很高的期盼。

"数据要素纳统"是建立在"数据资产入表"基础上，而"数据资产入表"又会促进数据要素经济价值的统计核算。推动数据要素纳统，不仅有利于经济社会高质量发展，而且也是一个重大的理论创新。

在现行 CSNA 体系下，数据要素的经济价值未得到充分体现。数据被视为中间品或中间消耗，做"费用化"处理，不被计入 GDP 增加值；但实际上数据要素的部分经济价值已分摊进：从事数据开发利用活动的劳动者报酬、支撑数据采集处理存储运维等机器设备的固定资产折旧，以及管理者和其他资产有效运用数据而获得的企业盈余等项目中。

因此，应构建数据要素的经济价值统计核算方法。例如，借鉴现行 CSNA 对"研究与开发"支出资本化的统计核算经验，对企业在整个数据要素（包括自产型、外购型）价值形成全过程中各项支出（包括资产性支出、劳动成本支出、中间投入支出、外购支出），进行资本化的处置，来计算其数据要素的经济价值，并计入 GDP，以更好测算数据要素对 GDP 贡献程度，反映数据资产规模结构的变化状况。

资料来源：终于有人把"数据要素纳统入表"讲清楚了 [EB/OL]. 第一财经网，2023-04-28. https://m.yicai.com/news/101744426.html.

（一）绝对估值方法

1. 成本法。将搜集、存储和分析挖掘数据资源的成本作为数据要素估值基准的方法。这些成本的内容不论是层次还是内容上都非常复杂，既包括软硬件，也包括人力资源和知识产权等内容，当然还包括安全和隐私或名誉等方面的风险带来的或有成本。数据资源的搜集具有高固定成本、低边际成本的特征，具有规模效应。后续的存储和分析挖掘则不总是具备这类特征，往往相对于规模，其经济效应是呈现倒 U 型。显然，成本法只能获得数据要素价值的下限，甚至于数据资源的价值会比获取它的成本更低。另外，一些数据资源的获取是企业活动的附加产物，难以估计其真实的获取成本。

2. 收入法。通过评估数据要素带来的社会与经济收益，从而预测未来现金流，并折现到现在的方法。其逻辑类似于公司估值的折现现金流法，考虑了数据价值的三个关键特征。但在现实中，一样有三个困境：数据要素带来的收益难以估计；折算到未来现金流的逻辑也较为困难；还有数据要素的范围效应和规模效益决定了收入法甚至于并不能体现数据要素价值的上限。

3. 市场化法。以数据要素的市场价格为基准，评估不在市场上的数据要素价值的方法。类似于股票市场的市盈率和市净值率估值方法。这种方法的难题在于：并不是所有类型和相关行业乃至于在任何一方面相关的数据要素在市场上都会出现，而同时数据要素的非竞争性（有时还有非排他性）也使其往往难以参与市场交易。当前数据要素市场的厚度与流动性均不足，很难发挥价值发现的作用。对公司估值中的数据要素估值部分可能是一种有益的补充，但同样面临着可比性的问题。

4. 问卷测试法。通过问卷调查发现数据要素价值。这种方法的应用面狭窄，应用难度非常高，实施成本上也相对高昂。

（二）相对估值方法

1. 统计分析方法。将数据要素投入生产后的成本与收益进行核算，并与未投入时的情况进行比较。然后通过统计学分析方法，发现每组数据要素带来的贡献，从而得到数据要素的价值。

2. 指标分析方法。与统计分析方法类似，主要的不同在于：指标的分析方法针对各个指标而非数据集合分析数据要素的贡献。计算量一般大于统计分析方法，但符合直觉，容易计算，而且有经济学的理论基础。

四、关于数据要素价值的注意事项

第一，数据要素价值并不等同于其信息量。更重要的是信息密度。与此同时，有时信息量少的数据反而可能根据主体、应用场景、面临问题和处理技术的不同而具有更高的价值。

第二，大数据的潜在价值。大数据的 5V 特征决定了分析大数据必然能够带来比以往普通数据分析更多的有价值信息。

第三，数据要素本身的非竞争性和可能的非排他性意味着数据存在着外部性价值。一般来说这种外部性都会是正向的。另外，数据与数据的结合价值往往大于两个数据价值的简单叠加，但在这个过程中需要付出额外的成本。

第四，数据的时效性并不总是一个约束。一般情况下，我们认为超过一定时限的数据资源中包含的价值会迅速降低。但有一些数据则不受这类时间维度的约束。举例而言，客户的数据在客户不再出现（不论是主观的离开还是客观上的约束）后认为应该就不再有价值。但显然这忽略了新客户与老客户之间的联系以及相似性等方面的内容。更不用说，如果是新的应用领域，老客户的数据资源仍然可以用于服务老客户或者为企业政府组织提供信息演化分析等价值。

第五，数据资源价值随着各种主客观条件而变化。不同的数据处理主体和不同的数据处理方法从相同的数据资源中转化出来的数据要素价值可能差异很大。不同的应用场景和用户同样会导致相同的数据要素有截然不同的价值。制度和政策框架这类宏观因素也会影响到数据资源的搜集以及隐私、安全等因素带来的数据价值特征。

第五节 数据市场

一、数据交易模式

数据资源以及对应的数据要素，在满足法律法规审查的基础上，均可以进入市场，成为可交易对象。

市场中常见的可交易数据类型包括：（1）基础数据（数据资源）。主要是指没有经历或部分经历搜集、处理和分析过程的原始数据，一般通过数据库或者 API 方式访问。这类可交易数据的公允价值部分较少，一般定价也相对较低。（2）标准化数据产品和数据服务。对基础数据进行进一步的分析和挖掘以后形成的数据产品，如用户画像、信用评估等标准化产品，通常以报告或反馈分值等定量形式呈现。这类可交易数据的公允价值部分就相对较高，但受到数据本身特质的影响，即使是后续的定制化产品，也仍然有相当部分的价值属于非公允价值。（3）定制化数据产品和服务。根据数据需求方的要求，对标准化的数据产品和服务进一步地进行数据要素化处理，使得数据资源真正地变为可以直接投入生产的数据要素。

数据市场中存在多种类型的参与者，主要包括：（1）数据供给方。数据的实际控制者和生产者，例如消费者本身就可以产生很多的数据，当然这里更多的是指如淘宝等产生数据的平台或机构。（2）数据需求方。业务中需要使用数据要素来提升生产的企业组织或个人，这既可以是自产自销也可以是相互交易，例如淘宝既可以使用自己供给的数据来提升自己，也可以通过脱敏将数据提供给有需要的企业或高校。（3）交易平台。在平台经济发达的当下，结合数据资源与数据要素的非竞争性及可能存在的非排他性，用于保障数据交易的安全性、隐私性和不可逆性等内容的交易平台便显得非常必要。数据交易平台负责数据交易的过程认证，包括交易主体认证、交割认证和排他性认证等。（4）技术支持商。一般会以数据供给方或交易平台内部附属单位的形式出现，但也有较为少见的独立技术支持商，负责为数据产品提供处理、存储、安全与隐私保障等技术支持服务。（5）中介服务商。一个不容易进行直接交易的市场上必然会出现中介，数据市场中介一般提供数据寻源、价格评估、技术评估等中介性服务。

由于交易平台的存在，可以将数据市场上的交易大致分为平台交易模式和非平台交易模式。（1）平台交易模式中，往往技术支持商和中介服务商也会介入，改变交易场景，出现四方甚至五方交易的情况。在此过程中，除了供给方、需求方之间的数据与费用传递、二者与交易平台的数据审核、交易审核等内容外，四方交易还额外增加了数据产品的定制或价值评估（视第四方角色而定）；五方交易自然涵盖了四方交易的内容，并额外增加了技术支持商和中介服务商之间的寻源、技术评估等互动特征。（2）非平台交易模式中，其实仍然需要有一个作为交易保障的"第三方"，记录交易中数据的权属确认和转移，保障交易的隐私、安全以及不可逆性。一般而言，这个"第三方"可以是数据交易的凭证，记录数据的交易历史信息。目前采用区块链技术作为数据交易凭证。区块链理论上的保障相较于传统的凭证有着一定的优势，如大多数情况下的不可否认性。但同样地，区块链的公开性也意味着额外的风险，如 DDOS（distributed denial-of-service）攻击便是传统凭证不太可能遇到的问题。

二、数据市场化配置的主要瓶颈

(一) 数据产权法律不完善

数据资源和数据要素要进行市场化配置，首先必要的一个基础便是明晰的数据产权归属和法律性质。对于个人数据，我国已经初步建立了一部分的个人信息保护法律框架，例如《网络安全法》和《电信和互联网用户个人信息保护规定》等。这些框架主要约束对于个人数据搜集的过程，对于这些数据的产权归属、类型以及划分等方面的规定仍较为模糊。

数据产权立法工作显然是应该与时俱进的，数据和网络虚拟财产的复杂性以及网络技术的快速更新迭代决定了更加具体的相关指南或实施细则很可能快速失效；与此同时，如何基础性地界定数据和网络虚拟资产，如何具体规定其权利属性和权利内容在现行的规定框架内，其法律依据和操作执行层面都没有很好的基础性框架。

(二) 数据开放共享水平不高

由于其他各方面的不足，例如前述的数据相关法律法规不健全、标准规范不统一、权责范围和边界不清晰以及政府、企业对于自身权利收益等方面的需求，大多数据实际控制者和持有主体并没有动机也没有能力进行完全的数据开放共享。（1）数据采集、存储标准不统一，影响了数据共享。互联网、物联网甚至于二者的交叉网络，不同数据密集领域的数据采集、存储等方面的标准不一，增加了数据共享的难度。（2）政府数据开放质量不高。尽管各级政府都在大力推动政府数据开放与共享，但大多数政府数据囿于软硬件设施、数据管理规范以及数据搜集能力等约束，信息孤岛、信息烟囱等现象依旧是普遍现象。（3）企业间数据共享和再利用较少。数据具有范围经济效应，自然，越多的数据流通和共享，其价值越大。目前，受限于法律法规、交易机制和技术标准等不完善以及开放共享理念的匮乏，企业使用数据大多以自身内部数据为主，呈现自给自足的"小农经济"状态。并且，大企业的数据虹吸效应明显；其他企业的数据孤岛现象泛滥。

(三) 市场体系建设相对滞后

数据要素市场化配置规律的认识仍处于探索期，在知识经济的背景下，数据要素的制度激励已经成为技术创新和经济增长间互动循环的重要环节。当然，数据要素作为生产要素参与分配的机制更为复杂。我国数据要素市场体系的建设相对滞后，主要体现在三个方面。

1. 数据要素市场交易机制不完善。对数据产权、数据市场流转、交易规则、技术规范、平台功能、企业信用、法律风险等方面缺乏共识，另外还有缺乏合理的交易模式等，削弱了数据要素市场化水平，降低了市场主体进行交易的意愿，使得数据市场中介不能发挥其作用，阻碍了数据交易范围和规模的扩张。

2. 数据权属不明，数据要素估值和定价困难。数据所有权和使用权的实质性分离决定了其权属的界定需要新范式。数据价格难判断导致了定价标准的差异化。数据在形态上的非实物、高度虚拟化和高度异质性的特点，决定了对于不同用户的使用价值不同，而数据的成本也较难准确衡量，使得数据价值难以合理评估。另外，数据作为一种特殊商品，具备较强的可复用性，甚至具备一定的超长期可复用性，使用的边际成本相对较低，较难形成合理的价值评估体系。种种因素均制约着数据的交易和流转效率。

3. 数字信息基础设施建设不均衡。与其他基础设施建设一样，我国的数字信息基础设施建设存在着较突出的不均衡不充分现象，造成了城乡之间、地区之间、行业之间的"数字鸿沟"现象。

（四）数据流动与交易中的安全风险

尽管在机制设计上，国家高度重视数据和信息的安全。但在具体操作层面上，仍存在意识上的缺漏、措施上的乏力等现象。数据安全可说是制约数据市场化的核心问题。（1）数据泄密风险。大数据时代，数据泄密几乎是不可防范的。不论是在数据产生还是在采集存储处理的过程中，都存在着泄密风险。近几年，涉及个人数据泄露的重大数据安全风险事件频发，造成的损失不可估量。（2）数据交易法律风险。如前所述，当数据涉及未经过个人和企业明确授权或涉及商业机密以及国家安全时，其中的法律风险由于法律法规的不完善便可能变得不确定。（3）数据滥用风险。数字经济的技术经济特征，驱动数据市场呈现集中趋势，利用数据优势实施垄断和"非法"搜集数据进行不正当竞争便成为数据滥用的经典代表。

（五）数据监管治理体系相对匮乏

数据监管治理规则不完善。尽管已经出台了大量的法律法规、规划和政策来约束数据开放、数据隐私与安全保护、数据交易流通等方面，但在具体可操作层面上仍较为匮乏。（1）政府数据公开上，对可公开范围、数据质量评估等方面都没有具体细则。（2）数据流通上，安全与隐私评估的细则和操作都有待完善。（3）数据交易上，可交易的数据范围没有明确的法律依据。（4）数据技术上，除了少量数据操作被明确可行或禁止外，新的数据采集、处理以及分析技术的合法合规性均难以得到保障。

数据监管治理组织亟待完善。缺乏国家层面对数据资源管理机制统筹规划与协调的管理机构。对于数据开放、数据交易市场准入、数据安全、数据滥用、数据交易纠纷等存在管理权属不明的现象。同时，由于数据要素与数字经济随着技术快速迭代演化，期待仅依靠法律法规并不足以处理新出现的各类问题，因此，可以灵活高效处理这些突发状况的数据管理机构及其下属分管机构便成为一个亟待完善的管理体系。

【知识链接 3 - 3】

数据市场发展潜力巨大

全球范围内，数据正在成为重组要素资源、重塑经济结构、改变竞争格局的关键力量，大数据行业也已经成为加快经济社会发展质量变革、效率变革、动力变革的重要引擎。在全球经济衰退、新冠疫情暴发的影响下，相比商品和资本全球流动受阻，数字技术驱动的新一轮全球数字经济仍保持快速增长，全球大数据行业也保持了良好发展态势。

赛迪 CCID 统计，全球大数据市场规模由 2019 年的 1 821.9 亿美元增加至 2021 年的 2 133.5 亿美元，复合年增长率 8.2%，大数据市场规模包含大数据相关硬件、软件、服务市场收入。

全球范围内运用大数据推动经济发展、完善社会治理、提升政府服务和监管能力正成为趋势，未来全球大数据市场将保持持续稳定发展。预计 2024 年全球大数据市场规模将达到 2 881.2 亿美元，未来三年复合年增长率约为 10.7%。

从全球各国别来看，美国作为 ICT 产业霸主，在大数据相关核心技术、软硬件产品及应用服务各环节全面领先于其他国家，美国拥有全球最大的大数据市场，并占据主导地位。赛迪 CCID 统计，2021 年美国大数据市场规模在全球大数据市场的比重约为 50.3%，份额超过一半。其他国家大数据市场规模与之相比差距较大，相关重点国家比重分别为：中国 6.3%、日本 5.7%、英国 5.2%、德国 4.4%。中国作为全球第二大经济体，大数据市场近年来飞速发展，是全球大数据市场中发展最快的国家，大数据市场规模仅次于美国。

近年来我国大数据行业取得快速发展，赛迪 CCID 统计，我国大数据市场规模由 2019 年的 619.7 亿元增加至 2021 年的 863.1 亿元，复合年增长率达到 18.0%，大数据市场规模包含大数据相关硬件、软件、服务市场收入。在全球新冠疫情之下，我国经济率先复苏并总体保持恢复态势，伴随国家快速推动数字经济、数字中国、智慧城市等发展建设，未来大数据行业对经济社会的数字化创新驱动、融合带动作用将进一步增强，应用范围将得到进一步拓宽，大数据市场也将保持持续快速的增长态势。预计 2024 年我国大数据市场规模将达到 1 577.4 亿元，未来三年复合年增长率 22.6%。

在全球重点国家大数据市场结构中，大数据服务和软件占据主导地位，赛迪 CCID 统计，2021 年全球重点国家大数据硬件、软件和服务占比分别约为 24.2%、36.0% 和 39.8%。我国大数据行业整体处于快速发展阶段，目前大数据软件和大数据服务的需求较大数据硬件相对较弱，使得我国大数据市场结构中大数据硬件的市场需求和市场占比较高。赛迪 CCID 统计，2020 年我国大数据市场结构中，大数据硬件、软件和服务的市场占比分别为 40.5%、25.7% 和 33.8%，市场规模分别为 349.5 亿元、221.8 亿元和 291.7 亿元。通过与全球重点国家大数据市场结构比较可见，未来我国大数据软件和服务具备更大的发展潜力。

近几年大数据硬件的占比在逐渐下降，大数据软件和服务的占比在逐步提高。未来我国大数据软件和服务市场相比硬件市场将呈现更好的发展态势。预计 2024 年我国大数据硬件、软件和服务的占比将分别为 36.7%、29.0% 和 34.3%。

资料来源：全球及中国大数据市场发展现状［EB/OL］. 艾肯家电网，2022 - 04 - 16. http：//www. abi. com. cn/news/htmfiles/2022 - 4/253295. shtml.

三、数据要素市场培育

（一）公共数据的开发与共享

数据开放一般是指公共管理和服务机构或其他组织向其他自然人或组织提供数据集的公共服务。政府数据开放是公共数据开放的重要组成部分。开放的公共数据一般应该具备完整性、原始性、及时性、可获得性、机器可读性、非歧视性、非私有性、开放授权性等特点。通过公共数据开放，有助于增强政府透明度和公信力，提升公众获得感和参与度，激发社会力量开发利用公共数据，完善数据要素市场化配置。通过对公共数据资源的开发利用，有助于释放和提升公共数据资源价值。

公共数据的开发与共享可以从三个方面进行突破。

1. 完善"多源统一"的数据资源体系。在数据源上可以先尝试开放天气、消费、生态环境等不敏感且与社会公共需求契合度较高的数据集；同时，对科研机构、企业组织等非政府机构部门的数据需求，坚持"除例外均开放"原则，除了法律法规规定不能开放或者较为敏感的数据外，其他数据原则上都可以进行开放共享；在数据开放接口上，应该进行政府主导的标准化，将必要的单项数据查询、主体数据查询和接口查询等构建为标配功能；在数据格式方面，应该包容多种类型的数据格式，使得大多数计算机都可以读取同一个数据集。

2. 建立"多管齐下"的安全保障体系。除了当前相关法律法规、技术标准、数据许可协议机制以外，还应该进一步制定元数据治理标准等一系列数据开放的技术标准，有效规范数据开放行为。同时建立具体的开放许可协议机制，细致地规范开放工作，提升其可控水平。

3. 完善"多方参与"的评价激励机制。在评价体系上，制定元数据质量评估体系，评估和监测数据开放工作执行情况；在评价指数上，定期以数据需求方和使用方的调查问卷为核心，构建公共评价指数模型，对数据开放成效进行评价；在社会参与度上，同样让数据使用方和需求方参与评价，围绕如何更好地开放和利用数据展开交流，将这些反馈信息切实落实，完善数据开放平台的多维度功能，丰富其数据资源内容。

（二）完善市场化规则，促进数据要素流通

1. 明确市场化范畴，扩大合法的可市场化的数据供给。数据市场化的核心是规范可交易与不可交易的数据。大多数国家一般通过规范数据采集、处理、隐私和安全保护等行为，在此基础上，明确数据对象，保证市场中交易的是可交易数据。我国同样可以将"来源合法的非个人数据"作为市场化的数据对象，为市场提供充足的合法数据。自然，不可交易数据多半是未经过处理的可识别个人的数据。当然对于涉及企业、国家等组织利益的数据同样可能是不可交易数据。

2. 明确数据市场化规则。目前我国尚未制定专门的数据流通法律法规。尽管《网络安全法》对个人信息使用了"经过处理无法识别特定个人且不能复原的除外"等规定，但其中词汇语义概念存在不确定性和模糊性，界定标准缺失，难以在实践中得到应用。因此，应该对数据的保存、转移、去识别处理、再识别和再转移限制等行为制定明确的管理办法和法律标准，明确数据市场中各方的权利、责任和义务，保障数据流通安全和可控。

3. 建立数据市场监管机构。数据市场同样需要政府的适度监管，保证交易的合法合规。我国数据交易涉及市场监管、公安、工信、网信等多个部门，因此监管责任不清，系统性和专业性不足，数据市场监管实质上处于缺失状态。市场准入、交易纠纷、侵犯隐私、数据滥用等难以彻底管控，非法收集、买卖和使用个人不可交易数据等灰黑数据产业长期存在，数据市场秩序混乱。为此，应该明确或新建数据市场主要监管部门及其监管的法律依据与职责范围，对数据市场服务机构和平台进行监管，对数据市场行为和应用进行规范化管理，建立数据流通安全风险防控和数据交易维权投诉机制，打击非法数据交易。

4. 培育数据服务新业态。我国数据市场在近年来得到了初步的发展，产生了一些进行数据交易中介和数据初步加工分析的新服务业态，有效促进了数据市场的成熟。一些新兴机构和企业通过数据整合、清洗、去识别处理和挖掘分析等新型服务方式，有针对性地开发利用有需求的数据资源，在提高交易效率的同时降低了安全风险。因此，应该支持和鼓励现有

的区域性交易平台发展数据服务，形成兼具技术、了解信息安全和提供法律保证等功能的数据交易服务机构。应该鼓励以专业化的数据服务机构作为数据开放，特别是公开数据开放的出口和平台，以实现数据价值的社会化利用和数据安全的机制化保障。将数据服务业纳入现有高新技术企业和科技型中小企业优惠政策的支持范围，引导政府参股的创投基金适度增加对数据服务的投资。最后，当然还应该支持各类高校职校开设数据服务相关专业或培训课程，培育数据服务人才，为数据交易提供人才保障。

第六节　数据安全

一、数据安全管理一般流程

传统信息安全侧重信息资产的管理，信息更多地被企业/组织视作自有资产进行相对静态的管理，与实际业务上快速发展的实时动态大规模数据分析需求并不匹配。大数据的5V特征与对应的新技术架构决定了传统的数据管理方式已经落伍。因此，在数据采集、处理、和分析上，亟待新的数据管理框架来迎接数据生命周期和数据流通、共享等方面带来的全新安全挑战。

数据安全评估是对数据安全进行管理的第一步，也是数据安全管理的数据基础。一般的评估内容包括了对数据整个流程安全策略、安全产品、安全技术的性能以及有效性的分析判断。

进行数据安全评估的流程一般包括：（1）构建数据安全评估的组织，对组织架构、人员组成、责任分工以及安全评估目标等进行设定和筛选。（2）制定评估标准。明确正常情况下，安全管理应该达到的安全防护效能，包括功能、性能、可靠性、可用性、保密性和完整性等。并规定可能的偏差水平。（3）明确数据安全评估的应用场景。特别是对不同的应用场景应该使用不同的评价标准。评价范围、评价计划、评价流程、评价策略和方式等的设定应该在设定评价标准之后，针对不同的安全评估目标具体分析。（4）生成数据安全评估报告等结论。作为数据安全管理投入应用的依据。

数据安全运维是日常生产运行中应该包含的数据安全管理必要内容。其目的自然是保障数据在整个生命周期和交互过程中安全、稳定、可靠。数据安全运维包括资源调配、系统升级、服务启停、容灾备份、性能优化、应急处置、应用部署和安全管控等方面的职能。（1）数据安全运维自然同样需要一整套对应的数据安全运维组织架构以及对应的运维架构、安全运维策略以及内部的权限划分。（2）制定安全运维的标准规范和规则制度。运维人员的操作权限一般较高，为了防范内部人员风险，并规范化标准化运维操作，应该保留操作数据内容和环境的事前事中和事后相关记录，并确保这些记录是可追溯、可跟踪和可审核的。（3）根据企业内部部门、组织以及需求的不同，制定不同的安全运维流程及对应的重点关注内容。包括基础设施安全管控、病毒防护、平台调优、资源分配和系统部署应用、数据的容灾备份等业务流程。

数据安全治理，自然是数据安全管理的一部分内容。具体而言，数据安全治理的目标是确保数据在流通过程中合法合规并且处于安全状态。另外，数据价值最大化虽然不是数据安全治理的核心目标，但如果是企业，这部分内容一般也由数据安全治理机构负责。数据安全治理除了在流通环节外，还肩负其他前两者未涉及的内容。数据安全治理的一般流程为：（1）建立数据安全治理的组织，设定组织架构，制定相应的治理策略与流程。并构建数据在流通过程中的访问控制、安全保密与安全监管等安全保障机制。（2）明确数据资源、数据要素、数据质量、数据关系、数据全生命周期等方面的安全治理方式，例如安全治理标准、治理方式、异常与应急处置措施等。（3）确立数据流通环境下主要参与者，如数据来源、数据拥有者、数据控制者、数据管理者和数据使用者等各自的安全治理目标，规划安全治理策略。

二、基于数据生命周期的安全技术

（一）数据采集阶段

1. 数据源安全保障技术。数据源的可信度决定了后续的数据分类和对应的安全策略。所以有必要通过一定的技术手段来保障数据源的可信度，保证数据并非"伪数据"也非"虚数据"。常见的数据源可信验证技术有信用认证和生物认证技术。

2. 自动化数据分类标注技术。数据采集过程中，为了节约成本、提高效率，决定了不同数据类型和数据重要程度将会面临不同的安全防护策略。这个阶段中的关键便是如何对数据进行分类。

实践中，一般按照实际业务场景对数据进行分类，同时兼顾数据本身的属性，如数据类型、数据获取难易程度、数据泄露后的危害程度等。而为了方便标注类别，往往需要额外标注数据的内容属性、安全属性和签名属性等安全管理相关的数据特征。显然，在大数据时代，使用人工进行这些特征标注是不切实际的。所以自动化的数据分类标注技术便显得极为必要。这类技术除了包括对数据属性的标记技术这一基础技术外，还包括对数据来源、数据关系乃至于数据价值和数据交易过程等方面的标记技术。具体而言，常见的标注技术包括嵌入文件格式的标签和数字水印等。

3. 内容安全检测技术。此处为狭义的内容安全，即保障数据并没有携带病毒、后门或其他可能对安全产生影响的数据内容。常见的数据内容安全检测技术包括基于规则、机器学习以及数据库与非参数检验方法的各类检测技术。

（二）数据传输阶段

数据传输安全技术的发展随着量子通信等基础数据传输手段的发展而基本接近尾声。传统的数据传输安全技术一般使用加密技术、跨域安全交换和威胁监测等多维度的方法来进行泄密等威胁的防范。量子通信则通过物理学上量子纠缠效应，使得在传输过程中试图窃取数据信息的任何手段都变为不可能：任意对量子传输信息的读取都会破坏其信息本身，即传输信息只能读取一次，而窃取行为本身便意味着窃取行为的被发现。

（三）数据存储安全

1. 数据存储安全技术。保证在多用户、大批量异构数据情况下云环境的安全存储。与后续的备份恢复技术联系紧密。一般来说，数据存储安全技术分为以下几类：冗余备份、密码管理、存储隔离、访问控制。密码管理在这里既指代一般化的数据增删改查等操作的必要确认，也包括分布式等特殊环境下的相关密码服务。存储隔离则是对数据分类标注的后续应用：将不同安全类别的数据在存储上进行隔离，分为逻辑隔离和物理隔离。访问控制一般与存储隔离、密码管理等一起应用，本质上还是数据安全分类的进一步拓展，不同访问者、访问途径和访问目标共同决定了访问权限。

2. 冗余备份与备份恢复技术。为了保证大多数可能意外情况下的数据完整性，必然需要对数据进行备份。那么备份数量、备份速度、备份频率以及备份恢复速度等均将成为在成本允许条件下需要考虑的备份技术参数。数据备份技术包括数据同步、数据复制、数据镜像、冗余备份和灾难恢复等。

（四）数据使用安全

一般指代防止数据在被访问过程中将不符合访问权限的内容泄露的管理策略以及防范非法、危险或者不符合企业规范的信息内容出现在数据服务中的使用安全管理。实现数据使用安全的现有技术主要包括数据内容的零知识验证、数据内容间接检测防护、数据隐私保护和数据身份认证。这些技术的核心有两点：（1）消除不符合访问权限的敏感信息；（2）控制数据内容及其使用范围。举例而言，数据脱敏技术便是用于消除或掩盖不符合访问权限的敏感信息，包括基于数据加密、数据失真和可逆映射的数据脱敏技术；从数据内容安全管理技术衍生出的基于权限规则、访问权限和自主访问控制、任务和属性的访问控制等访问控制技术则满足了控制数据内容及其使用范围的需求。

【知识链接 3 - 4】

数据安全技术

任何公司的网络安全战略最重要的方面都围绕着如何保护企业数据以及如何防止数据丢失。这包括静态、传输和使用中的数据。

数据安全技术有多种形式，包括防火墙、身份认证、加密、数据屏蔽、安全性硬件、数据备份和数据擦除。

1. 防火墙。是系统中的初始安全层。它旨在防止未经授权的来源访问企业数据。防火墙充当个人或企业网络与公共互联网之间的中介。防火墙使用预先配置的规则来检查所有进出网络的数据包，因此有助于阻止恶意软件和其他未经授权的流量连接到网络上的设备。

不同类型的防火墙包括基本包过滤防火墙、电路级网关、应用级网关、状态检查防火墙以及新一代立体防火墙等。

2. 身份认证。涉及用户提供它们声称的身份的证据。该证明可以提供秘密，例如密码或 PIN；或生物特征认证。根据身份验证方案，用户在登录时可能需要提供一个或多个附加因素，称为双因素或多因素身份验证（MFA）。如果用户在最初成功登录后尝试更受限制的操作，则可能还需要逐步验证。一旦用户证明了它们的身份，授权将确定用户是否具有访问特定数据并与之交互的适当权限。通过授权用户，它们可以在系统内获得读取、编辑和写入不同资源的权限。

身份验证示例如下：密码/PIN、生物特征扫描和行为特征扫描等。

3. 数据加密。将数据转换为编码密文，以确保其在静止状态和在批准方之间传输时的安全。加密数据确保只有拥有正确解密密钥的人才能查看原始明文形式的数据。如果被攻击者捕获，加密数据将毫无意义。

数据加密的示例如下：非对称加密，也称为公钥加密；对称加密，也称为密钥加密；保护静态数据涉及端点加密，可以通过文件加密或全盘加密方法完成。

4. 数据屏蔽。会掩盖数据，因此即使犯罪分子将其泄露，他们也无法理解窃取的内容。与使用加密算法对数据进行编码的加密不同，数据屏蔽涉及用相似但虚假的数据替换合法数据。公司也可以在不需要使用真实数据的场景中使用这些数据，例如用于软件测试或用户培训。标记化是数据屏蔽的一个例子。它涉及用唯一的字符串替换数据，该字符串没有任何价值，如果被不良行为者捕获，则无法进行逆向工程。

数据屏蔽的其他示例如下：数据去识别化、数据泛化、数据匿名化、数据伪装。

5. 基于硬件的安全性。涉及对设备的物理保护，而不是仅仅依赖安装在硬件上的软件。由于攻击者针对每个 IT 层，公司需要内置于芯片中的保护措施以确保设备得到强化。

基于硬件的安全性示例如下：基于硬件的防火墙、代理服务器和硬件安全模块。基于硬件的安全性通常与主处理器隔离运行，例如使用 Apple 的 Secure Enclave。

6. 数据备份。组织应该保存多个数据副本，特别是如果它们希望在数据泄露或其他灾难后完全恢复。有了数据备份，公司就可以更快地恢复正常的业务功能，而且故障更少。为确保数据弹性，组织需要采取适当的保护措施，以确保备份数据的安全并随时可用。数据备份保护的一个示例是数据存储，它创建备份数据的气隙版本。组织还应遵循 3－2－1 备份策略，这会导致在不同位置至少保存三个数据副本。

其他类型的数据备份保护包括冗余、云备份、外置硬盘和其他额外的硬件设备。

7. 数据擦除。重要的是组织正确删除数据并确保已删除的数据不可恢复。称为数据擦除，此过程涉及完全覆盖存储的数据，使其无法恢复。也称为数据销毁，数据擦除通常涉及在擦除数据后使其难以辨认。组织必须能够适当地销毁数据，尤其是在 GDPR 等法规规定客户可以要求删除其个人数据之后。

数据擦除类型包括软件型数据擦除、数据覆盖、物理破坏和消磁。

资料来源：七大数据安全技术［EB/OL］. 嘶吼网，2022－09－19. https：//www.4hou.com/posts/QLXY.

三、数据共享与流通过程中的安全保障

（一）数据安全立法

如前所述，我国的数据安全立法还有较大的发展空间。不论是保护数据安全，促进数据共享和使用，还是与国际数据安全法律的对照对接都有着可以深入探索的空间。

因此，数据安全立法需求的核心在于个人信息保护、数据资源确权与数据交易监管。（1）个人信息保护。自欧盟制定的《通用数据保护条例》生效以来，大多数国家均将其作为自己制定数据隐私保护法规的参照。目前我国对于个人信息保护的直接相关法律相对较少，在宪法、民法典等基本性、根本性法律中的规定也较为笼统。（2）数据资源确权。数据确权是数据共享流通、数据市场形成的前提和基础。但正如前所述，数据的确权是一个非

常困难的问题，特别是对于个人数据。另外，对于数据资源和数据要素二者权利的归属同样是一个充满争议的领域。因此都需要以法律法规，或至少规章制度的形式对其进行锚定。

（3）数据流通监管。数据流通是增加数据要素生产效率的重要途径，因此，有必要对数据的流通，特别是交易，进行立法立规和政府监管。

（二）数据安全管理制度

自然，除了国家层面的立法立规，在更细致的层面上，有赖于行业、部门和地方政府等责任方建构对应的，满足自身和数据使用、数据交流以及数据控制等各方面需求的数据安全管理制度。数据安全管理制度上承法律法规要求，下责标准支撑，是实现数据安全的必要措施。

1. 数据分类分级制度。除了在技术上保证数据在安全上的分类分级以外，还需要通过制度规范数据生命周期过程中人参与步骤的行为举措，从制度上进一步确保数据的安全分类。

2. 数据提供注册制度。显然，这是针对数据提供方的约束。要求数据提供方进行注册，并需要通过第三方审核数据的可追溯性内容，主要是涉及数据摘要、数据使用范围、使用条件、使用要求以及提供者的各方面信息。此过程中需要注意的是应该确认数据提供方对数据的所有权或控制权。

3. 数据授权许可制度。类似地，这是针对数据使用或数据提供的第三方的约束。数据使用者在获得提供方许可的前提和满足提供方对数据安全的要求时，才能获得数据的使用权。当然这个过程中仍然可以通过第三方介入的形式保障数据使用者对数据的保护能力等安全内容。

4. 数据使用登记制度。针对数据使用者，除了上述的授权许可外，还应该进一步地对使用数据的类别、用途、使用范围、方式以及使用者可用于追溯的相关信息进行登记。

5. 数据交易安全管理制度。类似于金融交易，需要对交易双方的安全资质进行审核。对数据提供方，主要是数据权属、提供能力；对数据使用方则是数据安全防护能力。第三方同样有着安全资质的要求，主要是数据交易过程的公开公正透明保证能力；数据交易的监控和溯源能力以及数据安全与隐私保护能力。

（三）数据安全技术

如前所述，大多数据安全策略均需要数据安全技术作为底层支撑。所有的制度、法律法规以及管理应对手段均需要通过自动化的安全监管技术手段才能真正有效地发挥作用。

常见的技术手段包括同态加密、数据安全标识（如数据水印、数据指纹等）、去中心化的交易流通网络、安全多方计算、零知识证明和群签名等。

【复习思考题】

1. 数据要素的内涵有哪些？
2. 简述数据要素的自然属性与经济属性。
3. 数据要素的经济学特征有哪些？

4. 为什么进行数据管理是必要的?

5. 简述数据标准化管理体系包含哪些内容。

6. 为什么应该注意数据的产权管理与企业管理?

7. 数据权属有哪些维度?

8. 为什么难以使用权属理论简单应用到数据领域? 数据权属的界定策略有哪些?

9. 数据要素的应用价值有哪些?

10. 数据要素价值的计量方法有哪些? 彼此之间的关联与差异有哪些? 各自有什么优缺点?

11. 数据要素价值评价的注意事项有哪些?

12. 简述数据交易模式及其优缺点。

13. 数据市场化配置的主要瓶颈有哪些?

14. 数据安全管理的一般流程是什么样的? 有哪些安全技术与安全保障?

第
四
章

数字经济技术基础

◇ 了解人工智能定义与相关概念、深度学习的新发展

◇ 理解机器学习的主要研究类别及各类别间的异同

◇ 掌握人工神经网络基本特征和常见拓扑结构

◇ 了解区块链定义与相关概念

◇ 理解区块链运行过程、类型与对应特点

◇ 了解云计算的定义与相关概念、面临的挑战与相应的对策

◇ 理解云计算的服务模式与部署模式、云计算的优点

◇ 了解大数据的定义与特征、大数据对数据分析的冲击

◇ 理解大数据分析的目标与挑战

◇ 掌握大数据的应用场景

【案例导引】

ChatGPT

ChatGPT 是 OpenAI 基于该公司的 generative pre-trained transformer（GPT）系列大型语言模型（LLM）开发的人工智能聊天机器人。ChatGPT 建立在 OpenAI 的基础 GPT 模型之上，特别是 GPT-3.5 和 GPT-4，并结合监督学习和强化学习技术针对会话应用程序进行了微调。

ChatGPT 于 2022 年 11 月 30 日推出，并因其跨越各个知识领域的详细而清晰的响应而受到关注。然而，一个显著的缺点是它倾向于自信地提供不准确的信息。

到 2023 年 1 月，它已成为历史上增长最快的消费软件应用程序，获得了超过 1 亿用户，并为 OpenAI 的估值增加至 290 亿美元做出了贡献。几个月内，其他企业加速了竞争性 LLM 产品，例如 Google PaLM-E、百度 ERNIE 和 Meta LLaMA。

虽然聊天机器人的核心功能是模仿人类对话者，但 ChatGPT 用途广泛。在无数的例子中，它可以编写和调试计算机程序，模仿名人 CEO 的风格并撰写商业宣传，创作音乐、电视剧、童话故事和学生论文，回答测试问题（有时，取决于测试，水平高于人类应试者的平均水平），写诗和歌词，翻译和总结文本，模拟 Linux 系统，模拟整个聊天室，玩 tic-tac-toe 等游戏，或模拟 ATM。ChatGPT 的训练数据包括书籍、有关 Internet 数据（例如公告板系统）和多种编程语言的信息。

与大多数聊天机器人不同，ChatGPT 会记住同一对话中有限数量的先前提示。记者推测，这将使 ChatGPT 可以用作个性化治疗师。

资料来源：ChatGPT［EB/OL］.维基百科，2024-04-06. https：//en. wikipedia. org/wiki/ChatGPT.

第一节　数字经济的技术与新型基础设施支撑

一、数字技术的含义

科技创新与技术应用是人类社会发展的根本动力。经过人类自身长时间的发展与不断尝试，人类社会在生产技术高速发展的基础上取得了飞跃性的进步。尤其是工业革命以来自然科学和工程技术的进步极大地推动了现实生产力的发展。蒸汽机技术和珍妮纺纱机等工业技术开启了工业革命，聚焦了机械工程、化学工业、冶金技术等几乎所有工业行业的社会发展进步因素，克服了人类和动物肌肉力量的限制，更加高效地利用更多更大的能源作为驱动核心，是人类社会发展进程中罕见的全方位的工程技术创新驱动发展，是对整个人类社会思想与现实较为深刻的一次变革和转折。

类似于蒸汽机、内燃机、电动机、核电站、信息技术等对人类社会经济文化等具有全方位、巨大深远影响的革命性技术，被称为通用型技术。一般认为，通用性技术对劳动生产率具有大幅提升作用，能强烈影响生产产出能力，是社会变革和发展进步的重要推动，在经济上能够极高地加速经济增长。"通用"二字便是强调其技术的基础性特征，能够在几乎所有领域都被广泛应用。通用性技术显然还可以带来成本的降低、上层技术的创新、生活和文化模式的变革，实现产品、过程、组织和消费等经济生活方面的提升与进步。

数字技术与电子计算机的产生和发展相辅相成，相伴而生。二者通过感知仪器将外界各种不同类型的现象，如不同强弱波长的光线、不同频率的声音、物体的移动等，转化为电能，再进一步通过计算机逻辑转换为二进制数字，最后对其进行存储、加工、传播、运算、还原和分析等操作。在这些操作过程中都依赖于计算机的编码、压缩和解码等能力，因此一般也称为计算机数字技术。由于数据及其处理方式、分析视角都可以不断地排列组合，进行不断的创新，因此在所有生产生活方面都可以得到充分的应用，可以认为数字技术是当前最为通用的通用型技术。

数字经济的形成与发展，本质上其实就是数字技术在实体经济与金融等传统经济行业中得到充分应用，从而深度融合，再结合对数字技术需求而形成的数字产业，两个方面相互作用、相互促进而产生的新学科。

数字技术的先进性对数字经济的稳定发展起到了至关重要的促进作用。从狭义上来说，仅有运用数字技术算法对数据进行处理分析的步骤才被称为数字技术。但从广义上来说，数字技术是指将各种信息（数字、图片、文字、声音等）转换为计算机可以识别的信息，并对其进行加工、存储、分析以及传递的技术，是随着互联网技术发展，结合市场需求而产生的信息技术。

互联网从门户网站时代，到搜索引擎时代，再到移动社交网络时代，最后到达现在的自媒体时代，这个演化过程中，数字技术早已在各类传统行业中得到了充分的应用。特别是当企业发展到一定规模以后，所有部门的管理、沟通协调、业务分析等都需要应用到专门的数字技术。有人会问："不使用这些数字技术就无法发展企业了吗？"答案当然是否定的，至今日本仍在使用20世纪80年代的一些技术手段，例如传真、手持式计算器等来进行公司业务扩展以及人事管理，但显然，这样做的效率远低于使用数字技术构建合适的系统。

对于数字产业中的企业而言，它们本身就是以为传统行业企业提供数字技术作为业务，自然在其企业内部也会有充分发展的数字技术系统。

二、数字经济技术基础的发展简史

主流应用的数字技术包括人工智能、区块链、云计算、大数据分析，以及以工业互联网和物联网为代表的网络技术。

（一）人工智能发展简史

从计算机科学出现之时，科学家就开始探讨计算机是否能有"智能"。

1950年，英国科学家艾伦图灵发表论文讨论创造出具有真正智能的机器的可能性，并提出了著名的图灵测试：如果一台机器能够与人类展开对话而不能被辨别出其机器身份，那么称这台机器具有智能。现在活跃于电脑、手机，还有各种硬件上的"智能助手"在各自的功能领域，通常被大众认为挺有智能的。

但是那些"智能助手",聊天机器人真的有智能吗?1980年就有学者(John Searle)提到了中文房间问题:一个对中文一窍不通,只说英语的人关在一个封闭房间中。房间里有一本用英文写成的手册,指示该如何处理收到的汉语信息及如何以汉语相应地回复。房外的人向房间内递进用中文写成的问题。房内的人便按照手册的说明,查找到合适的指示,将相应的中文字符组合成对问题的解答,并将答案递出。

房间外面的人看到自己递进去的中文输入能得到回答,很可能就会认为房间内的人有智能,懂中文,就像现在的聊天机器人那样,那么这是"智能"吗?读者们如果写过一些程序,就会想,我也可以写一个程序,根据一些规则和已有的数据,与用户进行某种程度的智能对话,那么人工智能和我的程序有区别吗?

程序接到用户的输入句子后,如果不是结束会话的指令,就在一个数据库中寻找合适的回答句子,然后根据情况准备输出,然后再继续循环……

从1956年的达特茅斯会议开始,人工智能(artificial intelligence,AI)作为一个专门的研究领域出现,经历了超过半个世纪的起伏,终于在2007年前后,迎来了又一次大发展。人工智能的发展,有这样起伏的模式:

研究(包括技术)取得进展。研究的进展让人们看到人工智能的潜力,产生非常乐观的期望,例如在1958~1970年科学家对人工智能各种突破的预计,当然他们的绝大多数预计都太乐观了。

上述过高的期望让产业界开始热情地开发各种应用。但应用未能全部满足期望,于是人工智能行业进入低谷,直到下一波研究和技术取得突破性进展。

在2007年之后,是大规模的数据和廉价的计算能力,让神经网络技术再度兴起,成为人工智能领域的明星技术。大数据量处理推动算力的革命,推动了图形处理器(graphics processing unit,GPU)集群、大数据集群乃至专用的人工智能芯片的大踏步发展。算力提升拓宽了算法的探索空间,强化学习、超深度学习等算力密集型的算法不断取得突破。

神经网络变体也不断涌现,卷积神经网络、循环神经网络、长短期记忆网络等的复杂模型,对训练数据质量和数量的需求越来越迫切。

而互联网的不断发展提供了大量数据源与高效标注工具与平台,由此产生了许多高质量公开数据集。

算法、数据和算力,相辅相成,推动着人工智能的发展进入了快车道。

2009年,辛顿(Hinton)和他的两名学生使用多层神经网络在语音识别方面取得了重大突破。

2011年,IBM沃森在电视节目《危险边缘》中战胜人类辩手;苹果公司将Siri整合到IPhone4S中。

2012年,辛顿的另两名学生在ImageNet挑战赛中取得突破性成绩;谷歌研发的无人驾驶汽车开始路测。

2016年,DeepMind击败围棋冠军李世石;百度语音识别技术入选MIT十大突破技术。

2018年,DeepMind的Alphafold破解了出现五十年之久的蛋白质分子折叠问题;谷歌推出BERT(bidirectional encoder representations from transformer)模型,将自然语言处理技术推进到新的时代。

【知识链接 4 - 1】

ChatGPT

ChatGPT，全称聊天生成预训练转换器（Chat Generative Pre-trained Transformer），是 OpenAI 开发的人工智能聊天机器人程序，于 2022 年 11 月推出。该程序使用基于 GPT-3.5、GPT-4 架构的大型语言模型并以强化学习训练。ChatGPT 目前仍以文字方式互动，而除了可以用人类自然对话方式来互动，还可以用于甚为复杂的语言工作，包括自动生成文本、自动问答、自动摘要等多种任务。如在自动文本生成方面，ChatGPT 可以根据输入的文本自动生成类似的文本（剧本、歌曲、企划等）；在自动问答方面，ChatGPT 可以根据输入的问题自动生成答案。还有编写和调试计算机程序的能力。在推广期间，所有人可以免费注册，并在登入后免费使用 ChatGPT 与 AI 机器人对话。

ChatGPT 可写出像是真人写的文章，并在许多知识领域给出详细和清晰的回答而迅速获得关注，证明了从前认为 AI 不会取代的知识型工作它也足以胜任，对金融与白领人力市场的冲击相当大，但专家也认为事实准确度参差不齐是其重大缺陷，并认为基于意识形态的模型训练结果须小心校正。ChatGPT 于 2022 年 11 月发布后，OpenAI 估值已涨至 290 亿美元。上线 5 天后已有 100 万用户，上线两个月后已有上亿用户。目前 GPT-3.5 为免费版本，GPT-4 仅供 ChatGPT Plus 会员使用，每三个小时能发送 50 条消息。

资料来源：ChatGPT［EB/OL］. 维基百科网，2024-04-06. https://zh. wikipedia. org/zh-hans/ChatGPT.

（二）区块链发展简史

区块链（block chain）技术起源于 20 世纪 70 年代末，当时一位名为拉尔夫·默克尔（Ralph Merkle）的计算机科学家申请了哈希树（又名 Merkle 树）的专利。这些树是一种计算机科学结构，通过使用加密将区块链接起来，用于存储数据。在 20 世纪 90 年代末，斯图尔特·哈珀（Stuart Haber）和 W. 斯科特·斯托内塔（W. Scott Stornetta）使用 Merkle 树实现了无法篡改文档时间戳的系统。这是区块链历史上的首个实例。

该技术一直在不断发展，已经经过以下三代：

第一代，比特币和其他虚拟货币。2008 年，一个仅知道名字为中本聪（Satoshi Nakamoto）的匿名个人或团体，概述了区块链技术的现代形态。中本聪的比特币区块链理念将 1MB 信息区块用于比特币交易。比特币区块链系统的很多功能，即便是今天也仍处于区块链技术的中心地位。

第二代，智能合约。在第一代加密货币出现后的几年，开发人员开始考虑加密货币以外的区块链应用。例如，以太坊的发明者们决定在资产转让交易中使用区块链技术。他们的重要贡献就是智能合约功能。

第三代，超大规模。随着众多公司发现和实现新应用，区块链技术也在不断发展和成长。很多公司正在解决规模和计算能力的限制，试图在大数据背景下实现超大规模下稳健的区块链。

（三） 云计算发展简史

1961 年，在麻省理工学院百周年纪念典礼上，约翰·麦卡锡（1971 年图灵奖获得者）第一次提出了"utility computing"（公共计算）的概念。这个概念放在今天可能你已经听过不少，但在当时的条件下，可谓天马行空：计算机将可能变成一种公共资源，会像生活中的水、电、煤气一样，被每一个人寻常地使用。直到 1996 年，Compaq 公司在内部文件中首次提及"云计算"（cloud computing）一词，给这个超前的想法命名。

进入 20 世纪 90 年代，只要是个有前瞻头脑的公司，都想挤上信息技术的高速路。数据、产品、人员、财务的管理，都免不了数据信息化，而完成这些的主要设备就是计算机。随着规模扩大，应用场景增多，为了满足数据运算需求，公司就要购置运算能力更强的服务器，甚至是具有多台服务器的数据中心，导致初期建设成本、电费、运营和网络维护成了很多企业的心头病。

这时 Salesforce. com 看到了机会，通过租赁式网页客户关系管理（customer relationship management，CRM）软件服务，开创了 SaaS（softwareasa service）模式（软件即服务）的时代。初创企业只要按月支付租赁费用，不用再购买任何软硬件，也不用花费人力成本在软件运营上。Salesforce 提出"将所有软件带入云中"的愿景，成为革命性的创举，也成了云计算的一座里程碑。

2002 年，亚马逊启用了 amazon web services（AWS）平台。当时该免费服务可以让企业将 Amazon. com 的功能整合到自家网站上。2006 年，当亚马逊第一次将其弹性计算能力作为云服务去售卖时，标志着云计算这种新的商业模式诞生。

2008 年，亚马逊、谷歌、微软三大巨头在云计算领域展开竞争，2008 年也被视作云计算鲤鱼跃龙门的一年。自此之后，不管是在技术领域还是资本领域，云计算越来越多地被人们所讨论。

大洋彼岸的中国，在这次的竞争中也没有迟到太久。

2009 年，腾讯着手架设腾讯云平台的原型——一个开放型平台，对客户开放腾讯的计算能力和流量。一言以概之，让企业将机房和数据库设在腾讯云上。这个在早期只能收归在社交网络事业群下的尝试性业务，2019 年给腾讯带来了超过 170 亿元的收入。

很快，牌局上的玩家开始越来越多：2012 年 3 月，黑客界高手季昕华创办 UCloud；一个月后，三位拥有 IBM 工作经历的黄允松、林源和甘泉，共同创办了青云 QingCloud，取义"平步青云"；雷军决定 All in 金山云，要在云端继续 Are you OK。天翼云、华为云、京东云、七牛云……

一时间，亦群雄并起，云计算在中国彻底爆发。UCloud 甚至已经在 2020 年 1 月 20 日登录科创板，成为中国云计算第一股。

（四） 大数据分析发展简史

现在的电子设备配备 500GB 甚至 1TB 的存储空间是常有的事情，我们仍然会抱怨不够用。回顾一下历史上存储容量的发展史，可以说当今的存储容量，对于 50 年前来说，可谓是海量。60 多年来硬盘尺寸在缩小，存储容量却快速增大。从 MB 级、GB 级和 TB 级分三个阶段跃升。第一阶段（1956～1991 年，35 年时间）：硬盘容量在 MB 量级提升；第二阶段

（1991～2007 年，16 年时间）：硬盘容量在 GB 量级提升；第三阶段（2007 年以后）：硬盘容量超过了 1TB，在 TB 量级提升。目前市场上已有容量为 10TB 的硬盘销售。

可以看到，存储容量在不断的上涨，这也意味着我们对于数据存储的需求在不断上涨。在科研和商业领域，每天记录的数据可以说是海量，需要更有效的方式对数据进行存储。

随着数据存储介质的存储容量越来越大，成本越来越低，我们可以存储的数据量也越来越多，科学家们开始思考如何高效地在计算机上管理和计算数据。1979 年，科德（E. F. Codd）发表的 A Relational Model of Data for Large Shared Data Banks 论文给我们带来了未来数据管理的基本思路：用户无需知道数据在计算机中的组织形式，只需要通过简单的语句即可查询和更新数据。数据是有关系的 n 元组，对数据操作也基于数据的关系。这便是关系型数据库的理论基础。

当我们把数据组织好，也收集到了大量用户的行为数据之后，下一步的任务就是进行数据分析。但是，随着数据量级越来越大，关系型数据库的分析能力成了瓶颈，一个简单的业务指标分析不仅计算慢，还有可能影响到线上运行的服务。关系型数据库不是为了数据分析而生的，我们需要另寻出路。

1991 年，比尔·恩门（Bill Inmon）出版 Building the Data Warehouse，为我们带来了数据仓库（data warehouse）的概念。他在文中提到当前的分析体系存在种种问题，比如数据存储分散，不同的数据表可能相同字段有不同的含义，数据分析程序过于定制化等，需要有一个中控一般的数据仓库能力，来集成运行环境中的相关信息，以此提供更强大、统一的数据分析能力。

谷歌在 2003 年先后发表的三篇大数据领域开创性论文，为大数据相关技术的落地提供了重要指导。这三篇论文在大数据背景下，分别从如何存储数据、如何计算数据以及组织数据为我们带来了思路。

2011 年，詹姆斯·迪克逊（James Dixon）提出了一个新的大数据架构——数据湖（data lake）。在传统的数据仓库中，集成的数据需要预先定义好数据的组织形式，而他认为，数据不应该是预组织的模式。在实际情况中，我们可能一开始并不知道数据的价值，也没有能力回答一些还没发生的问题。所以数据湖的湖意味着将数据直接存储起来，在要回答问题的时候，通过湖里的数据组织来回答该问题。这意味着，流入数据湖的数据可以是半结构化和非结构化的数据，相比于数据仓库来说，数据组织的成本低。但是流入数据湖的数据不像数据仓库那么的干净。

数据砖（Databricks）公司于 2020 年提出数据湖仓（data lakeHouse）的概念，就是为了更好地解决数据湖数据质量的困境。在低成本的数据存储上提供高质量的数据。这个概念相对较新，还在接受市场的检验中。

（五）工业互联网发展简史

工业互联网的概念最初于 2012 年由美国通用电气公司（general electric，GE）提出，指在物联网的基础上，综合应用大数据分析技术和远程控制技术，优化工业设施和机器的运行维护，以提升资产运营绩效。工业互联网是重要的网络基础设施，同时还是新业态和新模式，对于提高工业生产率、加快构建"机机互联、人机互联"的新制造业体系有着重要作用。

2008 年国际金融危机之后，美国意识到之前的"去工业化"导致了"产业空心化"的问题。因此，为了振兴经济，美国政府提出制造业复兴计划，开展了"再工业化"战略。

2012 年，美国的通用电气公司在全球范围内首次提出"工业互联网"，它是工业革命带来的机器、设施、机群和系统网络方面成果与互联网革命涌现出的计算、信息和通信系统方面成果的融合。工业互联网把工业系统与低成本的传感器和互联网的连接能力融合在一起，走上了舞台。

德国于 2013 年汉诺威工业博览会首次提出了"工业 4.0"的概念。"工业 4.0"战略是主要以物联网（internet of things，IoT）和务联网（internet of service，IoS）为基础，以迅速发展的新一代互联网技术为载体，加速向制造业等工业领域全面渗透的技术革命，充分融合互联网＋制造业，构建智能工厂、实现智能制造。工业 4.0 强调从装备的智能化升级出发，利用数据技术，将信息数据化、智慧化，提升生产制造的服务能力，步入智能化时代。

德国以鼓励创新为核心，为工业 4.0 战略的发展予以政策支持。2013 年 4 月，德国政府发布了《保障德国制造业的未来——关于实施工业 4.0 战略的建议》，并在此后陆续出台了一系列指导性政策，如 2014 年 8 月通过《数字化行动议程（2014—2017）》；2016 年发布"数字战略 2025"；2017 年又发布了"数字平台"白皮书，制定"数字化的秩序政策"。此外，为鼓励技术创新，德国政府加大税收优惠力度，并设置高科技创业基金，对实施"工业 4.0"过程中的创新型企业研发给予风险投资支持。

2014 年，美国的 GE、IBM、Cisco 等龙头企业主导成立了工业互联网联盟（industry internet of things consortium，IIC），为进一步构建工业互联网平台打下了坚实基础。IIC 旨在共同推动工业互联网发展，强化工业互联网平台的服务能力。

2015 年 IIC 发布了工业互联网（industrial internet reference architecture，IIRA）参考架构，系统性地界定了工业互联网的架构体系。2017 年 IIC 提出了 IIRA 1.8 版，其中融入了新型工业物联网（industry internet of things，IIoT）技术、概念和应用程序，使业务决策者、工厂经理和信息技术经理能更好地从商业角度驱动 IIoT 系统开发。

2018 年 12 月 GE 提出了 Predix 平台，这是工业互联网发展的又一次重大突破。GE 希望 Predix 成为工业互联网的标准，成为各个合作伙伴都愿意参与的生态系统。Predix 通过对外开放，可以和业界其他合作伙伴进行互操作，将各种工业资产设备和供应商相互连接并接入云端，同时提供资产性能管理（asset performance management，APM）和运营优化服务。

2010 年以前，是中国工业互联网发展的萌芽期。2009 年，阿里巴巴集团率先开展云平台的研究，并与制造、交通、能源等众多领域的领军企业合作，为一些工业企业搭建云平台奠定良好基础。

2010 ~ 2014 年，中国进入工业互联网的发展初期阶段。腾讯和华为等公司逐步搭建并开放平台，对外提供云服务。

2015 年至今为工业互联网快速发展阶段。航天云网、三一重工、海尔、富士康等企业依托自身制造能力和规模优势，推出工业平台服务，并逐步实现由企业内应用向企业外服务的拓展。和利时、用友、沈阳机床、徐工集团等企业则基于自身在自动化系统、工业软件与制造装备领域的积累，进一步向平台延伸，尝试构建新时期的工业智能化解决方案。

我国工业互联网体系架构在探索中不断完善。2016 年 8 月，中国工业互联网产业联盟发布《工业互联网体系架构（版本 1.0）》，提出了工业互联网网络、数据、安全三大体系，为工业互联网的基础研究、技术创新与产品开发、标准体系建设指导以及实践工作方面做出了重要贡献。

随着我国工业互联网的不断发展和演进，2020 年 4 月，工业互联网体系架构 2.0 问世。体系架构 2.0 继承了 1.0 的核心思想，包括业务视图、功能架构和实施框架三大板块，以商业目标和业务需求为导向，进行系统功能界定与部署实施，为我国工业互联网的发展方向提供了更加细化的指引。

（六）物联网发展简史

物联网的概念最早可以追溯到 20 世纪 80 年代初期，全球第一台隐含物联网概念的设备为位于卡内基梅隆大学的可乐贩卖机，它连接到互联网，可以在网络上检查库存，以确认还可供应的饮料数量。

1991 年，剑桥大学特洛伊计算机实验室的科学家们，常常要下楼去看咖啡煮好了没有，为了解决麻烦，他们在咖啡壶旁边安装了一个便携式摄像头，利用终端计算机的图像捕捉技术，以 3 帧/秒的速率传递到实验室的计算机上，以方便工作人员随时查看咖啡是否煮好，这就是早期典型的物联网雏形。

1995 年，比尔·盖茨在《未来之路》（the road ahead）一书中提及物联网的概念，但受限于当时无线网络、硬件和传感器的发展，并没有引起太多关注。

1999 年，任职于宝洁公司的前瞻技术开发者凯文·阿什顿（Kevin Ashton）做了一次以"Internet of things"为标题的演讲，被认为是最早明确使用"物联网"一词的人。

1999 年，在美国召开的移动计算和网络国际会议上，传感网得到了学术界的充分肯定，认为它将是 21 世纪人类面临的又一个发展机遇。

2003 年，美国《技术评论》指出，传感网络技术将是未来改变人们生活的十大技术中最重要的技术。

2005 年，国际电信联盟在信息社会世界峰会上发布了《ITU 互联网报告 2005：物联网》，其中明确提出无所不在的网络社会（ubiquitous network society）概念。并指出，物联网通信时代即将来临，从任何时间、任何地点的人与人之间的沟通连接扩展到人与物、物与物之间的沟通连接。

2013 年以来，随着传感技术、云计算、大数据和移动互联网融合发展，全球物联网应用才真正进入实质推进阶段。

三、数字经济的新型基础设施支撑

（一）新型基础设施的含义

新型基础设施是新一轮科技革命和产业变革的产物，其已经成为数字经济必不可少的组成部分。

1943 年发展经济学家罗森斯坦·罗丹首次提出了"基础设施"这一概念。他将这个概念概括为在进行一般产业投资前所必需的社会先行资本，主要包括交通、能源、化工等基础工业部门。之后，理论学界对基础设施的理论内涵进行了拓展和统一界定，将其划分为经济性和社会性两大部类的基础设施。其中，经济型基础设施主要包括公共设施、公共工程和交通运输等可以为生产过程提供硬件服务的领域；社会性基础设施则包括教育、医疗和文化服务等间接影响生产过程的社会性公共服务部门。

第三次科技革命以后，随着信息化的快速发展，信息技术相关的基础设施逐渐成为基础设施的重要组成部分。美国最早提出"国家信息基础设施"概念，将其定义为以通信技术和计算机为基础，以光纤为传输媒介，为信息使用者传输音频、图片和视频等多媒体信息的基础设施。我国学者同样进一步将信息基础设施概括为由通信网络和信息资源共同组成的，具有信息化特征的基础设施。

近年来，新一代信息技术、生物技术、新能源技术和新材料技术的交叉融合引发了新一轮的科技革命和产业变革。在这一背景下出现了以数据信息等新型生产要素为主要载体，以网络链接、算力和新技术为具体呈现的新型基础设施。2018年中央经济工作会议首次提出"新型基础设施"这一概念，将5G（5th-Generation）、人工智能、工业物联网和物联网确定为其核心内容。2020年，国家发展改革委进一步将新型基础设施明确定义为：以新发展理念为引领，以技术创新为驱动，以信息网络为基础，面向高质量发展需要，提供数字转型、智能升级、融合创新等服务的基础设施体系，主要包含5G基站建设、大数据中心、人工智能、工业互联网、特高压、城际高速铁路和城市轨道交通、新能源汽车充电桩七大领域。因此，在我国，新型基础设施特指新一代信息技术演化、融合和排列组合迭代所形成的基础设施体系。

（二）新型基础设施的主要内容

新型基础设施主要可以划分为信息基础设施、创新基础设施和融合基础设施三个部分，分别对应基础设施的基础功能、驱动效应和服务应用三个层面。

1. 新型基础设施的基础功能依赖于信息基础设施。信息通信技术作为具有通用型技术属性的技术，是第四次工业革命的基础。信息通信技术的迅猛发展和广泛应用，已经影响到社会经济活动的方方面面。信息基础设施主要是指基于新一代信息技术集成应用的有机整体，包括以5G、物联网、工业互联网、卫星互联网等网络通信技术为代表的通信网络基础设施；以人工智能、云计算、区块链为代表的新技术基础设施以及以大数据中心、智能计算中心为代表的算力基础设施等。

网络通信基础设施，顾名思义，是以提供网络和信息服务的通信网络设备为核心的基础设施。随着新一代信息技术和网络的迅速发展，移动网络电话、移动支付、实时信息获取、网络娱乐等应用服务迅速扩张，通信网络从固定通信和话音业务为主转向移动通信和非话音业务为主。现阶段的网络通信基础设施主要通过信息处理、信息获取和内部信息共享等策略将新一代移动通信、互联互通、网络信息安全和新世代网络等细化分解，增加网络传输效率，从而推动基础传输网络的超宽带化与智能化发展。

新技术基础设施的核心便是新的信息与数据存储、处理和分析技术。新一轮科技革命和产业变革的加速演化，更加强调了这些新技术在新型基础设施建设中的作用，以实现全过程全领域的智能化发展。一方面，新技术基础设施可以通过模拟人类的思维过程，对传统劳动和生产方式带来颠覆性的变化；另一方面，这些新兴技术的交叉融合和集成迭代丰富了应用场景，推动数据信息与实体经济的深度融合。

算力基础设施则是上述两种基础设施进一步发展的保障。在数字经济的发展下，市场对数据存储和处理分析的需求大幅提升。算力基础设施便必须具备更高的技术性，专注内部业务的开发和创新，更强调集合优势创新资源，在服务方式、资源分配规模与速度以及数据平台运作效率上更具有优越性。算力基础设施作为信息基础设施的应用端，其适度集聚有利于形成各类结构的数据中心集群，产生不同的规模经济效应，有利于其在能源气象等传统领域以及基因、智慧城市等新兴领域的广泛应用。

2. 新型基础设施的驱动层是创新基础设施。新的工业革命为世界各国带来发展机遇的同时，也为大家提出了新的严峻挑战。随着数字化、网络化和智能化技术的迅速发展与应用，信息、生物和材料等前沿领域呈现出多学科、多技术交叉融合的特质。基础研究和技术开发的边界日渐模糊，创新逐渐成为新型基础设施建设重要且必要的一环，不仅能够为未来经济发展提供新的动能，而且还能够大幅加快信息的流通速度，为提高创新活动的速度和效率提供便利，从而为未来各类产业发展奠定坚实的基础。创新基础设施是支撑科学研究、技术开发和产品研制的具有公益属性的基础设施。它将创新资源与主体进行了有效聚集，能够提供高效的研发支持，帮助现代通用信息技术更好地实现核心技术的突破，更进一步地激发各领域的创新活力。具体来看，创新基础设施包括了重大科技基础设施、科教基础设施、产业技术创新基础设施等。其中，重大科技基础设施是融合了前沿科学与先进技术的公共研究支撑平台，应该具有数字化和智能化特质。重大科技基础设施在现代科技基础上，通过重点发展支撑现代"大科学"研究的各类大型装置以及支撑数据密集型科学研究的数据资源与计算平台，从而共享经验技术和重大科学成果，为实现足以实现新一轮工业革命的重大突破做好支撑。科教基础设施是在基础研究和基础技术研究过程中进行服务工作的软硬件平台，具有基础性和前沿性特质。科教基础设施通过政府、企业和高校三方之间加强数据采集、开发和共享基础设施，进一步推动政产学研协同合作，促进前沿性的技术革新，有效提升各个领域的基础研究能力。产业技术创新基础设施是聚焦新一代信息技术、量子信息、基因编辑、生物治疗等重点产业，形成以产业需求为导向的产业技术创新体系，具有创新性特质。产业技术创新基础设施主要表现为对量子计算、量子网络、第三代半导体等信息技术产业的技术支持，从而促进从自动化单一化产品向智能化复合化产品的迭代升级，促进产品制造向高端服务化环节的转型升级。

3. 新型基础设施的服务应用端称为融合基础设施。技术经济范式理论表明每一次的技术革命不仅会催生新的产品和服务，也会进一步推动数据融合交换等在传统产业领域的应用。在新型基础设施的应用层面，具体表现为技术融合下的公共基础设施通过促进5G、大数据和人工智能等技术和实体经济的深度融合，衍生形成新产品、新业态和新模式。因此，融合基础设施主要是指深度应用互联网、大数据、人工智能等新技术，支撑传统基础设施转型升级的公共基础设施，并在资源配置、数据联通、供应链调整等方面产生积极影响。融合基础设施主要包含智能交通基础设施和智慧能源基础设施。其中，（1）智能交通基础设施为融合新一代信息技术实现"人车路云"高度协同的智能基础设施，围绕规划、设计、建造、养护和运行管理等涉及智能养护以及多级别多场景的智能化融合的交通基础设施。并且其应该能够通过建设监测、管控和服务一体的智能交通云平台，推动传统交通基础设施的智能化升级。（2）智慧能源基础设施是依据双核战略，在光伏、风力、潮汐、生物质、可燃冰等能源基础上，高效利用新能源技术的基础设施体系，其重点在于发展智能电网和智能微网，促进可再生能源协同发展，探索清洁零碳的多元化能源供给模式。

（三）新型基础设施对数字经济的支撑作用

1. 宏观层面上，新型基础设施是数字经济发展的新动能。

（1）新型基础设施有助于提升数字创新能力。数字创新是产品或服务的数字、物理组件通过新的排列组合以产生新产品或提供新服务的过程。在数字创新过程中，新型基础设施是关键的连接点和转换平台。数字创新具有融合性，可以通过新型基础设施在原有的技术轨道上进行创新，从而延长技术生命周期。新型基础设施还能够有效提升数字创新的效率。基础设施的特性决定了其较低的边际使用成本，而这便能够促进数字创新的快速扩散迭代，提升了其在战略性前沿技术上的研发效率。最后，新型技术设施的创新模式更具有动态性特征。围绕"传感、传输、计算、使用"的数据链，可以建立新的数字创新范式，即自主可控、产研一体并且软硬协同的数字创新模式。因此，新型基础设施对数字创新具有前瞻导向的作用，是数字经济中创新活动的支撑力量。

（2）新型基础设施有助于优化数字资源配置。即新型基础设施的建设能够提高新一代信息技术、数据、资本以及人才等新型要素的配置效率。新型基础设施为数据要素流通提供了良好的基础环境，例如5G特有的高传输低延时特性，使其具有跨界融合的天然优势，对数据要素市场的培育和发展具有较强的促进作用。然后，新型基础设施能够通过在线服务和远程操控等模式，打破时空间约束，促进人流、物流、资金流和信息流等要素的流通，改善数字资源禀赋的非均衡化发展。最后，新型基础设施还能够加速信息化资本对传统资本的替代，促进资本与劳动关系的重新组织，提高现有生产要素的质量。

（3）新型基础设施有助于加快数字化贸易的发展。数字化贸易起源于数字经济，有效地利用了数字技术和信息通信技术，优化了产业结构，创新了产业种类，从而影响了全球贸易。而新型基础设施是数字贸易赖以发展的物质基础。新型技术模块的协同使用能够克服国际贸易过程中大量的时空间约束，帮助出口企业更加有效地获取市场信息，提高供需双方的精准匹配效率，而且可以更高效率地实现远程贸易。海量数据下的人工智能可以通过新型算法去解决以往只有依赖人力资源才能解决的复杂问题，对线上数据的实时分析能够实现对基本业务的自动化决策处理，在图像识别和智能客服等领域的集成应用则能够有效提高企业的运行效率。

2. 中观层面上，新型基础设施是数字产业化和产业数字化的助推力。

（1）新型基础设施有助于数字经济产业化，打造数字产业链。数字产业化是数字经济发展的根基和动力源泉。新型基础设施可以提升数字产业链和供应链的稳定性和竞争力。一方面，新型基础设施建设聚焦新一代工业的关键领域，通过强化精准攻关，加快技术突破，增强了自主可控能力，构建了万物互联的基础，能够为数字产业化发展提供强有力的支撑。另一方面，通过积极推进数字化应用相关基础设施的建设，优化各类新型基础设施布局，开展强链补链行动，推进了新兴技术的先导区建设，有利于加快构建具有国际竞争力的先进数字产业集群，打造数字产业链。

（2）新型基础设施有助于推动传统产业的数字化，构筑数字产业新生态。一方面，大数据能够提供更多的信息，要素将在这些信息的引导下向高效创造用户价值的领域集中，降低了信息不对称对要素流通的约束，贸易的战略导向转变为优化用户价值的供给质量与效率，创造新的内生增长点。另一方面，在新型基础设施的推动下，新一代的数字技术将在传统行业得到深度的应用，推动传统行业在生产方式、商业模式和管理理念上的深刻变革，在生产链、供应链和产业链上构建起基于数据要素和数字技术的一体化高质量双循环结构，构筑数字产业新生态。

3. 微观层面上，新型基础设施是企业数字化转型的核心基石。

（1）增强了数字化技术竞争力。从技术层面上来看，企业数字化转型需要将新一代数字技术应用到企业运行与发展的所有领域，其核心是如何应用数字技术。通过新一代的数字技术，企业可以实现传统产业企业向智能化企业的转型，提升企业技术创新能力的同时，催生出网络化的协同化产业新模式，有望实现企业内部研发设计与供应链管理等多个部门和流程的协调化，扩大数据和知识要素在企业内部系统间的交流与共享，加速从单打独斗向产业协同的创新模式转变，提升企业生产效率。而加强新型基础设施建设有助于突破关键核心技术，激发人才创新活力，能够为企业升级转型提供更好的开发应用场景。

（2）塑造数字化组织。企业数字化不仅仅包含生产模式的数字化，还有其组织形式与商业模式的数字化。尤其对传统企业来说，传统经验管理模式的路径依赖是难以避免的困境。通过构建数字化人力资源管理平台，便有望实现组织到人、人到事的数字化管理，通过组织管理数字化还可以进一步推动业务的数字化。数字化模式与传统模式最大的区别在于其基于互联网可实现的去中心化的定制化的资源共享和服务协同模式。同时，新一代数字技术的应用可以显著提升生产工具的效率，降低组织管理成本。新型基础设施依托一体化的平台，能够实现端到端的闭环管理，消除内部的数据孤岛和资源壁垒，扩宽有效管理范围，建成横纵向均全面打通的管理体系，减少管理扭曲导致的业务牵连，引领企业实现多领域的数字化转型升级。

（3）赋能人力数字化。企业数字化转型除了技术和组织结构的数字化外，还有一个重要的核心便是人力资本的转型。数字化转型的理念中，应该发挥人机协同的价值，用技术赋能员工。因此，企业数字化转型离不开对人力资源的数字化促进。这个过程中，企业的数字化发展会形成先进机器设备的自动化智能化，从而实现对重复性简单生产流程的替代，而数字技术的应用也会加大对高质量劳动力的用工需求，迫使企业通过培训等策略优化人力资本。反之，实现企业数字化同样非常依赖于高质量的人力资本和知识资本，利用成熟的数字技术有效赋能员工，加速这一循环的流转速度是企业数字化转型应该重视的核心。

第二节　人工智能

一、人工智能的概念

人工智能是一个含义非常丰富的概念，正如牛津词典中对人工智能的定义：能够执行通常需要人类智能的任务的计算机系统的理论和发展，例如视觉感知、语音识别、决策制定和语言之间的翻译。从最广义的角度来说，所有人类可以做到而机器做不到，但人类又希望机器可以自动或半自动化并最终自动化完成的事情，都是人工智能的研究对象。

由于人工智能的概念非常宽泛，因此可以划分的研究与应用领域也同样非常庞杂。

从图4-1中人工智能的细分研究领域举例可见,除了当前火热的机器学习以外,人工智能还至少包括规划与调度、专家系统、多智能体系统、演化运算、模糊逻辑与粗糙集、知识表征、推荐系统和机器人与感知等分领域。这些领域中可以研究的主题内容同样十分丰富。以机器学习为例,除了处于研究核心的有监督学习、无监督学习、半监督学习、集成学习、深度学习、强化学习和迁移学习外,虽然严格来说不能归属于机器学习,但回归、分类与聚类、离群与异常识别、矩阵学习以及因果分析同样是机器学习在研究和应用中不可或缺的领域。图4-1中实线领域是实质性技术领域;而虚线所代表的领域则是基础性技术,可以应用到所有的实线领域中。

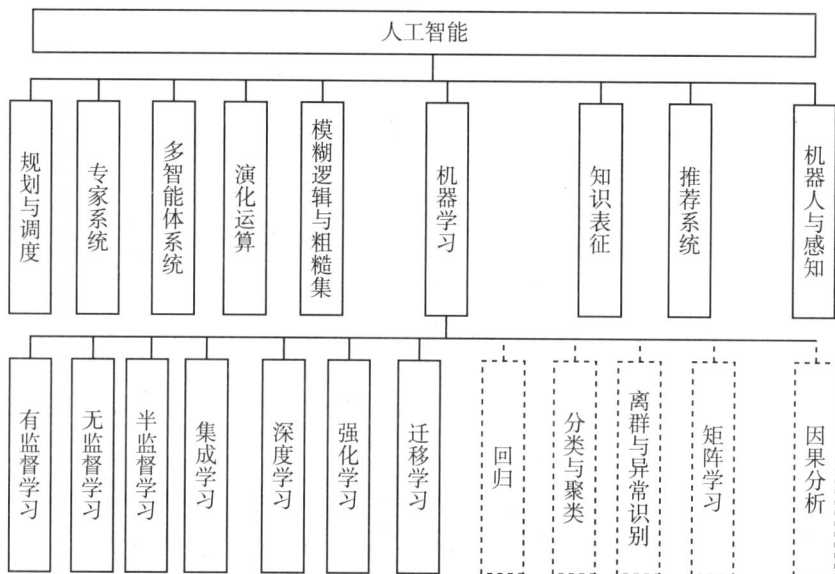

图4-1 人工智能的细分研究领域举例

资料来源:What is the difference and connection between artificial intelligence, machine learning and deep learning? [EB/OL]. CodeTD, 2022-04-21. https://www.codetd.com/en/article/13843080.

人工智能的各个分领域在研究与实际应用中常常是相互结合的。特别是近年来以人工神经网络算法为代表的深度学习在各个人工智能领域的应用发展非常迅速,例如自然语言处理、语音识别、视觉与图像处理、机器人控制等,均可以看到深度学习的身影。

人工智能不只从数学和计算机学科中摄取有效的知识,还借鉴了心理学、语言学、哲学、经济学以及其他人类研究的所有学科中有助于其发展的内容。

二、人工智能的类别

(一)机器学习

机器学习是人工智能的一个分支。机器学习在近30多年已发展为一门多领域科技集成的学科,涉及概率论、统计学、逼近论、凸分析、计算复杂性等多门学科理论。

机器学习理论主要是设计一些让计算机可以自动分析和"学习"的算法。机器学习算法是一类自动化地从数据中分析并提取规律，并利用规律对未知数据进行预测的算法。因为学习算法中涉及了大量的统计学理论，机器学习与推断统计学联系尤为密切，也被称为统计学习理论。算法设计方面，机器学习理论关注可以实现的、行之有效的学习算法（要防止太大的偏差和过拟合）。很多推论问题属于非程序化决策，所以部分的机器学习研究是开发容易处理的近似算法。

机器学习已广泛应用于数据挖掘、计算机视觉、自然语言处理、生物特征识别、搜索引擎、医学诊断、检测信用卡欺诈、证券市场分析、脱氧核糖核酸（deoxyribo nucleic acid, DNA）序列测序、语音和手写识别、游戏和机器人等领域。

机器学习主要的研究类别包括：

1. 有监督学习。从给定的已知类别等抽象特征信息的训练数据集中提取与已知特征信息相关联的具象特征，从而预测新数据的抽象特征信息。有监督学习的训练集要求包括两方面的内容，即包含具象特征的输入变量以及其对应的抽象特征信息，或者称为目标。训练集中的目标是已知的。常见的监督学习算法类别包括回归分析、判别分析和因果分析等。

2. 无监督学习。与有监督学习相比，训练集没有已知的抽象特征信息，单纯依靠训练数据集中具象特征间的相似性对其进行操作，挖掘其中样本类别或变量类别等抽象特征。常见的无监督学习算法有聚类分析和异常识别等。

3. 半监督学习。介于监督学习与无监督学习之间，训练集数据中仅有一部分是已知其抽象特征信息的，因此其学习算法一般是有监督学习和无监督学习的组合。

4. 强化学习。给定机器应该达成的目标，将机器提取的特征与目标进行比较，评估差异，根据差异给予机器适当的（可以是正向也可以是反向）反馈，促使机器最终提取特征的行为或结果逐渐逼近预定目标。强化学习可以看作是一种广义上的有监督的学习，不过其给出的目标并不一定是抽象特征信息。强化学习的常见学习算法与有监督学习基本一致，额外地包括动态规划技术等内容。

5. 其他。包括集成学习和元学习等。这些学习主要是上述四种学习的变形再应用、组合或者进一步的抽象。

除了上述目的为导向的分类方法外，机器学习还可以根据其计算思想和方法进一步地在内部划分为判别学习和生成学习，或者竞争学习与迁移学习等不同类别。判别学习主要关注已知数据集内部特征；而生成学习则更关注如何通过已知数据集特征生成新的，关注特征与已知数据集一致的数据。竞争学习通过比较不同机器学习方法（或内部特征）的方式来增强模型算法的学习能力；迁移学习则通过将针对特定数据集训练后的模型算法应用到具备类似关注特征数据集的方式，来节约对模型算法的训练时间。

（二）深度学习

深度学习是目前较为热门且实际应用较为广泛的一种机器学习类别。深度学习可以看作是与上述五种学习均有交叉的一类特殊机器学习类别。因此，深度学习同样可以使用上述五类学习的模型，如决策树、支持向量机、状态空间模型等。但最具有代表性的深度学习模型自然是人工神经网络。

人工神经网络是通过算法模拟生物神经网络特征从而实现机器学习目标的一种模型。生物神经网络主要有六个核心特征，也是所有人工神经网络应该包含的特征：（1）神经网络应该包括至少一个神经元，神经元能够接收信息，超过一个神经元则神经元之间应该存在连接，作为信息传递的渠道。（2）神经元之间的连接紧密程度决定了传递信息的衰减程度。（3）神经元之间的连接紧密程度可以通过学习改变。（4）传递的信息可以是起刺激作用，也可以是起抑制作用。（5）一个神经元接受信息的累积效果决定了该神经元的状态以及其输出的信息。（6）神经元状态的改变和输出的信息一般由一个"阈值"决定。

因此，基础性的人工神经网络通过人工神经元的设计来使得人工神经网络具备上述六个特征。

一个基础性的人工神经元包含五个方面的内容：

（1）输入信息。（2）输入信息与人工神经元的连接权重。用于决定输入信息的衰减程度。权重为正时起到刺激作用；为负时则起到抑制作用。通过学习改变权重，则可以改变神经元之间连接的紧密程度。（3）输入信息的加权和。作为接受信息累计效果的代表。（4）激活函数。决定神经元状态和输出信息的"阈值"。（5）输出信息。通过输入信息的加权和激活函数，决定了神经元的输出信息，作为最终的输出信息或者其他神经元的输入信息。一部分特殊的人工神经网络，如自组织映射（self organizing mapping，SOM）没有输出信息。

常见的激活函数包括了线性函数、非线性斜面函数、阈值函数（阶跃函数）和S形函数。

常见的人工神经网络拓扑结构有：

1. 感知机网络（perceptron）。感知机网络既可以是单层的，也可以是多层的，甚至可以是单一神经元。这类拓扑结构可以视为人工神经元的简单连接，一般以全连接的形式出现。感知机网络主要用于有监督的学习，通过训练数据集学习各个抽象特征下具象特征的信息，给出新的数据集对应的抽象特征。

2. 带记忆能力的人工神经网络。这类拓扑结构在每个神经元中都设置了对应的门电路，使得之前的输入信息也可以参与到当前神经元激活与否的计算中。常见的带记忆能力的人工神经网络包括循环神经网络（recurrent neural network，RNN）、长短时记忆机（long-short term memory，LSTM）和门限循环单元网络（gated recurrent unit，GRU）。这种人工神经网络的目标是同时学习输入数据本身的特征以及输入数据彼此之间的关联特征。一般用于数据间具备较强联系的有监督学习。

3. 编码器。常见的编码器包括自动编码器（auto encoder，AE）、变分编码器（variation auto encoder，VAE）、稀疏编码器（sparse auto encoder，SAE）和去噪编码器（denoising auto encoder，DAE）。编码器是一种无监督学习，用于提取训练数据的具象特征。其中较为特殊的是变分编码器，除了可以用于聚类等无监督学习外，还可以用于生成满足一定分布条件的，与训练数据具象特征有一定关联的新数据。

4. 卷积神经网络（convolutional neural network，CNN）。这类神经网络可以视为一种广义的编码器。其最终目的同样是提取训练数据的具象特征。但与编码器不同的是，卷积神经网络一般针对更高维度的数据集，并且结合对输入信息的处理来实现对数据特征的提取，而不是单纯的网络权重调整。卷积神经网络通过互相关运算和汇聚运算，压缩了输入信息的维度，从而提取出训练数据具象特征。卷积神经网络既可以单独运用作为无监督学习模型，也可以结合感知机或有监督学习的人工神经网络作为有监督学习模型的一部分（对其他无监督学习的人工神经网络也有类似的结论）。

5. 受限玻尔兹曼机（restricted boltzmann machine，RBM）。多层的受限玻尔兹曼机或者受限玻尔兹曼机与变分编码器的多层组合称为深度信念网络（deep belief network，DBN）。一般实际应用中以深度信念网络最为常见。可以想象，既然可以与变分编码器结合，其核心作用必然与变分编码器类似。深度信念网络的核心同样有两点：提取数据的具象特征，并生成满足这些特征的新数据。与变分编码器的区别在于：变分编码器中新数据的分布是给定的，或至少是存在先验参数的；而深度信念网络中，（不包含变分编码器时）新数据的分布则是通过对训练数据特征提取后得到的。受限玻尔兹曼机同样是一种无监督学习的模型。

6. 生成对抗网络（generative adversarial network，GAN）。一种一般化以后的深度信念网络。这种拓扑结构将原来隐含在变分编码器和受限玻尔兹曼机中的目标对抗形式表示出来。在变分编码器中，隐含的对抗是对输入数据特征匹配与人为给定的方差匹配间的对抗；在受限玻尔兹曼机中则是输入数据特征匹配与分布匹配间的对抗。生成对抗网络中的对抗则是通过两个不同的神经网络，生成器进行数据生成，判别器进行数据判断，从而实现对抗——生成器匹配输入数据特征，判别器发现生成数据与输入数据特征间的差异，最后同时实现新生成数据与输入数据间特征趋于一致，并且可以发现二者间特征差异的两个目标。一般生成器和训练器经过学习之后会分开来使用，一个用于生成与输入数据特征基本一致的新数据；一个则用于发现真实输入数据。生成对抗网络的变种很多，生成对抗网络显然也是一种无监督学习的模型。

7. 注意力机制。应用注意力机制可以发现数据集中特定的依赖结构特征。可以认为注意力机制是一种广义上的带记忆能力的神经网络结构。其拓展的方式是加入了自主性"查询"，将已经得到的特征或者输入中与查询的差异作为特征是否与当前查询关联的线索，从而得到所有可能的数据间依赖结构特征。

8. 其他。深度学习的模型拓扑结构还有很多，例如极限学习机、连接学习机、胶囊神经网络等。除了对上述七种拓扑结构的改进外，还有很多修正上述拓扑结构不足的计算思想参与其中。

【知识链接 4 – 2】

人物介绍：杰弗里·辛顿（Geoffrey Everest Hinton）

杰弗里·辛顿，1947 年英国出生的加拿大计算机学家和心理学家，多伦多大学教授。以其在人工神经网络方面的贡献闻名。辛顿是反向传播算法和对比散度算法的发明人之一，也是深度学习的积极推动者，被誉为"深度学习之父"。辛顿因在深度学习方面的贡献与约书亚·本希奥和杨立昆一同被授予了 2018 年的图灵奖。

关于辛顿工作的浅显解释可以参考他在 1992 年 9 月和 1993 年 10 月于《科学美国人》发表的两篇科普文章。他研究了使用神经网络进行机器学习、记忆、感知和符号处理的方法，并在这些领域发表了超过 200 篇论文。他是将反向传播算法引入多层神经网络训练的学者之一。他与大卫·阿克利、特里·赛杰诺维斯基一同发明了波尔兹曼机。他对于神经网络的其他贡献包括分散表示（distributed representation）、时延神经网络、专家混合系统（mixtures of experts）、亥姆霍兹机（Helmholtz machines）等。辛顿当前的工作是处理丰富传感器输入的神经网络无监督学习。

资料来源：Geoffrey Hinton［EB/OL］. 维基百科网，2024 – 03. https：//en. wikipedia. org/wiki/Geoffrey_Hinton.

（三）深度学习的新发展

近年来，深度学习在很多领域均获得了长足的发展：战胜人类顶尖围棋选手的 Alpha-Go、挑战自然语言对话的 GPT（generative pre-trained transformer）模型、生成人类无法辨认真假的伪图像、伪视频的 Diffusion 模型与 DeepFake 模型等。

2017 年，Google 将注意力机制引入神经网络，提出了新一代深度学习底层算法——Transformer。由于 Transformer 在物体分类、语义理解等多项任务准确率超过 CNN、RNN 等传统算法，且能应用于计算机视觉、自然语言处理等多个模态，因而 Transformer 的提出使得多任务、多模态的底层算法得到统一。Transformer 统一了多模态、多任务的骨干网络，这也使得其分支网络数量相对较少，往往是"Transformer + 其他现有算法"的形式，学术界算法创新速度放缓。

深度学习的三要素包括算法、数据和算力，过往神经网络的发展以线性整流函数（rectified linear unit，Relu）激活函数的提出为分水岭，分为浅层神经网络和深度学习两个阶段。在浅层神经网络阶段，最重要的任务就是解决梯度不稳定的问题。在这个问题未被妥善解决之前，神经网络应用性能不佳，而属于非神经网络的支持向量机算法（supporting vector machine，SVM）是解决人工智能模式识别的主流方法。2011 年 Relu 激活函数被提出、梯度消失问题被大幅缓解之后，神经网络进入深度学习时代，算法和应用的发展均突飞猛进。最初 CNN、RNN 等模型在不同的模态和任务中均各有擅长，2017 年 Transformer 的提出让深度学习进入了大模型时代、2020 年 Vision Transformer 的提出让深度学习进入了多模态时代，自此多模态和多任务底层算法被统一为 Transformer 架构。

目前深度学习算法主要是基于 Transformer 骨干网络进行分支网络的创新，如引入扩散模型（Diffusion Model）、强化学习等方法催生出 ChatGPT、Stable Diffusion 等应用热点。但随着 Transformer 基本完成底层算法统一之后，整个行业底层算法发展速度放缓，静待骨干网络的下一次突破。同时基于 Transformer 对大数据的需求，催生了无监督学习、高算力芯片的进一步发展。

三、人工智能的应用场景

（一）医疗行业

历史上，重大技术进步都会催生医疗保健水平的飞跃。比如工业革命之后人类发明了抗生素；信息革命后核磁共振扫描仪、微创手术仪器等各种诊断仪器都被发明出来。

人工智能在医疗健康领域的应用已经相当广泛。依托深度学习算法，人工智能在提高健康医疗服务的效率和疾病诊断方面具有天然的优势，各种旨在提高医疗服务效率和体验的应用应运而生。

医疗诊断的人工智能主要有两个方向，一是基于计算机视觉通过医学影像诊断疾病；二是基于自然语言处理，"听懂"患者对症状的描述，然后根据疾病数据库里的内容进行对比和深度学习诊断疾病。一些公司已经开始尝试基于海量数据和机器学习为病患量身定制诊疗方案。人工智能将加速医疗保健向医疗预防转变。充分理解人工智能如何应用到各个医疗场景将对未来的人类健康福祉有重要的意义。

让我们以谷歌创建大规模眼科数据集为例来说明人工智能在医疗行业的具体应用。糖尿病性视网膜病变是一种眼部疾病，这种眼部疾病非常容易导致糖尿病患者失明。具体地说，当连接视网膜的光敏器官出现病变时，其中的微小血管会随之坏死，进而损伤眼部，短期会引发视觉模糊，长期则会引发失明。Google 旗下的 DeepMind 部门致力于将深度学习算法和 3D 成像技术进行密切结合。通过这种技术上的结合，可以大幅度提高眼病诊断的准确度，糖尿病患者可大大减少失明的风险。

（二）城市治理

人工智能正在助力智慧城市进入 2.0 版本。大数据和人工智能是建设智慧城市有力的抓手。城市的交通、能源、供水等领域每天都产生大量数据，人工智能可以从城市运行与发展的海量数据中提取有效信息，使数据在处理和使用上更加有效，为智慧城市的发展提供了新的路径。

在城市治理领域，人工智能可以应用于交通状况实时分析，实现公共交通资源自动调配和交通流量的自动管理。如今，生产自动驾驶汽车已经在梅赛德斯—奔驰等老牌钢铁巨头与科技巨头之间展开竞争。未来无人驾驶也将大幅提高城市整体通行效率，建设综合交通运输体系。

同时，计算机视觉也正在快速落地智能安防领域。例如，腾讯的优图天眼系统正是基于人脸检索技术和公安已有的海量大数据建模，面向公安、安防行业推出的智能安防解决方案。

（三）制造业

制造业是实体经济的支柱产业。人工智能时代到来，为中国制造 2025 计划进一步深化带来了重大机遇，推动中国制造业转型升级。制造从自动化走向智能化。

制造业升级的第一个内涵是机器换人，智能化成为当前机器人的发展方向。传统的机器人只是数控的机械装置，不能适应变化的环境。与人类的交互成本也非常高。高精度、高效率、能够主动适应的机器人将能够为制造业中小批量、多品种等场景提供解决方案，使大规模定制化成为可能。

制造业升级的第二个内涵则是智能制造体系。人工智能不仅意味着制造业中完成某一环节工作的实体机器人，也是未来制造业的智能工厂、智能供应链等相互支撑的智能制造体系。通过人工智能实现设计过程、制造过程和制造装备的智能化。智能化将不断赋予制造业新能量，赋予制造业更高效率，甚至带来生产和组织模式的颠覆性变革。

举例而言，施耐德公司与亚马逊云公司合作，通过 Amazon SageMaker 机器学习以及一系列的相关业务，在云上实现了对 AI 工业视觉质量的采集、模型的训练和迭代，构建了一个高效的"云－边协同 AI 工业视觉检测平台"。AI 工业视觉技术的错误检出率能在很长一段时间内维持在 0.5% 以内；而漏检率则为 0。

（四）零售业

零售行业将会是从人工智能发展创新中受益最多的产业之一。在 Amazon Go 的带动下，各类无人零售解决方案层出不穷。随着人口红利的消失，老龄化加剧，便利店人力的成本正在越来越高，无人零售正处在风口浪尖。无人便利店可以帮助提升经营效率，降低运营成本。

人脸识别技术可以提供全新的支付体验。《麻省理工商业评论》发布的"2017全球十大突破技术"榜单中，中国的"刷脸支付"技术位列其中。基于视觉设备及处理系统、动态无线网络追踪、遍布店内的传感器、客流分析系统等技术，可以实时输出特定人群预警、定向营销及服务建议，以及用户行为及消费分析报告。

零售商可以利用人工智能简化库存和仓储管理。未来，人工智能将助力零售业以消费者为核心，在时间碎片化、信息获取社交化的大背景下，建立更加灵活便捷的零售场景，提升用户体验。

在零售业上人工智能的应用案例同样十分丰富。沃尔玛已经在数十家商店测试这种货架扫描机器人。机器人会扫描货架上是否缺少商品、是否需要补货，以及更换价格标签。这样的方式让店员可以花更多时间在顾客身上，并且确保货架上不是空空荡荡的。

（五）服务业

服务机器人（service bot）是建立在信息平台上与我们互动的人工智能虚拟助理。在未来以用户为中心的物联网时代，服务机器人会变得越来越智能，成为下一代移动搜索和多元服务的入口。在生活服务领域，服务机器人可以通过对话提供各式各样的服务，例如天气预报、交通查询、新闻资讯、网络购物、翻译等。在专业服务领域，借助专业知识图谱，服务机器人也可以配合业务场景特性准确理解用户的行为和需求，提供专业的客服咨询。

虚拟助理并不是为了取代或颠覆人，而是为了将人类从重复性、可替代的工作中解放出来，去完成更高阶的工作，如思考、创新、管理。

CaliBurger汉堡餐厅对Flippy的应用便是服务型机器人的一个很好案例。Flippy是一个人工智能驱动的机器人，用于将食材放置到合适的面包上，并翻转汉堡包。机器人是由Miso Robotics公司设计的，能够代替人工处理烧烤等危险而机械的工作。Miso首席执行官David Zito表示，Flippy将学习适应，并且可以接受培训，来完成机械化重复、容易发生污染和危险的工作，如煎鸡块，切蔬菜等。

（六）教育行业

人工智能对教育行业的应用当前还处在初始阶段。语音识别和图像识别与教育相关的场景结合，将应用到个性化教育、自动评分、语音识别测评等场景中。通过语音测评、语义分析提升语言学习效率。人工智能不会取代教师，而是协助教师成为更高效的教育工作者；在算法制定的标准评估下，学生将获得量身定制的学习支持，形成面向未来的"自适应"教育。

目前，一批中国人工智能企业正蓄势待发改造各行各业。在智能革命的影响下，旧的产业将以新的形态出现并形成新产业。人工智能和实体经济的融合，既是人工智能产业的产业化路径，也是传统产业升级的风向标。

Speechify是一种生成式人工智能驱动的工具，是人工智能在教育行业的经典案例。它在使用时提供文本到语音或语音到文本的转换。这种教育中的生成式人工智能工具对有学习障碍的儿童特别有用，如阅读障碍或多动症。当一个孩子因为这些障碍而缺乏注意力时，通过阅读来学习课程内容会比较困难。然而，有了这样的工具，他们可以在无聊的时候将文本生成语音笔记来进行学习。

第三节　区块链

一、区块链的定义与发展

对于区块链有很多不同表述形式的定义。如维基百科上的定义是，区块链是借由密码学和共识机制等技术创建与储存庞大交易资料的点对点网络系统；甲骨文公司（Oracle Company）的定义则是，区块链是一种安全共享的去中心化的数据账本，数据被细分为多个共享区块，并以加密哈希形式的唯一标识符链接在一起；IBM 公司则强调，区块链是一个共享的、不可篡改的账本，旨在强化业务网络中的交易记录和资产跟踪流程；Amazon 公司则认为，区块链技术是一种高级数据库机制，允许在企业网络中透明地共享信息。在没有网络共识的情况下，将不能对区块链中的信息进行增改删等操作。

除去目标和技术上的差异外，可以发现，区块链的核心在于：

（1）去中心化的网络。与传统常见的存在一个所有节点均必须经过的"中心"的网络不同（这个中心可以是重要的处理核心，也可以仅仅是数据传输的中继节点），区块链在底层上要求不存在任何必须经过的"中心"。尽管在实际应用中，往往会因为市场自发或者人为策略出现垄断竞争或寡头形式的上层建筑"中心"，但在基础架构上，区块链仍然是去中心化的。

（2）修改区块链上的信息必须经过共识机制。这一特征为数据等准公共品的交易提供了技术上的可行性。理论上，要修改区块链上的信息，例如交易后商品权属的变化，必须经超过50%区块链上节点（可以看作在区块链上的用户）的同意或确认。并且修改之前的信息同样会被保留在区块链上，任何参与者都不可以更改或篡改。这些信息都处于可见状态。因此，一部分数据商品交易的难题，如权属确认、使用权和控制权分离等可以得到理论上的解决。

二、区块链的关键技术与组成部分

（一）区块链的关键技术

基于区块链的定义核心概念，区块链应该包含的关键技术至少包括：

1. 智能合约。为了加快交易速度，区块链上存储了一系列自动执行的规则，称为智能合约。很多公司使用智能合约来自行管理业务合约，而不需要第三方的帮助。智能合约是将在符合预先确定的条件时自动运行。这些程序将运行条件语句检查，以便能够放心地完成交易。例如，某家物流公司可能拥有一份智能合约，约定一旦商品抵达港口将自动进行付款。

2. 公钥加密。是一种安全功能，用于唯一标识区块链网络中的参与者。此机制将为网络成员生成两组密钥。一组密钥是公钥，对于网络中的每个人都是公用的；另一组密钥是私钥，对于每个成员都是唯一的。私钥与公钥配合使用，解锁分布式账户中的数据。

3. 共识算法。负责区块链系统内的规则执行。当各参与方为区块链设置规则后，共识算法将确保各方遵守这些规则。

（二）区块链的组成部分

类似地，区块链的组成部分大致包含：

1. 区块。区块链顾名思义就是将数据存储在区块中，然后每一个区块都与前一个区块连接，组成链状结构。区块链技术仅支持添加（附加）新的区块，一旦添加到区块链后，就无法修改或删除任何区块。

2. 区块链节点。负责存储数据区块，是区块链中的存储单元，可保持数据同步和始终处于最新状态。任意节点都可以快速确定是否有区块发生了变更。当一个新的节点加入区块链网络时，它会下载当前链上所有区块的副本。而当新节点与其他节点同步并更新至最新的区块链版本后，它可以像其他节点一样接收任意的新区块。

3. 分布式账本。是区块链网络中用于存储交易的共享数据库，如团队中的每个人均可编辑的共享文件。在大多数共享文本编辑者中，任何拥有编辑权限的人员均可删除整个文件。但分布式账本技术对于谁能编辑以及如何编辑具有严格规则。一旦条目已被记录，没有经过共识确认就无法删除它们。所有网络参与者都有权访问分布式账本及其不可篡改的交易记录。有了此共享账本，交易仅需记录一次，从而消除了传统业务网络中典型的重复工作。

三、区块链的运行过程、类型与特点

（一）区块链运行过程

区块链的工作原理是什么？虽然区块链的底层机制非常复杂，我们将通过以下步骤提供简要概述。区块链软件可以自动执行以下大部分步骤：

第一步，记录交易。区块链交易显示实体资产或数字资产从区块链网络中的一方向另一方的转移。该交易以区块的形式记录，可能包含的记录内容包括交易参与者、交易情况、交易时间、交易地点（线上交易则可能记录交易信息通过的服务器信息）、交易内容以及具体条款、交易的前提条件与满足情况等。

第二步，共识机制。分布式区块链网络中的大多数参与者必须就已记录的交易是否有效达成一致。根据网络类型，达成协议的规则可能有所不同，但通常是在网络开始建立时就制定好的。

第三步，创建新的区块与区块链节点。一旦参与者达成了共识，会将区块链中的交易写入新创建区块中的节点，区块就相当于账本中的页面。连同交易一起，还会将一个加密哈希附加到新区块。该哈希作为将区块链接在一起的链条。如果有意或无意修改了区块的内容，则该哈希值也将更改，这提供了一种检测数据篡改的方式。

因此，区块将与链条安全地链接在一起，且无法编辑它们。每增加一个区块，都会强化前一个区块的验证，因而也会强化整个区块链的验证。这就像是堆砌木块建塔一样。只能在前一层木块之上堆叠木块，如果从塔的中间取出一个木块，则整座塔将垮塌。

第四步，共享账本。将账本的最新副本分发给所有参与者。

（二）区块链类型

区块链网络有哪些类型？有四种主要类型的去中心化或分布式区块链网络：

1. 公有区块链网络。公有区块链无需权限，任何人均可加入它们。此类区块链的所有成员享有读取、编辑和验证区块链的平等权限。人们主要将公有区块链用于交换和挖掘加密货币，如比特币、以太坊（Ethereum）和莱特币（Litecoin）。

2. 私有区块链网络。一个组织可以控制多个私有区块链，又称为托管式区块链。该机构决定谁能成为成员，以及他们在该网络中拥有哪些权限。私有区块链只是部分去中心化，因为它们具有访问限制。Ripple 就是一个私有区块链的示例，它是一个面向企业的数字货币交换网络。

3. 混合区块链网络。混合区块链结合了私有网络和公有网络的元素。公司可随公有系统一起建立私有的、基于权限的系统。通过这种方法，公司可以控制对区块链中存储的特定数据的访问，同时保持其余数据处于公开状态。公司使用智能合约允许公有成员检查私有交易是否已经完成。例如，混合区块链可以授予对数字货币的公有访问权限，同时保持银行拥有的货币处于私有状态。

4. 联盟区块链网络。联盟区块链网络由一组组织负责监管。多家预先选择的组织共同承担维护区块链及确定数据访问权限的职责。对于其中很多组织拥有共同目标并可通过共担责任而获益的行业，通常更喜欢联盟区块链网络。例如，全球航运业务网络联盟（Global Shipping Business Network Consortium）是一个非营利性区块链联盟，该联盟致力于实现航运业数字化，以及加强海运业运营商之间的合作。

（三）区块链的特点

运营人员经常在重复保存记录和第三方验证上浪费精力。记录保存系统容易受到欺诈和网络攻击的影响。有限的透明度会减慢数据验证速度。随着物联网的到来，交易量激增。所有这些都会减慢业务开展速度，减少最终盈利，因此我们需要更好的方法进入区块链。区块链技术有哪些好处？

区块链技术可为资产交易管理带来很多好处。其中部分好处包括：

1. 高级安全功能。区块链系统可以提供现代数字交易所需的高级安全和信任功能。对于有人会操纵底层软件为自己生成假币的恐惧始终存在。但区块链使用加密、去中心化和共识三项原则，创建了高度安全、几乎不可能篡改的底层软件系统。不会有单点故障，并且单个用户也无法更改交易记录。通过使用区块链，作为会员制网络中的一员，可以确信自己收到准确、及时的数据，并且机密区块链记录只能与特别授予访问权限的网络成员共享。所有网络成员都需要就数据准确性达成共识，并且所有经过验证的交易都将永久记录在案，不可篡改。没有人可以删除交易，即使是系统管理员也不例外。

2. 更高的效率。企业间交易可能需要大量时间，还会造成运营瓶颈，尤其是在涉及合规和第三方监管机构时。区块链的高透明度和智能合约可使此类业务交易更快捷、更高效，可以避免在记录对账上浪费时间。

3. 更快捷的审计。企业必须能以可审计的方式，安全地生成、交换、归档和重建电子交易。区块链记录按时间顺序不可变，这意味着所有记录均始终按时间顺序排列。这样的数据透明使得审计过程更加快捷。

另外，在消除数据孤岛，即通过去中心化，在一个网络中通过共享并支持获许可方访问的账本将数据集成到一个系统中；确保商业流中产品的真实性和完整性；以及无缝跟踪和追踪整个供应链中的商品和服务等方面，区块链都有着自身的强大优势。

四、区块链的应用场景

(一) 数字货币

毫无疑问，区块链最常见的应用场景便是数字货币，数字货币也是区块链技术在实际应用中的第一个场景。数字货币已经成为数字经济时代的发展方向。相比实体货币，数字货币具有易携带存储、低流通成本、使用便利、易于防伪和管理、打破地域限制、能更好整合等特点。

比特币技术上实现了无需第三方中转或仲裁，交易双方可以直接相互转账的电子现金系统。2019 年 6 月互联网巨头 Facebook（现在改名为 Meta）也发布了其加密货币天秤币（Libra）白皮书。无论是比特币还是 Libra 或者其他新兴的数字货币，其依托的底层技术均是区块链技术。

数字人民币同样使用了区块链技术。目前，区块链技术在数字人民币中主要用于数字人民币钱包地址的管理、交易信息的监管以及数字票据的交易监管三个方面。

【知识链接 4 - 3】

各种类型的数字货币

1. 支付型加密货币。

支付型加密货币被认为是由共享区块链软件的分布式计算机网络所运行的数字货币。一些人专注于现金竞争，而一些人则专注于特定用例或行业的支付。加密货币网络旨在颠覆传统支付，除传输、记录与保障交易等必要功能外，通常没有很多功能。有些人可能会认为 Bitcoin 作为最早期的加密货币，被设计为传统现金的替代品，是支付型加密货币的典型例子。然而，现有的大多数支付型加密货币，正寻求在各种方面（从可扩展性乃至于速度）改进比特币。有资产支持的加密货币也可以被归类为支付型加密货币。这些加密资产通常与更多的传统资产挂钩，并提供加密货币在效率与透明度方面的优势，同时提供更多既定价值形式的价格风险。

2. 基础设施型加密货币。

基础设施型加密货币通常用于共享区块链软件网络上运行程序的计算机支付。例如，以 Ethereum 提供动力的加密资产被称为 Ether，它可以被认为是一种基础设施型加密货币，因为人们必须购买它，以便创建与使用网络上的去中心化应用程序。有许多区块链平台提供不同的案例，而每个平台都需要自己的基础设施型加密货币。注重互操作性的代币也可以归类为基础设施型加密货币。它们的目标是将多个区块链连接在一起，并允许用户在这些网络上进行交易。

3. 金融加密货币。

金融加密货币可以帮助用户管理或交易其他的加密资产。例如，金融加密货币会在用户进行去中心化交易或下达操作判断的时候提供帮助。另一种金融加密货币可能被用于众筹资金，连接早期的加密货币项目和投资者。更复杂的金融加密货币甚至会复制金融服务，如做市商或贷款和借款。此外，加密货币的预测市场为推测特定事件的结果提供了一种方法。

4. 服务型加密货币。

服务型加密货币为管理区块链上的个人或企业数据提供工具。它们的共同点在于帮助基于区块链的金融产品访问和审查外部数据源。许多服务型加密货币的工作是为用户提供数字身份，并将他们的个人记录从现实世界连接到区块链上。如今有许多用例，将区块链技术与现实世界的应用相融合。这类货币的范围涵盖了从为医疗保健行业提供各种服务的加密货币（如 Dentacoin）到提供文件存储服务的加密货币（如 Storj、Siacoin）。

5. 媒体和娱乐型加密货币。

币如其名，媒体和娱乐型加密货币以奖励用户的内容、游戏、赌博或社交媒体为主。例如，像 Basic Attention Token 这样的媒体和娱乐型加密货币，旨在以公平的方式让创作者与消费者创造更好的分配价值。最后，媒体和娱乐业型加密货币也通过虚拟与增强现实（AR）技术来加强对于数字世界的访问。

资料来源：加密货币类型［EB/OL］. kraken 网，2024 - 01 - 01. https://www.kraken.com/zh - cn/learn/types - of - cryptocurrency.

（二）金融资产交易结算与保险业务

区块链技术天然具有金融属性，它正对金融业产生颠覆式变革。支付结算方面，在区块链分布式账本体系下，市场多个参与者共同维护并实时同步一份"总账"，短短几分钟内就可以完成现在两三天才能完成的支付、清算、结算任务，降低了跨行跨境交易的复杂性和成本。同时，区块链的底层加密技术保证了参与者无法篡改账本，确保交易记录透明安全，监管部门方便地追踪链上交易，快速定位高风险资金流向。

数字票据和供应链金融方面，区块链技术可以有效解决中小企业融资难问题。目前的供应链金融很难惠及产业链上游的中小企业，因为它们跟核心企业往往没有直接贸易往来，金融机构难以评估其信用资质。基于区块链技术，我们可以建立一种联盟链网络，涵盖核心企业、上下游供应商、金融机构等，核心企业发放应收账款凭证给其供应商，票据数字化上链后可在供应商之间流转，每一级供应商可凭数字票据证明实现对应额度的融资。

对于保险业也有类似的应用场景，例如通过智能合约，让针对某些数字资产的保险理赔自动化，这可以有效增加参保用户的信任度，减少保险理赔中可能出现的人为失误。另外，可以将产权信息记入区块链，淘汰纸质产权，这会大大降低人力成本，使保费降低。

（三）数字政务

区块链可以让数据跑起来，大大精简办事流程。区块链的分布式技术可以让政府部门集中到一个链上，所有办事流程交付智能合约，办事人只要在一个部门通过身份认证以及电子签章，智能合约就可以自动处理并流转，顺序完成后续所有审批和签章。区块链发票是国内区块链技术最早落地的应用。利用区块链技术的公开透明、可溯源、不可篡改等特性，实现扶贫资金的透明使用、精准投放和高效管理。

中国信息通信研究院发布的 2022 年数字政府典型案例汇编中，给出了市场监管、社会管理、政务服务、数字机关、应用支撑、智慧城市和综合实践七个类别共 14 个成功运用区块链等技术的数字政府成功案例。可以发现，数字政务正在成为未来政府管理和服务的核心。

（四）存证防伪

区块链可以通过哈希时间戳证明某个文件或者数字内容在特定时间的存在，加之其公开、不可篡改、可溯源等特性为司法鉴证、身份证明、产权保护、防伪溯源等提供了完美解决方案。在知识产权领域，通过区块链技术的数字签名和链上存证可以对文字、图片、音频视频等进行确权，通过智能合约创建执行交易，让创作者重掌定价权，实时保全数据形成证据链，同时覆盖确权、交易和维权三大场景。在防伪溯源领域，通过供应链跟踪区块链技术可以被广泛应用于食品医药、农产品、酒类、奢侈品等各领域。

瑞士跨国食品和饮料公司雀巢 2019 年宣布了一项试点项目，该项目使用区块链分布式分类账技术，使客户能够从农场到餐桌跟踪食物。该试点项目旨在为公司、零售店及其消费者带来高透明度供应链，该项目目前正在与 OPENSC 合作进行。

（五）数据服务

区块链技术将大大优化现有的大数据应用，在数据流通和共享上发挥巨大作用。未来互联网、人工智能、物联网都将产生海量数据，现有中心化数据存储和计算模式将面临巨大挑战，基于区块链技术的边缘存储与计算有望成为未来解决方案。另外，区块链对数据的不可篡改和可追溯机制保证了数据的真实性和高质量，这成为大数据、深度学习、人工智能等一切数据应用的基础。同时区块链可以在保护数据隐私的前提下实现多方协作的数据计算，有望解决"数据垄断"和"数据孤岛"问题，实现数据流通价值。

第四节　云计算

一、云计算的定义与特征

（一）云计算的定义

简单来说，云计算（cloud computing）就是以租用互联网技术（internet technology，IT）服务代替购买。从商业的角度来说，云计算指企业无需自行采购、配置或管理计算的软硬件资源，而是通过互联网按需采购计算资源，包括基础架构、服务、平台和应用，如服务器（物理服务器和虚拟服务器）、数据库、软件、网络和分析支持等。使用者只需为实际使用了的资源付费。云计算正在快速取代原本通过硬布线连接进行资源共享的方式。

从技术的角度来说，云是一种能够抽象、汇集和共享网络中可扩展资源的互联网技术环境，云计算是指在云中运行工作负载。一般云环境中的计算资源托管在由云服务提供商（cloud service provider，CSP）管理的远程数据中心或者企业自己构建的数据中心上。具体而言，云计算（cloud computing）是分布式计算（distributed computing）、并行计算（parallel computing）、网络存储（network storage technologies）、虚拟化（virtualization）等传统计算机和网络技术发展融合的产物。

（二）云计算的特征

1. 按需自助服务。云计算提供商提供了应用程序编程接口（application programming interface，API），用户可以访问这些 API，以便在需要时申请新资源或扩展现有资源。团队可以使用基础架构代码工具，以简单的方式实现基础架构调配的自动化。

2. 广泛的网络接入。提供最佳的最终用户体验时，物理硬件位置是一个重要关注点。云计算通过提供分布在全球的物理硬件提供了巨大的优势，这使组织能够战略性地调配针对位置的硬件。

3. 资源共享。云基础架构平台中的计算资源是动态划分和按需分配的。由于云主机的物理机是在多个租户之间动态配置和共享的，因此云硬件经过彻底优化，以最大限度地提高使用率。

4. 快速弹性。云基础架构可以动态增长和缩小，允许用户请求其计算资源根据流量需求自动扩展。弹性可以每台计算机为基础，即资源分配的增长可最大限度地利用可用计算机资源；也可在多计算机基础上实现弹性，这种情况下，应用可以自动扩展到多联网的计算机。

5. 依照使用量付费。云基础架构提供商提供详细的使用量指标，用于传达使用成本。例如，amazon web services（AWS）按小时或每日运行项目为每个服务类别提供使用量。云服务提供商通常采用公用事业式的即用即付计费模式，这种模式需要衡量和交付，因此客户需要根据使用的计算资源的确切数量付费。

各种类型、规模和行业的组织都将云用于各种使用案例，比如数据备份、灾难恢复、电子邮件、虚拟桌面、软件开发和测试、大数据分析以及面向客户的网络应用程序。例如，医疗保健公司正在使用云为患者开发更多个性化治疗方法；金融服务公司正在使用云为实时欺诈检测和预防提供支持；视频游戏制作商正在使用云为全球数百万玩家提供在线游戏。

二、云计算的部署模型与服务模式

云计算使用网络（通常是互联网）将用户连接到云平台，用户在该平台上请求和访问租借的计算服务。中央服务器会处理客户端设备与服务器之间的所有通信，以进行数据交换。安全和隐私保护功能是确保这些信息安全的常见组成部分。

在采用云计算架构时，不存在放之四海而皆准的解决方案。适合一些公司的做法可能不适合另一些公司的业务需求。事实上，这种灵活性和多样性正是云的特点之一，这使企业可以快速适应不断变化的市场或指标。

（一）云计算的部署模型

有三种不同的云计算部署模型：公有云、私有云和混合云。（1）公有云，由第三方云服务提供商运营。它们通过互联网提供计算、存储和网络资源，使企业能够根据其独特的要求和业务目标访问共享的按需资源。（2）私有云，由单个组织构建、管理和拥有，并以非公开方式托管在自己的数据中心（通常称为"本地"）内。私有云可提供更强的数据控制、安全和管理功能，同时内部用户仍能够受益于共享的计算、存储和网络资源池。（3）混合云，结合了公有云和私有云模型，使企业能够利用公有云服务，并仍可保持私有云架构中常见的安全和合规功能。

多云是使用来自两个或多个不同云提供商的两个或多个云。获得一个多云环境可谓轻而易举，就像是使用一个供应商的电子邮件云计算软件，而使用另一个供应商的图像编辑云计算软件。但是，当企业谈论多云时，它们通常谈论的是使用来自两个或多个领先公有云提供商的多个云服务。在一项调查中，有85%的企业报告正在使用多云环境（见表4-1）。

表4-1 云计算常见部署模型比较

	公有云	私有云	混合云
环境	共享计算资源	私有计算资源	兼具公有和私有资源
扩展能力	强	有限	较强
安全性	良好，但取决于供应商的安全性	最安全，所有数据均存储在私有数据中心	安全，敏感数据存储在私有数据中心
可靠性	中等，取决于互联网连接和服务提供商的可用性	高，所有设备均部署在本地或由专门的私有云提供商托管	中到高，在一定程度上取决于服务提供商的可用性
成本	低，按需付费，无需支付本地存储和基础设施费用	中到高，可能需要本地资源，例如数据中心、电力和IT人员	中等，按需付费与本地资源相结合
适用对象	既想利用最新SaaS应用和灵活IaaS，又希望节约成本的企业	政府机构、医疗服务提供商、银行以及任何需要处理大量敏感数据的企业	既想保护关键应用和数据隐私，又希望使用公有云服务的企业

资料来源：xiaobozi6［EB/OL］. 云部署模型，2020-04-15. https：//www.cnblogs.com/xiaobozi6/p/12708333.html.

云计算部署模型的比较如表4-1所示，可以看到混合云结合了公有云和私有云的优势，无怪乎现在企业大多使用多云和混合云结合的部署模式。

（二）云计算的服务模式

根据业务需要的控制能力、灵活性和管理级别，有三种主要的云计算服务模式较为常见：（1）基础架构即服务（infrastructure as aservice，IaaS），按需访问互联网技术基础架构服务，包括计算、存储、网络和虚拟化。它可为互联网技术资源提供最高级别的控制，与传统的本地互联网技术资源最相似。（2）平台即服务（platformas a service，PaaS），提供云应用开发需要的所有硬件和软件资源。采用平台即服务时，企业无需管理和维护底层基础架构，可以专注于应用开发。（3）软件即服务（softwareas a service，SaaS），以服务的形式提供完整的应用栈，从底层基础架构到维护，到应用软件本身的更新。软件即服务解决方案通常是最终用户应用，服务和基础架构由云服务提供商管理和维护。

还有其他的云计算服务模式，例如功能即服务（function as a service，FaaS）和容器即服务（container as a service，CaaS）等。各自针对不同企业需求。

常见的三种云计算服务模式之间的差异如表4－2所示，可以看到，从IaaS、PaaS到SaaS，客户需要管理的计算资源越来越少，能够控制和修改的内容自然也是越来越稀少，但使用上却是越来越简便的。因此，需要根据企业的实际需要选择不同的云计算服务模式。

表4－2　　　　　云计算常见服务模式比较

	IaaS	PaaS	SaaS
面向对象	系统管理员	开发人员	业务用户
提供的资源	计算资源	开发平台	软件应用
用途	在线访问计算资源	构建和部署应用	完成业务任务
提供商负责管理的资源	虚拟化、服务器、存储空间、网络链接	中间件、操作系统、虚拟化、服务器、存储空间、网络链接	应用、数据、中间件、操作系统、虚拟化、服务器、存储空间、网络链接
客户负责管理的资源	应用、数据、中间件、操作系统	应用、数据	无

资料来源：IaaS vs. PaaS vs. SaaS, Veritas, https：//www.veritas.com/zh/cn/information-center/iaas-paas-saas.

当然，对应的FaaS和CaaS可以看作是SaaS的变化形态，都是从IaaS和PaaS中提取一部分的功能作为云计算服务，需要管理的资源和控制修改的内容均较少，适用于只需要少量云计算服务资源的客户。

三、云计算的优势

根据云计算部署模型和服务模式的不同，也会有不同的优势。但总体而言，大多数云计算有以下的一些优势。

（1）高度灵活。由于云计算的架构多变，企业及其用户可以随时随地通过互联网连接访问云服务，并根据需要扩缩服务。

（2）效率出众。企业可以开发新应用，并将这些应用快速部署到生产环境中，而无需操心底层基础架构，并且从构思到实施的速度比非云计算的模式快了几个数量级。

（3）具备科技创新的战略价值。由于云服务提供商可以及时了解最新的创新成果并将其以服务形式提供给客户，因此与投资于自身不熟悉的技术相比，企业可以获得更多的竞争优势和更高的投资回报。而企业内部的云服务也有类似的特征，将底层架构和计算资源服务剥离出来作为专门的部门，有助于技术的更新换代。

（4）安全。云计算服务商通常被认为比企业数据中心更强大，原因在于云服务提供商采用的安全机制的深度和广度。此外，云提供商的安全团队一般也是该领域中的顶尖专家。私有云可能在这方面的风险特征较为不同，由于一般都是物理性网络隔离，因此它们更关注数据的内部泄露等风险。

（5）经济实惠。无论使用哪种云计算服务模型，企业只需为其使用的计算资源付费。它们无需为了应对需求高峰或业务增长高峰而过度筹备数据中心资源，可以部署 IT 人员去专注处理更具战略意义的计划。

（6）可靠。云计算供应商一般会对服务采用分布式系统和进行灾难冗余备份，增强了计算资源的可靠性和容错能力。私有云由于计算资源管理部门的软硬件一般会进行隔离，也具有一定的稳健性。

四、云安全挑战与对策

从前面我们可以看到，云计算具有非比寻常的优势，但与此同时，云计算也面临多个维度的安全挑战。

云安全存在下列的挑战：

（1）缺乏可见性。由于许多云服务是在企业网络之外通过第三方访问的，因此往往不容易了解数据的访问方式以及访问者详情。

（2）多租户。公有云在同一环境中运行多个客户基础架构。因此，当恶意攻击者攻击特定企业时，有可能连带损害到其他企业的托管服务。

（3）访问管理和影子 IT。尽管企业也许可以成功管理和限制本地系统中的访问点，但在云环境中可能很难执行相同级别的限制。如果企业没有部署自带设备（bring your own device，BYOD）策略，并允许从任何设备或地理位置对云服务进行未经筛查的访问，这就会比较危险。

（4）合规性。对于使用公有云或混合云部署的企业来说，合规管理常常是造成困惑的一大来源。数据隐私和安全性的总体问责仍然由企业自身承担，而严重依赖第三方解决方案来管理此组件可能会导致成本高昂的合规问题。

（5）配置错误。错误配置的资产占到 2019 年违规记录的 86%，因此无意中产生的内部威胁成为云计算环境的一个严重问题。错误配置包括就地保留缺省管理密码，或没有创建合适的隐私保护设置。

针对云安全存在的挑战，在实践中一般有下列安全解决方案保障云安全：

（1）身份和访问管理（identity and access management，IAM），IAM 方案中的工具和服务可支持企业部署各种依据策略驱动的执行协议，确保所有用户既可访问本地，也可访问基于云的服务。IAM 的核心功能就是为所有用户创建数字身份，以便在所有数据交互过程中对其进行必要的主动监控和限制。

（2）数据泄露预防（data leakage prevention，DLP）。DLP 服务提供了一套工具和服务，旨在确保受管制云数据的安全。DLP 解决方案综合使用补救警报、数据加密和其他预防措施来保护所有已存储的数据，无论这些数据是处于静态，还是处于移动状态。

（3）信息安全和事件管理（security information and event management，SIEM）。SIEM 提供全面的安全统筹解决方案，可在基于云的环境中自动执行威胁监视、检测和响应。SIEM 使用人工智能驱动的技术，将多个平台和数字资产中的日志数据联系起来，确保 IT 团队能够成功应用网络安全协议，同时快速应对任何潜在的威胁。

（4）业务连续性和灾难恢复。无论企业为其本地和基于云的基础架构实施了何种预防措施，数据泄露和破坏性停运或中断仍有可能发生。企业必须能够尽快对新发现的漏洞或重要系统宕机等做出快速反应。灾难恢复解决方案是云安全的基本要素，可为企业提供所需的工具、服务和协议，以加快恢复丢失的数据和回归正常业务运营。

五、云安全挑战在实践中带来的云安全规范流程

保障云安全的方法多种多样，每个企业采取的对策各有不同，这主要取决于多个变量。不过，大多数领先的云计算供应商提出了一些最佳实践做法，遵循这些实践规范便有可能建立一个安全的、可持续发展的云计算框架。

首先是制定必要的步骤，让企业对其安全准备情况进行自我评估；其次为其系统部署充足的预防和恢复安全措施。这些原则依据网络安全框架五大支柱而设立，即识别、保护、检测、响应和恢复。

云安全领域中另一种支持执行网络安全框架的新兴技术是云安全态势管理（cloud security posture management，CSPM）。CSPM 解决方案旨在解决许多云环境中的一个常见缺陷，即错误配置。

企业甚至云提供商对云基础架构的错误配置可能会导致多个漏洞，从而显著增加企业的受攻击面。CSPM 可协助统筹和部署云安全的核心组件，从而解决这些问题。其中包括身份和访问管理、合规管理、流量监控、威胁监测、风险缓解和数字资产管理。

与之对应的衍生技术包括云工作负载保护平台（cloud workload protection platform，CWPP）、云访问安全代理（cloud access security broker，CASB）和云原生应用保护平台（cloud-native application protection platform，CNAPP）。

CWPP 提供了以工作负载为中心的安全保护解决方案。CWPP 产品通常结合使用网络分段、系统完整性保护、应用程序控制、行为监控、基于主机的入侵防御和可选的反恶意软件保护等措施，保护工作负载免受攻击。CASB 本质上是用于云服务的防火墙。它提供了一个安全策略实施网关，以确保用户的操作得到授权并符合公司的安全策略。CASB 可以通过 API、转发代理、反向代理等方式来实现。CNAPP 结合了 CWPP 和 CSPM 的功能，可扫描开发中的工作负载和配置并在运行时对其进行保护。

六、云计算的应用场景

云计算使企业主可以快速部署最新的技术、使用最新的软件、获得专家支持，而无需承担昂贵的成本支出。从以下云计算在 5 大场景中的应用方式，可以更直观地理解云带来的变革。

【小案例 4 - 1】

云计算带来的生活变化

基于大数据计算能力，便可以预测出未来 1 小时内的路况，一个账号登录就可以实现全校教学信息共享，在手机上就可以查看台风的实时路径……我们梳理了各大云计算厂商的 9 个典型案例，窥一斑而见全豹，看看拥抱云计算，正在给我们的生活带来哪些不一样的变化？

一、河北定州拥抱 Azure 云平台：公务员培训提速

随着微软 IT 学院、微软考试认证中心、微软技术实践中心三大项目全面落地定州，基于 Office 365 云平台，定州开发了新一代内部公务员培训系统。新的在线培训系统上线后，"使用基于 Office 365 平台搭建的在线培训平台后，培训资料制作、培训场地等硬性支出减少了，更大大节约了公务员现场参加集中培训的时间成本"。

二、云上贵州公安交警云："最强大脑"一眼识别套牌车

作为国内首个运行在公安内网上的省级交通大数据云平台，贵州公安交警云平台由省公安厅交警总队采用以阿里云为主的云计算技术搭建。现在，云平台的建立使机器智能识别成为可能，通过对车辆图片进行结构化处理并与原有真实车辆图片进行对比，车辆分析智能云平台能瞬间判别路面上的一辆车是假牌还是套牌车。

三、阿里云分担 12306 流量压力

春运火车票售卖量创下历年新高，而近年来铁路系统运营网站 12306 却并没有出现明显的卡滞，与阿里云的合作是关键之一。12306 把余票查询系统从自身后台分离出来，在"云上"独立部署了一套余票查询系统。余票查询环节的访问量近乎占 12306 网站的九成流量，这也是往年造成网站拥堵的最主要原因之一。把高频次、高消耗、低转化的余票查询环节放到云端，而将下单、支付这种"小而轻"的核心业务仍留在 12306 自己的后台系统上，这样的思路为 12306 减负不少。

四、玉溪华为教育云：基础教育教学的一场革命

这是华为云服务携手玉溪民生领域的首次成功运用。"玉溪教育云"是云南首个完全按照云计算技术框架搭建和设计开发的专业教育教学平台，平台依托华为云计算中心，以应用为导向，积极探索现代信息技术与教育的深度融合，以教育信息化促进教育理念和教育模式创新，充分发挥其在教育改革和发展中的支撑与领域作用。

五、中国电信建宁夏"八朵云"：打造"一带一路"新亮点

宁夏政务云平台由中国电信宁夏公司与阿里云公司共同建设。宁夏政务云平台上线运营，将承载政务云、社保云、民政云、卫生云、旅游云、教育云、商务云和家居云"八朵云"，以及全区各级部门业务应用系统的部署运行和安全保障，将有效提高城市管理效率，服务民生，提升自治区信息化服务水平，让网上丝绸之路成为中国向西开放的窗口、中阿商务的平台、信息汇集的中心，使丝路沿线国家互联互通、互惠互利、共同发展。

六、曙光"城市云"助推成都进入"城市云"时代

作为国内第一个同时为政务应用和科学计算服务的云计算中心，成都云计算中心已真正做到了消除信息孤岛、打破数据融合壁垒，通过整合城市各类数据达到协助提升政府在产业

经济、城市管理、民生服务三大领域的管理与服务能力的目的。截止到目前，成都云计算中心已成功完成成都市超过80%的政府数据融合，助推成都率先进入"城市云时代"。

　　七、浙江交通厅用阿里云大数据预测一小时后堵车

　　浙江省交通厅通过将高速历史数据、实时数据与路网状况结合，基于阿里云大数据计算能力，预测出未来1小时内的路况。结果显示，预测准确率稳定在91%以上，成为目前全球已公开的最优成绩。通过对未来路况的预测，交通部门可以更好地进行交通引导，用户也可以做出更优的路线选择。这被网友们称赞为一款"堵车预测神器"。阿里云大数据计算服务（ODPS）为项目提供了分析支持，并有多位资深数据科学家参与了联合研发。对于浙江省内近1 300公里的高速路段，ODPS的强大计算能力可以在20分钟完成历史数据分析，10秒钟完成实时数据分析。

　　资料来源：盘点：9个案例看云计算带来的生活变化［EB/OL］. 阿里云网，2017-09-25. https：//developer. aliyun. com/article/218796.

（一）测试开发与大数据分析

　　云计算的最佳使用场景可能便是测试和开发环境。如果不使用云计算，则需要保证预算，设置环境中的实物资产、花费大量的人力和时间，最后，必然还需要进行平台的安装和配置。所有这些工作都会延长项目的完成时间，增加时间和物资成本。借助于云计算可以根据需求量方便地选择即时可用环境，包括但不限于自动配置的物理资源和虚拟资源。

　　大数据分析同样也是云计算的优势之一，云计算总是可以尽可能多地尝试找到使用结构化和非结构化数据的策略，利用获取业务价值的优势。例如，零售商和供应商可以提取来自消费者购买模式的信息，进而将它们的广告和市场竞销活动定位到特定的群体。再如，社交网络平台能够使用云计算来为获取有用信息的行为模式分析提供基础。

（二）数据存储、备份与灾难恢复

　　云计算的出现，使本地存储变得不再必需。用户可以将所需要的文件、数据存储在互联网上的某个地方，以便随时随地访问。来自云服务商的各种在线存储服务，将会为用户提供广泛的产品选择和独有的安全保障，使其能够在免费和专属方案之间自由选择。

　　备份数据一直是一项复杂且耗时的操作。这包括维护一系列磁带或驱动器，手动收集这些磁带或驱动器并将它们分派到备份设备中，而且原始站点和备份站点之间可能会发生很多固有问题：这种确保备份执行的方法无法避免用尽备份介质等问题，而且加载备份设备执行恢复操作也需要时间，还容易出现设备故障和人为错误。因此，云计算便成了数据备份的新选择：云计算既可以避免备份介质耗尽，也可以避免大量人为失误和设备故障，同时还节约了大量手动操作的时间成本。

　　类似地，对于灾难恢复，解决方案的成本效益决定了使用云计算的优势：以更低的成本更快地从众多不同的物理位置中恢复。相比之下，传统的固定站点式灾难恢复必须通过固定设备和严格的程序来保障灾难恢复的准确性，成本较高。

（三）商务合作

　　共享式的商务合作模式，使得企业可以无视消耗大量时间和金钱的系统设备和软件，只

需接入云端的应用，便可以邀请伙伴展开相应业务，这种类似于即时通信的应用，一般都会为用户提供特定的工作环境，协作时长可以从几个月到几个小时不等。

高德地图是国内有口皆碑的地图导航产品，其地图服务的全面性、便捷性、可靠性，一直处于同类产品的前列。Testin 的兼容测试，通过专业的自动化技术，快速在大量机型上完成安装、运行、卸载测试，准确定位运行过程中存在的设备兼容问题，通过 Testin 的云兼容测试，高德地图节省了大量人工及资金成本，自身的精力投入到产品的研发及完善中去，从而可以更好地服务用户。同时，双方的合作也让应用软件质量得到保证，大大地提升了用户的留存率，营造更佳的口碑传播。

（四）虚拟办公

对于云计算来说，最常见的应用场景可能就是让企业主"租"服务而不是"买"软件来开展业务部署。除了 Google Docs 这一最受欢迎的虚拟办公系统，还有很多其他的解决方案，如 Thinkfree 和微软 Office Live 等。使用虚拟办公应用的主要好处是，它不会因为"个头太大"而导致设备"超载"，它将企业的关注点集中在公司业务上，通过改进的可访问性，为轻量办公提供保证。

阿里云的云服务器 ECS（elastic compute service）作为一种高性能、可扩展、安全可靠的计算服务，能够满足各种应用程序和业务场景的需求。它提供弹性扩展、高性能网络、灵活的部署方式等特性，可广泛应用于网站托管、大数据处理、游戏服务器托管等场景。同时，阿里云 ECS 还具备高性能、安全可靠、丰富的资源和服务等优势，深受用户的信赖和青睐。许多企业便使用云服务器 ECS 来搭建虚拟办公环境，实现远程办公和协作。

（五）业务扩展

在企业需要进行业务拓展时，云计算的独特好处便显现出来了。基于云的解决方案，可以使企业以较小的额外成本，获得计算能力的弹性提升。大部分云服务商，都可以满足用户的定制化需求，企业完全可以根据现有业务容量来决定所需投资的计算成本，而无须对未来的扩张有所顾虑。

第五节 大数据

一、大数据（Big Data）的定义与特征

2015 年 8 月 31 日（国务院印发《促进大数据发展行动纲要》）之前，我国省、市级成立了三个"大数据管理局"，即是"广东省大数据管理局"（2014 年 2 月 26 日）、沈阳市大数据管理局（2015 年 6 月 1 日）、"成都市大数据管理局"（2015 年 8 月筹建）。以 9 月 1 日作为节点，我们可以发现在节点之前，仅有三省市以超前的思维和理念成立了大数据管理局；而节点之后，各个省、市纷纷成立大数据管理局。

现代化行业都拥有自己的大数据研发机构，例如阿里巴巴、百度、京东、腾讯等；传统行业也在根据实际的需求，陆续成立大数据研究机构。不论是现代化行业，还是传统行业，

均根据自身的特点，本着为企业服务的目标，开展大数据的研发工作。

大数据，顾名思义，就是容量特别大的数据集合。但显然，新时代的大数据不再是简单的"大"而已。目前，一般认为大数据包含以 5V 为代表的特征：

（1）海量（vast）。这也是大数据名字的来源，数据的体量越来越大，全球的数据从早期的 TB（terabyte）级别跃升到 ZB（zettabyte），增长了上百万倍。

（2）异构（variety）。大数据时代的数据不只是体量大，数据的形式也越来越丰富，存在大量的非结构化数据，如网络日志、视频、图片、地理位置信息等。

（3）价值稀疏（value-sparseness）。虽然大数据时代的数据体量很大，但大多数的数据都没有研究和商业价值，有价值的数据占比仍维持在较低水平。以视频为例，一整年连续不间断监控过程中，可能有用的数据仅仅只有数分钟。

（4）高速生成（velocity-high）。为什么大数据时代的数据体量特别大？最直接的原因便是大数据时代的数据产生速度特别快，金融交易数据的生成速度已经以毫秒为单位在进行。这意味着两件事情：对数据的实时采集和分析的速度要求不断提高；数据价值随时间的衰减速度也在不断加快。

（5）虚实难断（veracity-uncertainty）。大数据时代的数据准确性是难以确认的，特别是随着数据采集设备的多样化，不仅有以前常见的假数据问题，还多出了"虚数据"问题，即数据采集设备采集到的数据虽然是真实的，但背后反映的信息却是虚假的。

二、大数据分析的目标和挑战

（一）大数据分析的目的

大数据拥有着与传统数据分析面向对象截然不同的一些特征，因此，大数据分析的目的也有着与传统数据分析不完全一致的一些目标。首先，与传统数据分析相似的，大数据分析同样关注能够准确预测未来的高效方法，关注能够解释数据特征与最终结果之间关联特征的逻辑分析方法；与此同时，根据大数据本身特质，大数据分析有了四个新的目标：分析和理解各个子总体之间的异质性、提取子总体之间的共性、实时高效地分析数据、识别数据真实性。分析和理解各个子总体之间的异质性在传统数据分析中往往并不可行，这是由于异质数据过少，不得不将这些数据作为"异常值"来进行处理或者舍弃；提取共性在传统数据分析中也有体现，但大数据分析更强调提取包含大量差异巨大个体的子总体间重要共同特征的提取和分析，例如声音与影像等完全异构的数据中共同信息的提取；实时高效地分析数据是数据快速生成的大数据时代对数据分析算法的必然要求之一，只有在足够短的时间内提取出有用信息的数据分析方法才是有经济价值的；随着人工智能生成内容（artificial intelligence generated content，AIGC）的高速发展，如何识别真实数据和正确目的的数据也越来越成为大数据分析关注的内容。

（二）大数据分析的挑战

要完成新的目标便需要面临新的挑战。大数据分析的新挑战同样包括了四个方面：

1. 海量高维数据带来的噪声累积、伪相关性和偶发内生性。噪声累积，顾名思义，由于数据样本量和维度的逐渐增加，其中我们认定为非分析目标和无意义的数据信息必然不断增加，从而有用信息的占比不断减少，为我们找到有用的信息不断增加难度；伪相关性和偶发内生性则主要来自数据维度的快速增长。由于有太多的变量，总是会有一些变量虽然在理论和现实中都没有任何关系，但在数值或者信息表达上却异常相似，这就是伪相关性。尽管伪相关性在传统统计分析和计量经济学中也时有出现，但在大数据中这几乎是必然会出现并必然需要被处理的一个难题；类似地，很多潜在的相关性在大数据时代由于变量数量的增长而不断地被发现，但在发现前我们不可能知道它们其实是相关的。在进行回归分析等数据分析时，这种未发现的相关性便会导致内生性问题，这便称为偶发内生性。显然，偶发内生性的处理难度要远远大于噪声累积或伪相关性。

2. 极高的计算成本和算法不稳定性。最有趣的例子来自数据传输和打开数据文件：对PB级的数据，通过大型卡车运输移动硬盘的速度反而远高于使用光纤直接传输；通过各类感知器搜集到的数据存储后，往往一个数据文件便可以达到TB级别，当前一般的数据分析软件并不能直接打开这种数量级的数据文件。而计算成本和算法不稳定均来自这两个例子中的困境：由于无法打开单一文件，因此需要通过文件分割和分布式计算来分析海量高维数据，因此计算成本迅速上涨；而难以逾越的虚拟空间内数据传输速度约束，意味着文件分割算法和分布式计算分析结果汇总算法中往往需要引入随机读取和随机写入等蒙特卡罗模拟思想，这便意味着同一种算法最终得到的结果也带有一定的随机性。

3. 不同技术、不同时间点的多来源数据带来的异质性、实验变异、抽样变异和统计偏误。分析多源数据在传统统计学中便已经是一个常见的挑战。而大数据时代，除了数据本身的异构外，存储数据的格式和数据信息的表达方式也不再是有限的几种。另外，不同的时空间与数据生产者生产的同一类数据在数据特征上也可能完全不同，不能简单地使用单一模型或者单一分析流程来处理这些异质性数据；实验变异和抽样变异本质上是同一类问题，但发生在数据分析的不同阶段：抽样变异来源于从数据中抽样时，由于数据总体内存在的异质性，使得每次抽样得到的结论都不能推广到整个数据总体；而实验变异则是进一步的，当分配实验组和对照组时如果没有考虑到数据的异质性，则最终得到的假设检验结论便是无效的。在统计学中，偏误是指会导致分析结果与事实之间存在差异的系统性倾向。数据分析的许多过程，包括数据的来源、选择的估计量和分析数据的方式，都可能导致最终的偏误。例如，有偏采样是对总样本集非平等采样。有偏采样会难以分析或引起不准确甚至错误的推断。有偏估计则是指高估或低估要估计的量。有偏估计在某些情况下也有一些好的特性，例如较小的估计方差。大数据时代，统计偏误同样也是几乎不可避免的：在异质性、噪声累积和算法不稳定等因素的影响下，最终得到的分析结果几乎都存在偏误现象。尽管有很多新发展的技术方法可以有针对性地对特殊的统计偏误进行完善的处理，但一般化的规范化流程仍是大数据时代带来的新的挑战。

4. 数据真实性的追溯。大数据的第5个特征便已经说明大数据时代数据的真实性追溯困境。除了伪造的AIGC内容外，真实但不符合数据本身目的的"虚数据"同样为数据真实性追溯带来更高的要求。伪造数据可以通过人工智能和区块链等技术得以发现，但虚数据的追溯则往往要求获取个人的隐私数据等敏感数据，因此零知识证明等前沿科技的发展便成为非常有必要的工作。

三、大数据对数据分析的冲击

（一）对数据分析思想的冲击

大数据时代海量高维异构数据为传统数据分析带来了挑战，也因此让统计分析发展出了新的研究领域。

1. 一般化的带惩罚项的拟似然估计。在经典的模型选择理论中，常常使用带惩罚项的拟似然函数：$-QL(\beta) + \lambda\|\beta\|_o$ 作为筛选模型变量的最优化目标函数，其中 $QL(\beta)$ 为模型变量系数的拟似然函数；$\|\beta\|_o$ 是 L_o 阶的伪规范。这个目标函数并不能适应海量高维数据。

因此，大数据时代一般化的带惩罚项的拟似然函数有：$\ln(\beta) + \sum_{j=1}^{d} P_{\lambda,\gamma}(\beta_j)$。其中，$\ln(\beta)$ 可以视作是一般化的拟似然函数的，而重点在于鼓励模型系数稀疏性的惩罚项 $\sum_{j=1}^{d} P_{\lambda,\gamma}(\beta_j)$，不再约束每个系数的惩罚形式，能够更好地节约参数和适应异构数据。

2. 确定式独立性筛选。一般化的带惩罚项的拟似然估计对于特殊的超高维数据可能并不一定适用，因此，基于边际筛选发展出的确定式独立性筛选方法便成为预筛选的一种新的有效策略。

确定式独立性筛选方法主要由两种思想组成：通过变量的边际贡献率衡量其在模型中的重要程度、去除不重要的变量而非选出最重要的变量。由于确定式独立性筛选的计算复杂度随问题规模是线性增长的，因此非常适用于预筛选，使得大数据分析的计算负荷大幅度下降。也因此，在多个维度上得到了长足的发展，例如广义相关筛选、非参数的独立性筛选、基于主成分的确定式独立性筛选方法、距离相关系数或秩相关系数筛选以及迭代筛选。

确定式独立性筛选方法另外一个领域的扩展是通过变量小组而非变量本身来进行模型的选择：检验一组变量对被解释变量的协同影响贡献率。这往往需要借助协方差来辅助，以避免计算时间复杂度的快速增长。当然这个领域的扩展同样可以视为是条件筛选的一种，即在给定条件的前提下检验各个变量的条件贡献率，从而达到变量筛选的目的。

3. 处理偶发内生性。偶发内生性是大数据过多的数据带来的一个核心挑战。传统数据分析中，我们使用内生性这个词表示回归中解释变量与扰动项存在相关关系。用公式表示便是 $Y = \sum_{j=1}^{d} \beta_j X_j + \varepsilon, E(\varepsilon X_j) \neq 0$。往往我们希望在模型估计中回避内生性问题，因此发展出了例如工具变量等诸多方法。但在海量高维数据中，内生性并不因为你的解释变量在理论上与扰动项无关便会消失，而是恰恰相反的，只要变量样本量足够大，维度足够多，数据的异构程度足够高，那么解释变量与扰动项之间便必然会存在相关性（想象某个巨木在五千年内的年轮宽度与某个国家的国内生产总值总是一致的，而这却是来源于农业所需因素对于巨木同样是必需的）。

针对偶发内生性，集中广义矩估计（focused generalized method of moments，FGMM）这类新方法可以作为变量筛选和估计的备选项。FGMM 使用 X_j、X_j^2 及二者的方差作为目标函数中的工具变量和权重，再加上一般化的惩罚项，使得一般的广义矩估计可以进一步地筛选出正确的模型。

（二）对计算基础框架的冲击

海量高维异构数据对于传统的计算基础框架也提出了实质性的挑战。许多分析项目中，我们需要分析数十甚至数百亿的数据点，不说进行简单的线性拟合，如何打开文件都是一件非常具有挑战性的工作。另外，正如大数据特征中所说的，这些数据可能是高度动态和高度异构的。

现在对于这些海量高维异构数据，一般采用分而治之的方法：将数据集分割为多个容易处理的子数据集，各个子数据集通过不同的分析单元并行地进行处理，再合并各个中间分析结果得到最终结果。在足够大的尺度下，计算机的工作负荷、错误和任务挂起都将是新的挑战。

当前，以 HDFS（hadoop distributed file system）和 MapReduce 为核心技术的 Hadoop 软件架构，可以用于管理和处理分布式储存的数据，具有自动的扩容能力和错误检索修正机制。经典的 Hadoop 还包括了 HBaseHive、Pig、Oozie、Flume 和 Sqoop 等部分。

【知识链接 4 – 4】

大数据分析必备工具

由于大数据正在蓬勃发展，这导致目前许多大数据分析工具应运而生和不断改进以提高竞争力。但是你有没有想过为什么大数据比任何其他技术都更流行？一个最直接的原因就是几乎使用所有上游技术都是用大数据技术来获取原始数据。

由于目前收集和管理用户数据的技术、应用程序、软件、游戏越来越多，这就必须使用大数据技术来管理这些所有不同来源的数据，并将这些数据转化为有价值的信息，以做出行业中最具挑战性的决策。

所以在下面，将向大家介绍大数据分析工具和技术，在深入了解一门工具之前，快速认识这些工具的作用。

用于大数据分析的工具有哪些？

世界上有数百种大数据分析工具可用，其中只有少数最可靠和值得信赖：

一、R 语言与 Python

R 语言与 Python 是对所有人免费的两种大数据分析工具。它们分别从统计学和软件工程的角度构建了领先的统计编程语言，可用于统计分析、科学计算、数据可视化等，还可以扩展自身以执行各种大数据分析操作。

二、Apache Hadoop

Apache Hadoop 是开源的大数据分析工具。它是一个软件框架，用于在商品硬件的集群上存储数据和运行应用程序。它被认为是大数据分析的顶级数据仓库。它具有在数百台廉价服务器上存储和分发大数据集的惊人能力。

三、MongoDB

MongoDB 是世界领先的数据库软件。它基于 NoSQL 数据库，可用于存储比基于 RDBMS 的数据库软件更多的数据量。

四、RapidMiner

RapidMiner 是分析师集成数据准备、机器学习、预测模型部署等的领先平台之一。它可用于数据分析和文本挖掘。

五、Apache Spark

Apache Spark 是最好、最强大的开源大数据分析工具之一。借助其数据处理框架，它可以处理大量数据集。通过结合或其他分布式计算工具，在多台计算机上分发数据处理任务非常容易。

六、Microsoft Azure

Microsoft Azure 是领先的大数据分析工具之一。Microsoft Azure 也称为 Windows Azure。它是 Microsoft 开发的公共云计算平台，是提供包括计算、分析、存储和网络在内的广泛服务的领先平台。

七、Zoho Analytics

Zoho Analytics 是最可靠的大数据分析工具之一。它是一种 BI 工具，可以无缝地用于数据分析，并帮助我们直观地分析数据以更好地理解原始数据。与上述任何其他工具相比，它需要的知识和培训更少。因此，它是初创企业和入门级企业的最佳选择。

资料来源：大数据分析必备的 7 种工具［EB/OL］. 知乎网，2021 - 12 - 14. https：//zhuanlan. zhihu. com/p/444971489.

四、大数据分析的应用场景

（一）医学

在医学上大数据分析的主要应用场景有两个：基因分析和神经科学。在基因分析中，高效廉价的全基因序列和转录组检测随着新技术的发展而成为可能。这些技术生成了数以十万计的数据集，蕴含了许多新的科学发现。例如，大量的基因序列使得发现并标记引起罕见失调的基因成为可能，同时监控多个基因和对应蛋白质功能使得生物质交互作用得以被发现，公开的基因数据库允许整合多源信息从而发现新的科学事实。基因分析中需要面临移除系统性偏误、重要基因筛选、多源数据汇总异质性等方面的挑战，显然，这些同样也是大数据分析的核心目标。

神经科学中，往往希望理解大脑变化和疾病之间的联系，而这就要求必须首先理解分层的大脑功能性网络的组织形式。近年来，fMRI（functional magnetic resonance imaging）等神经图像的快速进步同样生成了海量高维的脑神经活动图像。每天都有许多不同对象的 fMRI 图像数据生成，每个对象的大脑在每层都会被扫描数百次，因此单单一个医院可能就会有数以十万计的三维图像。与此同时，这些图像还由于技术约束包含了许多的噪声。类似地，汇总多个数据集和移除系统性偏误也是神经科学中面临的大数据分析型的新挑战。

（二）经济学

过去十年间，越来越多的公司开始应用数据驱动式的方法来提供更有针对性的服务。它们使用特化的数据分析程序收集、储存、管理和分析多源的大型数据集，以期发现关键的商业逻辑。例如，包括股票价格、货币与衍生品交易、交易记录、高频交易、新闻和文字记录、社交媒体中蕴含的消费者信心与商业情绪等，都可以作为金融数据分析的来源。分析这些海量高维异构数据有助于企业衡量自身风险和系统性风险。

分析巨大的经济金融面板数据同样是一种挑战。传统的向量自回归模型是分析宏观经济学中时间序列联合演化的重要工具，但过快的参数增长速度使得其变量个数一般不超过 10 个。现今的经济学家却往往需要分析包含超过 100 个变量的多元时间序列。另一个例子是关于资产配置最优化和风险管理，这些分析中很重要的一环便是计算资产回报率间的协方差矩阵及其对应的逆矩阵。如果目标是 1 000 只股票，则意味着需要计算 500 500 个协方差系数，累计误差与逆矩阵运算都是新的挑战。

支付宝的反洗钱智能分析产品便是大数据在经济学中的实际应用。识别违法犯罪活动能力的提升需要长期的培训和"实战"经验沉淀。而这在一定程度上阻碍了金融机构提升反洗钱和打击犯罪能力，导致漏过和无法识别出违法犯罪活动。通过反洗钱智能分析产品，蚂蚁金服反洗钱中心将可疑交易人工分析的效率提升了 30%。对疑似涉嫌赌博、非法集资、传销等犯罪类型的识别时间从平均 30 分钟缩短到 5 分钟，并且识别的准确性始终保持在 90% 以上。在识别可疑资金的流向以及可疑交易主体之间是否具有团伙关系等上做到了直观可见，完全不需要反洗钱中心工作人员手工绘制资金流向图，对业务效率起到了显著的提升作用。

（三）其他应用场景

大数据分析还有很多其他应用场景。以社交网络数据分析为例，互联网社交媒体产生了海量的社交网络数据。这些数据揭示了无数个人的性格特征，可以应用于预测传染病传播、用于预测股市变化趋势以及应用于预测电影票房收入等。同样地，这些数据也蕴含了消费者信心、先行经济指标、经济周期、政治倾向和关于社会经济稳定方面的大量信息。

除此以外，大数据分析的新应用场景还可能包括：

1. 个人定制式服务。随着越来越多个人数据的产生，企业和公司等可以通过个人偏好提供个人定制式服务。例如一家零售企业可以通过搜集的交易信息分析预测消费者需求的变化。在这方面最经典的案例应该便是抖音。抖音的算法是一个为每个用户提供定制化内容推荐的系统。它根据用户的个人兴趣判断其可能喜欢的视频，并将这个视频显示在用户的"个人推荐"页面上。因此，"个人推荐"页面对每个用户来说都是高度个性化的。抖音的算法考虑了关于用户在应用程序上行为的综合因素，以决定这个用户可能喜欢的视频—— 这包括任何喜欢、关注、滚动时间或跳过视频行为。这些信息使该平台能够更好地了解每个用户的独特偏好，以及它们如何随时间变化。然后，它根据视频与这些行为信号的吻合程度进行排名。

2. 互联网信息安全。当发现网络系统被攻击时，可以使用历史网络交互数据高效地确定攻击的来源和目标。360 集团成功入选移动互联网 App 产品安全漏洞治理优秀案例的"App 全生命周期安全管理平台"便是其中一例。安全管理平台自上线 2 年以来，安全开发阶段平均每年发现漏洞风险 2 000 余个，安全运营阶段风险管控设备 50 多万台。服务行业涉及政府、公安、医疗、教育、运营商、金融、车联网、互联网、娱乐等多领域，并可配合监管部门，帮助合规审查，为个人信息保护赋能。

3. 个人定制式医疗。现在可用于健康医疗的个人信息数据同样也是越来越多，例如个人的生化特征、个人日常活动行为、个人健康习惯和个人所处的环境因素等。利用这些数据信息便可以使个性化疾病诊断和个人化治疗成为可能。

2015 年 12 月 22 日，"北京协和医学院与百度公司合作开展癌症研究发布会"在协和医院礼堂举行。本次合作，双方大胆尝试"大数据技术 + 医疗"新模式，百度通过第三方智能硬件供应商提供的体重秤、手环、心电仪等设备采集用户的健康数据，再利用百度大数分析技术分析这些健康数据，再给到提供健康服务的机构，包括医院、健身房等。这些数据构成了一个全民健康医疗档案，一个动态的、实时更新的用户健康数据库。如果将这些用户健康数据和基因数据相结合，医生便可以轻松判断就诊者的健康状况，对其进行个性化的治疗，为实施"精准医疗"打下基础。

4. 数字化人类文明。现今许多人类文明成果都已经被数字化。例如 Google 已经扫描了数以百万计的书籍，并识别了其中所有的文字。这种数字化产生的大量数据信息使得解决人文社科方面的一些问题成为可能，例如古罗马交通系统地图的绘制、可视化的中国古代经济网络、自然语言的时间演化历程以及其他重要历史事件的真实性等。

第六节　工业互联网

一、工业互联网的定义

工业互联网（industrial internet）作为全新工业生态、关键基础设施和新型应用模式，以网络体系为基础、平台体系为枢纽、安全体系为保障，通过人、机、物的全面互联，实现全要素、全产业链、全价值链的全面连接，推动传统产业加快转型升级、新兴产业加速发展壮大。

工业互联网是新一代信息通信技术与工业经济深度融合的新型基础设施、应用模式和工业生态，通过对人、机、物、系统等的全面连接，构建起覆盖全产业链、全价值链的全新制造和服务体系，为工业乃至产业数字化、网络化、智能化发展提供了实现途径，是第四次工业革命的重要基石。

随着千行百业数字化转型的不断加速，企业对于数据资产高效流动的需求将日益旺盛，工业互联网网络在数字经济发展中扮演愈发重要的角色。面向"工业设备网联化、网络接入无线化、工厂内网协议化、工厂外网智能化"发展的工业互联网新要求，以"网络体系强基"为目标打造先进工业网络，正在开启工业互联网"十四五"发展周期的新纪元。

二、发展工业互联网的必要性

随着技术变革和产业变革发展，互联网已从消费领域蔓延至生产领域。工业也随之从数字化向网络化、智能化发展，促使了工业互联网的诞生。

（一）推进传统工业转型升级

通过跨设备、跨系统、跨厂区、跨地区的全面互联互通，实现各种生产和服务资源在更大范围、更高效率、更加精准地配置优化，实现提质、降本、增效、绿色、安全发展，推动制造业高端化、智能化、绿色化，大幅提升工业经济发展质量和效益。

（二）加速新兴产业发展壮大

工业互联网促进工业生产端到端的数字化向全面集成演进，加速创新方式、生产模式、组织形式和商业范式的深刻变革，催生平台化设计、智能化制造、网络化协同、个性化定制、服务化延伸、数字化管理等诸多新模式、新业态、新产业。

（三）加速网络演进升级

工业互联网促进人与人互联的公众互联网、物与物互联的物联网，向人、机、物、系统等的全面互联拓展，大幅提升网络设施的支撑服务能力。

（四）拓展数字经济空间

工业互联网具有较强的渗透性，可以与多行业深度融合，实现产业上下游、跨领域的广泛互联互通，推动网络应用从虚拟到实体、从生活到生产的科学跨越，极大地拓展了数字经济的发展空间。

综上，从工业经济角度和网络设施发展角度看，发展工业互联网已成为产业发展的必经之路，是强国建设的重要举措。

三、工业互联网功能架构

2020年4月，我国工业互联网产业联盟（alliance of industrial internet，AII）发布《工业互联网体系架构（版本2.0）》，提出工业互联网的功能架构可由网络、平台、安全三大体系构成，其中网络体系是基础；平台体系是核心；安全体系是保障。

（一）网络体系

工业互联网的网络体系包括网络互联、数据互通、标识解析三部分。具体内容如图4－2所示。

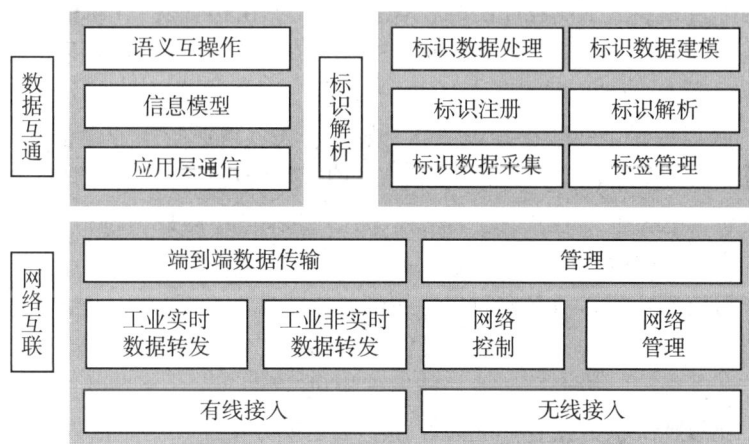

图4－2　工业互联网网络体系

资料来源：刘艳艳. 什么是工业互联网？［EB/OL］. 华为IP知识百科，2023－02－03. https：//info. support. huawei. com/info－finder/encyclopedia/zh/工业互联网. html.

1. 网络互联。即通过将"哑设施/哑设备/哑终端"进行网联化改造，使其可以通过有线和无线的方式接入网络，让设备具备"开口说话"的能力。通过网络互联将工业互联网体系相关的人、机、物、料、法、环，以及企业上下游、产品、用户等全要素连接，实现要素间的数据传输。

打造"设备网联化、连接协议化、网络智能化"的先进工业网络，支撑工业资源泛在连接、数据高效流动和网络安全，实现工业的数字化与智能化。

2. 数据互通。即实现数据和信息在各要素间、各系统间的无缝传输，使得异构系统在数据层面互通，从而实现数据互操作与信息集成。

人工智能、大数据的快速应用，使得工业企业对数据互通的需求越来越强烈，标准化、"上通下达"成为数据互通技术发展的趋势。

3. 标识解析。提供标识数据采集、标签管理、标识注册、标识解析、数据处理和标识数据建模功能，实现要素的标记、管理和定位。标识解析实现对机器和物品进行唯一性的定位和信息查询，是实现全球供应链系统和企业生产系统的精准对接、产品全生命周期管理和智能化服务的前提和基础。

随着工业互联网创新发展战略的深入贯彻实施，工业互联网标识解析应用的不断深入，基于标识解析的数据服务成为工业互联网应用的核心，闭环的私有标识及解析系统逐步向开环的公共标识及解析系统演进。工业互联网标识解析安全机制成为工业互联网应用的基础，发展安全高效的标识解析服务成为共识。

（二）平台体系

为实现数据优化闭环，驱动制造业智能化转型，工业互联网需要具备海量工业数据与各类工业模型管理、工业建模分析与智能决策、工业应用敏捷开发与创新、工业资源集聚与配置优化等一系列关键能力，这些传统工业数字化应用所无法提供的功能，正是工业互联网平台的核心。

工业互联网平台相当于工业互联网的"操作系统"，由边缘层、PaaS 层、应用层三个关键功能部分组成，起到数据汇聚、建模分析、知识复用和应用创新的作用。工业互联网的平台体系具体内容如图 4-3 所示。

1. 边缘层。提供海量工业数据接入功能，如机器人、机床等工业设备的数据接入能力，以及企业资源计划（enterprise resource planning，ERP）为代表的信息系统的数据接入能力。

提供协议解析与数据预处理功能，将接入的各类多源异构数据进行格式统一和语义解析，并进行数据剔除、压缩等操作后传输至云端。

提供边缘分析应用功能，对高实时的应用场景提供实时分析和反馈控制。

2. PaaS 层。通过云计算 PaaS 等技术提供互联网资源管理功能，并集成边云协同、大数据、人工智能等各类框架，为上层业务功能实现提供支撑。

面向海量工业数据提供数据管理能力，为上层建模分析提供高质量数据源。提供模型管理功能，对工业模型进行分类、标识、检索。

提供工业建模分析功能，融合应用仿真分析、业务流程等工业机理建模方法，以及统计分析、大数据、人工智能等数据科学建模方法，实现工业数据价值的深度挖掘分析。

3. 应用层。

（1）提供工业创新应用功能，针对研发设计、工艺优化、能耗优化、运营管理等智能化需求，构建各类工业应用软件解决方案，帮助企业实现提质、降本、增效。

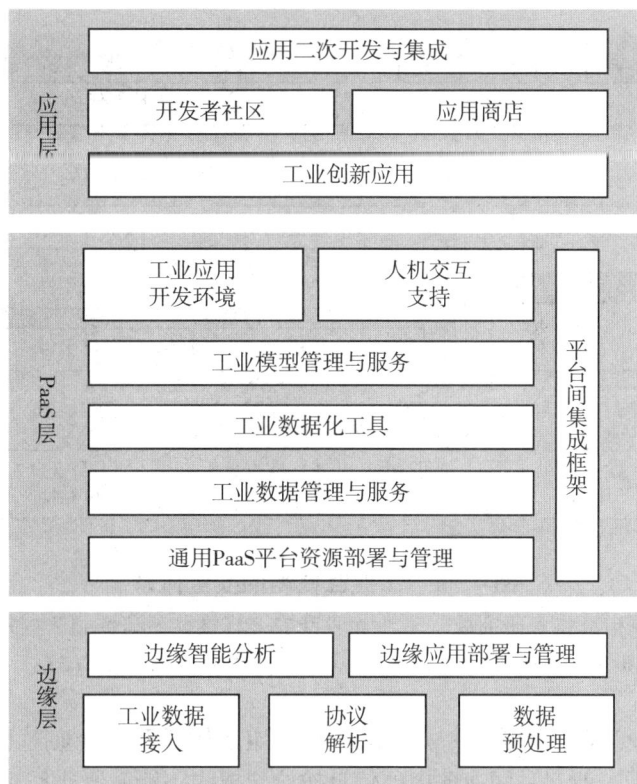

图 4 - 3 工业互联网平台体系

资料来源：吴起涤. 2023 数博会于河北正定召开，数字经济引领高质量发展——数字经济专题研究系列一 [EB/OL]. 2023 - 09 - 07. https：//pdf. dfcfw. com/pdf/H3_AP202309071598013174_1. pdf?1694109189000.

（2）提供开发者社区功能，打造开放的线上社区，提供各类资源工具、技术文档、学习交流等服务，吸引海量第三方开发者入驻平台开展应用创新。

（3）提供应用商店功能，提供成熟工业应用软件的上架认证、展示分发、交易计费等服务，支撑实现工业应用价值变现。

（4）提供应用二次开发集成能力，对已有工业应用软件进行定制化改造，以适配特定工业应用场景、满足用户个性化需求。

伴随制造业数字化转型的不断深化与新一代信息技术的加速融入，基于平台的数据智能将成为整个制造业智能化的核心驱动。平台化架构成为未来数字化系统的共性选择，促使工业软件与平台加速融合。基于平台的应用开放创新，将支撑企业快速适应市场变化和满足用户个性化需求，开展商业模式和业务形态的创新探索。

（三）安全体系

工业互联网安全体系涉及设备、控制、网络、平台、工业应用软件、数据等多方面网络安全问题，且安全问题涉及范围广、造成影响大、企业防护基础弱。为确保工业互联网健康有序发展，安全体系应具备可靠性、保密性、完整性、可用性、隐私和数据保护的特征。工业互联网安全体系具体内容如图 4 - 4 所示。

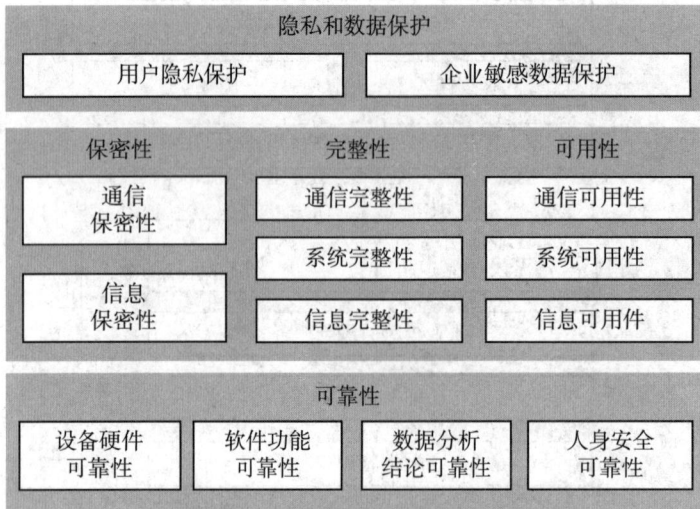

图4-4 工业互联网的安全体系

资料来源：深圳市标准技术研究院．工业互联网安全标准体系研究报告（2020版）［R］．2020．https：//www．sist．org．cn/fwzl/Biaozhun/szbzllyj/202102/P020210207545275521266．

可靠性是指工业互联网业务在一定时间内、一定条件下无故障地执行指定功能的能力或可能性。保密性是指工业互联网业务中的信息按给定要求不泄露给非授权的个人或企业加以利用的特性，即杜绝有用数据或信息泄露给非授权个人或实体。完整性是指工业互联网用户、进程或硬件组件对所发送的信息可验证其准确性，并且进程或硬件组件不会被以任何方式改变的特性。可用性是指在某个考察时间，工业互联网业务能够正常运行的概率或时间占有率期望值，可用性是衡量工业互联网业务在投入使用后实际使用的效能。

隐私和数据保护是指对于工业互联网用户个人隐私数据或企业拥有的敏感数据等提供保护的能力。伴随工业互联网在各行各业的深耕落地，安全将成为未来保障工业互联网健康有序发展的重要基石和防护中心。通过建立健全运转灵活、反应灵敏的信息共享与联动处置机制，打造多方联动的防御体系，充分处理好信息安全与物理安全，保障生产管理等环节的可靠性、保密性、完整性、可用性、隐私和数据保护，进而确保工业互联网的健康有序发展。

四、工业互联网的应用模式与应用场景

（一）工业互联网典型应用模式

工业互联网融合应用推动了一批新模式、新业态孕育兴起，提质、增效、降本、绿色、安全发展成效显著，初步形成了平台化设计、智能化制造、网络化协同、个性化定制、服务化延伸、数字化管理六大类典型应用模式。

1. 平台化设计，是依托工业互联网平台，汇聚人员、算法、模型、任务等设计资源，实现高水平高效率的轻量化设计、并行设计、敏捷设计、交互设计和基于模型的设计，变革传统设计方式，提升研发质量和效率。

2. 智能化制造，是互联网、大数据、人工智能等新一代信息技术在制造业领域加速创新应用，实现材料、设备、产品等生产要素与用户之间的在线连接和实时交互，逐步实现机器代替人生产，智能化代表制造业未来发展的趋势。

3. 网络化协同，是通过跨部门、跨层级、跨企业的数据互通和业务互联，推动供应链上的企业和合作伙伴共享客户、订单、设计、生产、经营等各类信息资源，实现网络化的协同设计、协同生产、协同服务，进而促进资源共享、能力交易以及业务配置优化。在工厂内网，进行扁平化、协议化、无线化及灵活组网等各方面的改进，实现数据在工厂的快速流动；在工厂外网，通过"IPv6 +（Internet Protocol Version 6 +）"/"智能云网"这类网络业务快速发放，智能运维快速打通和企业各工厂分支通信，提供云化业务、产品服务。

4. 个性化定制，是面向消费者个性化需求，通过客户需求准确获取和分析、敏捷产品开发设计、柔性智能生产、精准交付服务等，实现用户在产品全生命周期中的深度参与，是以低成本、高质量和高效率的大批量生产实现产品个性化设计、生产、销售及服务的一种制造服务模式。

5. 服务化延伸，是制造与服务融合发展的新型产业形态，指的是企业从原有制造业务向价值链两端高附加值环节延伸，从以加工组装为主向"制造 + 服务"转型，从单纯出售产品向出售"产品 + 服务"转变，具体包括设备健康管理、产品远程运维、设备融资租赁、分享制造、互联网金融等。

6. 数字化管理，是企业通过打通核心数据链，贯通生产制造全场景、全过程，基于数据的广泛汇聚、集成优化和价值挖掘，优化、创新乃至重塑企业战略决策、产品研发、生产制造、经营管理、市场服务等业务活动，构建数据驱动的高效运营管理新模式。

【小案例 4 – 2】

海尔 COSMOPlat 平台

海尔集团基于家电制造业的多年实践经验，推出工业互联网平台 COSMOPlat，形成以用户为中心的大规模定制化生产模式，实现需求实时响应、全程实时可视和资源无缝对接。

COSMOPlat 平台共分为四层：第一层是资源层，开放聚合全球资源，实现各类资源的分布式调度和最优匹配。第二层是平台层，支持工业应用的快速开发、部署、运行、集成，实现工业技术软件化。第三层是应用层，为企业提供具体互联工厂应用服务，形成全流程的应用解决方案。第四层是模式层，依托互联工厂应用服务实现模式创新和资源共享。

目前，COSMOPlat 平台已打通交互定制、开放研发、数字营销、模块采购、智能生产、智慧物流、智慧服务等业务环节，通过智能化系统使用户持续、深度参与到产品设计研发、生产制造、物流配送、迭代升级等环节，满足用户个性化定制需求。

洗衣机用户结合自身经历，指出当前洗衣机产品中存在内桶清洗周期短，清洗难度大等使用问题，期望能够获得一款具备更优用户体验的新式产品。

基于 COSMOPlat 平台，洗衣机用户的个性需求在众创汇平台上进行了交互，有 990 万用户、57 个设计资源参与新式产品创意设计；创意立项之后，借助开放平台引入 26 个外部专业团队，共同研发攻克技术难题；产品样机通过认证之后，利用 26 个网络营销资源和 558 个商圈进行预约销售；用户下单后，开启模块采购和智能制造，在 125 个模块商资源和

16个制造商资源的参与下，产品按需定制、柔性生产；产品下线后，通过涵盖9万辆"车小微"和18万"服务兵"的智慧物流网络，及时送达用户家里，并同步安装好。用户在使用产品的过程中，又可通过社群在免清洗的基础上持续交互，催生净水洗、无水洗（筒间）系列产品。

资料来源：26个最经典的工业互联网+人工智能案例［EB/OL］. 腾讯云网, 2018 - 08 - 10. https://cloud. tencent. com/developer/article/1182280.

（二）工业互联网应用场景

工业互联网目前已延伸至40个国民经济大类，涉及原材料、装备、消费品、电子等制造业各大领域，以及采矿、电力、建筑等实体经济重点产业，实现更广范围、更高水平的发展，形成了千姿百态的融合应用实践。

工业互联网应用场景一般可以分为生产、管理和服务三个方面。

1. 生产应用。工业互联网在生产中的应用主要包括智能制造、智能维修、智能质检三个方面。

（1）智能制造。智能制造是工业互联网应用中最为重要的场景之一。通过工业互联网，可以将生产过程中的各个环节进行数字化和智能化改造，实现生产过程的全面监测和控制。例如，工业机器人、自动化生产线、智能物流等都是智能制造的典型应用场景。

（2）智能维修。工业设备的维修是生产中非常重要的环节。通过工业互联网，可以对设备进行实时监测和预测性维修，提高设备的稳定性和可靠性。例如，通过传感器对设备的运行状态进行监测，可以提前发现设备的故障，并及时进行维修，避免了因设备故障带来的生产损失。

（3）智能质检。在生产过程中，质检是一个非常关键的环节。通过工业互联网，可以对生产过程中的各个环节进行实时监测和控制，及时发现质量问题，提高产品的质量和稳定性。例如，在生产过程中通过传感器对生产过程进行监测和控制，可以有效地避免质量问题的发生，提高产品的合格率和质量。

2. 管理应用。工业互联网在管理上的应用场景主要有智能调度、智能仓储和智能物流三个方面。

（1）智能调度。生产过程中的调度是一个非常复杂的工作。通过工业互联网，可以对生产过程进行全面的监测和控制，及时发现生产过程中的问题，并进行调度和优化。例如，通过工业互联网对生产过程进行监测和分析，可以得出最优的生产计划，并及时对生产过程进行调度，提高生产效率和灵活性。

（2）智能仓储。在生产过程中，仓储是一个非常重要的环节。通过工业互联网，可以对仓库进行实时监测和控制，提高仓库的效率和安全性。例如，通过传感器对货物进行监测，可以实时掌握货物的数量和位置，从而避免货物丢失和损坏；通过智能分拣系统，可以自动进行货物的分拣和存储，提高仓库的运作效率。

（3）智能物流。物流是生产过程中不可或缺的一部分。通过工业互联网，可以实现物流过程的全面数字化和智能化。例如，通过物联网技术对物流车辆进行监测和控制，可以提高物流的效率和安全性；通过智能调度系统，可以实现物流过程的自动化和优化，提高物流的灵活性和可靠性。

3. 服务应用。工业互联网在服务上的应用主要有智能售后、智能客服和智能营销三个方面。

（1）智能售后。在工业生产过程中，售后服务是非常重要的一环。通过工业互联网，可以实现对设备和产品的全面监测和预测性维修，提高售后服务的质量和效率。例如，通过工业互联网对设备进行实时监测和预测性维修，可以减少售后服务的时间和成本，提高售后服务的质量和满意度。

（2）智能客服。智能客服是工业互联网应用的又一个重要场景。通过智能客服系统，可以实现对客户的全面服务和支持，提高客户满意度和忠诚度。例如，通过智能客服系统对客户的问题进行自动化处理，可以提高客户的服务体验和响应速度，从而增强客户的忠诚度和满意度。

（3）智能营销。智能营销是工业互联网应用的又一个重要场景。通过智能营销，可以实现对市场需求的全面了解和分析，提高市场营销的效率和效果。例如，通过智能营销系统对市场需求进行分析和预测，可以制定出最优的市场营销策略，提高市场营销的效率和效果。

第七节 物联网

一、物联网的定义

物联网（internet of things，IoT）一词是指互联设备的集合网络，以及促进设备与云之间以及设备自身之间通信的技术。由于价格低廉的计算机芯片和高带宽电信的出现，现在已有数十亿台设备连接到互联网。也就是说，牙刷、吸尘器、汽车、机器等日常设备可以利用传感器收集数据，智能地为用户服务。

物联网将日常"事物"与互联网相结合。20 世纪 90 年代以来，计算机工程师一直在为日常用品添加传感器和处理器。但是，这项工作最初进展十分缓慢，因为芯片又大又笨重。名为射频识别（radio frequency identification，RFID）标签的低功耗计算机芯片是首个用于跟踪昂贵设备的芯片。随着计算设备尺寸不断缩小，这些芯片也越来越小，速度越来越快，并且更加智能。

将计算能力整合至小型物件中的成本如今已经大大下降。例如，可以嵌入随机存取存储器（random access memory，RAM）小于 1MB 的微控制单元（micro controller unit，MCU），例如电灯开关，从而添加语音服务连接功能。智能物件可自动与互联网进行数据往来传输。所有这些"看不见的计算设备"及与此相关的技术统称为物联网。

二、物联网的工作原理与关键技术

（一）物联网工作原理

一般的 IoT 系统通过实时收集和交换数据来运作。IoT 系统有三个构成部分：

1. 智能设备。即具有计算能力的电视、安全摄像头或运动设备等装备。智能设备从环境、用户输入或使用模式中收集数据，通过网络与 IoT 应用程序进行数据通信。

2. IoT 应用程序。IoT 应用程序是一种服务和软件集合，整合了从各种 IoT 设备接收的数据。它使用机器学习或人工智能（AI）技术来分析此数据并据此做出明智决策。这些决策会传输回 IoT 设备，然后 IoT 设备会以智能方式对输入进行响应。

3. 图形用户界面。用户可以通过图形用户界面管理 IoT 设备或设备机群。常见示例包括用于注册和控制智能设备的移动应用程序或网站。

（二）物联网关键技术

IoT 系统中使用的技术可能包括：

1. 边缘计算。是指让智能设备向 IoT 平台发送或从中接收数据以及执行其他操作的技术。它提高了 IoT 网络边缘的计算能力，减少了通信延迟并缩短了响应时间。

2. 云计算。云技术用于远程数据存储和 IoT 设备管理，可以让网络中的多个设备访问数据。

3. 机器学习。机器学习是指用于处理数据并根据相关数据做出实时决策的软件和算法。这些机器学习算法可以部署在云中或边缘。

【知识链接 4 –5】

物联网中的中间件

互联网的大规模普及，拉近了人与人之间的交流，而不同国家人与人之间的交往也变得密切起来。由于彼此使用的语言不通，为了能够互相交流，我们需要将不同种类的交流语言转换成对方可识别的信息，这就是翻译存在的理由。同样随着物联网技术在生活和行业中的大规模应用，物与物之间的相互通信与协同工作也变得密切起来，也需要这样的一个翻译，消除了千千万万不能互通的产品之间的沟通障碍，实现了跨系统的交流。这个翻译，我们叫它中间件。中间件是介于操作系统（包括底层通信协议）和各种分布式应用程序之间的一个软件层，中间件技术给用户提供了一个统一的运行平台和友好的开发环境。同时也是帮助用户减小高层应用需求与网络复杂性差异的有效解决方案，对加快物联网大规模化发展具有重要作用。

一、工业中实现智能化需要中间件

工业中，传统的工厂实现智能化升级的第一步便是设备的联网。但现状是，电子制造或者其他车间机器设备品牌和种类繁多，要实现对设备的监测过程烦琐。怎样让企业在最小的成本下，通过最有效的方式获取不同厂牌，支持不同通信协议设备的生产状态信息，并对该信息进行传输、存储、分析，从而对设备端实现远程监测控制？

其中一种处理方案是：首先通过数据采集模块对工厂里纷繁复杂的设备信息进行采集，然后采集而来的信息通过中间协议转换平台将其转换成统一可识别的通信协议。经过转换后相互可识别的数据信息再传送至后台服务器进行统一存储、分析与管理。如此，即便不同的设备来自不同的厂家，具有不同的型号，设备新旧程度不同，支持不同的通信协议也可以相互通信。

二、智能家居不同产品之间互联互通需要中间件

对于智能家居而言，不同产品之间的交互同样也是个大问题。整个智能家居系统中，包含电灯、冰箱、洗衣机、电饭煲、热水器、电视、洗衣机、窗帘等终端产品。而不同厂家的产品，可能支持不同的通信协议。有的支持 zigbee，有的支持 Wi－Fi，有的支持 Z－wave，还有的支持蓝牙，这样产品之间就没有办法互联互通。那么智能家居又是如何统一这一混乱的局面进行统一管理的呢？

目前各种不同的通信标准争相扩大市场领域，但多态发展是技术和创新的必然趋势。在通信协议标准尚不统一的情况下，可以通过智能家居网关中间件解决各类产品的通信障碍，实现智能家居行业互联互通。

三、中间件在物联网方案中的作用

中间件在物联网方案中的作用主要为屏蔽异构性。异构型表现在计算机软硬件之间的异构型，包括硬件、操作系统、数据库等。造成异构的原因多来自市场竞争、技术升级以及保护投资等因素；可以实现在物联网中实现互操作，同一个信息采集设备所采集的信息可能要供给多个应用系统，不同的应用系统之间的数据也需要相互共享和互通；另外，还可以进行数据的预处理，物联网的感知层将采集海量的信息，如果把这些信息直接输送给应用系统，那应用系统将不堪重负，应用系统想要得到的并不是原始数据，而是综合性信息。

资料来源：详解物联网的中间件：为何说它是不可或缺的？［EB/OL］．阿里云网，2018－04－20. https：//developer. aliyun. com/article/590990.

三、物联网优势与应用场景

（一）物联网优势

物联网的优势包括加速创新，提升数据利用率、提高安全性和差异化解决方案。

1. 加速创新。物联网能够使企业进行高级分析，发现新机遇。例如，企业可以收集有关客户行为的数据，从而制作针对性强的广告活动。

2. 提升数据利用率。可根据收集的数据和历史趋势来预测未来结果。例如，保修信息可以与 IoT 收集的数据结合，用于预测维护事件。可据此主动为客户提供服务，从而提升客户忠诚度。

3. 提高安全性。对数字和物理基础设施的持续监控可以优化性能、提高效率并降低安全风险。例如，可将从现场监控器中收集的数据与硬件和软件版本数据结合，自动安排系统更新。

4. 差异化解决方案。IoT 技术能够以客户为中心的方式进行部署，提高客户满意度。例如，可以及时补充热门产品，避免库存短缺。

（二）物联网应用场景

物联网的应用场景与前面多个数字技术有着紧密的联系。

1. 互联汽车。汽车等车辆可通过多种方式连接到互联网。这可以通过智能仪表盘、信息娱乐系统设置车辆连接的网关实现。它们从加速器、制动器、车速表、里程表、车轮和油箱收集数据，以监测驾驶员的表现和车辆运行状况。互联汽车用途广泛：（1）监控租赁车

队以提高燃油效率并降低成本；（3）发生车祸时自动通知朋友和家人；（4）预测车辆维护需求并防止类似需求。

2. 互联家居。智能家居设备致力于提高房屋的使用效率和安全性，并改善家庭联网能力。智能插座等设备可以监测用电量，智能温度调节器可以更好地控制温度。水耕系统可以使用 IoT 传感器管理庭院，而 IoT 烟雾感知器可以检测烟草烟雾。门锁、安全摄像头和漏水检测器等家庭安全系统可以检测和防范威胁，并向房主发出警报。家居互联设备可用于：自动关闭未在使用的设备；出租房产管理和维护；寻找放错地方的物品，例如钥匙或钱包；自动执行日常任务，如吸尘、煮咖啡等。

3. 智慧城市。IoT 应用程序提高了城市规划和基础设施维护效率。政府正在使用 IoT 应用程序来解决基础设施、健康和环境方面的问题。IoT 应用程序可用于：测量空气质量和辐射水平；通过智能照明系统降低能源成本；检测街道、桥梁和管道等关键基础设施的维护需求；高效管理车辆停放事宜。

4. 智能建筑。大学校园和商业建筑等建筑物使用 IoT 应用程序来提高运营效率。在智能建筑中，IoT 设备可用于：减少能源消耗；降低维护成本；更高效地利用工作空间。

【复习思考题】

1. 人工智能的研究领域有哪些？

2. 人工智能、机器学习与深度学习之间的差异有哪些？

3. 机器学习有哪些不同的研究类型？

4. 人工神经网络的基本结构包含哪些部分？

5. 简述常见的人工神经网络拓扑结构。

6. 区块链的核心与关键技术有哪些？

7. 简述区块链的运行过程、类型与特点。

8. 云计算的特征有哪些？

9. 云计算的服务模式、部署模式各自有哪些？彼此之间的联系和区别有哪些？

10. 云计算有哪些优点？云计算面临哪些类型的挑战，相应的对策有哪些？

11. 大数据有哪些特征？

12. 大数据分析的目标和面临的挑战有哪些？

13. 大数据对数据分析的冲击分为几个方面？

14. 大数据分析常见的应用场景包括哪些方面？

第五章

数字经济的统计测度

■ 【学习目标】

◇ 了解数字经济统计测度概念

◇ 理解数字经济规模的测度方法

◇ 了解数字经济统计测度的重点、难点

◇ 理解数字经济相关指标体系和指数构建

◇ 认识基于增长核算框架的数字经济融合产业增加值测算

◇ 认识数字经济测度未来发展

【案例导引】

如何衡量数字商品带来的价值？

虽然衡量经济生产（GDP）很重要，但如果想衡量我们的福祉，则需要一种不同的方法。经济学为我们提供了一个答案，至少在理论上如此。具体而言，消费者剩余的概念代表了人们愿意为一件商品支付的价格和我们必须支付的价格之间的差异。如果我们花 100 美元买一件衬衫，但只需要付 40 美元，那么我们就获得了 60 美元的消费者剩余。但困难之处在于很难对大规模的消费者剩余做出可靠的估计。与 GDP 不同的是，GDP 取决于我们实际为商品和服务支付的金额，可以在公司的收入报表上显示，而消费者剩余则通常不能直接被观察到。但是，正如数字革命带来了测度挑战一样，它也提供了新的测度工具。

具体而言，我们可以使用在线调查技术向成千上万的消费者询问他们的偏好，从而得到各种商品的消费者剩余的估计，包括经济统计中缺失的免费商品。在我们的研究中，提出了一种以可扩展的方式直接衡量消费者剩余的方法，即要求消费者做出选择，是继续获得某种商品，还是放弃某种商品以换取金钱补偿。为了确保消费者披露自己的真实偏好，我们执行了他们做出的选择，并给予他们经济补偿。

衡量消费者剩余的方法是一种更直接、更好地衡量消费者福祉的方法。当之前需要支付的实物商品转变为免费的数字商品时，这种方法尤其重要：对 GDP 的贡献可能会下降，但消费者的实际福祉显然会增加。《不列颠百科全书》和维基百科就是一个很好的例子。《不列颠百科全书》过去要花几千美元，而维基百科则是完全免费的，而且与《不列颠百科全书》相比有更多和更优质的文章。如果你看一下 GDP，就会发现百科全书行业正在萎缩。然而，消费者福祉增加了，是因为从维基百科获得了大量的消费者剩余。在研究中，我们发现美国消费者对维基百科赋予价值的中值大约是每年 150 美元，然而实际上他们分文未付。

资料来源：任保平，师傅，钞小静，胡仪元. 数字经济学导论［M］. 北京：科学出版社，2022：239.

第一节　数字经济测度概述

数字经济增长测算和数据生产要素统计核算问题是制定数字经济和数据生产要素发展战略与政策的重要基础性工作。2020 年 3 月，联合国统计委员会秘书处间国民账户工作组（ISWGNA）将"数据如何纳入国民账户体系"明确列入国民经济核算国际标准《国民账户体系》（SNA）研究议程。由此可见，在数字化转型背景下，数字经济和数据生产要素的测度与应用问题，从机制设计、核算理论与方法、实践应用等方面被提到了重要的研究议程。

数据是数字经济的关键生产要素，数据生产要素的统计与核算问题是数字经济统计与核算的重要基础和组成部分。目前，数字经济的概念、分类和增长测算方法，数据的概念、特征和分类，数据资产的属性、概念界定及估值方法等统计与核算问题，国内外理论研究与统计实践尚未形成共识，成为国民经济核算和政府统计领域面临的国际性和时代性难题。

一、数字经济测度的定义

对于数字经济发展水平和统计测算的探讨，国际上尚未给出统一标准。根据对数字经济界定不同，定义范围从小到大依次包括三大类：核心定义、狭义定义、广义定义。核心定义认定数字经济就是数字经济活动的核心部门，即ICT产业。狭义定义认为数字经济是利用数字工具进行经济活动，即以生产数字产品和服务为主导工作的数字部门。广义定义认为数字经济是数字化驱动产业升级产生的经济效应，即数字产业化和产业数字化，如图5-1所示。

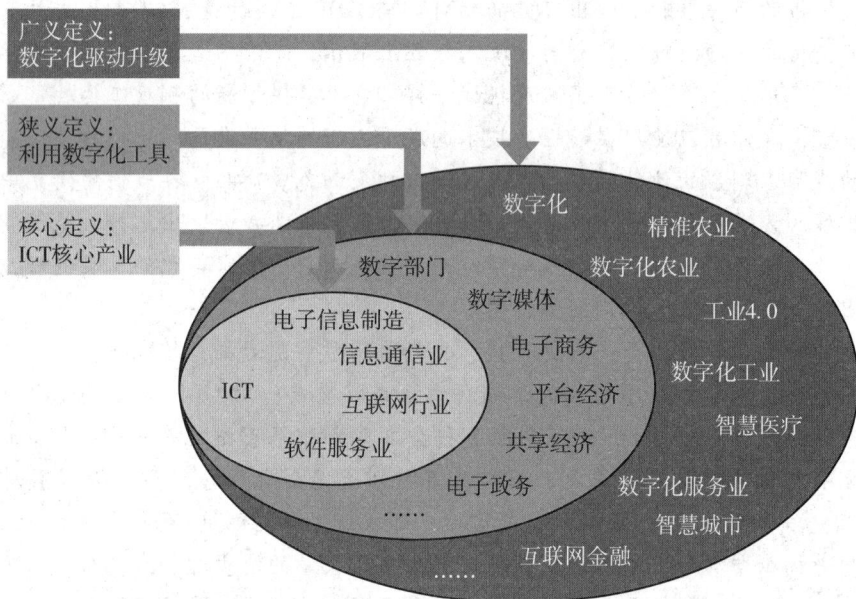

图5-1 数字经济测度的不同定义与口径

资料来源：《中国数字经济发展与就业白皮书（2019年）》系列解读之三《数字经济测算国内外方法总结》，https：//www.sohu.com/a/316822712_735021.

由于各个国家数字经济发展的实际情况不同，对数字经济的概念和范围界定的侧重点也有所不同。按核心定义和狭义定义的数字经济统称为窄口径数字经济；广义定义的数字经济也称为宽口径数字经济。数字经济受定义内涵影响，国内外组织在测算数字经济规模上存在差异。

（一）数字经济核心定义

数字经济核心定义主要包括信息与通信技术（ICT）产业。联合国《全部经济活动的国际标准产业分类》指出，ICT产业是其主要产品（ICT货物和ICT服务）旨在通过电子方式满足或实现信息加工和通信功能，涵盖传输和播放的产业集合。

数字经济核心定义测算ICT产业，结果普遍偏小。联合国、经济合作与发展组织（OECD）、麦肯锡、布鲁塞尔等机构，测算结果表明数字经济核心产业GDP占比在4.4%~6.4%，应用方法为直接利用生产法ICT增加值。联合国2017年发布《信息经济报告》，2014年全球ICT部门产品和服务GDP占比6.4%。经济合作与发展组织（OECD）发布《测算数字经济报告》，指出 2013 年 OCED 国家信息产业 GDP 占比近 6%。麦肯锡咨询公司发布报告《中国的数字化转型》，指出 2013 年中国互联网经济规模 GDP 占比为 4.4%。欧洲智库布鲁盖尔（Bruegel）发布《中国数字经济有多大》，2016 年中国 ICT 规模制造的附加值占 GDP 的 5.6%。国际数据公司 IDC 近日发布 2023 年 V2 版《全球 ICT 支出指南企业规模和行业》（*IDC Worldwide ICT Spending Guide Enterprise and SMB by Industry*）。数据显示，2022 年全球 ICT 市场总支出规模约为 4.7 万亿美元，并有望在 2027 年增至 6.2 万亿美元，五年复合增长率（CAGR）为 5.7%。2022 年我国 ICT 市场支出规模超过 5 300 亿美元。随着数字化转型和数字经济的持续发展，预计 2027 年中国 ICT 市场总支出规模将超过 7 200 亿美元，全球占比约为 11.7%，五年 CAGR 约为 6.2%。

（二）数字经济狭义定义

数字经济狭义定义包括但不仅限于 ICT 产业。国际货币基金组织（IMF）和美国经济分析局（bureau of economic analysis，BEA）基于不同侧重点，给出了狭义数字经济的概念和范围。两者的相同点在于其数字经济范畴均包括数字经济的基础部分 ICT 产业。不同点是 IMF 的数字部门界定侧重不仅在数字平台，比如谷歌（Google）、淘宝（Taobao）、脸书（Facebook），还有依赖数字平台的经济活动，包括爱彼迎（Airbnb）、优步（Uber）等共享经济活动；而 BEA 的数字经济概念范围内容更加聚焦，具体划分出数字化赋能基础设施、电子商务和数字媒体 3 个大类的数字经济产业。

值得提出的是，IMF 和 BEA 的概念和范围共同组成经济合作与发展组织（OECD）提出的主要数字经济产业，并将其划分为 6 类：数字赋能基础设施、数字化中介平台、电子零售商产业、数字内容产业、主要依赖数字中介平台的行业、其他行业。

狭义定义测算数字部门，规模相对居中。应用狭义定义测算机构包括国际货币基金组织（IMF）、美国经济分析局（BEA）、波士顿咨询公司（BCG）等，测算结果数字部门占 GDP 比重 6.5% ~ 13%。国际货币基金组织（IMF）发布《数字经济测算》员工报告，定义数字部门包括数字化活动、ICT 产品和服务、在线平台和平台支持活动，生产法加总 ICT 增加值，并利用回归结果补充遗漏部分，测算表明绝大多数国家数字部门经济附加值不到 10%。加拿大国家统计局测算的 2019 年加拿大数字经济占 GDP 比重 5.5%。美国经济分析局（BEA）发布《数字经济定义及测算》工作论文，定义数字部门包含数字基础设施、电子商务、数字媒体，利用生产法测算 2020 年数字经济占 GDP 比重 10.2%。澳大利亚国家统计局测算的 2021 年澳大利亚数字经济占 GDP 比重 6.1%。中国国家统计局和鲜祖德分别测算的中国 2020 年数字经济占 GDP 比重 7.8% 和 7.84%。

（三）数字经济广义定义

数字经济广义定义的概念和范围较广，包括狭义数字经济和通过数字技术、数字基础设施、数字服务和数据等数字投入得到显著增强的经济活动，其范围涉及国民经济各行各业。《G20 数字经济发展与合作倡议》、国家统计局和中国信息通信研究院给出的数字经济概念和范围均属于宽口径，它们均包含通过数字投入得到显著增强的经济活动。例如，国家统计局发布的《数字经济及其核心产业统计分类（2021）》对数字经济的概念界定如下：数字经济是指以数据资源作为关键生产要素、以现代信息网络作为重要载体、以信息通信技术的有效使用作为效率提升和经济结构优化重要推动力的一系列经济活动。

广义定义测算数字化赋能，规模覆盖最广。应用广义定义测算有埃森哲咨询公司、腾讯研究院、中国信通院等机构以及马克卢普和波拉特等经济学家，测算范围为数字化经济驱动产业创新升级的经济贡献。埃森哲咨询公司发布《数字化增长乘数》，测算数字经济对金融服务业、全球零售业、医疗保健业等 13 个产业的贡献，指出 2015 年中国数字经济 GDP 占比达 10.5%（测算仅包括部分产业，若测算全部产业的数字经济 GDP 占比，数值将扩大几倍）。腾讯研究院发布《中国"互联网＋"指数报告（2018）》，利用多期 GDP 季度数据、数字经济指数进行面板固定效应回归测算数字技术及活动的渗透规模，测得 2018 年数字经济规模为 32.9%。中国信通院利用数字产业化和产业数字化的定义，测算数字经济直接贡献和间接贡献，测算数据影响较广，被 G20 峰会、数字中国建设峰会等广泛引用，其发布的《全球数据经济白皮书 2023》显示，2020 年美国数字经济规模蝉联世界第一，达 17.2 万亿美元；中国位居第二，规模为 7.5 万亿美元。从占比看，英国、德国、美国数字经济占GDP 比重均超过 65%。从增速看，沙特阿拉伯、挪威、俄罗斯数字经济增长速度位列全球前三位，增速均在 20% 以上。第六届数字中国建设峰会发布的《数字中国发展报告（2022 年）》指出，2022 年我国数字经济规模达 50.2 万亿元，总量稳居世界第二，占 GDP 比重提升至41.5%，数字经济成为稳增长促转型的重要引擎。与信通院做法相类似的研究，测算 ICT 相关技术对于经济直接影响和间接影响，早在 20 世纪中期就已经开展。马克卢普利用支出法测算知识和信息生产活动对于经济影响，发现对于 GDP 贡献高达 28.5%。波拉特建立信息经济测度，借助生产法和收入法测算一级和二级信息部门，测算经济活动对于 GDP 贡献达 46.1%，被 OECD 等众多国际组织认可和应用。数字经济不同定义测算范围比较如图 5-2 所示。

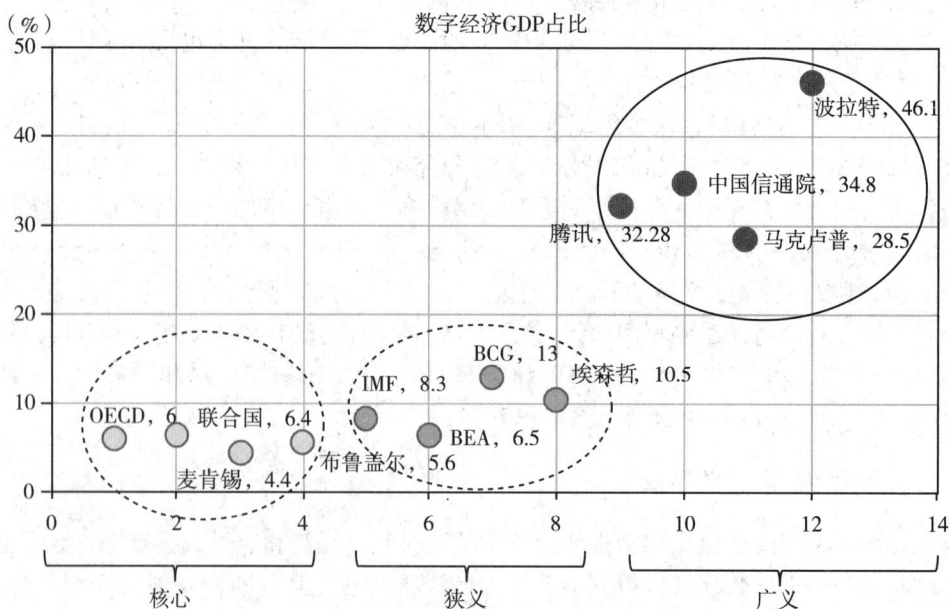

图 5-2　数字经济不同定义测算范围比较

资料来源：《中国数字经济发展与就业白皮书（2019 年）》系列解读之三《数字经济测算国内外方法总结》，https://www.sohu.com/a/316822712_735021。

【小案例 5 – 1】

Google 收购 ITA Software：数据蕴含巨大价值

随着 5G 和互联网的发展，数据类型和数据量都在加速积累，衡量数据的价值将对创新、投资、贸易和增长产生重要的影响，并且数据正在成为 AI 控制算法整体能力和准确性的核心，衡量互联网平台数据活动对衡量数据的实际市场价值具有重要意义。

例如，ITA Software 与 Farecast，ITA Software 是一个大型的机票预订网络，用于收集美国机票的详细交易数据。当 Farecast 是一家独立公司时，它从 ITA Software 购买数据并进行分析以预测机票价格。Farecast 在 2006 年被微软以 1.1 亿美元的价格收购。但是，数据所有者 ITA Software 在两年后被 Google 以 7 亿美元的价格收购。两家公司之间的收购价格差异意味着数据可能比分析功能更有价值。

此外，公司如何利用数据分析获利取决于其业务模型。Google 购买 ITA Software 时，可能已经有一项业务计划可以通过数据获利。在购买 ITA Software 三年后，Google 推出 Google Flights，该网站已成为美国最受欢迎的航班搜索在线平台。

资料来源：高晓雨，王梦梓，陈耿宇. 数字经济：统计与测度［M］. 北京：社会科学文献出版社，2022.

二、数字经济测度的主要问题

随着数字经济蓬勃发展，数字经济测度方法不断更新完善，但全世界还没有形成统一的数字经济测度方法，许多重要问题亟待解决。

现行的国民经济统计体系源自工业社会，顺应工业社会需求，在联合国、国际货币基金组织等国际组织的推动下，形成的以国民账户体系（SNA）为基础的一系列统计标准和规范，以国内生产总值（gross domestic product，GDP）核算为中心，涵盖经济、金融、财政、贸易、投资、价格等各个领域，为测度人类经济社会发展而建立的统计体系。

GDP 是测度国家或地区生产规模的主要指标，核算对象是本国或本地区常驻单位的生产成果，GDP 可能通过以下方法估算：（1）生产法：用各部门总产出的加总减去各部门中间消耗的加总得到 GDP 的数值；（2）收入法：用各部门从业人员报酬、各部门固定资产折旧、各部门生产税净额和各部门营业盈余加总的方式得到 GDP 的数值；（3）支出法：用最终消费支出、资本形成总额、政府消费和净出口加总的方式得到 GDP 的数值。

按照国民账户体系规定的范围，GDP 的测算并没有将全部生产活动包括在内。一方面，GDP 并没有将无偿提供的产品纳入核算系统；另一方面，GDP 的核算没有考虑非企业化单位和个人进行的生产活动。传统的生产统计以法人单位和个体经营户为主要调查对象。按照 GDP 的统计范围，对于数字经济的统计核算很容易造成"漏统"。例如，"免费"的数字产品比比皆是，但按照 GDP 的统计范围，这部分产品并不能统计在内。同时，在数字经济中，个人成为重要参与者，但 GDP 的调查范围并不包括个人，调查方法也很难完整地采集到个人对应的生产数据，从而导致对生产活动的低估。当前数字经济测度面临"索洛悖论"、参与者身份模糊、免费产品的统计以及价格和数量差异等几个方面的主要问题。

（一）数字经济"索洛悖论"

人类社会正在进入以数字化生产力为主要标识的新的历史阶段。以互联网、云计算、大数据等作为标志的新一代信息技术快速发展，经济社会各层面不可避免地都与信息化紧密融合，数字经济已然成为引领科技革命、产业变革和影响国际竞争格局的核心力量，并且持续为社会进步及世界经济的复苏注入新的活力。党的十九大报告指出，数字经济不断影响着世界经济发展质量变革、效率变革、动力变革，并且逐渐成为一种新的经济形态。

然而，一些学者提出质疑，认为数字经济给我们带来的影响或许并没有想象的那么大。从历史数据看，作为数字经济载体的信息通信产业在 GDP 中所占的比例不到 10%，远不如制造业等传统产业，这就是数字经济领域的"索洛悖论"。国际货币基金组织（IMF）第五届"衡量数字经济"统计论坛指出，在现有形势下，GDP 增长较为缓慢，现有宏观统计无法完全捕捉数字和被数字化提升的产品与活动所带来的增加值。"索洛悖论"折射出的正是数字经济的测度问题，即现有数字经济的测度体系并没有充分反映数字经济在经济中的主导作用以及数字经济对经济活动性质的改造。因此，基于数字经济的不断发展及其与经济社会各层面的紧密融合，衡量数字经济的影响、形成衡量数字经济的有效体系对于理解整体经济形势十分重要。

【知识链接 5 - 1】

生产率悖论

斯蒂芬·罗奇（Stephen Roach）撰文指出，在美国服务业企业中，给每个白领配备的计算机的算力在 1970 ~ 1980 年的 10 年间得到了巨大的提升，但相应的企业生产率提升微乎其微，信息化提升对经济表现的影响非常小。即在这一时期，美国企业大量的计算机设施投资并没有带来生产率的提高。在此背景下，罗伯特·索洛（Robert Solow）总结该现象为生产率悖论（又称为索洛悖论，Solow Paradox），指计算机虽然随处可见，却唯独在生产率上没有体现。

以自动取款机（ATM）为例。ATM 的应用和普及减少了许多人工的处理环节，为银行和顾客都带来了极大的便利，但却导致了银行产出和生产率指标的下降。因为在传统的统计方法中，ATM 带来的便利性并不会被统计，但是银行置办 ATM 的成本却实实在在记录在账本中。并且，与大部分经济部门一样，银行的劳动生产率是通过产出总量与雇员人数之比衡量。但是由于银行"真实产出"的总水平难以完全衡量，因此大多数传统统计方法表明，ATM 的推广应用并没有提高银行的劳动生产率。所以当对信息化建设的投入成本可以准确计算而其产出的收益难以衡量时，就不奇怪为什么信息化提升看起来是一笔"糟糕"的投资了。

资料来源：孙毅.数字经济学［M］.北京：机械工业出版社，2021.

（二）参与者身份与资产边界相对模糊

国民账户体系（SNA）区分经济活动中的生产者与消费者，明确界定了参与者的生产、消费和资产范围，通过设置不同账户对经济活动进行核算。数字经济活动的参与者身份往往无法清晰界定，这为数字经济统计核算带来了挑战。

1. 生产边界模糊，是指生产活动边界逐渐扩张，住户部门的自给性服务被越来越多地提供到市场当中。在 SNA 中，居民部门的自给性服务没有包含在核算范围内，但在数字经济时代下，数字技术使消费者角色发生变化，可能成为生产者。数字技术的普及及应用使越来越多的家庭从事或参与以往只有专门机构才能开展的生产性活动（即纳入GDP 的活动），众多数字平台可为那些非法人服务的家庭提供中介服务，并为个体经营者提供弹性的市场准入条件。很多传统的中介服务交易被个人通过网络平台提供的服务所替代，非企业化的单位与个人越来越多地成为产品供应者和价值的创造者。例如，滴滴出行能够让许多用户在工作之余利用自己的私家车运营。这些新兴活动改变了传统消费者与企业的互动方式，消费者可以更多地参与以往只有专门机构才能开展的生产性活动中。然而，由于现行统计体系对生产核算范围的界定，这些生产性活动目前并不能有效地纳入 GDP 的核算。

2. 消费边界模糊。用户部门的自给性服务也模糊了现有核算体系界定的消费边界，主要体现在两个方面。一方面，商品的使用权和所有权界限模糊，传统的消费边界不再清晰。例如，以往的就业者不再是拥有单一职业和单一收入来源的群体，而是可以利用闲暇时间选择自己擅长的工作或在家利用闲置物品获取收入；数字经济条件下失业者不再是以往定义的失业者，就业形式也不再限于传统的雇佣或全职模式，如滴滴、抖音、小红书等共享经济。

另一方面，数字生产及消费边界混乱，数字产品估值困难，价格和服务量难以确定，使得现行统计体系无法真实测度消费者交易情况。各种平台的出现促进了个人交易的进行，例如 Airbnb 等平台，租房价格的制定以及住宿期间提供的各种服务等都难以准确地度量，因此现行统计体系难以对真实的交易情况进行测度。

3. 资产边界模糊。《2008 年国民账户体系》（SNA – 2008）将数据库实际维修和建设的费用作为固定资产进行统计，然而并没有将数据本身的潜在价值列入生产资本。在数字经济时代，数据已经成为一种重要的生产要素，资产的范围进一步扩大。数据所蕴含的价值可能大大高于以往常规方法（如永续盘存法）所作的估值，数字产品使用者生成的海量数据形成大量免费数据资产，通常具有巨大的隐性价值，虽然消费者没有直接支付这些资产的费用，但消费者（提供数据）和生产者（提供免费数字服务）可通过隐性交易实现数据资产的价值。

（三）免费产品的统计核算

在现实生活中，我们无时无刻不享受着免费的数字产品带给我们的福利，如免费的搜索引擎、社交网络、音乐、视频、公众号平台、小程序和网络邮箱等。现行统计体系无法衡量免费产品为经济体所带来的全部价值。根据 SNA – 2008 的建议，GDP 的核算应基于基本价格，而现行的 GDP 核算方法不仅没有包含免费产品的价值，反而扩大了 GDP 增长和家庭福利增长之间的差距，忽视了数字经济的消费者剩余。

1. 免费产品的消费者福利。由于消费者总想为他们购买的商品尽量少支付一些，因此价格降低会使消费者的福利提高，而在不考虑负价格的情况下免费商品无疑可以使得购买者的福利最大化。可以用消费者剩余的概念来准确地衡量由于价格下降引起的消费者福利的增加。

图5-3展示了一组典型的消费者需求曲线。在实际生活中，市场往往有大量的消费者，不同消费者的支付意愿之间的差别非常小，每一位消费者的退出引起的需求曲线的变化也非常小，当这种消费者退出导致的变化足够小时，需求曲线就变成了一条平滑的曲线。因此，图5-3中的需求曲线是向右下方倾斜的平滑曲线，消费者剩余是需求曲线和价格线围成的总面积。

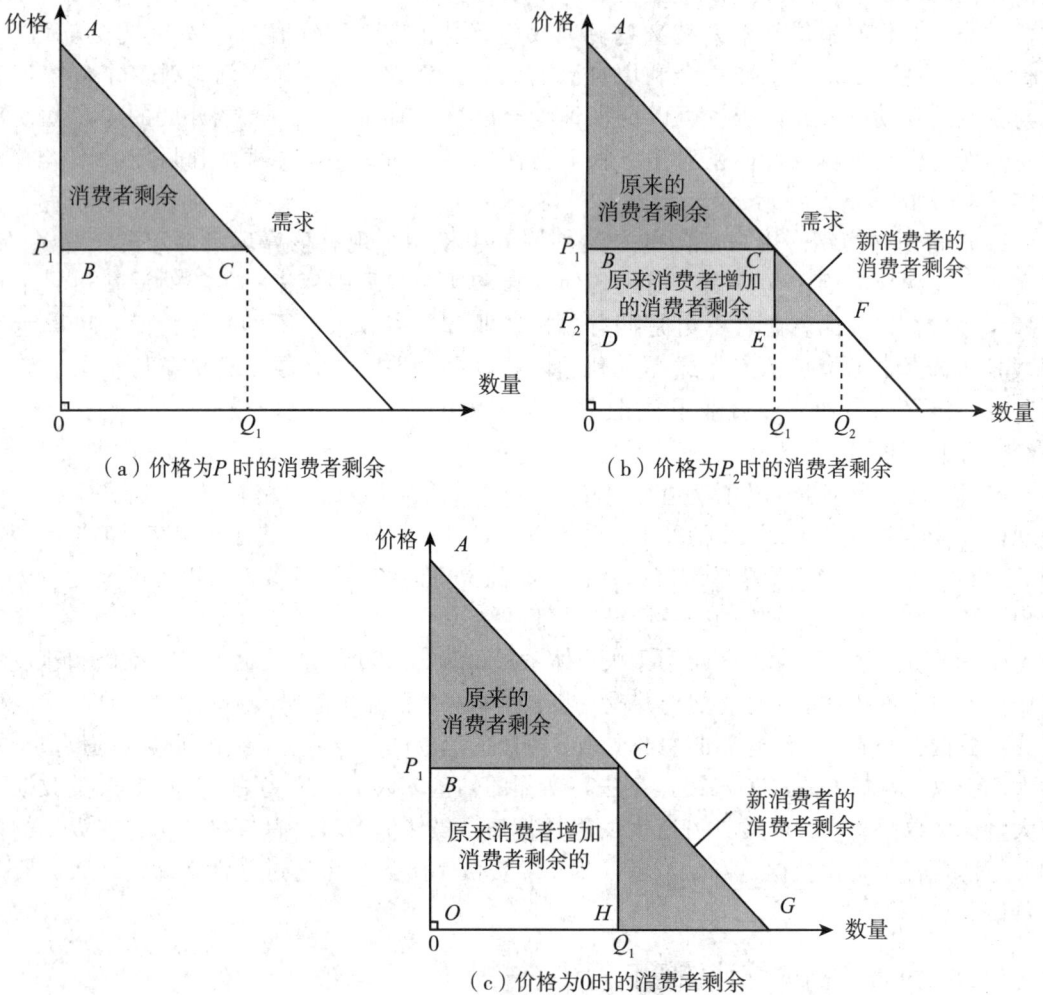

（a）价格为P_1时的消费者剩余　　　　（b）价格为P_2时的消费者剩余

（c）价格为0时的消费者剩余

图5-3　价格影响消费者剩余分析

在图5-3（a）中，商品价格在P_1时，消费者剩余是三角形ABC的面积。在图5-3（b）中，当商品价格从P_1降到P_2时，消费者剩余等于三角形ADF的面积。其中，由价格下降引起的消费者剩余的增加是四边形$BCFD$的面积，这其中包含了两部分新增消费者剩余：一部分是那些原来以较高价格P_1购买Q_1数量商品的消费者由于现在支付的减少而得到利益，消费者剩余增量是这部分消费者减少的支付量，即矩形$BCED$的面积；另一部分是由于价格降低吸引新的消费者进入市场，愿意以降低后的价格来购买该商品，这导致市场需求从 Q_1 增加到了 Q_2，这些新进入的消费者带来的消费者剩余增量是三角形 CEF 的面积。

对于免费商品而言，如图 5 - 3 (c) 所示，当商品价格从 P_1 降到 0 的时候，消费者剩余等于三角形 AOG 的面积。而此时免费商品带来的消费者剩余的增加是四边形 $BCCO$ 的面积，同样也是由原有消费者减少的支付量（矩形 $BCHO$ 的面积）和新进入市场的消费者增加的购买量（三角形 CHG 的面积）。

2. 免费产品的价值测算。腾讯的微信 App 就是一款向用户提供免费互联网服务的软件。作为一款主流的社交软件，微信已经成为人们日常联络甚至学习工作必不可少的工具，为我们带来了极大的便利。微信免费提供给用户使用，通过聚焦用户流量，为化妆品、金融、游戏等各行各业的产品或服务生产商带来用户，并通过广告等业务获得利润。这种新型的盈利模式改变了直接利用产品销售收入弥补生产经营成本的盈利机制，使得免费产品的生产隐藏在企业盈利模式的创新架构中，现有的生产统计未能将其充分反映出来，从而低估了其价值。此外，互联网平台向居民提供免费产品，也导致居民关于这些服务的消费被忽略或者被严重低估，而且相应的居民可支配收入也被忽略或者被严重低估。某些免费产品给用户个人所带来的价值显然与其价格不符，我们可以通过测算用户愿意为付出的金钱来直观地感受其为用户带来的价值，即如果使一个微信用户在一段时间内不使用微信，那么他愿意为其支付出多少金钱。

在国外的研究中，麻省理工学院斯隆管理学院的埃里克·布莱恩约弗森（Erik Brynjolfsson）教授带领的团队所提出的 GDP - B 衡量方法从福利角度衡量数字经济的贡献，尤其包含了免费产品所带来的福利。为计算消费者剩余，研究者设计激励相容实验，要求参与者在一定时间内不使用脸书来换取相应报酬，发现脸书对于 GDP - B 的贡献 0.05% ~ 0.11%。简单来说，GDP - B 的核心方法通过消费者放弃一件免费的数字商品所愿意付出的代价计算出消费者剩余，并以此来估计免费商品的价值。

3. 价格指数质量调整。技术进步带来的价格指数质量调整的问题，对价格统计是一种挑战。不对因质量变化引起的价格变动进行调整会导致价格指数发生高估，从而导致核算的不变价 GDP 和实际经济增长率被低估。现有消费者价格指数（consumer price index，CPI）编制方法无法反映出数字产品对生活成本的影响。

（1）数字产品和服务的产品质量的提升难以有效测度。如摩尔定律所描述的那样，在 ICT 产品和服务质量不断提升的前提下，其价格却持续下降。但是基于价格编制的 CPI 指数难以体现这一趋势。

（2）免费和廉价的数字产品常常作为其他非数字产品的替代品，允许消费者以更少的成本实现相同的功能。例如，手机的功能提升并没有带来手机价格的变动，但却减少了对日历、字典、报纸等大量其他非数字产品的消费。单从手机价格的变动上看，CPI 难以准确反映数字产品对其他产品支出的影响。

（3）电子商务、搜索引擎等数字应用大幅降低了搜索成本，但部分价值难以在 CPI 反映出来。

因此，现有的 CPI 指数从数字经济层面上可能无法反映价格真实变动水平。此外，产品质量调整是价格统计中的一个重要环节，但目前仅部分国家尝试了对软件质量进行调整，多数国家没有考虑。

三、数字经济统计范围

（一）BEA 的数字经济统计范围

对数字经济的范围进行明确的界定是数字经济统计核算工作的首要步骤。2018 年，BEA 在《数字经济定义和测度》（*Defining and Measuring the Digital Economy*）中发布了美国数字经济统计核算框架体系。BEA 并未给出数字经济的具体定义，而是直接采用分类的方法对其进行范围界定。BEA 基于互联网及 ICT 角度对数字经济的统计范围进行了界定，并指出数字经济包含主要基于互联网及相关 ICT 的经济活动，具体包括以下三个方面：（1）数字化基础设施（Digital-enabling Infrastructure），指支撑计算机网络与数字经济存在以及运行的基础物理材料和组织结构，是数字经济的基础；（2）电子商务（e-commerce），指基于计算机网络进行的买卖交易活动；（3）数字媒体（digital Media），指用户创建和访问的数字内容。

BEA 对数字产业的划分如表 5 - 1 所示。

表 5 - 1　　　　　　　　　　　BEA 对数字经济产业的分类

大类	小类	注释
数字化基础设施	计算机硬件	构成计算机系统的物理元件，例如，显示器、硬盘、无线通信设备等
	计算机软件	计算机程序以及其他利用设备（如个人电脑和商业服务器）可操作的信息。包括商业软件和企业内部出于自身使用目的的开发的软件
	通信设备与服务	通过电缆、电话或卫星等方式远距离传输信息所需的设备及服务
	支持数字经济运行的建筑	数字经济生产者提供数字货物和服务所需的建筑物以及数字产品
	物联网	支持互联网的设备，比如通过嵌入式硬件可以连接到网络并互相交流的电器、机器、汽车等
	支持服务	数据基础设施的支持服务，包括数据咨询服务以及相关计算机维修服务
电子商务	B2B 电子商务	企业与企业之间使用互联网或者其他电子途径进行的交易。生产商、批发商以及其他生产最终消费产品和服务的行业从事的企业间或企业内的电子商务
	B2P 电子商务	使用互联网和其他电子途径进行的企业与消费者之间的交易，又称零售电商
	P2P 电子商务	共享经济，又名平台支持的电商，是基于数字应用工具进行的消费者与消费之间的交易。包括但不限于行车调度、住宿租赁、快递服务、景观美化、食品外卖、消费者租赁、家政清洁服务

续表

大类	小类	注释
数字媒体	销售型数字媒体	企业向用户出售的直接收费的数字产品
	免费数字媒体	一些公司向消费者免费提供数字媒体服务，比如 YouTube 和 Facebook，通常企业会通过刊载广告获利
	大数据销售媒体	一些企业把生产大数据集作为它们的业务之一，利用数字媒体收集消费者偏好与行为，进而依托出售这些信息而获得

（二）中国国家统计局的统计范围

2021年6月，国家统计局出台《数字经济及其核心产业统计分类（2021）》（国家统计局令第33号）作为衡量数字经济发展水平的重要统计标准。该分类界定了数字经济及其核心产业统计范围，为全面统计数字经济发展规模、速度、结构，满足社会各界对数字经济的统计需求奠定了基础。

对数字经济的界定是数字经济产业分类的基础和前提。在中国的数字经济产业分类中，对数字经济做了如下界定：数字经济是指以数据资源作为关键生产要素、以现代信息网络作为重要载体、以信息通信技术的有效使用作为效率提升和经济结构优化的重要推动力的一系列经济活动。在以上定义中，数字经济紧扣三个要素，即数据资源、现代信息网络和信息通信技术，这三个要素缺一不可。

数字经济产业分类从"数字产业化"和"产业数字化"两个方面，确定了数字经济的基本范围，将其分为数字产品制造业、数字产品服务业、数字技术应用业、数字要素驱动业、数字化效率提升业5个大类（见表5-2）。

表5-2 　　　　　　　　　数字经济及其核心产业统计分类（2021年）

大类	小类	注释
数字产品制造业	计算机制造	计算机整机制造、计算机零部件制造、计算机外围设备制造、工业控制计算机及系统制造、信息安全设备制造、其他计算机制造
	通讯及雷达设备制造	通信系统设备制造、通信终端设备制造、雷达及配套设备制造
	数字媒体设备制造	广播电视节目制作及发射设备制造、广播电视接收设备制造、广播电视专用配件制造、专业音响设备制造、应用电视设备及其他广播电视设备制造、电视机制造、音响设备制造、影视录放设备制造
	智能设备制造	工业机器人制造、特殊作业机器人制造、智能照明器具制造、可穿戴智能设备制造、智能车载设备制造、智能无人飞行器制造、服务消费机器人制造、其他智能设备制造

大类	小类	注释
数字产品制造业	电子元器件及设备制造	半导体器件专用设备制造、电子元器件与机电组件设备制造、电力电子元器件制造、光伏设备及元器件制造、电气信号设备装置制造、电子真空器件制造、半导体分立器件制造、集成电路制造、显示器件制造、半导体照明器件制造、光电子器件制造、电阻电容电感元件制造、电子电路制造、敏感元件及传感器制造、电声器件及零件制造、电子专用材料制造、其他元器件及设备制造
	其他数字产品制造业	记录媒介复制，电子游戏游艺设备制造，信息化学品制造，计算器及货币专用设备制造，增材制造装备制造，专用电线、电缆制造，光纤制造，光纤制造，工业自动控制系统装置制造
数字产品服务业	数字产品批发	计算机、软件及辅助设备批发，通讯设备批发，广播影视设备批发
	数字产品零售	计算机、软件及辅助设备零售，通讯设备零售，音像制品、电子和数字出版物零售
	数字产品租赁	计算机及通讯设备经营租赁、音像制品出租
	数字产品维修	计算机和辅助设备修理、通讯设备修理
	其他数字产品服务业	
数字技术应用业	软件开发	基础软件开发、支撑软件开发、应用软件开发、其他软件开发
	电信、广播电视和卫星传输服务	电信、广播电视传输服务，卫星传输服务
	互联网相关服务	互联网接入及相关服务、互联网搜索服务、互联网游戏服务、互联网资讯服务、互联网安全服务、互联网数据服务、其他互联网相关服务
	信息技术服务	集成电路设计，信息系统集成服务，物联网技术服务，运行维护服务，信息处理和存储支持服务，信息技术咨询服务，地理遥感信息及测绘地理信息服务，动漫、游戏及其他数字内容服务，其他信息技术服务
	其他数字技术应用业	三维（3D）打印技术推广服务、其他未列明数字技术应用业
数字要素驱动业	互联网平台	互联网生产服务平台、互联网生活服务平台、互联网科技创新平台、互联网公共服务平台、其他互联网平台
	互联网批发零售	互联网批发，互联网零售
	互联网金融	网络借贷服务、非金融机构支付服务、金融信息服务
	数字内容与媒体	广播、电视、影视节目制作、广播电视集成播控、电影和广播电视节目发行、电影放映、录音制作、数字内容出版、数字广告

大类	小类	注释
数字要素 驱动业	信息基础 设施建设	网络基础设施建设、新技术基础设施建设、算力基础设施建设、 其他
	数据资源 与产权交易	数据资源与产权交易
	其他数字要素 驱动业	
数字化 效率提升业	智慧农业	数字化设施种植、数字林业、自动化养殖、新技术育种、其他智慧 农业
	智能制造	数字化通用、专用设备制造、数字化运输设备制造，数字化电气机 械、器材和仪器仪表制造，其他智能制造
	智能交通	智能铁路运输、智能道路运输、智能水上运输、智能航空运输、其 他智能交通
	智慧物流	智慧仓储、智慧配送
	数字金融	银行金融服务、数字资本市场服务、互联网保险、其他数字金融
	数字商贸	数字化批发、数字化零售、数字化住宿、数字化餐饮、数字化租赁、 数字化商务服务
	数字社会	智慧教育、智慧医疗、数字化社会工作
	数字政府	行政办公自动化、网上税务办理、互联网海关服务、网上社会保障 服务、其他数字政府
	其他数字化 效率提升业	数字采矿，智能化电力、热力、燃气及水生产和供应，数字化建筑 业，互联网房地产业，专业技术服务业数字化，数字化水利、环境 和市政设施管理，互联网居民生活服务，互联网文体娱乐业

资料来源：国家统计局．数字经济及其核心产业统计分类（2021）［R］．2021-05-27.

　　1. 数字产业化。前四大类为数字产业化部分，即数字经济核心产业，是指为产业数字化发展提供数字技术、产品、服务、基础设施和解决方案，以及完全依赖于数字技术、数据要素的各类经济活动，对应于《国民经济行业分类》中的 26 个大类 68 个中类 126 个小类，是数字经济发展的基础。

　　其中数字产品制造业提供数字经济发展所需的各类元件、设备、机器人等硬件设备和光纤电缆等通信基础设施。数字产品服务业为数字产品提供流通及维修维护服务。数字技术应用业提供数字经济发展所需的软件产品、信息通信技术服务和信息传输服务。数字要素驱动业为产业数字化发展提供基础设施和解决方案，如信息基础设施建设；还包括已经高度数字化的传统产业，如互联网批发零售、互联网金融、数字内容与媒体等。

　　2. 产业数字化。第 5 大类产业数字化部分，是指应用数字技术和数据资源为传统产业带来的产出增加和效率提升，是数字技术与实体经济的融合。该部分涵盖智慧农业、智能制造、智能交通、智慧物流、数字金融、数字商贸、数字社会、数字政府等数字化应用场景，对应于《国民经济行业分类》中的 91 个大类 431 个中类 1 256 个小类，体现了数字技术已经并将进一步与国民经济各行业深度渗透和广泛融合。

数字产业化和产业数字化具有互补性。以制造业为例，数字产品制造业是指支撑数字信息处理的终端设备、相关电子元器件以及高度应用数字化技术的智能设备的制造；属于"数字产业化"部分，包括计算机制造、通讯及雷达设备制造、数字媒体设备制造、智能设备制造、电子元器件及设备制造和其他数字产品制造业。智能制造是指利用数字孪生、人工智能、5G、区块链、VR/AR、边缘计算、试验验证、仿真技术等新一代信息技术与先进制造技术深入融合，旨在提高制造业质量和核心竞争力的先进生产方式；属于"产业数字化"部分，主要包括数字化通用、专用设备制造，数字化运输设备制造，数字化电气机械、器材和仪器仪表制造，其他智能制造。数字产品制造业和智能制造是按照《国民经济行业分类》划分的制造业中数字经济具体表现形态的两个方面，互不交叉，共同构成了制造业中数字经济的全部范围。

标准是世界通用语言。统计标准是关于统计指标、统计对象、计算方法、分类目录、调查表式和统计编码等的统一技术要求，是确保统计数据真实准确、可比可靠的重要保障，是统计工作的重要基础。统计标准的研制需要开展大量深入细致的理论研究和调研实践，需要广泛征求相关部门和各方专家意见，需要进行充分的讨论审议和反复的修改完善，是一个非常严谨、周密、复杂的过程。

统计标准需要尽量保证科学性、全面性、前瞻性和可操作性。中国数字经济产业分类具有以下特点：

1. 全面性。数字经济产业分类从"数字产业化"和"产业数字化"两个方面，分别从经济社会全行业和数字产业化发展领域，确定数字经济及其核心产业的基本范围。同时，准确把握中国数字经济发展客观实际，涵盖了与数字技术存在关联的各种经济活动。

2. 可比性。数字经济产业分类充分借鉴了经济合作与发展组织和美国经济分析局关于数字经济分类的方法，遵循两者在分类中的共性原则，是具有国际可比性的数字经济产业统计分类。

3. 可行性。数字经济产业分类立足现行统计制度和方法，聚焦数字经济相关实物量和价值量指标需求，充分考虑数字经济产业活动数据的可获得性，全面、准确反映数字经济发展状况。数字经济产业分类在最大程度上对应中国国民经济行业分类中的全行业，以便能够基于现有数据资料或者通过适当补充调查后的所得资料进行统计测算。

第二节　数字经济测度的直接法：数字经济增加值核算

一、以增加值为思路的数字经济测算法的困难之处

运用国内生产总值（GDP）核算中的生产法测算数字经济核心产业增加值。现有的研究大部分遵循了"先界定数字经济范围，再核算增加值"的思路，在确定数字经济核心产

业统计分类的基础上，充分运用现有投入产出表、经济统计年鉴等数据，对数字经济核心产业的各行业增加值进行测算并加总，对于部分既包含数字经济核心产业也包括非数字经济核心产业的行业，可借助经济普查等详细统计数据，运用主营业务收入占比间接测算行业数字经济调整系数。数字经济核心产业增加值是 GDP 的一部分。美国经济分析局、澳大利亚统计局等均运用这种方法对本国数字经济核心产业增加值进行测算。为观测数字经济核心产业增加值增长水平，需借助数字经济核心产业的各行业相关价格指数对其进行不变价折算，加总得到不变价数字经济核心产业增加值，以观察剔除价格因素的数字经济核心产业实际增长水平。

数字经济作为一个新兴的经济类别，如何被认识和统计成为一个迫切需要研究的课题。2018 年底，G20 发布了《数字经济测算工具箱》，收录 G20 主要国家和国际组织的数字经济核算经验与举措，总结出目前存在的 30 多个测量指标和方法。相比数字经济测算的对比法，数字经济测算的直接法探索要困难得多。数字经济测算的直接法，即在界定范围下，统计或估算出一定区域内数字经济的规模体量。虽然目前全球重要国家和国际组织都积极探索数字经济规模的核算方法，其中以 G20、联合国贸易和发展会议、国际货币基金组织、OECD 以及中美两国为主要代表，但是目前只有中国、美国等少数几个国家的官方或半官方机构发布了数字经济总量测算值。

为什么数字经济规模核算如此困难？原因在于传统国民核算的核心在于生产的规模，其核算主要有三种方法，即生产法（从新生产的角度）、支出法（从最终使用的角度）、收入分配法（从收入角度）。作为工业经济时代最佳衡量指标的 GDP，在数字经济时代则略显不足。Bean 认为，传统 GDP 核算方法侧重于衡量有形制造产品，因此不再适应数字化变革引起的经济模式变化。

OECD 于 2012 年发布报告《OECD 互联网经济展望（2012）》，将数字经济的测度方式归纳为三类。（1）重视互联网消费中的消费者盈余与社会福利等的影响。此类方法着重参考互联网对经济的间接影响，OECD 深入研究了消费者盈余等经济现象对社会经济增长、福利增加等间接关系的贡献。（2）重视互联网对一二三产业的连锁影响等。该方法侧重于度量互联网渗透到国民经济各行业，因此其测度与生产率、GDP 的增长有直接关系。（3）将互联网经济规模作为 GDP 增加值的一部分。于是对于数字经济的直接法，核心是将数字经济纳入国民经济核算体系，具体有以增加值为思路的数字经济测算和建立数字经济卫星账户两种方法。

二、以增加值为思路的数字经济测算法

弗里茨·马克卢普开创了测算知识经济与信息经济增加值的先河。美国经济分析局（BEA）、澳大利亚统计局等各国政府机构都基于本国数据对数字经济增加值及对经济的贡献进行了测算研究。

美国商务部下属的美国经济分析局在国民经济核算框架下对数字经济进行界定和核算，其对数字经济的定义主要以互联网和 ICT 为基础。虽然并非所有的 ICT 产品都完全属于数字经济，但 ICT 部门与数字经济在很大程度上是重合的。在参考 OECD 关于 ICT 和数字经济统计核算有关工作的基础上，美国经济分析局将数字经济分为三部分：（1）数字基础设施，

包括计算机硬件、软件、通信设备和服务、物联网、从事数字经济生产活动所需的建筑物以及其他支持服务（如咨询服务和计算机维修服务）；（2）电子商务，包括 B2B、B2C 和 P2P 三种电子商务交易类型；（3）数字媒体，包括付费数字媒体服务、免费数字媒体服务和大数据媒体服务。美国经济分析局在供给使用框架下核算数字经济，最终核算出数字经济的产出、增加值、劳动者报酬、就业等指标。澳大利亚统计局借鉴美国经济分析局的测算方法，对澳大利亚数字经济增加值及其对整体经济的贡献程度进行测度。

中国信息化百人会、腾讯研究院、波士顿咨询公司和艾瑞咨询公司等机构也在不断探索中国数字经济增加值规模的测算方法。中国目前最主流的数字经济增加值测算方式，是中国信息通信研究院采用的测算方法，该方法被纳入 G20《数字经济测算工具箱》。中国信息通信研究院把数字经济分为数字产业化和产业数字化两部分：（1）数字产业化增加值测算方法：数字产业化包括电子信息制造业、基础电信业、互联网行业、软件服务业等信息产业，数字产业化部分增加值按照国民经济统计体系中各个行业的增加值进行直接加总。（2）产业数字化增加值测算方法：产业数字化部分则是通过增长核算模型 KLEMS 进行测算，主要将生产要素划分为 ICT 资本和非 ICT 资本，把不同传统产业产出中数字技术的贡献部分剥离出来，对各个传统行业的此部分加总计算数字经济总量。但中国信息通信研究院在统计测算中使用的投入—产出表与其他国家存在差异，没有国家层面的可比性。鉴于中国信息通信研究院测算这一缺陷，许宪春和张美慧在确定数字经济范围后，借鉴美国经济分析局的数字经济核算方法，对中国数字经济增加值与总产出等指标进行测算，形成与美国、澳大利亚两国的对比分析，便于客观评判中国与美国、澳大利亚数字经济发展的差异。

除此之外，中国政府和学者也采取了多种核算方法对数字经济测度进行探索研究。中国社会科学院数字经济与技术经济研究所从数字经济的渗透性、替代性和协同性等技术经济特征出发，将数字经济分为两部分：一是与数字技术直接相关的特定产业部门，即"数字产业化"部分；二是融入数字元素后的新经济、新模式、新业态，即 ICT 渗透效应带来的"产业数字化"部分。于是前者"数字产业化"的增加值通过传统的生产法、支出法进行核算；后者"产业数字化"的增加值难以直接测算，将其分为 ICT 替代效应和 ICT 协同效应两部分，按照"先增量后总量，先贡献度后规模"的原则，将数字部门以外的传统产业划分为 17 个细分行业，将增长核算、计量分析等定量工具相结合，进行分行业测算。蔡跃洲和张钧南依托 Jorgenson 及 OECD 的增长核算框架，遵循"先增量后总量，先贡献度后规模"的思路构建了立足中国实际的数字经济核算框架。

三、建立数字经济卫星账户

由于数字经济规模测度的困难，一些国家正在尝试用卫星账户来测度数字经济。卫星账户作为一种附属账户，用来衡量那些在国民经济核算体系中没有或不能作为一个独立产业部门的产业规模的核算体系。

1993 年，SNA 引入了卫星账户的概念，指出对于那些直接纳入中心框架会使统计核算内容受到一定限制的特殊活动，可通过建立卫星账户对其进行全面描述。卫星账户是传统国民经济核算的辅助统计账户，通常用于分析国民经济运行中的特殊领域，通过构建卫星账户的方法可对特殊形态的经济模式及相关产业的运行状况进行专门的统计监测与分析，其核算结果是传统宏观经济统计数据的有效补充。

数字经济交易活动的发生可能同时涉及国民经济的一二三产业。构建数字经济卫星账户（digital economy satellite account，DESA）可以从更全面的视角阐释数字经济的发展路径，探究数字经济与国民经济其他行业之间的互动机制，更加系统地测度数字经济的发展规模及其对宏观经济的贡献程度。

DESA 作为当前国际组织与发达国家正在积极推广的一类卫星账户，与旅游卫星账户（TSA）、环境经济核算体系（SEEA）等的功能相似，是在国民经济核算中心框架外，按照国际统一的国民账户的概念和分类要求单独设立的、能够反映数字经济规模及其对宏观经济贡献的账户体系，是对国民经济核算体系中心框架的有机拓展。

目前，国际上对 DESA 的构建研究尚处在初期探索阶段，做出比较前沿研究的国际组织是 OECD。OECD 构建的数字经济卫星账户提供了对数字经济核算非常有价值的信息，即围绕数字交易的类型对数字经济进行核算，而不是紧紧围绕数字产品或数字产业。下面分别介绍 OECD 数字经济测度框架和卫星账户的构建方法。

（一）数字经济测度框架

2018 年，OECD 在其构建的数字经济维度框架下构建了数字经济概念框架，如图 5 - 4 所示。

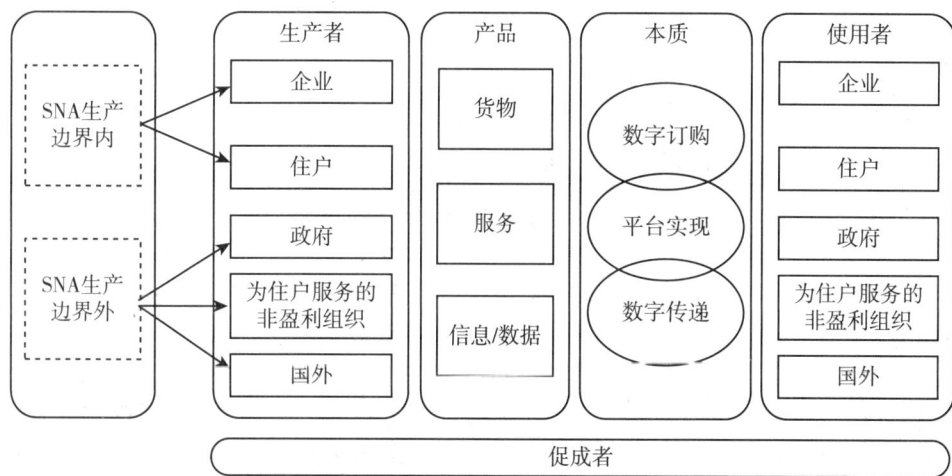

图 5 - 4　OECD 构建的数字经济概念框架

资料来源：孙毅．数字经济学［M］．北京：机械工业出版社，2021：148．

依据这个框架，OECD 确定了数字经济的各个维度，包括生产边界、数字经济参与者、产品和交易的本质，并通过交易的本质这一维度确定了数字经济的测度范围。OECD 主张通过交易的性质来界定一项经济活动是否属于数字经济，即一个经济交易，只要满足数字订购、平台实现或数字传递其中任何一项，便属于数字经济的范畴。

数字订购（digitally ordered），近似于电子商务，但 OECD 规定只要产品或服务是通过这些方式订购的即可计算在内，产品或服务的付款和最终交付不必在网上进行。平台实现（platform enabled），通过数字中介平台购买的产品或服务。数字传递（digitally delivered），以网络流量下载的形式来进行交付的产品或服务，如软件、电子书、数据和数据库服务。

（二）卫星账户的构建方法

构建数字经济卫星账户的一般框架如图 5-5 所示。

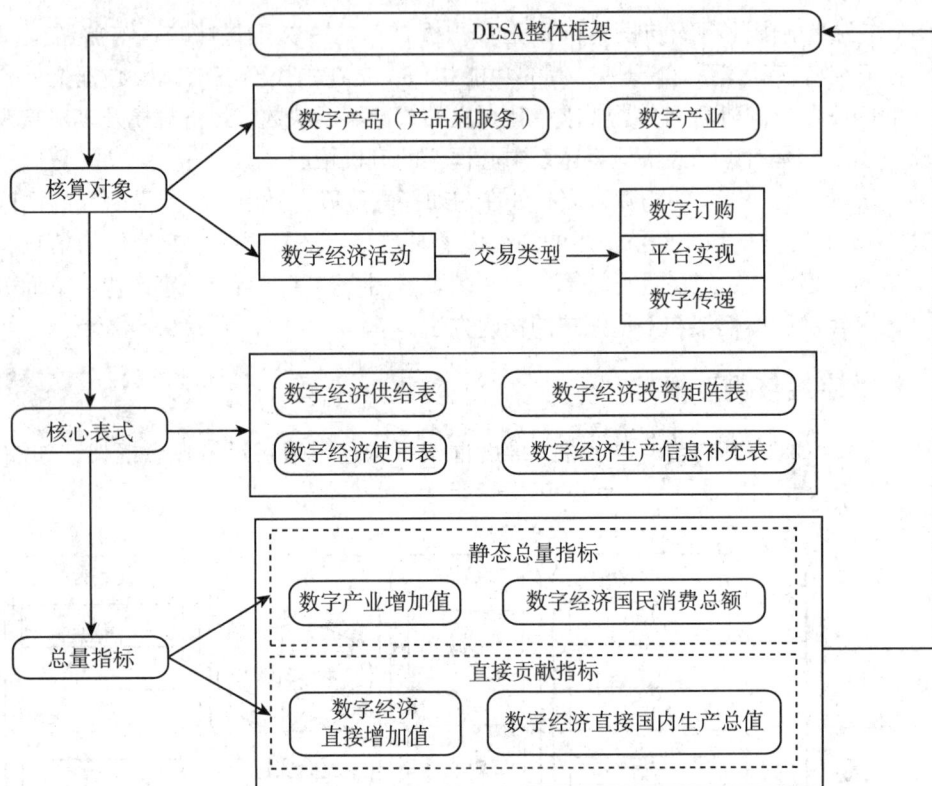

图 5-5 数字经济卫星账户的整体框架

资料来源：孙毅. 数字经济学 [M]. 北京：机械工业出版社，2021：149.

供给—使用表是构建卫星账户的重要基石，能够展示产业之间的互动关系以及互相提供的资本投入及其使用情况，呈现出的是全面平衡的经济统计表。供给—使用表的核心内容是两个基本的国民账户表格，分别是"供给表"与"使用表"。除此之外，数字经济投资矩阵表与数字经济生产信息补充表也是数字经济卫星账户中不可或缺的表式。通过编制数字经济供给表与数字经济使用表，得到数字经济总产出与数字经济中间投入数据，进而能够对数字经济直接总增加值等总量指标进行核算；通过编制数字经济投资矩阵表，能够获得数字经济资本形成总额等总量指标数据；数字经济生产信息补充表的编制，则是为数字经济运行中特殊交易情况（包括"免费"数字内容产品交易）的相关总量指标核算做铺垫。

数字经济供给—使用表在经济总体的标准供给—使用表的基础上编制。在编制数字经济卫星账户各表时，需要确定数字经济的核算范围、产品的分类以及产业的分类。

数字经济的核算范围。在前面已经介绍 OECD 对数字经济构建的概念框架，即通过交易的性质来界定一项经济活动是否属于数字经济。因此，交易的性质是编制数字供给—使用表的主导原则，即一个经济交易只要满足数字订购、平台实现或数字传递其中任何一项，便属于数字经济。

数字产品的分类。基于标准供给—使用表的产品分类，数字经济供给—使用表额外列出5个单独的产品类：数字产品、数字服务（除云计算服务和数字中介服务外）、云计算服务、数字中介服务与产品以及免费数字服务。

【小案例 5-2】

OCED 划分的 6 个数字产业分类

OCED 对相关数字行业进行了概念上的区分，按照数字经济的核心活动将企业划分为以下6个不同的类别：

1. 数字驱动行业。类似于国际标准产业分类中的 ICT 产业，该产业所生产的产品旨在通过传输和显示等电子方式实现信息处理和通信的功能，具体包括 ICT 制造业、ICT 服务业和 ICT 贸易行业。

2. 数字中介平台。可通过中介的服务性质来识别（如住宿数字中介平台、交通数字中介平台等）。

3. 电子零售商。电子零售商是通过网络等信息通信技术手段直接向消费者销售产品的企业集合。

4. 依赖中介平台的行业。包括那些在很大程度上依赖于中介平台开展活动的企业。

5. 其他数字业务行业。包括基于网络的搜索引擎、社交网络和协作平台（如 YouTube、维基百科等），以及提供订阅基础内容的数字业务（如 Spotify、Netflix 等）。

6. 其他行业。包括前五个类别中未涵盖的所有其他数字经济相关企业，以保证数字经济维度的完整性。

资料来源：孙毅．数字经济学［M］．北京：机械工业出版社，2021.

数字经济卫星账户的核心表包括数字经济供给表、数字经济使用表、数字经济投资矩阵表和数字经济生产信息补充表。

数字经济供给表用来记录国内生产以及进口的产品，根据 OECD 的建议，供给表只列出数字经济产品通过数字订购、平台实现或数字传递交易模式进行的数字经济交易，通常数字订购被进一步分析为通过常住中介平台订购与通过非常住中介平台订购两类。随着数字经济发展情况的不断演变，交易类型还将做进一步的细分。

数字经济使用表是数字经济卫星账户的核心，反映以下几方面的内容：（1）区分中间需求与最终需求的数字产品购买总量；（2）区分中间需求与最终需求的数字服务购买总量；（3）数字化订购的产品与服务的总价值；（4）由住户和企业提供的免费数字服务的估算价值。其中，最终消费应被进一步划分为家庭最终消费与政府最终消费，总资本形成则应被继续划分为固定资本形成与存货增加两项。使用表中只列出数字经济产品通过数字订购、平台实现或数字传递交易模式进行的数字经济交易。值得注意的是，免费数字服务的纳入需要用到公司内部数据，目前没有包含在 SNA 中心框架内，但数字化免费服务核算仍是数字经济统计中不可或缺的一部分。

数字经济投资矩阵表应在数字经济供给表与使用表的基础上编制，该表是数字经济详细生产账户的组成部分，包含与其他生产性经济活动相联系的固定资产投资数据，主要反映了各数字经济相关产业对数字化赋权基础设施的投资情况。鉴于 ICT 产品的数字化赋权特征，将 ICT 产品投资情况纳入数字经济卫星账户以及反映数字经济赋权基础设施方面的信息。同时，该表也涵养了数字经济相关产业对一些耐用消费品的投资情况。

在数字经济背景下，大量数字平台通过收取在线广告费用的盈利方式免费或以不具有市场意义的价格向消费者提供数字化服务。OECD 建议 DESA 中纳入数字经济生产信息补充表，该表主要记录了数字经济相关产业的销售及特定数字平台的交易情况，包括数字平台收费情况以及数字平台的广告收入情况。

卫星账户是国民经济核算体系严谨性与灵活性折中的产物，OECD 与美国已经开始探索数字经济卫星账户的编制方法。数字经济卫星账户框架是目前国际上提倡使用的方法，是系统观察数字产品对经济和社会影响的一种方式。

国际上，澳大利亚、智利、南非、马来西亚已经建立了 ICT 卫星账户。OECD 组建数字经济 GDP 测算咨询组，界定数字经济卫星账户基本框架。Barefoot 等借助供给—使用表测算了美国数字经济规模，为卫星账户的编制奠定了基础。根据美国与新西兰的探索，数字经济卫星账户是各国基于本国统计基础和数字经济发展特征开发的国民经济辅助账户，其统计范围与编制过程不完全相同。在国内，杨仲山和张美慧构建了数字经济静态总量指标与数字经济直接贡献指标，丰富了中国数字经济卫星账户的研究。囿于现有统计数据，现在国际上还较难实现宏观层面数字经济卫星账户的实践编制。

数字经济的发展促使商业新业态、新模式批量涌现，但区别于传统经济，这些新业态、新模式在生产方式、盈利方式等方面与传统经济有很大区别，导致现有国民经济核算体系在统计口径或核算方法上无法准确核算数字经济。另外，数据并非全面、及时的，国家覆盖范围有限，而且各国在数据收集方法上仍然存在差异。为此，有关数字经济规模测算，即统计测算数字经济真实发展特征的直接法仍在不断发展中，尚有很大的改进空间。

第三节　国际数字经济多指标评价体系和指数构建

在数字经济的发展过程中，有关国际组织和部分国家采用了计算统计指数的方法对信息经济、知识经济、新经济等与数字经济相关的经济形态发展情况进行测度。运用统计指数的方法对数字经济发展情况进行测算是从信息时代对信息化水平或信息经济测度方法的传承与延续。统计指数法具有较强的可操作性，尤其是在各国关于数字经济统计制度尚不健全的情况下，通过对一定数量的统计指标进行统计、测度、计算数字经济指数是一种短期内反映数字经济发展情况相对简单的方法。运用统计指数法对数字经济发展情况进行测度主要分为两大步骤，即先构建相关指标体系；再采用统计合成方法对相关指数进行测算。

目前，国内外对于衡量数字经济发展水平的指标体系尚未形成统一的标准，各国际机构在制定数字经济指标体系时都有不同的侧重和价值导向。以欧盟和 OECD 为代表的标准体系，更加关注数字经济发展的社会属性；而以二十国集团、国际电信联盟（ITU）和世界经济论坛（WEF）为代表的标准体系，更加关注数字经济的基础设施。本节具体介绍几种国际权威的数字经济发展水平的评估指标体系。

一、OECD 衡量数字化转型指标体系构建与演变

（一）OECD 衡量数字化转型指标体系演变

OECD 是数字经济研究起步较早的机构，2014 年发布《衡量数字经济：一个新的视角》（*Measuring the Digital Economy：A New Perspective*），初步构建了数字经济指标体系。2019 年3 月，OECD 进一步完善指标体系，发布了《走向数字化：回到未来》（*Going Digital：Back to Future*）和《衡量数字化转型：未来路线图》（*Measuring the Digital Transformation：A Roadmap for the Future*），前者回顾了近 20 年 OECD 数字相关政策框架的制定和演变过程，并指出应该重新思考数字相关政策的制定，并提供新的数字政策框架，充分利用数字技术助力经济增长和社会进步；后者提出衡量数字化转型的关键指标，并对全球主要经济体的数字化转型程度做出评估，为各国政府、企业和学者的政策制定、上层决策和学术研究提供参考。研究重点提出了应对数字化转型挑战的总体行动路线，以及需要特别关注的领域，包括技术变革、数据和数据流、数字技能、互联网环境信任程度和政府的数字优势。

（二）OECD 衡量数字化转型指标体系构建

OECD 提出衡量一个国家或经济体的数字化转型可以围绕以下 7 个领域展开，此分类与 OECD "走向数字化"项框架的 7 个层面保持一致，反映了政府监督和行动的优先事项，如表 5 - 3 所示。

表 5 - 3　　　　　　　　　　OECD 衡量数字化转型框架指标

一级指标	二级指标
1. 增强访问	1.1 固定网络连接
	1.2 移动网络连接
	1.3 网速
	1.4 网络基础设施
	1.5 网络覆盖率
2. 增强有效利用	2.1 用户成熟度
	2.2 电子商务
	2.3 业务能力
	2.4 电子消费者
	2.5 电子公民
	2.6 应用赋能

一级指标	二级指标
3. 释放创新	3.1 知识库
	3.2 科学与数字化
	3.3 创新产出
	3.4 市场准入
	3.5 政府数据公开
4. 确保就业	4.1 就业
	4.2 招聘动态
	4.3 ICT 技能
	4.4 教育和培训
	4.5 适应性
5. 促进社会繁荣	5.1 数字包容性
	5.2 数字时代技能
	5.3 日常生活
	5.4 数字化转型不利因素
	5.5 数字化转型与环境
6. 加强信任	6.1 数字安全
	6.2 互联网隐私
	6.3 管理数字安全风险和隐私技能
	6.4 电子消费者信任度
	6.5 互联网社交网络
7. 促进市场开放	7.1 全球价值链
	7.2 贸易
	7.3 影响货物贸易的措施
	7.4 影响服务贸易的措施
	7.5 跨界技术

资料来源：OECD. Measuring the digital economy：a new perspective ［M］. Paris：OECD Publishing, 2014.

下面分别从 7 个一级指标角度进行介绍。

1. 增强访问（enhancing access）。随着越来越多的人和设备上线，访问通信基础设施、服务和数据成为数字化转型的基础，并且变得越来越重要。通信基础设施和服务是数字技术使用的基础，促进了个人、组织和机器之间的互动，实现了全球信息的自由流动。低价、快速地访问互联网对于数字化转型至关重要。此外，在许多情况下，数据是经济活动的驱动因素和通用的生产投入，但实现数据优势的前提是数据的可用性和可访问性。因此，在保证数据隐私和安全性的前提下，增强数据的访问和共享也同样重要。

2. 增加有效利用（increasing effective use）。个人、公司和政府挖掘数字技术以及数据的优势和潜力取决于对它们的有效使用。增加对先进数字技术的采用、传播和有效利用，对中小企业而言尤其重要。数字技能还在缩小数字鸿沟方面发挥着关键作用。此外，数字技术为提高公共服务的访问率、覆盖率和质量提供了机会，并完善了政策制定能力和服务设计能力。与此同时，还应该加强对数字环境的信任，例如，提高民众信息安全意识，增加人员和机构的风险防控能力，以便更好地控制数字风险。

3. 释放创新（unleashing innovation）。数字创新是数字化转型的基本驱动力，推动创造就业机会，提高生产力，促进经济可持续增长。数字创新使人们的沟通、创造、生产和消费方式发生根本变化，不仅催生了新的产品和服务，还催生了新的商业模式和市场，并且拉高了公共部门及其他部门的效率。数字化转型正在重塑科学的各个阶段，从计划编制到实验，从知识共享到公众参与。此外，数字技术和数据还推动了更广泛领域的创新，包括教育、卫生、金融、保险、运输、能源、农业、渔业、制造业，以及 ICT 行业本身。

4. 确保就业（ensuring good jobs for all）。数字化转型导致破旧立新，旧有的工作种类不断被淘汰，新工作种类不断产生。随着劳动力市场的转变，许多新工作可能与我们现在的认知不同。在数字时代，生存并取得成功需要人们掌握各种技能，需要持续地改进教育和培训系统，以顺利完成从一份工作到下一份工作的过渡以及获得充分的社会保护。此外，一部分就业者可能比其他人从数字化转型中获益更多，因此确保所有人的成功和公平也至关重要。

5. 促进社会繁荣（promoting social prosperity）。数字化转型以复杂和交织的方式影响着社会，数字技术极大地改变了个人、企业和政府之间的沟通方式。数字化转型对社会的影响是复杂的，总体影响往往是不明确的，可能因国家而异。一方面，数字技术提高了互联网访问率，改善了医疗健康和教育体系。另一方面，互联网将人与人相互隔离，在心理健康方面造成消极影响（如网瘾、抑郁和网络欺凌），形成数字鸿沟等。数字化转型应不断促进经济增长和社会福利，各方利益相关者应共同努力，建设一个积极包容的数字社会。

6. 加强信任（strengthening trust）。营造一个值得信任的数字环境至关重要，否则无法实现经济和社会进步。实现数字化转型并从中受益，需要个人、公司和政府参与到营造良好数字经济环境的行动中。影响数字技术、数据和跨境流动的各种不确定因素对数字经济环境的营造具有负面效应，例如，潜在的数字安全事件、信息不对称、权利失衡、管辖权挑战等，这些负面效应可能会进一步恶化，升级为违法违规行为，危害隐私、消费者保护和产品安全。

7. 促进市场开放（fostering market openness）。数字技术正在改变企业竞争、贸易和投资的方式，开放市场，避免过多的限制，允许外国和国内公司在平等的基础上竞争，可以为数字化蓬勃发展创造有利环境。随着前沿技术、应用和流程通过开放市场传播，开放的贸易和投资体制可以激发更多新的途径实现技术和技能升级，提高专业化水平。同时，市场开放也会加剧竞争，使国内外企业从贸易和投资中获益，促进整体经济增长。

该指标体系对现有的衡量指标进行了全面的补充和更新，在传统数据来源的基础上添加了新的数据来源，并且对数字技能的衡量分散在各个分指标中进行考察。

二、二十国集团衡量数字经济从"工具箱"到"路线图"

2018 年 11 月，G20 发布了《衡量数字经济的工具箱（草案）》（*Toolkit for Measuring the Digital Economy*，以下简称《工具箱》），其中推行的指标体系主要参照了 OECD2014 年发布的指标体系，包括基础设施、赋权社会、创新与技术应用、就业与增长 4 个一级指标和 36 个二级指标。与 OECD2014 年发布的指标体系相比，G2O《工具箱》更加关注物联网、人工智能等新一代信息通信技术的开发利用，同时将电子支付、移动货币和电子商务纳入考量中，并反映了 G20 各国对缩小数字鸿沟和推动包容性增长的呼吁。

2020 年发布的《G20 数字经济测度路线图》（*A G20 Roadmap toward A Common Framework for Measuring the Digital Economy*，以下简称《路线图》），延续了《工具箱》中提出的 4 个一级指标，将第四个一级指标"就业与增长"改为"就业、技能与增长"，并在《工具箱》的基础上将二级指标进行简化，着重讨论了"就业、技能与增长"，详见表 5 – 4。

表 5 –4　　　　　　　　2018 年、2020 年 G20 数字经济测度框架对比

《工具箱》（2018 年）		《路线图》（2020 年）	
一级指标	二级指标	一级指标	二级指标
1. 基础设施	1.1 固定宽带	1. 基础设施	1.1 固定宽带和移动宽带基础设施容量的增加
	1.2 移动宽带		
	1.3 更高的互联网速度		1.2 连通性价格
	1.4 连接价格		1.3 更快的宽带速度
	1.5 物联网基础设施		1.4 物联网的兴起
	1.6 安全服务器基础设施		
	1.7 家庭访问计算机		1.5 更安全的服务器
	1.8 家庭访问互联网		
2. 赋权社会	2.1 数字原生代	2. 赋权社会	2.1 数字鸿沟
	2.2 缩小数字鸿沟		
	2.3 互联网应用		2.2 性别差异
	2.4 互联网用户		
	2.5 移动货币		2.3 人们如何使用互联网
	2.6 公民与政府互动		
	2.7 数字教育		2.4 数字政府
	2.8 个人的 ICT 技能		

续表

《工具箱》（2018 年）		《路线图》（2020 年）	
一级指标	二级指标	一级指标	二级指标
3. 创新与技术应用	3.1 机器学习	3. 创新与技术应用	3.1 企业信息技术运用
	3.2 人工智能相关技术		
	3.3 制造业机器人化		3.2 电子商务
	3.4 信息产业研发		3.3 制造业中的机器人化
	3.5 支撑业务研发		
	3.6 ICT 相关创新		3.4 与 ICT 相关的创新
	3.7 企业 ICT 应用		
	3.8 云计算服务		3.5 人工智能相关科学
4. 就业与增长	4.1 信息产业的就业	4. 就业、技能与增长	4.1 数字经济中的就业
	4.2 ICT 岗位的就业		
	4.3 不同性别的 ICT 工作者		
	4.4 电子商务		
	4.5 信息产业增值		
	4.6 ICT 扩展		4.2 数字经济中的技能
	4.7 ICT 投资		
	4.8 ICT 和生产力增长		
	4.9 ICT 和全球价值链		
	4.10 贸易与 ICT 就业		
	4.11 ICT 商品占商品贸易百分比		4.3 数字经济中的增长
	4.12 电信、计算机和信息服务占服务贸易百分比		

资料来源：高晓雨，王梦梓，陈耿宇．数字经济：统计与测度［M］．北京：社会科学文献出版社，2022.

目前，数字技术的发展与普及对就业数字和质量的影响国际上尚未达成共识，在 G20 的一些经济体中，劳动力在国民收入中所占的份额已经下降，这是由于技术变革，越来越多的市场份额被数字密集型的超级平台公司占据，这些公司受益于强大的网络效应，在其生产过程中雇用相对较少的劳动力。平台的出现还导致传统的市场、劳资关系和用人合同的变化，平台使个人能够在线提供服务，同时也使失业风险更高。有数据表明，现有的工作正在被数字技术改变甚至取代，在 G20 经济体中，未来 15～20 年，14% 的现有工作岗位可能因自动化而消失，另外还有 32% 的工作岗位会因为自动化而发生重大变化。人工智能和其他技术的进步可能会取代更多传统的工作，老年人也可能因为技能过时而面临失业。《路线图》报告详细地对数字经济中的就业、技能与增长进行评价，提供了一些指标技术变革对就业、技能与增长等各方面的影响，如表 5－5 所示。

表 5 - 5 数字经济中的就业、技能与增长指标

指标	指标名称	数据来源
就业	2.1.1 数字密集型行业和信息产业就业	OECD Structural Analysis（STAN）Database
	2.1.2 数字密集型行业对总就业变化的贡献	OECD；National Accounts Statistics；National sources and Inter-Country Input-Output（ICIO）Database
	2.1.3 在平台上提供服务的人	Flash Eurobarometer；European Commission
	2.2.1 ICT 任务密集型和 ICT 专业职业	European Labour Surveys
	2.2.2 按性别划分的 ICT 专业人员和技术人员	International Labour Organization（ILO）
	2.2.3 报告 ICT 专家难以填补空缺的企业	OECD
	2.3.1 外国最终需求支撑的信息产业和数字密集型行业就业	OECD
	2.3.2 商业活力（入职后平均就业增长）	OECD
	2.3.3 自动化或工作发生重大变化的可能性	Survey Programme for International Assessment of Adult Competencies（PIAAC）database
指向性指标	过去 12 个月在家远程办公的人数	Eurostat
	数字技术对工作特定方面的感知影响	Eurostat
技能	3.1.1 按性别选择的 ICT 技能	ITU；OECD
	3.1.2 欧盟统计局数字技能指标	Eurostat
	3.1.3 在技术丰富的环境中解决问题的能力	PIAAC database
	3.2.1 不同性别工作的 ICT 任务强度	PIAAC database
	3.2.2 个人在工作中执行的基于计算机的任务	Eurostat
	3.2.3a 工作中新软件和计算机化设备的影响	Eurostat
	3.2.3b 工作中的数字技能不匹配	Eurostat
	3.3.1 学校信息通信技术的使用	OECD Programme for International Student Assessment（PISA）Database
	3.3.2 学生报告的 ICT 能力，按性别	OECD PISA Database
	3.3.3 完成培训及提高数字技能的个人	Eurostat
	3.4.1 自然科学、工程、ICT 以及教育的创意和内容领域的大专毕业生	OECD Education Database

指标	指标名称	数据来源
技能	3.4.2 NSE（Natural Science Engineering）和 ICT 高等教育毕业生，按性别	OECD Education Database
	3.4.3 NSE 和 ICT 毕业生就业率与受过高等教育的人口总数的比值	OECD Education Database
指向性指标	计算机相关工作需求量最大的十大技能	Burning Class Technologies
增长	4.1.1 信息产业增加值	OECD STAN Database
	4.1.2 信息产业相关国内增加值	OECD ICIO Database and Trade in Value Added（TiVA）Database
	4.1.3 数字密集型行业增加值	OECD STAN Database and OECD ICIO Database
	4.2.1 ICT 资产投资	OECD
	4.2.2 ICT 对劳动生产率增长的贡献	OECD Productivity Statistics Database
	4.2.3 信息产业劳动生产率	OECD STAN Database
	4.3.1 ICT 商品进出口	UNCTAD Information Economy database
	4.3.2 ICT 服务进出口	UNCTAD Information Economy database
	4.3.3 数字化交付服务的进出口	UNCTAD Information Economy database
指向性指标	产出、增加值总额及其在数字产业中的组成部分	National accounts using Digital Supply Use table（SUTs）
	按交易性质分列的支出	SUTs
	数字中介服务、云计算服务以及 ICT 商品和数字服务总量的中间消费	SUTs

资料来源：高晓雨，王梦梓，陈耿宇. 数字经济：统计与测度［M］. 北京：社会科学文献出版社，2022.

G20 于 2018 年和 2020 年两度提出数字经济测度指标体系，指标体系的整体框架一脉相承，基础设施、赋权社会、创新与技术应用，以及就业、技能与增长始终是 G20 衡量数字经济的 4 项一级指标。2020 年 G20 将第四项一级指标"就业与增长"扩展为"就业、技能与增长"，并将其作为重点讨论对象，设置了一系列广泛且细致入微的评价指标。从数量上看，2018 年版指标体系用了 12 项二级指标评价"就业与增长"；2020 年版则是用了 3 项二级指标以及 37 项三级指标（包括 31 项三级指标和 6 项指向性指标）共同描画测度"就业、技能与增长"的蓝图。一方面，2020 年版指标体系沿用了 2018 年版 ICT 岗位就业、不同性别的 ICT 工作、ICT 投资等指标，实现了指标的连续性；另一方面，2020 年版指标体系创新性地引入平台上提供服务的个人、数字技能、数字化交付服务进出口等指标，为各国选取指标及数据来源提供参考。其他三项一级指标则在 2020 年的版本中作了不同程度的删减，例如：基础设施部分删减了"家庭访问计算机""家庭访问互联网"；赋权社会部分删减了"数字原生代""移动货币""数字教育""个人的ICT技能"等；创新与技术应用删减了"机器学习""云计算服务"等。

G20在《路线图》中用单独一章"衡量数字经济：定义和关键测度挑战"来阐述数字经济的定义，并提出明确和可操作的定义是数字经济测度框架和选取指标体系的先决条件，强调缺乏对"数字经济"或"数字经济行业"普遍认可的定义，以及缺乏互联网平台和相关服务行业和产品分类是衡量数字经济的主要障碍。报告还指出在提出数字经济定义的过程中，遇到的主要挑战是要提出一个既能支持广泛的政治讨论，又能支持精确的经济测度的定义。现有的文献由于研究问题的性质和分析的侧重点不同，从不同的视角定义数字经济，以满足特定的政策需求或衡量目的，因此很难提出一个能够支持所有相关分析的全方位的数字经济定义。基于这些考虑，G20在报告中建议以"分层方式"定义数字经济，将其定义为一种层次的关联，其中包含互补和相互依赖的数字化元素，概念上的"层次"可以使各经济体根据政策或各自的测度需求扩大或缩小数字经济的范围。

【小案例 5-3】

G20对数字鸿沟的对策

G20高度重视数字鸿沟问题，主要集中在加强互联互通和弥合数字技能鸿沟两方面。

在互联互通方面，2020年《G20数字经济部长宣言》中提出：我们认识到推进数字连接基础设施、数字技能和意识、互联网服务和设备的可负担性，弥合数字鸿沟及数字内容的相关性举措的重要性，有必要弥合这些领域差距，并与利益相关方合作以加快全球互联网普及，特别是偏远和农村地区，以联通全人类。

在数字技能沟通方面，G20认为要提高公众的数字技能，包括青年和老年人、女性和男性、残疾人、文盲和弱势群体，以及低收入国家、发展中国家的民众，帮助他们参与数字经济，释放数字经济在创造高质量就业、提供体面的工作、促进收入增长和福利提升方面的潜力。在此思想的指导下，《路线图》中加大了对各经济体内部及经济体之间数字鸿沟的分析评价，特别是在"就业、技能与增长"部分，分析了按性别划分的ICT专业人员和技术人员、不同年龄人群数字环境中解决问题能力、按性别划分的ICT工作任务强度、按性别划分的学生ICT能力、按性别划分的NSE和ICT毕业生占受高等教育总人数的比例等，从多个角度评价在数字技能领域的年龄鸿沟、性别鸿沟。

资料来源：高晓雨，王梦梓，陈耿宇. 数字经济：统计与测度［M］. 北京：社会科学文献出版社，2022.

三、其他主要数字经济发展水平评估指标体系

（一）联合国国际电信联盟ICT发展指数

1995年至今，ITU已发布9版《衡量信息社会报告》和ICT发展指数（IDI）。2017年的测评对象包括全球192个经济体，被各国政府和各部门广泛采用。IDI是一个综合指数，针对ICT接入、使用和技能设立了11项指标，用于监测和比较各国ICT的发展，可对不同

国家和不同时段进行比较。IDI 对经济相关的内容测量较少，但是对 ICT 相关领域的基础设施建设、产业应用、人力资本情况都有较为全面的衡量，如表 5 - 6 所示。

表 5 - 6   **OECD 衡量数字化转型框架指标**

一级指标	二级指标
ICT 接入	固定电话覆盖率
	移动电话覆盖率
	用户平均国际互联网带宽
	家庭电脑普及率
	家庭互联网接入率
ICT 使用	互联网用户率
	固定宽带使用率
	移动宽带使用率
ICT 技能	入学年限中位数
	初中入学率
	高等教育入学率

资料来源：International Telecommunication Union. Measuring the Information Society Report［R］. Vol. 1, Geneva，2017.

（二）世界经济论坛网络化准备指数（NRI）

WEF 从 2002 年开始发布网络化准备指数，重点分析全球信息化领先国家和地区的排名、主要经验和做法，NRI 在信息化领域的国际测评中具有一定的权威性，一级、二级指标简洁、科学；三级指标总共有 53 个，全面而具体地对各经济体的网络准备度进行测评。

在动力机制方面，WEF 认为信息化准备度、应用情况以及大环境共同构成发展的驱动力，并产生经济和社会影响。相比其他指数，NRI 重点关注信息技术领域，但是信息化能力是发展数字经济的前置条件，因此它在信息化领域选取的指标、对经济的影响较为科学、权威。值得一提的是，该指数使用的很多数据来源于各种国际组织，如国际电信联盟、世界银行、联合国教育、科学及文化组织（联合国教科文组织）等组织以及世界经济论坛的调查数据，具有较强的可信度。网络化准备指数设置 4 个一级指标、10 个二级指标和 53 个三级指标。其中，4 个一级指标分别为：

1. 环境指标。一个国家能否成功地利用 ICT，在一定程度上取决于整体经营环境的质量。因此，环境分类指数评估一个国家的市场条件和监管框架在多大程度上支持创业、创新和信息通信技术的发展。

2. 准备度指标。准备就绪分类指数衡量一个国家在多大程度上具备支持使用 ICT 的基础设施和其他因素。基础设施支柱（四个指标）涵盖了一个国家的 ICT 基础设施状况，以及对 ICT 发展至关重要的基础设施：移动网络覆盖、国际互联网带宽、安全互联网服务器和电力生产。

3. 应用指标。应用分类指数评估社会主要利益相关者（政府、企业和个人）利用 ICT 的水平。

4. 影响指标。影响分类指数衡量 ICT 产生的广泛经济和社会影响。

具体各类指标如表 5-7 所示。

表 5-7　　　　　　　　世界经济论坛网络化准备指数指标体系

一级指标	二级指标
环境	政治与治理环境
	营商与创新环境
准备度	基础设施
	可支付能力
应用	个人使用
	商业使用
	政府使用
影响	经济影响
	社会影响

资料来源：Baller S., Dutta S., Lanvin B. The global information technology report 2016-innovating in the digital economy［J］. Geneva：World Economic Forum，2016.

（三）欧盟数字经济与社会指数（DESI）

有一些指标在测度 ICT 发展的同时，兼顾了社会民生等层面的测度，如欧盟与 OECD。欧盟历来重视数字经济的发展与统计，从 2014 年起发布了《欧盟数字经济与社会报告》（*Digital Economy & Society in the EU*）和数字经济与社会指数（Digital Economy and Society Index，DESI）。DESI 是刻画欧盟各国数字经济发展程度的合成指数，该指数由欧盟根据各国宽带接入、人力资本、互联网应用、数字技术应用和公共服务数字化程度 5 个主要方面的 31 项二级指标计算得出，如表 5-8 所示。

表 5-8　　　　　　　　欧盟数字经济与社会指数指标体系

一级指标	二级指标
宽带接入	固定宽带
	移动宽带
	速率
	可支付能力
人力资本	基本能力和使用情况
	高级技能及发展

续表

一级指标	二级指标
互联网应用	内容
	交流
	交易
数字技术应用	企业数字化
	电子商务
公共服务数字化程度	电子政务

资料来源：Eurostat. Digital economy & society in the eu – abrowse through our online world in figures [M]. Paris：OECD Publishing, 2017.

该指标的合成方法参照了OECD《建立复合指数：方法论与用户说明手册》，具有较高的理论水平、科学性和可延续性，并且该指数兼顾数字经济对社会的影响，是探析欧盟成员国数字经济和社会发展程度、相互比较、总结发展经验的重要窗口。该指标体系的另一大优势是大部分指标数据来源于欧盟家庭ICT调查、企业ICT调查等专项统计调查，具有充分的研究积累和数据支撑。

第四节　中国数字经济多指标评价体系和指数构建

一、国家工业信息安全发展研究中心"数字经济测度工具箱"

国家工业信息安全发展研究中心2019年推出数字经济测度工具箱（以下简称"工具箱"），工具箱积极对OECD、G20等提出的国际高标准、高水平经济评估指标体系，结合我国数字经济发展特色，以数字基础设施、数字产业、产业数字化转型、公共服务数字化变革和数字经济生态环境五个方面为分析视角，坚持科学性、导向性、可比性和可操作性原则，形成一组有机关联的指标体系，包括5个一级指标、15个二级指标和44个三级指标，并利用逐级加权方法来计算和评价城市数字经济发展水平，如表5-9所示。

表5-9　　　　　　　　　"数字经济测度工具箱"指标体系

一级指标	二级指标	三级指标
1. 数字基础设施	1.1 固定宽带	1.1.1 固定宽带覆盖率
		1.1.2 固定宽带连接速度（＊）
	1.2 移动宽带	1.2.1 移动宽带覆盖率
		1.2.2 移动宽带连接速度（＊）
	1.3 新一代信息基础设施	1.3.1 5G
		1.3.2 IPv6（＊）
		1.3.3 物联网（＊）

续表

一级指标	二级指标	三级指标
2. 数字产业	2.1 数字先导产业	2.1.1 人工智能产业
		2.1.2 互联网产业
		2.1.3 大数据产业（＊）
		2.1.4 数据的价值（＊）
	2.2 数字支柱产业	2.2.1 软件和信息技术服务业
		2.2.2 电子信息制造业
		2.2.3 信息通信业
3. 产业数字化转型	3.1 农业	3.1.1 数字技术应用
		3.1.2 企业电子商务
		3.1.3 企业数据开发利用
	3.2 工业	3.2.1 数字技术应用
		3.2.2 企业电子商务
		3.2.3 企业数据开发利用
	3.3 服务业	3.3.1 数字技术应用
		3.3.2 企业电子商务
		3.3.3 企业数据开发利用
4. 公共服务数字化变革	4.1 电子政务	4.1.1 电子政务成熟度
		4.1.2 数字政府（＊）
	4.2 公共服务数字化能力	4.2.1 教育
		4.2.2 医疗
		4.2.3 社保
		4.2.4 治安
		4.2.5 交通
		4.2.6 生态环境
5. 数字经济生态环境	5.1 经济环境	5.1.1 经济发展水平
		5.1.2 数字消费水平
		5.1.3 市场开放程度
	5.2 创新环境	5.2.1 研发投入
		5.2.2 专利与设计
	5.3 营商环境	5.3.1 数字经济政策制定
		5.3.2 政策有效执行情况（＊）

一级指标	二级指标	三级指标
5. 数字经济生态环境	5.4 安全环境	5.4.1 网络安全
		5.4.2 数据安全
		5.4.3 数字安全技能（＊）
		5.4.4 电子消费者信任度（＊）
	5.5 人才环境（＊）	5.5.1 数字时代的就业（＊）
		5.5.2 数字时代的技能（＊）

资料来源：国家工业信息安全发展研究中心.2020 年我国数字经济发展报告［R］. https：//www.cics-cert. org. cn/web_root/webpage/articlecontent_103001_1349544784636678146. html.

该工具箱指标体系分为基础性指标和前瞻性指标两类，基础性指标主要衡量当前地区数字经济发展的重要领域；前瞻性指标总结了当前数字经济前沿发展方向，同时统计工作尚未同步跟进的领域。前瞻性指标未来应在衡量区域数字经济中优先考虑并实施，将极大地提高各地区监测数字经济的发展状况及其影响的能力。

国家工业信息安全发展研究中心按照"支撑－应用－影响"的框架构建"数字经济测度工具箱"，支撑方面主要反映数字基础设施建设水平和数字经济生态环境情况；应用方面主要反映数字技术应用情况，从技术的供给和需求角度分为数字产业化和产业数字化两部分；影响方面主要反映数字技术对于电子政务，以及社保、医疗、教育、交通、生态、治安等基本公共服务能力的提升和促进，基于"数字经济测度工具箱"，国家工业信息安全发展研究中心测算了国家、区域和城市的数字经济发展水平，孵化出一系列测度产品。

2022 年 7 月，国家工业信息安全发展研究中心发布报告《全国数字经济发展指数（2021）》（以下简称"报告"）。报告测算结果显示，截至 2021 年 12 月，我国数字经济持续稳步提升，全国数字经济发展指数为 130.9，环比增长 2.4%，同比增长 15.3%。

一级指标数字产业化、产业数字化、数字化治理指数分别为 55.8、62.6 和 12.5，分别同比增长 28.3%、3.8% 和 23.8%。2021 年，5G 和千兆宽带建设呈爆发式增长，5G 基站数和千兆宽带用户数分别同比增长 98.5%、440%，对整体数字经济发展指数拉动提升作用明显。

报告分析各地区数字经济发展指数发现，截至 2021 年 12 月，东部、中部、西部、东北地区数字经济发展指数分别为 167.8、115.3、102.5 和 103.0，数字经济发展指数高于全国平均水平的 12 个省份中，75% 为东部地区省份，数字经济发展不平衡现象仍然存在。

从各领域来看，数字产业化指数为 55.8，数字基础设施指数为 24.4，同比增长 57.4%，在数字产业化各项二级指标中增长最快；新兴数字产业指数为 186，同比增长 11.4%；元宇宙资本市场活跃，截至 2021 年底，投融资事件数和完成额分别同比增长 276.9% 和 712.5%。传统数字产业指数为 128，同比增长 13.3%。

产业数字化指数为 62.6，工业数字化转型指数为 23.5，同比增长 4.0%；服务业数字化转型指数为 19.1，同比增长 10.4%，其中，新业态新模式在后疫情时代快速发展，指数同比增长 18.4%；农业数字化转型指数为 15.0，设施农业与农业物联网稳步发展；数据要素市场指数为 50，数据交易市场目前仅有百亿级别，与万亿级的大数据产业规模存在较大差距。

二、中国信息通信研究院"数字经济竞争力指数"

中国信息通信研究院（简称中国信通院）在数字经济领域深耕多年，率先开启数字经济规模测算研究，其测算数据被广泛引用，在国内外产生较大影响。在指标体系构建方面，与国内其他研究机构相比，中国信通院开展数字经济指标体系研究相对较晚。2020 年 12 月，中国信通院政策与经济研究所联合中央广播电视总台上海总站发布《中国区域与城市数字经济发展报告（2020 年）》，首次编制数字经济竞争力指数（digital economy competitive index，DECI），从技术、人才、产业、应用、需求、基础等多个维度综合反映各省份和城市数字经济发展潜力，科学量化各地数字经济发展的优势、短板，总结各地数字经济发展的路径差异。

2021 年 12 月，中国信通院政策与经济研究所发布同系列报告——《中国城市数字经济发展报告（2021 年）》，聚焦城市数字经济发展，并且进一步丰富了城市数字经济竞争力指数，力图更加全面地刻画我国城市数字经济发展状况。与上一版本相比，新版指标体系省略了原二级指标，将三级指标体系简化为两级指标体系。更加突出城市在全国数字经济建设中的地位，提出"城市作为经济活动的重要承载空间，其数字经济发展状况客观体现了我国数字经济的建设水平"。

该指标体系以数字创新要素、数字基础设施、核心数字产业、数字融合应用、数字经济需求、数字政策环境 6 个方面为分析视角，利用"熵权法"确定各级指标的权重，根据无量纲化后的指标及其对应的权重，通过由下而上逐层加权平均的方法得到数字经济竞争力指数。2021 年中国信通院进一步完善了该指标体系，从三级指标体系简化为两级指标体系，使评价框架更加简洁。具体来说，新版框架在一级指标"数字经济需求"下增加了一项评价指标"拥有典型数字产业化与产业数字化企业数量"；并且将一级指标"数字政策环境"进一步细化，分为政策体系完备评分、配套保障完善评分和政策实施效果评分三个评价指标，见表 5-10。

表 5-10　　　　　　　　数字经济竞争力评价指标体系

一级指标	2020 年		2021 年
	二级指标	三级指标	二级指标
数字创新要素	ICT 技术	R&D 研发投入强度	研发投入强度
	信息化人力资本	每万人口信息传输、软件和信息技术服务业就业人员数	每万人口信息传输、软件和信息技术服务业就业人员数
		每万人口中研发人员数	每万人口中研发人员数

续表

一级指标	2020 年			2021 年
	二级指标	三级指标		二级指标
数字基础设施	信息基础设施	移动互联网普及率		移动互联网普及率
		互联网宽带普及率		互联网宽带普及率
		固定宽带平均下载速率		固定宽带平均下载速率
核心数字产业	ICT 产业	每万元 GDP 信息产业主营业务收入		每万元 GDP 信息产业主营业务收入
数字融合应用	企业数字化	每百家企业拥有网站数		每百家企业拥有网站数
		企业电子商务采购和销售额占比		企业电子商务采购和销售额占比
		农业数字化投入占比		农业数字化投入占比
	行业数字化	工业数字化投入占比		工业数字化投入占比
		服务业数字化投入占比		服务业数字化投入占比
		政务服务数字化		政务服务数字化
	政府数字化	人民政府网站访问热度		人民政府网站访问热度
数字经济需求	数字经济消费	网上零售额占比		网上零售额占比
	数字经济领域投资	信息传输、计算机服务和软件业固定资产投资完成额占比		信息传输、计算机服务和软件业固定资产投资完成额占比
	数字贸易	ICT 产业省外贸易额占比		ICT 产业省外贸易额占比
				拥有典型数字产业化与产业数字化企业数量
数字政策环境	数字经济政策支持	数字经济政策指数		政策体系完备评分
				配套保障完善评分
				政策实施效果评分

资料来源：中国信息通信研究院．中国城市数字经济发展报告（2021 年）［R］．http：//www.caict.ac.cn/kxyj/qwfb/ztbg/202112/P020211221381181106185.

2022 年 12 月 30 日中国信通院发布《中国城市数字经济发展报告（2022）》，对全国 52 个重点城市数字经济竞争力水平进行量化分析的结果显示，东部城市数字经济竞争力整体水平较高。年度数字经济竞争力指数排名前五位的城市分别为北京、上海、深圳、广州、杭州。排名前十五位的城市中，东部地区占 12 席；中部地区占 1 席；西部地区占 2 席。

城市数字经济发展各具特色，在不同领域占有比较优势。依据指数评价各分指标统计显示，北京、深圳、上海、南京、杭州在数字创新要素方面发展突出；上海、北京、杭州、南京、深圳在数字基础设施方面具备优势；深圳、广州、南京、北京、杭州在核心数字产业方面名列前茅；北京、上海、深圳、广州、福州在数字融合应用方面走在前列；北京、杭州、南京、上海、深圳在数字经济需求方面领先发展；深圳、广州、杭州、上海、北京的数字经济政策环境更显完备。

依据指数分析结果划分综合引领型、特色开拓型和潜力提升型三大城市类型，以典型案例为切入口，深入解读特色数字城市生态，指导城市探索发展新途径，助力城市打造数字经济新优势。

北京、上海、深圳属于综合引领型城市，均具有超强的数字经济竞争力，在数字创新要素、数字基础设施、核心数字产业、数字融合应用、数字经济需求、数字政策环境等方面均有突出表现。

特色开拓型城市，以南京、西安、泉州为代表，有着较强的数字经济竞争力，其比较优势各具特色，在我国数字经济整体发展中有着重要的支撑作用。

其余城市均为潜力提升型城市，此类城市在我国数字经济发展中或正积极探寻发挥自身区位与比较优势，或有待挖掘自身优势。

【小案例5-4】

永辉超市——极致用户体验是企业数字化转型的抓手

2020年10月30日，永辉超市发布2020年三季度财报，前三季度实现营业收入726.70亿元，同比增长14.36%；归属于上市公司股东的净利润为20.28亿元，同比增长31.86%；在到家业务方面，永辉超市2020年前三季度实现销售额65.35亿元，同比上年增长180%，占主营收入比重达9.7%，其中永辉生活App占到家业务的比重达50.7%。

截至2020年10月30日，永辉超市已开业门店达970家，筹备中门店达217家。

据了解，永辉生活·到家，贴近居民的生活，目前永辉生活·到家卫星仓从接到小程序的订单开始，到触发拣货、流转、打包，平均仅需3分钟，包括配送在内的流程也只需要30分钟。其卫星仓从选址、地推时就引用了腾讯智慧零售的圈层咨询功能。

在智慧助力工具外，永辉还采用了三大数据精准服务：优品，精准预测销售情况及消费者商品偏好；优客，为线下门店洞察用户购物意向，识别目标客户群，优化每个转化环节；优Mall，以人工智能助力门店，提升消费者购物体验，实现对人货场的全面数据分析。

2020年8月永辉超市控股永辉云创，聚焦线上业务和科技中台发展，推进到家与到店业务的融合发展以及线上线下一体化进程，不断提升管理效率、降低后台成本，进一步加速永辉超市数字化转型步伐。

在永辉超市彩食鲜CTO乔新亮看来，极致用户体验的本质是永远提供超出用户预期的价值，目前市场环境从供不应求向供大于求变化，业务增长由来自增量用户向来自存量用户变化，并且信息化时代的传播速度和传播范围都远胜从前，通过极致用户体验才能打造病毒式裂变的正向飞轮。企业的数字化转型首先要使用VOC（客户声音）反馈，作为CX（客户体验）战略的指南针，其次要用清晰的战略设计和执行框架逐步提升CX，最后创建一个敏捷的生态系统，将最新的技术、数字业务方法和分析结合在一起。

乔新亮认为极致用户体验是企业数字化转型的抓手，将持续驱动企业内部运营管理完善，外部更加灵活地响应市场和用户的需求。

资料来源：戚聿东，肖旭．数字经济概论［M］．北京：中国人民大学出版社，2022.

三、上海社会科学院"全球数字经济竞争力指数"

上海社会科学院在数字经济领域进行了深入研究，率先开启数字经济竞争力测算研究，在国内外产生较大影响力。上海社会科学院开展数字经济指标体系研究相对较早，其全球数字经济竞争力指数于 2017 年 12 月首次发布，重点关注世界各国和主要城市的数字经济发展情况。

上海社会科学院《全球数字经济竞争力指数（2017）》将数字经济分为主体产业部分和融合应用部分。该指数主要采用对比法，通过大规模采集和分析全球 120 多个国家的数字经济发展数据，形成综合性及多维度的评价报告。该指数构成了由数字基础设施、数字产业、数字创新、数字治理 4 个维度构成的全球数字经济竞争力分析模型，其中数字基础设施、数字产业和数字创新是一国数字经济竞争力的三大支柱；数字治理则是这一体系健康运行的保障，其指标体系见表 5 – 11。随后，上海社会科学院相继发布了 2018~2022 年的《全球数字经济竞争力发展报告》。

表 5 – 11　　　　　《全球数字经济竞争力指数（2017）》指标体系

一级指标	二级指标
数字基础设施竞争力	云服务、智能终端、链接"云"和"端"之间的各种上设备
数字产业竞争力	经济产出、国际贸易、平台企业
数字创新竞争力	技术研发、人才支撑、创新转化
数字治理竞争力	公共服务、治理体系、安全保障

资料来源：王振. 全球数字经济竞争力发展报告（2017）［M］. 北京：社会科学文献出版社，2017.

上海社会科学院于 2023 年 5 月出版的数字经济蓝皮书《全球数字经济竞争力发展报告（2022）》，以最新的全球数字经济相关的国家、城市和企业数据为基础，全面测评全球数字经济国家层面、城市层面和企业层面的竞争力水平与结构特征，勾勒全球数字经济的发展全景图。报告共分为五个部分：总报告、国别篇、城市篇、产业篇和附录。

数字经济国家竞争力层面，疫情下全球数字化革命加速，数字经济领域的大国博弈也从比拼科研实力转向技术标准以及国际规则制定权的竞争，国家间的数字经济竞争力格局正在重构。研究发现，美国是全球数字经济竞争力最强的国家，且在短期内难以被超越。中国的数字经济竞争力排在第 2 位，与日韩和部分西欧国家处在第二梯队。非洲、南美和中东欧国家的数字经济竞争力依然较弱。数字核心技术的产出、数字基建渗透率的提高和数字标准主导权的争夺是国家数字经济竞争力格局变动的主要因素。

数字经济城市竞争力层面，城市数字经济竞争力总体上与城市经济实力和规模存在显著相关性。北美城市综合实力位居前列；欧洲城市自北向南，实力依次递减。传统工业城市在数字经济竞争力方面存在薄弱环节。东亚城市在数字化发展方面已经与欧美主要城市并肩，甚至有所超越。东南亚和南亚、非洲、拉美一些新兴国家的城市目前数字化发展水平一般，有较大的提升空间；城市数字化发展呈现强者恒强的趋势。排名前三的城市纽约、伦敦和新加坡地位稳固，其优势是全面的，很难被其他城市所撼动。一些发展中国家的城市，受制于资本投入的约束，难以摆脱这一困境，挑战先进城市的地位。中国的城市北京、上海在部分指标上有显著优势，发展潜力较大。

数字经济企业竞争力层面，2021年全球数字企业继续发展，涌现出众多竞争力良好的企业。从综合竞争力来看，苹果公司、微软公司和亚马逊位列前三；从规模竞争力来看，亚马逊、苹果公司和微软公司位列前三；从效率竞争力来看，VERISIGN、任天堂公司和苹果公司位列前三；从创新竞争力来看，三星公司、脸书和华为公司位列前三；从成长竞争力来看，FORTUM、ZOOM公司和DOORDASH位列前三。美国、中国和日本继续成为2021年全球数字经济企业竞争力的前三强。美国的数字企业无论是在规模、效率，还是创新性以及成长性方面，在世界上都独占鳌头。中国仅次于美国，有着数量众多的优秀数字企业，尤其企业的成长竞争力突出。

四、赛迪研究院"中国数字经济指数"

2017年11月，赛迪顾问发布《2017中国数字经济指数（DEDI）》白皮书，报告在对数字经济的发展演变和特点进行分析的基础上，将数字经济划分为基础型、资源型、技术型、融合型和服务型，对全国31个省级行政区域进行测算。DEDI兼顾了全国各省份的测评和5个维度数字经济分指数的评估，并运用了互联网企业的用户数据，反映数字经济在服务领域的渗透情况。赛迪顾问《2020中国数字经济指数（DEDI）》在此基础上对指标体系进行了优化，遵循系统、科学、可操作、可对比等基本原则，从基础、产业、融合、环境四大关键维度10个核心指标41个细分指标，对全国31个省份（不包括我国港澳台地区）的数字经济发展情况进行评估，见表5-12。

表5-12　　赛迪顾问《2020中国数字经济指数（DEDI）》指标体系

四大维度	10个核心指标	41个细分指标
基础指标	传统数字基础设施	4G用户数、4G平均下载率、固定宽带用户数、固定宽带平均下载速率、互联网普及率、网页数量、域名数量
	新型数字基础设施	数据中心招标数量、数据中心招标金额、5G试点城市数量、规划5G基站数量、IPv6比例
产业指标	产业规模	计算机、通信和其他电子设备制造业总产值、信息传输、软件和信息技术服务业总产值，电信业务总量
	产业主体	ICT领域主板上市企业数量、互联网百强企业数量、独角兽企业数量
融合指标	工业和信息化融合	"两化融合"水平、生产设备数字化率、数字化研发设计工具普及率、应用电子上网比例、实现网络化协同企业比例、"两化融合"贯标企业数量、关键工序数控化率
	农业数字化	数字农业农村创新项目数量、淘宝村数量
	服务业数字化	第三方支付金融牌照数量、电子商务交易额、互联网医院数量、国家信息化教育示范区数量、智慧景区数量

四大维度	10 个核心指标	41 个细分指标
环境指标	政务新媒体	政府网站数量缩减比例、政务机构微博数量、政务头条号数量
	政务网上服务	政府网上政务服务在线办理成熟度
	政务数据治理	政务数据治理平台项目数量、政务数据平台建设资金投入、政务数据治理工作推动力、省级以上政务数据开放平台建设情况

资料来源：赛迪顾问.2020 中国数字经济指数（DEDI）［EB/OL］.2020 – 10 – 12. https：//baijiahao. baidu. com/s？id = 1680310009332161143&wfr = spider&for = pc.

2021 年，赛迪顾问推出"德阳指数"，借鉴国内外数字经济评估方法，采用"4 + 3 + N"指标体系，其中"4"构成的一级指标包括数字基础、数字产业、数字融合、数字治理等；"3"要素的一级指标包含主体活力、资本热力、创新动力等；"N"指办公商务、出行服务、健康美容、移动社交、育儿母婴等 18 种民众参与项目，指标设定覆盖数字经济内涵构成、数字经济发展要素、数字经济民众参与程度三大方面。该指数为定基指数，以 2017 年第四季度为对比基期，考量 8 项一级指标和 55 项二级指标，动态反映中国数字经济发展进程。其数据来源于赛迪顾问大数据平台、国家统计局、工业和信息化部、国家发展和改革委员会、国家政务服务平台、国家知识产权局、科技部等权威机构。方法上运用主成分分析法、层次分析法、德尔菲法确定各项指标权重，通过离差标准值法去除指标单位干扰，并通过加权平均法运算得出最终结果。

2021 年 4 月发布的中国数字经济发展指数（即"德阳指数"）显示，自 2017 年第四季度以来，中国数字经济发展整体呈现上升态势，2020 年第四季度达到 161.1，三年增长逾 605。新冠疫情给数字经济发展造成了一定的冲击，2020 年第一季度中国数字经济发展指数回落明显。但与此同时，长期的居家隔离触发了疫情后的全民数字化生存新机制，2020 年第二季度数字经济指数大幅提升至 145.0，环比增长 10.6%。整体来看，中国数字经济发展指数自 2018 年逐渐超越 GDP 指数且差距不断扩大，数字经济对 GDP 增长的拉动力日益增强，依然成为国家经济发展的关键引擎。

五、财新智库等"中国数字经济指数"

2017 年 5 月，财新智库等机构发布中国数字经济指数（china digital economy index，CDEI），采用对比法，主要关注数字经济对整个社会效率提升的能力。该指数由贵州省大数据产业发展应用研究院、财新智库、数联铭品（BBD）联署推出，用大数据度量数字经济对整个社会效率提升的能力，属于新经济系列指标之一。

财新智库的中国数字经济指数指标体系包括产业指数、融合指数、溢出指数和基础设施指数 4 个部分，见表 5 – 13。CDEI 从网络大数据、传统统计数据和各类商业统计数据中获取数字经济指数的各项数据。中国数字经济的结构包括横向与纵向两个部分。在横向上，通过各地区的数字经济指数进行比较，观察每个地区的数字经济对实体经济的拉动情况。在纵向上，通过对不同时间段的中国数字经济指数进行比较，判断数字经济对整体经济拉动能力随时间的变化趋势。

表 5–13 财新智库等中国数字经济指数指标体系（2017 年）

一级指标	二级指标
数字经济产业指数	大数据产业、互联网产业的劳动投入、人工智能产业
数字经济融合指数	工业互联网、智慧供应链、共享经济、金融科技
数字经济溢出指数	制造业占比、其他行业对数字经济的利用率（共 8 类）、其他行业分别占比（共 8 类）
数字经济基础设施指数	数据资源管理体系、互联网基础设施、数字化生活应用普及程度

资料来源：财新智库. 中国数字经济指数（2017）［EB/OL］. 2017–05–26. https://index.caixin.com/m/2017–05–26/101095329.html.

2023 年 1 月 31 日，财新智库联合数联铭品（BBD）发布中国数字经济指数。数据显示，2022 年 12 月，我国数字经济指数环比上升 6.4%，为 512。12 月数字经济指数的上升主要由于融合指数的上升，产业指数、溢出指数、融合指数和基础指数分别对总指数贡献 9.4%、3.8%、–12.1%、5.4%。2022 年 12 月，产业指数、溢出指数、融合指数和基础指数分别为 471、32、255、109，环比分别变动 65.9%、16.2%、–44.1%、35.0%。12 月我国数字经济产业投入上升，数字经济和其他产业的融合速度下降，数字经济对其他产业的溢出作用上升，数字经济基础设施投入上升。数据还显示，2022 年 12 月，数字经济指数前五名为广东、山东、江苏、浙江、北京，指数分别为 1 361、1 275、1 219、1 219、1 160。12 月排名上升最快的是新疆，从 11 月的第二十六名上升到 12 月的第二十名。12 月排名下降最快的是辽宁，从 11 月的第九名下降到 12 月的第十八名。排名最低的五个省份为海南、甘肃、宁夏、青海和西藏，指数分别为 428、420、293、223、203。

六、腾讯"互联网＋"数字经济指数

自 2015 年起，腾讯联合京东、滴滴等机构统计了涵盖腾讯的微信、支付、城市服务、众创空间等 10 余个核心平台的全样本数据，以及京东、滴滴、携程等企业的行业数据，构建了中国"互联网＋"数字经济指数。2016 年 6 月，腾讯研究院与京东、滴滴、携程等互联企业代表，共同发布了报告《中国"互联网＋"指数（2016）》。随后，腾讯研究院联合互联网企业代表相继发布了《中国"互联网＋"数字经济指数（2017）》《中国"互联网＋"指数报告（2018）》《数字中国指数报告（2019）》《数字中国指数报告（2020）》《数字化转型指数报告（2021）》。

"互联网＋"数字经济指数采用对比法，下设基础、产业、创新创业、智慧民生 4 个分指数，共涵盖 14 个一级指标、135 个二级指标，内容涉及社交、新闻、视频、云计算、三次产业的 17 个主要子行业、基于移动互联的创新创业、智慧民生等，直观反映"互联网＋"数字经济在全国 31 个省份、351 个城市的落地情况。这些互联网企业数据资源丰富，一手数据可以动态更新，这是互联网企业牵头制定指数的核心优势。而且相关企业业务覆盖范围广泛，行业渗透率高，能够较为精准、及时地反映出市场的活力和数字经济发展的真实情况。

2022 年 12 月发布的《数字化转型指数报告 2022》对全国 351 个城市和 18 个主要行业的数字化转型进行了全面洞察和评估，采取一横（城市角度）、一纵（行业角度）两个主要视角进行指数交叉分析。其中，在行业指标方面，呼应"上云用数赋智"等国家重点政策，选取了云计算、人工智能和敏捷研发 3 个关键指标进行综合测算。

报告显示，数字化转型指数持续走高，同时也面临着增速趋缓压力。平台带动对数字化转型的贡献依旧显著，反映出平台持续带动生态恢复和发展的普惠价值，AI 等数字基础设施增长势能加速释放，对整体增长贡献较大。

从城市看，上海、北京稳居第一梯队位置；第二梯队深圳、广州格局较为稳定，深圳持续保持第 3 名；第三梯队各城市的指数差距不大，但后位城市位次持续变动。从类型看，二线城市加速向一线城市靠拢，同时数字化持续向腰部城市下沉。从区域看，数字化的城市集群特征明显，从东向中西部扩散，正在形成数字经济基本盘。

十年来，我国数字经济取得了举世瞩目的发展成就，从 11 万亿元增加到超过 45 万亿元，总体规模连续多年位居世界第二，对经济社会发展的引领支撑作用日益凸显。在数字经济发展过程中，数字技术与实体经济深度融合成为一条主线。

报告显示，数字原生行业数字化规模依然领先。与此同时，以工业为首的传统行业加速"数实融合"已显露成效。"数实融合"在全国加速铺开，工业、文体娱、电商、行业工具、金融、零售、医疗七大行业领衔及区域协同发展的态势显现。

其中，东部沿海、长江沿线省份，工业数字化占比普遍较高、部分增速还快，如上海、福建、重庆、四川；行业工具呈现国家"东数西算"战略推进趋势，西北的甘肃、青海、西南的四川、贵州为代表区域聚集；在医疗方面，分布与"胡焕庸线"高度匹配，东部地区占比大多较高，西部普遍较低，但是增速较快，反映出较强的增长势能。

前期中国"互联网＋"指数系列报告的不足在于数据往往受限于相关企业的市场份额和业务类型，是否能够代表数字经济的整体水平有待商榷，而且对于宏观层面如信息基础设施以及传统制造业的数字化转型等内容几乎没有涉及。后期《数字中国指数报告（2019）》《数字中国指数报告（2020）》《数字化转型指数报告（2021）》等报告分析了数字化转型，弥补了前期报告的不足之处。但该系列报告无法进行国际比较。

【复习思考题】

1. 什么是数字经济测度定义？数字经济核心定义、狭义定义、广义定义有什么区别？

2. 什么是数字经济的"索洛悖论"？

3. 数字经济统计范围具体指什么？BEA 与中国国家统计局统计范围的主要异同点是什么？

4. 简述国内外以增加值为思路的数字经济测算法取得的主要进展。

5. 简述数字经济卫星账户的构建方法。

6. 国际数字经济多指标评价体系主要有哪些？分别有什么特点？

7. 我国数字经济多指标评价体系主要有哪些代表？

8. 如何构建"数字经济竞争力指数"？谈谈你的设计思想。

9. 你觉得数字经济的基础建设设施指标应该用绝对数还是相对数？请说明理由。

10. 你觉得书中所列的数字经济多指标评价体系哪个最好？为什么？

数字经济的微观应用：
企业数字化转型

■ 【学习目标】

◇ 了解企业数字化转型的含义和发展阶段

◇ 理解企业数字化转型的背景

◇ 了解企业数字化转型的战略目标和转型模式

◇ 认识企业数字化转型的方法与路径

◇ 理解数字化商业模式的赋能方式

◇ 了解企业数字化转型中价值挖掘的新特征

◇ 了解企业数字化转型中价值场景的打造

【案例导引】

京东物流：引领数字化物流新趋势

京东物流股份有限公司（以下简称京东物流）于 2012 年注册成立，主要聚焦于快速消费品、服装、家电家具、3C、汽车和生鲜六大行业，是中国领先的技术驱动供应链解决及物流服务商。2020 年，京东物流成功在香港上市。

早在 2007 年，京东就开始自建物流体系。至 2012 年，京东物流整合了物流体系中"仓、配、运"的整个生命周期，并正式上线青龙系统，实现了商品从发货到收货的物流配送全链条智能管理。通过大数据分析，可以预测城市各片区的主流用户单品销售量需求，并在各物流分站预先发货，使客户在下单后的 2 小时就能享受到物流服务，并实现了"211 限时达"这一在当时业内认为无法实现的服务承诺。

京东物流在 2016 年明确了"开放化、智能化"的战略方向；2017 年，提出了"短链、智能、共生"理论；2018 年，搭建"全球智能供应链基础网络（GSSC）"；2019 年搭建"供应链产业平台（OPDS）"，京东物流的数字化物流已经形成。

1. 数字化仓储网络——京东云仓。2014 年，京东物流首个智能物流中心"亚洲一号"在上海正式投入运营，这标志着京东云仓正式上线，使以消费需求为出发点的新仓储布局模式代替了从前以产地为核心的商业模式。

2017 年 10 月，全球首个全流程无人仓建成运营。其靠着自主研发、反应速度仅为 0.017 秒的"智慧"大脑，对无人仓进行智能管理和控制，在 0.2 秒内就能计算出无人仓中 300 多个机器人运行的 680 亿条可行路径，实现从入库、存储、包装到分拣的全流程、全系统的智能化和无人化。

2. 数字化配送——配送机器人。为了提升配送"最后一公里"的运营效率，京东物流利用机器人技术，于 2017 年打造一款配送机器人，并在当年完成了全球首次社会化道路场景配送工作。至 2021 年，京东配送机器人达到了"五年五代"的更新速度，实现了完全无盲区与远程遥控等功能，进一步提升了自动驾驶的智能水平。同年"双十一"期间，京东物流在 25 个城市投入了近 400 辆配送机器人，同比送达订单量增幅超 200%。

3. 数字化运营——"京东京慧"。为了更好地让第三方商户参与到京东物流的一体化服务生态中，京东物流又打造了"京东京慧"。该产品结合了京东物流内外的海量数据，运用大数据计算机分析挖掘方法，聚焦电商信息、物流产品、消费者、商品等，提供商品分析、库存结构与周期分析、物流全环节链路分析、客户分析、订单监控与跟踪分析等多维度数据服务，赋能商家、提升体验，以帮助商家实现更好的数字化运营工作，并以此打造了物流生态。

通过数字化创新，京东物流及其生态伙伴实现了"全国超 200 个城市分钟达，92% 的区县和 84% 的乡镇当日或次日达"的优异业绩。京东物流还借助"仓、配、运"一体的数字化经验，帮助其生态伙伴实现了仓储物资 100% 自动搬运、空间利用率提升 150%、整体储量提升 70%、作业效率提升 50% 的好成绩。截至 2021 年 6 月 30 日，京东物流一体化供应链客户同比增长 58.7%，收入同比增长 65.6%，其他客户的收入同比增长 164.8%，实现了商业模式的创新。

资料来源：邓宏主编. 数字化商业模式（第 1 版）[M]. 北京：清华大学出版社，2022.

第一节 企业数字化转型及动因分析

一、企业数字化转型的含义

在数字计算机发明之前，人类几乎没有什么数字资产和技术；从数字计算机发明到今天，人类数字资产的积累呈指数级持续增长。中国经济更是具有后发优势，实现了跳跃式发展，数字原生企业也应运而生。

数字原生企业是指从企业创立之初就是完全数字化的新生代企业，如滴滴出行，自己没有一辆汽车，只是在运营数字资产，靠数字提供服务并产生价值；类似的企业还有头条、快手、字节跳动等；海外有脸书、Uber等。这些企业都是数字原生企业，从企业创立之初，就以数据作为核心生产要素，用数字技术对数据进行"加工"，形成数字化产品，通过网络手段为用户提供服务并获取价值。

一般而言，数字原生企业具有以下几个特点：（1）从员工素质上看，数字素质是企业员工的基本素质和核心素质；（2）从核心资产上看，数据是企业核心生产要素；（3）从公司经营上看，技术和数据可以提高生产效率，比传统业务更快地创新和扩展业务；（4）从客户服务上看，数字原生企业以客户为中心，用数字技术提高客户忠诚度并获得新的收入来源；（5）从产业链上看，数字原生企业被嵌入更广泛的生态系统中，利用更加多元化的模式改善以客户为中心的产品。

传统企业向数字原生企业方向转变的过程，也就是企业数字化转型的过程。数字化转型是利用数字化技术（例如云计算、大数据、人工智能、物联网、区块链等）和能力来驱动组织商业模式创新和商业生态系统重构的途径和方法，其目的是实现业务的转型、创新和增长。其核心有两点，一是数字化技术的应用；二是业务模式的重塑。

不同行业的专家或者业界领袖对数字化转型的论述不尽相同，大致可以分为以下四种（见图6-1）：

Microsoft	数字化转型	• 客户交互	• 赋能员工	• 优化运营	• 产品转型
IBM	数字化重塑	• 数字化 内部人员与流程	• 数字化转型 面向客户的业务流程	• 数字化重塑 产品服务与用户体验创新	
HUAWEI	数字化转型	通过新一代数字技术的深入运用，构建一个全感知、全连接、全场景、全智能的数字世界，进而优化、再造物理世界的业务，对传统管理模式、业务模式、商业模式进行创新和重塑，实现业务转型			
Alibaba 阿里巴巴	数字化转型	• 基础设施云化	• 触点数字化	• 业务在线化	• 运营数据化 • 决策智能化
McKinsey & Company	数字化转型	• 战略与创新 • 组织变革	• 客户决策旅程 • 技术发展	• 流程自动化 • 数据与分析	

图6-1 不同企业对数字化转型的不同描述

资料来源：李剑锋. 企业数字化转型认知与实践［M］. 北京：中国经济出版社，2022：69.

第一种是政府部门的定义，关键词是"经济"。政府部门认定的数字化转型定义更宏观，更多地强调企业或者社会向数字经济的迁移，鼓励发展与数字技术相关的新经济，开创新的就业领域。这个定义体现了政府对数字化转型发展大趋势的认识和把控，也代表了一种政策导向。

第二种是咨询公司的定义，关键词是"方法论"。无论是埃森哲、麦肯锡、德勤，还是高德纳，它们都认为转型与所有的咨询项目一样，最重要的是方法论。一套合适的方法论是企业成功转型的重要保障，所以一定要从顶层设计出发，按照一定的方法论进行规划、设计和实施。同时，要对企业文化、组织管理等方面的因素有比较周全的思考。

第三种是 ICT 技术界的定义，关键词是"技术"。目前这个阶段，无论是微软、IDC，还是华为、阿里巴巴等信息技术公司，讨论数字化转型都更加关注技术、平台和数据治理能力等，着力于"完整解决方案"（total solution）。

第四种是企业界的定义，来自企业的专家给出的论述更多、更细，异彩纷呈，各具行业特色。由于所处行业不同，企业界大多是从行业甚至是本企业的业务特点或信息化发展现状出发对数字化转型进行定义，如华为将数字化转型定义为对传统管理模式、业务模式和商业模式进行创新和重塑。

企业在进行数字化转型建设时，应明确需要数字化的领域。企业数字化转型以消费者为中心，围绕消费者进行数字化转型，促进产品研发设计、生产加工、销售服务、经营管理等。具体数字化建设的领域包括数字化营销、数字化产品、数字化生产、数字化供应链、数字化运营以及数字化生态，如图 6-2 所示。

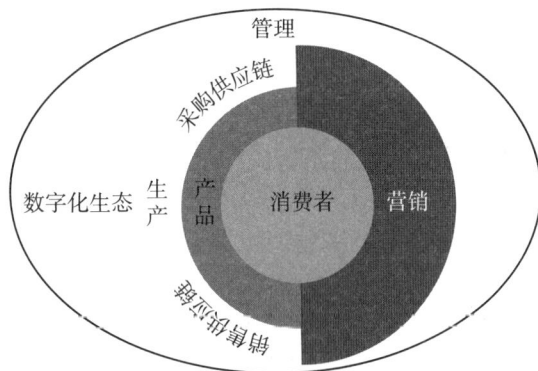

图 6-2 企业数字化转型建设的领域

资料来源：李昊. 关于企业数字化转型的思考［J］. MAS 大讲堂，2022（25）.

二、工业革命与企业转型

工业革命是人类社会经济发展的主线，也是企业这种经济组织兴起、发展、转型、消亡的演化线路。人类社会已经经历了三次工业革命，正处在第四次工业革命的洪流中。

（一）第一次工业革命

第一次工业革命也被称为工业 1.0，爆发于 18 世纪 60 年代～19 世纪 40 年代。1785 年，瓦特制成的改良型蒸汽机投入使用，提供了更加便利的动力，推动了机器的普及和发展。人类社会由此进入了"蒸汽时代"，从而开创了以机器代替人工的工业浪潮，具有划时代的意义。1814 年，在英国康沃尔郡的煤矿区，由英国工程师史蒂芬孙研发的蒸汽机车正式开始了煤炭运输。到 1825 年，英国达文顿开通了第一列由蒸汽机车牵引的客运列车。

1840 年，英国工业生产总额占世界工业生产总额的 47%，商品出口总额占世界商品出口总额的 21%，是名副其实的"世界工厂"。同时，英国舰船吨位位居世界第一，殖民地数量众多，分布广泛，横跨地球经纬，是继西班牙之后新的"日不落帝国"。

工业 1.0 在英国发端，影响主要集中在英国，以工匠的技艺提升、工具改进为主要形态，科学技术发展水平还处于较低阶段。工业 1.0 的显著标志是蒸汽机的发明和使用。工业 1.0 之前的企业组织发展水平较低，以人力和手工作业为主要方式；当工业 1.0 来临时，蒸汽动力取代人力、机械取代手工成为企业转型的主要形式。工作动力及工作方式的变化，带动企业组织围绕新的机械进行重组，企业组织方式从传统的手工作坊式向现代企业迈进。

（二）第二次工业革命

第二次工业革命也被称为工业 2.0，发生在 19 世纪 70 年代~20 世纪初，工业 2.0 的显著标志是电力的发展和应用。1866 年，德国物理学家维尔纳·冯·西门子研发了第一台真正意义上的发电机，可产生稳定的直流电压和电流，真正开启了"电气时代"，也从真正意义上开启了第二次工业革命。科学技术应用于工业生产的另一项重大成就是内燃机的创新和使用。得益于内燃机的发明和电的应用，电器得到了广泛使用，此时的机器有着足够的动力，汽车、轮船、飞机等交通工具得到了飞速发展，机器的功能也变得更加多样化。内燃机的发明，推动了石油开采业的发展和石油化工工业的生产。1870 年，全世界生产大约 80 万吨石油；而 1900 年石油年生产量猛增到了 2 000 万吨。

科学技术的进步也带动了电信事业的发展。19 世纪 70 年代，美国人贝尔发明了电话。19 世纪 90 年代，意大利人马可尼试验无线电报取得成功，为快速传递信息提供了便利。世界各国的经济、政治和文化联系进一步加强。19 世纪七八十年代，三轮汽车、四轮汽车、电灯、自动电报记录机、电话、电影放映机等相继出现。

工业 2.0 在德国发端，发展影响范围扩大到美国、英国以及欧洲等主要发达国家和地区。这一阶段的发展以科学技术上的发明创造为龙头，通过科学技术的应用带动新兴产业发展。科学技术的发明创造作为推动人类社会发展的核心力量，正式登上历史舞台。重视教育、发展科学、保护知识产权等意识开始得到普及。

（三）第三次工业革命

第三次工业革命也被称为工业 3.0，发生在 20 世纪中期到 21 世纪的第一个十年，以自动化和信息化为主要标志。第三次工业革命相对于第二次工业革命发生了更加巨大的变化，不再局限于简单机械，原子能、航天技术、电子计算机、人工材料、遗传工程等具有高度科技含量的产品和技术得到了日新月异的发展。以互联网为核心的信息技术的发展和应用几乎把地球上的每个人都联系了起来，工业生产中出现了各种各样的机器人。

1946 年，世界上第一台电子计算机 ENIAC 在美国宾夕法尼亚大学诞生。计算机在人类社会发展中的作用是颠覆性的，特别是随着芯片集成度的不断提升，计算能力小型化并且融入人类生产、生活的各个方面，伴随互联网、移动应用普及，整个社会的生产组织模式和个体生活方式都发生了根本性变化，信息时代的到来比以往任何一次工业革命都更彻底、更全面地重塑着整个社会。

工业3.0的发展中心在美国，这一次的工业革命不再是以单一技术的突破为牵引，而是科学技术发明创造的全面爆发。工业门类日趋多样，影响范围也进一步扩大到世界大部分国家和地区。特别是信息网络技术的发展，打破了传统的时空局限，信息网络把全球链接为一个地球村，普惠经济、共享发展在更大的范围内成为可能。

（四）第四次工业革命

第四次工业革命即工业4.0，是以人工智能、物联网、虚拟现实、量子信息技术、石墨烯、可控核聚变、清洁能源以及生物技术为标志的工业革命。第四次工业革命的演进时间比较模糊，2010年7月，德国政府通过了《德国2020高技术战略》，把工业4.0确定为十大未来发展项目之一。时至今日，第四次工业革命的成就并没有覆盖第三次工业革命，我们仍然处于第三次工业革命到第四次工业革命的过渡期。

在《德国2020高技术战略》中，德国政府希望在未来10～15年里，最大限度地实现生产自动化。物联网技术和大数据在第四次工业革命中作为核心技术支撑，越来越多的机器人会代替人工，甚至是完全替代，实现"无人工厂"。虽然第四次工业革命对人工的解放做到了极致，但是有关高度智能的机器人在具有"思维"后会对人类产生不利企图的担忧也随之而来。

工业4.0的建设还在路上，但是它已经不再局限于德国工业4.0的理念，而是成为一个新的工业时代的代称，其中融合了最新的理念、最新的技术——智能工厂、智能生产、人工智能技术、人机交互、3D技术、物联网、资源整合、移动互联网、数字化制造、大数据革命、机器自组织、数据驱动、工业互联网等，这些理念和技术所代表的方向，就是企业转型发展的方向。

三、企业数字化转型的发展阶段

从信息化到数字化，再到智能化，是企业信息通信技术（information communication technology，ICT）应用发展的三个阶段，构成工作深度层层递进的关系。信息化强调的是通过流程采集数据和记录数据，着眼点是管控和记录；数字化强调的是赋能，着眼点在于人性化，是根据业务场景在数据驱动下提醒人要做什么，是系统为人服务；数智化以数字化为基础，在智能算法和大数据处理技术下赋能实现智能化，体现出的是一种自适应自进化的能力。

（一）企业信息化

企业信息化可以理解为将信息技术用于企业管理和组织生产的过程。从这个角度来看，从信息技术诞生的那一天起，信息化就已经开始了，影响的深度和广度都越来越大。企业信息化是企业经营者有意识地引进和推广使用信息技术的过程，也是信息化和工业化"两化"融合的过程。可以从以下六个层面看信息化融入企业并普及、深化的过程。

1. **起步。** 企业信息化大多从办公自动化开始，最早是用电脑加打印机取代传统打字机，后来开始无纸化办公，降低办公费用，提高公文流转速度，进而提升办公效率，这个是推行最快、接受程度最高的信息化。如今无纸化办公、无纸化会议已经成为很多企业的"标准配置"。

2. **进步。** 再进一步就是所谓的"会计电算化"，让会计人员从堆积如山的票据和账、表、册中解脱出来，降低劳动强度、错误率、会计成本，提高会计效率等，财会部门的信息化是效益最显著的信息化，企业的财会部门往往是推动信息化最有力的部门。

3. **漫步。** 第三个层面的信息化建设是信息基础设施的建成和使用，特别是企业内联网（intranet）、企业门户和网站群、邮件系统、视频会议系统的建设。不少大型企业都建设了自有的"计算中心"和异地容灾中心。

上述三个层面的信息化工作一般在 20 世纪八九十年代已经完成，其意义也非常重大，一是让很多企业领导层和管理层认识到信息化的好处，加大了决策层推进信息化的决心和信心；二是信息化基础设施的建设和投用，提高了企业整体层面对信息化的认识，信息化意识普遍提升；三是在这个过程中，很多企业都建立了自己的信息化人才队伍。这三个方面的重要意义，为信息化进一步发展奠定了基础。

4. **齐步。** 第四个层面的信息化建设是企业的企业资源计划（enterprise resource planning，ERP）系统建设，这是一个质的飞跃。国内大多数企业是在 21 世纪初开始 ERP 建设的，它由企业物流、资金流、信息流"三流合一"的先进管理理念和成熟的产品套件组成，在大型企业特别是国有企业内部迅速普及。

ERP 系统的浪潮式推广，从整体上提升了传统产业的信息化水平，强化了企业的信息化意识，对传统企业管理水平的提升具有不可估量的推进作用。很多企业实现了业务流程的标准化，有的企业分业务板块建设了本板块的标准化模板，实现了财务报表的快速生成，提升了财务分析能力、资金管控和共享能力，进而推动传统财会业务的数字化转型。

5. **快步。** 第五个层面的建设是业务部门推动的信息化建设，如合同管理系统、审计信息化系统、HSSE 管理系统、风险防控系统、应急指挥系统、工业视频监控系统、企业内部即时通信系统、移动办公系统、法务系统、党务系统、知识产权管理系统等。在这一阶段，信息化展现了强大的渗透性，一个部门建设了业务系统，邻近部门很快也会提出系统建设需求；一个部门升级了业务系统，邻近部门很快也会提出系统升级需求。信息系统在不断的升级中得到完善，可能是提升了系统性能、优化了用户界面、增加了统一的待办提醒，抑或增加了移动应用功能。信息系统很快贯穿企业管理的各个领域，构成疏而不漏的系统网络。信息系统已经成为企业经营管理的必备工具，也是企业的神经中枢，业务人员掌握了工具；反过来，工具也控制了业务人员，二者相互依存、不可分离。如果信息系统出问题，企业的生产经营活动肯定受到影响。

6. **跃步。** 第六个层面是数字化、智能化建设。随着企业信息化建设的持续推进，信息系统已经覆盖企业信息化的方方面面，随之暴露出来的信息化"孤岛"现象、成本高企等问题越来越突出，许多企业进行了信息系统的集成整合、系统优化，但各种问题依然存在，而且出现了累积效应，信息化建设触摸到了"天花板"，转型发展势在必行，数字化、智能化应运而生。

（二）企业数字化

信息化是将企业的生产过程、物料移动、事务处理、现金流动、客户交易等业务过程，通过各种信息系统、网络加工生成新的信息资源，是业务标准化、标准流程化和流程信息化的过程。它可以使企业内各个层次的人员清楚地了解业务现在是什么情况、流程到哪里等一切动态业务信息，从而做出有利于生产要素组合优化的决策，合理配置资源，增强企业应变能力，获得最大的经济效益。数字化是基于大量的运营数据分析，对企业的运作逻辑进行数学建模、优化，反过来再指导企业日常运行。这实际上就是一个"机器学习"的过程，系统、反复地思考和学习企业的数据和运营模式，变得更专业和更了解企业，然后指导企业运营。

数字化时代的到来，使得物理世界正在通过使用物联网、移动互联网、电子商务、增强现实技术/虚拟现实技术（AR/VR）这些数字化工具，被搬运并重构到数字化世界中，这既是一个技术过程，也是一个思维模式转变的过程。利用数字化技术将物理世界完全重构、建模到数字化世界后，人们的大部分协作、沟通、设计、生产，都可以通过数字化技术在数字化世界里实现。数据是物理世界在数字化世界的"孪生"，是一切的基础，而流程和软件系统则是产生数据的过程和工具。

信息化推动物理世界向数字世界迈进，是业务数字化；数字化是实现数字世界对物理世界的服务，是数字业务化。二者起点不同、手段不同，目标也有差异。信息化的起点是模拟世界，数字化的起点是数字世界；信息化的手段是信息系统，数字化的手段是云平台；信息化的目标是要实现业务的可视可管可控，数字化的目标是要实现数据的价值增值或者驱动业务转型。

早期的信息化，都是用信息化手段去支撑业务的，这就是业务驱动。在业务驱动模式下的信息化建设，形成了一个个"信息孤岛"，每个"孤岛"背后都是一项业务或者一个业务部门。随着信息化的不断深入，每个部门的业务都已经很好地被信息系统"支撑"起来，但部门之间的沟通和交流障碍逐渐凸显出来，容易造成一个个"信息孤岛"。

数据驱动方式的落地，标志着数字时代的真正来临。数字化转型就是推动传统企业进入数字世界；从宏观经济层面理解，数字化转型就是推动传统经济转型为数字经济。只有数字化的充分发展才能支撑智能化的提升。

（三）企业数智化

进入 21 世纪的第二个十年，智能化已经成为大多数企业选择的发展方向，这一方面是企业信息化建设的深化和升级发展的必然；另一方面是得益于人工智能技术的再次兴起。

1. 人工智能技术的发展和应用。人工智能概念的提出最早可以追溯到 1956 年，这年夏天，以麦卡赛、明斯基、罗切斯特和申农等为首的一批年轻科学家在达特茅斯学院聚会，共同研究和探讨用机器模拟智能的一系列问题，首次提出了"人工智能"这一术语，它标志着"人工智能"这门新兴学科的正式诞生。这之后的 60 多年，人工智能的研究和应用经历了"三起三落"的曲折发展，但随着 21 世纪的到来，它也展现出了强大的生命力（见图 6 - 3）。

人工智能是计算机科学的一个分支，它企图了解智能的实质，并生产出一种新的能以类

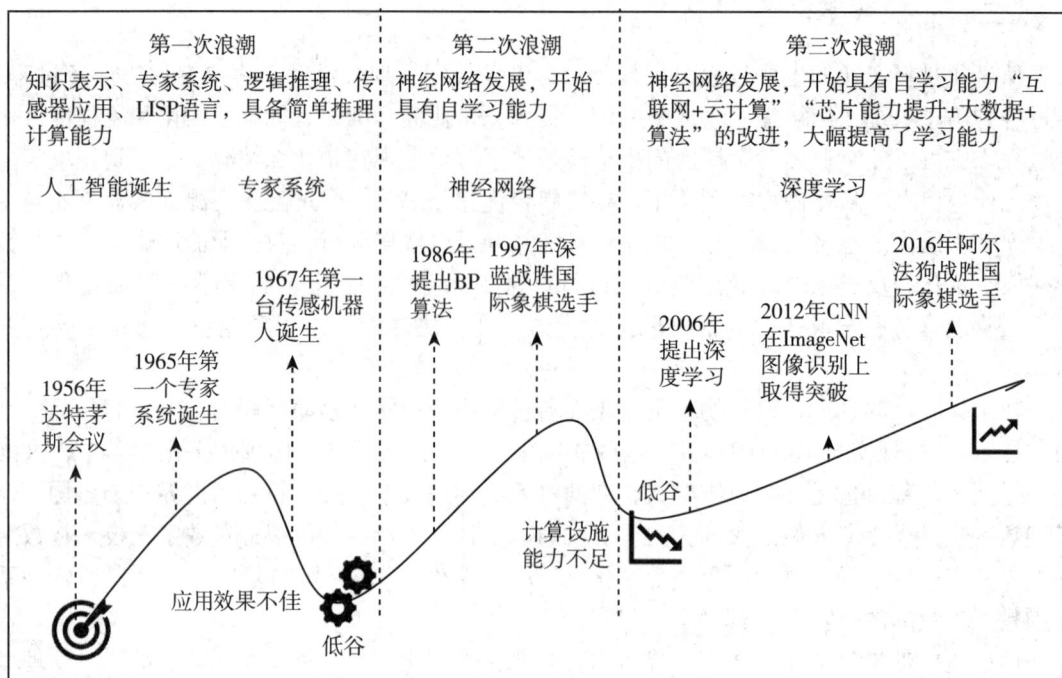

图 6-3　人工智能技术发展历程

资料来源：李剑锋．企业数字化转型认知与实践［M］．北京：中国经济出版社，2022．

似于人类智能的方式做出反应的智能机器。因此，人工智能的发展历史是和计算机科学技术的发展史联系在一起的。除了计算机科学以外，人工智能还涉及信息论、控制论、自动化、仿生学、生物学、心理学、数理逻辑、语言学、医学和哲学等多门学科。人工智能学科研究的主要内容包括知识表示、自动推理和搜索方法、机器学习和知识获取、知识处理系统、自然语言理解、计算机视觉、智能机器人、自动程序设计等。

2. 数字化与智能化。信息化只是在人类工作过程中提供的一种"帮助"，它通过建设一个个信息系统，帮助人类更轻松、高效地完成工作。数字化则创造一个完全不同的世界，并全面"赋能"人类。人们几乎可以在网上找到想找的任何人、想买的任何东西、想学习的各种课程，而网络购物的便捷、网络学习的唾手可得让无数人成了大厨，这在没有网络的时代几乎是不可能实现的。数字赋能个人、赋能组织、赋能社会。

智能化是对数字化的提升。当前的人工智能研究虽然包含多个方面，但基于数字的智能是主要的发展方向，被广泛应用的图像识别、语言处理、智能决策等，无不是对大数据的挖掘分析。阿尔法狗的能力来自对大量棋谱的学习；人脸识别来自对大量图片的学习；语音识别来自大量的声音训练；自动驾驶技术也需要道路数据和对随时采集的路况数据的即时分析。2022 年 11 月 30 日，美国 OpenAI 研发的聊天机器人程序 ChatGPT（chat generative pre-trained transformer）发布。ChatGPT 是人工智能技术驱动的自然语言处理工具，它能够通过理解和学习人类的语言来进行对话，还能根据聊天的上下文进行互动，真正像人类一样来聊天交流，甚至能完成撰写邮件、视频脚本、文案、翻译、代码，写论文等任务。截至 2023 年 2 月，这款新一代对话式人工智能便在全球范围狂揽 1 亿名用户，并成功从科技界破圈，成为历史上增长最快的消费者应用程序。

因此，数字化具有普遍性、全体性和通用性；而智能化从某种意义上来说，是建立在数字化基础之上的高级应用，是算法对数据挖掘、加工之后导出的结果。由此可见，提供的数据都是 样的，应用系统的算法才是智能化的关键。至少在弱人工智能阶段，智能化完全依赖于对数据的挖掘和学习，是一种高级应用。因此，从现阶段来看，用基础性、普遍性和全面性来衡量、讨论数字化转型比智能化转型具有更广泛的意义。

【知识链接 6 - 1】

数字孪生技术

数字孪生（digital twins）的概念最早由密歇根大学的迈克尔·格里夫斯（Michale Grieves）博士于 2002 年提出，最早的名称为 "Conceptual Ideal for PLM"。数字孪生被形象地称为 "数字化双胞胎"，是智能工厂的虚实互联技术，从构想、设计、测试、仿真、生产线、厂房规划等环节，可以虚拟和判断出生产或规划中所有的工艺流程，以及可能出现的矛盾、缺陷、不匹配，所有情况都可以用这种方式进行事先的仿真，缩短大量方案设计及安装调试时间，加快交付周期。

数字孪生技术是制造业迈向工业 4.0 战略目标的关键技术，通过掌握产品信息及其生命周期过程的数字思路将所有阶段（产品创意、设计、制造规划、生产和使用）衔接起来，并连接到可以理解这些信息并对其做出反应的生产智能设备。

资料来源：梁乃明，方志刚，李荣跃，高岩松等. 数字孪生实战——基于模型的数字化企业（MBE）[M]. 北京：机械工业出版社，2021：9.

四、企业数字化转型的背景分析

（一）社会背景

2023 年 3 月，中国互联网络信息中心（CNNIC）第 51 次《中国互联网络发展状况统计报告》发布。报告显示，截至 2022 年 12 月，我国网民规模达 10.67 亿人，较 2021 年 12 月增加 3 549 万人，互联网普及率达 75.6%。这意味着 75% 左右的人已经成为 "数字居民"，他们的生活方式、消费行为决定着企业的选择。

随着数字时代的到来，企业必须习惯消费行为的 "量子态"：各不相同、随时变化、多态叠加，这给企业了解和掌握用户行为带来了巨大的挑战，互联网技术、大数据技术等数字技术成为企业必须掌握的技术。基于大数据的客户画像、精准营销、自动推送等技术大行其道，这也是一种倒逼。

当下时代，人口红利已经消失，据国家统计局发布数据，2022 年全年出生人口 956 万人（见图 6 - 4），出生率为 6.77‰；死亡人口 1 041 万人，死亡率为 7.37‰；自然增长率为 - 0.60‰，开始进入人口负增长时代。加之新冠疫情和国际形势的影响，整个经济环境不容乐观，企业必须通过数字化转型寻求新的经济发展动力。

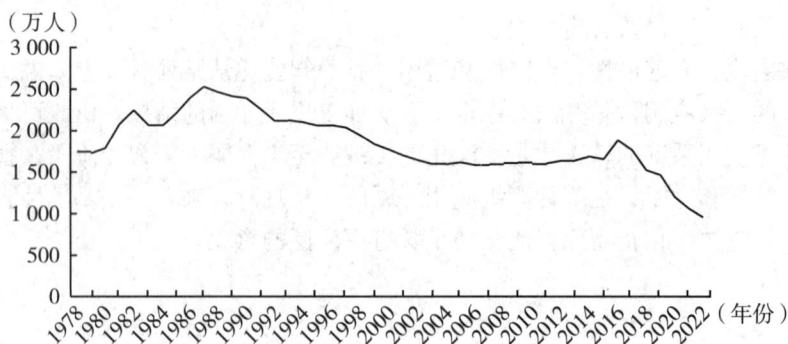

图 6-4 1978～2022 年全国新出生人口数

资料来源：根据国家统计局相关数据整理而得.

（二）政策背景

2015 年习近平总书记在第二届世界互联网大会开幕式上首次提出推进"数字中国"建设。2017 年，党的十九大把"数字中国"建设提到了国家战略高度，并明确提出要加快建设"数字中国"。第四届世界互联网大会在浙江乌镇开幕，"数字经济"再次成为大会的最热词。国家主席习近平在致大会的贺信中指出，中国数字经济发展将进入快车道。中国希望通过自己的努力，推动世界各国共同搭乘互联网和数字经济发展的快车。

2022 年，国务院关于印发《"十四五"数字经济发展规划》，指出数字化转型已经成为大势所趋，要以数字技术与实体经济深度融合为主线，加强数字基础设施建设。在《"十四五"数字经济发展规划》中，数字经济被定义为继农业经济、工业经济之后的主要经济形态，是以数据资源为关键要素，以现代信息网络为主要载体，以信息通信技术融合应用、全要素数字化转型为重要推动力，促进公平与效率更加统一的新经济形态。"十四五"时期，我国数字经济转向深化应用、规范发展、普惠共享的新阶段。

2023 年，数字经济再成 31 省份政府工作报告中的"高频热词"，多地地方两会明确量化数字经济发展远景。2023 年 2 月末，中共中央、国务院发布《数字中国建设整体布局规划》，进一步从数字基础设施、数据要素、平台经济、数字技术等方面为我国数字经济发展提供远景目标。党的二十大报告强调要加快发展数字经济，促进数字经济和实体经济深度融合。放眼未来，数字经济将迎来进一步发展，在政策体系的完善、数据要素市场的发展、数字产业化和产业数字化的协同成长、国企数字化转型的落地、治理与安全体系的巩固等领域取得丰硕成果。

（三）经济背景

数字经济在三大产业数字化持续渗透。随着云计算、大数据、人工智能、5G 网络技术的发展应用，数字化正加速向各行各业渗透，中国数字经济规模不断提升。2024 年 1 月，中国信息通信研究院发布的《全球数字经济白皮书（2023 年）》显示，2022 年，测算的全球 51 个主要国家数字经济增加值规模 41.4 万亿美元，同比名义增长 7.4%，占 GDP 比重的 46.1%。其中，中国数字经济规模达到 7.5 万亿美元，仅次于美国，位居世界第二。近年来，我国数字经济发展势头迅猛，截至 2022 年，我国数字经济规模已增加到 50.2 万亿元，占国内生产总值的 41.5%，数字经济在国民经济中的支柱作用日益明显（见图 6-5）。

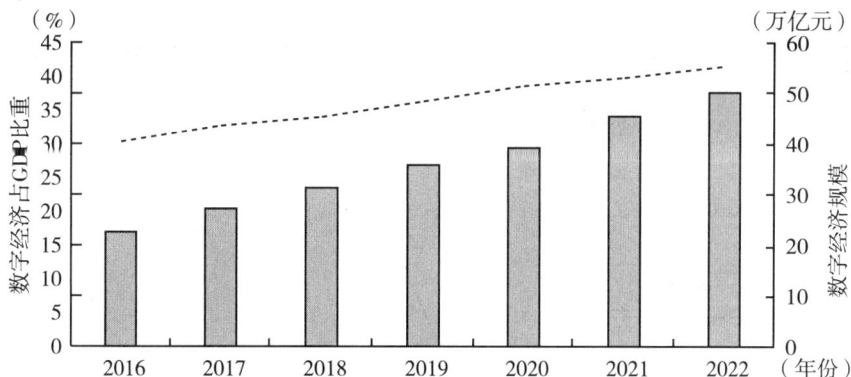

图 6-5 2016~2022 年中国数字经济规模

资料来源：根据 2017-2023 年中国数字经济发展研究报告［R］. 资料整理而得.

表 6-1 是 2008 年和 2022 年全球市值前十的公司排名，从中能够看出一个颠覆性的变化——经营数字产品的公司占据主流。数字经济的来临已是大势，传统企业在各自的领域竞争多年，市场划分已经形成大致稳定的疆域；而数字经济则完全不同，这是一片蓝海，先入者可以享受"跑马圈地"的领先优势。

表 6-1 **2008 年和 2022 年全球市值前十的公司排名**

2008 年全球市值排名				2022 年全球市值排名			
排名	公司	市值（亿美元）	行业	排名	公司	市值（亿美元）	行业
1	埃克森美孚	453	能源	1	苹果公司	21 000	信息技术
2	中国石油	424	能源	2	沙特阿美	19 000	能源
3	通用电气	370	一般工业	3	微软	18 000	信息技术
4	俄罗斯天然气	210	能源	4	亚马逊	16 000	信息技术
5	中国移动	298	移动通信	5	谷歌	14 000	信息技术
6	中国工商银行	277	银行	6	脸书	8 390	信息技术
7	美国微软	264	信息技术	7	腾讯控股	7 530	信息技术
8	美国 AT&T 公司	231	固定电信	8	特斯拉	6 410	新能源汽车
9	英荷壳牌	220	能源	9	阿里巴巴	6 150	信息技术
10	美国宝洁	216	日化用品	10	伯克希尔·哈撒韦	5 880	保险

资料来源：根据普华永道提供的资料整理而得.

（四）企业自身背景

消费价值链的改变，促使企业进行数字化改革。要求以产品为中心的传统单向链式价值链重构为以消费者为中心的生产、渠道、销售、运营环式价值网，如图 6-6 所示。

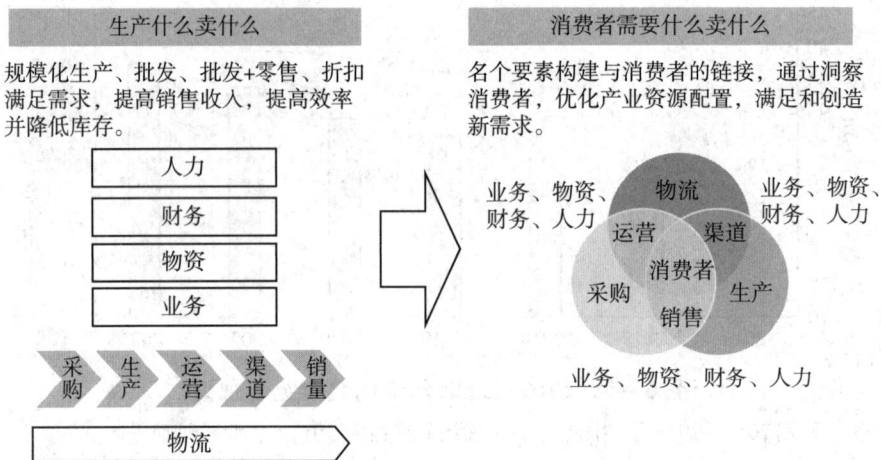

图 6-6　消费价值链的改变

资料来源：李昊．关于企业数字化转型的思考 [J]．MAS 大讲堂，2022（25）．

在全球一体化背景下，几乎所有的竞争都是全球性的，一个企业只有比世界上任何一个角落的同类企业成本更低、性能更优、功能更多、响应市场变化更快，才能脱颖而出，这是企业生死攸关的大事。

什么是企业降本增效的利器？图 6-7 是麦肯锡公司对数字技术可能给企业带来的潜在价值的预测，有许多生动的案例都证明了这些预测的可靠性。中国石化集团公司在某下属炼化企业开展智能化仓库建设，用工总量从原来的三百余人降至十余人，而仓库周转效率提升一倍；在某油田开展油井物联网系统建设，实现了油井数据的自动化采集和智能巡井，用工数减少超过 80%。

图 6-7　麦肯锡公司对数字技术可能给企业带来的潜在价值的预测

资料来源：李剑锋．企业数字化转型认知与实践 [M]．北京：中国经济出版社，2022．

根据 2022 年世界经济论坛（WEF）发布的《第四次工业革命对供应链的影响》白皮书数据显示，数字化转型使制造企业成本降低 17.6%、营收增加 22.6%。数字化转型将从三个维度提升企业的盈利能力：（1）增收。智能化生产可缩短生产周期，生产速度的提高可以使得企业迅速产生规模化效应，从而增加收入。（2）降本。数字化生产可以提升资源利用率，同时在规模化效应下边际成本下降明显。（3）提效。集中控制与持续监测生产，对资源进行合理的规划投入，帮助企业迅速提升生产效率。

互联网时代信息不对称现象几乎消失，所有的企业在同一个市场上面对面竞争，优劣高下一目了然，拥有更低成本和更快响应速度的企业就能抢得发展先机。没有哪一种技术像数字技术一样，在提高劳动生产率、降本增效方面如此立竿见影。

在大多数传统企业中，信息化部门都是作为企业核心业务部门的附属部门存在，企业信息化建设也往往围绕着业务部门提出来的需求开展，这就造成了业务部门的需求成为信息化建设的"天花板"，客户的需求永远是"一辆更快的马车"。如果遵从客户需求，就永远也不会有汽车的出现，这就严重抑制了来自数字技术的创新引领作用。每一个传统企业的管理层都应该反思，自己是不是堕入了只要"一辆更快的马车"的陷阱。有人说"客户只有欲望，没有需求"，这句话值得深思。

在很多领域，是否采用了数字化技术甚至成为一种价值符号。在白色家电领域，空调加上智能遥控，身价倍增；冰箱加上移动应用就引导了消费潮流。数字化技术成为产品竞争的强大武器，越是竞争白热化的市场领域，越能凸显数字技术的价值。

第二节　企业数字化转型的战略目标与转型模式

一、企业数字化转型的战略目标

数字化转型是一个系统性的变革工程，不少企业已经把数字化战略作为企业的核心战略。因此，需要回归企业的本质、战略管理的本质来思考数字化转型的战略目标。

由于不同企业有不同行业特性、业务痛点、数字化成熟度等原因，数字化转型在各个行业有明显的个体差异性。但总的来说，可以归为两大类战略目标——降本增效和收入增长；进一步又可分解四个具体目标——提高效率、降低成本、提高客户价值以及增加收入机会。

（一）降本增效——提高效率、降低成本

1. 提高效率。效率是企业的一项关键竞争指标。因此，提高效率是数字化转型的重要目标之一。效率主要包括运营效率和决策效率两个方面。

运营效率涉及研发效率、生产效率、供应链效率、渠道效率、服务效率等多个方面，通过全价值链的数字化转型提升产、研、供、销、服各个业务环节的运营效率，是很多企业比较容易达成，也是效果显现最快的，因此很多企业将提高运营效率作为数字化转型的首要目标。国家工信安全中心联合阿里研究院于 2019 年发布的《中国数字化领军企业调查报告》显示，当前企业数字化转型的主要目标前三位分别是提高运营效率、实现以数据为基础的智能决策以及降低运营成本。红杉中国《2021 企业数字化年度指南》调研数据也显示，企业

数字化战略目标排名第一的是提升运营效率。埃森哲发布的《2022 中国企业数字化转型指数》报告显示，受外部不确定因素的影响，借助数字化手段提升运营效率成为企业当下的重点。

美的企业数字化转型一个核心的战略目标就是提升企业运营效率，这一目标贯穿美的数字化转型始终。为了实现效率驱动，美的通过 632 项目"统一流程、统一数据、统一系统"，提高精细化管理水平和运行效率。2020 年，美的新的数字化转型战略是全面数字化、全面智能化，对内的目标仍是通过数字化技术提升企业效率，实现全价值链卓越运营。

此外，在经营环境复杂多变的今天，企业的各项决策变得更频繁，灵活、快速、精准的响应和决策成为常态。企业需要通过数据可视化、AI 算法等数字化手段，实现数据驱动的科学、精准、快速决策，缩短决策链条，减少决策时间，从而及时应对外部环境变化。因此，提升企业决策效率也应当成为企业数字化转型的目标之一。

2. 降低成本。依靠成本领先，可以给企业带来竞争优势。但随着各种生产要素成本的上升，很多企业存在的一大问题是增收不增利，企业面临降低成本的巨大压力。因此，数字化转型的另一大重要目标就是降低企业的成本。通过数字化转型削减不必要的开支，减少浪费。

天虹董事长高书林在提及数字化转型的动因时曾说道，随着成本的不断上升，传统零售的盈利空间变得越来越小。人工成本在天虹占了 1/3，商品库存成本也很高。而天虹希望通过数字化转型实现用更少的人、创造更大的价值。

三一集团总裁助理蒋庆彬曾表示，近年来，工程机械行业人工成本上升非常明显，比如几年前员工月收入 3 000～4 000 元不算低，现在一个焊接工人月收入 1 万多元，低的也有 9 000 元左右。三一数字化转型的"3 个 3"量化目标是在"十四五"时期末实现 3 000 亿元销售额、3 000 名工人、30 000 名工程师。其中，"3 000 名工人"实际上指的就是降低人工成本。

数字化转型除了要实现降本增效，还有更为长期的目标，即提高客户价值、增加收入机会，真正为客户创造价值、为企业创造收入，为企业带来真金白银的价值，为企业发展提供持续动力。

（二）收入增长——提高客户价值、增加收入机会

1. 提高客户价值。随着数字化时代的到来，企业正在从以产品为中心转向以客户为中心，如何改善客户体验、提高客户满意度，最终提高客户价值是数字化转型的重要目标之一。

提高客户价值指的是通过加深与现有客户的关系，创造盈利性收入增长，这能使企业销售更多的现有产品和服务，或额外的产品和服务。"与现有客户的关系"用客户指标表示就是"客户保持率"，而产生客户保持率的重要方式就是提高客户满意度。这也是为什么我们看到不少企业将提升客户满意度、提高客户体验作为数字化转型的目标，其实就是通过提高客户满意度来提高客户保持率，进而提高客户价值。

华为将提升客户体验作为数字化转型的三大目标之一，以提升客户体验作为数字化愿景。"以客户为中心"一直是华为最核心的管理纲领，在数字化转型时，华为也强调必须回归业务经营的根本，必须以客户为中心，由外而内思考到底能为客户创造什么价值，能为客

户带来什么样的体验。华为强调"过去华为更强调产品的质量、性能，但现在更强调体验。过去华为是一个以产品为中心的公司，把产品卖给客户，由客户来运营整个网络。数字化转型之后将更加理解客户，不断丰富与客户的连接，帮助客户进行再次的价值创造"。

广联达一个重要的核心价值观就是以客户为中心、客户成功。在 2010 年前后，广联达就在思考如何用数字化技术给客户带来一些新的体验，创造一些新的价值。提高客户价值是广联达数字化转型的重要目标。从 2013 年开始，广联达的核心造价业务开始云转型，产品形态从单机套装软件转变为"云 + 端 + 数据"的云化产物。对于客户而言，SaaS 模式下除了初期较低的费用支出外，产品也有更好的使用体验。在传统模式下，软件产品对电脑硬件配置要求较高，云化后一些功能转移到云端，对硬件配置要求大大降低，而且使用过程中出现 BUG 的概率也较低。此外，传统的模式下，软件厂商往往难以获取用户对于软件真实的使用反馈，而 SaaS 化的产品能够精准地将用户的使用习惯以数据化的形式反馈给厂商。不同场景下积累的数据越多，对不同类型客户需求的理解就越深刻，进而可以不断优化数据模型和算法，改善用户体验，增强用户黏性。

2. 增加收入机会。通过数字化转型，利用数字化技术和积累的数据资产实现创新、增加收入机会是数字化转型另一个重要的目标。增加收入机会指的是增加新的收入来源，创造新的盈利模式甚至是商业模式。具体可以通过销售新的产品和服务、向新的细分客户销售产品和服务以及向新的市场销售产品和服务等方式来实现。

不难发现，不少企业尤其是数字化领军企业都将产品和服务创新作为数字化转型的目标之一，尝试开发数字化、智能化的产品和服务，或对现有产品服务进行数字化改造，使其具有数字化特性，或提供基于用户个性化需求的定制化产品和服务，进而改变原有的收入和利润模式，为企业带来新的机会。红杉中国《2021 企业数字化年度指南》调研报告显示，数字化实践领先者以产品和服务创新为首要目标，期望通过数字化创造新的业务价值，发现新的业务模式甚至商业模式，实现企业运营的良性循环。埃森哲《2022 中国企业数字化转型指数》也发现，数字化转型领军者优势最大的指标都和创新相关。其中，在产品和服务的数字化升级能力的表现是其他企业的 8 倍。

2022 年公布的"数字美的 2025"战略总体也明确提出要将智能家居做到全球行业首选、发展数字创新业务，孵化 1 ~ 2 家上市公司。美的数字化转型已有 10 年，其目标是通过数字化转型彻底改变美的商业模式，建立起新的核心竞争力。

广联达在造价业务云转型完成之后，又将数字施工业务作为第二增长曲线，寻找收入和利润的新增长点。数字施工业务聚焦工程项目建造过程，通过"平台 + 组件"的模式，覆盖企业级、项目级、岗位级三层和商务、技术、生产各业务线，为施工企业提供全生命周期数字化软硬件产品以及数字化解决方案。广联达致力于向平台化商业模式转型，成为数字建筑的平台服务商。

（三）ESG 逐渐成为企业数字化转型的战略目标

近年来，随着我国高质量发展、"双碳"目标、共同富裕等政策的提出，ESG 逐渐成为企业发展的新价值，更强调商业价值和社会价值的统一。因此，企业也应考虑将 ESG 纳入数字化转型的战略目标中，通过数字技术的赋能降低碳排放，承担起社会责任。尤其是石油石化、电力、离散制造业等传统企业作为节能减排的主力军，应将绿色低碳作为数字化转型重要战略目标，利用大数据、人工智能、物联网、区块链等技术有效改进生产工艺流程、提高设备运转效率、提升生产过程管理的精准性，实现生产效率和碳减排的提升。例如，作为传统能源行业，中国石油提出，基于"双碳"的绿色责任，必须通过数字化转型、利用数字化技术深化业务的结构性变革和核心生产力的提升，以顺应能源转型的新形势，实现高质量发展。

数字化转型的战略目标，一方面是对现有业务的优化，利用数字化手段降本增效，提高运营能力；另一方面利用数字化提高客户价值，发展新的业务模式，开辟新的收入来源。新时代背景下，未来将有更多企业将ESG也作为数字化转型的重要目标，以推动企业高质量、可持续发展。

二、企业数字化转型的模式

企业数字化转型是数字技术与企业业务不断融合之后出现的一种新的经济现象。这种融合沿着从无到有、从低到高、从被动融合到主动驱动这样一个递进的发展路径，沿着这条路径，我们可以定义企业数字化转型的四种模式（见图6-8）。按照这个内容和方式，可以将企业数字化转型分为四种模式，即四个阶段，由点到线到面再到体，由局部渐至全局，由当前业务到未来业务，由企业内部渐至企业边界，成为数字世界中的无边界企业。可以根据行业不同、企业数字化基础不同，对四种模式进行同步推进，也可以循序渐进，打造数字化转型的不同版本。

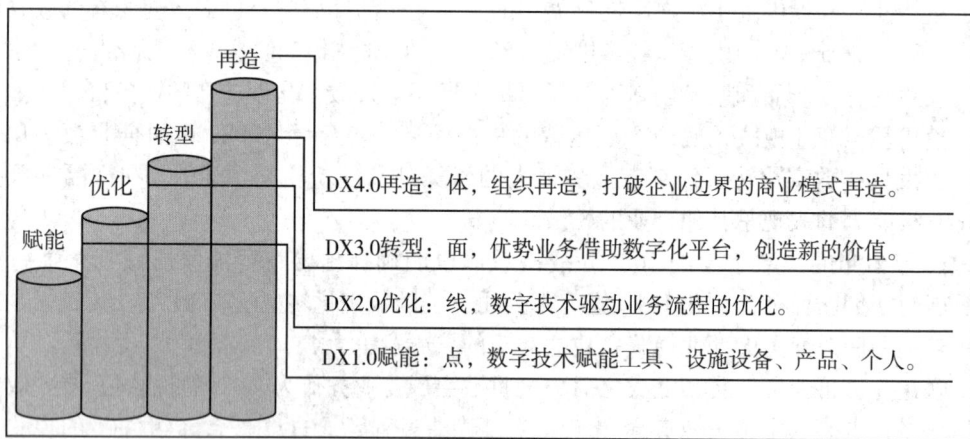

图6-8 企业数字化转型的四种模式

资料来源：李剑锋. 企业数字化转型认知与实践［M］. 北京：中国经济出版社，2022.

（一）第一种模式——赋能

赋能就是利用数字技术实现传统生产要素数字化，以大幅度提升生产效能，为企业带来新的价值。数字化赋能是企业数字化转型的初级阶段，也是必要阶段，通过这一阶段的实践，能够培育企业的数字化文化，提高员工的数字化意识和对转型的信心。这里将赋能分为四种类型。

1. 设备赋能。传统的设备、设施、生产装置等不具备数字化能力，如联网能力、感知能力等，需要企业安排专人定期巡检设备、设施的运行状况，通过抄表发现安全隐患。企业通过给设备加装数字仪表、传感器以及联网设备等，从根本上改变传统的巡检、查表模式。通过数字赋能，节约了人力，提高了服务水平，改变了原来的生产组织模式，实现了业务转型。

2. 产品赋能。通过数字化赋能，能够为产品附加很多新的功能，从而提升产品的价值，给用户带来全新体验，也给企业带来更多收益。对白色家电的数字化赋能是企业应用最多的数字化赋能方式，比如给家用空调加装上网设备，实现遥控开关机，实现家庭恒温；给冰箱加装数字设备，可以知道冰箱里还有多少储备，方便提前购买等。同时，数字化赋能的产品还给企业售后服务带来便利，让企业可以随时掌握产品的运行状况，实现预知性维修、维护。通过对产品的数字化赋能，不仅给用户和企业带来新的价值，也改变了用户的消费模式和企业的售后服务模式。

3. 员工赋能。用数字技术武装企业员工，从而减轻员工劳动强度、提高劳动生产效率、改变对员工的组织方式和管理方式。这就像现代战争中的单兵作战系统一样，在传统战争中士兵遇到的最大问题就是在广袤的战场上不知道自己在哪里，也不知道战友在哪里，甚至不知道敌人在哪里，从而无法实时接收上级指令，单兵作战能力非常弱。加装了数字化设备的现代化士兵，作为一个独立的作战单元，通过卫星通信设施、定位技术、视频技术，能够清晰地知道自己所处的位置、战友所处的位置以及敌人所处的位置，能够随时接收指挥部的指令，随时呼叫地面和空中的远程炮火支援。数字化赋能不但极大地强化了单兵作战能力，而且改变了传统的作战组织方式。

数字化赋能员工还有另一个作用，就是对员工工作状态随时掌控、监督和考核。比如，原油长输管道暴露在地面，在荒无人烟的地区经常面临自然损坏或者人为破坏的风险，巡线工需要定时沿线巡查，而在条件恶劣地区或者遭遇恶劣天气时，总有一些不负责任的巡线工把每2小时一次的巡查随意改为每5小时或6小时一次，或者更长时间不到现场，给犯罪分子打孔盗油留下可乘之机。通过加装数字化设备，可以给巡线工设定巡检路线，实时跟踪记录，确保工作高质量完成。结合前述的设备赋能，还可以改变巡检方式，从定时巡检改为有问题报警再巡检，甚至可以完全取消巡检，从而重塑业务组织模式。

4. 团队赋能。团队赋能可以看成员工赋能的升级版，有些需要团队协作甚至远程协作才能完成的工序或者任务，通过数字技术，把团队成员"武装"起来，可以实现高效协同。团队赋能的典型案例就是很多企业采用的居家办公模式，通过远程协同工作系统、邮件系统、视频会议系统、即时通信系统等完成会议、交流等日常工作。

总之，通过对物联网、卫星定位、传感器、5G、移动应用等数字技术的应用，企业可以实现对运行环节、装备、产品以及参与人员的赋能，从而大幅度降低员工的劳动强度和企业用人数量，提高生产效率，改进生产安全状况，优化生产组织模式，增加产品附加值，使企业、员工和客户多方受益。将赋能定义为企业数字化转型的基本模式，对全面推进企业数字化转型有巨大的现实意义。其规模小、易操作、风险低、见效快等"短平快"特点，给许多信息化技术薄弱的中小企业提供了一个力所能及的起点，企业数字化转型不再是高不可攀的宏大目标，而是具有可以逐步攀登台阶的可实现的目标。对正在推进数字化转型的企业而言，能够快速见到效果，会给予它们坚持下去的勇气和信心，让它们阔步向前。

（二）第二种模式——优化

在数字化时代，基于数字模型的优化可以取代基于个人经验的优化，在企业生产、经营、管理的各个层面，优化无处不在，从会议安排、出差安排、员工用车调度、生产班组安排，到原材料仓储布局、产品配送方案等，产品生产周期中的每一个环节都需要优化，而全局更需要优化。在没有实现数字化的企业里，有些可以依靠经验在一定程度上完成粗略的优化，但有些根本无法实现优化，这就体现出企业数字化转型的必要性和迫切性。

优化通常是针对一个或者多个业务流程，在数字化的基础上，利用数字化建模技术进行流程优化。优化可以在部分流程上展开，也可以在全流程上展开。通过优化，可以实现最优的资源配置，包括人力投入，设备设施使用，原材料、能源和水的消耗等，通常能够达到缩短流程、减少人力、降低能耗物耗、提升时效等效果，优化已经成为企业降本增效的利器。

流程优化通常需要较高的数字化水平、大量的数据积累、强大的建模能力和算力，很多情况下还需要大量的仪器、仪表、传感器等配置，来提供实时数据采集，有些情况下甚至还需要强大的平台能力和业务集成能力等。比如，根据市场上产品的价位变化，从生产端优化产品结构，这就需要获取市场信息的能力、预测分析能力、生产端产品结构调控能力以及对市场的供给能力等。

以一个数字化的炼化企业为例，它已经不是简单、僵化地根据上级下达的年度、季度指标安排生产了，而是根据市场需求的变化、产品价格的高低，通过数学优化模型进行实时预测，及时调整产品结构。当汽油价格高时，就多生产汽油；当柴油价格高时，就多生产柴油；当化工产品价格高时，就适度压缩汽柴油产量，多生产化工原料，以此形成"市场—生产"一体化的动态优化、实时调整的生产供应体系。

成功的优化能带来巨大的经济效益，物流是优化效果最显著的行为。随着我国数字化转型的推进，社会物流总成本占 GDP 的比重，从 2012 年的 18% 持续降低到 2022 年 14.6%，但和发达国家的 8% 左右相比，仍有很大的优化空间。

优化通常具有"线状"特征，常见的如离散工业的流水线、装配线；流程工业的某个流程；物流配送、能流配置、野外施工的作业路线等。区域优化和全局优化通常围绕一个业务主线展开。

（三）第三种模式——转型

转型是数字化转型的原始形态，使原来"转不动"的传统业务，经过数字化技术的赋能和润滑，实现轻松转身。云计算是传统计算能力转型最成功的案例，它不仅造就了世界排名第一的亚马逊云，而且创造了整个云产业。

亚马逊公司原来是美国最大的消费品电商公司，为了能够满足圣诞季疯狂大采购（类似中国的"双十一"）的购物需求，亚马逊公司购置了大量的计算机服务器来应对购物高峰，但圣诞节过后，购物狂潮消失，大量的计算机处于闲置状态，构成了很大一笔闲置的"优良"资产。亚马逊公司的技术人员通过虚拟技术，把大量闲置的计算机"池化"成标准的计算单元，公开对外出租。此举不仅盘活了公司资产，还催生了当前已经成为基础设施的云计算产业。一套虚拟技术加上一种新的商业模式，让亚马逊公司成功地转型成了云计算服务公司，并一直高居全球云计算产业榜首。

转型具有"面状"的特征，通常是覆盖一定范围的一个完整业务单元。这样的完整业务单元使转型具有更高的价值，更容易实现服务化，更容易找到用户并打开新的市场。中国石化的物资采购部门每年有巨额的采购任务，要完成这样的任务就必须拥有最高的效率、最优的价格和最可靠的产品质量。凭借多年的积累，中国石化获得了具有巨大竞争优势的采购能力，即保供能力，这种能力通过电子商务平台的赋能，转换为一种可交付的采购服务能力，使中国石化能够服务其他企业，从而为自己带来新的利润增加值，这就是采购部门这个业务单元（BU）的数字化转型。

【小案例 6 – 1】

上海市儿童医院：智慧医疗的先行者

智慧医疗（smart healthcare）源自 IBM 于 2008 年 11 月提出的"智慧地球"（smart planet）概念，旨在利用最先进的物联网技术，实现患者与医务人员、医疗机构、医疗设备之间的互动，逐步达到信息化。

上海市儿童医院是一所集医疗、保健、教学、科研、康复于一体的三级甲等儿童医院，拥有我国最早的小儿外科专业、门诊和病房。2015 年 4 月，医院全面接受了国家卫计委统计信息中心组织的"医院信息互联互通标准化成熟度测评"现场测评查验工作，其信息平台架构的完整性得到了专家们的肯定，最终成为沪上首家国家医疗健康信息互联互通标准化成熟度测评"四甲"医院。

上海市儿童医院的智慧医院包括 5 个 R。第一个 R 是 CRM（customer relationship management），以患者为中心，改善患者体验；第二个 R 是 EMR（electronic medical record），就是电子病历，围绕医生提升质量与安全；第三个 R 是 HRP（hospital resource planning），是围绕医院的运营管理，以绩效为统领，运营一体化；第四个 R 是针对医学科研的，叫 SRIS（science research information system），它将生物信息和临床信息结合；第五个 R 是指对区域的 RHIN（regional health information system），是指互联互通，做到医疗联合体，与外部医院进行协作。

资料来源：朱晓明. 走向数字经济 [M]. 上海：上海交通大学出版社，2018.

（四）第四种模式——再造

再造是数字化转型的高级阶段，也是传统企业转型为数字化企业的关键一步。一般有两种类型的再造。

1. 企业内部与数字化生产力相适应的生产关系的再造，它可以是企业内部某一独立的业务单元（如产品销售板块），也可以是企业整体。通过再造，让古老的企业焕发青春，使数字化生产力得到充分释放。这种再造方式扬弃了传统的组织管理架构，但业务本质并没有变化。

2. 打破企业边界，以并购、融合、创新等跨界方式实现企业的商业模式再造。这种再造意味着逐渐抛弃或转变原有的核心业务，寻求新的盈利模式。

以上四种转型模式也可以看成企业数字化转型的四个阶段，这四个阶段不一定要依次完成，其中的某两个阶段可以交叉或者并行展开。尤其是在一些大型企业，由于业务性质或者数字化水平的差异，不同业务单元有可能分别处于数字化转型的不同阶段。因此，这四个阶段也称为四种模式，有些企业内部会出现多个模式并存的局面。

第三节 企业数字化转型的方法与路径

一、数字化转型的领域

数字化转型是一项需要组织全面动员的系统工程，是业务、组织和技术三大领域齐头并进驱动的转型之旅，如图6-9所示。

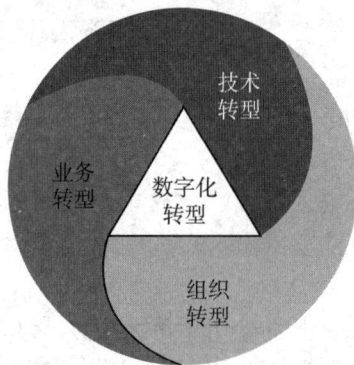

图6-9 数字化转型的领域

（一）业务转型

业务转型是指企业通过全价值链的数字化变革实现运营指标的提升，包括在销售和研发环节利用数字化手段增加收入；在采购、制造和支持部门利用数字化技术降低成本；在供应链、资本管理环节利用数字化方式优化现金流。成功的业务转型需要认清方向，明确愿景，制定分阶段的清晰转型路线图；同时关注全价值链环节，以"净利润价值"为驱动，而不是简单地从技术应用顺推转型。

（二）技术转型

技术转型是指搭建企业数字化转型所需的工业物联网架构和技术生态系统。工业物联网架构是支撑数字化业务用来试点和推广的"骨骼"，数据架构是确保"数据—信息—洞见—行动"能够付诸实现的"血液"，而整体架构的构建需要始终以数字化转型的终极目标为导向。技术生态系统则是一个囊括外部丰富数字化智慧和能力的朋友圈，部署数字化用例、数字化技术的迭代创新以及新技术的引进，都离不开技术生态系统其他合作伙伴的支持。成功的技术转型需要健全物联网架构，创造并引领主题明确的技术合作伙伴生态圈，促进企业借力合作，取长补短，共同发展。

（三）组织转型

组织转型是指在组织架构、运行机制、人才培养和组织文化上的深刻变革。成功的组织转型是一场自上而下推动的变革，需要企业高层明确目标，构建绩效基础架构，成为指导转型行动方向的"大脑"；形成转型举措和财务指标的映射，成为反映转型业务影响的"眼睛"；树立全组织一致的变革管理理念和行为，成为引领组织上下变革的"心脏"。另外，企业需要关注团队的构建，弥补员工的能力差距，建设数字化知识学习的文化并使之可持续发展；还需要推进数字化能力和人才梯队的建设，组成推动转型大规模推广的"肌肉"；构建敏捷型组织和团队，为又快又好实施和优化转型举措提供保证。

二、企业数字化转型的方法

企业数字化转型的方法可以概括为一个目标定位（战略）、两个支撑要素和四个技术能力，如图 6-10 所示。

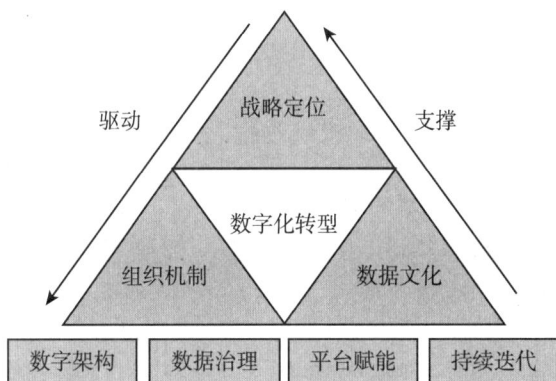

图 6-10　企业数字化转型建设的方法

资料来源：李昊. 关于企业数字化转型的思考 [J]. MAS 大讲堂，2022（25）.

（一）明确目标，顶层设计

首先要明确企业核心战略定位、业务目标到底是什么。互联网相关的企业和传统工业企业的转型目标肯定是不一样的。对于互联网相关企业，利用数字化技术提高流量或销量，数字化就是其生存的法则；而工业企业的命脉是产品的质量、产量和创新能力，数字化是辅助、是工具。

（二）构建相应的组织机制和数据文化

1. 组织机制。企业数字化改革，势必会涉及组织结构的调整，而对于一个传统的大型企业来讲，组织的调整要远比其他互联网企业困难得多。如何调整组织架构，如何平衡组织中人员的利益，如何形成有效的数字化组织机制，无不在考验着企业决策者的战略眼光、决心、行动和领导力。

2. 数据文化。数据文化是一种"用数据思考、用数据说话、用数据管理、用数据决策"的思维模式，以及在这种思维模式指导下形成的文化氛围。传统的企业管理中，信息是掌握在关键部门的关键人员手里，信息是不对称的，人们习惯于依赖权威人物、行政命令或指令以及个人经验去行事和业务决策。数字化时代，随着人们掌握的信息量越来越大，人们将越来越多地尊重事实和数据，学会利用事实和数据来思考问题、解决问题。

（三）数字技术体系架构

这里的体系架构是指数字化技术架构，例如大数据、云计算、IoT、区块链、移动互联网等。在众多的数字技术型架构中，数字化中台被认为是企业数字化转型的首选。中台架构的优势在于能够将通用的、能够标准化的能力沉淀在中台，快速为前台业务赋能，使得前台对业务的响应速度更加敏捷。

中台作为新一代云原生互联网架构，通过将业务数据化和数据业务化，实现企业的协同创新及智能运营。在企业数字化转型的过程中起到了关键支撑作用（见图 6-11）。

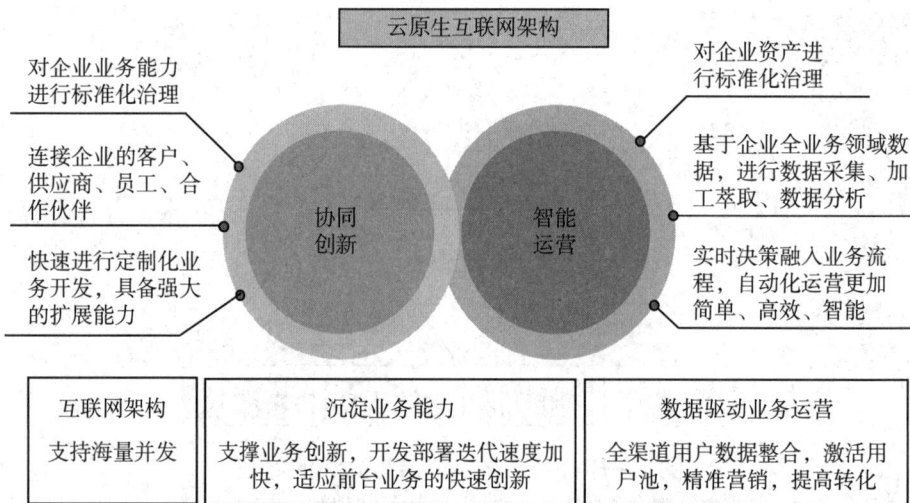

图 6-11　云原生互联网架构

资料来源：李昊. 关于企业数字化转型的思考 [J]. MAS 大讲堂，2022（25）.

（四）数据治理

企业数字化转型中的一个典型标志是从流程驱动到数据驱动，这一过程中数据是最重要资源和生产要素。

数据治理主要解决企业普遍存在的以下问题：（1）黑暗数据：数据被收集、处理和存储，但是业务上没有做任何使用；（2）数据孤岛：信息系统各自为政，数据孤立、标准不统一、缺乏关联性；（3）数据质量：系统中的数据的不一致、不完整、不准确、不真实、不及时等问题严重。

（五）平台赋能

以前是有业务才有数据，那么现在有了数据能不能转而去驱动业务，这是企业数字化转型需要考虑和解决的问题。在企业数字化转型的过程中，需要有合适的数字化平台来支撑，建立业务、数据的双驱引擎，实现"业务数据化、数据业务化"。

通过平台赋能实现全域数据共享能力的搭建，数据全域在线后的各业务场景管控模块的开发与搭建，新技术的使用与业务模式的创新。

【小案例 6 - 2】

中海油服数据深度融合与数字中心平台

中海油服计划从 2020～2025 年分两阶段开展数据治理，建设企业级数据运营平台，提升数据治理水平。为此，中海油服结合公司数据现状及业务基础，构建数字化转型整体解决方案，实现数据服务业务，为基层人员减负。

该项目通过搭建数字中心平台，整体分析公司经营管理状况、经营能力、作业现状、资产准备情况、安全情况，实现多部门、多业务综合运用监控分析，实现数据为业务赋能；集中力量开展数据采集清洗、标准制定、资产梳理、可视化管理和多维度分析，形成数据管理体系，明确数据管理组织、流程及职责；构建集成果展示、远程会议、应急指挥为一体的应急指挥应用中心，实现业务优化，辅助生产决策；建设工业互联网网络化应用创新和推广平台，赋能海上油气勘探生产重点业务。

通过数字化转型，中海油服实现了以下目标：减少数据重复填报，为基层减负 38.4%；打破数据壁垒，实现数据"纵向贯通"与"横向互联"；完成钻井数据标准体系编制，为数据统一化、标准化提供依据；构建事业部知识库，提升业务知识检索效率 50%；构建九大业务分析场景，实现数据为业务赋能。

资料来源：中国信息研究通信院 . 中国数字经济发展报告（2022）［R］. 2022 - 07.

（六）动态调整，持续优化

企业业务是多变的，业务目标或经营范围会变化，业务规则和实现模式会变化，组织结构可能也会随时调整，管理者有更高的要求等。企业数字化转型过程中所涉及的数据标准、管理流程、管理制度，以及使用的技术和工具也需要紧跟企业业务的发展，动态调整、持续优化，数字化平台也要有持续优化不断迭代的能力。

企业数字化转型没有终点，是一个长期持续的过程。

三、企业数字化转型的路径

企业数字化转型是当下每一个企业发展的必选项。从短期来看，事关企业的投入产出、成本管控以及盈利情况；从长期来看，关乎企业的长远目标、发展路径和生存能力。因此，企业数字化转型是一项需要认真对待、精心谋划的事业。如同一切生长于数字世界的事物一样，企业数字化转型也一定有一条全局最优的"达成路径"。就像我们经常使用的导航软件一样，无论实际路况多么复杂，数字技术总能给你指出一条最优路径，这就是数字世界的最大优势——"数据+算法+算力"。

（一）统一认识

在企业开始数字化转型之前，明晰认知、统一认识十分重要，统一认识要从高层开始，逐步普及到全体员工。在这个阶段，企业需要选择合适的培训资料，组织大范围培训并展开广泛讨论，交流思想，充分沟通，形成百家争鸣之势，直至对企业数字化转型的重要性、意义和价值、内涵和路径等达成共识，有共识才能形成合力。

（二）落实组织

在达成共识基础上形成的合力，要通过组织才能发挥出来。虽然数字世界是由数据驱动的，但是在传统的物理世界中，一切工作都需要人来推动——在组织支配下的人。

要推动多大规模的企业数字化转型，就要有相应规模的组织来提供保障。一个部门的转型一般只需要部门级别的组织即可，整个企业的转型则需要企业级的组织来推动。在一个企业内部，所有业务都是相互关联的，因此即使单个部门或者局部的转型，最好也建立一个企业级组织。企业级组织不仅能够保证单个部门或者局部转型时不受关联部门的制约，还能使转型价值最大化，单个部门或者局部的成功转型经验能够快速推广到其他部门，甚至整个企业。

（三）数据治理

将传统业务数字化，是实现业务数字化转型的根本。传统信息化建设中的数据收集只是收集信息化项目自身所需要的数据，而数据治理是进行企业数据资产管理，全方位盘点企业已有的全部数据资源，并根据需要通过设计挖掘新的数据资源，最终形成公司级或集团级数据资源的汇总，实现数据资产价值最大化。

数据治理彻底摆脱了一个系统对应一个数据库的传统模式，为企业建设了一个"数据湖"（data lake），所有应用都从这个"数据湖"里存取数据，数出一源、资产一库。企业级数据治理是一项难度很大的工作，也是企业数字化转型能否取得成功的关键，需要全局规划，统筹推进。

（四）平台建设

从某种程度上说，企业数字化转型就是把整个企业搬到网上，这个网就是工业互联网。成功转型的企业要在工业互联网平台上运行，这个平台能够为企业在数字的"大海"上航行提供动力。因此，无论是借船出海，还是造船出海，这条船一定要具备强大的功能，同时企业要拥有驾驭这条大船的技术团队，企业全体员工要具备在大船上生活、工作的基本素质。企业数字化转型需要提升全体员工的数字化意识，需要具备相当规模和实力的数字化技术团队，二者缺一不可。

（五）选择业务

一个小企业可以灵活转身，整体推进企业数字化转型。但对规模大、业务链长的集团企业而言，更常见的操作方式是从企业局部转型开始，试点推进，量力而行，这样才能保证企业平稳度过风浪，基业长青。

作为试点的业务单元要具备"三好"条件：基础好、认知好、队伍好。（1）基础好是指本业务单元的信息化基础好；（2）认知好是指本业务单元的领导和员工对数字化的认知比较到位；（3）队伍好是指具备相当实力的 IT 人才队伍，对数字技术和本业务单元有比较深入的了解。

作为试点的业务单元也要有代表性、有较好的市场前景，有较大的增值空间，这样才能保证数字化转型快速见效，形成样板。

（六）匹配队伍

前面提到的组织是指从管理层发起、推动企业数字化转型工作的组织，这里讨论的配套队伍是指发生转型的业务所对应的组织。

当业务发生转型时，数字技术深入融合到业务中去，业务流程得到大幅度优化，流程缩短，业务人员减少，组织更加扁平化、集中化，这使得专业人才的配置也要围绕业务数据的流动重新进行，这些专业人才有可能是从不同部门或者岗位抽调，也有可能是聘请外部专家。

企业可以对照数字化转型的四种模式，结合自身业务运行特点和组织模式，选择能够快速落地见效的数字技术，同时优化能够落实到位的业务单元。通过业务流程的变化创生新的盈利模式，必须将盈利模式固化下来，保证价值增值的持续性。

（七）宣传成效

对企业数字化转型的正确认识以及对技术的储备，是转型顺利推进的重要保障。因此，在取得局部的转型成功后，要及时宣传成效、经验和所需要的保障条件。

通过宣传，一是培养企业员工的数字化意识，让他们认识企业数字转型的必要性和对企业长远发展的重要意义；二是告诉企业员工数字化型的正确方法，让他们认清数字化转型道路；三是培训骨干力量，让他们掌握必要的数字化技术，让数字技术更好地融入业务，产生更好的成效。在这个过程中，企业能够发现转型条件最成熟的业务单元——技术储备充足、数字化认识到位，一般来说，这样的业务转型后成效显著，能够成为转型示范项目。

（八）优化推广

数字化转型是一项企业战略，可能会持续很长一段时间，所以要分阶段开展评估，总结经验，优化完善，并及时推广。

开展阶段性评估能够肯定转型成效，给企业数字化转型持续推进增添信心。及时推广能够让企业效益最大化，在推广过程中还要总结经验，不断优化原有方案，发挥数字技术快速迭代的优势，随时形成转型发展的新版本。对一个大型企业而言，数字化转型一定要有规划。这里讨论的八个步骤是在总体规划的指导下，某个业务单元或局部转型的技术路径，这八个步骤不一定按照顺序推进，有些步骤可以同步开展，有些步骤可以提前，如第五步选择业务、第七步宣传成效都可以提前或者同步实施。从这条技术路径可以看出，企业数字化转型由两部分组成：数字化和转型，前四个步骤解决数字化问题，后四个步骤解决转型问题，二者缺一不可。

数字技术是企业数字化转型的发动机，各种数字技术在转型的不同环节发挥着不同的作用。云计算及相关技术是基础；数据治理和平台技术是核心技术与必备条件；"数据湖"和数字化交付、"数字孪生"等是"利器"，能够让转型更快捷、更高效。当然，要用好这些技术，强大的技术团队是必不可少的。

第四节　企业数字化转型中商业模式与价值场景的打造

一、什么是商业模式

随着互联网经济的崛起，对商业模式的思考变得越来越重要。管理学大师彼得·德鲁克（Peter Drucker）明确提出，当今企业之间的竞争，不是产品之间的竞争，而是商业模式之间的竞争。发表在《哈佛商业评论》上的有着奠基性意义的《为什么商业模式重要？》一文中，琼·玛格丽特（Joan Magretta）指出，商业模式回答的是彼得·德鲁克提出的关于企业经营的核心问题：谁是你的顾客？顾客看中什么？它同时还回答了每个管理者都会问及的一些基本问题：我们在这项业务中如何赚钱？潜在的经济逻辑是什么？即我们如何以合理的价格为顾客提供价值？琼·玛格丽特表示，商业模式的核心在于价值链，一个好的商业模式既要能够讲出一个好的故事，还要体现在经济效益方面。成功的商业模式能够为客户提供更多的价值，提升企业的优势，甚至塑造整个行业。因此，经典商业模式主要回答四个基本问题，即提供什么、为谁提供、如何提供以及成本和收益是什么。

商业模式是为公司的利益相关者创造经济价值，并为公司本身和股东获取部分价值的一套组织惯例。

首先，商业模式是一套组织惯例。这意味着商业模式是组织内部的一种常规活动，会反复发生。只有当公司有周期性的活动循环或管理集群时，才拥有了自己的商业模式。是否具备成熟的商业模式，也是初创公司和成熟公司的区别。初创公司还在努力寻找可行的方法；而成熟公司已经有了惯例式的活动集群。

其次，商业模式要为公司的利益相关者创造经济价值，并为公司本身和股东获取部分价值。前者意味着商业模式必须为公司的客户和其他对公司运营至关重要的组成部分解决基本问题。商业模式要考虑如何产生和实现有意义的价值主张，它需要帮助重要的利益相关者实现价值主张承诺。后者意味着，商业模式必须确保整个商业活动是有利可图的，也就是对公司和股东来说，适当地获取部分价值意味着最终的财务业绩必须是正的。

二、数字化商业模式

数字化商业模式与经典商业模式在结构上没有本质区别。数字化商业模式同样要解决经典商业模式的四个基本问题；不同的是，数字化商业模式在经典商业模式中体现出来的新理念、新范式、新特征、新要素等。举例来说，在数字化时代，数据已经成为第五类生产要素，是商业模式中不可或缺的核心资源之一，其价值在于重建了人们对客观世界理解、预测、控制、价值创造的新体系、新模式。而数字化赋能的结果最终体现在业务能力和业务模式上的重大升级。

数字化商业模式的创立可以从数字化思维、数字化技术、数据和数字化方法论四个方面进行赋能。

（一）数字化思维

思维是对事物本质的探索过程，数字化转型是组织从旧我到新我的转变，组织需要变换思维方式才能创新地设计出一个具有突破传统业务逻辑的数字化商业模式。组织要有拥抱变化的心态，数字化商业模式的设计者必须首先从转变思维做起，尝试用新思维来解决问题，通过创新思维、跨界思维和生态思维等新的思维模式来思考。只有跳出传统的思维逻辑和原有的思维空间进行深度的再思考，才可能实现突破性乃至颠覆性的转变。有"火星人"之称的埃隆·马斯克（Elon Musk）倡导的"第一性原理"便是很好的新思维示例，即回归事物最基本的条件，将其拆分成各要素进行解构分析，从而找到实现目标最优路径的方法。

（二）数字化技术

云计算、大数据、物联网、区块链、人工智能、移动互联网、虚拟现实和增强现实（AR/VR）等数字化技术区别于信息化技术（IT），这些新技术在数字化应用的场景里，称为数字化技术（digitization technology，DT）。这些新技术在零售互联网和产业互联网领域已广泛应用。数字化技术用在获客模式上，能够表现出更精准的数据洞察能力及客户触达能力；用在运营模式上，能够起到降本增效、提质增收的效果；用在盈利模式上，能够增加收入来源，优化成本结构。数字化战略是业务战略的一部分，是基于数据、运用数字化技术来实现业务战略目标的。毋庸置疑，数字化战略 + IT 战略 > IT 战略，兼顾数字化战略和 IT 战略的组织比只用 IT 战略的组织更具有竞争力。

（三）数据

数据作为数字化时代的"新石油"，逐渐成为组织数字化转型的"加速器"，并成为与土地、资本、劳动力、技术并列的第五大要素。

数据从所有权来说，既包括内部数据，例如组织拥有的在业务和经营过程中产生的销售、生产、仓储、服务等数据；也包括外部数据，例如供应商、合作伙伴、行业机构等由企业从外部组织获取而来的数据。从范围上来说，数据既包括"小数据"，例如存在关系型数据库里的产品信息、客户关系、交易记录等；还包括数字、文字、系统日志、图片、语音、视频、地理位置信息等不同形式的"大数据"。其中大数据具有大量（volume）、高速（velocity）、多样性（variety）、低价值密度（value）、真实性（veracity）特征。不同形式的数据收集，对企业来说蕴藏着巨大的商业价值。对数据的价值挖掘和利用是数字化时代组织优化管理、实现数字变革、在新时代重塑核心竞争力的主要手段。

作为生产要素，数据的神奇之处在于数据可复制、可整合、可价值挖掘、可赋能、可交易。数据通过以下三方面赋能组织：（1）赋能业务创新。主要表现为可以通过数据及时精准地洞察市场变化，提高客户触达能力，赋能产品创新和模式创新，减少试错成本，驱动业务持续迭代。（2）助力降本增效。通过数据赋能，可以实现精准营销、精益生产、敏捷交付，用最少的浪费创造价值，传递价值。（3）优化管理决策。主要表现为优化资源配置和赋能业务决策。

随着数据的不断积累与数字化技术的不断革新，数据将在商业领域发挥不可估量的作用，数据资产将成为衡量组织价值的一个新标准。

（四）数字化方法论

构建数字化商业模式的方法论包括战略与组织领域的波特五力分析模型、PESTEL 分析模型、麦肯锡 7S 模型、RGT 战略框架运作 – 成长 – 变革框架（run-grow-transform framework，RGT）、3C 战略三角模型等。针对组织主题数字化转型有两个重要的、值得参考的国际方法论，分别是 ITIL4 和 Verism™。

1. ITIL4。ITIL 方法论诞生于 1989 年，早期是基于 IT 运维管理的最佳实践，后来被誉为 "IT 运维行业的圣经"。2007 年，ITIL V3 的发布标志着 ITIL 已经完成了向 IT 服务管理最佳实践的转化。2019 年 ITIL4 发布的内容发生了显著的变化：以价值为中心，提出组织数字化转型的四大支柱，包括员工体验、卓越运营、价值观、行为和文化的业务模型。ITIL4 的范围变得更为广泛，覆盖整个组织，包括数字化战略、驱动利益相关方价值、指导规划和改进、高速 IT、创造交付和支持等领域，为数字化转型提供了自上而下、可落地的方法论。

2. Verism™。Verism™ 是数字化转型与创新管理的国际最佳实践知识体系，是迄今为止全球唯一由行业非营利组织——国际数字化能力基金会（IFDC）凝聚全球专家智慧的扛鼎之作，为组织的数字化转型提供理论框架、指导原则、管理模型和最佳实践，在组织数字化过程的各个阶段和关键节点协助组织做出正确选择。

Verism™ 从组织层面描述了一套服务管理方法，通过整合服务管理实践，帮助组织响应客户需求并交付客户价值，允许组织根据业务类型、组织规模、业务优先级、组织文化单个项目或服务的性质，量身定制。

组织在进行数字化转型，向数字化商业模式转化时，是对组织的流程再造、资源的重新配置、运营的重构、价值的重塑、客户体验的升级和业务生态化的构建。运用数字化思维，将数字化技术、数据和方法论等赋能要素有机结合，并恰如其分地融入组织、取得预期成效是硬道理。

【小案例 6 – 3】

哔哩哔哩：以用户为中心的数字化价值共同体

哔哩哔哩（Bilibili，以下简称 B 站）是中国年轻世代高度聚集的综合性视频社区，于 2009 年 6 月创建。2018 年 3 月，B 站在美国纳斯达克上市，随后于 2021 年 3 月在中国香港上市。B 站提供涵盖音乐、数码、美食、游戏、电商、直播、付费内容、广告、漫画等众多业务模块的商业化服务，并在此基础上对电竞、虚拟偶像等前沿领域展开战略布局。

B 站的数字化商业模式有以下特点：

1. 围绕核心用户群和内容生态，聚焦高黏性用户，搭建场景，布局业务，从而建立内容延伸性消费模式。B 站以年轻一代用户为核心，通过构建稳定且丰富的内容生态，利用社区氛围吸引并留住用户，建立内容延续性消费。

2. 挖掘用户行为数据，研究用户需求，并基于用户需求细化消费场景，促进用户消费、扩大付费用户。B 站借助数字化技术进行精准投放，更准确地掌握了用户需求，通过完善用户体验增强用户黏性。

3. B 站与 UP 主、用户共建"B2U2C"社区，形成相互依赖、深度共鸣的价值共同体。B 代表 B 站；U 代表 UP 主；C 代表用户。B 站在构建起 UP 主自由表达和创作的资源平台的同时，为"Z 世代"用户提供了更好的内容和服务，最终借助良性的生态互动，形成了统一的价值共同体。

资料来源：邓宏. 数字化商业模式——一张画布轻松描绘数字化转型［M］. 北京：清华大学出版社，2022：10.

三、企业数字化转型中价值挖掘的新特征

在数字经济环境下，由于有数字技术的支撑与赋能，企业的经营管理活动显示出一系列新的特征。因为商业模式是从全供应链角度考虑如何给客户创造价值的过程，因此从商业模式的角度，在数字经济环境下创造价值的新特征可以从客户（需求方）和企业（供给方）分别来看。

从客户角度来看，在数字经济环境下，由于有网络技术（如互联网、移动互联网、物联网等）的广泛连接和精准的企业内外部环境以及客户需求参与（大）数据及其计算分析技术的有力支撑，企业可以方便地给客户提供精准、跨界、融合、客户深度参与的产品与服务开发和供给模式，进而给客户带来个性化的体验价值。

（一）精准

在商业模式方面，"精准"更多的是从客户的价值提升角度来探讨的。如果企业的产品或服务不能"精准"地提供出来，显然"精准"营销是很难实现的。因此，从企业的角度来看，实现"精准"运营是非常重要的。但对企业而言，精准运营和精准营销最终还是由企业"精准"的战略定位决定的。"精准"战略（定位）、"精准"运营和"精准"营销构成了企业商业模式设计中的"精准"三角形，如图 6-12 所示。也就是说，企业在设计"精准"的商业模式时，必须同时考虑"精准"战略（定位）、"精准"运营和"精准"营销三个方面，而不能只关注精准营销。同时，从模式角度来讲，"精准"的最终表现也就是"个性化定制"。

在上述精准三角形中，"精准"运营显然不是一个环节的活动能够实现的，需要上下游多个环节共同实现。比如，对"精准"运营而言，其中必然包括"精准"的产品研发、"精准"的产品设计、"精准"的采购、"精准"的库存、"精准"的产品制造、"精准"的产品运送等多个环节。而"精准"营销实际上也是由多个环节实现的，其中可能包括"精准"的营销策略（包括产品、价格、渠道、广告等）设计、"精准"的客户关系管理、"精准"的全生命周期服务（售后服务）等。

数字经济概论

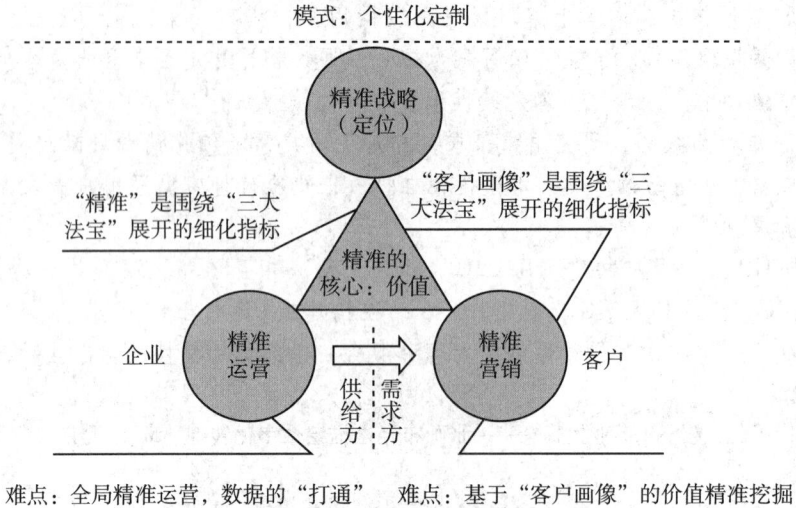

图6-12 "精准"三角形

资料来源：姚建明.企业数字化转型［M］.北京：清华大学出版社，2022：149.

因此，企业在做"精准"的时候，必须全流程进行考量和分析。这里的流程是包括企业内、外部的全面流程，也就是从产品起点一直到消费终点的全部活动。

实际上，用来全面分析企业管理问题的思路与方法并非只有全面把握"流程"这一个方面。与此类似，我们常提到的企业的供应链、产业链及价值链等在研究范畴和图形表示方面都具有同样的作用。简单来说，就是针对这三条"链"和"流程"画出的图基本是一样的，其起点、终点以及中间经历的环节、涉的对象基本一致，称之为分析企业管理问题的"三链一流"。

尽管"三链一流"在研究范畴和图形表示方面具有一致性，也都可以用来全面地分析和研究企业管理问题，但四者研究和关注的角度是不同的。其中，供应链是从供需之间关系的角度研究的；产业链是从产业上、下游之间关系的角度考虑的；价值链强调的是价值创造的问题；流程强调的则是活动之间的衔接关系，如图6-13所示。

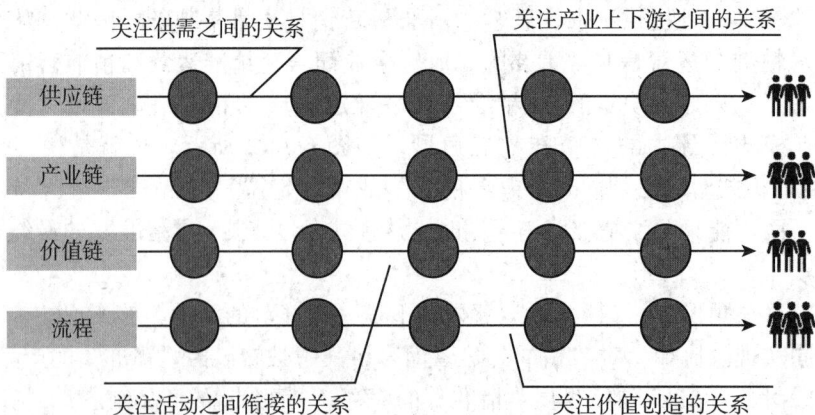

图6-13 三链一流

资料来源：姚建明.企业数字化转型［M］.北京：清华大学出版社，2022：151.

222

因此，除了都可以作为全面分析企业管理问题的思路和方法之外，四者也有各自的基本应用场景。

（二）跨界、融合

如果一个文化行业企业做了原本属于制造业企业做的事情，这就是数字经济环境下"价值"创造的又一个重要特征——跨界。所谓跨界，就是某主体做了原本不属于该主体应该做的事情。显然，企业做"跨界"的事情（活动），必然有可能给客户带来跨界的价值。然而，做任何活动都是有前提的，那就是资源。要想做"跨界"的事情，必须有"跨界"的资源。因此，如何将"跨界"的"资源"获取（组织）回来，并利用这些"资源"（领导和控制）来创造价值，是企业必须思考的重要问题，这个过程也就是融合的过程。可以说，"跨界"与"融合"是分不开的，"融合"是"跨界"的前提。"跨界、融合"的思想正是数字化转型区别于传统的信息化改造的重要特征之一。

从方向来看，"跨界"与"融合"主要分为如下三种情况，即横向的"跨界、融合"、纵向的"跨界、融合"及混合的"跨界、融合"，如图 6-14 所示。（1）横向的"跨界、融合"是不同行业（业务）之间的跨界、融合；（2）纵向的"跨界、融合"是同一行业（业务）"三链一流"上下游之间的跨界、融合；（3）混合的"跨界、融合"是既包括横向的，又包括纵向的"跨界、融合"。

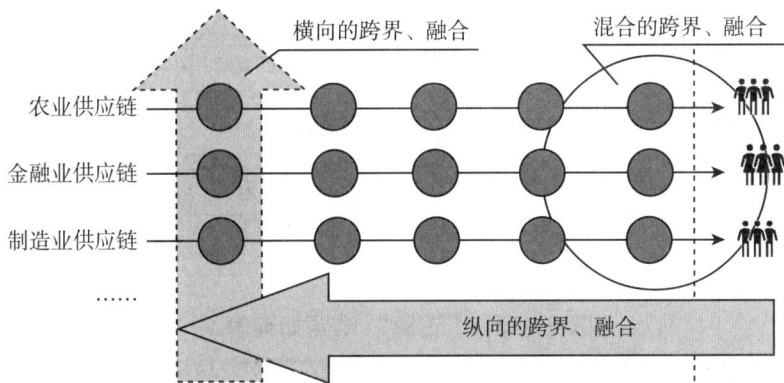

图 6-14　跨界、融合的方向示例

资料来源：姚建明. 企业数字化转型［M］. 北京：清华大学出版社，2022.

由于针对机器设备监测出来的数据不仅可以供对象企业用来提升其监测能力，还可以与银行对接提升融资价值，这显然是一个混合跨界的例子。类似上述这种与金融行业跨界融合的例子并不鲜见，在很多行业都得到了应用。本质上，这种模式与供应链金融的模式类似。包括供应链金融模式在内，真正要想解决中小企业融资难、融资贵的问题，最核心的是管理、机制及利益和风险的权衡问题，而不是纯技术解决的问题。

（三）客户深度参与

显然，有了现代数字技术的支撑，客户很容易参与供给方产品或服务的提供过程，进一步提升客户的参与感体验价值。在数字经济环境下，客户参与和一般的"互动"还不太一样。互动是供需双方交互的过程，其中供需双方的界限还很明显。而参与模式下，客户可以更好地参与供给方提供产品或服务的"三链一流"的全过程，以及产品和服务生命周期的全过程。这本身也是一种纵向路界、融合的模式体现。

以生产企业的客户参与为例。客户可以参与产品的概念构型、产品设计、产品选材、产品生产、产品包装、产品销售、产品售后等全过程，客户伴随着产品"从无到有"的全生命周期成长，使客户的体验价值得到最大化的激发。我们将这样的一种参与称为"客户深度参与"。

四、企业数字化转型中价值场景的打造

对于企业（供给方）来说，围绕上述精准、跨界、融合、客户深度参与等新特征的价值创造的挑战主要来自"资源"。因为任何活动的开展都需要"资源"的支撑。在数字经济环境下，要想给不同的客户提供具有不同新特征的价值（见图 6-15），必须依靠相关资源的支撑。在进行数字化转型时，企业必须考虑通过何种方式和途径才能更好地获取、配置与利用包括跨界资源在内的各种"资源"。

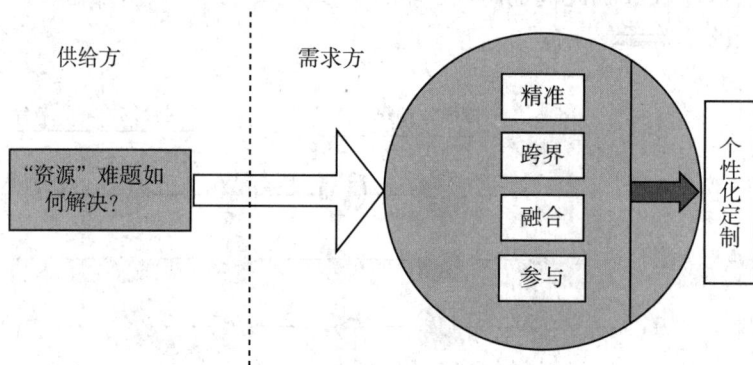

图 6-15 "资源"难题如何解决

资料来源：姚建明. 企业数字化转型［M］. 北京：清华大学出版社，2022：159.

具体来说，"精准"的活动需要有包括动态客户画像在内的大数据资源、及时传输和存储的网络资源以及智能优化和推荐算法等资源的支撑。"跨界"特征的实现除了需要数字技术资源支撑以外，最重要的是需要"跨界资源"的支撑，如何获取并合理利用跨界资源也就是"融合"的过程。可以看出，对"资源"的获取、配置与利用，是企业在数字经济环境下创造具有新特征的"价值"时需要考虑的关键问题。为了解决上述问题，企业在进行数字化转型时必须考虑通过何种方式和途径才能更好地获取、配置与利用包括跨界资源在内的各种"资源"。

（一）"人—货—场"的关系

众所周知，在新零售模式中，"人—货—场"的关系至关重要。从如图 6-16 所示的复杂的、多对多的供需关系来看，如果我们把企业（供给方）视为提供"货"的一方，把客

户（需求方）视为需求货的"人"，那么必须有一个能够将多个企业与多个客户之间的交易关系连接起来，让不同的企业资源与不同的客户资源更好地匹配起来，进而创造更大价值的纽带，这个纽带就是"场"。

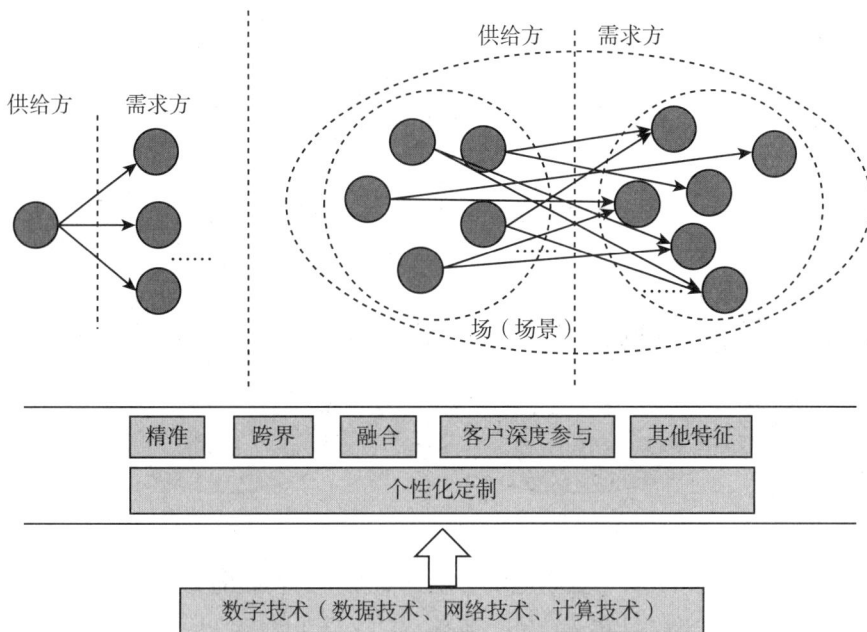

图 6 - 16 理解场景的价值

资料来源：姚建明 . 企业数字化转型［M］. 北京：清华大学出版社，2022：167.

这个连接供需双方的纽带——"场"，也就是我们常说的"场景（Scene）"。"场"可以是一（供给方）对多（需求方），如在线教育场景——凯叔讲故事；也可以是多（供给方）对多（需求方），如新零售购物中心场景。可以看出，"场景"也就是平台，其对企业在传统环境和数字经济环境下的商业模式创新都具有重要意义。在传统环境下，企业也要考虑如何实现供需双方资源之间关系构建与理顺的问题，只不过关系相对简单。同时，"场景"也就是平台，平台的最大属性是给在平台上活动的资源带来广阔的天地和舞台，资源可以在平台上尽情发挥、创造价值。

（二）"场景"对企业数字化转型的重要性

在数字经济环境下，由于有数字技术的支撑与赋能，企业对资源获取与利用的广度和深度得到了进一步加强。在数字化转型过程中，在"互联网＋"理念的驱动下，企业的经营管理活动很容易打破行业的界限、打破企业的边界、打破供需的界限，资源的"跨界"利用不仅体现在对跨行业、跨业务的资源利用上，对客户的资源利用也涵盖在内。"客户深度参与"本身就是一种纵向跨界和融合的表现。

可见，为了实现"精准、跨界、融合、客户深度参与"等新特征的价值，企业必须考虑如何才能理顺跨行业、跨地域、跨业务、跨供需的各种资源之间的关系，让这些资源得到充分的共享和利用，发挥"1＋1＞2"的协同效应，就必须构建一个"有利于链接和聚集

（这里的聚集是广义概念，并非是指在一个具体和固定空间中的聚集）各种资源，有利于协调和理顺资源之间的关系，有利于实现资源相互充分共享和利用"的"场景"，如图 6 – 17 所示。

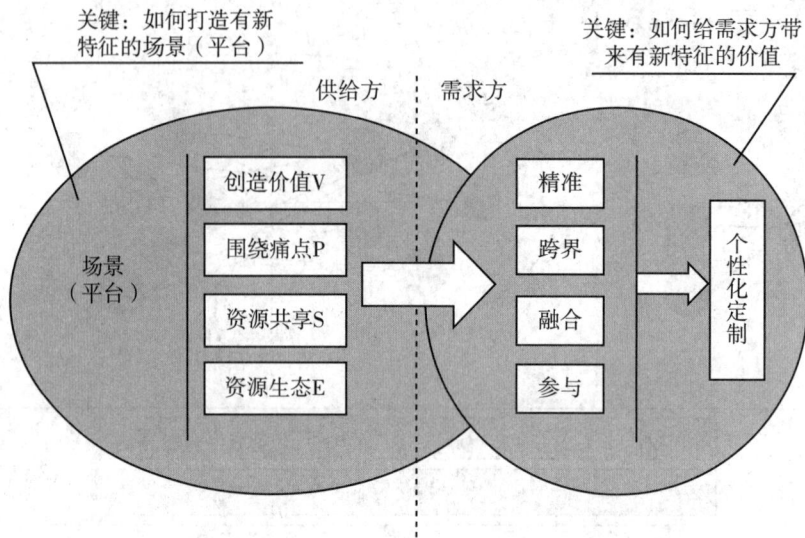

图 6 – 17　数字经济环境下商业模式创新的关键

资料来源：姚建明．企业数字化转型［M］．北京：清华大学出版社，2022：170.

"场景"的打造是企业在数字化转型过程中实现新的商业模式价值创造的关键，具有重要的意义和价值。"场景"并不一定是一个地理空间的场地，只要能有效地衔接和理顺供需双方资源（甚至包括其他主体的资源在内）之间的关系，能够更好地发挥资源的价值，就是场景。场景的实现形式也多种多样，如线上的场景、线下的场景、线上线下融合的场景等；某一款网络软件、手机 App、学校、旅店、产业园区、机场、飞机、高铁、实体店、营业网点、充电桩、加油站等都是场景。

（三）场景打造的关键要领——共享与生态

根据上述分析，企业在进行数字化转型的商业模式创新时，可以参考如下四点关于场景打造的建议：（1）打造场景的直接目的是给供需双方及社会创造更大的价值；（2）场景的打造需要考虑供需双方的"痛点"（甚至包括社会的痛点），否则很难创造价值，导致做无用功；（3）场景的打造要能最大化地实现各种资源的充分共享和利用；（4）场景的打造要有利于资源生态的构建，这样才能最终实现资源的共生、共荣与共创。

上述"价值（value）、痛点（pain point）、共享（sharing）、生态（ecology）"是"场景（scene）"打造的四大核心要点，简称 VPSE。

1. 如果场景的打造不是为了给供需双方及社会创造更大的价值，那么这个场景还有什么意义？就像前面提到的，现在很少有消费者去银行网点办业务，银行不应对该场景进行更多的资源投入，而应将资源投入更需要资源的场景，如手机 App 的开发等。

2. 要想创造价值，应围绕问题和痛点下功夫。如果场景的打造不能很好地解决痛点，反而创造了新的痛点，显然没有任何意义。现实的很多企业数字化转型很大程度上是在创造痛点。当然，转型的初衷也不是创造痛点，但因为所要解决的问题没有经过很好的分析，或者对技术不够了解，或者现有技术手段不够成熟等，导致将原本要解决的痛点变为更大的痛点，或者人为导致了新的痛点。

3. 场景的打造应有助于实现资源的共享。资源共享是资源利用最大化的有效形式，现实中，就是因为社会上的资源不能很好地共享而造成了资源的浪费（如空置的车位、返程空载的车辆、闲置的厂房、没有得到充分利用的数据中心等），同时也导致了社会总体碳排放的增加。

4. 场景打造的终极目标是打造一个"生态"场，只有这样，才能在资源充分共享的基础上更好地实现资源的共生、共荣与共创（共同创造价值）。

【复习思考题】

1. 什么是企业数字化转型？其核心是什么？
2. 简述企业数字化转型的发展阶段。
3. 分析企业数字化转型的背景。
4. 企业数字化转型的战略目标包括哪些？
5. 简述企业数字化转型的模式。
6. 数字化转型的领域包括几方面？如何进行企业数字化转型？
7. 企业数字化转型的路径是什么？
8. 什么是商业模式？如何赋能数字化商业模式？
9. 企业数字化转型中价值挖掘的新特征是什么？
10. 企业数字化转型中"人—货—场"的关系是什么？
11. 企业数字化转型中价值场景打造的关键要领是什么？

第七章

数字产业化

■ 【学习目标】

◇ 了解数字产业化的定义与内涵

◇ 掌握数字产业化的发展概况

◇ 了解数字产品制造业的生产范畴

◇ 了解数字产品服务业和数字技术应用业的主要业务范围

◇ 了解数字要素驱动业的发展现状

◇ 掌握构建数据基础制度的内涵和意义

◇ 掌握数字基建的含义

【案例导引】

中国电信——乘"数"而上，筑牢底座

数据的增长对数字基础设施建设提出了新的要求。在基础业务不断夯实的同时，中国电信不断加强数字经济布局，在筑牢数字经济发展底座方面持续加大投入，继续深耕5G基建建设，推进算力网络建设。（1）持续提升5G网络覆盖和质量。2022年中国电信与中国联通持续推进5G共建共享，双方累计共建共享5G基站超过100万站，实现乡镇以上区域基本连续覆盖。（2）加速算力基础设施建设。目前中国电信"一城一池"覆盖超过240个城市，边缘算力节点超过800个，天翼云算力总规模达3.8EFLOPS，同比增长81%；IDC资源在国内数量最多、分布最广，拥有700多个数据中心和3 000多个边缘DC，IDC机架达到51.3万架。

党的二十大报告提出，要把实施扩大内需战略同深化供给侧结构性改革有机结合起来。中国电信落实扩大内需战略，基于既有资源禀赋，顺应新消费发展趋势，积极探索并充分释放云网融合新动能，推动网络、云计算、安全、AI等关键数字技术和新消费平台不断融入经济社会生活各领域，实现应用创新和产业跨界融合，高效满足新消费需求。中国电信新消费平台基于行业领先的云网融合信息基础设施构建，平台架构分为两层，底层是安全、AI、大数据、区块链等通用能力，在通用能力基础之上，着力打造翼支付、数字生活和产数等应用平台。

资料来源：2022年天翼数字科技生态大会主旨演讲《数字科技引领新消费》[EB/OL]. 2022-12-29. http：//www.chinatelecom.com.cn/news/lddt/202212/t20221229_72816.html.

第一节 数字产业化发展概述

数字产业化是数字经济核心产业，与产业数字化一起构成了数字经济的一体两面。数字产业化的核心是将数据转化为生产要素，并通过信息技术创新、管理创新、商业模式的创新融合，不断催生新产业、新业态、新模式，最终形成数字产业链和产业集群。简而言之，数字产业化就是不断迭代升级中的数字技术带来的产品和服务。在当前的数字经济发展进程中，云计算、大数据、物联网、工业互联网、区块链、人工智能、虚拟现实和增强现实等新兴技术常被认为是数字产业化的重点发展方向。

一、数字产业化的概念及范围界定

数字产业化强调数字技术的产业化，由于数字技术定义范畴不同，数字产业有狭义与广义之分。狭义定义聚焦于信息通信产业（ICT）。随着数字经济的快速发展，以狭义ICT定义数字产业已无法适应现实需求。2021年6月，国家统计局正式发布《数字经济及其核心产业统计分类（2021）》，数字产业整体框架才得以正式确立。

数字产业化是指提供数字技术、产品、服务、基础设施和解决方案，以及完全依赖于数

字技术、数据要素的各类经济活动。因此，数字产业化是数字经济的基础构成部分，对应数字经济的核心产业是数字经济发展的基础。根据《数字经济及其核心产业统计分类(2021)》，数字产业化的产业范围包括数字产品制造业、数字产品服务业、数字技术应用业、数字要素驱动业，具体包括计算机制造、雷达及通信设备制造、数字媒体设备制造、智能设备制造、电子元器件及设备制造以及其他数字产品制造业、数字产品批发、零售、租赁和维修、软件开发、电信广播电视和卫星传输服务、互联网和相关服务、软件和信息技术服务业、互联网平台、信息基础设施建设、数据资源和产权交易等，对应于《国民经济运行分类》中的 26 个大类 68 个中类 126 个小类。

数字产业化和产业数字化密切相关，数字产业化是产业数字化的基础支撑，两者共同塑造生产力，构成数字经济的核心。产业数字化正是在新一代数字科技支撑和引领下，以数据为关键要素，以价值释放为核心，以数据赋能为主线，对产业链上下游的全要素数字化升级、转型和再造的过程。近十年来，数字技术正在多方向、多链条、多层次以前所未有的速度向传统产业渗透。数字技术和数据要素不仅促进传统产业提质增效和产业再造，还促进产业链、供应链、价值链优化升级和融会贯通，加速动能转换和高质量发展，并孕育新业态和新模式。数字技术和数据要素已成为推动全球发展的革命性力量，也已经成为产业变革的先导力量。以数字技术和数据价值化为依托的各种生产和生活解决方案，已经深刻变革了现代社会的生产方式和生活方式。

二、数字产业化的发展现状

数字技术的创新驱动发展成果以及与广阔的应用场景的交汇融合，驱动世界经济高质量发展，并不断取得新成效。中国信通院发布的《全球数字经济白皮书(2022)》中测算了处于不同经济发展水平的 47 个主要经济体的数字经济规模，数字产业化规模为 5.7 万亿美元，占数字经济的比重为 15%；在这 47 个国家中，数字技术在第三产业的应用最显著，第三产业数字经济增加值占行业增加值的比重为 45.3%，在第二产业的赋能效果也在持续释放中。世界主要国家均高度重视数字技术创新研发和数字产业化发展，纷纷出台战略规划，采取各种举措打造竞争新优势，重塑数字时代的国际新格局。高效的数字基础设施和可交易的数字化能力，正在成为数字经济的核心原动力。

近年来，中国加快推动数字产业化，持续优化升级数字基础设施和完善数字产业链，增强关键技术创新能力，充分发挥数据要素作用，数字产业化发展正经历由量的扩张到质的提升转变。根据中国信通院发布的《中国数字经济发展报告(2023 年)》测算，2022 年中国数字产业化规模 9.2 万亿元，较 2021 年增加 0.8 万亿元，占 GDP 比重达到 7.6%，占数字经济比重为 18.3%。中国数字产业正逐步向重基础、强创新、筑优势转变。

近 10 年来，中国信息通信业规模不断壮大，信息基础设施跨越发展，信息通信行业综合实力显著增强，城乡"数字鸿沟"大幅缩小，国际通信网络通达和服务能力持续增强，数据中心规模和能效水平大幅提升。中国已经建成了全球最大的光纤和移动宽带网络，信息通信网络建设规模全球领先，固定网络逐步实现从十兆到百兆再到千兆的跃升，移动网络实现从"3G 突破"到"4G 同步"再到"5G 引领"的跨越，5G 基站总数达 231 万个，占移动基站总数的 21.3%；信息通信服务能力大幅提升，全国已实现"村村通宽带""县县通 5G"

"市市通千兆"，互联网普及率从 2012 年的 42.1% 提升到 2022 年的 75.6%，网民规模居世界首位，由 2012 年的 5.64 亿人增加到 2022 年的 10.67 亿人；物联网发展迅猛，移动网络的终端连接总数已达 35.28 亿户，移动物联网连接数达到 18.45 亿户，万物互联基础不断夯实；全国一体化大数据中心体系基本构建，算力基础设施达到世界领先水平；截至 2022 年 12 月，全国软件和信息技术服务业规模以上企业超 3.5 万家，全国软件业务收入从 2012 年的 2.5 万亿元增加到 2022 年的 10.8 万亿元，其中信息技术服务收入 7.0 万亿元，软件产品收入 2.7 万亿元，信息安全产品和服务收入 0.2 万亿元，嵌入式系统软件收入 0.9 万亿元，软件业务出口 524.1 亿美元；工业互联网网络体系建设加速推进，平台构建逐步完善，具有影响力的工业互联网平台达到了 240 个，"5G＋工业互联网"发展步入快车道，"5G＋工业互联网"项目超过 4 000 个，工业互联网核心产业规模超过 1 万亿元。

大数据产业是以数据生成、采集、存储、加工、分析、服务为主的战略性新兴产业，是激活数据要素潜能的关键支撑，是加快经济社会发展质量变革、效率变革、动力变革的重要引擎。2022 年，中国大数据产业规模达 1.57 万亿元，并成为全球增速最快的云计算市场之一；2022 年中国云服务、大数据服务共实现收入 10 427 亿元。2022 年底，中国已建成全球最大的光纤网络，光纤总里程近 6 000 万公里，数据中心总机架近 600 万标准机架，全国 5G 基站超过 230 万个，均位居世界前列。中国政府在推动国家一体化大数据中心枢纽节点建设，夯实大数据产业发展根基的同时，也在鼓励各类所有制企业参与数据要素市场建设，推动大数据与各行业深度融合，充分发挥大数据的乘数效应和倍增作用。

与此同时，我国数字产业化还存在大而不强、"卡脖子"等问题，突出表现为关键领域创新能力不足，后发劣势明显。在操作系统、工业软件、高端芯片、基础材料等领域，技术研发和工艺制造水平落后于国际先进水平。因此，在复杂的国际竞争格局下，应当以国家战略需求为导向，瞄准全球数字技术基础前沿领域和关键核心技术重大问题，积聚力量进行原创性引领性数字技术攻关，特别是加大集成电路、关键软件、人工智能、核心电子元器件等重点领域核心技术创新力度，加快国产替代，优化创新成果快速转化机制，统筹布局高水平数字产业集聚，打造安全可靠、系统完备的产业发展生态。

中国《"十四五"数字经济发展规划》提出，到 2025 年，中国数字经济核心产业增加值占 GDP 比重达到 10%，软件与信息化服务业规模达到 14 万亿元，数字化创新引领发展能力大幅提升，智能化水平明显提升；提出建设高速泛在、天地一体、云网融合、智能敏捷、绿色低碳、安全可控的智能化综合性数字信息基础设施，加快构建算力、算法、数据、应用资源协同的全国一体化大数据中心体系，稳步构建智能高效的融合基础设施，提升基础设施网络化、智能化、服务化、协同化水平。

第二节　数字产品制造业

根据《数字经济及其核心产业统计分类（2021）》，数字产品制造业大类共包含计算机制造、通讯及雷达设备制造、数字媒体设备制造、智能设备制造、电子元器件及设备制造、其他数字产品制造业 6 个中类，其中又包含了 51 个小类。2022 年，中国电子信息制造业生产继续保持稳定增长，增加值同比增长 7.6%，主要产品中，手机产量 15.6 亿台，微型计算机设备产量 4.34 亿台，集成电路产量 3 242 亿块；出口增速有所回落，实现出口交货值同比增长 1.8%，我国出口笔记本电脑 1.66 亿台，出口手机 8.22 亿台，出口集成电路 2 734 亿个。按照国民经济运行分类中计算机、通信和其他电子设备制造业同口径计算，2021 年规模以上电子信息制造业实现营业收入 14.1 万亿元，比 2020 年增长 14.7%；2022 年实现营业收入 15.4 万亿元，同比增长 5.5%。在全球集成电路制造产能持续紧张以及美国发起一系列制裁的背景下，近两年我国集成电路相关领域投资活跃，实现半导体器件设备、电子元件及电子专用材料制造投资额的大幅增长，带动电子信息制造业固定资产投资两年平均增长超过 17%，远高于制造业。

一、计算机制造业

根据《数字经济及其核心产业统计分类（2021）》，计算机制造业包含计算机整机制造、计算机零部件制造、计算机外围设备制造、工业控制计算机及系统制造、信息安全设备制造以及其他计算机制造。通常意义上的计算机由硬件系统和软件系统所组成，可分为超级计算机、工业控制计算机、网络计算机、个人计算机（PC）、嵌入式计算机五类，以及较先进的计算机有生物计算机、光子计算机、量子计算机等。计算机制造业与计算机服务业一起构成计算机工业。计算机硬件的上游为半导体行业中的基础材料，由基础元器件和核心工艺构成，硬件中间产品主要有 CPU、内存、硬盘、GPU、各种芯片类半成品；通过设计、制造、组装、加工等一系列工作装配成计算机硬件产品，通过相关软件，驱动使其成为实现某种特定功能的产品。计算机制造业生产各种计算机系统、外围设备、终端设备以及其他有关装置的产业。为适应社会对计算机的需求，计算机制造业把更多的人力和资金转向软件和应用系统开发工作，产品结构向集成化、系统化、专业化方向发展。在错综复杂的国内外形势下，我国制造企业受制于核心技术、元器件等薄弱环节影响导致附加值较低，加之行业增速放缓、原材料成本上升等因素的影响，行业效益整体下滑。从空间分布上看，中国计算机制造业正在大幅向四川、重庆和广东地区集中。

（一）个人计算机制造

个人计算机是指一种大小、价格和性能适用于个人使用的多用途计算机。台式机、笔记本电脑、小型笔记本电脑、平板电脑以及超级本等都属于个人计算机。个人计算机是新型基础设施建设的重要组成部分，其作为硬件基础设施体系支撑大数据、人工智能、工业互联网等领域的上层应用。自个人计算机诞生来，个人计算机行业深刻改变着社会的运作方式，对社会生产、商业运作模式等方面产生重大影响。新冠疫情期间，远程办公、移动办公等场景的快速普及带来了笔记本、移动工作站、平板电脑等个人计算机（PC）销量的新一轮增长。2021 年全球 PC 出货量约为 3.41 亿台，这是 2012 年以来出货量最大的一年，相比 2020 年、2019 年分别上涨了 15% 和 27%。从全球计算机厂商品牌来看，联想、惠普、戴尔、苹果、华硕排名前五，但在 2022 年各厂商 PC 出货量有不同程度的下滑。2022 年全球个人计算机出货量为 2.9 亿台，同比下降 16.5%，出货量前五家企业市场占有率总和为 76.0%。其中，联想出货量为 6 800 万台，同比下降 16.9%，市场占有率为 23.3%；华硕出货量为 2 060 万台，同比下降 5.7%，市场占有率为 7.0%。中国是全球最大的计算机制造基地，中国计算机产业规模位居世界首位。根据中国工业和信息化部统计数据，2022 年，中国出口笔记本电脑 1.66 亿台。

（二）服务器制造

服务器专指某些高性能计算机，为网络中的其他终端设备（如 PC 机、智能手机、大型系统设备等终端）提供计算或者应用服务，属于产业链中不可或缺的硬件基础设施。服务器的逻辑架构和普通计算机类似，最重要的部分是 CPU 和内存，分别对数据进行逻辑运算和存储管理。由于需要提供高性能计算，因此，服务器在处理能力、稳定性、可靠性、安全性、可扩展性、可管理性等方面要求较高。因此，在性能方面，服务器具有高速的 CPU 运算能力、长时间的可靠运行、强大的 I/O 外部数据吞吐能力以及良好的扩展性。服务器按产品形态，可以分为塔式服务器、机架服务器、刀片服务器、机柜服务器等；服务器按架构 CPU 体系结构可以分为 x86 服务器和 non‑x86 服务器。服务器产业的下游行业主要是互联网企业、电信运营商，以及政府、金融、教育等部门，服务器产品为下游行业在云计算、人工智能及物联网等方面提供服务。伴随着 5G 商用、物联网、智能汽车等新场景的加速落地，全球数据中心基础设施扩建以及海量数据运算、企业数字化转型需求激增，服务器作为 IT 基础设施的核心部件已经成为数字经济的基石，全球服务器出货量预计将持续增长。

当前，全球服务器第一大技术来源国为美国。1964 年美国 IBM 公司开发出的 System 360 大型机，被业界称为第一台服务器。因此，IBM 在很长时间内都是服务器市场霸主。当前，全球服务器主要厂商有戴尔、惠普、IBM、浪潮、联想、思科、富士通、新华三等。按照服务器的核心 CPU 的体系架构来看，英特尔 x86 架构不仅技术壁垒高，而且生态成熟。因此，服务器行业一度由英特尔 x86 架构的 CPU 占据 90% 的市场份额，但 AMD EPYC 服务器平台的市场份额当前已经超过 20%，并且基于 ARM 架构的处理器也开始渗透服务器市场。从全球服务器的出货量及收入来看，根据 IDC 公布的数据，2017～2021 年全球服务器出货量和收入呈现波动上升，2021 年全球服务器出货量约 1 353.9 万台，全球服务器收入约为 992.2 亿美元，分别同比增长 6.9% 和 6.4%。2021 年中国服务器市场销售额达到 250.9 亿美元，增长 12.7%，持续领涨全球；在全球市场占比 25.3%，同比提升 1.4 个百分点，出货量达到 391.1 万台，同比增长 8.4%。2022 年中国服务器市场规模约为 273 亿美元，同比增长 9.1%；2022 年全球服务器出货量达 1 380 万台，同比增长 6%，出货金额为 1 117 亿美元，同比增长 17%。

自浪潮在 1993 年研发出国内首台小型服务器开始，国产服务器已经走过了 30 年。当前，中国服务器行业的第一梯队企业是以浪潮、新华三为代表的服务器行业领先企业，不仅在中国市场占有率相对较高，同时在全球市场上也排名靠前；超聚变是除了浪潮、新华三之外，2022 年市场份额唯一达到两位数的品牌。2022 年超聚变市场份额为 10.1%，同比增加 6.9 个百分点，收入为 190.73 亿元。超聚变原为华为 x86 服务器业务，2021 年 11 月从华为剥离出来独立运营。但国产品牌服务器厂商在核心部件（CPU、内存、硬盘、GPU 等）方面高度依赖进口，缺乏定价权，更多扮演了组装厂的角色，自主可控目前已上升为国家战略。当前，国产服务器 CPU 正处于奋力追赶的关键时期，主流的厂商包括海光、兆芯、飞腾、华为鲲鹏、龙芯、申威六家领军企业。2021 年 4 月，美国商务部宣布，将国产 CPU 厂商飞腾、申威等 7 家中国机构纳入"实体清单"，对其进行出口管控（见图 7‑1）。

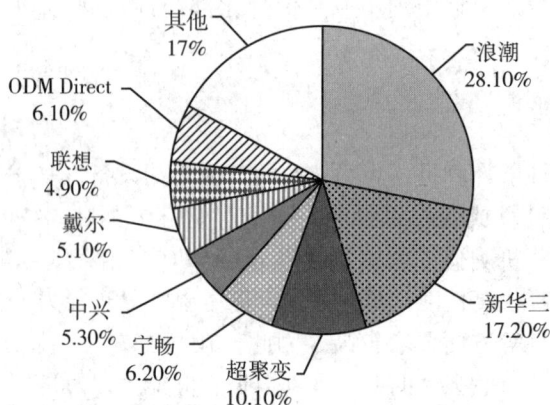

图 7-1　2022 年中国服务器市场份额

资料来源：IDC. 2022 年第四季度中国服务器市场跟踪报告 Prelim［EB/OL］. http：//h5. ifeng. com/c/vivoArticle/v0022qKfrG4hVfuDpPRPuwvQVBmMK3mmbKHl－－UCrqNn8y38＿＿?isNews＝1&showComments＝0.

　　随着中国大力发展数字经济，中国服务器行业在朝着技术多样化、服务定制化、软件定义、异构计算、边缘计算等方向发展。例如，由于企业混合云服务的部署热度持续升高，边缘计算服务器将是未来几年云数据中心运营商和服务器品牌商重点发展的一个重点应用；5G 数据中心基础设施的扩展也有望带动核心和边缘电信服务器的发展。近年来中国出台了一系列服务器等支持政策，政策类型以支持全国各省市大力发展云计算、人工智能、大数据产业为主，其中服务器是重要的产业底层基础建设设施，典型的全国政策包括《"东数西算"工程》《"十四五"数字经济发展规划》《"十四五"国家信息化规划》《物联网新型基础设施建设三年行动规划（2021—2023）》等。

二、通信设备制造业

　　通信设备制造业又包括通信系统设备制造业和通信终端设备制造业。通信系统设备制造业是指固定或移动通信接入、传输、交换设备等通信系统建设所需设备的制造，包括为运营商及企业客户提供传输网、接入网、承载网等解决方案。通信终端设备包括音频通信终端、图形图像通信终、视频通信终端、数据通信终端、多媒体通信终端等。通信设备按产品性能可划为核心网设备、网络覆盖设备和终端用户设备。其中，核心网设备是承担通信数据交换和业务控制功能，表现形式为交换机；网络覆盖设备是承担信号接收传播的功能，表现形式为基站、光网络交换机；终端用户设备则是最终用户产品移动通信、指在无线互联网、无线电、移动电视、卫星通信等领域的信道两端，用于收发信号的通信设备，在固定通信网络中主要包括光纤接入终端、xDSL 接入终端、IPTV 机顶盒等，在移动通信网络中主要涵盖手机、平板电脑等。

（一）通信设备制造业产业链

　　通信设备制造行业上游产业主要包括五金和塑料材料供应商、加工商以及电子元器件以及通信设备零部件制造业。通信设备制造行业中游作为整条产业链的重要环节，主要包含核心网络设备、接入网络设备和网络终端应用设备的制造等。通信设备制造行业的下游产业主要包括通信运营商与通信设备集成商以及政府与公共安全、公用事业以及工商业等行业的具体应用。目前在电信运营服务方面，我国目前的电信运营服务市场呈三大电信运营商寡头垄断竞争，通信设备集成商主要包括华为、中兴等企业。

我国的通信设备制造业，市场规模在不断增长，在 2021 年市场规模为 41 636 亿元，同比增长 4.8%。随着 5G、云计算、大数据、信息安全、物联网、数据中心等领域的发展，通信系统设备市场需求得到拓展。通信终端设备占据了我国绝大多数的市场份额，约占我国的 63.6%，2021 通信终端设备市场份额约有 2.65 万亿元；通信系统设备市场份额约为 1.51 万亿元。中国的通信设备市场规模约占全球 26% 份额。全球通信设备供应商市场竞争格局受美国制裁影响较大，目前华为、诺基亚、爱立信、中兴、思科、Ciena、三星位居市场排名前五，占据市场份额超过 80%。

【知识链接 7 - 1】

第五代移动通信技术（5G）

5G 是最新一代移动通信技术。5G 的性能目标是高数据速率、减少延迟、节省能源、降低成本、提高系统容量和大规模设备连接。移动通信延续着每十年一代技术的发展规律，已历经 1G、2G、3G、4G 的发展。与早期移动网络一样，5G 网络也是数码信号蜂窝网络。蜂窝里的 5G 无线设备使用无线电波通过蜂窝里的本地天线来连接互联网和电话网。5G 网络的速度可以达到每秒 10 Gbps（最终可支持 20Gbps），比 4G 网络快 10 倍；5G 的延时小于 1ms，而 4G 仅可以实现大约 200 毫秒的延迟。2019 年，中国正式进入 5G 商用元年，韩国和美国也都开始部署 5G 商用。GSM 协会预计到 2025 年全球 5G 网络将会覆盖超过 17 亿人。

国际电信联盟（ITU）定义了 5G 的三大类应用场景，即增强移动宽（eMBB）、超高可靠低时延通信（uRLLC）和海量机器类通信（mMTC）。增强移动宽带（eMBB）主要面向移动互联网流量爆炸式增长，为移动互联网用户提供更加极致的应用体验；超高可靠低时延通信（uRLLC）主要面向工业控制、远程医疗、自动驾驶等对时延和可靠性具有极高要求的垂直行业应用需求；海量机器类通信（mMTC）主要面向智慧城市、智能家居、环境监测等以传感和数据采集为目标的应用需求。

资料来源：第五代移动通信技术［EB/OL］. 百度百科网，2024 - 04. https：//baike. baidu. com/item/5G/29780？fr = ge_ala.

通信设备制造业是技术密集型产业，因技术而生，因技术进步而发展，涉及多个技术领域，是多学科相互渗透、相互交叉形成的高新技术领域。通信设备技术服务商是做强做优做大我国数字经济背后的"硬力量"，是加快新型基础设施建设的"主要实施者"。特别地，自 2019 年中国 5G 商用以来，中国通信产业链供应链逐步壮大强健，以华为、中兴、爱立信、诺基亚、中信科移动为代表的设备商均实现了快速发展。中国在经历了"1G 空白、2G 跟随、3G 突破、4G 并跑"的不断努力后，实现了"5G 领先"。中国信通院发布的《全球5G 专利活动报告（2022 年）》显示，截至 2021 年 12 月，全球声明的 5G 标准必要专利超过

6.49 万件，有效全球专利族超过 4.61 万项。有效全球专利族数量排名前十位的企业依次是华为、高通、三星、LG、中兴、诺基亚、爱立信、大唐、OPPO 和夏普。

随着 5G 融合应用不断拓展，5G 等最新一代移动通信技术对数字化发展支撑作用不断增强，智能制造、智慧医疗、智慧教育、数字政务等领域的 5G 融合应用成果不断涌现。全国投资建设的"5G + 工业互联网"项目数超 4 000 个，打造了一批 5G 全连接工厂。电信企业利用 5G 切片技术提供了超 1.4 万个 5G 虚拟专网，助力各行业加快数字化转型。

美国在贸易、标准、科研等多个领域持续打击中国通信设备制造企业，并动员盟友从网络中移除中国通信设备。在国际贸易上，美国全力限制中国企业的市场空间，一方面要求盟友在通信网络中移除或禁止使用华为 5G 设备；另一方面向盟友推广 Open – RAN 架构建设 5G 网络，扩大美国企业在通信领域的国际市场空间。美国国务院成立网络空间与数字政策局（CDP），与美国企业、民间组织和外国政府合作，促进美国在数字问题上的全球领导地位，推广包括 5G 在内的安全网络，并通过发布许可、执行制裁等手段来保护通信服务和基础设施。美国加大了与盟国的合作，在通信和数字技术领域构建各类"技术联盟"，如跨大西洋智能联盟、量子技术联盟、半导体联盟等，以"网络安全"为目标和口号，试图一方面巩固美国在关键技术领域的领先优势，另一方面遏制中国的科技创新步伐。

（二）信息基础设施

信息基础设施主要指光缆、微波、卫星、移动通信等网络设备设施，既是国家和军队信息化建设的基础支撑，也是保证社会生产和人民生活基本设施的重要组成部分。进入 21 世纪以来，中国通信基础设施实现跨越式发展，实现了信息通信网络建设规模全球领先，信息通信服务能力大幅提升。截至 2022 年，中国累计建成开通 5G 基站超过 231 万个，占全球 5G 基站总数的 60% 以上，5G 移动电话用户达到 5.61 亿户；互联带宽达到 38T，全国已有 110 个城市达到千兆城市建设标准，千兆光网具备覆盖超 5 亿户家庭的能力，移动物联网连接数达 18.4 亿户，互联网协议第六版（IPv6）活跃用户数达到 6.97 亿户。与此同时，中国正在积极推进空间信息基础设施演进升级，加快布局卫星通信网络等，推动卫星互联网建设，加强工业互联网新型基础设施建设，推动车联网部署应用。

随着云化、融合化、智能化趋势的快速演进，通信基础设施的内涵正转变为新型信息基础设施拓展，云网协同和算网融合正在成为信息基础设施的关键演进方向，智能敏捷、开放高效成为通信网络升级的重要方向之一。根据《"十四五"信息通信行业发展规划》，在"十四五"时期，建设高速泛在、天地一体、云网融合、智能敏捷、绿色低碳、安全可控的智能化综合性数字信息基础设施成为我国通信设备制造行业的重要任务。数字中国建设要求中国电信业做好新型数字基础设施建设者和新型信息服务提供者，电信运营商的安全责任也越发凸显。电信运营商中国电信发布的《云网融合 2030 技术白皮书》提出从云网协同、云网融合到云网一体的三个阶段。坚持"网是基础、云为核心、网随云动、云网一体"的发展方向，把握"安全可控"和"绿色低碳"关键属性，积极打造新型数字基础设施。中国移动提出整合网、云、数、智、边、端、链多层次算力资源，全面构建"连接 + 算力 + 能力"新型信息服务体系，并分"泛在协同、融合统一、一体内生"三个阶段来系统化推进算力网络的发展。

三、智能设备制造业

根据《数字经济及其核心产业统计分类（2021）》，智能设备制造业包括工业机器人制造、特殊作业机器人制造、智能照明器具制造、可穿戴智能设备制造、智能车载设备制造、智能无人飞行器制造、服务消费机器人制造以及其他智能消费设备制造。下面主要介绍机器人制造业和可穿戴智能设备制造业。

（一）机器人制造

机器人可分为工业机器人、服务消费机器人和特种作业机器人。工业机器人用于制造业生产环境，主要包括人机协作机器人和工业移动机器人；而服务消费机器人一般用于非制造业环境，主要包括个人/家用服务机器人和公共服务机器人；特种作业机器人指用于特殊性作业的机器人的制造，如水下、危险环境、高空作业、国防、科考、特殊搬运、农业等特殊作业机器人。近年来，在信息技术、材料技术、传感技术等的融合创新驱动下，机器人的能力边界不断拓展，对复杂场景的处理能力不断提升，逐步迈向认知智能、智能系统加速演进。与此同时，各行各业数字化转型、智能化升级步伐明显加快，机器人跨行业、跨领域的融合应用不断增多，对机器人产品提出了更大量且更迫切的需求。

1. 工业机器人，是用于工业领域的多关节机械手或多自由度的机器装置，具有一定的自动性，可依靠自身的动力能源和控制能力实现各种工业加工制造功能。工业机器人上游为控制器减速器、伺服系统、减速器、传感器、末端执行器等核心零部件生产；中游为工业机器人本体生产及基于终端行业特定需求的工业机器人系统集成；下游应用主要包括汽车、3C电子、家电制造等对自动化、智能化需求高的终端行业。近年来，工业机器人技术持续升级，特别是5G+工业互联网、人工智能、物联网等技术为工业机器人提供了新机遇，并不断引领行业数字化变革。在工业机器人领域，目前发展处于前列的国家中，西方国家以美国、德国和法国为代表；亚洲以日本、韩国为代表。2021年全球工业机器人销量创新高，达到48.68万台，比前一年增长27%，中国、日本、美国、韩国、德国是全球前五大工业机器人市场。FANUC、ABB、安川机电、KUKA为当前工业机器人行业主导企业。国产龙头以埃斯顿、汇川技术等为代表。2021年中国工业机器人产量达36.6万台，同比增长54.4%，在役机器人存量突破100万台大关。

工业机器人是我国智能制造2025的核心抓手之一，是我国机器换人、制造业产业升级的核心环节。工业机器人应用覆盖国民经济60个行业大类、168个行业中类。工业机器人中技术难度最高的三大核心零部件是伺服系统、减速器、控制器。欧美厂商、日韩厂商等凭借着在机器人核心技术领域的深厚积淀，牢牢地把控着中国工业机器人市场的大部分份额，尤其在上游核心零部件方面。控制器方面，日厂商FANUC市场份额18%。中国伺服系统市场规模由2017年的97亿元上升至2021年的224亿元。由于我国伺服电机发展起步较晚，伺服电机行业65%左右的份额都是由外资品牌所占据。具体来看，国产品牌汇川技术首次市场份额占比排名第一，市占率达15.9%；日本安川、台湾台达、日本松下、日本三菱市场份额分别为11.9%、8.9%、8.8%、8.3%。2021年中国工业机器人减速器总需求量为93.11万台，同比增长78.06%。其中增量需求82.41万台，同比增长95.05%；存量替换量为10.70万台，同比增长6.57%。近年来，国内生产工业机器人减速器的企业数量逐渐增多，且技术在逐步提升，部分厂商已经实现量产并逐步推向市场。控制器负责发布动作指令，控制运动位置、姿态和轨迹，决定着机器人的性能。中国工业机器人用控制器市场规模由2017年的10.5亿元大幅上升至2021年的14.7亿元。当前，控制器以日厂商FANUC为龙头，工业机器人控制器国产率尚不足20%，但仍然涌现出一批具有代表性的企业，控制器国产替代进程在加快。我国工业机器人产业已经解决了有无的问题，应着力补齐短板，在基础研究、关键核心技术攻关上发力，提高机器人产业链、供应链的稳定性和竞争力。

2. 服务消费机器人。服务消费机器人的应用范围很广，可应用在零售、物流、医疗、教育、安防等众多行业和场景，实现引导接待、物流配送、清扫、陪伴教学、安防巡检等多样化、复合型功能。商用服务机器人主要应用于餐饮、休闲娱乐、楼宇、医院等众多行业和场景，实现物品运送、引导接待、地面清洁、消毒等多样化功能。随着传感、人工智能等技术的综合应用，服务消费机器人的自主智能化不断大幅度提升。国际机器人联合会总结了2021年销售量最多的五类专业服务机器人，分别是物流机器人、酒店机器人、医疗机器人、专业清洁机器人以及农用机器人；新型消费服务机器人主要包括家用清洁机器人、园艺机器人以及护理机器人三大类。扫地机器人是消费服务机器人中最具代表性的产品，其市场份额占比达到65%左右。中国机器人产业链布局完善，是全球重要的消费服务机器人生产国。2021年中国服务机器人产量累计达921.44万套，同比增长48.9%。与工业机器人不同，目前很多国产服务机器人不仅在技术和产业化水平方面不输于外资品牌，甚至部分产品市场化应用已经领先于全球。

3. 特种作业机器人。特种作业机器人的发展非常迅速，新的机型不断问世，应用领域越来越广泛，已经涉及军用、医疗、物流、农业、护理、康复、电力、建筑、救援等领域。随着传感技术、生物模型技术、生机电信息处理与识别、人工智能等技术不断突破，特种作业机器人的自主性和对环境的适应能力在不断提高，活动范围不断大幅拓展，已经能在深海探测、空间探索、紧急救援等多种特殊任务中发挥不可或缺的作用。此外，仿生技术、刚柔耦合结构、柔性传感器等不断塑造新形态的特种机器人。2017年以来，全球特种机器人市场年均增长率超过21%，2021年市场规模达82亿美元；中国特种机器人市场年均增长率超过30%，2021年中国特种机器人市场规模达到125亿元。在特种机器人的市场结构中，2021年军事应用机器人占比达到了71%；极限作业机器人占比达到了23%；应急救援机器人占比达到了6%。中国政府对于特种机器人产业的重视程度不断提升，先后颁发了《"十四五"应急救援力量建设规划》《"十四五"机器人产业发展规划》《"十四五"智能制造发展规划》等一系列政策支持行业发展。

4. 机器人产业发展政策。在2021年中国发布的《"十四五"机器人产业发展规划》中，提到面向制造业、采矿业、建筑业、农业等行业，以及家庭服务、公共服务、医疗健康、养老助残、特殊环境作业等领域需求，聚集优势资源，重点推进工业机器人、服务机器人、特种机器人重点产品的研制及应用，拓展机器人产品系列，提升性能、质量和安全性，推动产品高端化智能化发展。2023年1月中国工业和信息化部等17部门印发的《"机器人+"应用行动实施方案》提出，到2025年，制造业机器人密度较2020年实现翻番，服务机器人、特种机器人行业应用深度和广度显著提升，机器人促进经济社会高质量发展的能力明显增强。《"机器人+"应用行动实施方案》还要求，聚焦制造业、农业、建筑、能源、商贸物流、医疗健康、养老服务、教育、商业社区服务、安全应急和极限环境应用十大应用重点领域，突破 100 种以上机器人创新应用技术及解决方案，推广 200 个以上具有较高技术水平、创新应用模式和显著应用成效的机器人典型应用场景，打造一批"机器人＋"应用标杆企业，建设一批应用体验中心和试验验证中心，开展"机器人＋"应用创新实践。

（二）智能可穿戴设备制造

智能可穿戴设备是在生物传感技术、无线通信技术与智能分析软件支持下实现用户交互、人体健康监测、生活娱乐等功能的智能设备，一般应具有可穿戴性、可移动性、可交互性、可持续性、可传感性以及数据可监测性。智能可穿戴设备通过连接互联网，并与各类软件应用相结合，使用户能够感知和监测自身生理与周边环境状况，其功能覆盖了健康管理、运动测量、社交互动、休闲游戏、影音娱乐、定位导航、移动支付等诸多领域。智能可穿戴设备上游包括智能硬件和软件系统，主要为智能可穿戴设备提供核心智能硬件及软件技术支持。智能硬件主要包括芯片、显示器、传感器、电池等；软件系统主要包括语控和交互技术系统、数据平台系统等。智能可穿戴设备涉及主要核心技术包括传感器技术、人机交互技术、柔性电子技术、无线通信技术、电池技术、新材料等。

智能可穿戴设备主要包括手戴式、耳戴式、身着式和脚穿式四种类型，可根据应用领域分为商业消费级和专业医疗级两大类产品形态。商业消费级设备按照产品形态又可分为手环、手表、眼镜、服饰等；专业医疗级设备又可分为监测型和治疗型医疗设备，多供于医院等医疗机构使用。商业消费级智能可穿戴设备多用于日常健康生活的监测使用中，如监测运动量、心率、呼吸等，典型的代表产品是智能手表/智能手环/智能戒指、智能衣服/智能运动鞋、蓝牙耳机、可穿戴扬声器、智能音频眼镜等。健康属性智能穿戴随着全民健康意识的觉醒，受到了广大消费者的关注。商业消费级智能可穿戴设备中也包括了一部分消费级可穿戴医疗设备。随着元宇宙概念的爆发，虚拟现实类的头戴式显示设备迎来了爆发式增长，典型的代表是被称作下一代智能终端的 AR/VR/MR 头戴式一体机，但应用生态的薄弱限制了VR 等设备的推广。专业医疗级智能可穿戴设备有如智能云血压仪、心率血氧探测仪、智鼾垫等包括监测、治疗慢性病、远程康复等类型的医疗设备，多供给医疗机构使用。例如，穿戴式体外自动除颤仪，可用于高危心脏病患者，在危急时自动除颤。临床上还有不少穿戴式外骨骼康复辅具的出现，如手外骨骼、上肢外骨骼、下肢外骨骼机器人，可以有效地帮助康复患者进行康复训练，提高康复训练的效果。

全球智能可穿戴设备市场已经逐步成为增速最快的高科技细分市场之一，可穿戴设备的产品形式呈多样化发展，行业市场出货量呈现逐年上升的趋势。根据 IDC 市场研究公司发布的调研数据，从 2013 年开始到 2021 年，全球可穿戴设备出货量呈逐年上涨的趋势，起步增长速度较快，近两年更是呈爆发增长态势。2020 年全球可穿戴设备行业市场出货量达 4.5亿部左右，较 2019 年增长 28.6%；2021 年市场出货量达到 5.4 亿部，较 2020 年增长 20%。2021 年全球可穿戴设备前五大厂商分别为苹果、三星、小米、华为、Imagine Marketing，合计市场份额 60%。苹果市场份额超过 30%；华为市场份额受美国制裁原因有一定程度萎缩；印度品牌 Imagine Marketing 发展迅速。目前，亚太地区已经成为全球最大智能可穿戴设备市场。中国智能可穿戴设备市场规模近年来增长迅速，2016 ~ 2020 年市场规模复合增长率为37.8%，其中，2020 年智能可穿戴设备市场规模为 632.2 亿元，同比增长 21.0%；2016 ~

2020 年，中国医用级智能可穿戴设备市场规模复合增长率为 46.2%，其中，2020 年医用级智能可穿戴设备市场规模为 124.6 亿元，同比增长 35.1%。中国老龄化持续加深，老龄人口庞大，特别是慢性病患者群体庞大，为专业医疗级智能可穿戴设备作为轻便高效的家用医疗健康电子产品创造了市场机会。中国智能可穿戴设备行业的头部企业为华为、小米、苹果、OPPO、步步高，在全球市场已经具有很强的竞争力。中国智能可穿戴设备当前主要产品形态为智能手环、手表、耳机，相关生产企业基本集中在珠三角、环渤海、长三角地区。当前大部分的产品仍未真正切入到可穿戴医疗、金融支付等环节，相关产品开发和采用仍将面临挑战。

四、电子元器件及设备制造

根据《数字经济及其核心产业统计分类（2021）》，电子元器件及设备制造业含有 17 个小类，包括半导体器件专用设备制造、电子元器件与机电组件设备制造、电力电子元器件制造、光伏设备及元器件制造、电气信号设备装置制造、电子真空器件制造、半导体分立器件制造、集成电路制造、显示器件制造、半导体照明器件制造、光电子器件制造、电阻电容电感元件制造、电子电路制造、敏感元件及传感器制造、电声器件及零件制造、电子专用材料制造，以及其他元器件及设备制造。

电子元器件已渗透至社会经济每个角落，发挥着关键作用。电子元器件是支撑信息技术产业发展的基石，广泛应用于智能终端、汽车电子、5G 通信、物联网以及航空航天、能源交通、军事装备等领域，其质量、水平和可靠性直接决定了电子系统和整机产品的性能。以多层片式陶瓷电容器（MLCC）为例，每台智能手机平均使用数量超过 1 000 只；每辆新能源汽车使用量超过 10 000 只。电子元器件的发展历史实际上就是电子工业的发展历史。第一代电子产品的核心是电子管；第二、三代分别是半导体三极管和集成电路。随着无缺陷结晶和缺陷控制等材料技术、晶体外延生长技术和扩散掺杂技术、耐压氧化膜的制备技术、腐蚀和光刻技术的出现和发展，各种性能优良的电子器件相继出现，电子元器件逐步从真空管时代进入晶体管时代和大规模、超大规模集成电路时代，逐步形成作为高技术产业代表的半导体工业。电子元器件行业位于产业链的中游，介于电子整机行业和电子原材料行业之间。

我国已经形成世界上产销规模最大、门类较为齐全、产业链基本完整的电子元器件工业体系，电子元件的产量已占全球近 39% 以上，2021 年电子元器件产业规模突破 2 万亿元。但与此同时，当前我国电子元器件产业存在整体大而不强、龙头企业匮乏、创新能力不足等问题，中低档产品过剩，高端产品主要依赖进口，缺乏核心技术，制约了信息技术产业发展。电子元件制造行业抢占工业革命制高点的同时，发达国家保护主义抬头，基于全球化的产业分工协作体系受到明显威胁。面对百年未有之大变局和产业大升级、行业大融合的态势，加快电子元器件及配套材料和设备仪器等基础电子产业发展，对推进信息技术产业基础高级化、产业链现代化，乃至实现国民经济高质量发展具有重要意义。

（一）新型显示产业

新型显示作为智能交互的重要端口，已成为承载超高清视频、物联网和虚拟现实等新兴产业的重要支撑和基础，是全球各国及地区近年来竞相发展的战略性新兴产业。新型显示产业是一个覆盖化工、材料、半导体、光电子、精密仪器设备等多个行业的复合型高科技产业，包括液晶技术、薄膜半导体技术、电子技术、材料技术、精密装备制造技术等多个领域的高新技术，包含了上百种产品，技术更新非常快。新型显示产业属于知识密集和劳动密集交叉型产业，是新一代信息技术产业的先导性支柱产业，需要高技术人才的支撑，具有较强的产业带动力和辐射力，对生产环境和能源要求较高。近年来，新型显示产业创新在不断加快，包括TFT-LCD、AMOLED、Micro LED、电子纸、激光显示在内的多种显示技术呈现了强劲的生命力和发展活力。电子器件（包括发光显示器件）微型化是必然趋势，NLED（纳米像素发光显示器件）等显示技术也将走进人们的视野。

新型显示产业链上游主要包括原材料、生产设备及零组件，其中原材料包括偏光板、有机发光材料、ITO玻璃、缝合胶等；生产设备包括镀膜与封装设备、显影与蚀刻设备、检查与测试设备等；零部件包括电路板、驱动IC、被动元件等。中游主要包括面板与模板制造，其中面板制造包括显示终端材料、驱动芯片等。下游主要包括显示终端应用，例如消费电子类、车载显示、VR设备、可穿戴智能设备等。

下游用户多元化的应用需求是新型显示产业链长期以来的核心驱动力，新型显示产业的显示应用还在外延，产业的发展潜力仍巨大。智能手机市场中，屏幕成为企业创新和竞争的重点方向之一，催生出了瀑布屏、透明屏、折叠屏以及环绕屏等技术，各家手机企业积极布局屏幕创新。电视、电脑是新型显示市场权重最高的应用之一，从现有格局来看，大尺寸、超高清、低成本化是未来发展的重要方向。车载显示、智能显示以及虚拟现实等行业的兴起，进一步拓展了新型显示的应用范围，也催生了面板企业和整机企业、智能家居企业合作，在对显示技术提出新要求的同时，也给竞争激烈的新型显示产业带来了新机会。

全球显示产业规模超过千亿美元，新型显示产业主要集中在韩国、日本、中国台湾和中国大陆，中国成为全球显示产业发展的中坚力量。韩国三星等龙头企业实力突出，在新兴技术布局方面有突出优势；日本在基础研究实力方面基础雄厚，设备材料优势明显；近年来，中国大陆新型显示产业规模快速增加，已经成为最大的面板生产制造基地和研发应用中心。2017～2021年，中国新型显示产业规模从2 758亿元增加到5 868亿元，TFT-LCD产能全球第一，OLED产业规模不断扩大，已经有多达十余条6代AMOLED生产线处于在建或者规划状态。中国大陆的新型显示产业已初步形成京津冀、长三角、东南沿海以及中西部地区的产业集聚布局。从区域分布来看，长三角地区（合肥、苏州、南京）、中西部地区（武汉、成都、重庆）、东南沿海地区（深圳、广州、厦门）各有三家城市入选，京津冀地区仅北京市入选。与此同时，中国大陆在新型显示产业链上游材料设备环节也取得重大突破。我国配套材料生产能力不断增长，本地化配套率已达到54%，显示装备也正在从非核心领域向核心领域不断扩展，部分核心装备实现了零的突破。在政策支持方面，新型显示产业已经与人工智能产业、虚拟现实产业、超高清视频产业等政策深度融合，成为中国多个省份未来5年的发展重点。

（二）集成电路制造业

1. 集成电路。集成电路（integrated circuit）是一种微型电子器件或部件。采用一定的工艺，把一个电路中所需的晶体管、电阻、电容和电感等元件及布线互连一起，制作在一小块或几小块半导体晶片或介质基片上，然后封装在一个管壳内，成为具有所需电路功能的微型结构；其中所有元件在结构上已组成一个整体，使电子元件向着微小型化、低功耗、智能化和高可靠性方面迈进了一大步。集成电路包含模拟集成电路和数字集成电路两大类。前者用来产生、放大和处理各种模拟电信号；后者则用来产生、放大和处理各种数字电信号。集成电路又可主要分为存储芯片、逻辑芯片、模拟芯片、微处理器芯片等。

集成电路从产生到成熟大致经历了电子管、晶体管、集成电路、超大规模集成电路等阶段。随着电子技术的飞速发展，1967 年出现了大规模集成电路，集成度迅速提高；1977 年超大规模集成电路面世，一个硅晶片中已经可以集成 15 万个以上的晶体管；1988 年，16M DRAM 问世，1 平方厘米大小的硅片上集成有 3 500 万个晶体管，标志着进入超大规模集成电路（VLSI）阶段。目前集成电路最常使用的衬底材料是硅，半导体集成电路是电子产品的核心器件。

2. 集成电路生产流程及产业链。半导体产业是国民经济和社会发展的战略性、基础性和先导性产业。半导体产品细分为四大类：集成电路、分立器件、光电子器件和传感器。从生产流程角度看，半导体产品生产主要分为设计、制造和封测三大流程，并需要上游的半导体设备与材料作为支撑。以集成电路为代表的不同半导体产品下游应用广泛，下游创新引领的需求增长是半导体产业快速发展的核心驱动力。

集成电路产业作为半导体产业最大的细分产业，一直占据着半导体产业近 80% 的市场份额。20 世纪 70 年代半导体产业在美国形成规模，美国一直保持着全球半导体产业第一的地位，而后重心向日本迁移；20 世纪 90 年代至 21 世纪初，半导体产业重心向中国台湾和韩国迁移。20 世纪 90 年代开始，集成电路产业初步形成了如今设计业、制造业、封装业、测试业"四业并举"的局面。

集成电路产业上游包括：集成电路设计与制造所需的自动化工具 EDA；搭建 SoC 所需的核心功能模块半导体 IP；集成电路制造环节的核心生产设备及材料。集成电路中游包括：通过电路设计、仿真、验证、物理实现等步骤生成版图的 IC 设计厂商；将版图信息用于制造集成电路的制造厂商；为芯片提供与外部器件连接并提供物理机械保护的封装厂商；对芯片进行功能和性能测试的测试厂商。

集成电路设计指按照既定的功能要求设计出所需要的电路图，最终的输出结果为掩膜版图。我国的集成电路设计产业发展起点较低，但依靠着巨大的市场需求和良好的产业政策环境等有利因素，已成为全球集成电路设计产业的新生力量。集成电路制造是集成电路制造，指将设计好的电路图转移到硅片等衬底材料上的环节，是集成电路产业链的核心组成部分，重资产、投入大、建设周期长，具有很强的产业带动作用，同时也具备极高的技术门槛和资金壁垒。目前集成电路制造行业呈现台积电一家独大的竞争格局，在制程工艺与市场份额方面保持双重领先；三星、联电、格芯等处于全球领先地位。大陆半导体制造业以中芯国际和华虹半导体为代表，近年制程技术不断提升，生产规模持续扩大。集成电路封测行业位于半导体生产制造环节的下游，需要大量的设备与人员投入，属于资本密集型、人员密集型产业。与集成电路其他领域相比，封测门槛相对较低，是国内半导体产业链中技术成熟度最高、最容易实现国产替代的领域。

半导体设备与材料细分品类众多。半导体设备主要分为前道晶圆制造设备和后道封装设备，其中前道设备包括光刻机、刻蚀机、CVD 设备、PVD 设备、离子注入设备和 CMP 研磨设备等；后道设备包括测试机、探针台和分选机等。半导体设备对质量、参数和运行稳定性等方面要求极高，因此行业具有较高的技术壁垒，且需投入大量资金用于研发和购买原材料与零部件。半导体材料主要包括晶圆制造材料和半导体封装材料，其中晶圆制造材料包括硅片、光掩模、光刻胶、电子特气、靶材、CMP 抛光材料（抛光液和抛光垫）等；封装材料则包括封装基板、引线框架、键合线和封装树脂等。半导体核心材料技术壁垒极高，国内绝大部分产品自给率较低。

近年来，美国陆续采取实体名单制度、出台《芯片和科学法案》等，极力限制和封锁中国集成电路产业各个环节。与此同时，中国也在致力于突破美国的技术壁垒。目前我国集成电路领域整体国产自给率还较低，尤其是在半导体设备、材料与晶圆制造等环节。集成电路上游是我国最薄弱的环节，全球半导体材料、EDA 和部分关键设备市场主要被美国、日本、荷兰和我国台湾地区所垄断。封测为我国集成电路领域最具竞争力环节，共有四家厂商营收进入全球前十。

3. 集成电路产业。根据世界半导体贸易统计组织数据，2022 年全球集成电路、分立器件、光学光电子和传感器市场规模分别为 4 799.88 亿美元、340.98 亿美元、437.77 亿美元和 222.62 亿美元，在全球半导体行业占比分别为 82.7%、5.9%、7.5% 和 3.8%。在上述半导体产品分布中，集成电路是技术难度最高、增速最快的细分产品，是半导体行业最重要的构成部分。2021 年全球集成电路产业规模为 4 630.02 亿美元，其中逻辑芯片与存储芯片规模分别为 1 548.4 亿美元和 1 538.4 亿美元，约占集成电路产业总体规模的 33.4% 和 33.2%，共同构成集成电路产业的两大支柱。微处理器和模拟芯片分别占比 17% 和 16%。从全球竞争格局的角度看，集成电路产业的头部效应较为明显，少数领军企业占据了市场的主导地位。目前，全球集成电路市场主要由美国、韩国、日本以及中国台湾企业所占据。集成电路制造行业基本由中国台湾的台积电等企业所垄断，但近年来随着国外对我国集成电路制造光刻机等产品的封锁，我国大陆的集成电路企业开始发力，由于各个集成电路制造企业的能力不断增强，我国集成电路制造领域市场规模也在不断提高。近年来，我国在集成电路设计、封装及测试等相关领域也均取得了长足进步，同时集成电路设备、材料等领域也逐渐进行追赶。

2017 年至今，中国集成电路产业始终保持着每年 15% 左右的同比增长率。2021 年是中国"十四五"开局之年，国内集成电路产业继续保持快速、平稳增长态势，中国集成电路产业首次突破万亿元人民币。根据中国半导体行业协会的数据，2021 年中国集成电路产业销售额为 10 458.3 亿元，同比增长 18.2%。其中，设计业销售额为 4 519 亿元，同比增长 19.6%；制造业销售额为 3 176.3 亿元，同比增长 24.1%；封装测试业销售额为 2 763 亿元，同比增长 10.1%。但值得注意的是，从历年集成电路进出口数据来看，我国集成电路行业仍然以进口为主，供给和需求之间的差距较大。2022 年我国集成电路进口总额 4 156 亿美元，出口金额总额 1 539 亿美元，贸易逆差 2 617 亿美元。近五年进口总额 18 158 亿美元，出口总额 6 105 亿美元，贸易逆差 12 053 亿美元。从进口看，2022 年，我国大陆集成电路主要进口国家或地区有中国台湾、韩国、马来西亚、日本、越南、美国、菲律宾、泰国、新加坡等。中国台湾和韩国是我国重要的海外进口地，其占据了我国海外市场超过一半的市场份额。按区域来划分，中国大陆集成电路产业重心是长三角、中西部、京津环渤海地区。

根据中国国民经济"八五"计划至"十四五"规划，中国对集成电路行业的支持政策经历了从"加强发展"到"重点发展"再到"瞄准前沿领域战略性发展"的变化。此外，发展改革委、财政部、商务部、科技部等多部门都陆续印发了规范、引导、鼓励、规划集成电路行业的发展政策，涉及集成电路技术规范、集成电路集群发展支持、集成电路人才培养支持等内容。《中国制造 2025》提出，面向国家战略和产业发展两个需求，着力发展集成电路设计业，加速发展集成电路制造业，提升先进封装测试业发展水平，突破集成电路关键装备和材料。到 2030 年，集成电路产业链主要环节达到国际先进水平，一批企业进入国际第一梯队，实现跨越发展。同时，针对集成电路市场规模、产业规模方面提出了具体的量化目标。

第三节　数字产品服务业和数字技术应用业

数字产品服务业主要是指数字产品批发、零售、租赁、维修以及其他数字产品服务业。具体包括，计算机、软件及辅助设备、通信设备、广播影视设备、音像制品、电子和数字出版物的批发、零售或维修。在数字技术应用业大类中，共包含软件开发业、电信广播电视和卫星传输业、互联网相关服务业、信息技术服务业、其他数字技术应用业 5 个中类，其中又包含了 25 个小类。

其中，软件和信息技术服务业是关系国民经济和社会发展全局的基础性、战略性、先导性产业，具有技术更新快、产品附加值高、应用领域广、渗透能力强、资源消耗低、人力资源利用充分等突出特点，对经济社会发展具有重要的支撑和引领作用。发展和提升软件和信息技术服务业，对于推动信息化和工业化深度融合，培育和发展战略性新兴产业，建设创新型国家，加快经济发展方式转变和产业结构调整，提高国家信息安全保障能力和国际竞争力具有重要意义。因此，本节主要介绍软件和信息技术服务业。

一、软件开发业

软件是一系列按照特定顺序组织的计算机数据和指令的集合。一般来讲软件被划分为系统软件、应用软件和介于这两者之间的中间件。软件开发是根据用户要求建造出软件系统或者系统中的软件部分的过程。软件开发是一项包括需求捕捉、需求分析、设计、实现和测试的系统工程。硬件是基础，软件是灵魂。计算机及其他终端之所以能够渗透到各个领域，正是由于软件的丰富多彩，能够完成各种不同的任务。

（一）软件产业特征

软件开发业中包含 4 个小类，分别是基础软件、支撑软件、应用软件、其他软件的开发。基础软件开发指能够对硬件资源进行调度和管理、为应用软件提供运行支撑的软件的开发活动，包括操作系统、数据库、中间件、各类固件等。支撑软件开发指软件开发过程中使用到的支撑软件开发的工具和集成环境、测试工具软件等的开发活动。应用软件开发较为常见，指独立销售的面向应用需求和解决方案等软件的开发活动，包括通用软件、工业软件、行业软件、嵌入式应用软件等。其他软件开发指其他未列明软件的开发活动，如平台软件、信息安全软件等。

软件是新一代信息技术的灵魂，是数字经济发展的基础。软件产业的一个重要特点是其高渗透性，能够与经济社会各领域融合并带来新的、更大的发展。软件引领新一轮科技创新的群体突破，催生网络化协同、智能化生产、个性化定制、服务型制造等制造业的新模式、新业态，是制造强国和网络强国建设的关键支撑。所以，软件产业不仅仅是一个经济领域，更是具有"倍增器""转换器"和"助推器"作用的工具。近年来，"软件定义"成为信息化发展的新标志、新特征，不仅可以扩展产品的功能，还可以变革产品的价值创造模式。因此，软件为经济发展不断地注入新动能，驱动数字经济的蓬勃发展，信息消费扩大升级，智慧社会的加速到来。伴随着软件技术加速向云化、平台化、服务化方向的演进，全球的软件产业正在培育形成开放创新的生态，世界主要国家都把发展软件产业作为构筑竞争新优势的战略支点，狠抓、抢抓发展的主导权。

【知识链接 7 - 2】

软件定义

计算机软件发展历程分为三个阶段，并分别总结概括了各个阶段的大体体征以及应用领域。第一个阶段是 1946～1975 年，软硬一体化阶段；第二个阶段是 1975 年以后，软件的产品化、产业化阶段；第三个阶段是 1995 年以后，软件的网络化、服务化阶段。

"定义性"是软件产业和其他产业相比，具有的显著特征之一。通过软件定义，相关主体可以用软件为硬件赋能，更多地由软件来驱动并控制硬件资源，实现系统运行效率和能量效率最大化。2015 年，Gartner 战略报告中首次出现软件定义，并重新"定义"了传统的网络架构甚至通信产业。软件定义的技术本质是把原先一体化的硬件设施打破，将基础硬件虚拟化并提供标准化的基本功能，然后通过管控软件，控制其基本功能，提供更开放、灵活、智能的管控服务。换句话说，"软件定义"的技术本质是硬件资源虚拟化，管理功能可编程。"软件定义"解除了软硬件之间的耦合关系，使得两者可以各自独立演化，有助于软件向个性化方向发展、硬件向标准化方向发展。

通过"软件定义"，可以拓展产品的功能，变革产品价值创造模式，赋予企业新型能力，催生新型制造模式，推动平台经济、共享经济蓬勃兴起。"软件定义"已成为生产方式升级、生产关系变革、新型产业发展的重要引擎，成为驱动未来发展的重要力量，是新一轮科技革命和产业变革的新特征和新标志。

最典型的"软件定义"就是软件定义产品的功能，例如，智能手机通常每增加一个App，就增加一项功能，就要对智能手机重新定义。软件定义存储（SDS）则是一种能将存储软件与硬件分隔开的存储架构。不同于传统的网络附加存储（NAS）或存储区域网络（SAN）系统，SDS 一般都在行业标准系统或 x86 系统上执行，从而消除了软件对于专有硬件的依赖性。软件定义数据中心指所有基础设施元素（网络、存储、计算等）都进行了虚拟化并以"即服务"方式交付，部署、操作、供应和配置都是从硬件中抽象出来的。总之，"软件定义"在赋能千行百业。

资料来源：驱动发展、赋能创新 软件定义时代来临［EB/OL］. 2022 - 04 - 22. https：//baijiahao. baidu. com/s？id = 1730788218295881577&wfr = spider&for = pc.

（二）软件产业现状

软件发展水平已经成为大国科技实力和综合国力竞争的重要体现。全球软件产业起始于20世纪50年代，其发展大致可以分为5个阶段，分别为独立编程服务阶段、软件产品阶段、企业级解决方案阶段、面对大众的成套软件阶段和企业云化阶段。目前，全球软件开发市场形成了以美国、欧盟、印度、日本、中国等为主的国际软件开发产业分工体系。从产业格局看，美国是全球最大的软件生产国，产业规模和整体技术水平处于世界前列，拥有包括甲骨文、微软、Salesforce 等在内的众多全球顶尖软件公司。美国也是世界上最大的软件服务供应国，软件贸易体量在全球举足轻重，中国、欧盟、日本、韩国、印度等国家和地区则根据各自经济社会的发展情况，实现了软件产业的特色发展。跨国软件巨头依靠先进的技术、持续的创新以及对市场的垄断和对标准的掌控，在全球软件产业链和价值链中长期居于高端地位。软件开发产业领域核心——操作系统、中间件和数据库都为美国企业所主导。近年来，软件产业的新产业趋势已然出现，并可能对未来产业格局产生影响。

"十三五"时期以来，中国软件产业发展取得了显著成绩。根据工信部统计数据，2022年，中国软件产品收入 26 583 亿元，比 2015 年实现了翻倍，同比增长 9.9%，占软件与信息技术服务业全行业收入比重为 24.6%。其中，工业软件产品实现收入 2 407 亿元，同比增长 14.3%，高出全行业整体水平 3.1 个百分点。嵌入式系统软件收入 9 376 亿元，同比增长 11.3%，占软件与信息技术服务业全行业收入比重为 8.7%；信息安全产品和服务收入 2 038 亿元，同比增长 10.4%，占软件与信息技术服务业全行业收入比重为 1.9%。但也面临着不少的困难和挑战，比如软件产业既不大也不强，缺乏具有国际竞争力的龙头企业。软件与各领域融合应用的广度和深度需进一步深化，企业软件化能力较弱，制约数字化发展进程。

（三）工业软件

工业软件指专用于或主要用于工业领域，以提高工业企业研发、制造、管理水平和工业装备性能的软件，是软件化的工业技术，是工业技术/知识、流程的程序化封装和复用，是工业的核心基础。工业软件按不同的应用环节，可分为研发设计类软件、生产控制类软件和业务管理类软件。产品研发设计类软件主要用于提升企业在产品研发工作领域的能力和效率，包括 3D 虚拟仿真系统、计算机辅助设计（CAD）、计算机辅助工程（CAE）、计算机辅助制造（CAM）、计算机辅助工艺规划（CAPP）、产品生命周期管理（PLM）、过程工艺模拟软件等。生产控制类软件主要用于提高制造过程的管控水平，改善生产设备的效率和利用率，包括工业控制系统、制造执行系统（MES）、制造运行管理（MOM）、产品数据管理（PDM）、操作员培训仿真系统（OTS）、调度优化系统（ORION）、先进控制系统（APC）等。业务管理类软件主要用于提升企业的管理水平和运营效率，包括企业资源计划（ERP）、供应链管理（SCM）、客户关系管理（CRM）、人力资源管理（HEM）、企业资产管理（EAM）等。

发达国家在工业软件领域具备较强的先发优势，建立了较为完整的工业体系，工业软件在北美、欧洲、亚太地区市场份额超过 90%。美国、德国、日本、法国、加拿大等是世界工业软件强国。美国凭借强大的科研实力、较高的研发投入以及政府的大力支持，掌控着全球工业软件产业链的高端环节。美国研发设计软件、经营管理软件、生产制造软件、运维服务软件等工业软件均处于全球领先地位。目前，受限于我国的先进制造业水平以及工业知识和技术的沉淀不足，我国的工业软件发展水平仍然和国外巨头有一定差距，处于"管理软件强、工程软件弱；低端软件多，高端软件少"的现状。

工业软件一旦被"卡脖子"，将直接影响整个产业链的安全。目前国内工业软件市场被外资企业主导，部分细分行业产品严重依赖进口。生产控制类工业软件相对较好，国内企业产品国内市场占有率可以达到50%，但在高端市场中不占优势。总体而言，国内市场上，我国工业软件中只有ERP、CAD、CAE、CAPP的渗透率超过了50%，其他工业软件的渗透率大多低于30%，外资企业产品占主导状况的形势仍然比较严峻。在作为"芯片之母"EDA软件领域，我国市场行业集中度高，主要由美国Synopsys、美国Cadence和德国Mentor Graphics（2016年为西门子收购）三家厂商垄断，占国内市场份额超过77%，留给华大九天、芯禾科技、广立微等本土EDA厂商的市场份额较少。

我国工业软件产业规模与全球差距大，但近几年增速远超国际水平，有非常大的增长潜力。2021年，全球工业软件市场规模已达4 561亿美元，增速4.66%，近3年平均增速超过5%，2012~2021年复合增长率5.36%；中国工业软件市场规模2 414亿元人民币，增速22.29%，近3年平均增速接近18%，2012~2021年复合增长率14.23%，均远高于全球水平。中国工业软件产业占全球比重仍然较低。全国150家自主研发的工业软件企业中，95%的企业营收规模不足5 000万元，工业软件小而散的现象比较突出。此外，我国工业软件研发投入不足，融资能力偏弱，用户依赖国际巨头产品，国内产业生态亟待优化（见图7-2）。

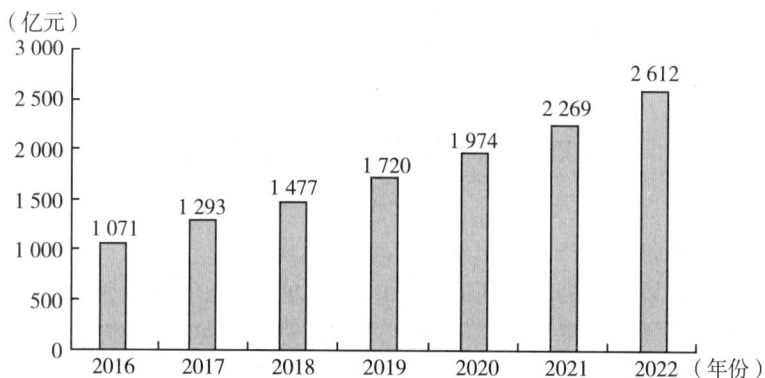

图7-2 2016~2022年中国工业软件市场规模

资料来源：中国工业技术软件化产业联盟．中国工业软件产业白皮书（2022）［R］．2023-06. https：//baijiahao. baidu. com/s?id=1768743938871713462&wfr=spider&for=pc.

工业软件已经被中国列为当前科技攻关最紧急、最迫切的问题，同时关乎国家急迫需要和长远需求，与基础原材料和高端芯片等并列，工业软件已成为国家科技领域最高级别的战略部署。中国工业和信息化部实施产业基础再造工程，工业软件成为"新五基"之一，工业软件已成为政策主流方向。未来，随着国产软件企业深耕行业，提高自主研发能力，国产软件的功能和性能都将逐渐赶上国外软件。此外，我国还需要大力培育产业生态系统，增强国内用户使用国产工业软件的信心；高度重视人才培养和人才引进，完善人才使用激励约束机制。

二、信息技术服务业

信息技术服务业包括集成电路设计、信息系统集成服务、物联网技术服务、运行维护服务、信息处理和存储支持服务、信息技术咨询服务、地理遥感信息及测绘地理信息服务、动漫、游戏及其他数字内容服务，以及其他信息技术服务业。

集成电路设计，指将待实现的电子系统功能映射成超大规模集成电路的过程，该过程一般包括系统设计、寄存器传输级设计、逻辑设计、设计验证、可测试性设计、物理设计等，将上述过程自动化的技术称为电子设计自动化（EDA）。集成电路设计水平高低决定了集成电路产品的功能、性能和成本。集成电路设计行业位于集成电路产业链上游，属于技术密集型产业。国际顶尖的集成电路设计公司包括高通、博通、联发科、英伟达等，美国集成电路设计公司处于世界领先地位。中国大陆集成电路设计技术和创新能力与国际最先进水平仍有较大差距，具备规模优势和核心技术优势的 IC 设计企业较少。2016 年之前我国集成电路主要以封测为主，随着中国集成电路设计领域持续投入，2016 年我国设计领域首次超过封测领域，设计和封测分别占比 37.92% 和 36.08%。随着国内技术持续突破，设计和制造占比持续增长，2021 年数据显示我国集成电路设计占比达 43.21%，制造领域占比小幅度上升至 30.37%，在 2020 年也已超越封测销售额。2011～2021 年我国集成电路设计行业企业数量增长迅猛，从 534 家快速上升至 2 810 家。但中国多数企业暂时还是更依赖国外最主流的 EDA 设计工具，并受到了美国的限制。因此 EDA 等工具软件的突破对于中国集成电路设计产业发展具有重要意义。

第四节　数字要素驱动业

要素驱动是指依靠各种生产要素（土地、劳动力、资本、数据）的投入来促进经济增长，以及从市场对生产要素的需求中获取发展动力的方式；数字要素驱动，就是通过数据要素的投入和市场对数据的需求来实现经济增长、获取发展动力的行业。包括互联网平台、联网批发零售、互联网金融、数字内容与媒体、信息基础设施建设、数据资源与产权交易、其他数字要素驱动业 7 个行业中类。

一、互联网平台

互联网平台包括互联网生产服务平台、互联网生活服务平台、互联网科技创新平台、互联网公共服务平台、其他互联网平台。

（一）互联网生产服务平台

互联网生产服务平台指专门为生产服务提供第三方服务平台的互联网活动，包括工业互联网平台、互联网大宗商品交易平台、互联网货物运输平台等。工业互联网平台是传统工业云平台的迭代升级，是面向制造业数字化、网络化、智能化需求，构建基于海量数据采集、汇聚、分析的服务体系，支撑制造资源泛在连接、弹性供给、高效配置的工业云平台，是新工业体系的"操作系统"。工业互联网平台的内涵与功能定位持续拓展，正成为商业和运营创新的关键载体，并呈现多元化的平台形态。国外工业互联网平台延续工业软件发展路径，通过技术创新，强化工业软件在平台上的云化部署，提供订阅式工具服务，典型的平台包括提供垂直行业解决方案的专业服务平台、提供通用商业智能服务的通用业务创新平台、全链条综合服务平台以及通用 IT 赋能平台等。截至 2022 年，中国工业互联网平台发展已经取得了一定成效，培育较大型的工业互联网平台超过 150 家，连接工业设备超过 7 800 万台（套），并呈现稳中向好发展态势。同时还存在工业互联网平台应用广度和深度不足、平台应用效能不足、企业上云率偏低、业务模式尚未充分开发等问题。中国工信部发布的《"十四五"信息化和工业化深度融合发展规划》明确将工业互联网平台推广工程作为两化融合重点工程推进。中国工信部印发的《工业互联网专项工作组 2022 年工作计划》提出，要建设多层次工业互联网平台，加快平台体系化升级，为"综合型＋特色型＋专业型"工业互联网平台体系的构建指明了方向。推动工业知识的标准化、软件化、模块化与服务化，加快工业知识的沉淀、积累和复用，也是工业互联网平台建设的关键基础。

（二）互联网生活服务平台

互联网生活服务平台是指专门为居民生活服务提供第三方服务平台的互联网活动，包括互联网销售平台、互联网约车服务平台、在线旅游经营服务平台、互联网体育平台、互联网教育平台、互联网社交平台等。中国在互联网生活服务平台方面发展迅速，平台经济在中国国家发展、产业发展与社会进步过程中发挥了举足轻重的作用，为国家发展提供强劲动力。中国政府也明确支持平台企业在引领发展、创造就业、国际竞争中大显身手。中国目前已经涌现包括淘宝/天猫、支付宝、京东、微信、美团、滴滴出行、携程、去哪儿网等在内的优质互联网生活服务平台，商业模式成熟，产业生态圈稳定，产业资本积累已经达到一定程度。随着互联网平台尤其是电商零售平台的努力，业务不断地下沉、渗透到更广阔的村镇地区，中国广大村镇地区甚至偏远地区的群众，也可以和城市地区的新潮消费者一样，第一时间平等地享受到最新的产品给生活带来的改变。平台经济吸纳就业的同时，又衍生了一系列专业化的服务需求，带来了新的就业形态和工作机会，尤其是为乡镇地区的群众拓宽了就业、创业的通道。

【小案例 7-1】

西门子 MindSphere 云平台

西门子是全球电子电气工程领域的领先企业，业务主要集中在工业、能源、基础设施与城市及医疗四大领域。西门子于 2016 年推出 MindSphere 工业互联网云平台，属于 PaaS（platform as a service，即平台即服务）平台。该平台采用基于云的开放物联网架构，可以将传感器、控制器以及各种信息系统收集的工业现场设备数据，通过安全通道实时传输到云端，并在云端为企业提供大数据分析挖掘、工业 App 开发以及智能应用增值等服务。

西门子开放式云平台——MindSphere 是 IoT 操作系统的核心，具有数据分析功能和连通功能、各种开发工具以及各种应用软件和服务。该平台以"平台即服务"（PaaS）形式，提供了可扩展云平台，适用于各种应用的开发，可记录和分析大量生产数据，进而提高工厂生产效率。MindSphere 是西门子和第三方服务供应商提供各种应用和基于数据的服务的强大基础，例如，预测性维护、能源数据管理、资源优化等。将数字化和物联网数据转化为生产运营成果是 MindSphere 的核心驱动力。

MindSphere 平台基于开放的物联网框架，包括边缘连接层、开发运营层、应用服务层三个层级。主要包括 MindConnect、MindCloud、MindApps 三个核心要素，其中 MindConnect 负责将数据传输到云平台；MindCloud 为用户提供数据分析，应用开发环境及应用开发工具；MindApps 为用户提供集成行业经验和数据分析结果的工业智能应用。MindSphere 平台目前已在北美和欧洲的 100 多家企业开始试用，并在 2017 年汉诺威展上与埃森哲、Evosoft、SAP、微软、亚马逊和 Bluvision 等合作伙伴展示了多种微服务和工业 App。截至目前，平台已经实现了约 100 万台设备和系统的互联。

资料来源：西门子 MindSphere 云平台［EB/OL］. 2018－05. https：//www. siemens. com/cn/zh/products/software/mindsphere. html.

（三）互联网科技创新平台

互联网科技创新平台是指专门为科技创新、创业等提供第三方服务平台的互联网活动，包括网络众创平台、网络众包平台、网络众扶平台、技术创新网络平台、科技成果网络推广平台、知识产权交易平台、开源社区平台等。互联网科技创新平台能够带动产、学、研、金、介等各类创新要素广泛集聚，促进创新资源围绕科技发展战略目标优化配置，进而逐步构筑多边、开放、富有活力的创新生态。互联网公共服务平台是指专门为公共服务提供第三方服务平台的互联网活动，包括互联网政务平台、互联网公共安全服务平台、互联网环境保护平台、互联网数据平台等。以互联网政务平台为例，平台通过集聚政府资源，建设统一开放共享的政务服务平台，以跨部门、跨区域、跨层级为突破，有效解决"信息孤岛""数据烟囱"等现象，满足政务多方位、多层次的数据需求。互联网政务平台通过打造统一身份认证体系和政府内部的移动互联公众服务规范体系，建设一个服务"总入口"，利用网站、移动端、自助服务终端等渠道，集成各类办事服务应用，将公共服务各类应用统一搬到线上，实现全区行政审批、公共服务资源交易、政策服务等众多政务服务在线办理，打造线上线下相衔接的"一体化"新型政府服务模式。

二、数据资源交易

（一）数据要素

根据《数据安全法》的定义，数据是指任何以电子或其他方式对信息的记录。具体而言，能够为组织（政府机构、企事业单位等）产生一定价值的数据均被视作数据资源。并非所有的数据资源都是数据资产，数据资产的形成需要组织对数据资源进行主动管理，形成有效控制并能够产生价值。数据资产化是劳动和数据相结合的过程，其核心在于通过数据与具体业务融合，驱动、引导业务效率改善从而实现数据价值。数据商品化之后，在生产、分配、流通和消费环节，与算法、算力、劳动、资本、土地结合，通过替代、渗透和协同机制赋能创造价值，实现从资源化到商品化，再到资产化，是数据产品的价值实现过程。数字产业化、产业数字化是数字经济两条路径，数据在其中发挥重要作用。

2020年3月，中国国务院发布的《关于构建更加完善的要素市场化配置体制机制的意见》将数据定义为继土地、劳动力、资本、技术之后的第五大生产要素。数据作为新型生产要素，与传统生产要素相比有明显的独特性，即虚拟性、低成本复制性、非消耗、低边际成本以及主体多元性，打破了自然资源有限供给对增长的制约，因此在经济活动中显示出非竞争性、潜在的非排他性和异质性等。其中，数据的异质性主要体现在，相同的数据对于不同的使用者和不同的使用场景，数据价值明显不同。数据作为新型生产要素参与生产，具有劳动工具和劳动对象的双重属性。数据要素本身不能单独创造价值，但可以通过市场评价和市场交换进行有效配置，实现"潜在价值—价值创造—价值实现"的价值形态演进。交易后的数据产品进入经济运行中，推进经济生产方式和模式变革，推动质量变革、效率变革和动力变革，使数据要素价值转变为社会价值。

数据是数字经济时代的关键生产要素。数字产业化，即推动数字产业的优化升级，加快关键核心技术的突破，而数据的爆发增长、海量集聚蕴藏了巨大的价值，能够推动智能化发展；产业数字化，即推进传统产业的数字化转型，而数据对提高生产效率的乘数作用不断凸显，赋能传统产业转型升级。进入21世纪，数据的大规模集中和挖掘分析正在全面推动生产效率的提升。因此，数据是数字化、网络化、智能化的基础，是国家基础性战略性资源，已快速融入生产、分配、流通、消费和社会服务管理等各环节，深刻改变着生产方式、生活方式和社会治理方式。

数据要素的价值发挥依赖赋能其他生产要素，激活数据要素的根本目的是以多样、创新的方式投入生产，为经济社会生产创造更大的价值。激活数据要素潜能，需要强化数据治理，加快构建数据基础制度，促进数据合规流通。

（二）数据要素流通

数据要素流通是指在数据供方和需方之间按照一定流通规则进行的以数据为对象的行为，是数据资源体系构建的关键。数据流通在技术实现上有诸多需求，主要在数据安全、质量保障、权益分配、追溯审计和透明度等方面。数据要素要实现安全高效流通，需要通过一系列规则设计和技术手段，建立起数据要素流通全流程合规与监管体系。

数据要素的流通可分为开放、共享、交易三种流通模式。数据交易是市场经济条件下促进数据要素市场流通的基本方式。因此，从市场视角来看，数据要素流通的全流程主要包括原始数据的产生与收集；数据处理、组织成数据产品；数据产品登记、挂牌上市；数据产品试用与交易；数据产品交付与服务；数据产品的使用等关键环节。数据交易的制度前提是确权、授权与收益分配。

数据产品交易市场主要包括三类主体：数据供方（卖方）、数据需方（买方）、第三方数据交易服务机构或者数据交易服务平台。之江实验室等编写的《数据产品交易标准化白皮书（2022）》，将数据产品交易定义为：在我国法律规定范围内，以安全交易环境和交易合规监管为保障，数据需方向数据供方以货币购买或者交换的形式获取数据产品的行为。数据产品交易是数据要素市场化的关键环节，数据生产、数据交易、数据保障、数据监管等各环节有机地构成了数据产品交易的生态体系。数据产品交易市场中，数据质量是基础；数据确权、定价是关键；数据安全和合规有序的交易环境是保障。中国工业和信息化部发布的《"十四五"大数据产业发展规划》提出，加快培育数据要素市场，具体措施包括建立数据要素价值体系、健全数据要素市场规则、提升数据要素配置作用等，为数据要素市场发展规划了路径。该规划还提出，到2025年，数据要素价值评估体系初步建立，要素价格市场决定，数据流动自主有序，资源配置高效公平，培育一批较成熟的交易平台，市场机制基本形成。

我国当前的数据交易市场建设仍处于初步阶段，政策推动行业发展。2015～2022年，中国数据交易机构经历了两轮快速发展和探索期，数据交易行业的发展状态与政府政策紧密相关。2015年，党的十八届五中全会正式提出"实施国家大数据战略，推进数据资源开放共享"。2015～2017年是我国数据交易机构的第一轮快速发展期，贵阳大数据交易所等多家数据交易平台挂牌成立。但由于数据交易的上位法缺失、数据确权困难等数据交易的核心问题尚未解决，数据交易发展遇到实质性瓶颈。2019年，党的十九届四中全会提出将数据作为生产要素参与分配，数据交易再度成为热点。2020年4月，中共中央、国务院印发《关于构建更加完善的要素市场化配置体制机制的意见》，不仅将数据界定为五大生产要素之一，更是明确地为构建和完善数据要素市场指明了方向。2021年6月，中国数据领域的基础性法律《数据安全法》获得通过，初步规范了数据交易规则，并规定国家建立健全数据交易管理制度，规范数据交易行为，培育数据交易市场。

2021年北京、上海、深圳等数据交易平台相继成立，各交易所盈利模式以佣金收取、会员制、增值服务等为主，并呈现了多样化盈利模式探索。当前中国大陆的数据交易平台包括：（1）政府主导建立的大数据交易所和交易平台，以贵阳大数据交易所、上海数据交易中心为典型代表；（2）企业主导型数据服务平台，以数据堂为代表的数据服务商和中国电信、阿里巴巴等大型企业为典型代表；（3）产业联盟数据交易平台，以交通大数据交易平台和中关村大数据产业联盟为代表。但当前，数据交易市场体系仍不健全，数据资源产权、交易流通等基础制度和标准规范有待完善，多源数据尚未打通，数据壁垒突出，碎片化问题还很严重，数据流通技术尚未完全成熟。数据产品定价难是当前数据交易行业发展的难点之一，数据资产定价模式尚处于探索阶段。建立全国统一大市场和全国统一的数据交易体系，还需要在数据确权、数据合规审查、数据定价、技术体系和技术标准等多方面进一步探索和统一标准。

【小案例7-2】

深圳数据交易所

数字经济正在成为经济高质量发展的新引擎，数据作为新型生产要素，正成为各方争相入局的新赛道。在此背景下，深圳聚焦数据要素市场化配置改革，在2021年12月成立数据交易所，在2022年11月15日正式揭牌，以建设全国性数据交易平台为目标，开发全流程线上数据交易平台。截至2023年3月31日，深圳数据交易所已完成登记备案的数据交易总计625笔，其中跨境交易16笔，覆盖金融科技、数字营销、公共服务等106类应用场景，交易规模全国第一。

目前，深圳数据交易所已达成制定 9 项技术标准和规范，在全国首创"动态合规体系"、牵头成立全国首个致力于构建可信数据要素流通体系的开源社区，累计参与单位超过 135 家、接入超过 800 种数据产品，数据 API 接口超过 13 000 个等"成就"。深圳数据交易所有三个"率先"举措，分别是探索跨境数据交易流通机制、落地国内首单场内跨境数据交易、引入"信用＋合规"评估体系，探索所商分离运营新模式。深圳数据交易所在全区、协会设立数据合规工作站，将数据交易从线上延伸到线下，打通数据交易服务的"最后一公里"。

数据传输安全也是影响数据交易的重要一环。2023 年 3 月 17 日，深数所充分利用深圳科技创新优势，携手数鑫科技、长虹控股、中国信息通信研究院等完成了国内首笔场内数据空间业务合作，打造我国首个智能制造领域数据空间应用案例，标志着可信数据空间技术正式实现国产商业化落地。

资料来源：深圳数据交易所．建设具有国际影响力的全国性数据交易平台［EB/OL］．2023 - 05 - 12．http：//gzw. sz. gov. cn/gkmlpt/content/10/10586/mpost_10586625. html#1904.

（三）数据基础制度

数据基础制度是与数据产权、流通、交易、使用、分配、治理、安全等基本规律相适应的一系列制度安排，事关国家发展和安全大局。构建数据基础制度体系，明确数据产权、流通、分配、治理等规则规范，解决数据谁能用、怎么用等关键问题，推动数据要素市场规范化、制度化建设，促进数据合规高效流通使用，提升数据要素市场化配置效率，激活数据要素价值，不仅有利于提高全要素生产率，增强经济发展动能，加快推进质量变革、效率变革、动力变革，而且有利于赋能实体经济，促成新旧动能加快转换，是改造提升传统产业转型升级的新支点，成为构建现代化经济体系的重要引擎。数据基础制度的建设还有利于做强做优做大数字经济，应对科技革命和产业变革，构筑国际竞争新优势；有利于统筹分配效率与公平，推动全民共享数字经济发展红利，促进实现共同富裕；有利于提高数据要素治理效能，助力国家治理体系和治理能力现代化。

自 2017 年以来，中国陆续颁布的《网络安全法》《数据安全法》《个人信息保护法》等一系列和数据要素密切相关的国家法律，分别从网络安全、数据安全和个人信息保护等方面对数据做出刚性制度约束，形成了构建数据要素基础制度建设的基础。

2022 年 12 月，中共中央、国务院对外发布了《关于构建数据基础制度更好发挥数据要素作用的意见》（以下简称"数据二十条"），系统性布局了数据基础制度体系的"四梁八柱"，探索并构建了数据产权、流通交易、收益分配、安全治理等四项制度。"数据二十条"针对数据确权、数据资源过度集中等难点痛点问题，都给出了可行性方案，创造性提出数据资源持有权、数据加工使用权、数据产品经营权"三权分置"数据产权制度框架。"数据二十条"还提出要构建多层次、多元化数据要素市场生态体系，统筹数据交易市场建设，规范数据交易管理，推进数据交易场所和数据商功能分离。随着持续探索深入，中国正在逐步建立合规高效、场内外结合的数据要素流通和交易制度，建立体现效率、促进公平的数据要素收益分配制度，建立安全可控、弹性包容的数据要素治理制度，做强做优做大数字经济，增强经济发展新动能。

"数据二十条"还提出建立安全可控、弹性包容的数据要素治理制度，把安全贯穿数据治理全过程，构建政府、企业、社会多方协同的治理模式，创新政府治理方式，明确各方主体责任和义务，完善行业自律机制，规范市场发展秩序，形成有效市场和有为政府相结合的数据要素治理格局。

三、信息基础设施建设

根据《数字经济及其核心产业统计分类（2021）》，信息基础设施包括网络基础设施、新技术基础设施、算力基础设施以及其他信息基础设施。网络基础设施主要指光缆、微波、卫星、移动通信、工业互联网、物联网、第五代移动通信技术网络（5G）等网络基础设施。新技术基础设施指人工智能、云计算、区块链等新技术基础设施。算力基础设施指以数据服务器、运算中心、数据存储阵列等为核心，实现数据信息的计算、存储、传递、加速、展示等功能的数据中心、智能计算中心等算力基础设施。

（一）数字化基础设施及数字基建

数字化基础设施是指能够体现数字经济特征的新一代信息基础设施，提供数据感知、采集、存储、传输、计算、应用等支撑能力，涵盖信息基础设施、融合基础设施、创新基础设施等。融合基础设施，主要指深度应用互联网、大数据、人工智能等技术，支撑传统基础设施转型升级，进而形成的融合基础设施，比如，智能交通基础设施、智慧能源基础设施等。创新基础设施，主要是指支撑科学研究、技术开发、产品研制的具有公益属性的基础设施，比如，重大科技基础设施、科教基础设施、产业技术创新基础设施等。数字基础设施为新技术、新应用、新场景、新模式、新业态的发展提供重要载体和平台。数字基础设施基于其提供和承载的技术及应用服务，全面提升资源配置效率，全面提升全要素生产率，推动经济社会生活实现数字化、网络化、智能化，为经济高质量发展提供重要支撑。高效的、可支撑社会生产力数字化的数字基础设施正在成为数字经济的核心底座，加强数字基础设施建设已经成为各国共识。

数字化基础设施建设（简称数字基建）又称为新基建，一个重要原因是，"数据"作为与土地、劳动力、资本、技术并列的新兴生产要素，已快速融入生产、分配、流通、消费和社会服务管理等各环节。例如，数据的高流动性可以重构弱流动性生产要素的资源配置状态，发挥乘数效应大幅提高产出水平。数字基建促进为数据要素市场化配置提供基础设施，为释放数字技术红利、弥合数字鸿沟铺平的道路。数字基建可以划分为三个层级：核心层、外延层与辐射层。核心层提供底层技术支撑，提高数据处理和传输能力，具体包括5G、工业互联网、数据中心以及卫星通信等。外延层为基于数字基建衍生出的新兴领域配套基础设施，具体包括服务于新能源产业的充电桩、加氢站，用于自动驾驶的CMOS、激光雷达等传感器，以及用于智能制造的仿真软件、自动化机器人等。辐射层是指经过数字化、智能化改造的传统基建设施及其新兴细分领域，具体包括传统基建中，桥隧边坡等场景的数字化施工建设与后续运维；以及整体城市的智慧升级；另外还包括电力电网场景的系统数字化升级等。

信息基础设施和融合基础设施是"十四五"新型基础设施建设的两个重点方向。中国重点推进的5G网络、大数据中心、人工智能算力中心、工业互联网、物联网、卫星互联网等，本质上都是围绕科技新产业的数字经济基础设施。根据赛迪与腾讯联合发布的《新基建引领产业互联网发展》白皮书，2020年，我国在工业互联网、大数据中心、5G、人工智能等新基建重点领域投资规模约达1万亿元（其中大数据中心、5G基础设施、工业互联网、人工智能等投资规模分别约为52%、27%、11%、10%）。中国工业和信息化部在《"十四五"信息通信行业发展规划》提出的总体目标是，到2025年，基本建成高速泛在、集成互联、智能绿色、安全可靠的新型数字基础设施，创新能力大幅增强，新兴业态蓬勃发展，赋能经济社会数字化转型升级的能力全面提升，成为建设制造强国、质量强国、网络强国、数字中国的坚强柱石。《"十四五"信息通信行业发展规划》具体提出，加快推进"双千兆"网络建设，统筹数据中心布局，积极稳妥发展工业互联网和车联网，构建以技术创新为驱动、以新一代通信网络为基础、以数据和算力设施为核心、以融合基础设施为突破的新型数字基础设施体系。其中，融合基础设施支撑生产制造、社会服务和城市管理的正常运行，主要包括全面互联的工业互联网、车联网、社会生活新型基础设施、新型城市基础设施等，是信息基础设施发展的拓展和延伸，也是信息基础设施发展的必然趋势。

数字基础设施建设领域是资本密集、技术密集、能源密集型领域，需要大量使用服务器、高端中央处理器、高端芯片、图形处理器、操作系统、交换机/路由器、防火墙、数据库、行业应用软件等数字产品，需要规模化专业技术人才、强大资本市场和完善配套基础设施。集约共建、开放共享，有效降低新型基础设施建设和运营成本，提高资源利用效率，是数字基础设施建设和运营的重要原则；适应未来信息技术发展趋势，安全可靠、自主可控、绿色低碳是重要建设要求。不同地区和省份建设大型数字基础设施时需统筹考虑区域资源禀赋和要素比较优势，避免重复建设、资源闲置和浪费。

【知识链接7-3】

互联网交换中心

互联网交换中心是不同网络主体间互相通信的交换点，是信息高速公路的"交通枢纽"。当前，互联网信息接入数量呈现快速上升的趋势，互联网交换中心作为信息通信中的"新基建"，逐步成为全球网间互联的关键基础设施，是国际互联网架构的重要组成部分。因其具有"一点接入、多点联通"的特点，互联网交换中心为企业提供了高效的互联互通环境，降低了网络互联的复杂度和难度。根据国际上成熟的行业模式，互联网交换中心以接入企业占用交换平台的端口作为基础收费依据，这可以使互联网企业节省接入成本，推动互联网企业加强自身网络改造。

国际互联网交换中心已经过近30年的发展，覆盖全球大多数国家且形成多方联动的产业生态，目前全球共有884个交换中心。除了传统互联网交换中心，我国从2020年开始在杭州、宁夏、深圳、上海落地试点国家新型互联网交换中心。新型互联网交换中心作为我国互联网架构演进升级的一次重要探索，通过"一点接入，多点联通"的网络接入方式，有效改善了企业用网、管网的接入体验。在降低网络接入成本、提升网络互联质量的同时，通过数据在交换中心内的互联集聚，推动数字化应用融合创新。

资料来源：互联网交换中心［EB/OL］. 百度百科网，2023-11. https://baike.baidu.com/item/% E4% BA% 92% E8% 81% 94% E7% BD% 91% E4% BA% A4% E6% 8D.

（二）网络基础设施建设

1. 互联网基础设施。宽带网络（broadband network）一般指的是带宽超过 155kbps 以上的网络。宽带接入网主要有光纤接入、铜线接入、混合光纤/铜线接入、无线接入等。光纤是宽带网络中多种传输媒介中最理想的一种，它的特点是传输容量大，传输质量好，损耗小，中继距离长等。光网络，就是以光纤作为主要传输介质的高速固定通信网络。

作为"信息高速公路"，宽带网络是我国经济社会发展的战略性公共基础设施，兼具战略性、公共性、基础性三大特性。2013 年起，中国深入实施了"宽带中国"工程，宽带网络首次成为国家战略性公共基础设施。至今，我国已构建起高速畅通、覆盖城乡、质优价廉、服务便捷的宽带网络，为老百姓提供了用得上、用得起、用得好的信息服务。2018 年起，中国进一步实施网络强国战略，其后陆续实施了"5G"扬帆行动计划、"双千兆"网络协同发展行动计划等。千兆光网和 5G 构成的"双千兆"网络，既是宽带网络演进的主要方向，也是新型基础设施的重要组成部分和承载底座。目的是为用户提供更高速、更高质、更可靠、更广泛、更智能的信息连接。

截至 2022 年底，中国已建成全球规模最大的光纤和移动宽带网络。中国光缆线路总长度从 2012 年的 1 479 公里达到 2022 年的 5 958 万公里，增长 3 倍多，固定网络逐步实现从百兆向千兆跃升。截至 2022 年底，建成具备千兆服务能力的 10G PON 端口数达 1 523 万个，千兆光网具备覆盖超过 5 亿户家庭的能力，千兆用户突破 9 000 万户；全国有 110 个城市达到千兆城市建设标准，即满足重点场所 5G 网络通达率和千兆光网覆盖率均达到 80%，5G 用户占比达到 25%，同时有超过 5 个千兆光网和 5G 应用案例等标准。中国移动网络实现从"3G 突破"到"4G 同步"再到"5G 引领"的跨越，已经建成全球规模最大 4G 网络，并保持 5G 建设全球领先，截至 2022 年底，累计建成并开通 5G 基站 231.2 万个，5G 基站总量占全球 60% 以上，持续深化地级市城区覆盖的同时，逐步按需向乡镇和农村地区延伸；每万人拥 5G 基站数达到 16.4 个，比 2021 末增加 6.3 个。

【知识链接 7-4】

IPv6

IPv6 是指互联网协议第 6 版，是互联网工程任务组设计的用于替代 IPv4 的下一代 IP 协议，地址长度为 128 位，可以提供 IP 地址总量为 2 的 128 次方，其地址数量号称可以为全世界的每一粒沙子编上一个地址。

计算机网络就是用物理链路将各个孤立的工作站或主机相连在一起，组成数据链路，从而达到资源共享和通信的目的。网络地址则是互联网上的节点在网络中具有的逻辑地址，可对节点进行寻址。IP 地址是在互联网上给主机编址的方式，为每个计算机分配一个逻辑地址，这样不但能够对计算机进行识别，还能进行信息共享。网络协议为计算机网络中进行数据交换而建立的规则、标准或约定的集合。IPv4 协议是第一个被广泛部署和使用的网络协议版本。

随着互联网高速发展，电脑、智能手机、智能穿戴设备、智能家电等越来越多的智能设备接入互联网，IPv4 地址枯竭的问题日益凸显。IPv6 的使用，不仅能解决网络地址资源数量的问题，而且也解决了多种接入设备连入互联网的障碍。但是 Pv6 不可能立刻完全替代

IPv4，需要实现平稳的转换过程，降低对现有的使用者影响。2021 年，全国人大通过的《国民经济和社会发展第十四个五年规划和 2035 年远景目标纲要》明确提出"全面推进互联网协议第六版（IPv6）商用部署"任务要求。

资料来源：IPv6［EB/OL］．百度百科网，2024 - 03，https：//baike. baidu. com/item/IPv6/172297?fr = ge_ala.

IP 地址是互联网公共资源，是互联网发展的基础。2011 年，全球 IPv4 地址资源分配完毕，因而自 2011 年开始中国 IPv4 地址总数基本维持不变，截至 2021 年 6 月，我国 IPv4 地址数量为 39 319 万个。打造基于 IPv6 的下一代互联网逐步成为各国共识。截至 2022 年 8 月，中国 IPv6 活跃用户数达 7. 137 亿，占网民总数的 67.9%，同比增长 29.5%。在网络基础资源方面，截至 2022 年 6 月，IPv6 地址数量为 63 079 块/32，从 2017 年 6 月~2022 年 6 月，IPv6 地址数年复合增长率达 20.2%；全国 IPv6 终端活跃连接数达 16.08 亿，占全部终端数量的 72.85%。网络就绪方面，骨干网、承载网、城域网、LTE 移动核心网、互联网骨干直联点 100% 支持 IPv6，IPv6 国际出口达 1 310G。域名，是由一串用点分隔的字符组成的互联网上某一台计算机或计算机组的名称，用于在数据传输时标识计算机的电子方位，可以说是一个 IP 地址的代称。截至 2022 年 12 月，我国域名总数为 3 440 万个。其中，". CN"域名数量为 2 010 万个，占我国域名总数的 58.4%；". COM"域名数量为 902 万个，占我国域名总数的 26.2%；". 中国"域名数量为 19 万个，占我国域名总数的 0.5%；新通用顶级域名（New gTLD）数量为 377 万个，占我国域名总数的 11.0%。

2. 工业互联网。工业互联网不是互联网在工业的简单应用，而是具有更为丰富的内涵和外延。它以网络为基础、平台为中枢、数据为要素、安全为保障，既是工业数字化、网络化、智能化转型的基础设施，也是互联网、大数据、人工智能与实体经济深度融合的应用模式，同时也是一种新业态、新产业，将重塑企业形态、供应链和产业链。与消费互联网相比，工业互联网有着诸多本质不同，如连接对象不同、技术要求不同、用户属性不同等，必须与各行业各领域技术、知识、经验、痛点紧密结合，多元性、专业性、复杂性更为突出。工业互联网是制造业转型升级的发展趋势。

工业互联网网络体系包括网络互联、数据互通和标识解析三部分。网络互联实现要素之间的数据传输，包括企业外网、企业内网。典型技术包括传统的工业总线、工业以太网以及创新的时间敏感网络（TSN）、确定性网络、5G 等技术。企业外网根据工业高性能、高可靠、高灵活、高安全网络需求进行建设，用于连接企业各地机构、上下游企业、用户和产品。企业内网用于连接企业内人员、机器、材料、环境、系统，主要包含信息（IT）网络和控制（OT）网络。数据互通是通过对数据进行标准化描述和统一建模，实现要素之间传输信息的相互理解，数据互通涉及数据传输、数据语义语法等不同层面。标识解析体系实现要素的标记、管理和定位，由标识编码、标识解析系统和标识数据服务组成。我国标识解析体系包括五大国家顶级节点、国际根节点、二级节点、企业节点和递归节点。

2017 年 11 月，中国国务院正式印发《国务院关于深化"互联网 + 先进制造业"发展工业互联网的指导意见》，该文件成为我国工业互联网发展的纲领性文件。目前，中国工业互联网已经全面融入 45 个国民经济大类，助力制造业、能源、矿业、电力等各大支柱产业数字化转型升级，形成东中西部错位发展、均衡分布、协同互补的良好格局。有全国影响力的工业互联网平台超过 150 个，接入设备总量超过 7 600 万台套，全国在建"5G + 工业互联网"项目超 2 000 个，工业互联网和 5G 在国民经济重点行业的融合创新应用不断加快。中国坚持政府引导和市场主导并举，"建平台"和"用平台"并重，"工业互联网平台普及率"及"企业工业设备上云率"已被纳入多项国家级战略规划。2020 年以来，国务院《"十四五"数字经济发展规划》、中央网络安全和信息化委员会《"十四五"国家信息化规划》和工业和信息化部《"十四五"信息化和工业化深度融合发展规划》等多项国家级、省部级战略规划发布，提出到 2025 年"工业互联网平台应用普及率"达到 45%，"企业工业设备上云率"达到 30% 的具体目标。

3. 物联网。物联网是通信网和互联网的拓展应用和网络延伸，它利用感知技术与智能装置对物理世界进行感知识别，通过网络传输互联，进行计算、处理和知识挖掘，实现人与物、物与信息交互和无缝对接，达到对物理世界实时控制、精确管理和科学决策目的。目前，中国已经初步形成窄带物联网（NB – IoT）、4G 和 5G 多网协同发展、城乡普遍覆盖、重点场景深度覆盖的网络基础设施格局。其中 NB – IoT 指基于蜂窝网络构建，仅消耗 180 千赫兹（kHz）左右带宽的物联网，因为支持低功耗设备在广域网的蜂窝数据链接，也被叫作低功耗广域网（LPWAN）。NB – IoT 具有支持海量连接、广覆盖、低功耗、低成本等特点，是实现万物互联的突破性技术。广覆盖将极大地改善物联网室内覆盖的现状，在同样的频段下，窄带物联网比现有网络增益 20dB，相当于覆盖区域能力增强了百倍以上；多连接是指其单个扇区即可支持 10 万个连接；低功耗特性使得其终端模块待机时间可长达 10 年之久；低成本则是指其模块成本低，单个连接模块的成本可降至二三十元人民币。因其基于蜂窝网络而构建，所以可直接部署于 GSM（全球移动通信系统）网络、UMTS（通用移动通信系统）网络或 LTE（长期演进）网络，大大降低了部署成本，并可以通过现网平滑升级来快速支持行业市场需求。

截至 2022 年底，中国已建成全球规模最大的移动物联网络，其中支撑低速物联网业务的 NB – IoT 基站数量已达到 76.5 万个，支撑中高速物联网业务的 4G、5G 移动网络基站数分别为 602.7 万个和 231.2 万个，能满足各种类型的物联网应用需求。截至 2022 年底，中国的移动物联网连接数为 18.45 亿户，较 2021 年底增长 4.47 亿户，全球占比达到 70%，其中"物"连接数已经比"人"连接超出 1.6 亿户，两者差距持续扩大。此外，物联网应用生态不断完善，目前已经形成水表、气表、烟感、追踪类 4 个千万级应用；白电、路灯、停车、农业、门锁、井盖等 7 个百万级应用。物联网产业能力不断突破，中国已经形成覆盖芯片、模组、终端、软件、平台和服务等环节的较为完整的移动物联网产业链。

【小案例 7 –3】

5G + 工业互联网在电子设备制造业应用

华为与中国移动合作，在广东省松山湖工厂利用 5G 技术实现了柔性生产制造场景的应用。华为松山湖工厂原有手机生产车间需要布线 9 万米，每条生产线平均拥有 186 台设备，生产线每半年随新手机机型的更新需要进行升级和调整，物料变更、工序增减等要求车间所有网线的重新布放，每次调整需要停工 2 周，以每 28 秒一部手机计算，一天停工影响产值达 1 000 多万元。通过 5G 与工业互联网的融合应用，华为松山湖工厂把生产线现有的 108

台贴片机、回流炉、点胶机通过 5G 网络实现无线化连接，完成"剪辫子"改造，每次生产线调整时间从 2 周缩短为 2 天。同时，在手机组装过程中的点隔热胶、打螺钉、手机贴膜、打包封箱等工位部署视觉检测相机，通过 5G 网络连接，把图片或视频发送到部署在 MEC 上的（人工智能）AI 模块中进行训练，一方面多线共享样本后缩短了模型训练周期；另一方面实现了从"多步一检"到"一步一检"模式改变，及时发现产品质量问题。

资料来源："5G ＋ 工业互联网"十个典型应用场景和五个重点行业实践［EB/OL］. 2021 - 06 - 01. https：//www. miit. gov. cn/cms_files/filemanager/1226211233/attach/20216/22ae5e583cec4112aeefb1610c3b50e3. pdf.

4. 车辆物联网。车辆物联网（简称车联网）是指车辆上的车载设备通过无线通信技术，对信息网络平台中的所有车辆动态信息进行有效利用，在车辆运行中提供不同的功能服务。车联网是实现自动驾驶乃至无人驾驶的重要组成部分，也是未来智能交通系统的核心组成部分，被认为是物联网体系中最有产业潜力、市场需求最明确的领域之一。在信息通信技术方面，边缘计算是支撑车联网的核心技术。车联网具有高并发、高实时、高速移动、数据异构和基础设施共享的特征及需求；而边缘计算则通过将海量数据的计算和存储从中心下沉到边缘，实现数据快速处理、实时计算、高效传输，提升数据安全性和隐私性，从而满足车联网业务需求。车联网产业是汽车、电子、通信、交通等行业深度融合的新兴产业形态。车联网产业链条长，产业链中上游包括元器件供应商、通信设备提供商、汽车电子系统供应商等；下游主要是整车厂商，包括传统车企与互联网车企。此外车联网产业链中还包括大量服务业角色，如地图等软件与数据提供商、通信服务商、车内软件提供商等。

目前，中国车联网产业化全面加速，"车—路—网—云"技术创新能力大幅提升，车联网新型基础设施加速覆盖。中国已经进入以汽车、交通运输行业实际应用需求和市场发展趋势为牵引的车联网小规模部署与先导性应用实践的新阶段，全国已有近 30 个城市累计为 80 多家企业发放了超过 1 000 张智能网联汽车道路测试牌照。国家发展改革委、工信部、交通运输部等多部门陆续发布了一系列政策，鼓励车联网行业的发展。《车联网网络安全和数据安全标准体系建设指南》《智能网联汽车团体标准体系建设指南》（2021 版）《5G 应用"扬帆"行动计划（2021—2023 年)》等政策为企业提供了良好的生产经营环境。

（三）算力基础设施建设

算力是新型生产力，是支撑数字经济蓬勃发展的重要底座，是激活数字要素潜能，驱动经济社会数字化转型，推动数字政府建设的新引擎。2019 年，美国发布《国家战略性计算计划：引领未来计算》，将计算能力提升到国家战略高度，从先进计算、超算、高性能计算等多方面打造国家计算基础设施。算力基础设施本质是提供不同类型算力的基础设施。例如，数据中心是面向市场的算力资源；超算中心是主要面向科研国防等重大项目或课题的算力资源；智算中心是新型计算中心形态，是提供人工智能应用所需算力服务、数据服务和算法服务的公共算力新型基础设施。

当前，全球算力规模处于高速稳定增长态势。近年来，中国对算力基础设施的重视程度不断提升，5G、工业互联网、物联网、人工智能等快速发展，因此中国算力规模迅速扩大。截至 2021 年底，中国在用数据中心机架总规模达 520 万标准机架；在用数据中心服务器规模 1 900 万台；在用超大型和大型数据中心超过 450 个；算力总规模超过 140EFlops（每秒浮点运算次数），近五年年均增速超过30%，已经投入运营智算中心超过20个，在建智算中心20个。中国信通院发布的《中国算力发展指数白皮书（2021）》显示，我国智能算力占比由2016年的3%提升至2020年的41%。"十三五"期间，我国通用算力增长了3倍；智能算力增长近百倍。另据《2022—2023中国人工智能计算力发展评估报告》，2021年中国智能算力规模达155.2 EFLOPS（FP16）。2021年全球的算力分布中，美国占31%；中国占27%；其次是日本、德国、英国等其他国家。在三种算力中，美国基础算力占全球35%，智能算力占15%，超算算力占30%；而中国这三类算力分别是27%、26%和20%。可以看出，美国以基础算力为主；中国智能算力的能力远远超过美国。根据Synergy Research Group数据，截至2021年第三季度，美国大规模数据中心在全球占比高达49%，牢牢占据第一的位置；中国占比为15%；亚太其他地区共占比13%。美国第三方数据中心–Equinix公司，Digtal Realty Trust公司、NTT global datacenter稳居行业竞争矩阵的领导者地位。美国、日本、中国在超级计算综合性能指标方面优势明显，其中联想、浪潮、曙光等国内企业超算数量排名前列。

尽管中国算力基础设施已经具备良好的发展基础，具有强大的发展动力，但是多元算力设施建设仍比较薄弱，产业生态体系仍需完善，算力布局供需存在较大失衡。根据中国信通院研究报告显示，在算力设施层面，当前数据中心规模占比最高，超过90%；而超算中心、智算中心和边缘数据中心总体规模较小，出现专用算力不足、部分地区通用算力过剩、能耗成本过高的局面，无法满足国防科技、产业转型和社会生活对于多元普惠算力的需求。在算力生态层面，多样性算力面临挑战，硬件、操作系统、数据库的多样性算力产业体系需多方共建，软硬件自主研发投入不足，标准评测体系有待完善。国内硬件产品存在严重的同质化竞争现象，软件投入和应用难以支撑上层业务发展。此外，算力标准化工作还不够完善，平台兼容性问题突出，制约了产业的进一步发展。

2022年2月起，中国全面启动实施"东数西算"工程，即通过构建数据中心、云计算、大数据一体化的新型算力网络体系，将东部算力需求有序引导到西部，优化数据中心建设布局，促进东西部协同联动，促进规模化、集约化、绿色化发展。作为"东数西算"启动工程，中国在京津冀、长三角、粤港澳大湾区、成渝等8地启动建设国家算力枢纽节点，并规划了10个国家数据中心集群，引导大型、超大型数据中心向枢纽内集聚，形成数据中心集群，提升整体算力规模和效率，带动数据中心相关上下游产业发展。与此同时，鼓励数据中心节能降碳、可再生能源供电、异构算力融合、云网融合、多云调度、数据安全流通等技术创新和模式创新，加强对关键技术产品的研发支持和规模化应用。

【知识链接7–5】

算力

算力是通过对信息数据进行处理，实现目标结果输出的计算能力。算力实现的核心是CPU、GPU、FPGA、ASIC等各类计算芯片，并由计算机、服务器、高性能计算集群和各类智能终端等承载，海量数据处理和各种数字化应用都离不开算力的加工和计算，算力数值越大代表综合计算能力越强，常用的计量单位是每秒执行的浮点数运算次数（FLOPS，1EFLOPS = 10^18FLOPS）。算力可分为基础算力、智能算力和超算算力三部分，分别提供基础通用计算、人工智能计算和科学工程计算。截至 2022 年 12 月，中国在用数据中心机架总规模超过 760 万标准机架，算力总规模达到每秒 1.97 万亿亿次浮点运算（197EFLOPS）。

随着社会数字化转型的持续深入，算力已成为支撑和推动数字经济发展的核心力量，运用于各行各业，并对推动科技进步、社会治理等发挥着重要的作用。随着数据成为重要的生产要素之一，"算力"成为重要的生产力。算力的提升对经济社会的发展发挥重要作用。人工智能技术的突破和产业数字化应用对算力提出了更高的要求。当算力在千行百业落地应用时，不同精度的算力需要"适配"多样化的应用场景。需求多元化加速算力多样化升级。

随着我国深入推进算力和应用融合发展，算力赋能效应更加凸显。一方面，算力深度融入互联网、通信、制造、科研等行业领域，为智能化改造和数字化转型提供有力支撑；另一方面，算力催生的新业态、新模式，成为推动新兴产业成长的驱动力。

资料来源：算力［EB/OL］. 百度百科网，2024 - 01. https：//baike. baidu. com/item/% E7% AE% 97% E5％8A％9B/62066966?fr = aladdin.

1. 互联网数据中心。互联网数据中心（internet data center，IDC）是指一种拥有完善的设备（包括高速互联网接入带宽、高性能局域网络、安全可靠的机房环境等）、专业化的管理、完善的应用服务平台。在这个平台基础上，IDC 服务商为客户提供互联网基础平台服务（服务器托管、虚拟主机、邮件缓存、虚拟邮件等）、安全防护服务（防火墙防护、入侵检测、分布式阻断服务等）以及各种增值服务（场地的租用服务、域名系统服务、负载均衡系统、数据库系统、数据备份服务等）。IDC 比企业数据中心更大、更专业，更适合作为云计算的基础设施。IDC 服务的主要对象包括大型跨国企业机构、互联网服务供应商、互联网内容供应商、电子商务服务供应商、应用软件服务供应商、系统集成供应商、多媒体服务供应商、网站设计及托管供应商。IDC 在现代互联网应用中发挥着至关重要的作用，是许多在线服务和应用的核心基础设施之一。数据中心产业链中，上游为基础设施主要包括 IT 设备、非 IT 设备、软件及建设工程；中游为数据中心运营服务商；下游为应用行业，主要包括互联网行业、金融业、软件业及制造业等。

IDC 的物理设施通常由一系列网络设备、服务器、存储设备、备份设备、安全设备、制冷设备、供电设备等构成，通常由大型互联网公司、电信运营商、云计算服务提供商、政府机构等来运营和管理。服务器、处理器是数据中心的硬件核心和算力核心。传统数据中心随着网络带宽逐步从 25Gbps 向 100Gbps、200Gbps、400Gbps 乃至更高的带宽演进，网络数据处理占用的 CPU 算力资源也在不断的增大，甚至会有一半以上会消耗在这些基础设施的功能上。DPU 是以数据处理为中心，提供数据中心基础设施服务的通用处理器，是继 CPU、GPU 之后的"第三颗主力芯片"，可以卸载及加速网络和存储，同时具备安全和管控等基础功能，释放更多的算力资源供客户使用。在云计算与数据中心场景下，如果需要进一步提升算力与发挥基础设施效能，譬如动态和弹性地调度算力、网络和存储资源，那么 DPU 是必须的，而且是不可替代的。随着人类生产力进入算力时代，传统以 CPU 为核心的架构正在遭受算力瓶颈考验，多样化算力需求亟需软硬件架构全面变革，算力技术发展必将遵循"软件定义一切，硬件加速一切"的理念，重构算力基础设施，通用可编程加速单元 DPU 将成为新的算力核心，重新定义算力时代云计算技术新标准，构建算力时代新技术曲线。

当前，全球超大型数据中心数量处于较快增长阶段。据 Synergy Research Group 的最新数据，截至 2021 年，超大规模提供商运营的大型数据中心总数增加到 700 个左右，较 2020 年同比增长 17.25%。美国大规模数据中心在全球占比高达 49%；其次是中国占比为 15%；亚太其他地区共占比 13%。当前，全球四大超大规模自建数据中心平台分别是亚马逊云 AWS、谷歌云、Meta 和微软 Azure。根据 Synergy Research Group 最新预测，凭借目前已知的 314 个未来新超大规模数据中心的规划，运营数据中心的安装基数将在三年内突破 1 000 个大关，并在此后继续快速增长。

IDC 是我国数字经济发展的重要组成部分，自 2015 年以来，工信部、国家发展改革委、国家能源局等多部门都陆续印发了支持、指导和规范 IDC（互联网数据中心）的发展政策，涉及新型数据中心建设布局优化行动、网络质量升级行动、算力提升赋能行动、绿色低碳发展行动等内容，推动 IDC 行业规范化、健康化发展。我国数据中心行业市场集中度较高，以三大电信运营商为主，2021 年三大电信运营商市场份额占比超 50%。我国 IDC 第三方数据中心主要包括万国数据、数据港、世纪互联、光环新网、秦淮数据、中金数据、科华数据等。受市场内生算力需求驱动及国家相关政策引导，我国数据中心区域总体布局持续优化，协同一体趋势将进一步增强。我国数据中心产业正在由通用数据中心占主导，演变为多类型数据中心共同发展的新局面，数据中心间协同以及云边协同的体系将不断完善。以应用为驱动，多种类型的数据中心协同一体，共同提供算力服务的模式，将成为我国数据中心算力供给重要形态，持续支撑我国数字经济发展。

2. 超算中心。超算中心的核心是超级计算机。从实验科学、理论科学到计算科学再到数据科学，超级计算已经成为我们探索世界、改造世界不可或缺的重要方式。超级计算机是指由数千甚至更多处理器组成、能计算普通计算机和服务器不能完成的大型复杂课题的计算机，它是将大量的处理器集中在一起以处理庞大的数据量，同时运算速度比常规计算机快许多倍。在揭示生命与思维的奥秘、探索药物作用机理、发现和设计新材料、模拟新能源装置、灾害预测与控制仿真、探索物质与宇宙的未知领域、大规模富媒体挖掘、处理大规模复杂社交网络等方面，超级计算发挥着越来越大的作用。超级计算能大大缩短科技创新的周期，降低科技创新的成本，减少科技创新的不确定性，提升城市运行的效率，是支撑科技强国的战略基石。

中国在超级计算机方面发展迅速，跃升到国际先进水平国家当中。中国是第一个以发展中国家的身份制造了超级计算机的国家。中国在 1983 年就研制出第一台超级计算机银河一号，使中国成为继美国、日本之后第三个能独立设计和研制超级计算机的国家。中国以国产微处理器为基础制造出本国第一台超级计算机名为"神威蓝光"，在 2019 年 11 月 TOP500 组织发布的世界超级计算机 500 强榜单中，中国占据了 227 个，神威·太湖之光超级计算机位居榜单第三位，天河二号超级计算机位居第四位。2022 年 5 月 30 日，在德国汉堡举行的 ISC 2022 公布了第 59 届的全球超算 TOP500 榜单，位于美国橡树岭国家实验室（ORNL）的新型超级计算机 Frontier 超越日本的 Fugaku 成为全球最强超级计算机，同时也是全球首个真正的百亿亿次超级计算机。中国的神威·太湖之光和天河二号分别排名第六位和第九位。

经过几十年的发展，我国超算取得了一定的成绩，但仍面临着不小挑战。特别是，技术异构带来的适配问题逐渐显现。不同的芯片架构确保了超算的实施路径冗余，但随着各类应用的深入发展，也带来了软件适配的难题。模型、算法和芯片之间需要做二次适配，导致应用软件移植很难实现。此外，智算中心带来的冲击日渐剧烈，商业模式带来的挑战渐成现实。因此，中国政府、超算科研机构和相关企业需要共同发力。（1）做好顶层设计和规划，通过中央和地方层面的战略统筹，以政策和标准推动超算规范化发展，构建完善且具有地方特色的超算行业生态环境。（2）引导科研机构及相关企业加大对超算计算芯片、应用软件和操作系统等关键领域的研发投入，支撑中国超算行业实现更大规模和更高质量发展。此外，积极探索商业发展新模式，鼓励超算运营者与相关使用方、研究方等合作，推动超算商业运营模式创新，也有利于超算行业在支撑国家重大科研任务的基础上，实现可持续、高质量发展。

【知识链接 7 – 6】

"神威·太湖之光"超级计算机

超级计算机是计算机中功能最强、运算速度最快、存储容量最大的一类计算机，多用于国家高科技领域和尖端技术研究，是一个国家科研实力的体现。它对国家安全、经济和社会发展具有举足轻重的意义，是国家科技发展水平和综合国力的重要标志。

"神威·太湖之光"超级计算机是由国家并行计算机工程技术研究中心研制，安装在国家超级计算无锡中心的超级计算机。神威·太湖之光超级计算机是世界上首台峰值运算性能超过每秒十亿亿次浮点运算能力的超级计算机。其运算系统全面采用了由国家高性能集成电路设计中心通过自主核心技术研制的国产"申威26010"众核处理器。"神威·太湖之光"也是我国第一台全部采用国产处理器构建的世界排名第一的超级计算机。自2016年发布以来，它连续四次荣获世界超级计算机TOP500榜单第一。2021年11月，在全球超级计算大会上，神威超算团队参与研发的神威量子模拟器再次摘得年度世界高性能计算应用领域最高奖——"戈登·贝尔"奖，这已是基于神威系统开发的应用第三次夺得该奖项。

面向气候气象、地震模拟、工业仿真、生物医药、海洋物理、大数据、人工智能等领域，"神威·太湖之光"团队已经推出一系列国产应用超算软件与平台，通过应用软件的开发和产业平台建设，为解决国家重大应用需求和支持地方产业升级提供了强大的算力支持。

资料来源：神威·太湖之光超级计算机［EB/OL］. 百度百科网，2024 – 02. https：//baike. baidu. com/item/% E7% A5% 9E% E5% A8% 81% C2% B7% E5% A4% AA% E6% B9% 96% E4% B9% 8B% E5% 85% 89% E8% B6% 85% E7% BA% A7% E8% AE% A1% E7% AE% 97% E6% 9C% BA/19755876?fr = ge_ala.

【复习思考题】

1. 什么是数字产业化？
2. 面对西方国家的制裁，我国集成电路产业如何创新发展？
3. 数据交易的必要性和难点分别是什么？
4. 如何完善和提升数据交易？
5. 互联网数据中心有哪些功能？互联网数据中心对现代社会经济有何重要意义？
6. "东数西算"工程实施的重要意义是什么？
7. 算力为什么如此重要？

第八章

产业数字化

【案例导引】

推动制造业数字化转型，海尔做对了什么?

2022 年 3 月，郑州海尔热水器互联工厂凭借先进工业 4.0 技术在产业链全流程的广泛应用成功入选，成为全球第一家热水器行业端到端"灯塔工厂"，这也是海尔集团落地应用的第四个"灯塔工厂"。郑州海尔热水器互联工厂作为一家新建工厂，利用大数据、5G 边缘计算和超宽带解决方案，与供应商、工厂和用户建立密切联系，订单响应速度加快 25%，自 2020～2021 年初，提高生产效率 31%，提高产品质量 26%。海尔智家拥有 4 家工业互联工厂，分别是海尔中央空调互联工厂、沈阳海尔冰箱互联工厂、天津海尔洗衣机互联工厂以及郑州海尔热水器互联工厂，覆盖冰箱、洗衣机、空调、热水器四大产业。

海尔集团打造"灯塔工厂"的初衷是为了能快速响应用户需求的全流程价值链的变革，实现从大规模制造向大规模定制转型。早在 2005 年海尔集团董事局名誉主席张瑞敏就提出，要把传统制造向大规模定制转型。2008 年，海尔针对整个企业的产品设计和制造体系进行模块化改造，经历了从模块化到自动化再到黑灯工厂的过程。2018 年建成首个海尔中央空调互联工厂，并逐步构建起了以用户体验为中心的互联工厂创新体系，从一个工序"无人"到一个车间"无人"，再到整个工厂实现自动化、数字化、智能化，最终形成全价值链端到端互联互通的能力和生态体系。

据了解，最近新入选的郑州海尔热水器"灯塔工厂"自 2019 年开工建设，总投资 10 亿元，建筑面积达到 10 万㎡，规划年产能 550 万台，其中 50 万台新能源产品、300 万台燃热产品已相继投产，200 万台电热水器即将投产，成为全球规模最大的热水器智能制造基地。在工业物联网、大数据、5G 云计算、人工智能等先进技术应用方面，郑州海尔热水器"灯塔工厂"首创行业技术融合应用 63 项，其中工业 4.0 技术 20 项、先进制造技术 43 项。

对于继续打造更多"灯塔工厂"的目标，海尔有关负责人表示，未来将对互联工厂进行持续迭代，通过对互联工厂大数据深度智能、设备资产智能管理、5G + AI 智能检测、5G 边缘计算平台能力等维度进行持续深度应用实践，以及通过海尔自主研发的虚实融合测试验证平台对所有工厂设备进行实时联动和实时监控、对工艺流程在产品设计阶段进行仿真测试验证，优化产品生产周期，促进互联工厂的持续迭代升级。海尔希望通过构建卡奥斯智能制造 + 工业互联网生态平台的方式，赋能海尔国内打造互联工厂、"灯塔工厂"并全球复制到 122 家工厂，由此驱动企业踏上高质量发展轨道。

资料来源：最强生产力 | 推动制造业数字化转型，海尔做对了什么？［EB/OL］. 2022 - 05 - 22. http://www. news. cn/tech/20220525/03a5e97cadd348b4bd4be892f96e942c/c. html.

第一节　产业数字化发展概述

一、产业数字化的概念及范围界定

产业数字化是指应用数字技术和数据资源为传统产业带来的产出增加和效率提升，对应

《数字经济及其核心产业统计分类（2021）》中第 05 大类为产业数字化部分，是数字技术与实体经济的融合。因此，产业数字化是在新一代数字科技支撑和引领下，以数据为关键要素，以价值释放为核心，以数据赋能为主线，对产业链上下游的全要素数字化升级、转型和再造的过程，涵盖了智慧农业、智能制造、智能交通、智慧物流、数字金融、数字商贸、数字社会、数字政府以及其他数字效率提升业。产业数字化对应于《国民经济行业分类》中的 91 个大类、431 个中类、1 256 个小类。体现了数字技术已经并将进一步与国民经济各行业产生深度渗透和广泛融合，是数字经济的应用部分。数字产业化、产业数字化之间具有逻辑承接关系，前者是后者的前提和基本支撑；后者是前者应用体现，后者的繁荣发展又会进一步激发前者的发展底蕴。数字产业化和产业数字化是一个相互促进、协同发展的过程。产业数字化转型的推进，会产生海量生产经营销售数据和丰富的新场景新技术需求，为数字技术的发展提供源源不断的源头活水和数据资源，推动数字产业的创新发展。

数字产业化和产业数字化形成了互补关系。以制造业为例，数字产品制造业是指支撑数字信息处理的终端设备、相关电子元器件以及高度应用数字化技术的智能设备的制造，属于"数字产业化"部分，包括计算机制造、通讯及雷达设备制造、数字媒体设备制造、智能设备制造、电子元器件及设备制造和其他数字产品制造业。智能制造是指利用数字孪生、人工智能、5G、区块链、VR/AR、边缘计算、试验验证、仿真技术等新一代信息技术与先进制造技术深入融合，旨在提高制造业质量和核心竞争力的先进生产方式，属于"产业数字化"部分，主要包括数字化通用专用设备制造、数字化运输设备制造、数字化电气机械器材和仪器仪表制造、其他智能制造。数字产品制造业和智能制造是按照《国民经济行业分类》划分的制造业中数字经济具体表现形态的两个方面，互不交叉，共同构成了制造业中数字经济的全部范围。

二、产业数字化的发展现状

与传统经济相比，数字经济的蓬勃发展赋予生产要素、生产力和生产关系新的内涵和活力，不仅在生产力方面推动了劳动工具数字化，而且在生产关系层面构建了以数字经济为基础的共享合作生产关系，促进了组织平台化、资源共享化和公共服务均等化，催生出共享经济等新业态、新模式，改变了传统的商品交换方式，提升了资源优化配置水平。利用现代数字信息技术、先进互联网和人工智能技术对传统产业进行全方位、全角度、全链条改造，使数字技术与传统产业深度融合发展，一方面，可以打破传统产业的生产周期和生产方式，使企业能够借助互联网广泛的数字连接能力打破时空局限，将产品和服务提供给更广泛的用户和消费者，提升企业产出效率，推动企业生产规模扩大；另一方面，能够让企业有效利用现代数字技术精确度量、分析和优化生产运营各环节，降低生产经营成本，提高经营效率，提高产品和服务的质量，创造新的产品和服务。产业数字化发展对企业、行业和宏观经济都具有极其重要意义。

（一）全球产业数字化转型

鉴于产业数字化转型给各国经济增长带来的新动力和新机遇，2016 年 G20 杭州峰会发布了《二十国集团数字经济发展与合作倡议》，形成促进全球产业数字化转型的基本政策共识。全球主要国家也先后发布了产业数字化转型战略和行动计划。比如美国的《国家人工智能研究和发展战略计划》、欧盟的《产业数字化新规划》、英国的《产业战略：人工智能领域行动》等。我国"十四五"规划和 2035 年远景目标纲要明确提出加快数字化发展，推进数字产业化和产业数字化，推动数字经济和实体经济深度融合。虽然不同国家战略中对产业数字化转型的定义有所区别、各有侧重，但核心内容大休相同。

在产业渗透方面，发达国家产业数字化转型起步早，技术和经验积累较多，因此发展成效更为明显。《中国数字经济发展研究报告（2023 年）》显示，英国数字经济第一产业渗透率超过 30%、德国数字经济第二产业渗透率超过 40%、美国数字经济第三产业渗透率超过 60%。2021 年，我国数字经济在一二三产业的渗透率分别为 10.0%、22.0% 和 43.0%。2022 年，我国数字经济在一二三产业的渗透率分别为 10.5%、24.0% 和 44.7%。中国数字经济由消费领域正在向生产领域扩展，第三产业数字化渗透率相对平稳，近年来有所放缓；但是一二产业，特别是工业方面的数字化渗透率在加速。但相比发达国家，我国数字经济的产业渗透率仍有较大提升空间。

对传统制造业的数字化改造和转型升级是各国产业数字化发展的主赛道。利用现代数字信息技术、先进互联网和人工智能技术对传统制造业进行全系统、全角度、全链条的改造，通过对研发设计、生产工艺、生产管理和销售服务等产业全链条、生产制造全过程的数字化和智能化改造，通过加快信息网络基础设施建设、搭建工业互联网平台和加强政策服务引导等系统工程，推进传统制造业的数字化转型升级，有效降低成本、提高全要素生产效率，实现规模增长。

建筑、农牧、能源、采掘、物流、零售、金融等传统行业的数字化改造和转型升级方兴未艾。产业数字化应用场景不断拓展，各行各业都有机会搭上快车。建筑信息建模技术为建筑工程项目管理提供了新途径。覆盖能源生产、传输、消费各个环节的智慧能源大数据可视化平台，可以提升能源供给和使用效率。智能装备可以实现复杂危险地质条件下对矿产精准安全的无人采掘。动物可穿戴设备的应用，为畜牧业开启智慧养殖的新选择。批发、零售、仓储、物流业的数字化和智能化进一步发展，不仅加快货物流通速度，更有助于实时、精准满足各类用户需求。

从微观角度来看，全球已经有不少在产业数字化方面率先垂范的领军者。例如自 2018 年开始，世界经济论坛与麦肯锡公司在全球发起评选"灯塔工厂"项目，寻找制造业数字化转型的典范，目前已有来自全球各地 22 个行业的 130 多家工厂入选。这些"灯塔工厂"积极探索适合自身的数字化路径，展现了传统产业数字化转型的巨大潜力。同时还应看到，与有实力的大企业相比，中小企业受限于人才、资金、技术等条件，数字化转型相对滞后。中小企业的数字化转型已引起不少国家政府关注。德国中小企业数量占比超过 99%，在政府支持下，德国已成立 25 个工业 4.0 能力中心，多个联邦州建立了工业 4.0 前沿集群，为中小企业解决智能化升级中遇到的技术和安全问题。

从国家和政府层面，推动数字化转型应该要不断夯实数字基础设施，积极推动产业链价值链向高端延伸，要积极培育数据要素市场，并不断完善数据治理体系。但值得注意的是，数字化转型并非简简单单地将数字化技术叠加运用在企业生产和管理中，一个企业要实现数字化转型，需要对企业组织架构、业务模式、人才结构、管理体系等方方面面做系统性的变革，需要理念革新、数据激活、场景创新、产业互联、数实融合、智能引领以及数字人才队伍建设等。

【小案例 8 – 1】

"灯塔工厂"项目

自 2018 年开始，世界经济论坛与麦肯锡公司在全球发起评选"灯塔工厂"项目，寻找制造业数字化转型的典范，目前已有来自全球各地 22 个行业的 90 家工厂入选。"灯塔工厂"被誉为"世界上最先进的工厂"，具有榜样意义的"数字化制造"和"全球化 4.0"示范者，代表当今全球制造业领域智能制造和数字化最高水平。截至 2023 年 1 月，全球"灯塔工厂"数量达到 132 家，中国的"灯塔工厂"增至 50 家。这些"灯塔工厂"广泛分布于消费品、汽车、家用电器、钢铁制品、医疗设备、制药、工业设备等多个领域，积极探索适合自身的数字化路径，展现了传统产业数字化转型的巨大潜力。

例如，三一重工北京桩机工厂，是全球重工行业首家获认证的"灯塔工厂"。重工行业是典型的离散制造，具有多品种、小批量、工艺复杂等特点，为生产制造带来了很大挑战。从 2018 年起，三一重工北京桩机工厂就开始了工业互联网的基础准备工作。表面上看，工厂实现了重工机械"大象跳舞"。实际上，工厂里 8 个柔性工作中心、16 条智能生产线、375 台全联网生产设备，实现了生产制造要素全连接。在后台，"根云平台"日夜不停采集工厂里近 3.6 万个数据点数据，为每一道工序、每一个机型甚至每一把刀具等"算"出最优参数。

例如，宁德时代新能源科技股份有限公司的宁德工厂，是全球首个获评"灯塔工厂"的电池工厂。为了应对日益复杂的制造工艺和满足高质量产品的需求，宁德时代利用人工智能、先进分析和边缘/云计算等技术，在 3 年内实现了在生产每组电池耗时 1.7 秒的速度下仅有十亿分之一的缺陷率，同时将劳动生产率提高了 75%，将每年的能源消耗降低了 10%。

资料来源：全球"灯塔工厂"中超 1/3 位于中国——制造业加速迈向数字化［EB/OL］. 麦肯锡网站，2023 – 03. https：//www.mckinsey.com.cn/.

（二）中国产业数字化发展现状

中国信通院近日发布的《中国数字经济发展研究报告（2023 年）》指出，2022 年中国数字经济规模首次突破 50 万亿元，数字经济占 GDP 比重相当于第二产业占国民经济的比重，达到 41.5%。2022 年，产业数字化规模为 41 万亿元，占数字经济比重为 81.7%。其中，第二产业数字经济渗透率为 24%，与第三产业渗透率增幅差距进一步缩小，形成服务业和工业数字化共同驱动发展的格局。产业数字化对数字经济增长的主引擎作用更加凸显。

近年来，中国深入推进企业"上云用数赋智"，加快推动工业互联网、数字商务、智慧农业发展，促进传统产业全方位、全链条转型升级。（1）制造业数字化转型持续深化。信息化和工业化融合不断走深向实，企业数字技术应用水平显著提升（见图 8 – 1）。截至 2022 年 6 月底，中国工业企业关键工序数控化率、数字化研发设计工具普及率分别达 55.7%、75.1%，比 2012 年分别提升 31.1 个百分点和 26.3 个百分点。截至 2022 年 7 月底，"5G + 工业互联网"建设项目超过 3 100 个，形成一系列新场景、新模式、新业态。全国具备行业、区域影响力的工业互联网平台超过 150 个，重点平台工业设备连接数超过 7 900 万台套，服务工业企业超过 160 万家，助力制造业降本增效。智能制造工程深入实施，通过智能化改造，110 家智能制造示范工厂的生产效率平均提升 32%；资源综合利用率平均提升 22%，产品研发周期平均缩短 28%；运营成本平均下降 19%；产品不良率平均下降 24%。（2）服务业数字化水平显著提高。中国网络零售市场规模连续 10 年居于世界首位，从 2012 年的 1.31 万亿元增加到 2022 年的 13.8 万亿元，跨境电商进出口达到 2.1 万亿元，农村网络零售超过 2.1 万亿元。近年来，我国电子商务交易额保持快速增长，由 2012 年的 8 万亿元增加至 2022 年的 43.8 万亿元。电子商务、移动支付规模全球领先，网约车、网上外卖、数字文化、智慧旅游等市场规模不断扩大。（3）农业数字化转型稳步推进。2022 年，农作物耕种收综合机械化率超过 73%，农机应用北斗终端超过 60 万台套，产品溯源、智能灌溉、智能温室、精准施肥等智慧农业新模式得到广泛推广，大幅提高了农业生产效率。

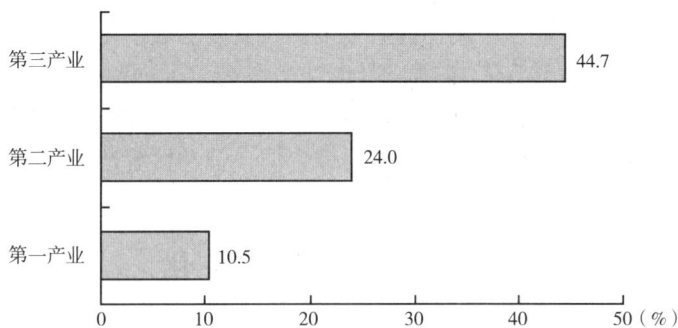

图 8 - 1　2022 年三大产业数字化转型渗透率

资料来源：中国信通院．中国数字经济发展研究报告（2023 年）［R］．http：//www.caict.ac.cn/kxyj/qwfb/bps/202304/t20230427_419051.htm，2023：4.

与此同时，我国数字经济还存在大而不强、快而不优等问题。传统产业数字化发展相对较慢。农业、工业等传统产业数字化还需深化，部分企业数字化转型存在"不愿""不敢""不会"的困境，中小企业数字化转型相对滞后。与有实力的大企业相比，中小企业受限于人才、资金、技术等条件，数字化转型相对滞后。目前，我国数字经济和实体经济融合主要依托消费互联网，数字化在供给侧、产业链中的渗透存在不平衡、不充分、不深入等问题，亟须健全数字经济产业生态，进一步释放数字经济新动能。此外，"数字鸿沟"亟待弥合。不同行业、不同区域、不同群体的数字化基础不同，发展差异明显，甚至有进一步扩大的趋势。数字经济治理体系还需完善。适应数字经济发展的规则制度体系有待健全，数据要素基础制度体系尚在建设，既能激发活力又能保障安全的平台经济治理体系需要完善，与相关法律法规配套的各类实施细则亟待出台，数字经济国际治理参与度需进一步提升。

（三）中国产业数字化发展规划

2021 年底，中国政府出台的《"十四五"数字经济发展规划》，明确了到 2025 年产业数字化转型迈上新台阶的目标：农业数字化转型快速推进，制造业数字化、网络化、智能化更加深入，生产性服务业融合发展加速普及，生活性服务业多元化拓展显著加快，产业数字化转型的支撑服务体系基本完备，在数字化转型过程中推进绿色发展。

《"十四五"数字经济发展规划》具体提出加快企业数字化转型升级，引导企业强化数字化思维，提升员工数字技能和数据管理能力，全面系统推动企业研发设计、生产加工、经营管理、销售服务等业务数字化转型；全面深化重点产业数字化转型，立足不同产业特点和差异化需求，推动传统产业全方位、全链条数字化转型，提高全要素生产率，大力提升农业数字化水平，纵深推进工业数字化转型，深入实施智能制造工程，大力发展数字商务，加快推动智慧能源建设应用，加快推进国土空间基础信息平台建设应用，推动产业互联网融通应用；推动产业园区和产业集群数字化转型，引导产业园区加快数字基础设施建设，利用数字技术提升园区管理和服务能力，围绕共性转型需求，推动共享制造平台在产业集群落地和规模化发展，加快产业资源虚拟化集聚、平台化运营和网络化协同。

《"十四五"数字经济发展规划》还提出培育转型支撑服务生态，建立市场化服务与公共服务双轮驱动，技术、资本、人才、数据等多要素支撑的数字化转型服务生态，解决企业"不会转""不能转""不敢转"的难题，聚焦转型咨询、标准制定、测试评估等方向，培育一批第三方专业化服务机构，建设数字化转型促进中心，衔接集聚各类资源条件，提供数字化转型公共服务，打造区域产业数字化创新综合体，带动传统产业数字化转型。

第二节　农业数字化

"三农"问题是关系到国计民生的重要问题，党的十九大报告提出实施乡村振兴战略，党的二十大报告中提出"加快建设农业强国"，体现了党中央对"三农"问题一以贯之的高度重视。面临百年未有之大变局和疫情冲击，农业稳定发展始终是国家稳定的压舱石。党的二十大报告中的"农业强国"对农业发展提出了更高的要求，农业作为传统产业需实现从数量到质量、从规模到效益、从生产力到竞争力的全面跨越。"数字乡村"是中国乡村振兴战略的重要举措，2021 年 2 月国家乡村振兴局正式挂牌，这标志着中国已在国家层面全面实施乡村振兴。2022 年 2 月，中央网信办、农业农村部、国家发展改革委等十部委印发《数字乡村发展行动计划（2022—2025 年）》，部署了新时代中国建设数字农业农村的思路、目标及任务，为未来农业发展指明了方向。可见，"数字化"与"信息化"在中国农业发展中扮演的角色越发关键，发展数字农业已成为传统农业转型与升级的重要趋势。

早在 1997 年，美国率先提出数字农业的概念，指在地学空间和信息技术支撑下集约化和信息化的农业技术。二十多年来，随着以人工智能、区块链、云计算、大数据为代表的数字产业技术基础的快速发展，数字农业的技术手段和作用日益扩大。目前，数字农业将数字化技术与农业生产管理全方位结合，利用地理信息技术、全球定位系统、计算机技术、遥感遥测、物联网等数字技术支持，在农作物生产过程中进行数字化监控与管理，实现全过程数字化、智能化和定量精准化。

在实施乡村振兴战略过程中，不仅要通过数字技术提高农业生产效率，还需要优化农产品的销售渠道，让农民实现省时省力地把农产品卖出去并卖个好价钱。因此，在乡村振兴战略的实施过程中，还需利用农村电子商务、农文旅融合等多种渠道，鼓励农业人口创新创业，把农村电子商务与"互联网＋农业""互联网＋旅游"相结合，扩宽农产品的销售渠道，带动农产品线上和线下销售相结合，实现农产品产供销一体化的发展。从而，在农业生产和销售环节实现集约化生产、智能化控制、信息化决策、精细化管理、差异化服务和扁平化经营于一体的现代化发展模式。

一、农业数字化技术

（一）精准农业

精准农业是一种基于信息技术、生物技术、工程技术和知识管理的现代农业生产系统。精准农业采用卫星导航定位技术、遥感技术等数字技术与现代农业技术相结合，对农资、农作实施精确定时、定位、定量控制的现代化农业生产技术，提高农业生产的经济效益和环境效益。实现优质、高产、低耗和环保的可持续发展农业生产。精准农业是产业数字化的必然结果，是数字农业成熟应用的基本阶段。在中国，精准农业尚处于起步阶段，2014～2018年中国精准农业行业的年复合增长率为25.3%。精准农业行业销售规模从2014年的43.2亿元增加到2018年的106.4亿元，精准农业的发展正在稳步提升。

精准农业的生产方式从生产环节做到了合理利用资源和保护生态环境，是实现"一控两减三基本"目标的有效途径。较传统农业的生产方式，精准农业可节约资源、降低成本、减少排放，实现了农业生产的可持续发展。

精准农业的核心技术支撑是卫星导航定位技术。习近平总书记在2018年11月5日给联合国全球卫星导航系统国际委员会第十三届大会的贺信中指出，卫星导航系统是重要的空间基础设施，为人类社会生产和生活提供全天候的精准时空信息服务，是经济社会发展的重要信息保障。精准农业的发展从技术支撑和理论指导上可分为1S、3S与5S三个阶段。

1S是指卫星导航定位系统（GNSS），与1S技术集成使用的还有遥感（RS）和地理信息系统（GIS），由这三项技术集成支撑的精确作业方式即为3S精准农业模式。3S提高了精准农业的空间应变能力，实现了针对作业空间变化的要素配给功能，形成了典型意义上的精准农业方式。目前，美国、欧盟等发达国家均已在大农场实现了3S精准作业方式，完成了数字化转型，从而由传统的现代农业方式过渡到后现代农业方式。在3S精准农业模式的基础上增加专家系统（ES）和决策支持系统（DSS）即构成了5S技术支撑模式。5S是理想状态下的精准农业模式，所配备的ES系统可以获取农业内部各细分行业专家的及时指导，所配备的DSS系统可以对每个季节作物的墒情、长势、单产及其生长过程中的表现、生产季节结束后的产量情况、需求情况、价格情况、贸易情况、效益评价等因素进行分析，并对下一年度的生产、长远产业布局等方面进行综合考量，从而提出决策建议。

（二）遥感技术

农业遥感技术始于20世纪70年代末，四十多年来，中国在卫星遥感、航空遥感和地面物联网技术研发和系统集成方面已日趋成熟，技术标准和规范也得到完善，农业遥感学科群业已建立，初步形成比较完整的农业遥感技术体系和工作队伍。

在农业自然资源调查方面，利用"天空地"一体化的遥感调查技术，完成了国内耕地、草地、农业后备资源和大宗农作物资源数量和空间分布的本底调查，确立了遥感技术在农业资源调查领域的应用方向，为农业资源数字底图建设提供了有力的技术支撑。

在全球农作物监测评估方面，开展了国内和国外重点地区大宗农作物种植面积、长势、土壤墒情、产量和重大自然灾害的监测预测，实现了国内外农作物遥感监测的常态化运行，成为农情信息的重要组成部分，为农业经济运行分析提供了大量的数据支撑。

在农业农村重大政策评价方面，以卫星遥感、航空遥感和地面测量为手段，承担了全国农村承包地确权登记、粮食生产功能区和重要农产品生产保护区划定、耕地轮作休耕制度试点核查等重点任务，初步建立了覆盖全国的土地权属和"两区"数据库，为农业农村数据资源体系建设提供重要支撑。

（三）农业大数据

农业大数据是指大数据技术、理念和思维在农业领域的应用。从更深层次考虑，农业大数据是智慧化、协作化、智能化、精准化、网络化、先觉泛在的现代信息技术不断发展而衍生的一种计算机技术农业应用的高级阶段，是结构化、半结构化及非结构化的多维度、多粒度、多模型、多形态的海量农业数据的抽象描述，是农业科研、技术推广、农资供应、生产管理、加工储运、市场销售、资源环境等全产业链的跨行业、跨专业、跨业务、跨地域的农业数据大集中有效工具，是汲取农业数据价值、促进农业信息消费、加快农业经济转型升级的重要手段，是加快农业现代化、实现农业走向更高级阶段的一个必经过程。

农业大数据解决的问题不是存量数据激活的问题，而是实时数据的快速采集和利用的问题；农业大数据解决的问题不是关系型数据库集成共享的问题，而是不同行业、不同结构的数据交叉分析的问题。农业大数据至少包括下述几层含义：（1）基于智能终端、移动终端、视频终端、音频终端等现代信息采集技术在农业生产、加工以及农产品流通、消费等过程中广泛使用，文本、图形、图像、视频、声音、文档等结构化、半结构化、非结构化数据被大量采集，农业数据的获取方式、获取时间、获取空间、获取范围、获取力度发生深刻变化，极大地提高了农业数据的采集能力。（2）跨领域、跨行业、跨学科、多结构的交叉、综合、关联的农业数据集成共享平台取代了关系型数据库成为数据存储与管理的主要形式，基于数据流、批处理的大数据处理平台在农业领域中的应用越来越频繁，交互可视化、社会网络分析、智能管理等技术在农业生态环境监测、农产品质量安全溯源、设施农业、精准农业等环节大量应用。（3）农业产业链各个环节的政府、科研机构、高校、企业达成竞争与合作的平衡，农业大数据协同效应得到更好的体现。农业大数据形成一个可持续、可循环、高效、完整的生态圈，数据隔离的局面被打破，不同部门乐于将自己的数据共享出来，全局、整体的产业链得以形成，数据获取的成本、渠道大大降低。（4）大数据的理念、思维被政府、企业、农民等广泛接受，海量的农业数据成为决策的依据和基础，天气信息、食品安全、消费需求、生产成本、市场价格等多源数据被用来预测农产品价格走势，耕地数量、农田质量、气候变化、作物品种、栽培技术、产业结构、农资配置、国际市场粮价等多种因素用来分析粮食安全问题，政府决策更加精准，政府管理能力、企业服务水平、农民生产能力都得到大幅度提高。

【小案例 8 - 2】

平谷联手阿里建数字果园

从云上桃花节到数字果园，数字技术正为北京平谷增收助力。2022 年 9 月 6 日，北京市平谷区政府、北京市农业农村局和阿里巴巴联合主办数字经济助力乡村产业振兴研讨会。记者获悉，目前，平谷正在高质量打造"农业中关村"，以集聚现代农业科技资源和要素为路径，着力在科技成果转化应用等方面率先突破，服务首都国际科技创新中心建设。

数字气象仪、土壤墒情仪、数字大屏……在平谷区峪口镇西营村的桃园里，各类"黑科技"共同上岗，为果树成长"保驾护航"。近期，随着阿里云的 AIOT（人工智能物联网）设备在平谷区峪口镇西营村的 50 亩桃园安装调试，平谷数字果园建设正式启动。未来双方还将围绕乡村产业，让云计算、大数据、物联网等数字技术进一步发挥作用，助农增收。

中国农业大学国际学院院长李道亮提到，目前我国数字乡村建设症结有五大方面，（1）生产规模小、组织化程度低；（2）劳动生产率低；（3）资源利用率低；（4）生产链条短、自给自足小农经济；（5）劳动力成本大幅提升、老龄化严重。针对上述症结，李道亮认为应该朝着资源节约、产出高效、环境友好、产品安全的农业道路上转型，具体的做法是，要实现生产装备化、装备数字化、监管网络化、管理智能化、作业无人化，从小农生产的 1.0、机械化生产的 2.0 向智慧生产 3.0 乃至无人化生产的 4.0 农业进军。

资料来源：数字经济助力乡村振兴，平谷联手阿里建数字果园［EB/OL］. 北京日报，2022 - 09 - 07. https：//baijiahao. baidu. com/s?id = 1743305228136342921&wfr = spider&for = pc.

二、农村电子商务与农文旅

（一）农村电子商务

1. 农村电子商务的定义与优势。农村电子商务是指农产品、农业生产资料、农民消费品和服务的网上交易活动。农村电子商务的发展有助于促进农民就业和提高农民创业的积极性，开拓农村消费市场、带动农村扶贫工作和推动精准扶贫，是破解"三农"问题的重要途径。以互联网平台为媒介，借助第三方支付平台为基础的电子商务等新兴产业在农村开始蓬勃发展，展现出强大的生命力。

随着数字信息技术不断发展，农村电子商务在推动农村经济发展方面的优势和重要性日益凸显。（1）农村电子商务可以打破传统交易的局限性，使得农村市场规模不断扩大，产业结构更加合理；（2）电子商务为广大农村带来新思想、新技术、新观念，推动乡村社会发展；（3）农村电子商务极大地扩充了乡村就业容量，为增加农村劳动力本地就业和灵活就业提供了更多可能性。

2. 农村电子商务的发展现状与发展阻碍。2018 年 7 月 2 日，在国务院新闻办公室举行的国务院政策简报会上，时任农业农村部副部长屈冬玉介绍了"互联网 + 农业"发展情况，指出农业农村部已在全国 428 个国家级贫困县开展电子商务试点，以助力当地的扶贫减贫事业。截至 2021 年底，电子商务进农村试点工作已累计支持了 756 个县，农村电子商务网上销售额突破 1 250 亿元，同时为农村地区创造了 2 800 万个就业机会，为农村产业振兴提供坚实基础。

【小案例 8-3】

湖南赫山：以农村电商助力乡村振兴

近年来，湖南省益阳市赫山区商务局充分利用本地特色农产品资源，践行乡村振兴战略，积极推动农村电商融合发展，引领农村商品流通模式转变创新，构建现代化农村商品流通网络。经过几年的市场培育和推动，全区农产品电商产业得以迅速发展。

打通农村电商"最后一公里"

赫山区在 142 个行政村搭建了集电子商务、快递物流、金融服务、旅游咨询为一体的村级商务中心。积极对接建设银行、农商银行、兴盛优选、58 农服、仓买买、邮政物流、千辉驿站等平台机构，赋能村级商务中心，实现电子商务服务网点县、镇（乡）、村三级全覆盖，突破了农村商务信息不畅的瓶颈制约，彻底打通了"工业品下行，农产品上行"的最后一公里。

2022 年 8 月 13 日晚，由赫山区创新打造 58 农服平台开通"益村益品"助农直播，单场增粉 1.2 万人，销售额达 58.2 万元，冲刺进抖音带货达人实时热榜排名前 100 名，成为"手机成新农具，直播成新农活，农民成新网红"的一个引爆点。全区现有重点电商企业 85 家，其中农产品电商企业有 50 家，主要通过淘宝、天猫、京东、阿里巴巴国际站以及自建平台销售，销售的产品有粮食、竹制品、茶叶、农特产品等。

积极探索农商互联新模式

益阳赫山区着力发展"互联网+农业"，将电商服务延伸到田间地头。引导企业在带动农户共同致富、助力乡村振兴方面走出了农商互联新路子。与现代农业服务有限公司积极探索"农户+专业合作社+企业+公司+电商平台"模式，提供种子生产、水稻种植、农药化肥、病虫草害防治、稻谷加工、品牌营销、电商推广等水稻生产全过程服务，形成一条完整的大米供应链，实现了产销一体化管理。

资料来源：湖南赫山. 以农村电商助力乡村振兴［EB/OL］. 新华网，2022-11-08. http://www.xinhuanet.com/food/20221108/49732c0fcde24823b5acccceeb55bfa5a/c.html.

但农村电子商务的发展也存在较多阻碍。（1）相比城市，农村的电子商务人才较为稀缺，且农民的数字素养与数字技能相对较低，电脑和互联网的使用还不够普及，甚至有需要的农村家庭没有电脑，也未连接互联网；（2）农村的物流配送也落后于城市，网络购物可配送到的地点到精确地址的地理距离相对更远；（3）对于地广人稀、相对偏远的农村地区，网络购物或网上销售农产品的用户更加分散，难以激发规模效应。近年来，农村电子商务服务体系也在逐步完善，农村电商领域活跃着诸多平台运营商，如阿里巴巴、京东等大型电子商务平台运营商及赶街网、乐村淘等专业农村电商企业；农村的电商物流系统也在不断完善，通过"互联网+物流"的方式解决农村电商物流"最后一公里"的问题，建立县、乡、村三级电商服务信息平台，整合农村电商资源，以信息流带动订单流、物流、资金流、人才流等。

（二）农文旅融合

1. 农文旅融合的内涵与发展意义。广义来讲，"农文旅融合"是以生态农业为基础，以乡村供给侧结构性改革为路径，以文化旅游为新业态，以乡村产业升级为目标的"三产融合""城乡融合"的发展模式；狭义来讲，"农文旅融合"是以农业为主题的集观光旅游、文化娱乐、休闲度假等功能于一体的休闲度假目的地。农文旅发展是多方主体互动的结果，能在保护和开发农村生态资源以及民俗文化时，延伸和升级农业产业链，增加农民收入，是农民亦农亦旅多元化经营方式，也是农村经济活力增强和转型升级的重要途径。在农业产业功能基础上，合理开发利用农业旅游资源、文化元素，将农业农村发展与旅游产业的建立与推广相结合，形成"以农促旅、以旅兴农"的农文旅融合发展之路。农文旅融合成为农村产业融合的重要路径，也是实现乡村振兴、美丽乡村建设的重要突破口。

近年来，文化和旅游融合进程加快推进，文化产业、旅游产业与国民经济相关领域有机融合，拓展了产业发展空间，带动了经济社会发展，提升了民生福祉效应。《全国乡村产业发展规划（2020—2025年）》提出"以一二三产业融合发展为路径"，把"拓展乡村特色产业、优化乡村休闲旅游业"作为重点任务。农文旅的融合发展，以农业为基础、以文化为内核、以旅游为载体，能够有效激活乡村经济活力，并以创新思维、技术和方式带动乡村产业、文化、生态、人才等各环节的全面振兴。发展乡村产业，创造农民"留乡"机会，增强农民"流动"能力，推进城乡要素双向交流，才能形成乡村发展的持续活力。以农文旅产业为抓手，积极推动旅游与乡村自然资源、文化价值、生态环境、特色村落的深度融合和产业嫁接，是乡村振兴的"新引擎"。纵观国内外乡村发展实践，对于具备一定区位、资源条件的乡村地区而言，以农文旅融合创新带动乡村产业兴旺、推进城乡融合和高质量发展，是一条有效的发展路径。

2. 中国农文旅融合创新的成果。近年来，国家围绕美丽乡村建设、乡村振兴战略密集出台了一系列政策意见，尤其注重聚焦产业促进乡村发展，推动乡村一二三产业融合，实施乡村休闲旅游提升计划和文化产业赋能乡村振兴计划，倡导贯通产加销、融合农文旅发展。广大乡村地区借力一系列政策红利，在农文旅融合发展方面做了许多积极探索，取得了明显成效。

（1）融合发展速度显著提升。依托绿水青山、田园风光、村落建筑、乡土文化、民俗风情等资源优势，乡村农文旅融合发展按下"加速键"，进入"快车道"，乡村休闲旅游开发如火如荼，乡村环境风貌焕然一新，农民生活状态明显改善。文化、旅游业促进贫困乡村地区发展、推动城乡融合的成效尤为突出，"文化＋旅游＋扶贫"发展模式广受赞誉。同时，各地还在美丽乡村、数字乡村、未来乡村建设等方面积极探索，开展了生动实践。以浙江为例，深入践行"两山理念"，以"千村精品、万村景区"工程为龙头，休闲农业和乡村旅游产业规模已超千亿元，"环境美、产业旺、文化兴"的美丽村庄在浙江遍地开花。

（2）特色产业项目活力增强。各地乡村都充分认识到要以生态为本底发展特色产业，聚焦农文旅深度融合，推动乡村产业转型升级。在国家政策的引导下，各地重点培育了一批乡村旅游重点村镇、休闲农业园区、田园综合体、乡村旅游精品线路等，大力开发民宿客栈、农家餐饮、农特产品、休闲娱乐、农事节庆活动等特色产品及项目，因地制宜地发展乡村文旅产业，提升了地区活力，增强了返乡创业就业的热情与信心，有效助力了乡村经济振兴和农民增收致富。在农业生产与文化、旅游相结合的产业化发展过程中，各地乡村形成了丰富的实践案例。

（3）融合创新模式日益多元。各地乡村结合自身的资源禀赋、人文历史和特色产业，以农文旅融合发展丰富乡村休闲旅游业态，拓展乡村休闲空间，切实推动了乡村旅游消费的升级。"乡村文创"也已成为当前农文旅融合创新发展的一大特色，基于乡村生活环境、历史文化资源或传统及现代农业，"文创园""画家村""民宿村"等应运而生，乡创企业和创客群体也不断涌现，使得当下的中国乡村更为"千姿百态"。

（4）文化赋能水平不断提高。在乡村振兴的大背景下，广大乡村地区实现了以农促旅、以旅助农、以旅兴文，农文旅融合在赋能乡村振兴的同时，也为乡村文化勃兴与发展提供了重要动力。乡村文化内容更丰富、形式更多元，传统文化得以挖掘、非遗文化得以传承、新型文化得以传播，人文特色成为乡村旅游、乡村振兴之魂，谱写了生动的乡村故事，进一步丰富了乡村休闲农业旅游的内涵。

3. 农文旅融合创新的挑战与建议。当前，农文旅融合创新在促进乡村振兴、推动乡村经济高质量发展、带动乡村脱贫致富等方面发挥了重要优势和关键性作用，但与此同时，农文旅融合创新也存在诸多的现实问题和挑战，如党建引领融合发展的基层治理格局尚未有效建立；文旅赋能乡村振兴的融合发展认知有待继续深化；乡村农文旅融合发展的质量效益不高；农文旅融合发展的推进机制不够健全等。这些问题将阻碍农文旅融合创新全面推进，并影响农文旅融合创新对乡村振兴作用的充分发挥，解决这些现实问题的相应对策有待挖掘。

农文旅融合创新是在我国新型城镇化高质量发展新阶段全面推进乡村振兴的有效路径，需要加快释放国家政策红利，坚持党建引领，凝聚多方力量加以务实推进。如推动农文旅项目、业态、场景融合创新；深化农文旅多空间功能协同；构建农文旅融合发展新型推进机制；提升农文旅产品现代服务品质；加强农文旅融合创新人才培养供给与共享等，切实解决阻碍农文旅融合创新发展的现实问题，全面推进乡村振兴落地见效。

【小案例8-4】

擦亮振兴底色　书写"诗和远方"——宾阳县走活农文旅融合路

近年来，宾阳县充分发挥"古辣香米"国家地理标志产品这块"金字招牌"效应，全力提升乡村风貌，打造"稻花香里"乡村振兴示范带，蹚出一条"以农促旅、农旅融合"的乡村振兴新路子，既"融"出了乡村产业兴旺景象，又"融"出了乡村群众幸福图景。

一、依托资源，推动深度融合

古辣稻花香里旅游区位于盛产"古辣香米"的古辣镇，是国家AAAA级旅游景区，距离南宁市区约85公里，融入南宁一小时经济圈，旅游区总面积约72公顷，将古村落和现代农业相结合，拥有明清时期古建筑群蔡氏古宅和优美的田园风光。近年来，该县依托丰富的农业资源和旅游资源，结合"稻花香里"田园综合体项目建设，在宾阳"古辣香米"产业示范核心区打造了宾阳县古辣稻花香里旅游区，实现农旅融合发展，带动百姓增收致富。

二、发展产业，带富一方百姓

一年四季，游客在稻花香里旅游区的体验特色各有不同，此外，每逢节假日，景区还举办多种民俗体验活动，有正月十一舞炮龙醒狮活动、国潮变装摄影节、稻田艺术文化节、农民丰收节、春耕秋收研学等，让市民游客沉浸式体验传统文化的魅力。古辣稻花香里旅游区为当地发展集聚了人气，乡村旅游发展红红火火。据统计，古辣稻花香里旅游区 2022 年全年游客接待量约 50 万人次，接待团队约 600 次，乡村旅游的发展为当地增加了 100 多个稳定的就业岗位。

三、打造品牌，赋能乡村振兴

宾阳有 39 项非物质文化遗产被列入各级非物质文化遗产名录，其中已有上千年历史的宾阳炮龙节被列入国家级非物质文化遗产。宾阳县在谋划农文旅融合示范发展上功夫，一批集观光体验、休闲度假、文化传承为一体的旅游产品应运而生。截至 2023 年 1 月，该县成功创建国家 AAAA 级旅游景区 3 家、国家 AAA 级旅游景区 4 家、广西星级乡村旅游区和农家乐 16 家、三星级旅游酒店 3 家，文化旅游品牌效应日益凸显。

资料来源：擦亮振兴底色 书写"诗和远方"——宾阳县走活农文旅融合路［N］. 南宁日报，新华网，2023 - 04 - 11. https：//www. nanning. gov. cn/ywzx/xqdt/2023xqdt/t5545181. html.

第三节　制造业数字化

一、制造业数字化转型的概念

制造业在产业分类中同属"第二产业"，是通过劳动人力、机器、工具、生物化学反应或配方，将原物料加工制造，生产成可供使用或销售的制成品或最终产品。制造业主要是指"工业化"的量产，也就是大规模地将原物料制作成最终成品，以降低制造成本，提高生产效率。

制造业数字化转型是指聚焦制造业企业以及产业链、供应链，运用工业互联网、大数据、云计算、人工智能、区块链等数字技术，以数据为驱动，对研发设计、生产制造、仓储物流、销售服务等业务环节，进行软硬结合的数字化改造，推动制造业企业生产方式、企业形态、业务模式、就业方式的全方位变革，重构传统工业制造体系和服务体系，促进产业链、供应链高效协同和资源配置优化，催生新模式新业态。例如，叠加人工智能技术可以使装备、生产线、工厂发生革命性变革，不仅可以解决一线劳动力短缺和人力成本提升的困境，更从根本上提高了制造业质量、效率和企业竞争力。

二、制造业数字化转型的意义和现状

制造业决定了一个国家的综合实力和国际竞争力，是我国经济命脉所系，是立国之本、强国之基。制造业健康发展还是产业链、供应链安全稳定的主要标志和基本前提，是人才、技术、数据等产业要素资源的"练兵场"和"蓄水池"。纵观工业革命以来世界先行工业化国家发展轨迹，先是英国、美国，后是德国、日本，无一不是依靠强大的制造业迈上高收入国家水平，并长期在诸多制造业领域维持较强国际竞争力。其中，德国、日本制造业占比多年保持在 20% 左右。尽管美国制造业比重已经降至 11% 左右，但是其科技创新、金融等面向制造业的生产性服务业在全球占据举足轻重的地位。综合考虑制造业关联延伸范围，制造

业对美国经济实际带动作用远高于其增加值占比。

中国制造业经历了七十年，特别是过去三十年的高速发展取得了瞩目的成绩，制造业规模已连续十三年保持世界第一，成为"世界工厂"，2022 年，我国制造业增加值占 GDP 比重为 27.7%。在世界 500 种主要工业品中，我国有超过四成产品的产量位居世界第一位。65 家制造业企业入围 2022 年世界 500 强企业榜单，培育专精特新中小企业达 7 万多家。按照国民经济统计分类，我国制造业有 31 个大类 179 个中类 609 个小类，是全球产业门类最齐全、产业体系最完整的制造业。中国制造业在驱动经济发展、参与国际竞争中发挥着不可替代的主体力量，但在未来的发展中仍遇到一系列挑战。中国制造业还存在"全而不优秀""大而不强"的问题，人均制造业增加值偏低等问题。2020 年，中国人均制造业增加值 2 749 美元，而美国、德国、日本、韩国等国家人均制造业增加值平均超过 7 000 美元。整体创新能力仍不适应未来高质量发展要求，关键技术和设备还受制于西方制造业强国，大量企业甚至还需要补齐工业自动化和信息化的短板。同时，制造业发达国家对制造业数字化、智能化展开了新的发展和转型。

数字化转型是新一轮科技革命和产业变革背景下传统产业应变局、破困局、开新局的必要之举。随着全球新一轮科技革命和产业变革突飞猛进，新一代信息通信技术、生物技术、新材料、新能源等技术不断突破，并与先进制造技术加速融合，为制造业数字化、智能化、绿色化发展提供了历史机遇。特别是，先进的传感技术、数字化设计制造、机器人与智能控制系统等日趋广泛应用，促进制造业研发设计、生产流程、企业管理，乃至用户关系都呈现智能化趋势，大规模定制和个性化定制日益成为主流制造范式，生产组织和社会分工向网络化、扁平化、平台化转型，企业的边界日趋模糊，制造业形态正在发生深刻变化，呈现诸多新特征：数字技术加快向制造领域渗透扩展，基于工业互联网的产业生态加快构建，数字技术赋能制造业绿色低碳转型。

随着国际环境日趋复杂，全球科技和产业竞争更趋激烈，全球产业链、供应链加速调整，大国战略博弈进一步聚焦制造业，美国"先进制造业领导力战略"、德国"国家工业战略 2030"、日本"社会 5.0"等以重振制造业为核心的发展战略，均以智能制造为主要抓手，力图抢占全球制造业新一轮竞争制高点。我国制造业产业体系完善，规模居世界首位，出口竞争力和国际分工地位不断提升，对世界制造业产业链、供应链的影响逐步增强，正从全球制造业大国向制造业强国迈进。但是，中国制造业供给与市场需求适配性不高，产业链供、应链稳定面临挑战，传统工业设备改造难度大，工业软硬件装备供给能力不足、高端核心芯片受制于人、资源环境要素约束趋紧、原始创新能力不足等问题也进一步凸显。因此，中国应紧紧抓住世界新一轮科技革命和产业变革的先机，加快推进我国制造业数字化转型，以智能制造为主攻方向，推动产业技术变革和优化升级，推动制造业产业模式和企业形态根本性转变，提高质量、效率、效益。这不仅可以有效对冲劳动力成本上升，激活创新生态，减少资源能源消耗，构筑参与国际合作和竞争的新优势，而且对于巩固实体经济根基、建成现代产业体系、实现新型工业化具有重要作用。

随着我国制造规模日益增大和体系日益完善，依托生产制造过程积累形成了新产品、新工艺、新业态、新模式的创新土壤，完整的工业体系和隐性创新能力也成为我国制造业进行数字化转型的独特优势和深厚土壤。中国全社会研发经费从 2012 年的 1 万亿元增加到 2022年的 3.09 万亿元；研发投入强度从 1.91% 提升到 2.55%。基础研究投入从 2012 年的 499

亿元提高到 2022 年约 1 951 亿元，占全社会研发经费比重由 4.8% 提升至 6.3%。研发人员总量从 2012 年的 325 万人/年提高到 2022 年 635.4 万人/年，稳居世界首位。这些也为我国推动制造业数字化转型提供了坚实基础。

三、智能制造

制造业活动既包括企业内部的机器设备、工厂、物流、运营管理等价值链体系，也包括从研发设计到加工制造再到营销、客户服务、产品回收等产品全生命周期，还包括制造企业与上下游供应商、合作伙伴构成的商业生态。因此，制造业数字化涉及企业内部生产链条、产品全生命周期和商业生态等全方位。因此，推进制造企业数字化转型升级，需要全面推动制造企业研发设计、生产加工、经营管理、销售服务等业务数字化，加快工业互联网平台建设，推进新兴基础设施建设，并重点培育智能制造新模式新业态。

（一）智能制造业内涵及范围

机器人制造、增材制造装备制造、半导体器件专用设备制造、电子元器件与机电组件设备制造。数字化运输设备制造业是指利用数字孪生、人工智能、5G、区块链、VR/AR、边缘计算、试验验证、仿真技术等技术和设备，在交通运输设备领域开展的生产和制造活动。数字化电气机械、器材和仪器仪表制造是指利用数字孪生、人工智能、5G、区块链、VR/AR、边缘计算、试验验证、仿真技术等技术和设备，在电气机械和器材制造、仪器仪表领域开展的生产和制造活动，但不包括电力电子元器件制造、光伏设备及元器件制造、专用电线电缆制造、光纤制造、光缆制造、智能照明器具制造、电气信号设备装置制造、工业自动控制系统装置制造。

智能制造是随着信息通信技术、人工智能技术等高新技术的不断发展，将原有的制造业与之不断结合形成的新一代制造业模式。智能制造是一个不断演进的大系统，作为制造业和信息技术深度融合的产物，它的诞生和演变与信息化发展相伴而生。当前，工业互联网、大数据及人工智能实现群体突破和融合应用，以新一代人工智能技术为主要特征的信息化开创了制造业数字化、网络化、智能化制造的新阶段，为制造业高端化、智能化、绿色化发展提供了历史机遇。智能制造不仅带动产业升级，而且推动产业组织模式、装备产品形态等变革，其发展程度直接关乎我国制造业质量水平。智能制造正迈向大数据和工业知识驱动模式，材料创新和工艺创新正在成为重要方向。因此，推进智能制造，要立足制造本质，紧扣智能特征，以工艺、装备为核心，以数据为基础，依托制造单元、车间、工厂、供应链等载体，构建虚实融合、知识驱动、动态优化、安全高效、绿色低碳的智能制造系统，推动制造业实现数字化转型、网络化协同、智能化变革，并开展多场景、全链条、多层次应用示范，培育推广智能制造新模式。

根据《数字经济及其核心产业统计分类（2021）》，智能制造业包括 4 个中类。数字化通用和专用设备制造是指利用数字孪生、人工智能、5G、区块链、VR/AR、边缘计算、试验验证、仿真技术等技术和设备，在通用、专用设备领域开展的生产和制造活动，包括个性定制、柔性制造等新模式，但不包括计算器及货币专用设备制造、工业机器人制造、特殊作业。

【小案例 8 - 5】

宁德时代智能工厂

宁德时代新能源科技股份有限公司（以下简称德宁时代）是全球领先的锂离子电池研发制造公司，公司专注于新能源汽车动力电池系统、储能系统的研发、生产和销售，致力于为全球新能源应用提供一流解决方案。

宁德时代根据锂电池行业和企业自身特点制定智能制造战略，通过精益化、数字化和智能化相结合的方式进行实践探索，实现提质、降本和增效的目的。在锂电池生产制造过程中针对万米级的极片长度、亚微米级的精度控制、秒级的电芯生产速度、毫秒级的数据处理以及多场耦合的复杂制程，率先应用孔隙自由构筑的高速双层涂敷和亚微米级智能调控卷绕等技术，开发了具备自主产权 AI 多级"云 - 边 - 端"联动缺陷检测系统，通过和设备互动形成加工参数的全线正反向反馈机制，使产品一致性达到了 CPK2.0 以上，并对全程 3 000 多个质量控制点进行缺陷检控，缺陷率控制到 9σ 的 PPB 级水平。

针对智能生产纵向集成需求，研究工艺、设备、质量等元数据模型，研发多协议解析引擎、数据预处理和转换引擎技术，开发了多源异构数据采集平台，实现多主题数据融合；建立了电池制造生产线数据通信标准规范；打造了基于边缘智能和大数据云架构技术，实现数据分层汇聚与治理；建立了精准、高效的动力电池制造数据平台。

在智能研发设计能力方面，宁德时代秉持先进的研发理念，构建了开发迭代体系，应用数字孪生技术，建立大量的产品仿真设计模型和工具链，打造了智能化研发设计环境。同时，对样品线的生产过程做到全系统管理，实现从需求到验证的全程打通，并通过产品生命周期管理（PLM）系统对研发数据进行全生命周期管理。

以机器视觉在生产过程中的姿态控制、信息追溯、质量检测等环节的大规模运用为基础，将传统的数字图像处理和人工智能检测技术相融合，在产品在线缺陷检测领域发挥了重要作用。可实现直接在设备端完成图像采集和图像处理，并通过训练后的人工智能模型完成缺陷盘点，及时发现缺陷产品，极大地提高了全过程产品质量控制水平和良品率。

资料来源：中国工业和信息化部装备工业一司. 智能工厂案例集 ［EB/OL］. 2021 - 04. https：//www. miit. gov. cn/cms_files/filemanager/1226211233/attach/20211/3af1dd6b923842b28e3374a9ff91e661.

（二）智能制造全球发展趋势

智能制造是全球制造业发展的大趋势。中国信息通信研究院发布的《全球智能制造发展态势》报告显示，智能制造前瞻战略布局已经成为全球主要经济体的共同选择，美国、欧盟、日本等在先进制造技术创新、供应链弹性提升以及数据要素市场建设等方面积极布局，加速推动制造业智能化和绿色化发展。近年来，欧美发达国家在智能制造方面已经形成了创成式设计、预测性维护、基于知识的生产管理决策等典型场景。为巩固在全球制造业中的地位，抢占制造业发展的先机，主要发达国家积极发展智能制造，制定智能制造战略，如德国推出工业 4.0；美国积极布局工业互联网。智能制造是制造强国建设的主攻方向，其发展程度直接关乎我国制造业质量水平。

2013 年 4 月，在汉诺威工业博览会上，德国最先提出德国工业 4.0 概念，又称第四次工业革命，德国政府正式推出《德国工业 4.0 战略计划实施建议》，对工业 4.0 的愿景、战略、需求、有限行动领域等内容进行了分析。德国工业 4.0 可以概括为一个核心、两重战略和三大集成。一个核心是"智能 + 网络化"，通过信息物理系统（CPS），构建智能工厂。两重战略，即打造领先的市场策略和领先的供应商策略。德国不仅要培育 CPS 的应用市场，也想成为全球智能技术的领导者。三大集成，即横向集成，纵向集成和端对端集成。工业 4.0 确定了 8 个优先行动领域：标准化和参考架构，制定参考架构的标准，促进企业之间网络的形成；复杂系统的管理，开发生产制造系统的模型；一套综合的工业基础宽带设施，大规模扩展网络基础设施；安全和安保，确保生产设施和产品具有安全性，防止数据被滥用等。所谓工业 4.0 目标与以前不同，不单创造新的工业技术，而是着重于现有的工业相关的技术、销售与产品体验统合起来，透过工业人工智能的技术建立具有适应性、资源效率和人因工程学的智慧工厂，并在商业流程及价值流程中整合客户以及商业伙伴，提供完善的售后服务。其技术基础是智慧整合感控系统及物联网。

美国是智能制造的重要发源地之一。早在 2005 年，美国国家标准与技术研究所提出"聪明加工系统研究计划"，这一系统实质就是智能化，研究的内容包括系统动态优化、设备特征化、下一代数控系统、状态监控和可靠性、在加工过程中直接测量刀具磨损和工件精度的方法。2006 年，美国国家科学基金委员会提出了智能制造概念，核心技术是计算、通信、控制。成立智能制造领导联盟 SMLC，打造智能制造共享平台，推动美国先进制造业的发展。2008 年金融危机之后，美国进一步反思过度依赖虚拟经济的产业政策，同时将制造业作为振兴美国经济的抓手。先后通过了《先进制造业伙伴计划》（*Advanced Manufacturing Partnership*）和《振兴美国制造业和创新法案》（*Revitalize American Manufacturing and Innovation Act of* 2014）两部法案，为美国智能制造业的顶层设计奠定了重要基础，对美国制造业创新中心的设立起了重要的引导作用。美国智能制造业一个突出的特点是采取大规模的公私合作，以支持智能制造的相关活动。美国在 2014 年确立了《国家制造业创新网络》（National Network for Manufacturing Innovation），主张建立关键领域的研究所来聚合产业界、学术界、联邦及地方政府等多个主体，建立和完善创新生态系统；2019 年推出《先进制造业美国领导力战略》，2022 年推出《国家先进制造业战略》，强化高端产业布局，培育创新生态系统，共享智能制造资源。

日本也在智能制造领域积极部署，积极构建智能制造的顶层设计体系，实施机器人新战略、互联工业战略等措施，巩固日本智能制造在国际上的领先地位。2016 年 12 月，日本正式发布了工业价值链参考架构（IVRA），形成独特的日本智能制造顶层架构。该架构包括 3 个层级，即基础结构层、组织方式层、哲学观和价值观层；该架构包括产品维、服务维和知识维 3 个维度，企业在产品维和知识维上开展生产活动从而形成四个周期，即产品供应周期、生产服务周期、产品生命周期、工艺生产周期。2017 年 3 月，明确提出"互联工业"的概念，其中三个主要核心是：人与设备和系统相互交互的新型数字社会；通过合作与协调解决工业新挑战；积极推动培养适应数字技术的高级人才。互联工业已经成为日本国家层面的愿景。为推动"互联工业"，日本提出支持实时数据的共享与使用政策；加强基础设施建设，提高数据有效利用率，如培养人才、网络安全等；加强国际、国内的各种协作。

（三）中国智能制造现状和趋势

2015 年中国国务院推出了《中国制造 2025》，部署全面推进实施制造强国的战略文件，是中国实施制造强国战略第一个十年的行动纲领。2015 年底，工业和信息化部、国家标准化管理委员会首次联合发布了《国家智能制造标准体系建设指南》，致力于解决标准缺失、滞后以及交叉重复等问题，并于 2018 年和 2021 年发布更新版本。2016 年，中国工业和信息化部等多部委，发布了《智能制造发展规划（2016—2020 年)》，是"十三五"时期全国智能制造发展的纲领性文件；2018 年发布了《高端智能再制造行动计划（2018—2020 年)》。"十三五"期间，中国政府还出台了一系列配套政策。2021 年，中国工业和信息化部等四部门发布的《智能制造试点示范行动实施方案》提出，到 2025 年，建设一批技术水平高、示范作用显著的智能制造示范工厂。2021 年，中国工业和信息化部等多部委发布了《"十四五"智能制造发展规划》，明确"十四五"时期智能制造发展路径，巩固实体经济根基。

经过市场需求、政府引导、技术驱动共同作用，近十年来中国也已经形成了全国智能制造热潮，智能制造深入千行百业。根据中国工业和信息化部数据，截至 2023 年 1 月，中国智能制造装备产业规模超过 3.2 万亿元，市场满足率超过 50%。中国"以示范带应用"效果显著，企业智能化改造促进提质降本增效成果明显。建成 2 500 多个数字化车间和智能工厂，工业软件产品收入突破 2 400 亿元，主营业务收入达 10 亿元的系统解决方案供应商超过了 140 余家，重点区域转型升级步伐明显加快。"十三五"时期，中国工业和信息化部遴选了 305 个智能制造试点示范项目，推动了 583 个智能制造综合标准化和新模式应用项目建设，探索出网络协同制造、大规模个性化定制等新模式新业态；通过智能化改造，智能制造示范工厂的生产效率平均提升 32%，资源综合利用率平均提升 22%，产品研发周期平均缩短 28%，运营成本平均下降 19%，产品不良率平均下降 24%。中国智能制造涌现出离散型智能制造、流程型智能制造、网络协同制造、大规模个性化定制、远程运维服务等新模式新业态。目前，中国已构建形成了先进的智能制造标准体系，并参与和组织智能制造国际标准制定工作。十年来，中国先后建设了近 200 个标准试验验证平台，在石油化工、船舶、建材、纺织等十余个行业建立了智能制造标准体系，发布智能制造相关国家标准 300 多项，积极参加 ISO、IEC 等国际标准化组织的工作，发布无线通信技术 WIA－FA 标准等智能制造相关国际标准 42 项。自 2018 年起，中国先后已有 164 所高等院校开设智能制造工程专业，为中国智能制造发展提供了良好的人才储备。

但是，中国智能制造主要探索多集中在生产管理环节，智能研发和产品增值服务仍在探索初期。在"十四五"期间，中国工业和信息化部进一步提出制定重点行业数字化转型路线图，大力推进制造业数字化转型，实施智能制造合作伙伴计划和标准领航行动，建设一批全球领先的智能工厂、智慧供应链，发展服务型制造等新模式新业态。

【小案例 8－6】

专精特新"小巨人"企业－科达液压

所谓"专精特新"，即专业化、精细化、特色化、新颖化，以专注铸专长、以配套强产业、以创新赢市场。我国已培育专精特新中小企业超 9.8 万家，创新型中小企业达 21.5 万家，优质中小企业梯度培育工作取得积极成效。从行业分布情况来看，1.2 万家小巨人企业中，制造业企业超 1 万家。超四成"小巨人"企业聚集在新材料、新一代信息技术、新能源及智能网联汽车领域；超六成深耕工业基础领域。从创新能力看，专精特新小巨人企业拥有超 20 万项发明专利。户均发明专利约 17 项。此外，专精特新小巨人企业作为主要起草单位，制定、修订标准总计近 4 万个，户均超 3 个。从配套能力看，专精特新小巨人企业普遍与大企业建立了良好合作关系，超九成为国内外知名大企业配套。

佛山市顺德区陈村镇的广东科达液压技术有限公司（以下简称科达液压）是专精特新"小巨人"企业之一，成立于 2011 年，是国内高端高压柱塞泵制造企业，专注高端高压柱塞泵、马达研制及液压系统集成解决方案。2000 年以前，液压泵核心技术都被国外几家龙头掌握。经过十年的研发，科达液压数万台自主研发的大排量高压柱塞泵和斜轴柱塞马达已经应用于各行业龙头企业和国家重大工程，成功替代进口。科达液压产品还广泛应用在冶金、盾构机、海工装备、船舶、水利、建材、锻压、挤压、桩工及大型工程机械等行业龙头企业，成功应用于港珠澳大桥最大打桩机等多项国家重大工程，一步步成长为国家级专精特新"小巨人"企业。科达液压已经完成数字化智慧工厂转型升级，引进 FMS 数字智能高效柔性黑灯产线、智能数控和可追溯柔性装配线。图纸所有的机床都安装了机械手，从而实现精益生产。2022 年，科达液压上榜佛山市"工业互联网应用标杆"。

资料来源：中国工业和信息化部装备工业一司. 智能工厂案例集 [EB/OL]. 2021 - 04. https://guangdong.chinatax. gov. cn/gdsw/fssw_swxw/2023 - 09/22/content_dbac3e11ffc14bc0800cf5cec0437523. shtml.

四、工业数字孪生

数字孪生的概念最初于 2003 年由 Grieves 教授在美国密歇根大学产品生命周期管理课程上提出，早期主要被应用在军工及航空航天领域。如美国空军研究实验室、美国国家航空航天局（NASA）基于数字孪生开展了飞行器健康管控应用；美国洛克希德·马丁公司将数字孪生引入 F -35 战斗机生产过程中，用于改进工艺流程，提高生产效率与质量。随着数字化技术的不断发展，工业数字孪生作为数字化制造的重要手段和技术手段，成为推动智能制造的重要力量。

（一）工业数字孪生

工业数字孪生是指通过虚拟化技术，将物理世界中的工业领域实体对象数字化，建立起与其相对应的数字模型，并在这个数字模型上进行仿真、优化和预测等操作。数据是数字孪生的核心驱动力。数字孪生对物理实体建立的模型是多维、多时空尺度、多学科、多物理量的动态虚拟模型，以仿真和刻画物理实体在真实环境中的属性、行为、规则等。数字孪生真正功能在于能够在物理世界和数字世界之间全面建立准实时联系，这也是该技术的价值所在。由于数字孪生具备虚实融合与实时交互、迭代运行与优化，以及全要素/全流程/全业务数据驱动等特点，数字孪生被视为解决智能制造信息物理融合难题和践行智能制造理念与目标的关键使能技术，图 8 - 2 为典型的工业数字孪生功能架构。数字孪生得到了学术界的广泛关注和研究，并被工业界引入到越来越多的领域进行落地应用，目前已被应用到产品生命周期各个阶段，包括产品设计、制造、服务与运维等。2015 年起，西门子、通用电气等公司将数字孪生应用到工业界，开发了工业系统、医疗系统的数字孪生。

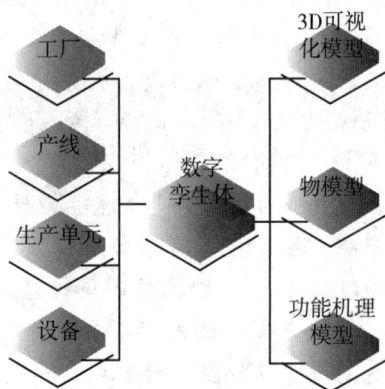

图 8 – 2　工业数字孪生体

资料来源：图片改编自 IDC 发布的《工业生产 3D 数字孪生用户价值分析》，https：//www.idc.com/ getdoc. jsp?containerId = CHC50359123&pageType = PRINTFRIENDLY.

工业数字孪生和智能制造有着紧密的关系。（1）工业数字孪生可以为智能制造提供重要基础，数字孪生可以实现对实体/系统的全方位建模，包括对过去和目前的行为或流程，从而进一步实现对实体或系统的仿真、优化和预测等操作。（2）工业数字孪生是智能制造的关键技术之一，数字孪生可以提供关键性的数据和分析信息，帮助制造企业进行生产调度和流程优化，从而提高生产效率和产品质量。数字孪生还可以支持全生命周期管理，包括产品设计、制造、运营和维护等环节的数据管理和分析。（3）通过数字孪生技术，可以实现对制造过程的实时监控和反馈，从而实现对制造过程的实时调整和优化（见图 8 – 3）。

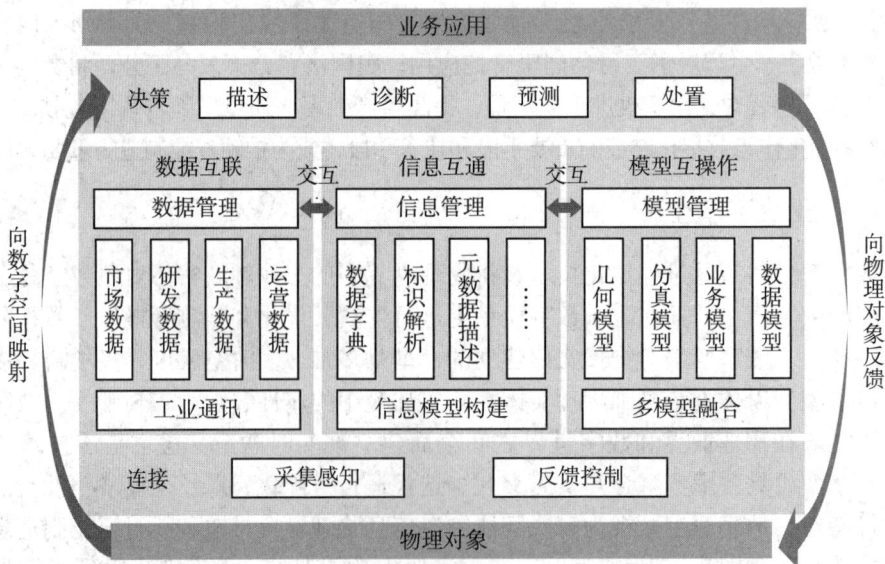

图 8 – 3　典型的工业数字孪生功能架构

资料来源：工业互联网产业联盟. 工业数字孪生白皮书（2021）［R］. http：//www. aii-alliance. org/index. php/index/c189/n904. html.

数字孪生的主要功能是对物理实体进行仿真，但数字孪生和常规数值仿真相比，在内涵和支撑技术方面都有所不同，主要体现在：数字孪生具有高保真性（high fidelity）；数字孪生是"活模型"，随物理实体的状态及运行环境变化而同步跟踪并实时演变；数字孪生和物理实体构成闭环，并进行双向反馈；数字孪生模型既基于机理模型建模方法，也基于数据驱动方法或数据驱动和机理模型建模相结合的方法；数字孪生关注物理实体的全生命周期过程、各方面的特性，通常是多时间尺度、多物理场的仿真模型；数字孪生需要先进的传感技术、通信技术、云边协同技术，数据传输、储存、处理和分析技术，人工智能技术，AR、VR 和其他先进的可视化技术。数字孪生与传统的数值仿真相比，其内涵和功能更加丰富，支撑技术更全面和先进。

（二）数字孪生工业软件

建立工业数字孪生，需要特定工业场景下的经验知识，以数字化模型或专业化软件工具的形式积累沉淀下来。数字孪生的实现关键在于软件，工业软件是智能制造的"核芯"。

数字孪生工业软件是数字孪生在工业领域研发和应用活动的载体，是数字孪生在工业系统的流程管理、状态监测和运行控制等工业活动代码化的结果，用以驱动工业行为自动、高效和智能运行，从而提升运营效率、降低运营成本并保障运营效果。其基础功能包括对工业系统实体的感知与控制、模型的构建与管理、数据的组织与使用、应用服务的设计与部署以及工业系统实体、数字模型、数据和应用服务之间的高效连接等。其应用对象包括数字孪生学术研究者、应用开发者和行业应用者。

数字孪生落地应用的首要任务是创建应用对象的数字孪生模型。当前，数字孪生模型多沿用 Grieves 教授最初定义的三维模型，即物理实体、虚拟实体及二者间的连接。为适应新趋势与新需求，解决数字孪生应用过程中遇到的难题，北京航空航天大学数字孪生技术研究团队提出了数字孪生五维模型，并对数字孪生五维模型的组成架构及应用准则进行了研究（见图 8 - 4），主要是增加了孪生数据和服务两个新维度。该五维模型是一个通用的参考架构，其中 PE 表示物理实体；VE 表示虚拟实体；Ss 表示服务；DD 表示孪生数据；CN 表示各组成部分间的连接。物理实体主要包括各子系统具备不同的功能，共同支持设备的运行以及传感器采集设备和环境数据；虚拟实体模型是指四层磨成在功能与结构上集成，形成对物理设备的完整映射；连接模型包括连接使物理设备、虚拟设备、服务在运行中保持交互、一致与同步以及连接使物理设备、虚拟设备、服务产生的数据实时存入孪生数据，并使孪生数据能够驱动三者运行；孪生数据是物理设备、虚拟设备、服务运行的驱动；服务包括对物理设备的服务，优化物理设备全生命周期各阶段以及对虚拟设备的测试、校正虚拟设备，使其忠实地映射物理设备。

目前，全球一些典型的数字孪生软件/平台包括：apriori 数字制造仿真软件、SAP Leonardo 物联网平台、工业互联网操作系统 Predix、Ansys Twin Builder 数字孪生建模软件、NetObjex 数字孪生智能自动化平台、Akselos、欧特克数字孪生、IOTIFY 物联网虚拟化平台等。随着国产工业软件的持续努力，国产数字孪生平台也在不断涌现。

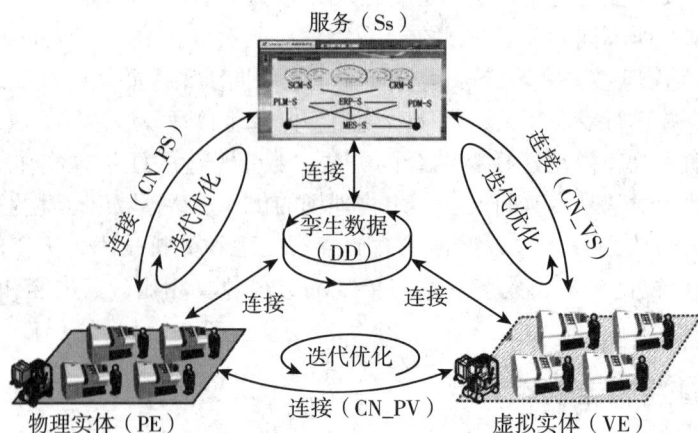

图 8 - 4 数字孪生五维模型的概念

资料来源：北京航空航天大学数字孪生技术研究团队提出，https://baijiahao.baidu.com/s?id=1771831494439602485&wfr=spider&for=pc.

第四节 服务业数字化

服务业是指利用设备、工具、场所、信息或技能等为社会提供劳务、服务的业务。我国的服务业，按照国民经济部门分类，是指第三产业中的一部分，包括饮食、住宿、旅游、仓储、寄存、租赁、广告、各种代理服务、提供劳务、理发、照相、浴池以及各类技术服务、信息服务、咨询服务等业务。其中，现代服务业是指以现代科技特别是信息网络技术为支撑，以新的商业模式、服务方式和管理方式为基础的服务业产业，它不仅包括随着技术发展而出现的服务形式，还包括利用现代技术对传统服务业的提升。现代服务业和先进制造业共同组成现代产业体系的核心部门。

服务业稳居国民经济第一大产业。服务业的兴旺发达是现代经济的显著特征，是经济社会发展的必然趋势，是衡量经济发展现代化、国际化、高端化的重要标志。生产性服务业和生活性服务业是服务业的重要组成部分，是当前中国经济最具活力的产业，也是未来经济发展最具潜力的产业。2012～2021年，我国服务业增加值从244 856亿元增加至609 680亿元。按不变价计算，2013～2021年年均增长7.4%，分别高于国内生产总值（GDP）和第二产业增加值年均增速0.8个百分点和1.4个百分点。2013～2021年，服务业就业人员累计增加8 375万人，年均增长3.0%，平均每年增加就业人员931万人。2021年，服务业就业人员35 868万人，占全国就业人员总数的48.0%，比2012年提高11.9个百分点。2023年我国服务业增加值占GDP的比重为54.6%（见图8-5）。随着人民生活水平进一步提高，经济社会发展呈现出更多依靠消费引领、服务驱动的新特征，中国经济正步入消费主导的新发展时代，个性化、品质化需求全面提升，旅游、文化、教育、体育、养老等领域消费需求持续释放。

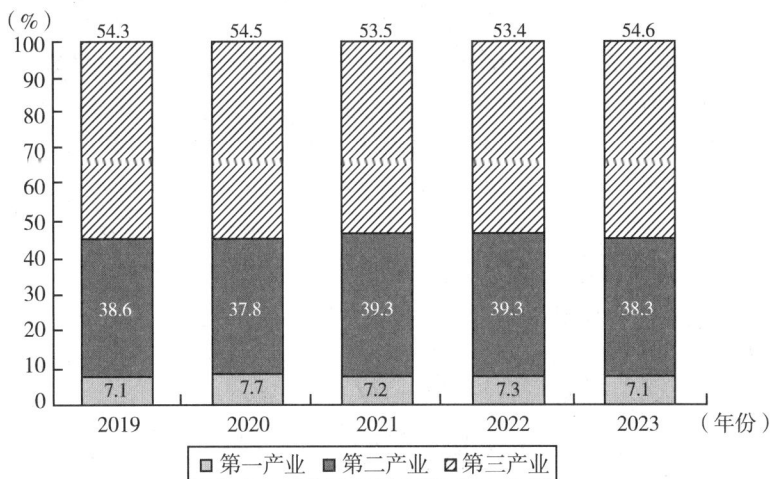

图 8 – 5　2019～2023 年三次产业增加值占国内生产总值比重

资料来源：中华人民共和国 2022 年国民经济和社会发展统计公报 [EB/OL]. http://www. zgxxb. com. cn/pc/content/202303/01/content_24314. html?eqid = 88f5ecf00000093b0000000664424ef8.

一、服务业数字化转型推动高质量发展

在数字经济时代，服务业需要数字化赋能。数字化可以加速服务业的渗透和下沉，持续扩展了服务业的消费场景，在数字化过程中，基于数据、算法，融合大量服务资源，将极大地提高服务匹配效率，减少服务资源的冗余，并催生出新的服务需求从而促进服务消费。数字化可以使得供应链、产业链各个环节的耦合更为高效，并最终提高服务的效率。党的二十大报告提出，要构建优质高效的服务业新体系，推动现代服务业同先进制造业、现代农业深度融合，为服务业高质量发展指明了方向。在数字化的浪潮下，加快推动服务业数字化是服务业高质量发展的重要途径之一。加快推动服务业数字化，将是实现大中小企业融通创新发展的重要方面。

从数字化基础来看，我国服务业普遍存在着主体规模小、盈利能力弱、数据意识薄弱、数字化基础差等问题，服务企业数字化转型面临着成本和收益不清晰、不对称等困境，需要有低门槛、低成本、低人力资本需求、成本收益更为透明的数字化方案。此外，我国数字化水平发展还不平衡，细分行业数字化水平差异显著，产业链上下游数字化发展不均衡；数字化发展要素支撑能力弱，主要表现为数字化转型资金不够，数字技术支撑不足，人才供给不足三个方面。截至 2022 年 12 月底，我国共有企业数量 5 282.6 万户，其中服务业占比为 77%，服务业中 97% 以上都是中小微企业。共有个体工商户 1.07 亿户，其中 80% 以上从事服务业。以上合计，我国服务业中小微企业和个体户市场主体合计超过 1.3 亿户，这些主体的数字化水平与大型企业有着较大的差距，存在着明显的"数字鸿沟"。据中国电子技术标准化研究院测算，当前，79% 的中小企业仍处于数字化转型的初步探索阶段；12% 的企业处于应用践行阶段；而达到深度应用阶段的企业占比仅为 9%。总体上，我国数字化率还不高，服务消费的数字化渗透率较低，数字化推动服务业需求扩大。根据中国信通院发布的《中国数字

经济发展研究报告（2023）》，2022年服务业数字经济渗透率为44.7%，高于全部经济（41.5%）、工业（24.0%）、农业（10.5%），但仍低于全球主要国家的平均水平。因此，亟须加强全产业链视角的顶层设计，并根据中国企业的特点，充分利用中国巨大的人口规模、市场规模、制造业规模，以及当前积累的数字化技术，加强新基建对服务业数字化转型的支撑，更多地发挥平台、服务商、用户的作用，实现各方价值共创，形成中国式服务业数字化。

"十三五"时期以来，中国服务业呈现稳步扩张的良好态势，逐步擎起国民经济的"半壁江山"，成为支撑和拉动经济发展的主动力，也成为吸纳就业的"主渠道"，服务业数字化转型升级发展迎来新的快速增长期。数字技术和大数据作为数字化赋能的工具和载体，近年来与服务业深度融合，促使零售、餐饮、教育、旅游、办公、医疗等的线上、线下融合，实现了服务业的模式创新和业态创新，线上零售、线上教育、线上娱乐、远程办公、视频会议、智慧养老、数字健康等新业态、新模式发展迅猛，生产性和生活性服务业健康成长，促进了中国服务业向提质扩容和转型升级的目标迈进。"中国式"服务业数字化是由平台、服务商、企业、消费者协同推进，根据不同企业特点提供低成本、低门槛、低人力资本需求、可信任、更精准的数字化方案，推动大中小企业协同数字化，使数字技术普惠不同行业的中小微企业，缩小市场主体之间的"数字鸿沟"。

二、生活性服务业数字化转型

（一）生活性服务业的内涵及特点

生产性服务业和生活性服务业是从服务功能角度对服务业进行的一种分类。两个概念的内涵和外延，至今国际上仍未形成统一认识。生产性服务业可以理解为一种中间服务部门，主要为各类市场主体的生产活动提供服务；而生活性服务业提供的服务主要用于居民最终消费。具体来说，生活服务业是我国现代服务业的重要内容，是指利用一定设备、工具为消费者提供一定服务性劳动或少量商品的企业和单位的总称，与民生服务息息相关。

我国生活服务业包括的面较广泛，涉及居民和家庭服务、健康服务、养老服务、旅游游览和娱乐服务、体育服务、文化服务、居民零售和互联网销售服务、居民出行服务、住宿餐饮服务、教育培训服务、居民住房服务等多个方面，而且市场化程度较高。生活服务业涉及衣、食、住、行、娱乐、健康、养老、教育等生活中的各个方面，具有就业领域广阔、就业规模庞大，劳动密集型行业众多，吸纳大量就业人口等特点，为人们就业提供了大舞台。生活性服务业是美好生活的最直接载体，与生活息息相关，其中既有全体人民均等享有的免费服务，也有广大群众共需共享的普惠服务，还有居民自我消费享受的个性服务。生活性服务业既具有社会事业的属性，又具有产业的属性，是公共物品和市场产品的组合，涵盖绝大部分政府承担全部或部分供给责任的公共服务内容，同时也包括完全由市场供给的个性化、多样化居民消费以及保障等相关服务（见图8-6）。

（二）生活性服务业数字化转型的特点

随着居民收入水平不断提高，居民消费热点从商品消费加速转向服务消费，以康养、教育、娱乐为代表的健康型、发展型、享受型消费需求持续扩大。同时，消费观念也发生变

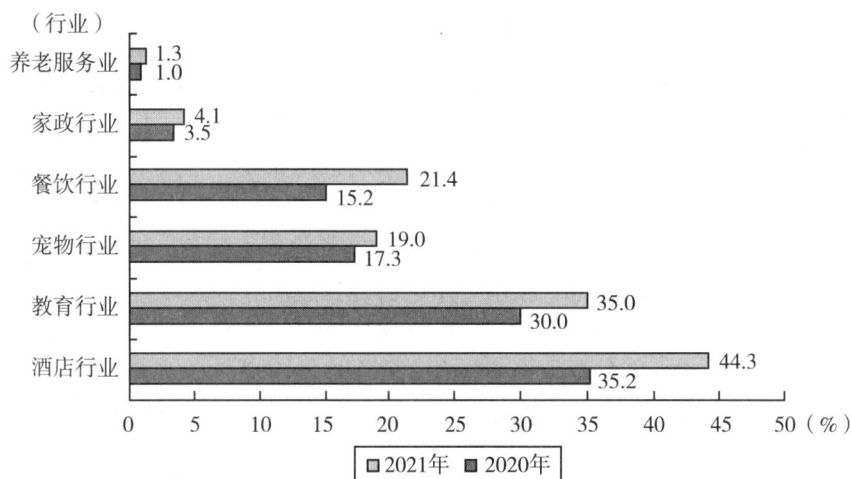

图 8 - 6　2020 年和 2021 年生活服务业部分行业数字化水平对比

资料来源：中国生活服务业数字化报告（2022）［EB/OL］. http：//www. aliresearch. com/ch/information/informationdetails?articleCode = 380527674285756416.

化，居民消费更加追求个性化、品质化、多样化。在此趋势下，生活性服务业不仅要满足居民已有的消费需求，更要通过挖掘"老需求"、激发"新需求"，持续推动消费结构升级，而消费结构的升级又进一步带动了就业增加。截至 2021 年底，一方面，我国灵活就业人数达 2 亿人，其中，生活性服务业是主要领域。但另一方面，我国服务业企业普遍存在规模小、盈利能力弱、数据意识薄弱、数据化基础差等问题，且调研显示，服务业产业分化且复杂，难以制定统一标准和量化标准，因此，传统的工业数字化模式无法直接复制到服务业，但如果为每一家服务业中小企业都定制数字化方案，成本无疑较高，也不利于普惠（见图 8 -7）。

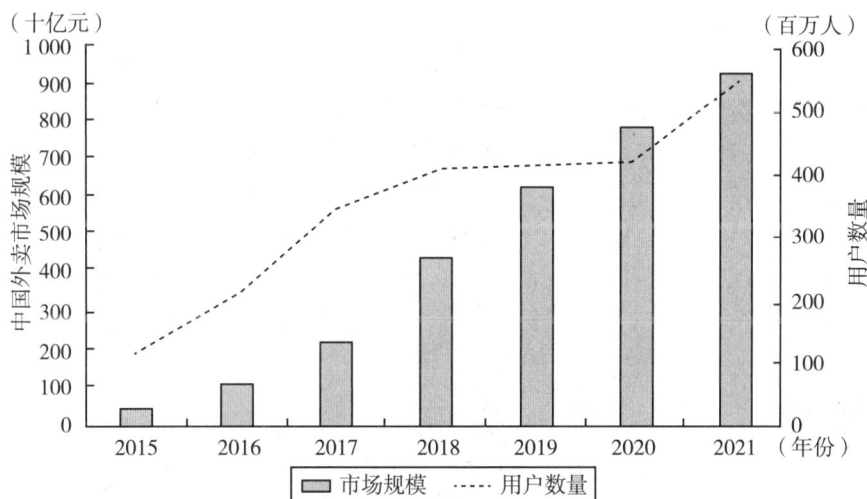

图 8 - 7　2015 ~ 2021 年中国外卖市场及用户数量规模（过去 6 个月使用过外卖的人数）

资料来源：易观分析，https：//www. analysys. cn/.

数字经济形态下，数据资源及数字技术成为新的生产要素贯穿于社会经济发展的全流程中，并与劳动、资本、土地等其他生产要素进行融合、重组、迭代和优化，带来全新的价值创造方式，驱动服务业全面数字化迈入新阶段。随着数字技术与生活服务业的不断深度融合，生活服务业的发展模式、业态持续迭代，内涵不断丰富和发展。互联网、大数据、人工智能等数字技术的发展，推动生活服务业线下场景线上化和服务业数字化转型的进程，催生了一批如生活服务电子商务平台、酒店收益管理、产后修复、家居设计等新兴生活服务行业。比如，在线外卖蓬勃发展的背后，是中国较为完备的人工智能、云计算、大数据技术，以及平台化公司的出现和不断完善。目前，中国已经打造出分钟级即时配送网络：骑手的调度规划 0.55 毫秒就能完成、每小时可以规划 29 亿次配送，配送时间从 1 小时缩短到 30 分钟以内。受新冠防疫影响，大量消费者已经养成线上消费习惯，在需求侧，生活服务业数字化消费趋势已经形成，并将进一步促进供给侧加快数字化转型。生活服务数字化转型，对扩大消费需求、提升消费意愿、促进消费量具有重要作用，也对"十四五"时期经济转型升级和高质量发展具有重要推动作用。同时，数字化改变了传统经济下的就业形态，直播带货、快递员、网约车司机、平台骑手等生活服务业日渐成为灵活就业的热门选择。因此，以电商、网约车、物流配送、在线教育、信息服务和数字场景设计等作为平台吸纳青年人就业。数字平台经济所形成的新型就业"生态系统"，既是青年人当下就业选择的过渡地带和未来主体形态，也是青年人才自主创业的"孵化地"。

（三）生活服务电子商务平台

生活服务业数字化进程中，生活服务电子商务平台扮演着连接多方主体并赋能的重要角色。根据中国信息经济学会发布的《2023 中国数字经济前沿：平台与高质量充分就业》研究报告初步测算，以微信、抖音、快手、京东、淘宝、美团、饿了么等为代表的互联网平台，2021 年为我国净创造就业约 2.4 亿个，为当年约 27% 的我国适龄劳动人口提供就业机会。互联网平台在助力经济发展过程中发挥了重要的就业稳定器作用。据中国商务部统计，2022 年，全国网上零售额 13.79 万亿元，同比增长 4%。其中，实物商品网上零售额 11.96 万亿元，同比增长 6.2%，占社会消费品零售总额的比重为 27.2%。商务大数据对重点电商平台监测显示，2022 年，在 18 类监测商品中，8 类商品销售额增速超过两位数。其中，金银珠宝、烟酒同比分别增长 27.3% 和 19.1%。东北和中部地区网络零售额同比分别增长 13.2% 和 8.7%，比全国增速分别高出 9.2 个百分点和 4.7 个百分点。东部和西部地区网络零售额同比分别增长 3.8% 和 3%。全国农村网络零售额达 2.17 万亿元，同比增长 3.6%。2022 年我国跨境电商进出口（含 B2B）2.11 万亿元，同比增长 9.8%，发展迅速。其中，出口 1.55 万亿元，同比增长 11.7%；进口 0.56 万亿元，同比增长 4.9%。电商新业态新模式彰显活力。

【小案例 8-7】

AI 智能零售柜

AI 智能柜是为了适应日渐普及的无人智能零售业务而研发的一整套高集成高性能的解决方案，基于当先的人工智能视觉识别技术，为无人零售行业的品牌商和运营商提供高品质、高效率的人工智能服务。实现了"开门随心购物，关门自动结算"的便捷购物体验。

仅需扫码—拿货—关门即可结算,过程简洁流畅。"零售"的本质链接是"人"与"货"的"场","新"在于更高效、更好的服务——智能货柜构成了一个小型的"场",一方面,依靠视觉识别等 AI 技术强化商品即得性,提升"人"体验;另一方面,智能货柜的"货",通过数据驱动做到了"千柜千面"。

智能货机经历了早期的自动售卖机阶段、无人货架阶段到目前的智能货柜阶段。过去五年里,自动零售货机进入了实时数据传输及物联网为主的创新阶段。目前,主流智能货柜主要依赖"RFID 电子标签、重力感应、静态视觉、动态视觉"等 4 项关键商品技术。

1. RFID 标签识别:通过射频信号进行目标物体的自动识别和相关数据的提取,需要在每件商品上添加电子标签,货柜识别标签,从而完成准确结算。

2. 重力感应:重力感应系统在每个货道上都安装重力传感器,其原理是根据货物重量变化判断出消费者拿取的商品。

3. 动态视觉识别:动态视觉识别技术一般是在柜体顶端或两侧安装 1~4 个摄像头,记录顾客打开柜门后取出物品的全过程,并将录像上传到后台,通过对购物视频进行识别从而确定消费者拿取的商品信息。

4. 静态视觉识别:在每层货架顶端安装摄像头,对消费者拿取商品前后,对货架商品进行拍照对比,通过计算商品库存量的差异来判断消费者拿取的商品。

智能货柜的发展瓶颈主要是技术瓶颈:经过 2018~2019 年的快速发展,智能货柜发展到一定阶段,市面上的智能货柜技术服务商统称自家的识别准确率在 99% 以上,但是离真正成熟阶段还有一定差距。但新的技术在不断涌现。

资料来源:了解新零售下的 AI 智能货柜,看这篇就够了 [EB/OL]. 2019 - 07. https://baijiahao. baidu. com/s?id = 1640386219316679482&wfr = spider&for = pc.

(四)智慧医疗

智慧医疗是指在诊断、治疗、康复、支付、卫生管理等各环节,基于物联网、云计算等高科技技术,建设医疗信息完整、跨服务部门、以患者为中心的医疗信息管理和服务体系,实现医疗信息互联、共享协作、临床创新、诊断科学等功能。智慧医疗包括智慧医院系统、区域卫生系统,以及家庭健康系统等。智慧医院又主要包括三大领域:面向医务人员的"智慧医疗",即以电子病历为核心的信息系统;面向患者的"智慧服务";面向医院管理的"智慧管理"。智慧医疗的应用场景广泛,主要有远程会诊、远程超声、远程手术、应急救援、远程示教、远程监护等远程医疗应用;以及智慧导诊、移动医护、智慧院区管理、人工智能辅助诊疗等院内应用场景。例如:智慧病房可实现一体化床旁交互、呼叫预警、患者定位、输液监测等功能,智慧药事云平台全流程为医生、药师、患者提供科学用药服务。随着人均可支配收入的提高,人们越来越关注健康,对高质量医疗服务需求持续上升,越来越多的患者希望在日常生活场景中得到更高效、便捷、舒适的医疗服务,倒逼智慧医疗行业发展。新冠疫情使全球医疗系统不堪重负,但也让此前很难被患者或临床医生接受的数字化和远程医疗加速发展。智慧医疗的发展对于传统医疗来说能够极大缓解碎片化、信息孤岛的问题,利用物联网、区块链、大数据等技术实现患者与医务人员、医疗机构、医疗设备之间的互动,极大提升医疗效率,并通过融入更多人工智能、传感技术等高科技,使医疗服务走向真正意义的智能化,推动医疗事业的繁荣发展。

美国在智慧医院技术应用方面全球领先，超过 30% 的美国医院已通过美国医疗信息与管理系统学会—电子病历应用模型评级（HIMSS EMRAM）六级及以上评审，表明它们已能熟练使用电子健康记录系统，而在多数其他国家，只有不到 5% 医院通过此评审。在智慧医院技术投资方面，亚太地区正迅速赶上。如新加坡投入大量资金用于数字化整合医疗系统，新加坡卫生部还推出一系列数字化目标、平台和应用程序，以扩大医疗服务范围、提升质量和价值。

2016 年，中共中央、国务院印发的《健康中国 2030 规划纲要》把医疗健康提升到了国家战略层面，之后一系列围绕此战略目标的政策密集发布，远程医疗、区域协同、分级诊疗、互联网＋医疗健康的概念初步成型。2018 年 4 月，国务院办公厅印发《关于促进"互联网＋医疗健康"发展的意见》，就促进互联网与医疗健康深度融合发展作出部署。2018 年 7 月，国家卫生健康委、国家中医药管理局联合印发《互联网诊疗管理办法（试行）》《互联网医院管理办法（试行）》《远程医疗服务管理规范（试行）》，进一步规范互联网诊疗行为，发挥远程医疗服务积极作用。2018 年 9 月，国家卫生健康委印发《国家健康医疗大数据标准、安全和服务管理办法（试行）》，以加强健康医疗大数据服务管理，促进"互联网＋医疗健康"发展。2019 年 3 月，《国家卫生健康委办公厅关于印发医院智慧服务分级评估标准体系（试行）的通知》提出建立 0~5 级医疗机构智慧服务分级评估体系。2020 年 5 月，国家卫生健康委印发《关于进一步完善预约诊疗制度加强智慧医院建设的通知》，明确提出建设智慧服务、智慧医疗、智慧管理"三位一体"的智慧医院。2021 年 6 月，国务院办公厅印发《关于推动公立医院高质量发展的意见》，提出"强化信息化支撑作用"，推动云计算、大数据、IOT、区块链、5G 等新技术与医疗服务深度融合。

在一系列国家政策推动下，我国医疗服务信息化、智慧化建设已经取得阶段性成果。（1）流程更便捷。医疗机构特别是三级医院利用信息化手段，为患者提供预约诊疗、候诊提醒、院内导航、检查检验结果查询、划价缴费、健康教育等服务，努力做到了"四个减少"：患者往返医院次数减少，在医院内的重复排队减少，门诊全程候诊时间减少，平均住院日减少。（2）服务更高效。医疗机构通过应用移动医疗 App，让"指尖上的医疗服务"变成现实。医务人员使用移动查房、移动医嘱、移动护理设备和智能化、动态无线监控设备，减少了医疗服务的空间限制。在诊疗过程中使用语音输入病历、综合预警提醒、智能化诊疗决策支持，极大提升了服务效率。（3）管理更精细。目前，很多医院通过建立综合运营管理系统、医疗废弃物管理系统、智能被服管理系统、智能设备监控系统、智能能源管控系统等，实现了工作流程的闭环管理，相当于配备"智慧管家"，提高了医院管理的科学水平。

（五）生活性服务业数字化的挑战与趋势

虽然我国生活性服务业蓬勃发展，但我国生活性服务业发展仍长期面临总量不足、结构不优、质量不高、标准不一、低水平竞争、供需匹配效率低等诸多问题，不仅难以满足群众不断升级的服务消费需求，也对行业高质量发展与经济转型升级形成制约。通过对生活服务领域进行数字化赋能，推动生活服务的数据化、在线化、智能化、融合化，不仅能够提高生活性服务业的供给效率，更能够使生活性服务业更加符合居民需求，从而提升获得感与幸福感。"十四五"时期经济社会发展的主题是推动高质量发展，根本目的是满足人民日益增长的美好生活需要，使发展成果能更多更公平地惠及全体人民。实现高质量发展还要让人们享有"家门口的美好生活"，要大力发展"群众身边的生活性服务业"，生活性服务业数字化转型的必要性进一步凸显。

从数字化方案的供给来看，服务业大部分企业都是中小微企业，缺乏相应的数据基础和统一的管理流程等，使数字化解决方案本身的复杂度增加，从而增加服务商的开发成本。因此，亟须从行业指引、实践指南、试点示范等多角度助推，呼吁平台继续加大开放力度，联合权威机构出台行业数字化标准，加强资源共享和数据开放，培育大中小企业和社会开发者开放协作的数字产业创新生态，并给予政策扶持。生活性服务业的数字化转型离不开政府层面在软环境和硬设施方面的大力推动，全社会共同构筑美好数字生活新图景。政府层面除了强化在数字经济领域的反垄断立法和执法力度，还需要聚焦关键生活服务场景推进新基建。加快建设生活服务大数据和云计算中心；加大智慧建设的投入；进一步融合生活服务基础设施与社会治理，将生活服务业数据基础设施纳入新基建之中，在发展即时配送网络、培育智慧生活服务企业等领域给予更多资源投入，以带动生活服务行业的全面数字化。还应加快推动文化教育、医疗健康、会展旅游、体育健身等领域公共服务资源数字化供给和网络化服务，促进优质资源共享复用。充分运用新型数字技术，强化就业、养老、儿童福利、托育、家政等民生领域供需对接，进一步优化资源配置。促进社会服务和数字平台深度融合，探索多领域跨界合作，推动医养结合、文教结合、体医结合、文旅融合。

【知识链接 8 - 1】

新零售

所谓新零售，是指企业以互联网为依托，通过运用大数据、人工智能、物联网等技术手段，对商品的出产、流通与销售历程实行升级改造，并对线上服务、线下体验以及现代物流实行深度融合。简单来说，新零售就是以大数据为驱动，通过新科技进展和用户体验的升级，改造零售业形态。

新零售的概念是在 2016 年被马云提出，阿里巴巴研究中心给新零售设定了三个特征：

以心为本，消费者体验为中心，重构人货场；零售二重性，完全数据化；零售物种大爆发，催生更多服务形态。随后，包含阿里巴巴、腾讯、百度、京东、小米、网易等众多企业开始了新零售的探索之路，典型的例子有阿里巴巴的"盒马鲜生"、腾讯京东系的"超级物种"、小米企业的"小米之家"、网易企业的"网易严选"等。

2016 年 11 月 11 日，国务院办公厅印发《关于推动实体零售创新转型的意见》（国办发〔2016〕78 号），明确了推动我国实体零售创新转型的指导思想和基本原则。同时，在调整商业结构、创新进展方式、促进跨界融合、优化进展环境、强化政策支持等方面作出具体部署。《意见》在促进线上线下融合的问题上强调，要建立适应融合进展的标准规范、竞争规则，引导实体零售企业逐步提高信息化水平，将线下物流、服务、体验等优势与线上商流、资金流、信息流融合，拓展智能化、网络化的全渠道布局。

近年来，零售新业态新模式彰显活力，直播带货成为潮流。根据中国商务部数据，2022 年重点监测电商平台累计直播场次超 1.2 亿场，累计观看超 1.1 万亿人次，直播商品超 9 500 万种，活跃主播近 110 万人。即时零售成为又一个能发展到万亿级别的大赛道。即时零售或者零售外卖是指线上下单，1 小时或半个小时内送达的业态，例如京东到家、盒马、叮咚买菜、美团闪购、美团闪电仓。即时零售渗透的行业和品类持续扩大，覆盖更多应用场景，加速万物到家。

资料来源：新零售［EB/OL］. 百度百科网，2024 – 02. https：//baike. baidu. com/item/% E6% 96% B0% E9% 9B% B6% E5% 94% AE/20143211?fr = ge_ala.

三、生产性服务业数字化转型

在"工业化"阶段，产业发展的一个重要特征是分工越来越细，产业链越来越长，生产环节的分工不断深化成为提高工业生产效率的重要源泉之一。在"服务化"阶段，产业发展也呈现出类似特征，各产业生产环节对服务的需求越来越多、越来越细，服务化转型成为越来越多企业谋求价值增长的选择。当前一个重要趋势是，数字化变革将从需求侧向供给侧传导，重心从消费互联网向产业互联网转移。

生产性服务业是指为保持工业生产过程的连续性、促进工业技术进步、产业升级和提高生产效率提供保障服务的服务行业，具有全产业链支撑作用。生产性服务业是与制造业直接相关的配套服务业，是从制造业内部生产服务部门独立发展起来的新兴产业，本身并不向消费者提供直接的、独立的服务效用。生产性服务业主要包括研发设计与其他技术服务，货物运输、通用航空生产、仓储和邮政快递服务，信息服务，金融服务，法律服务，节能与环保服务，生产性租赁服务，商务服务，人力资源管理与培训服务，批发经纪代理服务，生产性支持服务等。

生产性服务业依附于制造业企业而存在，贯穿于企业生产的上游、中游和下游诸环节中，以人力资本和知识资本作为主要投入品，把日益专业化的人力资本和知识资本引进制造业，是二三产业加速融合的关键环节。生产性服务业通过为生产其他实物产品或服务产品提供中间产品或服务，提升实物产品或服务产品附加值，呈现强中间投入和高附加值属性。因此，生产性服务业与制造业融合发展形成良性循环，是实现工业特别是制造业高质量发展的重要基础。生产性服务业是壮大实体经济的重要支撑。数字经济的提速升级也要求生产性服务更加专业化、规模化、多元化、高端化、集聚化。中国"十四五"规划和2035年远景目标纲要也对生产性服务业提出了明确规划，即以服务制造业高质量发展为导向，推动生产性服务业向专业化和价值链高端化延伸。图8－8为《国务院关于加快发展生产性服务业促进产业结构调整升级的指导意见》和《国务院办公厅关于加快发展生活性服务业促进消费结构升级的指导意见》明确的重点发展的生产性服务业领域。

近年来，中国生产性服务业发展呈现平台化、智能化、融合化趋势，并呈现出全面开放提升要素链接能力。生产性服务业的数字化变革，将会在社会生产和市场流通之间建立一座桥梁。当前以大数据、物联网、移动互联网、云计算、人工智能、区块链等为代表的数字技术在产业层面的广泛应用，可以有效克服因信息不对称而引发的生产性服务业对实体经济支持不足的问题。通过产业数字化和数字产业化以及在此基础上发展起来的平台经济，制造业、农业等领域的客户可以有效向生产性服务业传递自身的个性需求，生产性服务企业可以有效捕获市场需求及客户类型等信息，进而提供更加专业化、个性化、低风险和低成本的服务。

在经济全球化、新一轮科技革命和产业变革的背景下，产业边界更加模糊化，产业内部的交叉渗透与产业之间的耦合共生，催生发展新趋势新需求。生产性服务业利用链接、赋能、服务等优势，全面整合研发、制造、服务等环节，放大平台效应，提升产业控制力。同

图8-8 重点发展的生产性服务业领域

资料来源：生产性服务业 [EB/OL]. 百度百科网，2023-12. https：//baike. baidu. com/item/% E7% 94% 9F% E4% BA% A7% E6% 80% A7% E6% 9C% 8D% E5% 8A% A1% E4% B8% 9A/6347559?fr = ge_ala.

时，依托大数据、人工智能、云计算等新一代信息技术，促进生产和服务功能进一步融合，催生出智能工厂、柔性化定制、总集成总承包等一系列新业态、新模式，加速推动制造业智能化升级。

（一）数字服务贸易

数字服务贸易一般指数字技术与服务贸易融合产生的新业态、新模式，不仅包括基于信息通信技术开展的线上宣传、交易、结算等促成的实物商品贸易；还包括通过信息通信网络（语音和数据网络等）传输的数字贸易，如数据、数字技术、数字产品、数字化服务等贸易。具体地，数据贸易则指数据跨境流动形成的贸易；数字技术贸易包括软件、通信、大数据、人工智能、云计算、区块链、工业互联网等数字技术的跨境贸易；数字产品贸易包括数字游戏、数字出版、数字影视、数字动漫、数字广告、数字音乐等数字内容产品的跨境贸易；数字服务贸易包括跨境电商平台服务以及金融、保险、教育、医疗、知识产权等线上交付的服务。不管是数字产品、数字服务、数字技术还是数据，都具有"无形性"，都属于被技术赋能的"特殊服务贸易"。因此数字贸易不仅包括贸易方式的数字化，也包括贸易商品的数字化。

随着数据要素驱动，数字服务贸易的内涵不断丰富，外延不断拓展，发展迅速。一方面，数字技术和数据资源开发利用改变了传统服务贸易的方式，为服务业企业"走出去"提供了更丰富的路径。数字经济连接海量数据和用户，服务远距离投放所产生的边际成本较低，跨境贸易产生的额外成本较小。特别是研发服务、众包平台等不仅能够提供跨越时空的服务，还能发挥更好利用全球资源的优势，提供高品质服务。另一方面，数字经济拓展了服务贸易的市场空间。这既包括云办公、远程教育、远程医疗等各类线上服务，也包括以数据为生产要素和服务内容的虚拟服务。

加快数字化转型、大力发展数字贸易，已成为世界各国把握数字时代机遇和应对经济形势不确定性的"金钥匙"。根据WTO数据显示，2022年全球数字服务贸易规模为3.82万亿美元，同比增长3.9%，数字服务贸易在服务贸易中的占比为53.7%。过去三年，全球跨境数据流动规模增长120.6%，数字服务贸易规模增长36.9%，均高于同期的全球服务贸易和货物贸易的增速。由于全球经济发展的不平衡性以及各国文化生活的差异性，数字技术给世界经济带来的效率提升和对生产生活的改善还有巨大空间。"十三五"时期，我国对数字服务贸易促进政策力度加大，数字化日益成为新时代中国服务贸易的重要特征，中国数字贸易增长47.4%，占服务贸易的比重从30.6%增至44.5%。据《数字贸易发展与合作报告2023》数据显示，2022年中国数字服务进出口总值3 710.8亿美元，同比增长3.2%，占服务进出口比重41.7%。其中，数字服务出口2 089.1亿美元，同比增长7.2%，超过世界平均水平；数字服务进口1 621.6亿美元，同比下降1.6%。中国知识产权使用费在细分数字服务贸易中增速领先。出口方面，知识产权使用费、其他商业服务、ICT服务增长最快，分别同比增长13.3%、7.9%和7.7%。进口方面，保险服务增长最快，同比增长30.2%。中国出海收入前20的互联网应用已涵盖短视频、游戏、电商、金融、移动出行等多个领域，不再局限于早期的杀毒软件、浏览器等工具类产品。中国数字服务出口占世界的5.1%，同比上升0.2个百分点。

虽然我国的数字服务出口发展形势良好，但也面临持续发展和有效治理的挑战，其中一个典型的挑战是数据出境中涉及的国家关键数据安全性和隐私的保护问题。此外，数字贸易领域新业态、新模式具有创新速度快、迭代周期短和规模扩张迅速等特点，资本驱动下快速扩张易引发资产泡沫和资金链风险，也易与现行法律法规及管理制度产生冲突。当前，全球数字贸易规则谈判进程加速，各种贸易协定和倡议终将为更广泛的多边合作和整合全球技术体系铺平道路。《"十四五"服务贸易发展规划》也将数字贸易列入服务贸易发展规划，明确了未来一个时期我国数字服务贸易发展的重点和路径。我国应顺应经济社会数字化发展新趋势，加强顶层设计，抢抓数字经济和数字贸易发展机遇，运用数字化手段，创新服务供给方式，打破传统服务贸易限制，促进传统服务贸易数字化转型，降低交易成本，提升交易效率和服务可贸易性；建立完善数字贸易大数据基础设施，建设跨境贸易大数据平台，加强数字贸易治理，在数字贸易主体监管、个人信息保护、数据跨境流动、重要数据出境、数据产权保护利用等领域，及时出台符合我国数字贸易发展特点的政策法规。

还应推动数字技术与服务贸易深度融合，充分运用数字技术大力发展新业态、新模式，推进服务外包数字化高端化，积极推动商品和要素流动型开放向规则等制度型开放转变、"边境上"准入和"边境后"监管相衔接，建立数字贸易金融基础设施，发展交付后数字增值服务，激发市场主体活力。

【知识链接8－2】

数字贸易

为应对数字贸易日益增长的需求，经合组织（OECD）、世贸组织（WTO）等将数字贸易定义为"所有以数字方式订购和以数字方式交付的国际交易"。我国具有代表性的定义是：数字贸易是以数字技术为手段、数字服务为核心、数字化平台为载体、数字化交付为特征的贸易新业态，涵盖信息通信技术、金融保险、知识产权、文化娱乐、其他商业服务等数字化交付的知识密集型服务贸易领域。国际国内在数字贸易内涵上都强调以下几点：（1）数字贸易包括贸易方式的数字化和贸易对象的数字化；（2）以互联网为代表的数字信息技术在数字贸易中发挥着关键作用，即只要在订购、生产以及递送等一个或多个环节中互联网技术起到了关键性的作用，就可将其视为数字贸易；（3）数字贸易交易标的不仅包括数字化的产品与服务，还包括使用数字技术订购的产品与服务。数字贸易强调信息技术在贸易中发挥的关键作用，数字贸易的基本属性是服务贸易。

从统计角度看，按照《国际服务贸易统计手册》的分类，服务贸易分为12个大类，其中有6类涉及可数字化交付服务贸易（数字贸易），分别是保险服务（保险和养老金服务）；金融服务；ICT服务（电信、计算机和信息服务）；知识产权使用费（许可使用或特殊安排使用）；个人、文化和娱乐服务（视听和相关服务、教育、医疗服务）和其他商业服务（研发服务、技术服务、专业和管理咨询）。而运输、旅行、建筑、加工、维修等严重依赖实体生成、服务的生产与消费在时空上难以分离、需要面对面满足需求的传统服务不包含在数字贸易里，这些领域难以实现"可数字化交付"。从数字贸易分类可以看出，数字贸易属于技术密集型和知识密集型的高价值服务贸易，代表了未来国际服务贸易发展的前沿方向，将对一国参与全球竞争产生深远影响。

从数字贸易规则演进过程看，大致经历了四个阶段：第一阶段以2001年生效的美国—约旦特惠贸易协定为蓝本，形成了数字贸易交易规则的雏形；第二阶段以2003年美智自由贸易协定为代表，明确了数字产品的定义、关税和非歧视待遇；第三阶段以2007年韩美自贸区协定为代表，第一次提出了数据产品交易中的跨境信息流以及互联网的访问和使用原则；第四阶段是2017年后，数字贸易的迅猛发展加剧了各国对数字贸易国际规则制定权的争夺，各主要经济体纷纷将构建全球数字贸易规则作为参与新一轮全球化竞争的关键。由于达成规则共识的复杂性，全球存在着多种数字贸易规制建构路径，WTO、二十国集团等国际组织都推出了各自的数字贸易规则。中国作为全球数字贸易第二大国，在数字贸易领域具备明显领先优势，主动参与数字贸易国际规则构建已成为我国维护国家权益的必由之路，也是中国作为负责任的数字贸易大国应尽的义务。

资料来源：刘波．北京国际交往中心发展报告（2022~2023）[M]．北京：社会科学文献出版社，2023.

（二）智慧物流

智慧物流是指通过智能软硬件、物联网、大数据等智慧化技术手段，实现物流各环节精细化、动态化、可视化管理，提高物流系统智能化分析决策和自动化操作执行能力，提升物流运作效率的现代化物流模式。自动化物流系统可提高生产与配送的效率和准确性，实现企业信息一体化，提高空间利用率，降低土地成本，减少人工需求，降低人工成本，提高物流管理水平。与传统物流相比，智慧物流对信息的追溯能力更强。智慧物流让物流系统通过传感器获取各种末端信息，然后将信息通过互联网传输到数据中心进行相应存储和处理，进而指挥各个物流环节执行相应操作，高效整合、调度和管理各类物流资源，为各参与方提供应用服务。从功能框架看，智慧物流主要包括智能感知、智能决策、智能执行三大模块。从技术框架看，智慧物流主要包括智能运输、智能仓储、智能配送、智能包装、智能装卸、智能信息处理六个方面。

当前，我国物流业处于增速放缓、效率提升、需求调整和动力转换的战略转型期。以"互联网＋物流"为重点的智慧物流，开辟了物流业发展新路径。智慧物流是利用信息技术使装备与控制智能化，代替人又高于人的物流发展新模式，其作用在于大幅提升效率，降低成本，增强消费者体验。智慧物流能大大降低制造业、物流业等各行业的成本，实打实地提高企业的利润，生产商、批发商、零售商三方通过智慧物流相互协作，信息共享，物流企业便能更节省成本。智慧物流的建设，将加速物流产业的发展，集仓储、运输、配送、信息服务等多功能于一体，打破行业限制，协调部门利益，实现集约化高效经营，优化社会物流资源配置。发展智慧物流有利于推动物流各环节流程再造，促进业态模式创新，提高物流服务质量与效率，有利于增加市场供需匹配度，增强企业需求感知与捕捉能力，对加快推进现代物流和实体经济高质量发展具有重要意义。

当前，我国交通运输领域智慧物流发展速度不断加快，自动驾驶逐步从技术研发走向商业应用，港口自动化程度不断提高，互联网道路货运、智能分拣、无人配送等新业态、新模式蓬勃发展，电子单证大力普及，这些都为交通运输创新发展注入了新动力。截至目前，全国已有超过3 500公里公路完成智能化升级改造；京雄高速河北段、沪杭甬高速、杭州绕城复线、成宜高速等一批智慧公路建成运行。同时，随着北斗、5G等信息基础设施的深化应用，截至2022年底，我国已安装使用北斗终端的道路运输和城市客运车辆超1 000万辆，重点领域北斗系统应用率超过95%，交通出行服务品质持续提升。交通建设与数字新技术的深入融合，不仅促进了经济社会发展，也增进了民生福祉，使得人享其行、物畅其流。以网络货运平台为例，通过高效匹配车货信息、缩短简化交易链条，司机平均等货时间由2～3天缩短至8～10小时，较传统货运降低交易成本6%～8%。2022年全国智慧物流市场规模近6 995亿元，5年平均增速达到13.1%，是同期全国社会物流总额增长速度的2倍，智慧物流对现代物流高质量发展的引领作用更加突出。

在顶层设计方面，我国政府陆续出台了《"十四五"现代物流发展规划》《"十四五"冷链物流发展规划》《"十四五"现代流通体系建设规划》《"十四五"数字经济发展规划》，都将智慧物流作为重要发展方向，推动物流数字化转型、智慧化改造和网络化升级。标准化是智慧物流体系建设的重要基础。2022年，中国交通运输部会同国家标准委制定了《交通运输智慧物流标准体系建设指南》，通过构建协调统一的交通运输智慧物流标准体系，推动有效解决不同标准间存在的零散、重复、矛盾等问题，引领智慧物流规范健康发展。当前我国全国统一大市场尚不健全，物流资源要素配置不合理、利用不充分，物流降本增效尚需进一步深化。智慧物流业具有广阔的市场，供需双方都对智慧物流服务有着迫切的需求。因此，"十四五"期间应深度应用5G、北斗、移动互联网、大数据、人工智能等技术，加快物联网相关设施建设，发展智慧物流枢纽、智慧物流园区、智慧仓储物流基地、智慧港口、数字仓库等新型物流基础设施。鼓励智慧物流技术与模式创新，促进创新成果转化，拓展智慧物流商业化应用场景，促进自动化、无人化、智慧化物流技术装备以及自动感知、自动控制、智慧决策等智慧管理技术应用。加快高端标准仓库、智慧立体仓储设施建设，研发推广面向中小微企业的低成本、模块化、易使用、易维护智慧装备，建设以绿色低碳为基础的全链数字化智慧物流体系。

【小案例 8 – 8】

智能仓储

现代仓储是现代物流系统中的仓储，与传统意义上的"仓库"不同，现代仓储不仅是存储货物的库房，更是一项以满足供应链上下游需求为目的，在特定的有形或无形场所，运用现代技术对物品的进出、库存、分拣、包装、配送及各环节产生的信息进行有效计划、执行和控制的物流活动。仓储是现代物流的重要组成部分。中国现代仓储发展经历了人工仓储、机械化仓储、自动化仓储和智能化仓储四阶段。在人力成本及土地使用成本上升的背景下，发展智能仓储，减少人员及土地的使用，降低仓储费用是中国仓储行业发展的必经之路。

智能仓储的应用，保证了货物仓库管理各个环节数据输入的速度和准确性，确保企业及时准确地掌握库存的真实数据，合理保持和控制企业库存。通过科学的编码，还可方便地对库存货物的批次、保质期等进行管理。利用库位管理功能，更可以及时掌握所有库存货物当前所在位置，有利于提高仓库管理的工作效率。

国内最成熟的智能仓储解决方案除了具备全面物资管理功能外，另有，（1）动态盘点：支持"多人＋异地＋同时"盘点，盘点的同时可出入库记账，盘点非常直观。（2）动态库存：重现历史时段库存情况，方便财务审计。（3）单据确认：入库、出库、调拨制单后需要进行确认更新库存。（4）RFID手持机管理：使用手持机进行单据确认、盘点、查询统计。（5）库位管理：RFID关联四号定位（库架层位）。（6）质检管理：强检物品登记、入库质检确认、外检通知单。（7）定额管理：领料定额、储备定额、项目定额。（8）全生命周期管理：物资从入库到出库直至报废全过程管理。（9）工程项目管理：单项工程甲方供料管理。（10）需求物资采购计划审批：审批权限、审批流程、入库通知、实现无限制审批层级。

自动化立体仓库是智能仓储的重要应用。立体仓库单位面积储存量可达7.5吨/平方米，是传统普通仓库的5～10倍。自动化立体仓库通过高层货架存储货物，提高高空利用率，大幅减少占用地面空间。自动化立体仓库采用现代化信息技术管理手段，通过智能化管理提高仓库存储效率，减少人工手动作业，节省人力成本。在土地和人工成本不断上升的背景下，自动化立体库较传统普通库的成本优势日趋明显。

智能仓储主要应用于商业配送和工业生产两大领域。由于智能仓储在商业配送和工业应用领域的渗透程度不断加深，智能仓储市场规模不断壮大，2021年市场规模达到1 145.5亿元。

资料来源：智能仓储［EB/OL］. 百度百科网，2023 - 02. https：//baike. baidu. com/item/% E6% 99% BA% E8% 83% BD% E4% BB% 93% E5% 82% A8/10984235？fr = ge_ala.

第五节　数字金融

一、数字金融的内涵

数字金融是指通过互联网及信息技术手段与传统金融服务业态相结合的新一代金融服务。这个定义与"互联网金融"（传统金融机构与互联网企业利用互联网技术和信息通信技术实现资金融通、支付、投资和信息中介服务的新型金融业务模式）及"金融科技"（通过技术手段推动金融创新，形成对金融市场、机构及金融服务产生重大影响的商业模式、技术应用、业务流程和创新产品）的定义存在一定共性。

数字金融主要包括互联网支付、移动支付、网上银行、金融服务外包及网上贷款、网上保险、网上基金等金融服务。中国数字金融的起点可追溯到2004年支付宝账户体系上线，但考虑到 2013 年余额宝开张后互联网金融或数字金融才引起了大众的关注，因此业界通常将 2013 年视为中国数字金融发展的起点。经过十几年的发展，中国数字金融系统已初具雏形，成为引领全球数字金融发展的一面旗帜。目前，蚂蚁金服、京东金融等数字金融公司的业务总量与业务范围稳居全球前列，第三方支付、网络贷款、财富管理、数字保险以及零售银行等业务规模也在国际上遥遥领先。

（一）第三方支付

支付方式是金融科技创新的重要领域，区别于传统金融机构的支付方式，数字金融的支付业务以大数据、云计算、区块链等数字技术为基础，构建了更加便捷的支付平台，并通过海量数据分析将支付业务精准扩展到其他相关业务。当前，支付宝、微信支付、京东支付等第三方支付方式已占据了较大的前端客户市场份额，成为大众线上与线下支付的有限选择。

（二）网络借贷

网络借贷主要包括个体网络借贷和网络小额贷款，主要特征为可实现资金需求方与供给方的直接对接，借款方式灵活便捷，借款门槛低。网络借贷有利于释放中小企业与个体消费者之间的融资需求，并可通过大数据分析等方法对客户进行信用评级，从而提供更加便捷和个性化的信贷服务。但网络借贷也存在一定的风险性，与传统贷款方式相比，网络借贷的监管力度相对较小，且网络平台的固定资本较小，承担大额担保能力有所欠缺，导致网络借贷的风险更高。

（三）财富管理

随着大数据、云计算、区块链、人工智能等数字技术的发展及普及，各大券商、基金公司积极开展财富管理的数字化转型，为投资者提供了更便捷、安全的财富管理平台。以智能投资顾问为例，它利用云计算、大数据等技术，更加科学准确地对标投资者的财务状况、风险偏好等个性化特征，并改变了客户与理财顾问面对面的服务模式，具备成本低、易操作、科学合理等特点。

（四）互联网保险

保险公司或新型第三方保险网通过互联网等渠道来进行保险销售的经济行为被称为互联网保险，物联网、大数据、人工智能等数字技术的发展推动了传统保险行业的数字化转型。物联网等技术的应用推动了车联网保险等物联网保险新模式的发展，大数据分析优化了保险个性化定制、自动化出单、精准营销和风险管理等流程。

二、数字金融对传统行业的影响

（一）数字金融对传统金融的影响

数字金融是传统金融发展到一定阶段的新兴模式。目前，关于数字金融对传统金融的影响主要存在两种观点，一方面，数字金融从负债业务、中间业务、资产业务等多个方面冲击着以银行为主体的传统金融（郑志来，2015）；但另一方面，数字金融与传统金融间的相互竞争将会推动金融结构变革和金融效率的提升，使得金融更具普惠性（吴晓求，2015）。（1）数字金融与传统金融存在业务竞争，给传统金融行业尤其是商业银行带来了巨大的危机。相比传统金融，数字金融具备科技含量高、服务效率高等特征，并依靠方便、快捷和个性化服务等特点迅速抢占了商业银行的现有与潜在客户人群，导致商业银行业务范围缩小、面临的市场竞争强度大幅提高。（2）数字金融与传统金融之间竞争也共同推动了金融行业的发展，数字金融的便捷、高效等特征有助于吸纳更广泛的客户群体，从而提高金融服务的覆盖范围，在此视角下，数字金融与传统金融存在相互促进的合作关系。（3）数字金融也是传统金融行业的发展与继承，数字金融的本质仍是金融，在数字经济快速发展的主流趋势下，数字金融的产生有利于金融业更好地适应数字经济发展所带来的经济形势变化，在与传统金融业的融合与合作中共同推动着金融行业的发展。

（二）数字金融对实体经济的影响

党的二十大提出，要加快发展数字经济，促进数字经济和实体经济深度融合，打造具有国际竞争力的数字产业集群。实体经济的发展有赖于资金的支持，随着传统金融向数字金融的扩展，数字金融对实体经济发展的贡献度相应提高，并凭借其便捷、高效、数据依赖程度高等特征逐步成为推动实体经济发展的新动力。在此背景下，促进数字金融发展并引导数字金融更好地服务于实体经济，是促进数字经济和实体经济融合的重要举措。

数字金融作为普惠金融与互联网技术的结合产物，直接推动了实体经济发展。（1）数字金融利用大数据、人工智能等前沿数字技术，既可降低信息不对称程度，也可提高服务的效率与个性化程度，有效缓解中小企业面临的融资约束以及融资难融资贵的问题；（2）数字金融可有效打破地域限制，提高了相对偏远地区的个体和企业在金融服务方面的可得性，有利于激发偏远地区的市场活力；（3）数字金融还可抑制资本的盲目逐利，优化金融资源配置，有助于增加实体经济的资金流，提高对实体经济的投资效率。

此外，数字金融还可通过影响传统金融发展、消费水平与科技创新，间接地促进实体经济发展。（1）传统金融机构因营利性目的及信息不对称等原因无法为"尾部"客户提供金融服务，而数字金融可利用先进的互联网技术提高服务的效率与覆盖范围，扩充传统金融无法覆盖的群体或企业，从而将更多资金有效投入到实体经济；（2）数字金融可通过刺激消费、拉动内需，有效地推动实体经济的发展；（3）数字金融的出现可降低科技创新的融资门槛，推动科技创新行业的发展，从而促进实体经济高质量发展。

三、未来发展趋势

（一）商业银行数字化转型的策略与路径

1. 转型策略。商业银行数字化转型需要采取正确的策略，具备与技术相适应的新思维，构建新的核心能力，大致策略包括理念转变、确定数字化转型的关键领域、再造组织架构与流程、转变经营模型、注重构建场景金融、加强跨界合作、构建互利共生的金融生态圈等。

（1）理念转变。①数据是数字时代重要的生产要素，也是金融机构的重要资产，商业银行要建立数字思维，依托数据来发现、分析、解决和跟踪问题。同时，应重视数字技术的应用与创新，深刻认识到以大数据、云计算、人工智能、物联网、区块链等数字技术所带来的金融业发展机遇，依靠数据要素与数字技术实现商业银行成本降低、效率提高，逐步实现金融服务智能化。②商业银行应转变"以产品为中心"的传统理念为"以客户为中心"的新理念，从客户角度出发，适应客户金融需求和行为方式的变化，不断加强服务模式与方法创新，提供一站式、一揽子的个性化金融服务，满足客户多样化的金融需求。③树立用户与客户并重的理念，应重新定义用户价值，以开放化的思路将用户在外场景上的非金融交易纳入价值管理体系。

（2）确定数字化转型的关键领域。商业银行的数字化转型任务艰巨，需耗费大量资金和时间，在数字化转型的具体过程中不可能一蹴而就，往往也很难面面俱到，在此现实背景下，应优先选择受金融科技影响较大的金融业务进行数字化转型，不仅可以维持业务的相对稳定，还可为其他业务的数字化转型提供实践经验。数字化金融科技对传统金融影响最大的是零售银行、投资及财富管理和资金转移及支付等个人金融服务领域，因此，在数字化转型时，应优先进行零售业务的数字化转型。

（3）再造组织架构与流程。传统银行组织架构的设计是以方便管理为导向，组织架构是相对割裂的，每个部门负责自己的业务，系统开发人员对业务、系统、数据了解不全面，无法做到科学系统地规划。因此，加快商业银行数字化转型必须进行"以客户为中心"的组织架构与流程再造。

（4）转变经营模式。商业银行的经营模式主要是指银行业务范围的选择以及银行如何整合这些业务等。目前，我国商业银行的经营模式有待进一步完善，做好以下四个方面：①转变观念，走低资本占用型经营模式之路；②商业银行要不断推进客户结构调整，逐步转变传统的"大户"战略；③充分利用数字技术积极推进渠道建设和整合；④加快业务发展，提升创新能力。

（5）注重构建场景金融。通过构建场景金融，将银行服务与非银行服务结合起来，实现价值链纵向和横向的整合，在客户场景中无缝对接银行服务，提高客户黏性。对个人来说，可着力打通个人的衣食住行医教等生活场景，构建生活圈；对于企业，可打通企业上下游资源，构造完整的企业产业链。

（6）加强跨界合作，构建互利共生的金融生态圈。银行应加强与金融科技企业的合作，弥补商业银行的短板，更好地促进数字化转型。①与金融科技企业的合作可以使银行共享电商平台数目，使银行更好地了解客户，并提供金融服务；②合作可以使银行利用金融科技企业拥有的线上触达用户的渠道，不仅提高对现有客户的服务能力，也能扩展银行的客户群体；③商业银行与互联网企业在科技方面的深层次合作能提升银行的科技水平，加快促进商业银行的数字化转型。

2. 转型路径。传统商业银行需主动应对数字化转型趋势，应用数字技术来提高效率、降低成本、扩大发展规模。商业银行自身规模和实力不同，分为内部研发和与金融科技公司合作两类。

大型商业银行的规模较为庞大，实力雄厚，更倾向于建立自己的内部研发部门或金融科技子公司，以助力技术创新，不断改造组织架构和转变经营模式，广泛搭建金融服务平台。目前，兴业银行、平安银行、光大银行、招商银行、建设银行、民生银行等大型商业银行已成立了自身的金融科技子公司，通过加强技术研发与技术创新，全面助力自身数字化转型的不断推进。近年来，银行业在金融科技方面的投入持续上升，其中，6家国有大行的信息科技投入合计超过千亿元，同比增长达10%以上。工商银行在金融科技方面的投入位居同业之首，2021年，工商银行金融科技投入259.87亿元，去年末金融科技人员达3.5万人，占全行员工的8.1%；建设银行更是早在2018年就把金融科技作为该行三大战略之一。截至2020年末，建设银行金融科技人员数量为15 121人，占集团人数的4.03%；2020年金融科技投入为235.76亿元，占营业收入的2.86%。招商银行作为股份制银行中的零售龙头，在2021年年报中提到"以洪荒之力打造金融科技银行"。2021年，招商银行信息科技投入132.91亿元，同比增长11.58%，占该行营业收入的4.37%。截至2021年末，该行研发人员达10 043人，较2020年末增长13.07%。

对于中小型银行，自身发展规模还不足以支撑自身内部研发平台的建立。因此，这类银行往往选择与金融科技公司跨界合作，以此推进自身的技术创新与数字化转型。中小型银行与金融科技公司主要在三个方面开展跨界合作：（1）产品合作，如支付清算、信贷和风险管理等环节；（2）服务合作，涉及营销推广与共建场景等，如中信银行信用卡中心与京东金融推出了国内首张"互联网＋"概念信用卡——中信白条信用卡；（3）战略合作，主要设计投资、并购金融科技企业以及共建金融科技实验室等。

【小案例8－9】

高质量推进商业银行资产管理业务数字化转型

在资产管理这一新兴业务领域，人工智能、大数据和云计算与资产配置、量化交易和风险控制的融合尚在探索之中，亟须加速推进，为构建新发展格局、促进中国银行业现代化转型和高质量发展贡献金融力量。本文提出，推动资产管理业务数字化转型的路径包括四个方面：客户端以"加"增值，持续提高市场洞察力；流程端以"减"提效，切实增强客户服务力；投资端以"乘"立智，精心打造专业竞争力；风控端以"除"破险，系统强化智能管控力。

习近平经济思想是习近平新时代中国特色社会主义思想的重要组成部分，是全面建设社会主义现代化国家的科学指南。发展数字经济是习近平经济思想的重要内容。习近平总书记在党的二十大报告中指出，要加快发展数字经济，促进数字经济和实体经济深度融合。从银行业看，近年来信息技术已得到广泛应用，但与新发展格局相适应的金融数字化转型仍任重道远，特别是在资产管理这一新兴业务领域，人工智能、大数据和云计算与资产配置、量化交易和风险控制的融合尚在探索之中，亟须加速推进，为构建新发展格局、促进中国银行业现代化转型和高质量发展贡献金融力量。

一、目标：落实金融三项任务。（1）服务实体经济，践行金融政治性人民性。（2）防范金融风险，维护金融系统安全稳定。（3）深化金融改革，推动银行业高质量发展。

二、原则：坚持四方面融合。（1）坚持客户至上思路，促进客户与业务的融合。（2）坚持自主研发攻关，促进科技与业务的融合。（3）坚持打破数字鸿沟，促进业务与业务的融合。（4）坚持人才兴业原则，促进人才与业务的融合。

三、路径：推动资产管理业务数字化转型的"加减乘除"。（1）客户端以"加"增值，持续提高市场洞察力。（2）流程端以"减"提效，切实增强客户服务力。（3）投资端以"乘"立智，精心打造专业竞争力。（4）风控端以"除"破险，系统强化智能管控力。

资料来源：董劭然．高质量推进商业银行资产管理业务数字化转型［J］．清华金融评论，2023（05）：94－96.

（二）数字金融的发展前景

数字金融是金融与科技的结合体，随着数字技术的不断进步以及金融与技术的不断融合与发展，未来数字金融的发展方向将趋于场景化、数字化和智能化。

1. 未来数字金融服务更趋向于场景化。目前，阿里巴巴、腾讯和京东等数字金融标杆企业已与传统商业银行聚焦金融场景化这一突破点，通过挖掘"互联网＋场景＋金融"的组合，整合现有资源，寻求客户生活需求、商业运营与金融服务的契合点，扩展金融服务的深度与广度。

2. 未来金融市场的运营更趋向于数字化，将呈现三方面特点：（1）以智能柜机、机器人顾问为代表的人力数字化逐步普及，此转型不仅可以降低人工客服成本，也可提高服务效率和质量；（2）金融机构的组织管理的数字化水平提高，基于大数据、云计算等数字技术的数字化管理可提高金融机构分析监测、组织管理的效率和准确性，有助于金融机构的内部管理模式升级；（3）金融服务业务流程的数字化水平提高，通过数字技术、场景融合等金融科技手段，提升金融机构的业务能力和数字化运营能力，在安全、高效处理各种金融业务的基础上带给客户更好的业务体验。

3. 未来金融机构的风控能力更加智能化。数字金融的本质仍为金融，风险控制也是数字金融的核心要素，数字金融通过引入大数据、人工智能、云计算等前沿数字技术构建智能风控系统，打通贷前、贷中、贷后等环节实现风控智能化，此发展趋势有助于实现全风险的智能管控，提升金融机构的风险管理水平。风控智能化具体可从线上智能化决策和空闲控制模式创新、线下环节智能化改造、金融机构风控模型算法升级、完善风险管理闭环等方面展开，从而有效提升数字金融的风控能力。

【知识链接8－3】

数字人民币

数字人民币是人民银行发行的数字形式的法定货币，由指定运营机构参与运营，以广义账户体系为基础，支持银行账户松耦合功能，与实物人民币等价，具有价值特征和法偿性。其主要含义是：（1）数字人民币是央行发行的法定货币；（2）数字人民币采取中心化管理、双层运营；（3）数字人民币主要定位于现金类支付凭证，将与实物人民币长期并存；（4）数字人民币是一种零售型央行数字货币，主要用于满足国内零售支付需求；（5）在未来的数字化零售支付体系中，数字人民币和指定运营机构的电子账户资金具有通用性，共同构成现金类支付工具。商业银行和持牌非银行支付机构在全面持续遵守合规（包括反洗钱、反恐怖融资）及风险监管要求，且获央行认可支持的情况下，可以参与数字人民币支付服务体系，并充分发挥现有支付等基础设施作用，为客户提供数字化零售支付服务。

数字人民币采用的是双层运营模式。人民银行负责数字人民币发行、注销、跨机构互联互通和钱包生态管理，同时审慎选择在资本和技术等方面具备一定条件的商业银行作为指定运营机构，牵头提供数字人民币兑换服务。在人民银行中心化管理的前提下，充分发挥其他商业银行及机构的创新能力，共同提供数字人民币的流通服务。

数字钱包是数字人民币的载体和触达用户的媒介。在数字人民币中心化管理、统一认知、实现防伪的前提下，人民银行制定相关规则，各指定运营机构采用共建、共享方式打造移动终端 App，对钱包进行管理并对数字人民币进行验真；开发钱包生态平台，实现各自视觉体系和特色功能，实现数字人民币线上线下全场景应用，满足用户多主体、多层次、多类别、多形态的差异化需求，确保数字钱包具有普惠性，避免因"数字鸿沟"带来的使用障碍。

从购买理财产品到"乘车码"功能，从缴纳税费到代发工资、普惠发放……数字人民币正走进千行百业，试点场景快速扩容。2019 年以来，数字人民币试点持续完善顶层设计和生态体系建设，强化产品和应用创新，统筹发展与安全，推动数字人民币应用向纵深发展。特别是，2023 年以来，包括江苏、广东深圳、浙江义乌、四川成都在内的省市陆续发布数字人民币试点工作方案。从当前数字人民币试点进度来看，我们认为全国数币试点已经在由准备阶段，迈向机制建设更健全、应用场景更深入的推广阶段。

资料来源：中国人民银行数字人民币研发工作组 . 中国数字人民币的研发进展白皮书［R］. 2021.

【复习思考题】

1. 数字技术与金融如何融合？

2. 如何推动金融科技与经济发展深度融合？

3. 数字乡村建设对农村市场发展有何影响？

4. 数字孪生在工业数字化转型中有哪些关键作用？

5. 全球智能制造的发展趋势是什么？

6. "十四五"规划期间数字农业应该在哪些方面进行重点突破？

7. 数字化给服务贸易带来哪些变革？

8. 什么是生产性服务业？生产性服务业数字化的典型案例有哪些？

9. 传统商业银行如何进行数字化转型？

第九章

数字治理

■ 【学习目标】
 ◇ 了解数字治理的背景
 ◇ 理解数字治理的内涵概念和体系框架
 ◇ 了解政府治理数字化转型的发展历程
 ◇ 理解中国数字政府建设现状
 ◇ 理解政府治理数字化转型面临的现实困境
 ◇ 理解政府治理数字化转型面临的路径对策
 ◇ 认识传统公司治理与数字化公司治理的区别
 ◇ 理解数字经济中公司治理的模式创新

【案例导引】

北京加强数字化治理 助推治理体系和治理能力现代化

打开手机购物软件随时随地浏览和选购自己心仪的商品；在移动社交软件上和千里之外的家人朋友聊天互动；扫描二维码支付，不带钱包也能"走遍天下"……党的十八大以来，伴随数字中国建设实践的不断深入，"让亿万人民在共享互联网发展成果上有更多获得感"的美好愿景正成为惠及群众生活各个方面的美好现实。北京立足首都功能定位，积极适应高质量发展新需求，以"以人为本、数据赋能"为发展核心，以提升城市治理和服务水平为目标，以推动新一代信息技术与城市治理和公共服务深度融合为途径，不断加强数字化治理，推进城市治理体系和治理能力现代化，建设和谐宜居之都，取得较好成效。

（1）提高城市管理智能化水平，实现精细化管理。加强新技术与城市智能管理的深度融合，在城市管理领域充分利用物联网、云计算等新技术，建设环卫、燃气、供热、地下管线等信息化系统，大力推进城市管理精细化。①加强网格化城市管理。搭建网格化城市管理系统，共划分5.7万个管理网格，覆盖16个区、330个街道（乡镇）、6 232个社区，重点监管7大类101小类总计607万余个城市部件。十余年来，累计处置城市管理问题约6 000万件。②加强城市运行监测。开展"城市生命线"实时监测物联网应用示范工程，通过采集北京市燃气集团、热力集团、自来水集团、排水集团及北京市电力公司的业务系统实时数据及汇总类数据，对城市运行管理的重要方面进行监测、预警、分析。③提高城管执法水平。深入推动基于感知、分析、服务、指挥、监察"五位一体"的首都智慧城管建设应用工作，实现对政治核心区及其他重要地区的全天候监控，实时掌握执法力量分布情况。

（2）发展智慧交通，助力出行畅通无阻。创新公共交通服务模式，驱动智能交通由信息化、智能化向更高阶段的智慧化方向发展，助力城市交通运行更高效、更有序、更安全。①强化人车路货交通监管。形成交通行业"人、车、路、货"全方位感知体系，基本实现公共交通客流监测、重点营运车辆卫星定位监控、道路监测等交通感知设备全覆盖。②提高交通管理智慧化水平。搭建交通行业大数据中心，整合并动态接入行业内外40余个业务系统共8 000多项的数据，可向全市20余个企事业单位提供连续数据共享服务。利用大数据技术，开展全市骨干网规划，优化公交线网。建设停车资源管理与综合服务平台、共享自行车监管与服务系统、交通执法智能化综合管理平台，推进执法规范化、指挥智慧化、监管网络化。③优化绿色出行服务。启动北京交通绿色出行一体化服务平台，为市民提供整合多种交通方式的一体化、全流程智慧出行服务。上线集聚综合交通出行信息服务的"北京交通"App平台，整合接入全面的交通出行信息，为社会公众提供面向整个出行链的一站式综合交通信息服务，打造更便捷、更高效、更经济的绿色交通服务环境。

（3）提高城市规划和环保能力，促进城市可持续发展。积极落实"美丽中国信息化专项行动"，加强自然资源动态监测和监管，创新环境污染防治与管理，生产生活方式绿色化水平大幅提升。①提升城市资源规划的智能化水平。在国土调查、国土空间规划编制、城市变化监测与体检评估等方面应用卫星遥感、人工智能等技术开展卫星监测，加强对违法建设、违法用地行为的打击，有效避免违法建设、违法用地行为造成的经济损失，加强自然资源保护。②促进生态环境改善。建设现代化生态环境监测网络体系，自主构建全国生态环境监测领域唯一一套双路监测物联专网系统，连接72个空气质量和31个水环境质量标准自动监测站，实现"自我故障诊断、故障分级、主动报警、维护调度"。建设新一代"4＋1"监测网络，搭建高密度空气质量监测网络，北京市成为国际上首座利用小型监测设备开展系统性大规模空气质量监测的城市，形成多维度、全方位的空气质量监测体系，助力改善空气质量，增强市民的蓝天幸福感。

（4）强化安全监测预警和应急处置，筑牢安全防护堡垒。加强城市公共安全保障，加强对突发事件、自然灾害、重大疫情等的预警和应急响应，为维护首都持续稳定提供强力支撑。①加强公共安全监测预警。结合"雪亮工程"，大力加强高清监控、人脸识别、车辆卡口等前端感知设备建设，建成全市视频监控资源联网共享平台，实现治安防控"全覆盖、无死角"。建设重大活动安保指挥系统和智慧管控平台，强化感知预警、风险评估，对各类突发情况做到"扁平指挥、秒级响应、一呼百应"，筑牢重大安保"数字长城"。②提高应急管理能力。按照"高起点、大融合、智能化"的理念建设市应急指挥中心，搭建安全生产、消防救援、防汛抗旱、森林防火、地震地质灾害等管理平台，接入60余类专网专线专电，以及35家单位的71个系统，与国务院、津冀政府、市相关部门、各区的指挥平台实现互联互通，实现"智慧大应急"。

（5）推进市场监管智慧化，营造良好营商环境。建立全生命周期的市场监管体系，强化信用服务和信用监管，努力营造宽松便捷的营商环境、公平竞争的市场环境、安全放心的消费环境。①提高市场监管数字化水平。建立集申请、受理、审批、电子证照为一体的"质量监督网上政务服务平台"，涵盖工业产品、标准化、计量、特种设备、认证五大类公共服务事项，为申请人提供网上咨询、网上申请、网上受理等全流程在线服务。建设药品监管"一张图"，建立药品质量追溯体系，搭建药品物流在线实时监控系统，帮助随时查询药品批发企业进销情况。②加强信用管理。北京市公共信用信息服务平台已归集信息总量突破4亿条，建成全市统一的信用联合奖惩信息管理系统，将信用评价结果应用于"双随机，一公开"、评优评先、招标投标、申请财政补贴等行政管理事项，构建了具有北京特色的信用监管机制。

资料来源：数字中国建设案例展示丨北京加强数字化治理 助推治理体系和治理能力现代化［EB/OL］. 2020－12－12. 中国国家网信办官方网站，http：//www.cac.gov.cn/2020－12/12/c_1609348774603801.htm.

第一节　数字治理体系

新一轮科技革命和产业变革的深入发展，在推动经济、社会业态发生深刻变革的同时，数字治理体系的构建和治理能力现代化的提升也成为当下中国乃至全球面临的新课题。

一、数字治理的背景

数字经济在快速发展、为经济发展提供新动能的同时，也滋生了巨头企业与垄断、知识产权与隐私保护、数字金融风险等一系列新问题，对相应治理规则的需求日益迫切。

（一）数字经济中的垄断与反垄断问题

1. 数字经济中存在的巨头企业与垄断。巨头企业借由一系列非正当竞争手段攫取市场支配地位。互联网类超级平台和科技巨头企业能够利用其自身网络经济、规模经济和极低边际成本优势,借助相互补贴等策略在多个领域开展相关业务活动,从而产生"赢者通吃"和超级"数字巨无霸"现象。比如阿里巴巴利用"二选一"行为恶意打压、排挤竞争对手,甚至是阻碍新的竞争者进入市场。这一局面的形成使得数字经济市场本身就存在巨大的进入壁垒,与此同时,这些巨头企业为进一步巩固自身竞争优势和捍卫其市场支配地位,往往会出现商誉诋毁、裹挟交易等"显性"不正当竞争行为,严重违反了平台市场的公平竞争原则。

在获取市场支配地位后,巨头企业多存在竞争限制与封锁市场行为。比如,借助用户数据的控制与支配优势,依托推荐和大数据智能分析等算法,针对不同用户实施"一级价格歧视",以最大限度地攫取用户的"消费者剩余",出现"大数据杀熟"等"隐性"不正当竞争行为,导致大规模的退换服务与投诉现象;利用人工智能算法非法操纵搜索引擎,既迫使消费者更加依赖平台,又变相提高搜索引擎的广告位成本、增加对潜在进入者的威慑力,进一步强化其垄断地位;利用用户数据进行交易,存在个人隐私泄露与信息侵权问题等伤害消费者合法权益行为;大部分平台普遍存在虚假宣传、诱导消费和网络售假等违法违规行为。这些行为在侵犯消费者公平交易权的同时,也将引发一系列系统性金融风险与隐患,严重威胁金融系统安全。

2. 数字经济中的反垄断。针对全球大型数字平台企业反垄断调查趋势日益增加。为应对数字经济中的反垄断规制困境,全球主要国家地区对各类数字市场的反垄断调查与执法力度开始逐步加大,尤其是对大型平台企业的调查与处罚。资料显示,谷歌、脸书、亚马逊和苹果全球四大数字平台企业成为各国反垄断调查的主要对象,共有 18 个国家地区对这四大数字巨头企业发起的反垄断诉讼与执法案件高达 150 起(见图 9 - 1)。其中,谷歌以 50 起涉案数量位居榜首,被罚金额累计高达 100 亿美元;苹果、亚马逊和脸书分别以 45 起、34 起和 21 起涉案数量紧追其后。事实上,全球各个国家和地区对这四家数字平台企业垄断行为的指控多为平台企业利用市场支配地位排挤或限制正常市场竞争,产生损害竞争对手乃至消费者、平台经济参与者权益的现象(见表 9 - 1)。同时,随着反垄断调查的不断深入,数字反垄断监管开始逐渐聚焦于针对数据收集和利用、算法操纵等反竞争行为。

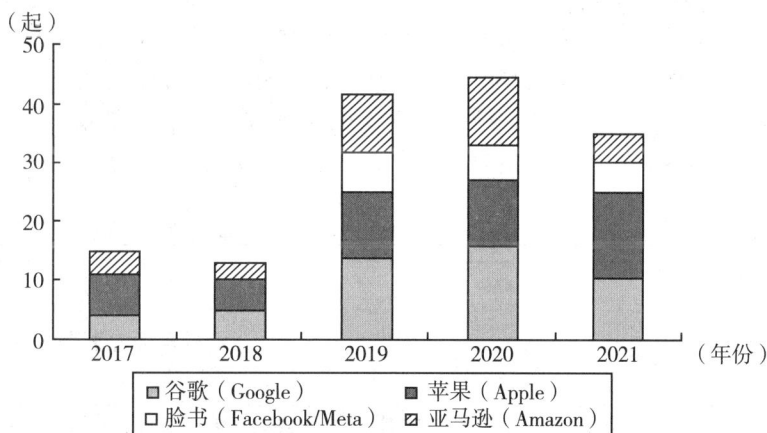

图 9 - 1 2017 ~ 2021 年全球四大数字经济平台企业的反垄断案件数量

资料来源:熊鸿儒,韩伟. 全球数字经济反垄断的新动向及启示 [J]. 改革,2022 (07):49 - 60.

表 9-1 全球四大数字平台开展反垄断调查的主要原因

企业	被调查的主要问题
谷歌	在通用搜索市场操纵搜索结果、挪用数据和实施自我优待行为，降低搜索质量，提高价格
	在在线广告市场设置排他性条款，实施数据整合
	在移动操作系统市场实施排他性行为，捆绑自家应用
	在移动商店市场实施自我优待行为
	在浏览器、数字地图、云计算等市场滥用支配地位，主要表现有：提高价格、搭售和自我优待等
	不当收集和使用用户数据
苹果	在移动应用商店和移动操作系统市场滥用支配地位，主要表现有：收取高额佣金和服务费（即"苹果"强制安装支付系统、自我优待）
	不当收集和使用第三方数据
脸书	在社交网络市场滥用支配地位，主要表现为大规模收购、抄袭并扼杀潜在竞争对手，对竞争对手选择性执行平台规则（比如限制互操作），以及通过杠杆传导至在线广告市场
	不当收集和利用用户数据，涉嫌多起数据隐私泄露丑闻
亚马逊	在网络零售市场"霸凌"第三方卖家、滥用第三方卖家数据，设置最惠国待遇条款，实施掠夺性定价排挤竞争对手，实施自我优待行为等
	在云服务市场滥用支配地位，如自我优待、降低互操作性等
	在智能助理市场滥用支配地位，如自我优待、捆绑销售等

资料来源：熊鸿儒，韩伟. 全球数字经济反垄断的新动向及启示 [J]. 改革，2022（07）：49-60.

数字经济反垄断新动向。现阶段全球各国在数字经济反垄断司法实践中均取得了一定尝试与进展，主要动向体现在以下几个方面：（1）近年来，以美欧为代表的主要国家和地区在新的多元化目标下均加快了数字经济竞争政策的专门立法或修法（见表9-2），整体反垄断法律目标逐步由单一化趋向多元化，规则体系进一步完善。（2）反垄断执法的针对性和力度显著增强，如聚焦特定行为，强化执法不足风险，重视对隐私和创新的影响等。（3）监管方式和手段更加灵活多样，如强化临时性措施提高监管效率，聚焦前置式监管趋势，应用数字科技强化数字化监管能力。（4）设立专业机构增强执法的专业性与协调性，并积极开展密集调研和发布调查报告。

表 9-2 近几年主要国家地区涉及数字经济的修法或立法进展

国家/地区	年份	修法/立法	核心内容
德国、奥地利	2018	强制性事前并购申报交易额门槛指南	经营者集中审查引入"交易额"申报门槛
日本	2019	关于数字平台经营者在与提供个人信息等的消费者的交易中滥用相对优势地位的指南	该指南旨在防止数字平台经营者滥用优势地位，不公平地向用户收集个人信息

续表

国家/地区	年份	修法/立法	核心内容
欧盟	2020	数字市场法、数字服务法（2022 年正式获批）	《数字市场法》作为欧盟竞争法的补充，针对作为"看门人"的大型平台企业，设置了一系列特殊业务
俄罗斯	2020	联邦反垄断法第 5 次修订	规定了反垄断法对平台经济调整的范围、基本概念和适用标准，以及企业反垄断合规的一些具体业务
德国	2021	反对限制竞争法第 10 次修正案	该法案中的条款创新性地提出"具有显著跨市场影响的企业"，并确立了不得从事自我优待等行为；规定数据可以构成必需设施，推动平台开放、共享数据资源
英国	2021	并购评估指南	围绕并购对未来竞争或动态竞争的损害，设定了较低的认定标准
欧盟	2021	纵向协议集体豁免条例、纵向限制指南修订草案	修订草案内容涉及对部分在线销售行为的规范
美国	2021	众议员系列法案：美国选择与创新在线法案、终止平台垄断法案、经转服务提升兼容与竞争法案、平台竞争与机会法案、并购申报费现代化法案、州反垄断执法审判地法案 参议院法案：美国创新与选择在线法案	聚焦自我优待、平台双重性、数据可迁移与互操作、扼杀性收购等问题

资料来源：熊鸿儒，韩伟. 全球数字经济反垄断的新动向及启示 [J]. 改革，2022（07）：49－60.

（二）数字知识产权治理问题

以人工智能、物联网和区块链等新一代数字技术为主要驱动力的数字经济存在明显的规模经济和范围经济特征，虚拟化和信息化的坏境也使得知识创造者间的合作、交流史为密切。与此同时，数据被称作数字经济时代形成的新生产要素，传统知识产权制度演进依托于第一、二次工业革命，而许多由第三次工业革命产生的知识产权问题尚悬而未决，故而在解决以数据为核心的新一代科技革命衍生问题时显得无能为力。

因此，在数字经济时代，对数字知识产权的保护也成为一个核心问题。（1）要解决的便是数字经济的知识产权适格性问题，其主要表现为数据的客体适格性与以人工智能为代表的数字技术及其衍生物的主体适格性。全力弥合数字知识产权保护与传统知识产权保护标准间隙，精准界定数字技术的主体适格性是数字知识产权治理领域的重要议题。（2）知识产权治理作为开源数字创新治理的重要内容，充分完善知识产权使用与服务机制，顺利实现"价值共享"与"创新激励"治理理念的统一结合，是数字知识产权治理体系现代化建设面临的又一个重要挑战。（3）考虑到地域性是知识产权制度的基本特征，同时数字技术发展与数据流动的全球化属性明显。因此，如何平衡数字经济领域知识产权创造失衡问题和解决数据跨境流动导致的知识产权安全问题，是数字知识产权治理地域平衡性问题的一个重要体现。

（三）隐私保护与数据安全

以人工智能、物联网和区块链等为代表的新一代数字技术领域活力与安全挑战并存。（1）数字传媒、智能化的发展与深入渗透塑造了人的数据化生存样态，引发了人们生产、生活与思维方式的重大变革；（2）移动互联网、大数据同人工智能技术的叠加交替应用，私人空间与公共空间的界限逐渐模糊，由此引发的数据隐私泄露风险和数据安全问题进一步加剧。尤其是数据隐私保护关键技术不完善、社会大众隐私保护意识不充分和相关法律法规不健全等隐患的存在，使得部分数字商务企业或平台收集、分享或买卖大量用户数据，由此引发的隐私信息泄露、大数据杀熟定价、网络诈骗等问题，严重影响了数字经济的发展效率。换句话说，随着数字技术的广泛应用与深入渗透，大数据时代的隐私范围进一步扩大、隐私归属权日趋复杂和隐私保护难度有所提高，线上购物、社交、娱乐等生活隐私数据、商业隐私数据甚至是涉及国家安全的隐私数据泄露等问题层出不穷，隐私数据的共享与开放使得市场力量失灵、数据隐私危机与数据安全危机成为可能。

借助长期积累的数字经济先发优势，欧美是隐私保护与数据安全领域的"领头羊"，不同风格的欧美隐私保护制度体系，成为影响全球数据隐私权保护与数据安全规则形成、演变的两大主流模板。其中，（1）从欧式模板的演变经历来看，欧盟并未改革隐私权，而是重新构建独立的个人数据保护制度体系，并致力于将其打造成数据隐私保护与个人信息保护的主导性机制。（2）与欧盟自上而下式个人数据保护的立法实践不同，美国的个人信息保护立法采取的是"联邦立法＋州立法＋部门专项立法"模式，更为重视个人数据的经济特性与商业价值，主张以隐私立法促进数据的自由流动。在"棱镜门"的刺激下和欧盟最为严格的个人数据隐私保护条例《通用数据保护条例》（GDPR）的带动下，以中国为代表的新兴经济体和发展中国家也十分强调个人隐私保护，纷纷建立或修改与个人数据隐私保护相关的法律法规。

（四）数字金融风险

近年来，网络借贷、数字支付和数字货币等数字金融领域新模式、新业务层出不穷，而由于数字金融基础设施不足、普通民众风险自担意识缺乏、企业风险识别与防控能力不够、现有监管体系相对滞后等原因，导致数字金融风险隐患激增。

1. 投资领域的数字金融风险。由于数字金融满足了大众投资与微小企业投资需求，但这类群体整体金融素质较低、盲从性较高且风险意识不强，一些非法金融活动多借由违规宣传误导投资者，损害投资人合法利益，产生金融欺诈行为，从而引发系统性金融风险。比如，网络借贷（P2P）平台爆雷、数字金融欺诈后跑路现象频发等金融乱象。此外，基于追求利益最大化原则，低信用（高风险）借款人往往凭借其较高的利率支付意愿更容易获得数字金融投资人的青睐，从而产生投资风险。

2. 数字支付领域的金融风险。现如今，数字支付已渗透衣食住行的方方面面，极大地便利了人们的日常生活。与此同时，恶意二维码支付陷阱、钓鱼网站或链接支付、刷脸支付、免密支付和手机丢失等造成的数字支付安全隐患也引起了社会大众的广泛关注。此外，以微信和支付宝等为代表的第三方支付机构多通过股权投资等多种方式涉足包含众多金融衍生品在内的金融服务，金融产品交叉渗透、金融业务综合经营趋势进一步加剧，交叉性金融风险凸显，甚至部分第三方支付机构或存在挪用备付金、违法洗钱和泄露客户信息安全等风险。

3. 数字货币领域的金融风险。现阶段全球共活跃约 2 万种数字货币，且其数量仍在持续增加，当前的数字货币主要可以分为私营货币（加密货币、稳定币）和央行数字货币两大类。交易安全是数字货币兴起与发展的驱动力之一，同时数字货币对国家的金融安全和全球金融治理带来多重影响。数字货币具备不同程度的去中心化特征，改变了传统中心化金融的安全逻辑，在降低交易安全成本的同时，也容易引发新风险。比如，数字货币价格突然波动，造成投资者损失的波动性风险；数字货币的核心技术加密技术与区块链技术本身就存在一定的代码漏洞与系统故障等技术风险；因投资者对发行者信用情况和相关项目情况了解较少造成的信用风险等。

二、数字治理的内涵

（一）数字治理的内涵

一般认为，数字治理包括"基于数字的治理"与"对数字的治理"两层含义。前者是利用数字工具或手段，实现经济社会活动的有效组织与运行，从而提升治理效能；后者是对越来越庞大的数字世界各类复杂问题的创新治理，也是政治经济学与国际关系学更为关注的角度。二者相互支撑、不可分割，构建安全高效的数字组织管理体系，围绕数据同步构建统筹高效的国家治理体系。基于此，数字治理的概念可以表述为是一种同政治、经济、社会权力的组织和利用方式相关联的社会—经济—政治组织及其活动形式，是对经济与社会资源的综合治理，包括政府、立法机关及公共管理等过程的一系列活动。

（二）数字治理的主要内容

数字治理的主要内容主要体现为：

1. 借用数字技术创新治理方式与工具、重塑治理结构与理念、提升治理绩效这一普遍现实。比如，以"互联网＋"和"智能＋"与实体经济的结合、数字政府与数据共享、新一代数字技术推动的一系列方法论变革等。

2. 考虑数据这一生产要素及数字技术自身产生的治理问题。比如，如何构建新技术条件下的数据权利及包括人工智能、区块链在内的新技术治理规则与数据治理规则？

3. 探索新一代数字技术作用下的一系列新业态治理问题，侧重于新一代数字技术对传统业态治理规则与共享价值的挑战。主要涉及数字服务与共享经济治理、数字平台与数字内容治理以及跨境数据流动与数字贸易治理等。

【知识链接 9 - 1】

全球数字治理主要模式

全球数字治理主要是在传统全球治理机制基础上，围绕数据、数字技术标准等数字治理新议题，筹划新规则与新规范。现阶段，共有两类全球数字治理模式：

1. 国家间合作模式。以欧盟、联合国、世贸组织、二十国集团、亚太经合组织和金砖国家等为代表的正式与非正式多边组织；以美国－欧盟技术贸易委员会、美日印澳四方安全对话为代表的新型协调机制；以全面与进步跨太平洋伙伴关系协定（CPTPP）、区域全面经济伙伴关系协定（RCEP）、数字经济伙伴关系协定（DEPA）、美日等数字贸易协定为代表的双边与多边贸易协定等。

2. 以政私营部门、政府、非政府组织、公民社会、学术机构等开展对话协作的多利益攸关方模式。比如：以国际电信联盟（ITU）、国际电工委员会（IEC）等为代表的技术标准组织；以国际互联网名称和地址分配组织（ICANN）等为代表的互联网资源分配组织；以网络信息社会世界峰会（WSIS）等为代表的政策论坛；以全球人工智能伙伴关系（GPAI）等为代表的技术和产业联盟等。

资料来源：中国信通院. 全球数字治理白皮书（2022 年）［R］. 2023.

三、数字治理框架体系

（一）数字治理体系结构：行动者－资源视角

随着数字技术在政府、社会和市场中的深度渗透与应用，逐渐形成了数字政府、数字社会与数字经济三大治理领域，借由数字治理行动者（主体）和数字资源要素共同构成数字治理生态，是驱动数字政府、数字社会与数字经济三个子系统协同演进的基础机制。

数字治理生态中以公共部门为代表的公共治理子系统、以科技社群和数字公民为代表的数字社会子系统、以科技企业和数字消费者为代表的数字经济子系统，三者并存且深度融合形成了数字政府。为深入阐释不同行动者（主体）及其治理资源在数字治理生态中的角色，表 9－3 从行动者－资源视角揭示了数字治理生态的结构，分别阐述了党委政府、科技企业、科技社群等数字治理主体所拥有的治理资源，及其在数字治理生态各个子系统中的角色。

表 9－3　　　　基于行动者－资源视角的数字治理的结构

治理主体	治理资源	数字政府子系统	数字经济子系统	数字社会子系统	生态角色
党委政府	预算、编制、政策、政务数据	决策者、供给者	规划者、监管者	服务者、组织动员者	主导与引领
科技企业	经济与社会数据、算力、算法	开发运营、技术支撑	创新者、运营者（厂商）	供给者、社会责任	创新与科技支撑
科技社群	算法、智能化解决方案	算法开发、志愿力量	创新者、人力资本	志愿力量	创新与科技支撑
社会组织/专业组织	专业技能、组织化和志愿精神	智库支撑、动员力量	行业协会、规范标准	志愿力量、服务者	专业主义、链接资源
公众	用户生成数据、合法性资源、社会反馈	使用者、参与者、反馈者	消费者、消费生产者	参与者、使用者	数字参与、政策遵从、社会反馈
媒体/自媒体	公共信息、舆论	监督力量	推广者、监督者	舆论采集者和引导	公共空间、监督作用

资料来源：孟天广. 数字治理生态：数字政府的理论迭代与模型演化［J］. 政治学研究，2022（05）：13－26，151－152.

作为全社会数字化转型的公共产品，数字治理生态具有显著的公共价值和正向外部性，但市场和社会两个主体自发构建的创新激励与综合能力仍然不足，即数字治理生态建设存在一定程度的市场失灵与志愿失灵现象。而党委政府是公共产品的提供者和数字治理生态构建的核心力量，在加强数字基础设施建设、推动构建数字治理行动者网络与激活新兴治理资源方面发挥着重要主导作用。在此过程中，数字政府既要促进实体政府与虚拟空间"政府"的深度融合，又要借由重构政府—社会关系和政府—市场关系吸引市场与社会主体等多元主体参与进来，同时，通过体制机制创新激发市场与社会主体的活力。作为数字治理生态的经济基础和创新动力，数字经济能够激发市场机制和创新活力；数字社会则致力于实现数字普惠与包容性，提升全民数字素养，通过治理知识普及化、服务享受普惠化构建共建共治共享的治理格局。

数字政府是达成行动者实体（政府、社会与经济）与虚体（网络、平台与应用）深度融合于一体的系统化治理，能够充分利用大数据和智能算法全面掌握经济社会形态，给出精准解决方案的融合性治理。其他两个主体运行过程中产生的海量数据资源，在体现其行为痕迹的数字表征下同样具备重要的治理价值。数字政府既要借助数据挖掘和关联分析充分掌握公共需求，实现从网络服务、"指尖"服务到"音控"服务的针对性与精准化供给；又要基于新一代信息通信技术为经济运行和社会治理提供技术性辅助，进一步推动治理的靶向性和决策的精准化。同时通过对政府行为及其治理绩效的及时评估，重构其内部业务流程与组织结构，推进政府治理制度和模式的数字化转型。

（二）数字治理体系特征

1. 包容性。数字治理是全方位、综合性的治理转型，其包容性主要表现在多样化治理资源在多元化治理主体中的共享与协同。数字时代的政府治理日益复杂，政府治理主体也开始由单一政府主体转向多元主体。以开放、共享为宗旨的数字治理资源也使得数字治理生态充分包容各个治理主体。鉴于不同治理主体提供不同类型的治理资源，在公共治理实践中，政府需面向多元主体将议程设置、政策制定、考核、监督及反馈等治理过程进行公开，在数字化基础设施建设与智能化解决方案开发方面推进政府同科技企业、科技社群协同合作，形成一种包容性治理结构。

2. 协同性。国家治理系统工程的庞大性与复杂性，提升了对政府内部机构整合和与外部组织协同的要求。政府数字化转型主要基于以下两类协同治理：（1）围绕特定治理场景或政策领域实现跨系统、跨层级和跨业务的政府内部机构部门间的协同共治；（2）政府同诸如市场主体、社会组织、网络社群、社会公众等外部主体间的协同共治。也就是说，数字治理生态要求政府、科技企业、科技社群、公众、媒体和社会组织等多元主体的协同共治。

3. 智慧性。主要体现在借助数字化技术应用实现政府治理的敏捷化。新一代信息科学技术为分析和理解国家治理复杂系统提供了一种新的可能。在实际操作过程中，诸如即时感知、精准滴灌、精准决策、高效服务、智能研判等新型治理技术正在逐步提升复杂国家治理的智能化和综合治理的科学化。

4. 可持续性。由于数字治理生态两大要素系统的内生关联，数字治理生态的形成势必伴随着自我生长的内生动力。(1)数据的快速积累、算力的不断更新提升、算法的持续迭代优化，丰富了数字治理资源，使得智能化解决方案更具精准性与高效性，数字治理能力得到持续有效提升。（2）数字治理生态有效连接政府、企业、公众、媒体和社会组织，形成多主体协同共治的格局，能够促进数字政府与数字经济、数字社会的深度融合，并形成交互与正向反馈的动态机制。数字政府能够牵引数字经济与数字社会的协同发展，数字经济为数字政府和数字社会提供经济基础与科技支撑，而数字社会将激发社会活力反哺数字政府，从而数字治理生态具有可持续的自我演化能力。

四、数字治理的增量变化

新一轮科技革命正在推动世界经济社会大转型，以大数据、云计算、移动互联网和区块链为代表的新一代数字技术在成为各国经济发展竞争角逐中战略制高点的同时，也被广泛应用于社会治理实践中，正成为社会治理现代化与数字化的重要驱动力。在此背景下，数字化转型带来的社会治理新变化主要表现在促进社会主体之间的连通性，实现社会行为信息的数据化，以及增强应对社会系统复杂性的能力三个方面。

（一）促进社会主体间的连通性：推动开放和参与

合理有效的社会治理依托于政府、企业、社会组织、社区、媒体、公众等多元主体之间共建共治共享关系的动态协调，但在过去相当长的一段时间里，社会治理过程中存在着一系列各主体间连通性不足等问题。（1）经济社会内部表现出的市场化与城市化进程快速推进严重冲击了基层社会内部的连通性。社区居民参与、社会组织发育与基层民主协商等公共建设发展严重受阻，社会治理在深层社会整合方面存在较大困难。（2）随着对政府治理规范化、标准化程度的快速提升，政府内部各科层部门面临的环境压力、约束与激励各有不同，导致其在不同组织利益驱使下，在社会治理的行为逻辑中产生了差异化行为逻辑（比如：条块分割造成的"信息孤岛"困境），政府内部协同与社会治理效能也因此大打折扣。（3）自上而下的政策和民意收集、传达、反馈与追踪机制及多元主体间协商机制尚不成熟，使得政府部门、企业、社会组织、城乡社区、媒体、公众等多元主体之间信息沟通与互动机制不畅。

近年来，移动互联网和新一代移动通信传输等数字技术的迅猛发展，极大提升了社会各主体之间数据、信息、资源的交换与传输效率；与此同时，网络拓扑结构演化的自身性质决定了在给定网络节点规模的前提下，网络超大连通分量的出现取决于连接概率，各多元主体两两间的网络距离也将随着连接的增加而变短。事实上，在数字化转型影响社会治理的实践中，社会主体间连通性的增强主要体现在：

1. 社会资源的有效整合。数字技术在社会治理中的广泛应用能够增强社会内部的横向连通，有利于社会纽带和社会资本的恢复与建立，从而促进社会资源的整合。比如：依托于移动互联网和5G基建等信息通信技术与数字基础设施探索开发的"社区通"和"为村"等数字化平台，极大地提高了各类社会主体和社会成员参与基层社会治理的便利性与积极性。

2. 政府组织运行机制的重构。数字技术在社会治理中的广泛应用能够打通政府体系内各层级、各部门之间的进一步连通，或将提升政府部门间的协同效率，重构政府组织运行机制。随着各层级政府政务大数据平台的有效运行，信息共享和资源协同机制逐步建立，分散在各部门的数据被整合汇聚，数字政府建设也开始稳步推进。比如，中国工业和信息化部发布的《5G 应用"扬帆"行动计划（2021—2023 年）》指出，在社会民生领域，倾力打造一批 5G＋智慧教育、5G＋智慧医疗、5G＋文化旅游样板项目，进一步提升 5G＋智慧城市建设水平；广东省通过启动数字金融治理项目，进一步实现不同部门间的数据分享和协同，是利用大数据分析开展数字化金融监管的有益尝试；浙江省推出"法治＋数智"新思路，利用数字化助力浙江探索社会治理新模式。

3. 政府与社会的良性互动。数字技术在社会治理中的广泛应用，将促进政府与社会之间在信息和资源上的纵向连通，有利于政府与社会之间良性互动的实现。（1）各级数字政务服务平台能够快速汇集基层的民情民意诉求，并给予及时的反馈与回应，使得公众个人和社会组织都能方便、快捷地参与社会治理；（2）各级政府在数字治理的过程中也更加注重充分发挥市场与社会主体在数据资源、算法技术和算法能力方面的优势，增强政府对社会的触达性。比如：作为全国政务服务的总枢纽，国家政务服务平台为全国各地各部门的政务服务平台提供了"七个统一"支撑服务，顺利实现了一网通办、汇聚数据信息、实现交换共享和强化动态监管等功能。

（二）实现社会行为信息的数据化：增强智慧与安全

数据化水平是社会治理精细化和智能化程度的重要支撑。数字技术在社会治理中的广泛应用，能够克服传统数据（尤其是反映社会运行状况和社会成员行为方式的数据）收集、开发和存储过程中存在的高成本、低数据精度与中心化存储方式的低安全性等问题。若将数字技术对精确把控数据留痕、提高数据记录完整性、提升数据采集高效性、保障数据存储安全性等的技术改变过程及其影响称之为数据化，那么这一系列数字化水平在社会治理中的具体表现可以进一步归纳为以下几点：

1. 提供信息与数据源基础。数字技术的深入应用有利于海量行为痕迹数据的采集，能够为精细化社会治理提供信息与数据源基础。比如，近几年，北京、上海、杭州等地率先开始基于海量行为数据，有序推进"城市大脑"建设，即利用音视频与图像识别、机器学习、数据挖掘等数字技术，全面深入地采集、存储、分析和挖掘城市空间中各类不同来源的数据，以解决城市治理过程中遇到的诸如应急管理、公共卫生治理、生态环保、公共交通等各类问题。

2. 提供新的信息工具。数字技术的深入应用有利于非结构化数据的开发和利用，为数字化和智能化社会治理提供了新的信息工具。随着大数据算力和人工智能算法技术的持续迭代更新，利用自动语音识别、计算机图像与视觉处理技术充分识别音视频和图片等传统非机构化数据成为可能，并由此诞生了大量的应用场景。比如：基于移动电话使用的动态交互数据，综合评估地区经济社会发展情况；通过对人们搜索行为这一痕迹数据进行挖掘分析，成功预测流感暴发；中国农业银行建立基于大数据＋AI 的数据治理框架，为用户提供全流程一站式数据服务。

3. 保障信息与数据安全。数字技术的深入应用有利于数据的存储、管理，能够为社会治理的信息与数据安全保驾护航。近年来快速发展并不断成熟的云存储技术在提升数据存储能力、降低数据存储成本的同时，也为长期乃至永久保存海量社会行为痕迹数据提供了技术支撑。尤其是区块链技术利用多中心、分布式记账的方式将数据存储于各个节点，是对传统中心化数据存储方式的彻底颠覆。于是，将区块链技术应用于数字金融、版权保护、数字医疗、商品溯源等社会治理与公共服务领域时，可保证这些数据记录不可篡改，进一步保障数据的安全性与可靠性，从而推动建立安全可靠、可信任的社会治理体系。

（三）增强应对社会系统复杂性：直面风险与挑战

需要注意的是，一方面，社会主体间的高度连通性在促进宽范围、高频率和多内容互动性的同时，也将增加社会成员个体受其他个体影响的可能性。另一方面，充分挖掘与分析海量行为痕迹数据促进了社会成员认识自身行动后果，大数据算力、可视化技术的飞速发展也使得反馈更为迅速和直观。在高互动性和高反馈性的复杂社会状态下，局部一个极其微小的波动都可能引发大范围的非预期后果，甚至可能出现社会问题的系统性崩溃。

技术化社会复杂性的快速增加或将加剧社会治理活动从努力化简复杂性的旧范式向直接面对复杂性新范式转变。主要表现为以下几个方面：

1. 复杂社会治理理念的形成。数字技术的普遍应用为社会公众创造了认识复杂性的新机会，有利于直面复杂社会治理理念的形成。正如前述所言，数字技术的普遍应用明显增强了社会连通性，社会成员对各主体间的动态互动及由关系连接构成的网络也愈发重视。同时，社会治理理论和实践领域的创新也层出不穷，越来越多的学者、政府部门和社会企业都开始聚焦于尝试运用复杂性相关理念与方法对高连通性、高互动性和高反馈性条件下可能出现的社会风险进行防范。比如，在数字技术广泛应用推动计算科学与社会科学深度融合的背景下，多主体仿真和针对关系数据的挖掘等计算科学方法也被广泛应用于治理实践中，极大地增加了事前预警和解决可能产生的社会风险问题。

2. "扩而治之"社会治理策略的形成。数字技术的普遍应用为社会公众拓宽了应对复杂性的新思路，有利于"扩而治之"社会治理策略的形成。"扩而治之"指的是与某个具象化的实际问题相比，由此衍生出的反映多个可能的平行世界状态的许多平行问题更值得关注。虽然在正常情形下这些平行状态是虚拟的，但是当满足某些特定条件时，这些平行状态也将转化为现实状态。因而，对这些平行问题的关注，有利于在社会治理中作出事前应急预案、防控可能产生的风险。事实上，数字技术支撑社会治理"扩而治之"策略实施、应对高复杂性引起的风险的关键路径在于，多主体仿真技术的应用有助于对诸多平行世界状态的认识与考察，能够模拟在不同条件下可能发生的各种场景，从而预测并探索在社会主体高互动和高反馈的复杂条件下，部分社会后果发生的可能性。比如：多主体仿真技术在城市规划、公共安全、流行病与公共卫生等诸多领域的辅助性决策应用。

3. 事前预测社会治理方式的形成。数字技术的普遍应用为社会公众提供了应对复杂性的新手段，有利于事前预测社会治理方式的形成。对于上海外滩和韩国梨泰院发生的大规模人员聚集踩踏事件这类典型的复杂紧急事件，传统治理方式较难给出其可能涌现的消极后果的有效预测。然而，数字技术对实时行为痕迹数据的高精度获取与挖掘分析，能够获得更符合现实的多主体仿真模型，并使得据此对各类社会风险进行精准事前预测和预治方案实现成为可能。比如，2015年北京推出的防踩踏安全预警系统——利用数字技术手段采集行人音视频图像、分析人群流动数据，能够对商业区、火车站和热门景区等人群流动高密度风险点人群的安全容量进行实时监控与预警。

作为总结归纳，表9-4进一步从具体表现、作用对象、涉及的典型技术与治理效果等视角对数字化转型带来的社会治理增量变化的三个方面进行了综合性的归纳与总结。促进连通性、实现数据化与直面复杂性三者间存在层层递进的动态关联关系，前者可视作后者实现的基础与条件；后者则是在前者基础上的衍生与深化。

表 9 - 4 　　　　　　　　数字化转型对社会治理的增量影响

底层逻辑	具体表现	作用对象	涉及典型技术	治理效果
促进连通性	社会内部横向连通、政府内部组织联通、政府社会纵向连通	社会主体间关系	互联网、新一代移动通信技术等	推动开放和参与
实现数据化	数据的采集获取、数据的开发利用、数据的存储管理	社会行为与互动	智能传感器、人工智能、云计算、区块链等	增进智慧与安全
直面复杂性	直面复杂的理念、扩而治之的策略、事前预测的方式	社会的宏观系统	多主体仿真、大数据挖掘等	应对风险与挑战

资料来源：乔天宇，向静林. 社会治理数字化转型的底层逻辑 ［J］. 学术月刊，2022，54（02）：131 - 139.

第二节　政府治理的数字化转型

一、政府治理数字化转型的发展历程与内涵特征

（一）政府治理数字化转型的五个发展阶段

欧盟在 2018 年《数字政府标杆：数字政府转型之研究》报告中提出了包括政府服务模式、数字化系统、生态系统和使用者、领导力、技术焦点和主要衡量标准（又称目标实现程度）六个政府数字化转型指标。政府数字化转型可以划分为五个阶段，如表 9 - 5 所示。

表 9 - 5 　　　　　　　　政府数字化转型的五个发展阶段

阶段划分	阶段名称	主要目标
第一阶段	电子化政府（e-government）	方便使用者，节约成本；以服务为导向，提供网上服务，从而提高政府效率
第二阶段	开放政府（open government）	积极主动提供服务；提高政府公开度和透明度
第三阶段	数据中心的政府（data centric government）	政府以"中介服务"模式，向公民提供建立在数据基础上的公共服务
第四阶段	转型实现的政府（fully transformed government）	以数据为中心，改善政府的运作和服务，依据开放数据原则创新政府
第五阶段	聪慧的政府（smart government）	政府服务深度嵌入运用开放数据实现数字创新，政府创新过程变得具有前瞻性，且可预测、可重复

资料来源：参考马涛等编著的《数字经济导论》及公开资料整理得到.

1. 电子化政府（e-government）。这一阶段分别以 IT 和政府作为数字系统和整体生态系统的中心，政府服务模式较为被动（多受使用者请求驱动），且服务渠道仍以网络与政府 App 为主，较为依赖物理空间上的办公地点和服务机构。

2. 开放政府（open government）。相比于电子化政府阶段，开放政府阶段的政府服务更为积极主动，公民开始作为数字系统的中心，整体生态系统表现出共同创造服务，且此时开放数据的利用仅限于外部消费。

3. 数据中心的政府（data centric government）。这一时期政府开始向公民提供建立在数据基础上的公共服务，相关服务可以通过汇集者和中介实现，即服务模式变为"中介服务"。此时，数字系统的中心开始转变为数据，数据再利用和数据分析成为趋势。

4. 转型实现的政府（fully transformed government）。以数据为中心，改善政府的运作和服务已成为这一阶段的共识，跨部门和组织的数据流动开始成为常态，不同利害关系个体间的互动成为可能，政府的服务模式开始转变为嵌入式，数字系统以物为中心，聚焦于万物互联。

5. 聪慧的政府（smart government）。这一阶段政府开始自我定义数字服务或可持续的数字服务，服务模式具备前瞻性和可预测性。同时，得益于这一时期政府预测需求和预防突发事件的能力大大增强，其服务和互动协同步调也大大加快。

（二）政府治理数字化转型的有益尝试——数字政府建设

1. 数字政府的内涵与主要特征。

（1）数字政府的内涵。从治理层面看，数字政府可以看作是政府通过数字化思维、数字化理念、数字化战略、数字化资源、数字化规则等手段治理信息社会、提供更加优质和高效服务，提高公众满意度的过程。从技术层面看，数字政府可以看作是政府在数字基础设施的基础上，利用新一代数字技术构建的广泛联系公众、企业、政府机构的统一大平台，并借助这一平台持续实现数字资源能力化与数字能力共享化，同时兼顾对内高效协同办公与对外提供优质政务服务，实现政府治理能力现代化转型。

基于此，本节认为数字政府是政府出于适应和推动经济社会数字化转型，主动选择系统变革和重塑政府治理理念、组织形态、责任边界及治理手段，并创造公共价值政府的过程。事实上，数字政府不仅能够反映数字经济背景下中国政府治理和变革的阶段性特征，也能够体现跨越以政府为中心延拓到数据治理、算法治理等新兴领域的包容性特征。

（2）数字政府的主要特征。数字政府的主要特征有以下四点：

①组织结构扁平化。作为权力结构的基本形态，组织结构是管理体制的载体，而权力又十分依赖于对信息的获取和控制。在数字政府中，信息的传输和分布更为开放和透明，使得权力也相对开放。因而，传统以命令和服从为主的纵向权力流开始向以透明和制约为主的横向权利流转变，权力的中间传递层级大大减少，扁平化组织结构开始显现。

②业务流程精简化。数字政府建设以服务对象为中心，充分挖掘数据价值，力求以数据流动串联业务流程，从而避免传统政府管理体制中诸如行政机构臃肿重叠、业务流程烦琐冗长、办事效率低下等层级节制的官僚制弊端。

③政府职能丰富化。在数字政府建设中，政府职能需兼顾对传统政府职能的继承与革新，以及对新时代治理需求的回应与拓展两个方面。既要做好从政府作为公共服务提供者向政府作为公共服务共同创造平台的转变，也要做好从被动政府到具备积极性和前瞻性政府的转变。

④政民互动在线化。数字政府的本质是为治理赋能，利用新一代数字技术克服数据孤岛，通过在线服务和数字民主，构建政府、公众与企业多方主体的网络命运共同体。比如，现阶段中共中央及多个地方政府推行的利用政府门户网站、政务 App、政务微博、政务微信等平台公开政务信息和提供在线政务服务，让公众能够通过电子邮箱、平台反馈等在线形式参与并监督政府决策及相关工作，真正做到"以民为本"。

2. 中国数字政府建设现状。加快全国一体化政务服务平台建设，推进数字政府建设，是未来中国政府治理数字化转型发展的方向。事实上，数字政府建设也是中国政府治理数字化转型的有益尝试。

自"数字中国"战略提出后，中央政府和各省市级地方政府相继出台了一系列国家级、省市级的数字政府建设指导意见与总体规划或实施方案（见表 9-6），并采取有力措施助力相关政策的贯彻落实，为数字经济发展提供了良好的政策环境。

表 9-6 　　　　中央政府和部分地方政府的数字政府建设相关规划与政策

地区	日期	数字政府建设规划与政策
中央	2021 年 3 月	中华人民共和国国民经济和社会发展第十四个五年规划和 2035 年远景目标纲要
	2021 年 12 月	"十四五"数字经济发展规划
	2022 年 6 月	国务院关于加强数字政府建设的指导意见（国发〔2022〕14 号）
浙江	2018 年 7 月	浙江省人民政府办公厅关于印发浙江省数字化转型标准化建设方案（2018—2020 年）的通知
	2018 年 9 月	浙江省公布首批政府数字化转型项目清单
	2021 年 2 月	浙江省数字化改革总体方案
	2021 年 6 月	浙江省数字政府建设"十四五"规划
	2022 年 7 月	关于深化数字政府建设的实施意见
江苏	2021 年 8 月	江苏省"十四五"数字政府建设规划
	2022 年 4 月	省政府关于加快统筹推进数字政府高质量建设的实施意见
	2023 年 5 月	江苏省数字政府建设二〇二三年工作要点
广东	2018 年 10 月	广东省人民政府关于印发广东省"数字政府"建设总体规划（2018-2020 年）的通知
	2021 年 7 月	广东省人民政府关于印发广东省数字政府改革建设"十四五"规划的通知
	2022 年 3 月	广东省人民政府办公厅关于印发广东省数字政府改革建设 2022 年工作要点的通知
贵州	2018 年 6 月	省人民政府关于促进大数据云计算人工智能创新发展加快建设数字贵州的意见
	2020 年 6 月	贵州省大数据标准化体系建设规划（2020-2022 年）

续表

地区	日期	数字政府建设规划与政策
湖北	2019 年 1 月	省人民政府关于推进数字政府建设的指导意见
	2020 年 6 月	省人民政府关于印发湖北省数字政府建设总体规划（2020 - 2022 年）的通知
	2021 年 10 月	省人民政府关于印发湖北省数字经济发展"十四五"规划的通知
宁夏	2021 年 3 月	宁夏回族自治区数字政府建设行动计划（2021 - 2023 年）
河南	2023 年 5 月	河南省加强数字政府建设实施方案（2023—2025 年）
海南	2022 年 7 月	海南省政府数字化转型总体方案（2022—2025）
福建	2021 年 11 月	福建省人民政府关于印发福建省"十四五"数字福建专项规划的通知
	2022 年 12 月	福建省人民政府关于印发福建省数字政府改革和建设总体方案的通知

资料来源：根据各级政府官方网站的公开资料，经作者整理得到．

【小案例 9 - 1】

中国政府治理数字化转型的典型案例

1. 广东省智慧化多点触发疾病防控预警系统项目。广东省智慧化多点触发疾病防控预警系统主要解决的问题为改进不明原因疾病和异常健康事件监测机制。该系统通过改进不明原因疾病和异常健康事件监测模式，从被动监测向主动监测发展，并同步健全多渠道监测预警机制，打通各相关行业系统的壁垒，建立多途径、多维度、多节点监测数据汇聚渠道，实现多渠道信息关联预警。

目前，系统内构建了疾控专题数据库，汇聚卫生健康、公安、海关、市场监管、交通运输等 13 个部门的相关数据，接入数据总量超过 383 亿条，多点触发预警预测辅助平台完成了新冠感染等 82 种病种或危害因素共 1 322 个预警模型服务，以及新冠感染等 11 种重点传染病共 187 个预测模型业务。顺利实现疾病及相关因素的多点触发预警、多维度预测，提升辅助决策分析能力。此外，该系统建立医疗机构症候群监测、核酸检测、发热门诊等数据预警规则，能够发出对症候群、重点人群、重点场所相关联的多点预警。在此基础上，系统内构建的大数据运算与传染病态势感知等模型，可以及时对突发传染病进行主动实时监测、早期预警、态势预报、数据分析、风险评估，以提高实时分析科学研判能力，助力疫情防控。

2. 123 杭州临平区数字赋能垃圾分类"智治"——基于"AI +"无人化高效分类回收的临平模式。杭州市临平区针对辖区所面临的"垃圾围城"导致区域发展面临的巨大挑战，辖区内企业联运环境借力浙江省数字经济先行优势，在临平区委区政府对辖区垃圾分类工作进行顶层设计后，通过综合运用数字化思维、数字化认知、数字化技术赋能垃圾分类全过程，通过智能制造、智能化运营和智慧监管云平台打造垃圾分类全链条"数智"应用场景，在再生资源回收、生活垃圾分类领域提出了"AI +"分类回收解决方案，促进资源循环利用，助力实现碳减排，大幅提升了资源循环化利用水平和生活垃圾"智治"水平。

具体来看，"AI +"分类回收临平模式围绕"全域覆盖"，构建精准化投放收运机制，在城市居住小区推行"溯源巡检+定时定点"模式；围绕"全类回收"，构建规范化末端处置机制，做到易腐垃圾处置不出街，极大地提高了垃圾资源化利用率；围绕"全程管控"，构建智慧化监管机制，前端建立分类评价系统，中端建立在线监控系统，末端建立信息化数据管理系统。通过24小时不间断运行，实现了垃圾全天候分类投放和精准收集，不再受定时投放、定时收集的限制。

资料来源：2022 数字政府建设创新引领案例［N］. 新京报，2022 - 12 - 23. https：//baijiahao. baidu. com/s?id = 1752967729346374500&wfr = spider&for = pc.

二、政府治理数字化转型的难题与路径对策

（一）政府治理数字化转型面临的难题

虽然数字经济能够有效推动社会治理变革，但是数字经济背景下政府行为面临着诸多问题与挑战，主要可以归纳为以下三点（见图 9 - 2）。

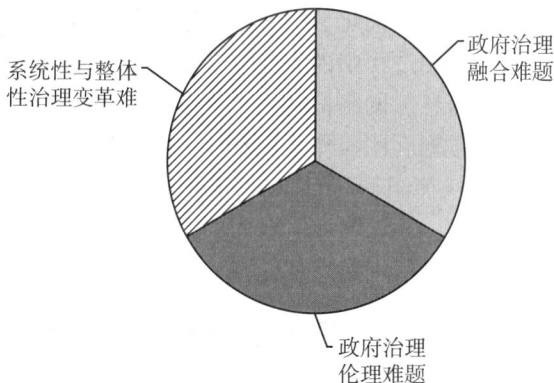

图 9 - 2 政府治理数字化转型面临的难题

资料来源：赵建华，杜传华. 数字经济推动政府治理变革的机制、困境与出路分析［J］. 理论探讨，2022，（02）：154 - 158.

1. 顶层设计缺陷引起的系统性与整体性治理变革难题。考虑到顶层设计不够完善，地方政府多各自为政，尚难形成足够的大数据和统一的大平台，大计算的潜能无法有效发挥，由此产生数字治理的系统性与整体性变革难题。具体来讲，顶层设计缺陷或将造成层级间信息控制、信息系统碎片化和地方本位主义。依托于规模经济和范围经济，数字经济在推动政府治理变革的过程中势必将打破权力分工产生的人为割裂。在传统的金字塔层级结构中，上级政府对下级政府的权威在很大程度上表现为其享有的独特信息优势；同时，为了维护并扩大自身利益，同一层级部门之间也普遍存在搜集数据和信息、人为制造"信息孤岛"的现象。因此，数字经济在推动系统性与整体性政府治理变革过程中，依旧面临传统科层制导致的层级间信息控制与条块分割造成的信息系统碎片化等问题。地方政府出于在激烈的政治晋升博弈中占据绝对优势的目的，在这一过程中将产生明显的地方本位主义，造成区域之间合作的积极性不足、区域之间的大平台搭建困难，无法有效发挥大计算技术的潜力。

2. 传统治理观念造成的政府治理融合难题。真正实现政府治理彻底变革，仅仅依靠技

术升级是远远不够的，还需在组织结构和价值理念上实现变革。然而，考虑到传统管理理念、边界理念和封闭理念的影响，数字经济与政府治理尚无法实现真正融合。数字经济的价值重塑造机制建立在技术跃迁机制和组织重构机制的基础上，而传统治理理念的惯性也将对技术跃迁机制和组织重构机制的推进产生负向冲击。因此，作为数字经济推动政府治理变革的不同层面，价值重塑、技术跃迁和组织重构需协同推进。层级间信息控制、条块分割和属地管理集中体现了传统治理理念，但却与扁平式的平台组织结构相悖，如果传统治理理念不发生改变，那么扁平式的治理结构无法真正建立。而如果扁平式的组织结构无法实现，那么大数据、云计算等信息技术的效力将无法得到充分发挥，大数据、大平台、大服务和大管理的数字化管理体系也不能有效构建。因此，价值重塑在很大程度上决定了技术跃迁和组织重构水平，而传统治理理念的惯性则从深层次上造成了数字经济和政府治理的融合困境。

3. 数据信息安全风险引发的政府治理伦理难题。作为数字经济时代面临的普遍性问题，数据信息安全也进一步引发了政府治理的伦理困境。与数字企业相比，政府掌握的个人信息更为丰富与详尽。这些重要数据和信息在为政府实现科学治理提供重要依托的同时，也可能会泄露个人隐私，带来较大的信息安全风险。在数字政府建设推进过程中，多聚焦于数据发展在赋能国家治理体系和治理能力现代化、提升社会数字化服务能力进程中产生的收益，往往忽略了数据尤其是政务数据利用过程中的安全隐患问题。事实上，在数字政府建设初期，不同程度技术漏洞所造成数据信息、网络信息和个人隐私信息泄露现象不可避免，而把握不准数据运用程度和尺度、缺乏数据利用操作规则和相关法律法规等问题，也在一定程度上制约了政务数据的公开和使用，从而阻碍了数字政府建设进程。因此，在数字经济时代——"人人皆数字"的背景下，传统复杂社会人开始向现代透明数字人转变，作为社会公众利益的代表，政府需从社会尤其是伦理层面对数据信息安全进行全方位、多层次考量。

（二）提升政府治理数字化转型的路径对策

针对上述数字经济推动社会治理变革面临的困境，以下从顶层设计、价值重塑与制度建设三个方面提出提升数字治理能力的路径与对策。

1. 以系统性与整体性精准治理为导向突破顶层设计，将数字技术嵌入政府治理体系。（1）由国家和政府层面出台数字政府建设规划，统筹推进数字政府建设，并明确不同层级政府间应尽的职责和义务。（2）针对普遍存在的"层级控制"和"条块分割"问题，中央政府应做好相关的配套制度改革。（3）提高政府服务的效率，实现公共服务供给和需求的精准匹配，以"整体性推进＋精准性治理"作为检验数字技术与政府治理融合程度的基本指标。

2. 以服务对象满意度为标准进行价值重塑，创新政府、市场和社会多元主体间的协作新方式。（1）以数字技术为基础构建"多中心、多主体"的治理格局。（2）在构建多元化治理格局的过程中，不断创新政府与市场之间的协作方式。（3）作为数字经济条件下推动政府治理变革的两大核心主体，政府与社会间的协作方式需动态调整和不断创新。

3. 以保障数据安全为原则开展制度建设，切实克服数字技术条件下产生的伦理问题。（1）通过立法明确数据信息的获得、使用标准与规则，尤其是厘清数据产权的归属问题。（2）在立法的基础上，逐步建立数据分类分级保护机制，掌握大数据安全治理的关键核心技术，细化数字政府建设过程中数据流动管理与数据安全保障制度。（3）构建分工明确、多元高效和激励相容的数据信息安全监管制度体系，实现事前预防、事中监督与事后处理的有机统一。

第三节　数字经济中的公司治理体系创新

一、数字经济对公司治理的影响

在传统经济中，产品生命周期曲线相对平缓，即产品销售量变化速度更为缓慢。然而，在数字经济时代，新一代数字技术作用下的产品口碑裂变式传播、市场信息传播与披露更为透明和公平、人均购买力提升形成的新消费习惯、行业跨界融合催生了更多创新，因而这一时期的产品生命周期大大缩减。具体表现为：

（一）硬件升级

新一代数字技术进步催生的硬件创新能进一步支撑软件技术变革，降低企业生产成本，倒逼企业使用新技术。即时通信 App 和云盘租赁服务，推动了沟通和协作方式的变革，降低了中小企业数字化转型成本；新一代数字技术在消费端可以充分挖掘消费者需求，针对性满足消费者，在生产端能够优化资源配置，提高生产效率；数字化生产能够优化企业生产活动，扩张企业价值链。

（二）消费者需求

随着中国经济飞速发展，大众收入水平上升导致消费者购买力水平提高，个性化定制更受欢迎，需求函数更加趋向长尾化、峰谷更低。同时，消费者的品牌忠诚度相对变低，爆款产品迭代速度也更快。企业为防止被淘汰，必须紧跟消费者偏好变化做出调整。

（三）信息透明度

信息传播速度和透明度的增加（市场上产品的价格信息和特征信息更为透明，消费者很容易与同类商品做出比较），传统的价格歧视方式定价失效，导致企业竞争更为激烈，迫使企业不得不重视同消费者间的联系。

（四）数字技术

新一代数字技术能够降低企业内部交易费用，拓展企业边界。同时，数字技术还可以降低企业进入新市场的门槛，颠覆现有的市场主导企业模式，跨界企业在新市场弯道超车成为可能。

此外，以数据为核心的生产过程是数字经济中公司治理面临的又一重要挑战。新一代数字技术将打通企业内部信息流动壁垒，助力公司决策科学化、合理化，优化企业内部资源配置，从而提升整体资源配置效率。同时，借助新一代数字技术，管理层能够实时获得生产端和消费端的数据，并将其转化为有用信息用于指导管理层和技术人员快速反应，及时改进和优化生产工艺，提高生产效率。

数字经济中数据在企业的流动过程如图9-3所示。企业依据消费者需求数据确定所需生产的产品种类及数目，并将生产过程数据实时反馈至决策层，利用这一数据优化生产，形成正向反馈机制。同样的，产品销售环节所产生的反馈数据也能够及时作为优化产品生产的决策依据，实现企业生产的动态循环。

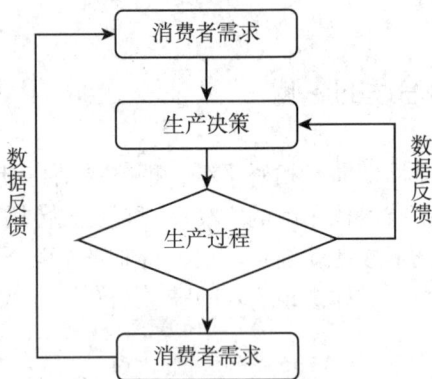

图9-3　数字经济中数据在企业的流动过程

资料来源：陈德球，胡晴. 数字经济时代下的公司治理研究：范式创新与实践前沿 [J]. 管理世界，2022，38（06）：213-240.

【小案例9-2】

数字经济时代的公司治理案例

1. 江苏红豆工业互联网公司红豆西服智能工厂。

红豆西服智能工厂是红豆工业互联网平台及智慧工厂落地试点示范项目，其以产品个性化、设计协同化、供应敏捷化、制造柔性化、决策智能化为标准，建立智慧工厂生产体系，搭建了数字化生产管理一体化平台。此外，BANJO 定制的 AI 智能量体仓，其 AI 智能量体＋远程试衣技术，打通了从门店量体到生产再到发货的服装生产完整链条，可提供高效的私人定制服务。

2. 杭州国辰机器人科技有限公司玻璃纤维布智能验布系统。

对于化纤企业来说，玻璃纤维布的质量直接决定了它的等级与价格，若发现表面瑕疵往往会导致布匹价格下降45%～60%。国辰机器人依托机器视觉及深度学习，推出的玻璃纤维布智能验布系统为玻纤布质量把关，在国内玻纤行业某龙头企业生产车间内，与现场设备实现同步，依据生产线速度不同改变扫描频率，在保证实时性的同时也确保了所采集图像的真实不变形，为小散丝、起经毛、黑点、水渍等各类缺陷的准确检出提供了保障。整个实施过程不会随着应用场景的改变而改变，在学习投入成本低的同时有效提高了玻璃纤维布的质量。

资料来源：2022 数字经济十大案例（落地、杰出、创新）[EB/OL]. 2022-07-14. https：//baijia-hao. baidu. com/s?id=1738310515753387166&wfr=spider&for=pc.

二、数字经济中的公司治理模式创新

(一) 公司治理范式转变的逻辑与路径

传统公司治理以最大化物质资本投资效益为目标，主要逻辑主要有以下两点：(1) 金融资本的稀缺性导致融资市场竞争激烈，而股东掌握的资源决定了其行为决策对公司发展的重要性。于是，结合所有权与经营权分离的现实背景，以股东为中心、缓解代理冲突与降低委托代理成本就成了公司治理的主要目标。(2) 所有权与经营权分离产生的信息不对称使得各方参与者攫取私利、损害治理效率成为可能。因而如何设计合理的制度与机制解决内外信息不对称困境，提升治理水平是公司治理亟待解决的重要问题。

然而，在数字经济时代上述两大逻辑并不完全适用。(1) 随着数字普惠金融技术的快速发展，超高速的迭代效率扩展了融资渠道，极大地降低了融资门槛与资本稀缺性，资本社会化趋势开始显现，融资对企业发展的影响力逐步降低，股东的话语权与地位也明显被削弱，反而是掌握核心技术与关键资源的企业家团队对企业发展的影响与控制力越来越突出，权力配置越发专业化。(2) 为应对越发激烈的外部市场竞争，企业家对稳定的经营环境、业务开发环境等需求更为强烈，因而企业家的控制权也显得尤为重要。这意味着在数字经济时代的公司治理实践创新中，股东与管理层之间或将形成一种"合作共赢"新模式，公司治理职责将由掌握公司核心竞争力的企业家向全体利益相关者共同负责。具体而言，数字经济中的公司治理范式转变逻辑路径如图 9-4 所示：治理核心向以创新资本雇佣物质资本转变；主要矛盾由防止经理人代理问题向保护创始团队控制权并激励其长期投入转变。因此，在数字经济时代，为鼓励创业团队的人力资本投资，并向资本市场发出对业务模式创新自信新信号，围绕业务模式创新的信息不对称正在倒逼资本市场产生一种创新导向的新企业组织构架。

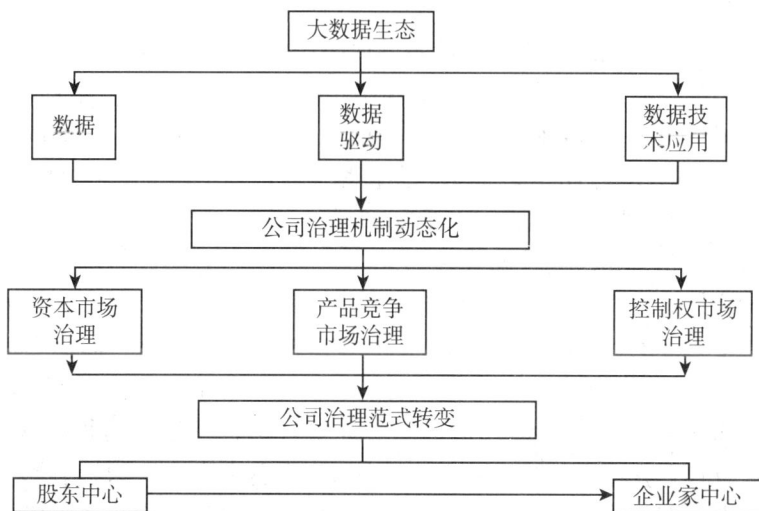

图 9-4 公司治理范式转变的逻辑与路径

资料来源：陈德球，胡晴. 数字经济时代下的公司治理研究：范式创新与实践前沿 [J]. 管理世界，2022，38 (06)：213-240.

【知识链接 9 - 2】

公司治理数字化的特征

公司治理数字化特征主要表现为数字化技术、商业模式创新和企业文化创新。数字化技术作为数字化企业的构成基础，数字化商业模式创新和企业文化创新将对数字化技术提出新的需求，使其向更高层次转化。此外，这三个特征之间能够借由数据这个桥梁，形成一个相互促进的正向循环有机整体，并通过传递数据为管理者提供决策依据，减少政策不确定性。

资料来源：马涛等. 数字经济导论［M］. 北京：人民邮电出版社，2022.

（二）数字经济下的资本市场治理

伴随数字经济的快速发展，数据资源和信息网络将内部治理主体（如中小股东、董事会与管理层等）和外部治理主体（如市场中介、社交媒体、市场监管等）有效纳入统一的公司治理框架，拓展和创新数字经济中的公司治理路径和渠道。然而，在传统公司治理实践中，多治理主体履行监督职能时仍存在诸多问题。

1. 信息不对称。在所有权与经营权分离的股权结构现实中，外部治理主体与内部治理主体之间存在十分严重的信息不对称问题，公司内部实际控制主体甚至可能在利益机制驱动下，利用其信息优势阻碍外部治理主体获取真实信息，从而产生严重的委托代理问题，监督效率十分受限。

2. 信息搜索成本高。内、外部治理主体缺乏信息搜集渠道，信息搜索成本过高，且部分行为人的监督意愿和动力不足，存在侥幸心理，使得共同监督不足，或为内部实际控制主体损害公司利益提供便利。

3. 专业能力弱。公司治理是否有效的关键取决于治理主体的履职质效。然而，在数字经济下的资本市场中，部分治理主体（尤其是中小股东与社会公众）不具备必要的信息解读与分析等专业能力，这一专业能力的不足与缺失，使得其对应的监督力度有所削弱。事实上，新一代移动互联网技术的快速发展为各利益相关的治理主体提供了参与公司治理的新的可能路径。数字经济下的资本市场治理如图 9 - 5 所示。

（1）从内部公司治理结构变革来看：

①数字经济背景下，资本稀缺性的降低暗示企业获取资本的门槛有所下降，资本更加社会化且股权结构更为分散。与此同时，在新一代数字技术的支持下，信息流通速度的加快将降低控股股东与中小股东间的信息不对称程度，中小股东也可通过网络投票等方式随时随地参与公司治理，增加其参与公司治理的意愿，股东监督职能将进一步得到强化。

②数字经济背景下，董事会对公司商业模式和业务模式的了解更为清晰，专业化水平也进一步增强，将促使其在传统监督职能的基础上，更加偏向建议职能而非传统的监督职能，从而能够增强公司决策的有效性与科学性。

③数字经济背景下，在兼顾"数字化思维"和"数字领导力"的管理团队的领导下，管理层能够从企业生产力提高和绩效改善中获得合理激励与回报，同公司利益实现达成同步

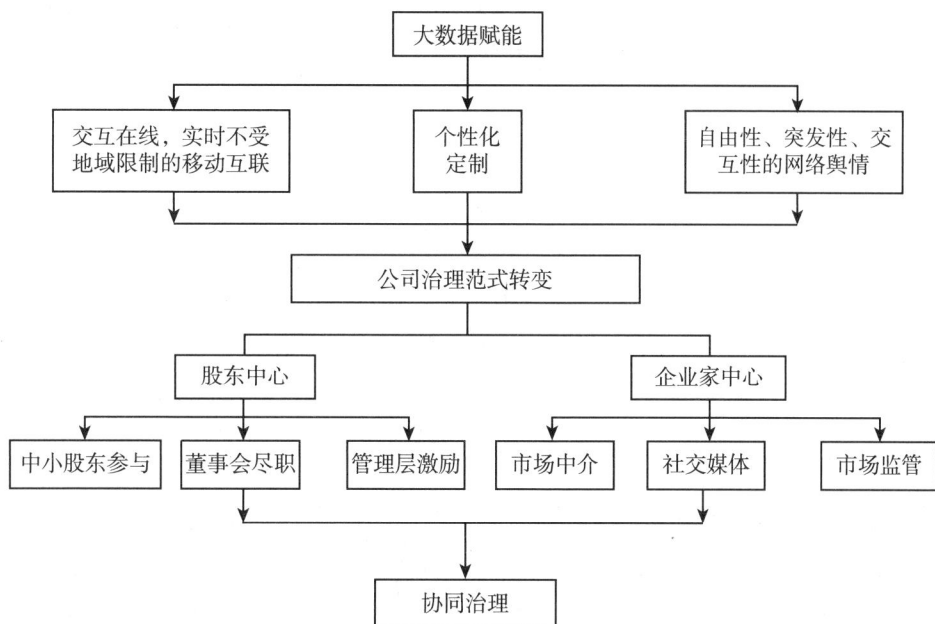

图 9 - 5 数字经济下的资本市场治理

资料来源：陈德球，胡晴. 数字经济时代下的公司治理研究：范式创新与实践前沿 [J]. 管理世界，2022，38（06）：213 - 240.

协同，其内驱力与激励动力越发显著。

（2）从外部公司治理结构变革来看，新一代数字技术在资本市场上实时传导的海量数据能够突破信息传播的时空限制，从而增强各方外部治理主体对公司的有效监督效能。具体表现为：

①诸如机构投资者、审计师和分析师等市场中介机构能够将自身的专业化信息收集处理能力与人工智能、机器学习等数字技术有效结合，进一步挖掘海量数据蕴含的深度信息值，提高决策精准程度，提高公司的治理水平。

②在数字经济背景下，诸如微信、微博、QQ 等社交媒体及数字平台将大幅改变企业生存与发展的外部生态环境，在增加企业网络关注度的同时也要求其能及时对信息披露作出动态响应，这将进一步提升公司治理的外部环境压力与监督能效。

③在数字经济背景下，企业对财务舞弊等行为的甄别更为精准，网络监管效率有所提升；与此同时，监管机构还可利用大数据精准掌握各地数字经济发展水平与差异，为相关政策的出台与实施提供支持。

（三）数字经济下的产品竞争市场治理

大数据驱动是企业借助新一代数字技术量化分析消费者和投资者的相关数据，指导驱动企业价值链和业务模式优化，进而影响企业决策。数字经济背景下，数字技术更新迭代速度加快，相应的产品与业务创新层出不穷，企业竞争十分激烈。数字经济下的产品竞争市场治理如图 9 - 6 所示。

```
                    ┌──────────────┐
                    │   大数据驱动   │
                    └──────┬───────┘
           ┌───────────────┼───────────────┐
    ┌──────┴───────┐              ┌─────────┴────────┐
    │  信息流通全渠道  │              │   信息传播扁平化    │
    └──────┬───────┘              └─────────┬────────┘
           └───────────────┬───────────────┘
                    ┌──────┴────────┐
                    │  决策流程优化升级  │
                    └──────┬────────┘
                    ┌──────┴────────┐
                    │  产品竞争市场治理  │
                    └──────┬────────┘
        ┌──────────────────┼──────────────────┐
   ┌────┴─────┐      ┌─────┴─────┐      ┌─────┴─────┐
   │  决策渠道   │      │   决策主体   │      │   决策过程   │
   │   下沉化   │      │    大众化   │      │    个性化   │
   └────┬─────┘      └─────┬─────┘      └─────┬─────┘
        └──────────────────┘                  │
   ┌──────────────┐                  ┌─────────────────┐
   │ 治理结构：信息功能 │                  │  治理机制：约束效应  │
   └──────────────┘                  └─────────────────┘
```

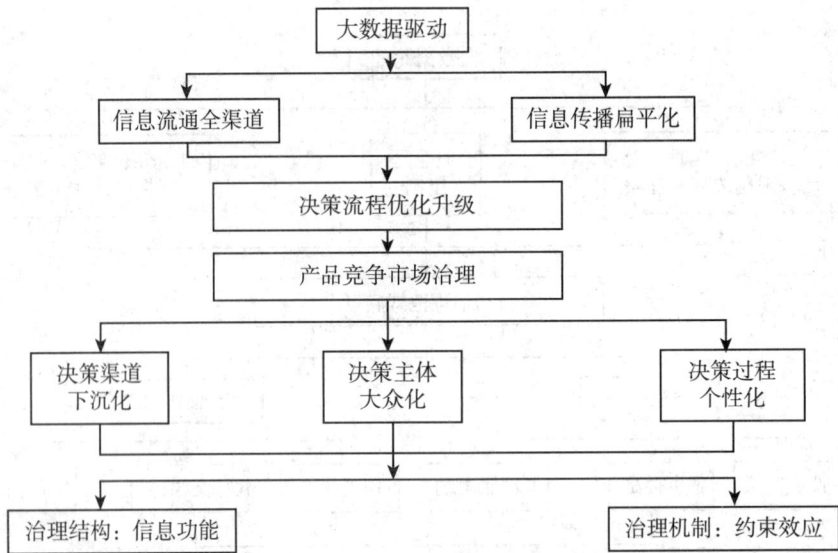

图9-6 数字经济下的产品竞争市场治理

资料来源：陈德球，胡晴. 数字经济时代下的公司治理研究：范式创新与实践前沿 [J]. 管理世界，2022，38（06）：213-240.

1. 从内部治理机制来看，数据驱动带来的资本市场关注度增加将密切化企业与消费者间的往来交流，企业布局创新业务的逻辑重点在于把握数据驱动导向的市场需求，产品市场上个性化产品定制越来越受欢迎，消费者开始成为企业治理结构中的重要部分。具体表现为：

（1）企业可以充分借助市场上产生的大数据信息，基于多渠道搜集消费者乃至潜在用户的购物偏好、搜索记录等个性化数据，借助人工智能、机器学习等数字技术进行数字分析、用户需求画像等进一步量化产品市场的用户需求，并以此为导向进行专业化产品生产与产品研发创新，从而推动公司治理创新。

（2）企业同样可以多方搜集用户购买和搜索商品的用户日志等数据，借助新一代数字技术进行大数据建模，为用户推荐"量身定做"的商品，提高营销精准度，推动传统营销方式向精准的数字营销方向转变。

2. 用户拥有的产品市场消费者和资本市场投资者双重身份，使得管理者必须时刻关注产品市场，以辅助决策生产和公司运营，公司治理更为规范。也就是说，活跃的产品竞争市场还会对企业的外部公司治理机制产生有效的约束效应。

3. 企业能否在纷繁复杂的数据中挖掘出尽可能多的额外信息价值，对提高公司治理水平和建立行业领先优势至关重要。考虑到信息在数字经济中的独特价值与核心地位，企业在注重自身积累数据资产的同时，还需对行业竞争对手的信息处理能力及相关优势时刻保持关注。

（四）数字经济下的控制权市场治理

数字经济背景下，大数据、人工智能等新一代数字技术能够助力企业创新价值优势，维持领先地位。大数据重构促进技术与产品及业务模式高度融合产生商业模式创新，进一步催生控制权市场治理新业态，顾客群体与资金群体开始逐渐大众化，人力资本重要性凸显，以技术为代表的股东权重明显增加。在技术革新背景下创新导向企业的控制权设计，需满足对专业经营（包括创始人和核心业务团队等）高度依赖的实际需求，要求研发者立足于公司治理范式转变的理论和现实背景，找到合适的切入点（比如双重股权结构、有限合伙协议架构等）解构以企业家为核心和治理权利专业化的控制权结构特征及理论逻辑，为数字经济背景下的大数据重构与商业模式创新奠定基础（数字经济下的控制权市场治理如图9－7所示）。

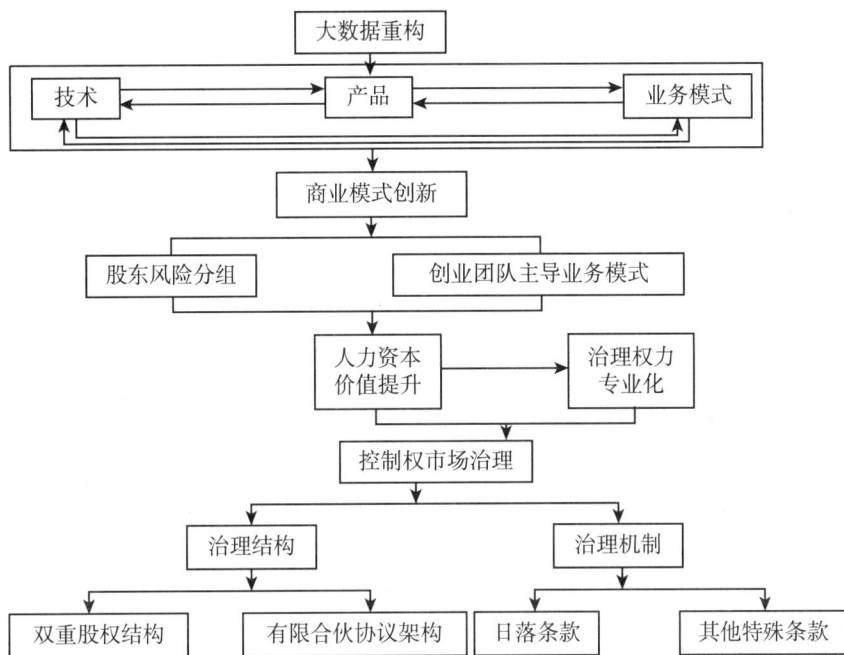

图9－7 数字经济下的控制权市场治理

资料来源：陈德球，胡晴．数字经济时代下的公司治理研究：范式创新与实践前沿［J］．管理世界，2022，38（06）：213－240．

【复习思考题】

1. 简述数字治理的内涵概念。
2. 简述数字治理体系框架。
3. 数字治理的增量变化有哪些？
4. 政府治理数字化转型的5个发展历程是什么？
5. 中国数字政府建设现状如何？
6. 政府治理数字化转型面临哪些问题？有何应对之策？
7. 数字经济对公司治理有哪些影响？
8. 简述数字经济时代公司治理范式转变的逻辑与路径。
9. 简述数字经济下的资本市场治理。
10. 简述数字经济下的产品竞争市场治理。
11. 简述数字经济下的控制权市场治理。

第十章

数字经济战略全球化

■ 【学习目标】

◇ 了解数字经济全球化的特征

◇ 认识数字经济全球化进程面临的机遇与挑战

◇ 理解全球数字经济战略的总体趋势

◇ 了解全球代表性经济体数字经济战略规划

◇ 了解数字经济全球化对中国的影响

◇ 理解中国参与数字经济全球化的策略

【案例导引】

金砖国家塑造数字经济新格局的术与路

近年来，金砖各国纷纷将信息通信技术和数据的高效应用确定为优先发展方向，制定了各具特色、各有侧重的数字经济发展战略，各国数字经济增长前景颇为可观。

1. 近年来金砖各国先后制定了各自的数字经济发展战略，根据自身需求确定数字经济发展方向。由巴西联邦政府发起的"巴西数字化转型战略"涵盖了国家在基础设施建设、研发创新、专业培训、经济、公民等方面的 100 个行动计划。俄罗斯制定的"俄罗斯联邦数字经济"国家计划则旨在创建稳定和安全的信息和电信基础设施，以高速传输、处理和存储所有组织和家庭可用的大量数据，对国家机构、地方政府和组织的电信设施进行国产替代。印度政府推出的"数字印度"战略主要聚焦三大领域，包括人人受益的基础设施建设、基于需求的政府治理和服务以及公民的数字赋能。南非政府发布的"国家数字战略"意在通过促进政府的数字化转型、数字访问和数字包容，应对包括贫困、失业及社会经济不平等在内的南非国内社会困境。

2. 金砖各国的数字经济发展战略重在推进电子政务、数字货币的应用、产业的数字化转型及公民的数字赋能。（1）在电子政务方面，巴西的数字经济战略以发展数字政府为核心，以公共服务为导向，并将节省下来的政府开支用于建设医疗保健中心和儿童教育中心，进一步提高公共管理效率。南非政府则试图利用电子政务平台来简化政府程序，提升公民获取信息的机会，改善公共服务，加强问责制和透明度。（2）在数字货币的应用方面，俄罗斯为利用数字卢布刺激金融领域的创新和竞争，正在分阶段、分地区开展数字卢布测试计划。印度储备银行则在今年宣布积极推动数字货币的运用，以进一步刺激数字经济的增长。在产业的数字化转型方面，巴西尤其强调数据驱动型经济和新商业模式。如在农业领域，日渐普及的移动应用程序为偏远地区的小农户提供农作物种植、财务管理等方面的培训。为应对新冠疫情，印度政府推出"国家数字健康任务"，提供全覆盖式的数字医疗服务。南非则通过综合信息平台与各级卫生系统对接，增强移动医疗能力。在公民的数字赋能方面，巴西已将数字扫盲和数字技能培训纳入学校课程中，并提供相应的基础设施和教师培训，以促进儿童和青少年为数字化转型做好准备。印度提出了在线教育普及率达到 100%，让所有印度学生都能获得网络教育资源的发展目标。南非政府则重点聚焦于提升弱势群体积极参与数字社会的能力。

3. 数字经济发展战略为金砖各国数字经济规模和效能的增长奠定了重要基础。2021 年，巴西电商销售额同比增加 27%，达 1 610 亿雷亚尔。根据相关预测，到 2024 年，巴西中小企业数字化转型有望为巴西国内生产总值注入 90 亿美元增量，电商市场将继续增长 57%。2011~2015 年，俄罗斯数字经济的总量增长了 59%，是其 GDP 增长速度的 9 倍。至 2025 年，俄罗斯数字经济规模或将增加至 9.6 万亿卢布，数字经济总值在其 GDP 中的占比将达到发达国家的平均水平。2021 年印度数字经济增加值规模达 5 419 亿美元，是仅次于中国的发展中国家。到 2025 年，印度数字技术产业对该国 GDP 的贡献率预计将从 2021 年的 7.7% 提升至 10%；到 2030 年，印度的消费数字经济将从 2020 年的 5 375 亿美元增加到 8 000 亿美元。2021 年，包括数字媒体、电子商务和电子服务在内的数字营收在南非的规模达到 65

亿美元，至 2025 年则预计将增加至约 95 亿美元。

资料来源：全球数治｜金砖国家塑造全球数字经济新格局的术与路［EB/OL］．澎湃新闻官方网站，2022－06－23. https：//www. thepaper. cn/newsDetail_forward_18704361．

第一节　数字经济与全球化

一、数字经济对全球化的影响

（一）数字经济全球化背景

历史上的机械化、电气化、信息化三次技术革命与产业变革对全球经济形态产生了重大影响，完成了从大宗商品贸易到工业制成品贸易再到产业链全球布局的三个重要特征的过渡，并分别对应"资源全球流通""产品全球销售"和"生产全球分工"三个阶段。近年来，以 5G、云计算、AI、物联网、AR/VR、量子计算等为代表的新一代数字技术与实体经济深度融合，数据、平台和技术等因素正在重构全球产业链、价值链和供应链。以物质流动为特征的经济全球化开始逐渐转向以数字流动为牵引的新型经济全球化转变（见表 10－1）。

表 10－1　　　　　　　　　　技术革命与经济全球化

	全球化 1.0 资源全球流通	全球化 2.0 产品全球销售	全球化 3.0 生产全球分工	全球化 4.0 数字全球化
技术革命和产业变革	• 机械化革命 • 机械化生产出现	• 电气化革命 • 基于分工的流水线规模生产	• 信息化革命 • 生产向自动化发展	• 数字化革命：5G、云计算、AI、物联网、AR/VR、量子计算、3D 打印 • 数字技术与实体经济深度融合
全球化特征	• 大宗商品贸易为主 • 航海技术和能力	• 生产地与消费地分离 • 工业制成品贸易	• 产业链全球布局 • 中间品贸易 • 服务外包兴起	• 全球网络通道加速连通 • 数据跨境流动大幅增加 • 数字平台成为全球数字经济产业链价值链核心 • 数字技术优势与劳动力优势间可替代性逐步增强，产业链供应链进一步向技术优势国聚集 • 数字服务贸易快速发展

资料来源：中国信通院．全球数字治理白皮书（2022 年）［R］．2023．

（二）数字经济全球化的特征

数字经济是先进技术发展和经济全球化的必然产物。随着数字经济的飞速发展，数字技术链拓展和延伸的国别界限越来越模糊，可以说，数字技术领域任何一项先进技术的跨越式突破背后常常伴随着多个国家、地区的同心协作。因而，作为一种经济形态，数字经济生来即为世界性现象，与先进数字技术的发展与经济全球化均密切相关。数字经济全球化的主要特征如下：

1. 数字服务贸易快速发展，跨境要素流动大幅增加。经济全球化加速了国际服务贸易的数字化变革过程，数字服务贸易迎来新一轮的发展浪潮。比如，我们可以通过某 App 的海外购模块购买或预定来自全球其他国家的商品与服务，也可以通过网络线上观看正在卡塔尔举行的世界杯现场直播等。事实上，上述服务的背后是包括跨境数据流动、一系列软件程序的国际通用与数字化国际汇兑在内的信息基础设施、贸易、金融等领域的跨国全方位合作。具体表现为：涵盖国际宽带、固定宽带普及率、3G 以上移动网络人口覆盖率和互联网覆盖率在内的全球网络覆盖范围与质量的较大提升（见图 10－1）、全球跨境数据流动持续保持高位增速（见图 10－2）以及全球跨境数字服务贸易逆势上扬（见图 10－3）。

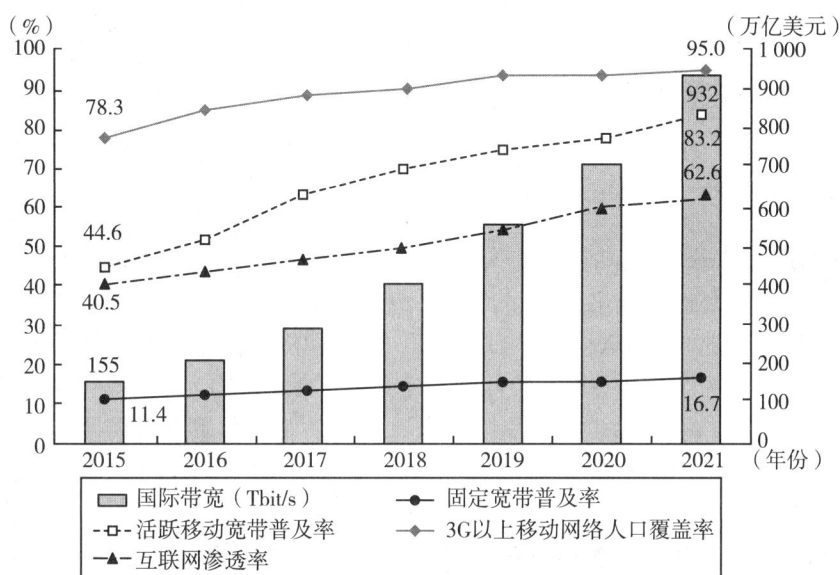

图 10－1　2015～2021 年全球网络覆盖情况

资料来源：中国信通院. 全球数字治理白皮书（2022 年）［R］. 2023.

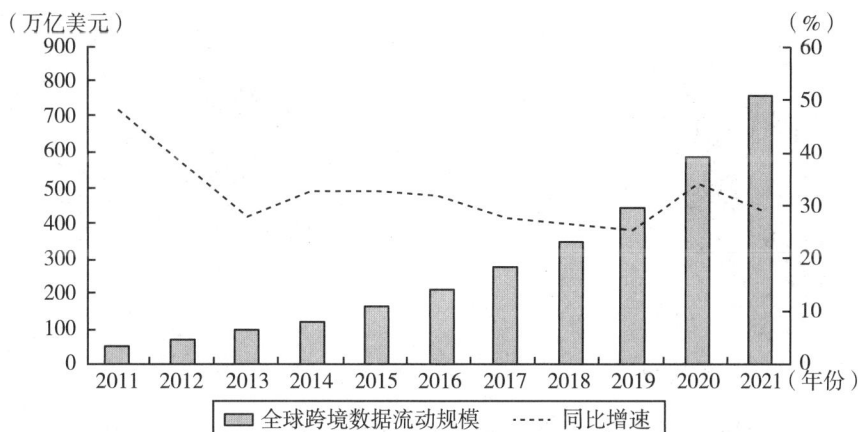

图 10－2　2011～2021 年全球跨境数据流动规模和增速情况

资料来源：中国信通院. 全球数字治理白皮书（2022 年）［R］. 2023.

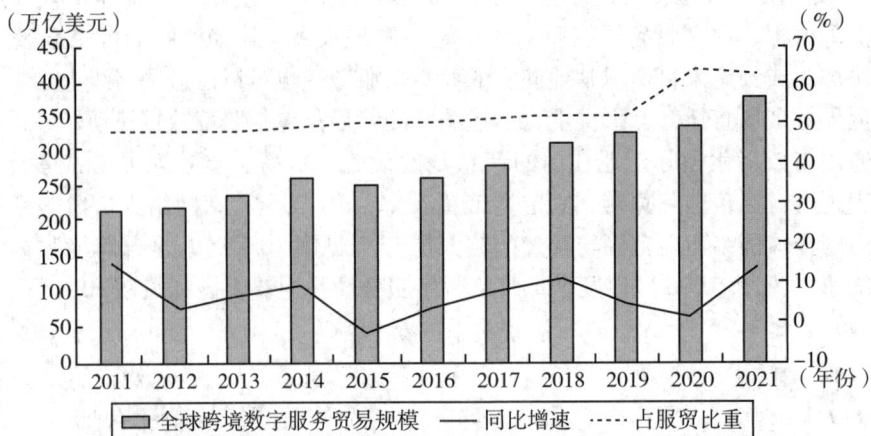

图10-3　2011~2021年全球跨境数字服务贸易规模、增速和占比

资料来源：中国信通院. 全球数字治理白皮书（2022年）[R]. 2023.

2. 数字经济改变市场竞争结构，巨型全球性跨国公司凸显，市场集中度增加。传统工业经济时代的不少竞争性行业虽孕育了许多巨型跨国公司，但市场结构仍表现为充分竞争（除极少数大型飞机制造等特殊行业外）。然而，数字经济时代出现的新的市场规律，使得数字经济市场中以寡头垄断和垄断竞争两种不完全竞争市场结构为主，整体竞争结构呈现出一种"长尾"形态。结合产品生命周期阶段来看，在早期的产品生命周期创新阶段，数字经济市场结构多表现出群雄逐鹿的垄断竞争格局，而后期随着数字技术的日益成熟和不断完善以及成本的逐渐降低，市场将产生快鱼吃慢鱼、大鱼吃小鱼等"赢者通吃"现象，进而形成少数几家行业巨头企业的寡头垄断格局。换句话说，此时这些巨头企业（多为数字平台企业，且规模巨大）在全球范围内构建价值链，占据极高的市场份额；而大多数规模较小的中小企业占据很小的市场份额。比如：全球前五家巨头平台与其他平台"极化"的非对称格局逐步加深（见图10-4）。

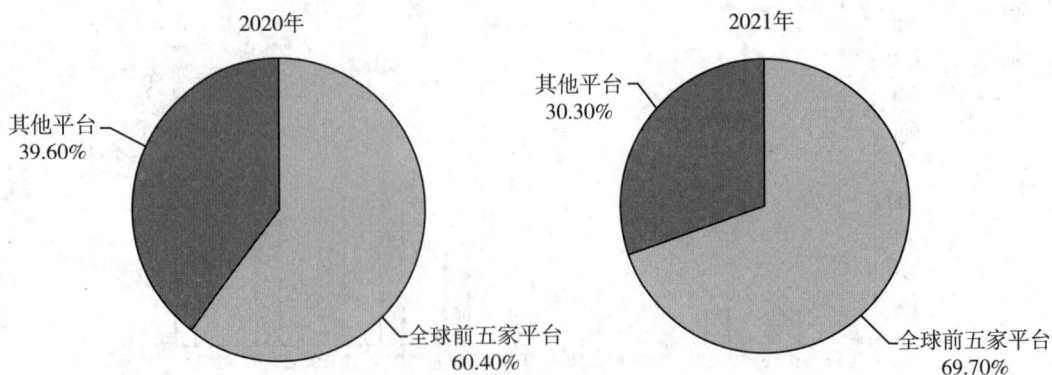

图10-4　全球前五家平台与其他平台价值总额对比情况

资料来源：中国信通院. 全球数字治理白皮书（2022年）[R]. 2023.

3. 数据成为关键生产要素，数字经济加速全球范围内产业转型升级。随着数字技术的飞速发展与数据流量呈现的几何式增长特征，数据自身具备的替代其他要素、低边际成本、规模报酬递增等经济特征及其在优化生产要素投入结构、提高资源利用率和经济效益方面发挥的重要作用，使得其成为促进经济增长的关键生产要素。此外，数字经济红利开始从经济效益最显著的产业部门和产业链环节逐步扩散，数字技术价值不断凸显与释放。越来越多的产业开始选择通过数字化转型与推动数字技术同实体经济深度融合的方式，积极探索自身创新化、数字化、绿色化与节能化转型升级新路径并寻求新发展动力。

4. 数字经济重塑全球价值链，经济全球化表现出新态势。数字经济能够通过成本节约效应、对生产流通模式的改造效应、对产业链赋能与深度融合效应及其对出口增加值的放大效应，在兼顾集中生产活动与灵活分散生产活动、助力海外生产回流与推动产业外包服务、促进东道国供应链关系重组与新增合作机会等方面发挥巨大作用，从而推动更多数量和范畴的产品与服务以及众多中小微企业乃至消费者个体融入全球价值链，实现全球价值链向多层次、多方位方向衍生。尤其在"逆全球化"凸显的背景下，数字经济通过推动商品与生产要素间的跨界流动、改变国际贸易和跨国投资结构与流向、加快产业数字化和数字产业化进程、推动数字平台成为全球数字经济产业链价值链中心等方式，进一步密切化全球分工，推动构建开放型世界经济。

【知识链接 10－1】

平台垄断的典型特征

平台垄断的典型特征主要表现为：（1）数字守门人，多具备在线中介服务、社交网络、搜索引擎、操作系统、在线视频等核心平台服务，且多依据多边网络效应、锁定效应、垂直一体化能力和数据驱动优势等保持其守门人地位。（2）自我优待，是拥有核心平台服务的企业对待商业用户业务与自营业务区别化的行为，是数字守门人地位赋予平台企业利用其市场地位限制竞争的独有方式。（3）排他性交易，是指平台利用数字技术手段，以及其隐蔽的方式通过影响用户选择其他平台商家，以限制其他平台商家的行为。这一典型事例有中国电子商务市场出现的"二选一"垄断行为。（4）掠夺性定价，是指平台企业为达到挤出市场中的竞争对手或威慑试图进入所在市场的潜在竞争对手目的，从而出现恶性价格战（多为降低价格，甚至是低于成本价）的行为。

资料来源：孙毅. 数字经济学［M］. 北京：机械工业出版社，2021.

二、数字经济全球化进程面临的机遇与挑战

新一轮信息科技革命蓬勃发展，数字经济成为全球化、信息化时代经济发展的重要组成部分。数字经济全球化在为世界经济带来新发展机遇的同时，也面临着巨大的挑战。

（一）数字经济全球化进程面临的机遇

1. 数字经济为推进经济体高水平开放，参与国际合作提供了新思路。作为数字传输工具，数字技术将各类经济体相互连接，使得各国数据、资源与服务实现全球性共享与互换。

这就意味着，数字经济对产业链、供应链的整体性赋能与深度融合效应，将大大增加全球经济贸易产业链、供应链各节点间的协同度，实现基于产业链和供应链的全球价值链增值效应，全球各国家和地区间的经贸往来更加密切，数字经济国际合作新趋势进一步凸显。

2. 数字经济全球化发展更加突出包容性和普惠性。伴随数字技术的飞速发展与应用，一大批行业或产业平台不断涌现，越来越多供应链上下游企业随之聚集，一种新的虚拟网络集聚效应（区别于传统产业的物理集聚效应）开始显现。这一集聚甚至囊括了全球整个供应链上的各类企业，扩大了集聚的时间与空间范畴，弱化了交易时间和方式限制，交易效率大大提高，这使得全球范围内的供应链网络更具包容性。与此同时，平台经济的存在，使得相当多中小企业借助相关平台实现与消费者的直接互联，极大地降低了交易环节和交易成本，共享经济进一步发展壮大，更多国家和企业将参与到全球分工体系，来自不同国家、不同阶层和不同人群共同分享数字经济全球化发展成果。

3. 数字经济为人口众多的发展中经济体提供"弯道超车"新赛道。一个典型事实是，过去几十年间，发达经济体将劳动密集型制造业在内的多数传统产业转移至发展中经济体。现代数字信息技术的广泛深入渗透与应用为这些传统产业的转型与发展注入新动力，使得其能够更好地提供多样化与个性化服务，更多地满足数字经济发展中的多样化与个性化需求，因而发展中经济体可借由数字经济发展契机，实现整个经济体的转型与产业升级。同时，众多的人口决定了一个经济体的商品需求与消费能力。现阶段，中国数字经济得到快速发展的一个很大原因就是人口基数大和数据应用规模较大。借鉴中国数字经济发展经验，诸如印度、巴西、越南、菲律宾等人口过亿的发展中经济体，若善加利用数字经济契机，或将实现"弯道超车"。

（二）数字经济全球化进程面临的挑战

1. 全球数字经济发展鸿沟日益凸显。当前全球范围内数字经济飞速发展，以5G为代表的新一代数字连接基础设施正在推动人类社会从移动互联时代迈向万物互联时代。与此同时，在数字经济全球化进程中，不同国家或地区、行业、企业、群体之间，因信息网络技术的拥有与数字服务的使用程度差异导致的信息差距与贫富差距两极分化趋势明显存在，不断扩大的"数字鸿沟"将多数发展中国家尤其是最不发达国家远远甩在身后。《2022全球移动经济发展报告》显示，现阶段全球仍有6%的人口所在的生活地区没有覆盖互联网，且互联网使用鸿沟也在增加，2021年达到了41%，也就是说，全球32亿人口所在的地区虽有网络覆盖但并没有使用移动网络服务。

2. 数字经济发展存在潜在网络安全隐患。数字经济突破了传统生产要素跨境流动限制，同时也带来了较为严重的信息安全隐患问题。换句话说，数字经济全球化势必伴随着大规模的跨境数据传输过程，加之数字流动本身存在的虚拟性和相对隐蔽性特征，以及数字终端控制难度大、网络信息监管难度大等问题，个人、企业的数据产权及隐私极易泄露，数据滥用、隐私泄露与侵权行为层出不穷，尤其涉及至国家层面的数据安全泄露极易威胁国家主权。此外，一些网络恶性攻击事件时有发生，虚拟世界的攻击对物理世界造成了真实性伤害。比如：境外黑客组织对本国政府机构进行恶意攻击与渗透、雅虎公司超10亿用户信息遭窃、形式多样的电信诈骗等。

3. 数字标准与市场尚未统一，全球数字经济监管体系建设面临新要求。现阶段，由于与数字经济相关的定义、标准等基本问题尚未达成全球共识，加之世界各国核心技术数字化水平参差不齐、各方利益诉求差异较大，难以形成全球公认的数字经济法律、规范与制度，导致不同国家或地区间与数字经济相关的矛盾和纠纷频发。比如：伴随数字贸易产生的数据跨境流动行为将引发国与国之间在数据产权、税收、金融债务等方面产生很大的争议，但是现阶段国际上尚未找到统一有效的法律依据和切实可行的处理办法，增加了数字经济全球化的不确定性风险。

第二节 全球数字经济战略规划

为有效应对新冠疫情冲击下经济下行和国际竞争格局重塑的挑战，全球各国家和地区加快数字经济战略规划调整，全球数字经济开始向更加全面、更加智能和更加绿色的方向发展。

一、全球数字经济战略规新动向

（一）全球数字经济战略规划总体趋势

全球数字经济战略规划的总体趋势主要体现在以下几点：

1. 注重提升和巩固科技创新全球竞争力。数字经济的飞速发展，让越来越多的国家开始意识到人工智能、5G、物联网、大数据等新一代信息技术在影响国家全球经济、国家安全和人民福祉方面的战略性作用，核心数字技术成为提升国家竞争力的关键因素。以美国、日本和中国为代表的经济体聚焦前沿技术创新，围绕人工智能、5G甚至6G、芯片、量子信息科学等关键核心技术领域，持续巩固数字创新生态。

2. 助推数字基础设施建设的普及与持续优化。数字新基建中的工业互联网、大数据和5G通信技术等在抗击新冠疫情冲击、稳定世界经济发展过程中，展示出巨大潜力，各国开始认识到数字基础设施建设在人国博弈中的关键作用。比如：美国、欧盟、德国和中国等经济体开始加快普及光纤、工业互联网等信息基础设施建设及持续升级；同时，部分国家开始进一步推动车联网标准体系构建和智慧城市、数字孪生城市建设。

3. 聚焦数字经济产业链核心竞争力重塑。面对新冠疫情冲击、局部冲突频发等不稳定国际环境，全球产业链与供应链"断裂"风险加剧。为扭转这一不利局面，部分国家尝试通过对集成电路、芯片和半导体等数字经济关键领域的关键环节进行调整，以推动全球产业链与供应链的国产化与多元化。比如：美国、欧盟、日本和中国纷纷出台一系列数字经济相关政策，着手提升产业链关键环节的本土化竞争力，并推动产业链供应链多元化发展。

4. 强调数字化与绿色化的协同化发展。一方面，随着数字技术应用的产业化与社会化规模的不断提升，产生了极大的电力、能源需求，这对能源生产、调控的稳定性与安全性提出了更高的要求；另一方面，数字技术进步能够通过创造新的生产方式与提高能源利用效率等方式，在一定程度上缓解经济增长与环境保护的矛盾，因而世界大国围绕"数字绿色规则"的竞争与博弈进一步升级。比如：欧盟、德国、日本和中国纷纷就促进数字化与绿色经济深度融合的产业发展助推可持续发展出台了一系列战略规划,助力本国经济社会向绿色化与数字化转型。

(二) 国际组织数字经济发展倡议

发展数字经济已成为全球普遍共识,世界银行、世界经济论坛、经济合作与发展组织、亚太经合组织和二十国集团等国际组织也纷纷围绕数字经济出台了一系列发展倡议,不同组织机构数字经济发展倡议的关键点如表10-2所示。

表10-2   国际组织数字经济发展倡议

组织机构名称	代表性文件	数字经济发展倡议关键点
世界银行 (The World Bank)	世界发展报告	利用数字经济助力发展中国家实现经济增长、增加就业、减少贫困和提高公共服务效率等重要手段。
世界经济论坛 (WEF)	发起"E15项目"	将WTO规模扩大至数字经济范围;倡导政府和非政府组织共同支持数字贸易发展;开启数字贸易协定谈判;深化数字贸易议题下的规则制定与合作
经济合作与 发展组织 (OECD)	数字经济概览:2015	政府加大支持互联网经济发展力度;着力消除数字创新方面的监管壁垒;重视数字基础设施建设和提升数字技术水平
亚太经合组织 (APEC)	关于执行APEC贸易和数字经济政策的声明	在全球范围内制定更加全面的数字经济与贸易政策、规制环境
联合国贸易 和发展会议 (UNCTAD)	2021年数字经济报告	倡导创建新的全球数据治理方针与架构,促进数据尽可能自由地跨境流动
二十国集团 (G20)	G20数字经济 发展与合作倡议	确立促进数字经济发展合作的共同原则;在关键领域进一步释放数字经济潜力;为数字经济发展营造开放、安全的政策支持环境;鼓励多层次交流,促进数字经济合作

资料来源:根据公开资料,经作者整理得到.

二、主要经济体数字经济战略规划

现阶段,数字经济在提高劳动生产率、促进贸易便利化、驱动经济增长、培育新市场和新增长点方面发挥着越发重要的作用,发展数字经济已成为全球普遍共识,各国开始纷纷加强数字经济战略布局,以抢占新一轮国际竞争的战略制高点。中国信通院发布的《全球数字经济白皮书(2022年)》指出,现阶段中、美、欧"三大数字巨头"分别在市场、技术、规则领域占据优势,全球数字经济三足鼎立格局基本形成。具体而言,中国拥有全球最大的数字经济市场,数字产业活跃、数据资源全球领先,数字经济实现了跨越式发展;美国凭借其遥遥领先的数字企业全球竞争力和数字技术研发实力,数字经济规模蝉联全球第一位;欧盟走在布局数字经济的前沿，尤其在数字治理方面具有领先优势，使其立于同中美两大数字发展极优势互补、不可或缺的"第三极"地位。

进一步地，全球数字经济发展呈现明显的三级梯队模式（见图 10 – 5）。作为全球最大的经济体，美国经济实力及各行业发展水平均处于全球前列，且在 2021 年以 15.3 万亿美元的数字经济规模遥遥领先于二级梯队；中国、日本、德国、英国、法国、韩国等主要国家积极布局谋划数字经济关键领域发展，数字经济发展紧跟其后；而印度、巴西、加拿大、意大利、墨西哥、俄罗斯、澳大利亚、印度尼西亚、南非处于数字经济发展三级梯队。

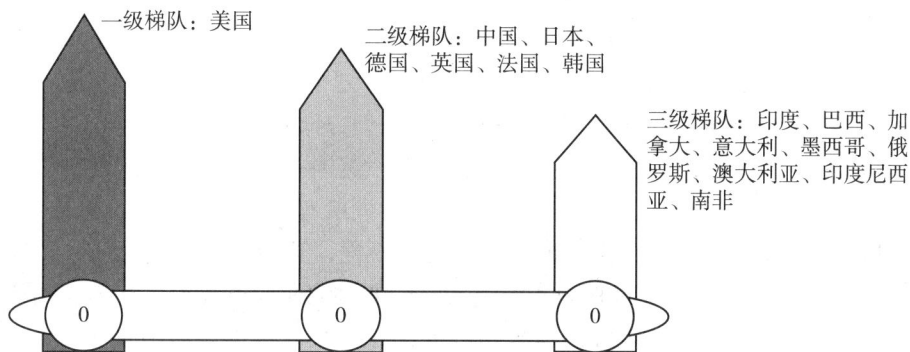

图 10 – 5　全球数字经济发展的三级梯队

资料来源：中国信通院. 数字经济概论：理论、实践与战略［M］. 北京：人民邮电出版社，2022.

事实上，主要国家的数字经济发展与各国的数字经济战略高度相关。结合上述全球数字经济发展的基本格局与现状，本节主要以美国、欧盟、中国和日本为代表，介绍这四大经济体的数字经济战略规划。

（一）美国

美国早在 20 世纪 90 年代就正式开启数字战略布局，按照时间线，其数字经济战略布局可以划分为以下几个阶段：

1. 起步阶段。自 1991 年颁布《高性能计算法案》开始，美国便走在数字经济发展布局的前端。到克林顿执政，更出台了《国家信息基础设施行动计划》，以大力支持数字经济发展，尤其注重技术创新与信息基础设施建设。

2. 稳步推进阶段。面临 2000 年的科技股泡沫破灭等现实因素，小布什执政期的美国政府虽对数字经济等新经济政策支持力度有所减弱，但仍旧十分重视企业研发，数字经济基本制度良好。

3. 快速发展阶段。这一时期主要包括奥巴马执政的重点推进新技术应用阶段与特朗普执政时期的聚焦提升国际竞争力阶段。

美国数字经济战略的特点主要集中在以下几点：

（1）聚焦数字经济前沿技术，积极抢占数字技术制高点。美国极其重视前沿性基础研究，尤其是现阶段占据关键核心主导地位的人工智能、5G、量子技术、航空航天等数字技术的研发，拜登政府更是在战略层面将这些数字技术定义为"未来技术"领域。比如：针对人工智能领域出台的《国家人工智能研究和发展战略计划》和《美国机器智能国家战略》，试图引领全球智能化技术和零件研发技术突破；2021 年的《大数据研发计划》直接将大数据上升为国家战略，进一步正向促进美国前沿技术的数字化与商业化转型；2022 年 8 月颁布《为美国生产半导体创造有益的激励措施法案》，试图吸引全球半导体制造企业在美国建厂投产，从而提高其在半导体和先进数字技术方面的竞争力。

（2）把握制造业高附加值环节，推进工业互联网与能源互联网的广泛应用。现如今美国数字经济发展的领先地位，在一定程度上得益于 20 世纪 90 年代初开始布局并启动实施的大规模信息基础设施建设。在 2008 年金融危机后，美国推动再工业化实施制造业回流，从而拉动创造就业、经济增长，并将制造业产业链稳固于高附加值环节。随后，在提出以"先进制造战略"为基础的"再制造战略"基础上，2018 年美国继续发布了《美国先进制造业领导力战略》，拜登竞选演讲中提到的基建投资计划中也涉及了先进制造业、产业基础设施配套等，进一步阐释了美国先进制造业的政策转型方向和决心。

（3）全力推进公共管理数字化与数字政府建设。美国推进数字技术广泛深入应用的重要领域之一即为公共管理。其中，政府作为数据的最大所有者，是大数据的重要来源。基于"电子政府""电子政务"和"开放政府"的发展历程，美国 2012 年提出的《数字政府：建立一个面向 21 世纪的平台更好地服务美国人民》明确表示，美国公民与员工可随时随地使用任何设备访问高质量的数字政府信息与服务，开发政府数据以激励全美数字创新。同时，美国政府长期重视数字技术与政务服务的深度融合，积极采用云计算、人工智能与大数据等新一代信息技术服务，推动高水平数字政府建设。

（4）立足于高质量就业与可持续增长，全面提升国家创新能力。进入 21 世纪，美国立足于高质量就业与可持续增长，持续升级国家创新政策，进入全面提升国家创新能力阶段。《创新美国》《美国创新战略：推动可持续增长和高质量就业》《美国创新战略 2011：确保我们的经济增长和繁荣》和《美国创新战略》等一系列创新政策组合拳，使得美国创新政策开始向提升国家创新能力转变，注重国家创新基础架构建设，并持续将高质量就业与可持续增长作为国家战略发展的重点（见表 10 – 3）。

表 10 – 3　　　　　　　　　　　　美国数字经济战略规划

国家	时间	战略规划
美国	1991 年	高性能计算法案
	1993 年	国家信息基础设施行动计划
	1999 年	新兴的数字经济
	2004 年	创新美国
	2009 年	美国创新战略：推动可持续增长和高质量就业
	2010 年 3 月	连接美国：国家宽带计划
	2011 年 2 月	联邦云计算发展战略
	2011 年	美国创新战略 2011：确保我们的经济增长和繁荣
	2012 年 3 月	大数据研发计划
	2012 年 5 月	数字政府：建立一个面向 21 世纪的平台更好地服务美国人民

国家	时间	战略规划
美国	2014 年 5 月	美国开放数据行动计划
	2015 年	美国创新战略
	2015 年 11 月	数字经济议程
	2016 年 10 月	国家人工智能研究与发展战略计划
	2016 年 12 月	加强网络安全——促进数字经济的安全与发展
	2017 年 3 月	国家宽带研究议程
	2018 年 3 月	美国机器智能国家战略
	2018 年 6 月	数据科学战略
	2018 年 9 月	美国国家网络战略
	2018 年 10 月	美国先进制造业领导力战略
	2019 年 2 月	维护美国人工智能领导地位的行政命令
	2020 年 2 月	关键和新兴技术国家战略
	2020 年 4 月	数字战略 2020 – 2024
	2020 年 9 月	设计美国的数字发展战略
	2021 年 2 月	美国的供应链行政令
	2021 年 6 月	2021 美国创新与竞争法案
	2022 年 8 月	为美国生产半导体创造有益的激励措施法案

资料来源：根据中国信通院系列数字经济白皮书及公开资料，经作者整理得到．

（二）欧盟

欧盟的数字经济发展历程，按照时间线以其发布的数字经济相关战略规划为依据，大致可以分为以下几个阶段：

1. 第一阶段，1993 年发布的《成长、竞争力与就业白皮书》中，首次提出针对欧洲信息社会的具体意见，并将网络基础设施作为重点建设领域。

2. 第二阶段，2000 年发布的《里斯本战略》将电子政务、电子教育与培训、电子医疗与卫生、网络零售作为实现"以知识为基础的、世界上最有活力和竞争力的经济体"的四大支柱。

3. 第三阶段，以 2005 年发布的《i2010——欧洲信息社会：促进经济增长和就业》为起始节点，推动信息与通信技术的深度融合，促进信息社会和媒体行业的发展，从而带动就业。

4. 第四阶段，以 2010 和 2015 年发布的《欧洲数字议程》和《数字单一市场战略》为标志。

欧盟的一系列战略规划主要围绕扩大数字治理范围，旨在推动数字单一市场到单一数据市场战略演进，先规范后发展试图逆转数字经济发展劣势，并引领数据保护和数据治理的全球通行标准。欧盟的数字经济战略规划主要体现在以下几点：

1. 积极加强合作，推动数字单一市场与数字治理规则建设。欧盟在促进欧洲数字创新与经济增长步伐赶上其他经济体的同时，还需要在欧盟范围内构建一套一致协同、友好创新的数字政策与规则。2009 年欧盟相继出台的《数字红利战略》和《未来物联网发展战略》为其释放"数字红利"与实现物联网质的突破奠定了良好基础。随后，自 2015 年开始欧盟相继出台的《数字单一市场战略》《打造欧盟数据经济》和《欧洲数据战略》等一系列数字化转型战略规划与法案，均表现出其致力于消除成员国间的数字管制相关壁垒，打造数字单一市场，积极探索并扩宽数字治理规则建设深度的决心。

2. 大力推进工业数字化、企业数字化发展，牵头助力产业数字化与绿色化协同转型。欧盟认为工业数字化转型是解锁欧洲在未来世界经济赛道实现经济增长和弯道超车的关键。在 2016 年出台《欧洲工业数字化战略》支持欧洲工业数字化发展的基础上，2018 年提出的《地平线欧洲》中进一步强调聚焦制造技术、人工智能与机器人等关键领域的发展。为进一步推动欧洲工业数字化渗透率领先全球，2020 年和 2021 年欧盟更是分别推出《欧洲新工业战略》《可持续及智能交通战略》，以期通过物联网、大数据和人工智能三大关键数字技术提升欧洲工业智能化水平，并试图推动交通领域数字化与绿色化协同转型，着力打造可持续与智能交通体系。

3. 多层次推动数字技术创新与全局性数字产业链竞争力重塑。自 2018 年《地平线欧洲》计划正式启动、全面推进欧洲基础研究和科研成果共享以来，2020 年欧盟接连发布和实施《塑造欧洲的数字未来》《欧洲数据战略》《欧洲新工业战略》等一系列战略规划，试图推进先进超级计算、网络安全与人工智能等数字技术创新，进一步提升欧洲数字技术的全球竞争力。此外，2021 年 3 月发布的《2030 数字化指南：欧洲数字十年之路》中，明确构建安全、可持续和高性能的基础设施建设体系，对尖端及可持续半导体、芯片制造、欧洲第一台量子计算机生产等数字产业链布局提出了新要求。

此外，欧盟还在数据确权领域进行了关键探索，试图以数据空间为核心，助力欧洲数据云计划，打造以数据保护为基础的欧洲健康数据空间（如 2022 年 5 月启动的欧洲健康数据空间计划）（见表 10 - 4）。

表 10 - 4　　　　　　　　　　欧盟数字经济战略规划

地区	时间	战略规划
欧盟	1993 年	成长、竞争力与就业白皮书
	2000 年	里斯本战略
	2005 年	i2010——欧洲信息社会：促进经济增长和就业
	2009 年	数字红利战略
	2009 年	未来物联网发展战略
	2010 年 5 月	欧洲数字议程
	2015 年 5 月	数字单一市场战略

地区	时间	战略规划
欧盟	2016 年 4 月	产业数字化规划
	2017 年 1 月	打造欧盟数据经济
	2018 年 4 月	欧盟人工智能战略
	2018 年 5 月	通用数据保护条例
	2018 年 6 月	地平线欧洲
	2018 年 12 月	促进人工智能在欧洲发展和应用的协调行动计划
	2020 年 2 月	塑造欧洲的数字未来
	2020 年 2 月	欧洲数据战略
	2020 年 3 月	欧洲新工业战略
	2020 年 12 月	可持续及智能交通战略
	2021 年 3 月	2030 数字化指南：实现数字十年的欧洲路径
	2022 年 5 月	欧洲健康数据空间计划
	2024 年 3 月	2025－2027 年地平线欧洲战略计划

资料来源：根据中国信通院系列数字经济白皮书及公开资料，经作者整理得到.

（三）中国

在全球数字经济蓬勃发展的时代背景下，中国高度重视数字化发展，明确提出"数字中国"战略，将数字经济发展上升到国家战略层面。为全面深入推进数字中国建设，中国围绕经济、政治、文化、社会和生态等范畴的信息化建设，出台了一系列战略规划，重点部署了"宽带中国"、"互联网＋"、大数据、云计算、人工智能、数字经济、电子政务、新型智慧城市、数字乡村等领域的发展（见表 10－5）。

表 10－5　　　　　　　　　　　　**中国数字经济战略规划**

国家	时间	战略规划
中国	2008 年 3 月	关于印发强化服务，促进中小企业信息化意见的通知
	2015 年 7 月	关于积极推进"互联网＋"行动的指导意见
	2015 年 9 月	促进大数据发展行动纲要
	2016 年 7 月	国家信息化发展战略纲要
	2016 年 12 月	"十三五"国家信息化规划
	2017 年 7 月	新一代人工智能发展规划
	2017 年 11 月	关于深化"互联网＋先进制造业"发展工业互联网的指导意见
	2019 年 5 月	数字乡村发展战略纲要

国家	时间	战略规划
中国	2020 年 3 月	关于推动工业互联网加快发展的通知
	2020 年 3 月	中小企业数字化赋能专项行动方案
	2020 年 4 月	关于推进"上云用数赋智"行动 培育新经济发展实施方案
	2020 年 5 月	数字化转型伙伴行动倡议
	2021 年 3 月	"双千兆"网络协同发展行动计划（2021－2023 年）
	2021 年 12 月	"十四五"数字经济发展规划
	2022 年 11 月	中小企业数字化转型指南

资料来源：根据中国信通院系列数字经济白皮书及公开资料，经作者整理得到．

中国的数字经济战略规划主要体现在以下几点：

1. 加快数字化转型与创新步伐。近年来，中国在关键核心数字技术攻关方面取得重要进展，极大地促进了实体经济与虚拟经济的加速融合。比如：《促进大数据发展行动纲要》《关于深化"互联网＋先进制造业"发展工业互联网的指导意见》《新一代人工智能发展规划》和《关于推进"上云用数赋智"行动 培育新经济发展实施方案》等一系列政策均强调，加强关键共性技术攻关与共性制造需求突破，加大对数字化建设与创新投入，加快推进新一代数字技术的推广与应用助力传统产业数字化转型升级，探索新增长模式和新经济业态。

2. 强化数字经济标准化建设。在数字经济建设和发展的过程中，系统性、协调性、开放性的数字化转型标准体系至关重要。为此，中国在建立数据资源产权、跨境传输和数据安全保护等标准规范，以及推动平台经济、共享经济标准化建设方面出台了一系列战略规划。比如：国务院 2021 年 12 月印发的《"十四五"数字经济发展规划》中，进一步明确推动数据资源标准体系建设；建立健全数据安全治理体系，研究完善行业数据安全管理政策；加快制定符合我国国情的数字经济相关标准和治理规则，并依托双边和多边合作机制，开展数字经济标准国际协调和数字经济治理合作。

3. 全面推进中小企业数字化转型。中小企业是国民经济和社会发展的重要力量，其数字化转型是释放经济潜力的关键。与此同时，数字经济开放性与普惠性的特征为中小企业乘势突破带来了重大契机。中国持续关注中小企业发展，早在 2008 年就发布了《关于印发强化服务促进中小企业信息化意见的通知》，以公共服务与社会服务带动中小企业信息化投入；随后在 2020 年 3～5 月，接连发布《中小企业数字化赋能专项行动方案》《关于推进"上云用数赋智"行动 培育新经济发展实施方案》和《数字化转型伙伴行动倡议》，搭建中小企业数字化服务平台，为中小企业数字化网络化智能化转型创造优质的软环境。

4. 重视数字基础设施建设与普及。中国十分重视 5G、光纤、工业互联网等建设普及。比如：2020 年 3 月发布的《关于推动工业互联网加快发展的通知》中，进一步明确了包括标识解析体系、工业互联网平台、安全态势感知平台和工业互联网大数据中心在内的多种工业互联网新型基础设施，并鼓励各地结合当地特色与优势产业，加速工业互联网在机械、装备、能源、电子、矿业等国民经济重点行业的深度融合与创新。2021 年 12 月发布的《"十四五"数字经济发展规划》中，也明确提出协同推进千兆光纤网络和 5G 网络的商用部署与规模应用，前瞻布局 6G 网络技术储备，加大 6G 技术研发支持力度，积极参与推动 6G 国际标准化工作，全面建设智能化综合性数字信息基础设施。

5. 注重提升数字经济核心竞争力。在数字经济逐步成为世界经济主流的时代趋势下，中国十分重视本国内数字经济核心竞争力的提升与重塑。继"十四五"规划明确提出发展数字经济以来，国务院印发的《"十四五"数字经济发展规划》指出，到 2025 年，中国数字经济将迈向全面扩展期，数字经济核心产业增加值占 GDP 比重将增加至 10%，数字化创新引领发展能力与智能化水平将大幅提升，数字技术与实体经济融合将成效显著，数字经济治理体系也将更加完善，从而实现中国数字经济竞争力和国际影响力的稳步提升。

此外，在国家层面高度重视加快出台数字经济相关战略规划的引导下，各级地方政府也积极出台了一系列数字经济配套政策，助力中国数字经济蓬勃发展。中国部分省份数字经济相关政策如表 10 - 6 所示。

表 10 - 6　　　　　　　　　中国部分省份数字经济相关政策

地区	时间	数字经济相关政策
福建	2011 年 9 月	福建省"十二五"数字福建专项规划
	2014 年 4 月	福建省人民政府关于数字福建智慧城市建设的指导意见
	2018 年 2 月	福建省人民政府办公厅关于加快全省工业数字经济创新发展的意见
	2021 年 3 月	国家数字经济创新发展试验区（福建）工作方案
	2022 年 3 月	2022 年数字福建工作要点
浙江	2003 年 9 月	数字浙江建设规划纲要
	2018 年 9 月	浙江省数字经济五年倍增计划
	2020 年 11 月	浙江省数字赋能促进新业态新模式发展行动计划（2020—2022 年）
	2021 年 6 月	浙江省数字经济发展"十四五"规划
	2022 年 8 月	浙江省人民政府关于高质量发展建设全球先进制造业基地的指导意见
广东省	2018 年 4 月	广东省数字经济发展规划（2018 - 2025 年）
	2020 年 11 月	广东省建设国家数字经济创新发展试验区工作方案
	2021 年 7 月	广东省数字政府改革建设"十四五"规划
	2022 年 3 月	广东省数字政府改革建设 2022 年工作要点的通知
北京市	2021 年 8 月	北京市"十四五"时期高精尖产业发展规划
	2022 年 11 月	北京市数字经济促进条例
重庆市	2021 年 11 月	重庆市数字经济"十四五"发展规划（2021—2025 年）的通知
天津市	2019 年 5 月	天津市促进数字经济发展行动方案（2019 - 2023 年）
	2021 年 8 月	天津市加快数字化发展三年行动方案（2021—2023 年）
	2021 年 12 月	天津市智慧城市建设"十四五"规划的通知
	2022 年 1 月	天津市一体化政务服务平台移动端建设工作方案（2022—2023 年）

地区	时间	数字经济相关政策
河南省	2012 年 6 月	关于加快全省数字城市地理空间框架建设与应用工作的通知
	2022 年 2 月	河南省"十四五"数字经济和信息化发展规划
	2023 年 5 月	河南省加强数字政府建设实施方案（2023—2025 年）
甘肃省	2021 年 9 月	甘肃省"十四五"数字经济创新发展规划
山东省	2019 年 7 月	山东省支持数字经济发展的意见
	2020 年 4 月	数字山东 2020 行动方案
	2020 年 12 月	山东省推进工业大数据发展的实施方案（2020－2022 年）
	2022 年 10 月	山东省制造业数字化转型行动方案（2022－2025 年）
	2023 年 2 月	山东省数字政府建设实施方案
贵州省	2017 年 2 月	贵州省数字经济发展规划（2017－2020 年）
	2018 年 2 月	贵州省实施"万企融合"大行动打好"数字经济"攻坚战方案
	2018 年 6 月	省人民政府关于促进大数据云计算人工智能创新发展加快建设数字贵州的意见
	2021 年 12 月	贵州省"十四五"数字经济发展规划
广西	2018 年 8 月	广西数字经济发展规划（2018－2025 年）
	2018 年 8 月	关于加快数字广西建设的若干措施
	2018 年 11 月	广西数字政务一体化平台建设方案

资料来源：根据各级政府官方网站的公开资料，经作者整理而得．

（四）日本

日本的数字经济发展从政策引导和法律保障两个方面可以划分为以下四个阶段：

1. 第一阶段（1956～1999 年）。聚焦于建设和完善数字信息产业领域。

2. 第二阶段（2000～2005 年）。2001～2004 年相继出台的一系列《e-Japan 战略》《e-Japan 战略Ⅱ》和《u-Japan 战略》等政策，明显加大了数字信息产业对本国经济发展的推动力度，日本的数字经济雏形初显。

3. 第三阶段（2006～2012 年）。随着日本 IT 改革政策的颁布以及《i－Japan 战略2015》和《日本复兴战略》政策的提出，数字经济的发展开始向社会各领域深度渗透。

4. 第四阶段（2013 年至今）。2013 年开始，日本将 IT 战略总部升级成为内阁的"高速信息通信网络社会推进战略本部"，随后又出台《智能日本 ICT 战略》《集成创新战略》《综合创新战略》和《统合创新战略 2022》等一系列政策规划，促进和保障数字信息产业健康发展，为数字经济发展提供有效监管和检验。

日本的数字经济战略布局相对较早，早在其 1995 年发布的《面向 21 世纪的日本经济结构改革思路》中就提到要重点发展通信、信息等信息产业。这也为现阶段日本数字信息产业基础设施建设水平世界领先、数字经济发展水平名列前茅奠定了良好基础。日本的数字经济战略规划主要体现在以下几点：

1. 强化战略性科技研发与数字人才培育。《科学技术创新综合战略2020》针对物联网和人工智能等革命性信息网络基础技术、新一代自动驾驶等革命性交通技术、3D打印和智能机器人等革命性制造技术等相关领域，制定并推广战略性研发创新计划。同时，构建官产学研合作模式，将科研转化成数字经济生产力。比如：以构建"社会5.0"概念为目标，在初高中教育阶段逐步推广STEM教育与人工智能知识技能教育，进而面向全社会按照年龄分层逐步推广并实现循环教育。

2. 注重数字技术设施与智能型社会建设。日本政府令文部科学省、经济产业省、厚生劳动省等协调分工数字化转型平台建设、数据收集基础设施、新一代信息通信基础设施研究相关的具体数字政策。比如：《ICT基础设施区域扩展总体计划规划2.0》指出要加快5G通信基站和光纤铺设进度。此外，日本在《第五期科学技术基本计划（2016－2020）》提出超智能"社会5.0"的概念后，在2020年又通过《国家战略特区法修订法案》，进一步推动交通、养老、医疗、金融服务等领域的数字化转型，力争实现自动驾驶汽车、智慧养老、在线问诊、无现金支付等生活服务（见表10－7）。

表 10－7　　　　　　　　　　　日本数字经济战略规划

国家	时间	战略规划
日本	1995 年	面向 21 世纪的日本经济结构改革思路
	2001 年	e-Japan 战略
	2003 年	e-Japan 战略Ⅱ
	2004 年	u-Japan 战略
	2009 年	i-Japan 战略 2015
	2012 年 7 月	新 ICT 战略研究计划
	2013 年	日本振兴战略
	2014 年	智能日本 ICT 战略
	2015 年 1 月	机器人新战略
	2016 年 1 月	第五期科学技术基本计划（2016－2020）
	2018 年 6 月	集成创新战略
	2018 年 6 月	综合创新战略
	2018 年 7 月	第 2 期战略性创新推进计划（SIP）
	2020 年	国家战略特区法修订法案
	2020 年	科学技术创新综合战略 2020
	2022 年 6 月	统合创新战略 2022

资料来源：根据中国信通院系列数字经济白皮书及公开资料，经作者整理得到．

三、其他经济体数字经济战略规划

（一）德国

现阶段德国数字经济发展水平处于相对领先水平，中国信通院发布的数据显示，2022年德国数字经济规模占 GDP 的比重超过 65%。德国数字经济发展取得的重大成就，得益于德国政府对数字经济的重视，及其出台的一系列数字经济战略规划。德国的数字经济战略规划主要体现在以下几点：

1. 将中小企业数字化转型作为焦点，进一步释放国内数字经济活力。中小型企业为德国在全球经济中的重要地位做出了重要贡献，数字化对企业尤其是中小型企业的发展十分重要。自 2014 年开始，德国就针对中小企业数字化转型制定了一系列行动计划，依托高校与科研院所在全国建立中小企业 4.0 能力中心，为中小企业智能化升级进程中可能涉及的数字技术与安全问题提供支持，并为其提供投资补助。这些行动计划包括但不限于启动中小企业4.0 数字化生产及工作流程项目资助、颁布《未来中小企业行动方案》、实施中小企业数字化改造计划和新的中小企业数字化投资补助计划。

2. 消除数字鸿沟，突破数字基础设施建设瓶颈。德国数字化转型中面临的严重问题就是光纤宽带、信息通信技术发展落后与城乡数字鸿沟严重，其高速宽带网络部署、4G 网络渗透覆盖率均与韩国、瑞典和日本等国家存在较大差距。同时，农村地区 30M 以上带宽家庭用户数占比仅为城市的 1/2。可喜的是，受《数字战略 2025》在内的一系列数字经济战略规划的正向影响，目前德国已提前实现 2020 年 5G 覆盖率超一半人口的目标，正在进一步突破 2/3 的覆盖率。《德国工业战略 2030》也指出，互联网与机器互联互通构成的工业4.0 是现阶段的关键突破性技术，对实现生产、供应、销售和维修等环节的智能化与数据化尤为重要。为进一步推动解决经济社会数字化、连通性、转型发展等相关问题，德国还专门成立了数字事务委员会（Committeeon Digital Affairs）。

3. 积极践行"工业 4.0"，不断升级高技术战略。自 2013 年德国政府提出"工业 4.0"战略以来，2016 年德国政府又提出《数字化战略 2025》，进一步利用"工业 4.0"加强德国制造业的竞争力。近年来，德国政府不断升级高技术战略，先后提出《高科技战略 2025》《人工智能德国制造》《德国工业战略 2030》和《国家人工智能战略》，以确保相关领域在国内、欧洲乃至整个世界的经济竞争力和工业领先地位。

此外，德国在 2021 年 1 月发布了《联邦政府数据战略》，对数据要素进行战略部署，试图助力德国成为欧洲数据共享和创新应用的领导者（见表 10 - 8）。

表 10 - 8 　　　　　　　　　　　　德国数字经济战略规划

国家	时间	战略规划
德国	2010 年 12 月	德国联邦政府 ICT 战略：数字德国 2015
	2014 年 8 月	数字议程（2014 - 2017 年）
	2016 年 3 月	数字战略 2025
	2018 年 7 月	联邦政府人工智能战略要点

国家	时间	战略规划
德国	2018 年 9 月	高科技战略 2025
	2018 年 11 月	人工智能德国制造
	2019 年 6 月	国家继续教育战略
	2019 年 11 月	德国工业战略 2030
	2020 年 12 月	国家人工智能战略
	2021 年 1 月	联邦政府数据战略

资料来源：根据中国信通院系列数字经济白皮书及公开资料，经作者整理得到．

（二）英国

作为第一次工业革命的发源地，英国近年来不断强化数字战略引领，多维布局数字产业化转型升级，试图将英国打造成为一个现代化的全球性"数字之都"。为应对全球金融危机后的经济衰退与国际经济新形势，于 2009 年提出了"数字英国"计划，至此拉开数字经济战略帷幕。在此后的 2013～2018 年，英国围绕包含人工智能在内的数字产业布局、数字政府建设、数字基础设施建设、数字人才储备和数字网络安全等领域，陆续推出《英国信息经济战略 2013》《数字经济战略（2015－2018）》《英国数字战略 2017》《数字宪章》《产业战略：人工智能领域行动》和《国家计量战略实施计划》等一系列战略规划，周密部署数字经济快速发展模式，旨在大力推动数字经济创新发展，打造全球数字化强国。2020 年推出的《国家数据战略（2020）》，进一步提出建立兼顾促增长与信赖性的数据体制、倡导数据跨境自由流动、全面释放数据在经济领域的潜在能量与价值、确保数据基础设施的安全性与提高政府数据使用效率并改善公共服务五项关键任务。随后，2022 年发布的《英国数字战略》又重点布局了数字基础、创意和支持产权（IP）、数字技能和人才、为数字增长畅通融资渠道、高效应用和扩大影响力、提升英国的国际地位六大关键领域。为促进网络在技术重塑格局中对英国国家利益的保护，2022 年 12 月英国提出 2022 年新版《国家网络战略》，加强对网络至关重要技术的掌控，同时减少对不符合英国价值观的供应商和技术的依赖（见表 10－9）。

表 10－9　　　　　　　　　英国数字经济战略规划

国家	时间	战略规划
英国	2009 年	"数字英国"计划
	2013 年 6 月	英国信息经济战略 2013
	2016 年 12 月	数字宪章
	2017 年 3 月	英国数字战略 2017
	2018 年 4 月	产业战略：人工智能领域行动
	2018 年 6 月	国家计量战略实施计划

国家	时间	战略规划
英国	2020 年 9 月	国家数据战略（2020）
	2022 年 6 月	英国数字战略
	2022 年 12 月	国家网络战略

资料来源：根据中国信通院系列数字经济白皮书及公开资料，经作者整理得到.

（三）俄罗斯

近年来，俄罗斯在信息化基础设施建设、智慧城市建设和数字技术市场化应用方面虽与世界数字经济发展整体趋势基本同步，但其数字经济规模与增长速度总体偏低、国内数字鸿沟较大、数字技术能力相对不足、劳动力市场结构失衡等问题依旧突出。在此背景下，出于推动经济结构数字化转型与赢得未来全球竞争主动权的考量，俄罗斯加快出台数字经济相关战略规划与政策措施。

在技术发展方面，2014 年先提出《2030 年前俄罗斯联邦科技发展预测》，并于 2016 年出台《俄罗斯联邦科学技术战略》，以期提高本国数字产品和服务的数字创新水平；在产业发展方面，2013 年出台《2014－2020 年信息技术产业发展战略和 2025 年前景展望》，并于 2016 年追加《2013－2025 年俄罗斯电子和无线电子工业发展规划（草案）》，进一步提升俄罗斯的数字产品国际竞争力。此外，俄罗斯还推出了一系列社会信息化与经济数字化政策：2017 年提出《俄罗斯联邦信息社会发展战略（2017－2030）》，将数字经济列入《俄罗斯联邦 2018－2025 年主要战略发展方向目录》，并将其编制成《俄罗斯联邦数字经济规划》《2030 年前人工智能发展国家战略》，2018 年进一步发布《2024 年前俄罗斯联邦发展国家目标和战略任务》总统令，这一系列举措展示了俄罗斯大力发展数字经济的决心。同时，分别于 2016 年和 2018 年颁布《俄罗斯联邦关键信息基础设施安全法》和《俄罗斯联邦数字金融资产法》，建立并完善数字经济发展的相关法律标准与规范（见表 10－10）。

表 10－10   俄罗斯数字经济战略规划

国家	时间	战略规划
俄罗斯	2012 年	2013－2025 年俄罗斯电子和无线电子工业发展规划（草案）
	2013 年 11 月	2014－2020 年信息技术产业发展战略和 2025 年前景展望
	2014 年	2030 年前俄罗斯联邦科技发展预测
	2016 年	俄罗斯联邦科学技术战略
	2016 年	俄罗斯联邦关键信息基础设施安全法
	2017 年 5 月	俄罗斯联邦信息社会发展战略（2017－2030）
	2017 年	俄罗斯联邦 2018－2025 年主要战略发展方向目录
	2017 年 7 月	俄罗斯联邦数字经济规划
	2017 年 7 月	俄罗斯联邦关键信息基础设施安全法

续表

国家	时间	战略规划
俄罗斯	2018 年 5 月	2024 年前俄罗斯联邦发展国家目标和战略任务
	2018 年	俄罗斯联邦数字金融资产法
	2019 年 10 月	2030 年前人工智能发展国家战略
	2021 年 7 月	国家安全战略

资料来源：根据中国信通院系列数字经济白皮书及公开资料，经作者整理得到．

（四）韩国

自第四次工业革命以来，韩国高度重视数字经济发展，出台了一系列数字经济利好政策，对数字基础设施和 5G 发展持续发力，为数字经济发展奠定了良好基础。具体来看：2010～2014 年，韩国相继发布《IT 融合发展战略》《政府 3.0 计划》和《实现创造经济，制造业创新 3.0 战略》，全力支持数字经济发展。在此期间，韩国为进一步细化和完善 2013 年公布的《创新增长引擎战略》，2014 年进一步提出《创新增长引擎五年计划》培育和发展未来新兴产业，提升创新能力和全球竞争力，加速韩国经济顺利实现转型。紧接着 2016 年颁布《国家科技创新战略（2016－2019 年）》，将数字经济与数字社会列为其优先发展的十一个领域之一。在 2018 年以来更是接连发布《第四期科学技术基本计划 2018－2022》《人工智能研发战略》，全方位布局 3D 打印、人工智能和大数据等数字技术新方向，增强韩国先进数字技术研发能力与新型数字技术高级人才储备。2020 年宣布，计划至 2025 年投资约 76 万亿韩元用于建设人工智能、大数据平台与 5G 通信等数字产业基础设施，发展"非接触经济"，助力经济数字化与绿色化转型。随后，2020 年和 2022 年又分别颁布《韩国新政计划》和《大韩民国数字战略》，以进一步推进韩国实现经济和社会结构的根本性与广泛性数字化转型升级。在数字立法保护方面，2020 年韩国颁布了"数据三法"修正案——即《个人信息保护法》（PIPA）、《促进信息和通信网络利用和信息保护法》（网络法）和《信用信息使用和保护法》（《信用信息法》），以完善和简化数字经济监管措施。此外，韩国还于 2022 年 7 月发布了《半导体超级强国战略》，布局以半导体产业为核心，确保系统半导体技术位于世界领先地位（见表 10－11）。

表 10－11 　　　　　　　　　　　　韩国数字经济战略规划

国家	时间	战略规划
韩国	2010 年 7 月	IT 融合发展战略
	2013 年 6 月	政府 3.0 计划
	2013 年	创新增长引擎战略
	2014 年 7 月	创新增长引擎五年计划
	2014 年 6 月	实现创造经济，制造业创新 3.0 战略
	2016 年 1 月	国家科技创新战略（2016－2019 年）

国家	时间	战略规划
韩国	2018 年 8 月	第四期科学技术基本计划 2018－2022
	2019 年 12 月	人工智能国家战略
	2020 年 7 月	韩国新政计划
	2020 年	促进信息和通信网络利用和信息保护法（网络法）
	2020 年	信用信息使用和保护法（信用信息法）
	2020 年	个人信息保护法（PIPA）
	2022 年 7 月	半导体超级强国战略
	2022 年 9 月	大韩民国数字战略

资料来源：根据中国信通院系列数字经济白皮书及公开资料，经作者整理得到.

（五）印度

自莫迪政府提出"数字印度""印度制造"战略以来，印度数字经济发展取得了长足进步。近年来，印度打出了一套促进数字经济发展的"组合拳"：2006 年通过"国家电子政务计划"，为数字经济与实体经济的深度融合奠定坚实基础；2010 年，正式启动"Aadhaar 计划"，完善公民身份识别系统；2015 年推出"数字印度"计划，普及宽带上网、建立全国数据中心与促进电子政务这三个方面；2016 年又围绕数字基础设施建设、数字化政府服务、数字金融、数字支付和公民数字教育领域，提出确保网络空间安全可靠、借由国际合作大力发展数字经济和鼓励互联网企业在印度上市等举措；2019 年通过发布《2019 年国家电子产品政策》，建立涵盖电子产品和零部件的全产业链的综合生态系统。2022 年 6 月，印度进一步发布《全国数据治理框架政策草案》，试图打造现代化数据治理框架。在此期间，印度政府还通过多阶段 BharatNet 项目，不断完善国内数字基础设施建设和消除数字鸿沟，均取得了一定成效。此外，印度还发布了《印度海事 2030 年愿景》，试图凭借其背靠亚欧板块、深嵌印度洋和绵长海岸线等地理区位优势，大力发展数字海事（见表 10－12）。

表 10－12　　　　　　　　　印度数字经济战略规划

国家	时间	战略规划
印度	2006 年	国家电子政务计划
	2010 年	Aadhaar 计划
	2015 年	数字印度计划
	2019 年	2019 年国家电子产品政策
	2021 年	印度海事 2030 年愿景
	2022 年 6 月	全国数据治理框架政策草案
	2022 年 8 月	数字个人数据保护法案（2022）

资料来源：根据中国信通院系列数字经济白皮书及公开资料，经作者整理得到.

【小案例 10 – 1】

印度尼西亚与西班牙的数字经济战略尝试

1. 印度尼西亚通信部长阐述数字印尼路线图重点事项。

印度尼西亚通信部长约翰尼阐述了"2021～2024 年数字印尼路线图"的六个战略方向，该路线图是印度尼西亚政府加快数字化转型的重点事项。

六个战略方向分别是：（1）发展包容、安全、可靠，并能提供高质量服务的数字化、互联互通的基础设施；（2）发展开放协调的数字政府机构，以改善公共服务；（3）加强对具有国家战略价值的各种平台、产品和系统的投资，将印度尼西亚从一个消费国转型为技术生产国，这可以通过 4G 和 5G 产品 35% 的国产组件本地化率来实现；（4）协调立法和增加投资，以促进创新；（5）围绕提升重点领域的数字化能力，以增强地缘竞争力和促进高质量增长；（6）构建数字文化，利用人口红利，提升印度尼西亚发展数字世界的能力。

数字印尼路线图是促进印度尼西亚数字基础设施、数字政府、数字经济、数字公民四个领域数字化转型的战略指南，该路线图中已经制定了 10 个重点领域、至少 100 项主要举措，以实现包容性数字化转型。这些行业包括数字转型与旅游、数字贸易、数字金融服务、数字媒体和娱乐、数字农业和渔业、数字房地产和城市、数字教育、数字健康、行业数字化和政府机构数字化。路线图有三个目标受众，分别是中央和地区政府、企业家和公众。

2. 数字西班牙 2025 议程。

2020 年 7 月西班牙政府发布了全新的数字化改革计划——《数字西班牙 2025 议程》，该议程以推动未来五年西班牙的数字化转型为重点，与欧盟的数字政策相契合，提出以下 10 个战略目标：（1）2025 年前实现覆盖整个西班牙人口的高速数字网络连接，确保百兆宽带普及率达到 100%；（2）继续引领欧洲的 5G 部署，保证 2025 年无线电频谱所有波段皆可部署 5G；（3）增强公民的数字技能，实现 2025 年 80% 的西班牙人具备基本数字技能，且半数以上为女性；（4）提高网络安全能力，引领欧洲网络安全发展，预计到 2025 年，西班牙有 2 万名网络安全新生专家；（5）促进公共行政部门数字化转型，努力实现 2025 年超过一半的公共服务能够在移动 App 获取；（6）助力企业（尤其是中小微企业和创业企业）实现数字化转型，预期 2025 年电子商务对中小企业营业额的贡献达 25%；（7）通过推动战略性经济部门数字化转型进一步促进生产模式数字化，5 年内借助数字经济实现二氧化碳排放量减少 10%；（8）致力于推动西班牙音像产业发展成为欧洲商业发展的重要动力，目标是到 2025 年音像产量提高 30%，助力西班牙成为地区音像产业发展中心；（9）面向人工智能型数字经济迈进，预计 2025 年，超过 25% 的企业使用人工智能和大数据；（10）在新的数字环境中保障数字权利，确保 2025 年西班牙必须要有数字权利许可证。

资料来源：印尼通信部长阐述数字印尼路线图重点事项［EB/OL］. 中国商务部官网，2022 – 03 – 23. http：//id. mofcom. gov. cn/article/sxtz/202203/20220303297657. shtml.

第三节　数字经济全球化及中国应对

一、数字经济全球化给中国带来的机遇

（一）数字经济为中国经济高质量发展提供了新平台

现阶段，中国经济发展正在经历速度换挡、结构调整与动力转换的"三期叠加"阶段，需紧紧抓住以新一代信息技术为代表的科技革命和产业变革，在巩固中国数字产业化优势的前提下，全面推进城乡新一代数字基础设施建设，进一步推进产业数字化转型进程，促进数字经济与实体经济融合发展，加快建设开放共享的大数据服务平台。尤其是在后疫情时代，数字经济有利于中国加快产业结构转型升级，主动适应国际数字经济发展新形势，加速迈向深化应用、规范发展、惠普共享的经济高质量发展阶段。

（二）数字经济为中国经济数字化转型带来了新机遇

数字经济的数字化特征能够丰富生产要素供给；网络化和信息化特征能够提高包括数据在内的生产要素与其他社会资源配置效率；智能化特征能够提升产出效能，已成为中国经济增长的新引擎和经济复苏的引领力量，为中国经济高质量发展注入关键动力。尤其是大数据、人工智能等新一代数字技术在新冠疫情防控过程中发挥了巨大作用与效果，数字经济在与传统产业深度融合的同时，也与人民日常生活密不可分，极大地改变了人们的生产生活方式，为科技创新提供了有效的动力支撑。中国需抢抓数字经济新业态带来的新机遇，充分发挥大数据生产优势、超大数字需求规模优势、电子商务发展优势与制度体制优势，抢占新一轮科技革命和产业变革发展先机，全力发展数字经济。

（三）数字经济为中国高水平对外开放提供了新路径

作为一种以新技术、新产业为支撑的新兴经济形态，数字经济通过新一代数字技术将各个经济体深度互联，借助新一代数字技术世界各经济体的数据与资源得以实现共享，从这一点来看，数字经济全球化势不可挡。数字经济正成为中国经济发展的新优势，在为中国经济稳步复苏注入强有力动力的同时，也有利于推动世界经济复苏。在此背景下，中国或将成为世界数字经济与数字产业的发动机，能够同东盟、中亚、非洲等地区开展跨境电子商务、数字基础设施建设与数字经济治理等方面的合作，助推其数字产业化与产业数字化进程，与各国共同推进数字化与绿色化的协同转型。

二、数字经济全球化对中国的挑战

数字经济全球化在为中国带来前所未有的机遇的同时，也使中国面临着一系列严峻挑战。具体表现为以下几点。

（一）国际数字鸿沟制约中国数字经济发展

中国信通院发布的《全球数字经济白皮书 2021 年》指出，2020 年全球数字经济发展有效对冲了新冠疫情冲击，尤其是发达国家和高收入国家的经济基础相对较好，其数字经济韧性也明显更强。从数字经济发展整体态势来看，发达国家和高收入国家数字经济规模占全球数字经济规模比重超 70%；其产业数字化占数字经济比重和数字产业渗透率也显著高于发展中国家和低收入国家；2020 年发达国家数字经济占 GDP 比重（54.%）远超发展中国家（27.6%）。从数字贸易规则与标准制定来看，以美国和欧盟为代表的发达国家占据较大的主动权，制度性数字鸿沟相对明显。比如：美国试图以数字援助构建数字霸权；欧盟则试图通过打造单一数字空间的方式提升自身数字经济相对优势。在此背景下，以中国为代表的部分新兴经济体及发展中国家数字经济市场广阔、潜力巨大，发展势头十分强劲。随着数字经济全球化进程的进一步推进，新兴经济体及发展中国家将更好地融入参与数字全球化，全球数字经济发展格局的极化现象或将有所变化。充分发挥数字经济的普惠性与共享性，避免数字经济领域的马太效应是全球大多数经济体的普遍共识。

（二）中国数字产业化基础相对薄弱

现阶段，中国虽在 5G 基础设施建设、电子支付、数据源和电子商务领域存在一定的优势，但在数字产业化基础环节仍然存在一些薄弱之处。充分利用数字化手段推动实体经济形成数字经济新业态等虽已形成相关政策文件，但具体实施推进进程还存在许多问题。比如，数字产业化在数据生产、要素聚集、货源组织、生产供应、物流贸易、投资消费等方面的应用场景虽明显增加，但尚未产生规模效应；应用区块链、人工智能和大数据等技术促进跨境支付，尤其是人民币结算等互联互通方面仍存在一定困难；新兴数字产业化应用领域的创新试验、标准化规范化的数字治理体系、实时响应等带有预警功能的数字产业化应用尚不成熟。

（三）产业数字化进程面临现实制约

现阶段中国产业数字化进程遇到的阻碍主要表现为以下几个方面：（1）自身技术能力不足以支撑其数字化转型能力的困难；（2）数字化转型升级成本较高与自身资金储备不足的矛盾；（3）数字化人才存在供需结构失衡、区域结构失衡与人才梯队建设不足等问题；（4）企业决策层普遍存在认知偏差，数字化转型定位、战略不清，企业内部多层组织模式不灵活；（5）数字经济市场法律约束等制度规范不完善。

进一步地，若从工业数字化转型与服务业数字化转型视角来看，中国产业数字化进程面临的制约具体表现为：（1）工业数字化转型举步维艰。近年来，中国工业转型虽已展现一定成效，但工业数字化转型挑战依旧突出。中国信通院数据显示，2022 年中国工业数字经济占行业增加值比重已经上升至 24.0%，但仍低于服务业 44.7% 的渗透水平，主要表现为供给侧缺乏核心技术与关键解决方案、需求侧缺乏数字化转型升级能力与动力。一方面，由于工业数字化转型升级关键技术产品对外依赖严重、工业领域数字化尚未出现可复制的成熟模式和缺乏具有前瞻性龙头型综合型解决方案企业带动等因素造成了工业领域数字化解决方案供给能力弱；另一方面，落后工业企业数字化转型意识和基础均较为薄弱，且对先进工业企业而言，仍面临数字化转型转换成本较高、短期收益较低和试错风险较大等问题。（2）服务业数字化转型能力不足，面临三大困境。中国服务业企业规模小、行业分布分散和秩序混乱等行业特性是服务业数字化转型面临的第一大困境；服务业标准化程度低，数字化转型创新能力不足是服务业数字化转型面临的第二大困境；生产性服务供给缺乏可靠性，服务需求尚未完全释放是服务业数字化转型面临的第三大困境。

三、中国参与数字经济全球化的策略

面对数字经济全球化带来的机遇与挑战，中国参与数字经济全球化的策略主要可以归纳为以下四点：

（一）建立精准、有效的数字经济监管治理体系，促进数字经济协同发展

坚持数据共享和依法使用相结合原则，探索数字经济监管新路径，加快数字经济立法步伐。从制度上建立健全数据共享、数据安全与隐私保护等法律法规，明确数据权责边界、使用规范和保障监督责任，着力提升数据治理标准化水平。加强数字经济行业与平台监管的顶层设计，完善跨行业、跨地区数据共享使用机制，加快建设政府公开数据平台，推动云计算、区块链、联合学习等新技术在数据追踪、数据分析、数据存储、数据传输等方面的应用，加快建设全方位、多层次、宽领域的立体化监管体系。

（二）全面塑造全球数字产业主战场的关键技术体系化优势，加快构建全球新型基础设施网络体系

全面推进数字产业化、规模化应用的重点在于提升关键核心技术创新和供给能力，建立健全数字技术多元化投入机制。既要培育非对称性技术、"杀手锏"技术的比较优势，又要积极构建前沿技术、潜伏性技术的先发优势。同时，有效支撑基础研究、应用基础研究及关键共性技术攻关研究，系统推进高速泛在、天地一体、云网融合、智能敏捷、绿色低碳、安全可控的综合化与智能化数字基础设施建设，从而更好地推动数字技术渗透生产体系，充分发挥数字技术赋能要素市场化作用。

（三）深入推进数字经济与实体经济有效融合，夯实产业发展和国际竞争基础

深入推动供给侧结构性改革，大力发扬工匠精神，密切关注市场需求导向的新变化，紧密结合数字产业化和产业数字化两大方向，依托新一代数字技术，系统推进全行业数字应用的深入渗透，进一步推动数字经济向更多实体行业与实体场景的集聚与延拓，促进传统产业向数字化、信息化和智能化方向转型，重构新业态，培育新模式，创造新经济，为数字经济注入新动力。

（四）构建全球数据资源平台，助力优质数据与资源的共享

转变现有数据共享模式，在被动接受和分享其他经济体公共数据资源的同时，加强与其他经济体间的数据共享共同协作，主动汇集和整合科技研发、生产制造、文化教育、商务贸易、金融服务、交通运输等领域的分散数据，遵循同时兼顾数据深度、广度、有效性的原

则，实现集数据资源自主创造、自主演化、自主更新于一体化和规范化的数据共享体系。同时，全力打通世界互联网数据平台线上运营和线下国际贸易的融合通道，充分发挥数字经济在各经济体交通出行、文化娱乐、医疗健康、基础建设、教育服务、金融服务以及旅游服务等方面的重要作用。

（五）积极拓展数字经济国际市场，树立国际竞争优势

加大中国应对国外数字贸易壁垒障碍的支撑力度，建立完善的国际综合服务支撑体系，加强国际化交流与合作，大力拓展国际市场，充分利用两个市场、两种资源，着力扩大数字经济有效需求。

【小案例 10-2】

中国申请加入《数字经济伙伴关系协定》

2021 年 11 月 1 日，中国商务部部长王文涛致信新西兰贸易与出口增长部部长奥康纳，代表中方向《数字经济伙伴关系协定》（DEPA）保存方新西兰正式提出申请加入 DEPA。申请加入 DEPA，符合中国进一步深化国内改革和扩大高水平对外开放的方向，有助于中国在新发展格局下与各成员加强数字经济领域合作、促进创新和可持续发展。下一步，中方将按照 DEPA 有关程序，和各成员开展后续工作。

《数字经济伙伴关系协定》（digital economy partnership agreement，DEPA）由新加坡、智利、新西兰三国于 2020 年 6 月 12 日共同签署，2021 年 1 月在新加坡和新西兰生效；2021 年 8 月在智利生效。DEPA 包括 16 个模块：初步规定和一般定义、商业和贸易便利化、数字产品及相关问题的处理、数据问题、广泛的信任环境、商业和消费者信任、数字身份、新兴趋势和技术、创新与数字经济、中小企业合作、数字包容、联合委员会和联络点、透明度、争端解决、例外和最后条款。其中：

1. 模块 2：商业和贸易便利化，涉及无纸化贸易、电子发票、电子支付等。DEPA 要求各国及时公布电子支付的法规，考虑国际公认的电子支付标准，从而促进透明度和公平的竞争环境；同意促进金融科技领域公司之间的合作，促进针对商业领域的金融科技解决方案的开发，并鼓励缔约方在金融科技领域进行创业人才的合作。

2. 模块 4：数据问题涉及个人信息保护、通过电子手段进行的跨境数据流动、计算机设施的位置等。DEPA 允许在新加坡、智利和新西兰开展业务的企业跨边界无缝地传输信息，并确保它们符合必要的法规；成员坚持它们现有的 CPTPP 协定承诺，允许数据跨边界自由流动。

3. 模块 8：新兴趋势和技术，涉及金融技术合作、人工智能、政府采购、竞争政策合作。DEPA 采用道德规范的"AI 治理框架"，要求人工智能应该透明、公正和可解释，并具有以人为本的价值观；确保缔约方在"AI 治理框架"在国际上保持一致，并促进各国在司法管辖区合理采用和使用 AI 技术。

据报道，在日前举行的二十国集团领导人第十六次峰会上中国提出，二十国集团要共担数字时代的责任，加快新型数字基础设施建设，促进数字技术同实体经济深度融合，帮助发展中国家消除"数字鸿沟"。中国已经提出《全球数据安全倡议》，我们可以共同探讨制定

反映各方意愿、尊重各方利益的数字治理国际规则，积极营造开放、公平、公正、非歧视的数字发展环境。

资料来源：中国正式提出申请加入《数字经济伙伴关系协定》（DEPA）[EB/OL]. 2021 – 12 – 02. 中国国家发展和改革委员会官网，https：//www. ndrc. gov. cn/xwdt/ztzl/zgdmydylcntzhz/202112/t20211202 _ 1328080_ext. html.

【复习思考题】

1. 简述数字经济对全球化的影响。
2. 简述数字经济全球化的特征。
3. 简述数字经济全球化进程面临的机遇。
4. 简述数字经济全球化面临的挑战。
5. 简述全球数字经济战略规划总体趋势特征。
6. 简述美国数字经济发展战略与规划。
7. 简述欧盟数字经济发展战略与规划。
8. 简述中国数字经济发展战略与规划。
9. 简述中国参与数字全球化的应对策略。

参考文献

［1］阿尔文德·纳拉亚南．区块链技术驱动金融［M］．北京：中信出版社，2016．

［2］［加］鲍勇剑，［加］Oleksity Osiyevsskyy，邓贻龙．数字化时代的商业模式转型［M］．杭州：浙江大学出版社，2021．

［3］蔡跃洲，马文君．数据要素对高质量发展影响与数据流动制约［J］．数量经济技术经济研究，2021，38（03）：64－83．

［4］蔡跃洲，牛新星．中国数字经济增加值规模测算及结构分析［J］．中国社会科学，2021，11：4－30．

［5］蔡跃洲．数字经济的增加值及贡献度测算：历史沿革、理论基础与方法框架［J］．求是学刊，2018，45（05）：65－71．

［6］钞小静，薛志欣．新型信息基础设施对中国企业升级的影响［J］．当代财经，2022（01）：16－28．

［7］陈梦根，周元任．数字不平等研究新进展［J］．经济学动态，2022（04）：123－139．

［8］陈庆江，王彦萌，万茂丰．企业数字化转型的同群效应及其影响因素研究［J］．管理学报，2021，18（05）：653－663．

［9］陈伟光，钟列炀．全球数字经济治理：要素构成、机制分析与难点突破［J］．国际经济评论，2022（02）：60－87，6．

［10］陈晓红，李杨扬，宋丽洁等．数字经济理论体系与研究展望［J］．管理世界，2022，2：208－224．

［11］邓宏．数字化商业模式［M］．北京：清华大学出版社，2022．

［12］董柞壮．数字货币、金融安全与全球金融治理［J］．外交评论（外交学院学报），2022，39（04）：133－154，8．

［13］方匡南．数据科学［M］．北京：电子工业出版社，2018．

［14］高际香．俄罗斯数字经济战略选择与政策方向［J］．欧亚经济，2018（04）：79－91，126，128．

［15］高晓雨，王梦梓，陈耿宇．数字经济：统计与测度［M］．北京：社会科学文献出版社，2022．

［16］郭沙，赵勇，谷瑞翔等．数字孪生：数字经济的基础支撑［M］．北京：中国财富出版社，2021．

［17］韩文龙等．数字经济学［M］．北京：中国社会科学出版社，2022．

［18］何伟，孙克，胡燕妮等．中国数字经济政策全景图［M］．北京：人民邮电出版社，2022．

［19］洪永淼，张明，刘颖．推动跨境数据安全有序流动引领数字经济全球化发展［J］．中国科学院院刊，2022，37（10）：1418－1425．

[20] 胡郡玮. 数字经济领域反垄断监管研究 [J]. 中国商论, 2022 (23): 134 – 136.

[21] 胡微微, 周环珠, 曹堂哲. 美国数字战略的演进与发展 [J]. 中国电子科学研究院学报, 2022 (1): 12 – 18.

[22] 黄奇帆, 朱岩, 邵平. 数字经济: 内涵和路径 [M]. 北京: 中信出版集团, 2022.

[23] 黄琪. 隐私权过时了吗——数字社会隐私保护的困境与应对 [J]. 长沙理工大学学报 (社会科学版), 2022, 37 (02): 104 – 114.

[24] 黄益平, 黄卓. 中国的数字金融发展: 现在与未来 [J]. 经济学 (季刊), 2018, 17 (04): 1489 – 1502.

[25] 贾志淳, 邢星, 张宇峰. 移动云计算技术专题研究 [M]. 沈阳: 东北大学出版社, 2016.

[26] 卡尔·夏皮罗, 哈尔·R. 范里安. 信息规则: 网络经济的策略指导 [M]. 北京: 中国人民大学出版社, 2017.

[27] 李苍舒, 沈艳. 数字经济时代下新金融业态风险的识别、测度及防控 [J]. 管理世界, 2019, 35 (12): 53 – 69.

[28] 李剑锋. 企业数字化转型认知与实践——工业元宇宙前传 [M]. 北京: 中国经济出版社, 2022.

[29] 李静. 数字经济理论 [M]. 安徽: 合肥工业大学出版社, 2020.

[30] 李涛, 刘航. 数字经济学导论 [M]. 北京: 高等教育出版社, 2022.

[31] 李宗明, 苏景州, 任保平. 数字经济全球化的影响及中国应对研究 [J]. 价格理论与实践, 2021 (11): 163 – 166, 199

[32] 刘波, 洪兴建. 中国产业数字化程度的测算与分析 [J]. 统计研究, 2022, 39 (10): 3 – 18.

[33] 刘飞. 数字化转型如何提升制造业生产率——基于数字化转型的三重影响机制 [J]. 财经科学, 2020, 10: 93 – 107.

[34] 刘伟, 许宪春, 熊泽泉. 数字经济分类的国际进展与中国探索 [J]. 财贸经济, 2021, 42 (07): 32 – 48.

[35] 刘志毅. 数字经济学: 智能时代的创新理论 [M]. 北京: 清华大学出版社, 2022.

[36] 卢福财. 数字经济学 [M]. 北京: 高等教育出版社, 2022.

[37] 马涛, 孙克, 洪涛. 数字经济导论 [M]. 北京: 人民邮电出版社, 2022.

[38] 孟天广. 数字治理生态: 数字政府的理论迭代与模型演化 [J]. 政治学研究, 2022 (05): 13 – 26, 151 – 152.

[39] 戚湧, 邓雨亭. 数字经济背景下知识产权治理体系现代化研究 [J]. 南京理工大学学报 (社会科学版), 2023, 36 (01): 30 – 37.

[40] 戚聿东, 肖旭. 数字经济概论 [M]. 北京: 中国人民大学出版社, 2022.

[41] 戚聿东, 肖旭. 数字经济时代的企业管理变革 [J]. 管理世界, 2020, 36 (06): 135 – 152.

[42] 乔天宇, 向静林. 社会治理数字化转型的底层逻辑 [J]. 学术月刊, 2022, 54 (02): 131 – 139.

［43］清华大学社会科学学院经济学研究所．数字经济前沿八讲［M］．北京：人民出版社，2022．

［44］任保平，师傅，钞小静，胡仪元．数字经济学导论［M］．北京：科学出版社，2022．

［45］邵珠峰，赵云，王晨等．新时期我国工业软件产业发展路径研究［J］．中国工程科学，2022，24（02）：86－95．

［46］石菲．"数字新基建"下的产业机遇［J］．中国信息化，2020（10）：24－27．

［47］石勇．数字经济的发展与未来［J］．中国科学院院刊，2022，37（01）：78－87．

［48］苏伟，马欣．我国工业软件产业发展现状分析及对策建议［J］．中国信息化，2022（07）：44－47．

［49］孙毅，罗穆雄．美国智能制造的发展及启示［J］．中国科学院院刊，2021，36（11）：1316－1325．

［50］孙毅．数字经济学［M］．北京：机械工业出版社，2019．

［51］汤潇．数字经济：影响未来的新技术、新模式、新产业·大数据［M］．北京：人民邮电出版社，2019．

［52］唐浩丹，蒋殿春．数字并购与企业数字化转型：内涵，事实与经验［J］．经济学家，2021，4（04）：22－29．

［53］唐松，伍旭川，祝佳．数字金融与企业技术创新——结构特征，机制识别与金融监管下的效应差异［J］．管理世界，2020，36（05）：52－66．

［54］唐要家，汪露娜．数据隐私保护理论研究综述［J］．产业经济评论，2020（05）：95－108．

［55］陶飞，刘蔚然，张萌等．数字孪生五维模型及十大领域应用［J］．计算机集成制造系统，2019，25（01）：1－18．

［56］滕磊，马德功．数字金融能够促进高质量发展吗？［J］．统计研究，2020，37（11）：80－92．

［57］王俊．数字经济学概论［M］．北京：中国财政经济出版社，2023．

［58］王玲，李萌．深化农文旅融合创新发展［N］．中国社会科学报，2023－05－04（007）．

［59］王永进．数字经济学［M］．北京：高等教育出版社，2023．

［60］韦庄禹．数字经济发展对制造业企业资源配置效率的影响研究［J］．数量经济技术经济研究，2022，39（03）：66－85．

［61］吴静，张凤，孙翊等．抗疫情助推我国数字化转型：机遇与挑战［J］．中国科学院院刊，2020，35（03）：306－311．

［62］吴晓求．互联网金融：成长的逻辑［J］．财贸经济，2015，399（02）：5－15．

［63］鲜祖德，王天琪．中国数字经济核心产业规模测算与预测［J］．统计研究，2022，39（01）：4－14．

［64］肖旭，戚聿东．产业数字化转型的价值维度与理论逻辑［J］．改革，2019（8）：61－70．

［65］熊鸿儒，韩伟．全球数字经济反垄断的新动向及启示［J］．改革，2022（07）：49－60．

[66] 熊巧琴，汤珂．数据要素的界权，交易和定价研究进展［J］．经济学动态，2021，2：143－158.

[67] 徐康宁．数字经济对世界经济的深刻影响及其全球治理［J］．华南师范大学学报（社会科学版），2022（01）：83－92.

[68] 许先春．习近平关于发展我国数字经济的战略思考［J］．中共党史研究，2022，3：17－30.

[69] 许宪春，张美慧，张钟文．数字化转型与经济社会统计的挑战和创新［J］．统计研究，2021，38（01）：15－26.

[70] 许宪春，张美慧．中国数字经济规模测算研究——基于国际比较的视角［J］．中国工业经济，2020（05）：23－41.

[71] 阳镇，陈劲，李纪珍．数字经济时代下的全球价值链：趋势，风险与应对［J］．经济学家，2022，2（02）：64－73.

[72] 杨新铭．数字经济：传统经济深度转型的经济学逻辑［J］．深圳大学学报（人文社会科学版），2017，34（04）：101－104.

[73] 姚建明．企业数字化转型［M］．北京：清华大学出版社，2022.

[74] 殷浩栋，霍鹏，汪三贵．农业农村数字化转型：现实表征，影响机理与推进策略［J］．改革，2020（12）：48－56.

[75] 于立，王建林．生产要素理论新论——兼论数据要素的共性和特性［J］．经济与管理研究，2020，41（04）：62－73.

[76] 曾燕．数字经济发展趋势与社会效应研究［M］．北京：中国社会科学出版社，2021.

[77] 翟云，蒋敏娟，王伟玲．中国数字化转型的理论阐释与运行机制［J］．电子政务，2021（6）：67－84.

[78] 张茉楠．全球数字治理：分歧、挑战及中国对策［J］．开放导报，2021（06）：31－37.

[79] 张勋，万广华，张佳佳等．数字经济，普惠金融与包容性增长［J］．经济研究，2019，54（08）：71－86.

[80] 张媛媛，邹静．"技术－隐私"视域下数字社会隐私保护的路径创新［J］．社会科学研究，2022（06）：25－34.

[81] 赵刚．数字经济的逻辑［M］．北京：人民邮电出版社，2022.

[82] 赵建华，杜传华．数字经济推动政府治理变革的机制、困境与出路分析［J］．理论探讨，2022（02）：154－158.

[83] 郑志来．互联网金融对我国商业银行的影响路径——基于"互联网＋"对零售业的影响视角［J］．财经科学，2015，326（05）：34－43.

[84] 中国信息化百人会课题组．数字经济：迈向从量变到质变的新阶段［M］．北京：电子工业出版社，2018.

[85] 中国信息通信研究院．数字经济概论——理论、实践与战略［M］．北京：人民邮电出版社，2022.

[86] 中投产业研究院．2023－2027年中国数字经济深度调研及投资前景预测报告［R］．深圳：中投产业研究院出品，2023.

［87］周济. 智能制造——"中国制造2025"的主攻方向［J］. 中国机械工程，2015，26（17）：2273 – 2284.

［88］周小亮. 数字经济学［M］. 北京：经济科学出版社，2023.

［89］周元任，陈梦根. 数字经济测度的理论思路与实践评估［J］. 中国社会科学评价，2023（01）：73 – 84，159.

［90］朱建平. 谈谈大数据的那点事［M］. 北京：北京大学出版社，2019.

［91］卓翔，陈丽娟. 数字全球化与数字中国建设因应之策［J］. 理论视野，2021（10）：52 – 56.

［92］Gelman A.，Vehtari A. What are the most important statistical ideas of the past 50 years?［J］. Journal of the American Statistical Association，2021，116（536）：2087 – 2097.

［93］Goodfellow I.，Bengio Y.，Courville A. Deep learning［M］. MIT Press，2016.

［94］Jianqing F.，Fang H.，Han L. Challenges of Big Data Analysis［J］. National Science Review，2014，1（02）：293 – 314.

［95］Wei K. K.，Teo H. H.，Chan H. C.，Tan B. C. Y. Conceptualizing and testing a social cognitive model of the digital divide［J］. Information Systems Research，2011，22（01）：170 – 187.

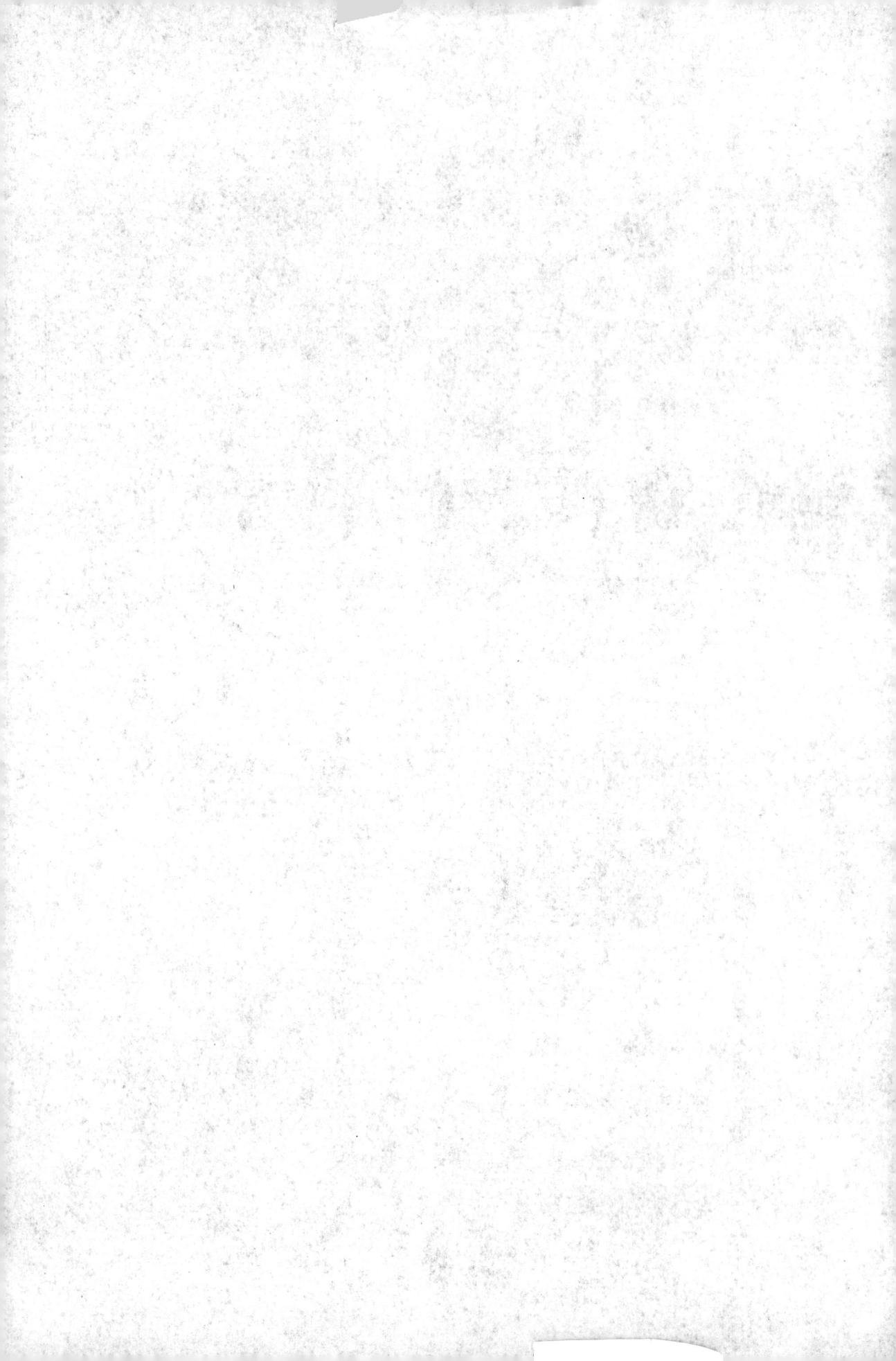